FRANK GEERK Paracelsus

FRANK GEERK

Paracelsus – Arzt unserer Zeit

Leben, Werk und Wirkungsgeschichte des Theophrastus von Hohenheim

BENZIGER

Danksagung

Für die vielen Hinweise und Ratschläge sei
Dr. Willem F. Daems und anderen Mitgliedern der
Schweizerischen Paracelsus-Gesellschaft gedankt,
insbesondere aber auch Herrn Prof. Dr. Kurt Goldammer,
der meine Arbeit von Anfang an kritisch begleitet hat.
Für die großzügige finanzielle Unterstützung
bedanke ich mich bei der Firma Ciba-Geigy in Basel;
sie hat das Zustandekommen dieses Buches erst ermöglicht.
Schließlich gilt der Dank der Stiftung Pro Helvetia
für Ihren Beitrag an den Druckkosten.

Nachweis der Gastbeiträge am Schluß des Bandes

2. Auflage 1993

ISBN 3 545 34104 6

Inhalt

Vorwort . . . 9

I PARACELSUS, EIN UNIVERSALER EINZELGÄNGER
Versuch einer Monographie
Die Kindheit in Einsiedeln . . . 21
Lehrjahre . . . 30
Die große Wanderung . . . 44
Salzburg . . . 57
Erfolge und Ruhm . . . 61
Straßburg . . . 65
Basel . . . 68
Kolmar . . . 84
Nürnberg . . . 87
Der Landfahrer . . . 93
Sankt Gallen . . . 96
Der Wanderprediger . . . 103
Arzt in Lumpen . . . 106
Ein Fels in sich selbst . . . 108
Die ganze Philosophie . . . 112
Die Audienz . . . 116
Die Summe der Biographie . . . 128
Die Tode des Paracelsus . . . 130
Fazit . . . 135

II HIMMEL UND ERDE MACHEN DEN MENSCHEN
Eine Auswahl aus dem Gesamtwerk
Robert Blasers Werkauswahl . . . 137
Mensch . . . 140
Natur . . . 156
Gott . . . 180

III DIE ENTDECKUNG DES PARACELSUS

Vorträge, Essays, Betrachtungen

Paracelsus und seine Entdecker 195

Der Arzt

Viktor von Weizsäcker: Hippokrates und Paracelsus 197

Rudolf Steiner: Von Paracelsus zu Goethe 212

C. G. Jung: Paracelsus 228

Heinz Schott: Die Bedeutung des Paracelsus für die Geschichte der Medizin 236

Stefan Zweig: Paracelsus und die romantische Medizin 249

Sigmund Freud: Paracelsus und die Psychoanalyse . . 251

Die universale Erscheinung

Friedrich Gundolf: Die Sprache des Paracelsus – eine kritische Annäherung 252

Christian Feldmann: «Was oben ist, wird unten sein.» Hermes Trismegistos und Paracelsus 265

Katharina Biegger: Weder papistisch noch lutherisch noch zwinglianisch – die Eigenständigkeit des Laientheologen Paracelsus 271

Karl Bittel: Ein Sozialprogramm bei Paracelsus . . . 276

Kurt Goldammer: Friedensidee und Toleranzgedanke bei Paracelsus 281

Will-Erich Peuckert: Paracelsische Zauberei 301

Willem F. Daems: «Alles Essen und Trinken ist Menschenfleisch in Mysterio» (Paracelsus, 1531). . . 318

Erwin Metzke: Paracelsus' Lehre von der Zeit 324

Alois M. Haas: Sterben und Todesverständnis bei Paracelsus 335

Pirmin Meier: «Es ist noch nicht geflogen worden.» Paracelsische Prophetie, die Spielleute und das Fahrende Volk 348

Sergius Golowin: Paracelsus und die europäische Gegenwart 357

Weitere Aussichten

Thomas Lehner: Signaturen und mystischer Glaube . 362

Donald Brinkmann: Paracelsus und die moderne Technik 368

HEINZ SUCKER: Wie finden wir einen Weg zu einer neuen Chemie und Pharmazie? 375

IV DAS BUCH DER NATUR
Texte zur Wirkungsgeschichte
Paracelsus' Bedeutung in der Kunstgeschichte 387
Paracelsus' Bedeutung in der Musikgeschichte 397

Die Gestalt im Spiegel der Weltliteratur
Bilder des Hohns oder der Apotheose 403
SERGIUS GOLOWIN: Wie Paracelsus im Bergwald den Schlüssel der Naturgeheimnisse gewann 406
J. K. A. MUSÄUS: Der blutsüchtige Theophrast 410
JEREMIAS GOTTHELF: Paracelsus, Herr der Geister . . . 411
JORGE LUIS BORGES: Die Rose des Paracelsus 412
GERHART HAUPTMANN: Der Narr in Christo Emanuel Quint 416
ARTHUR SCHNITZLER: Paracelsus als Hypnotiseur . . . 420
CONRAD FERDINAND MEYER: Paracelsus 426
MAX MELL: Paracelsus (Skizze zu einem Bildnis) 428
ACHIM VON ARNIM: Siegeslied nach Aussprüchen des Paracelsus 429
ROBERT BROWNING: Die letzten Worte des Paracelsus . 431
EZRA POUND: Paracelsus in Excelsis 433
JÜRG FEDERSPIEL: Paracelsus 434

Die poetische Wissenschaft
Paracelsus als Messias der Natur 435
WILLIAM SHAKESPEARE: Die Mutter der Natur 441
JOHN DONNE: Die Ekstase 442
MARTIN OPITZ: Der Spiegel der Welt 443
CZEPKO VON REIGERSFELD: Nicht in dir (Aphorismen) 444
ANGELUS SILESIUS: Die Dreieinigkeit in der Natur (Aphorismen) 444
GOTTFRIED ARNOLD: Gedoppelt Licht 446
FRIEDRICH GOTTLIEB KLOPSTOCK: Frühlingsfeier . . . 447
JOHANN WOLFGANG GOETHE: Weltseele, Die Metamorphose der Pflanzen, Parabase, Epirrhema, Entoptische Farben 448

Friedrich Hölderlin: An die Natur 452
Novalis: Kenne dich selbst, Es färbte sich die Wiese grün, Der ist der Herr der Erde 454
Joseph von Eichendorff: Mondnacht. 457
Karl Immermann: Merlin im tiefen Grabe 458
Gérard de Nerval: Goldene Verse 459
Walt Whitman: Hurra, der positiven Wissenschaft, Groß ist das Sichtbare 460
Heinrich Leuthold: Der Waldsee. 461
Christian Morgenstern: Mensch und Erde, Die Gehirne 461
Hermann Hesse: Stufen. 463
Wilhelm Lehmann: Die Signatur 464
Gottfried Benn: Anemone 465
Peter Gan: Fehlanzeige 466
Ingeborg Bachmann: Freies Geleit 466

Paracelsische Motive: Nymphen, Sylphen, Pygmäen, Salamander und Homunculi
Die Hüter der Natur 468
H. J. Chr. von Grimmelshausen: Wie Simplicius mit den Sylphis in das Centrum terrae fährt. 473
E. T. A. Hoffmann: Der Elementargeist 476
Charles de Coster: Reise zu den Hütern der Erde . . 482
Friedrich de la Motte Fouqué: Undine, der Tag nach der Hochzeit. 490
Ingeborg Bachmann: Undine geht 493
Lawrence Durrell: Der dunkle Pfad 501

ANHANG

Editorischer Hinweis 507
Werkübersicht 508
Ausgewählte Bibliographie 514
Verzeichnis der Autoren, Beiträge und Quellen 521

Abbildungen nach Seite 96, 232, 400

Vorwort

> «Ich werde grünen und ihr werdet dürre Feigenbäume werden... Die Erde und das Wasser werden ihre Philosophen erneuern und das Licht der Natur wird seinen Alchimisten zum andern Mal gebären.»
>
> *Paracelsus*

Vor fünfhundert Jahren...

Vor fünfhundert Jahren fand mit der Besiedlung Amerikas durch europäische Einwanderer eine Entwicklung ihre Fortsetzung, die schon lange vorher mit der Christianisierung Europas eingesetzt hatte: die systematische Unterwerfung oder Ausrottung der Naturvölker. Feiern wir heute mit berechtigtem Stolz die Triumphe der Seefahrer, die damals den Atlantik überquerten und in Amerika landeten, beschleicht uns dennoch auch ein zwiespältiges Gefühl, wenn wir die Folgen für jene bedenken, die dort schon gelebt hatten. Der Genozid an den «Wilden» war und ist wohl auch heute nur möglich, weil er getragen wird vom christlichen Sendungsbewußtsein, «den Weg, die Wahrheit und das Leben» für alle Völker zu vertreten. Dieses Sendungsbewußtsein, längst seines spirituellen Ursprungs verlustig, hat dazu geführt, daß wir nicht nur die «Naturvölker« vernichten, sondern uns auch der Natur in einer Weise entfremdet haben, daß wir Gefahr laufen, mit ihr unterzugehen. Was von Christus als innerer, spiritueller Weg zu Gott offenbart wurde, hat sich zu einer tragischen Selbstüberhebung des Christentums verkehrt, einem alles beherrschenden, leeren und sinnlosen Machtanspruch der Zivilisation über Naturvölker, Natur und Kreatur.

Vor fünfhundert Jahren wurde aber nicht nur Amerika entdeckt, vor fünfhundert Jahren, noch immer ungeklärt ob 1493 oder 1494, wurde auch ein Mann geboren, der noch ungleich mehr entdeckt hat als nur einen Kontinent. In seinem Buch «Paracelsus im Märchenland» findet Sergius Golowin dafür treffende Worte: «Kolumbus erforschte damals einen Erdteil – doch Paracelsus die endlosen Weiten unsres Bewußtseins.»

Es ist mir ein besonderes Anliegen, gerade in diesem Jahr, da man weltweit der Taten eines Kolumbus gedenkt, im Gegenzug auf einen Forscher aufmerksam zu machen, der nicht wie Kolumbus allein der Vergangenheit angehört. Teophrastus Bombastus von Hohenheim, der sich erst als erwachsener Mann selbst den Namen Paracelsus gab, ist ein Forscher, dessen Entdeckungen keinen Völkermord und keine Kriege nach sich zogen und dessen Werk noch immer zukunftsweisende Dimensionen enthält – es gipfelt in der Vision einer Bruderschaft aus dem Licht der Natur und des Geistes. Zu Lebzeiten fast überall verfemt und verstoßen, ist Paracelsus, vielleicht zu seinem Glück, eine äußere organisierte Gefolgschaft versagt geblieben. Um so mehr hat er im geheimen gewirkt. In seiner Basler Studienausgabe der Werke von Paracelsus bemerkt Will-Erich Peuckert, daß eine medizinische Renaissance seiner Lehren wohl zu keiner Zeit erfolgt sei, und fährt fort: «Was uns jedoch bewegt, ist weniger die medizinische Leistung und der medizinische Lorbeer Paracelsi, als seine philosophische Leistung und Bedeutung – jene Leistung, auf der die fast zweihundert Jahre Pansophie gestanden haben, die Goethe berückte und in dessen ‹Faust› noch sichtbar werden will, die der Romantik Glanz und Wollen gab, die eine Neuromantik inspirierte, und die heut wieder in den Kreis des abendländischen suchenden Denkens tritt.»

Mein persönlicher Zugang

Als wäre ich von einer Weltreise zurückgekehrt, beladen mit Reiseprospekten und Fachliteratur, sitze ich an meinem Schreibtisch, umgeben von meterhohen Bücherstapeln, die alle mit Paracelsus zu tun haben, und frage mich plötzlich, ob es nicht viel sinnvoller wäre, diese zentnerschwere Papierlast hinter mir zu lassen und hinauszugehen in den Wald, um dort, ganz in Paracelsi Sinne, im «Buch der Natur» zu lesen. Nachdem Paracelsus sich sein Grundwissen aus der schriftlichen Überlieferung angeeignet hatte, polemisierte er immer heftiger gegen die Buchweisheiten und hielt das konkrete Studium des Menschen und der Schöpfung selbst dagegen. Und nun schicke ich mich an, schon wieder ein Buch zusammenzustellen, statt mich darum zu bemühen, die Hieroglyphen der ersten Frühlingstriebe zu entziffern! ... Schon höre ich ihn, wie er auch mich verspottet, ein Gelehrter zu sein, der lieber «hinter dem Ofen hockt und Birnen brät», statt sich der wahren Erfahrung der Landstraße auszusetzen! Und ich bin mit ihm einig: was nützt alle Buchweisheit, wenn wir damit nicht eine Erfahrung verbinden, gelebtes Leben?

Was mich nach diesem Zögern die Arbeit doch wiederaufnehmen läßt, hat seinen Grund darin, daß mein Interesse für Paracelsus durchaus nicht nur historischer oder intellektueller Art ist. In seinen Schriften zeichnen sich mögliche Antworten ab auf einen existentiell-politischen Konflikt, in dem sich wohl nicht nur meine Generation befindet.

In diesem Sinne begann meine Auseinandersetzung mit dem, was mir später auch bei Paracelsus so wichtig werden sollte, lange bevor ich eine einzige Zeile von ihm gelesen hatte, und zwar in Amerika, als ich mit der Überlieferung indianischer Medizinmänner bekannt wurde. Ich nahm an ihren Zeremonien teil, und in einer langen Nacht, deren zentrales Ritual die Anbetung und Einnahme des «Sonnen-Kaktusses» Peyote war, verließ ich mein bisher streng rationalistisch-physikalisch ausgerichtetes Weltbild, um mich fortan mit der Naturreligion und dem Schamanismus der Indianer zu identifizieren. Die Sioux ernannten mich zu ihrem «Botschafter für Europa», und in der Folge verbrachte ich mehrere Jahre damit, die indianischen Botschaften zu verbreiten. Mit der Zeit aber mußte ich mir sagen, daß meiner Existenz als «weißer Indianer» etwas Entscheidendes fehlte. In den Büchern, die ich dem Überlebenskampf der Indianer widmete, gab es keine Brücke mehr zur Zivilisation. Aus ihrer lebensbedrohenden Bedrängnis heraus hatten die indianischen Medizinmänner diese Brücke abgebrochen, und ich identifizierte mich zwar mit ihnen, lebte in Wahrheit aber auf der anderen Seite des Grabens.

Der Überlebenskampf der Indianer bestand darin, daß sie in ihren alten religiösen und kultischen Überlieferungen den Rückhalt fanden, sich gegen den scheinbar unaufhaltsamen Fortschritt einer technokratisch-destruktiven Welt zu behaupten. Sie erklärten sich zu den «Hütern der Erde«, und ihr Wahlspruch «Mit uns vergeht die Welt ...» ist ja inzwischen ein weltweit bekannter Slogan geworden.

Zurück zu den Quellen? Die Indianer hatten damit einen neuen Sinn erfahren, der ihrer Existenz eine Zukunftsperspektive verschaffte. Wie aber stand nun ich zu diesen Quellen? Ich konnte mich schon deshalb so leicht mit indianischer Naturreligion identifizieren, weil ja auch meine Vorfahren Baumanbeter gewesen waren. Nur: diese Bäume waren gefällt worden, und eine monotheistische Religion hatte die alten Götter zersetzt.

Es gibt kein Zurück zur Natur. Aber es gibt auch keine Zukunft ohne Natur. Wo lag ein Ausweg aus diesem Dilemma? In welcher Vergangenheit sollte ich suchen, um einen besseren Grund für die Zukunft zu finden, als ihn unsre Ideologen und Technokraten zu bieten haben? Ich brauchte nicht sehr weit zu gehen, um auf diesen Grund zu stoßen. Das Haus, wo Paracelsus seine erste Basler Zeit verbrachte, liegt in meiner unmittelbaren Nachbarschaft.

Damals wußte ich nur, daß er einerseits von Naturheilern, andrerseits von der etablierten chemischen Industrie als Vorläufer gepriesen und vereinnahmt wurde. Ein Mann also, der sowohl zurück zur Natur führte und trotzdem die exakte Naturwissenschaft vorwegnahm, die ja wohl auch noch unsre Zukunft entscheidend mitbestimmen wird? Hatte er vielleicht schon vor über vierhundert Jahren einen Ausweg aus dem Dilemma gefunden, das ich beim besten Willen nicht zu lösen vermochte?

So wurden seine Schriften für mich zu einer Art Droge. Ich berauschte mich an

ihnen. Vieles, was ich bei den indianischen Medizinmännern gelernt hatte, fand ich in seinen Traktaten aus dem 16. Jahrhundert wieder. Paracelsus hatte sich offenbar jenen Urinstinkt der Naturvölker bewahrt, die ja, ebenso wie die Tiere, noch genau wissen, welche Pflanze ihnen bekommt, wo ihre Heilkraft liegt, und unter welchen Bedingungen man sie einnehmen muß.
Andrerseits aber stieß Paracelsus die eingesessenen Ärzte seiner Zeit vor den Kopf, indem er nur gelten ließ, was die Empirie bestätigte, ja, er ging sogar so weit, die bewußte und konsequente Erforschung der ganzen Welt zu verlangen, um den Menschen verstehen zu können! Schamanismus und exakte Naturwissenschaft schlossen sich also keineswegs aus – sie hatten sogar in ein und derselben Person einen ihrer fruchtbarsten und zukunftsweisenden Vertreter gefunden! Zukunftsweisend, weil empirische Wissenschaft bei ihm niemals zum Selbstzweck wurde oder nur der Bereicherung diente, sondern immer eingebunden blieb in den Auftrag des Arztes, den Menschen zu helfen.
So wurde Paracelsus zeitweise eine Identitätsfigur, die mich von meinem verlorenen Posten eines «weißen Indianers» befreite, ohne daß ich deswegen meine indianischen Erfahrungen hätte verleugnen und aufgeben müssen. Im Gegenteil! In Paracelsus fand ich einen praktizierenden Philosophen, in dessen Menschenbild sich Naturreligion, Materialismus und Idealismus auf einzigartige Weise ergänzten. Worin nun der tiefere Grund für diese Einheit lag, blieb mir allerdings noch lange verborgen. Vorläufig war mir nur klar, daß Universalität bei Paracelsus keine äußerlich geforderte Leistung im Sinne der Enzyklopädisten bedeutet, sie ist vielmehr eine Voraussetzung wirklicher Erkenntnis und gerechten Handelns.
So viel zu meinem persönlichen Zugang zu Paracelsus, den ich dem Leser nicht schuldig bleiben wollte, da er die Konzeption dieses Buches entscheidend beeinflußt hat.

Das Buch: möglichst viele Aspekte

Paracelsus in seiner Universalität zu erfassen und zu vermitteln, war bisher nur mit der Intuition eines Dichters vom Range Goethes möglich; sein «Faust» entpuppt sich der Forschung mehr und mehr als ein paracelsistisches Grundwerk. Paracelsus auch als einer historischen Gestalt gerecht zu werden, war bisher nicht möglich, da zu viele Legenden und falsche Zeugnisse den Blick verstellten, auch war sein Werk trotz der verdankenswerten Huserschen Gesamtausgabe aus dem 16. Jahrhundert nur lückenhaft erschienen und schwer greifbar.
Daß wir ihm heute, ein halbes Jahrtausend nach seiner Geburt, endlich gerecht

werden können, hat verschiedene Gründe. Erstens liegt inzwischen der größte Teil seiner Schriften in überschaubaren Ausgaben vor, zweitens hat sich eine ganze Schar von ernstzunehmenden Paracelsus-Forschern gefunden, die diesem so lange verkannten Mann späte Anerkennung verschaffen, drittens fordert es die politische und geistige Weltlage geradezu heraus, sich um eine Erscheinung wie Paracelsus zu kümmern, da sich so manche zukunftsweisende Orientierungshilfe aus ihm herleiten ließe. Mir jedenfalls war es ein entscheidendes Argument, dieses Buch herauszugeben, daß ich hoffen konnte, über die historischen und dokumentarischen Belege hinaus aktuelle Anregungen zu vermitteln. Allein schon seine konsequente Verschmelzung von Ethik und Wissenschaft könnte ein Anstoß sein, die übliche allzu bequeme Trennung von Wissenschaft und Verantwortung von Grund auf zu überdenken.

Nicht nur die Biographie und das Werk von Paracelsus sollen in diesem Buch gewürdigt werden, es ist auch ein erster Versuch, anhand einer exemplarischen Auswahl wissenschaftlicher und literarischer Texte seine geradezu unglaubliche Wirkungsgeschichte zu dokumentieren. Was da vor allem auf dem Gebiet der Dichtung zusammenkam, vermag selbst den Fachmann noch zu verblüffen.

Der erste Teil ist einer biographischen Studie gewidmet, in der die neusten Forschungsergebnisse berücksichtigt werden. Im Umfeld ihrer Entstehungsgeschichte werden auch die Hauptwerke des Paracelsus vorgestellt.

Der zweite Teil versammelt Aphorismen aus dem Gesamtwerk des Paracelsus, eine Art Brevier, das von Robert Blaser zusammengestellt wurde. In dieser Sammlung kommt nicht nur der medizinische Reformer zu Wort, sondern auch der Theologe, der Philosoph, der Psychologe, der Ethiker, der Ökologe, der Kosmologe und der Geschichtsbetrachter.

Der dritte Teil stellt eine Auswahl von Vorträgen, Essays und Betrachtungen vor, die sich mit Einzelaspekten des Paracelsus beschäftigen. Es ist ein erster Versuch, einige Höhepunkte der bisherigen Paracelsus-Forschung zu dokumentieren, ergänzt durch einige Beiträge, die hier erstmals veröffentlicht werden und uns auch mit dem neusten Stand der Forschung bekannt machen. Wir beschließen diesen Teil mit einigen Beiträgen, die über die reine Forschung hinausweisen und aktuelle Bezüge zur Gegenwart herstellen.

Paracelsus ist oft als «unfaßbare Erscheinung» bezeichnet worden. Sein tragisches, sagenumwobenes Leben einerseits, der revolutionäre Tiefgang seiner Lehre andrerseits, haben dazu geführt, daß nicht nur Wissenschaftler, sondern noch mehr die Dichter sich von ihm faszinieren ließen. Das gilt nicht nur für seine historische Gestalt, es gilt auch für seine Philosophie, seine Utopie, die von ihm geprägte Nomenklatur. Es ist nicht abschätzbar, wo Paracelsus mehr Einfluß ausgeübt hat – in der Wissenschaft oder in der Geistesgeschichte. Mit

seiner Forderung, nur der konkreten Erfahrung zu glauben, hat er die moderne Wissenschaft vorweggenommen, mit seinem Essay über die Elementargeister hat er die Romantik mitbegründet – Jahrhunderte bevor ein E. T. A. Hoffmann oder ein Friedrich de la Motte Fouqué daraus schöpfen sollten.
Bei Paracelsus sind wissenschaftliche Analyse und dichterische Vision oft nicht zu unterscheiden. In seinen medizinischen Traktaten finden sich Passagen von nüchterner Trockenheit neben Abschnitten von biblischer Bildgewalt. Wenn Novalis später eine «poetische Wissenschaft» forderte, hatte er sein Vorbild in Paracelsus gefunden.
So hat der Hohenheimer ganze Generationen von Schriftstellern und Philosophen beeinflußt, die sich, direkt oder indirekt, mit ihm in Zusammenhang bringen lassen. Wir haben also das Glück, seine Lehre im Spiegel der Weltliteratur hundertfach wiederzufinden, oftmals zu größerer Klarheit weiterentwickelt, etwa bei Angelus Silesius und Goethe, manchmal allerdings auch verfälscht und verdünnt.
Im vierten Teil unsres Buches habe ich versucht, diese geistesgeschichtliche Nachwirkung erstmals zu dokumentieren. Dabei habe ich nicht nur jene Schriftsteller berücksichtigt, die sich direkt auf ihn bezogen haben, sondern auch jene, die er indirekt beeinflußt hat und in deren Werken uns oft ganz unverhofft seine Gedanken und Visionen wieder begegnen. Es kam ein erstaunlicher Kanon paracelsisch inspirierter Schriften zusammen.
Paracelsus ist Vorläufer trockenster Experimentalphysik, gleichzeitig aber auch ein Schamane, der noch um die geistigen Kräfte der Pflanzen wußte – wie wollten wir ihm da allein mit der vordergründig verläßlichen Mechanik unsrer wissenschaftlichen Recherchen und Argumentationen gerecht werden? Der Spiegel der Weltliteratur hilft uns, widersprüchlich genug, ihn plastischer zu erleben.

Das neue Denken

Wer sich mit Paracelsus beschäftigt, läuft Gefahr, von seiner Gedankenwelt wie von einem Virus erfaßt zu werden. Seine Welt bietet eine solche Fülle von Anregungen und Fragen, daß man zu immer neuen Auseinandersetzungen mit seinem Werk und seiner Person getrieben wird. Das liegt nicht etwa an der «Dunkelheit» seiner Schriften, sondern wohl daran, daß jedes Detail zu einem Ganzen führt – und umgekehrt. Es ist unmöglich, seine Rezepte und seine Krankheitslehre zu verstehen, ohne daß man sich eingehend mit seiner Philosophie beschäftigt hat, und die einzigartige Plausibilität seiner Philosophie wird einem erst offenbar, wenn sie ihre praktische Anwendung erfährt. Eigentlich findet man erst Ruhe, wenn man jede überlieferte Zeile von Paracelsus gelesen und dabei noch die Wirkungsgeschichte studiert hat. Viele seiner Schriften haben sich erst Jahrhunderte später, etwa durch das Wirken geistesverwandter Dichter wie Novalis und Goethe erschlossen, und was seine Philosophie der Natur betrifft, so haben die Physiker erst in neuerer Zeit wieder angefangen, sich die entsprechenden Fragen zu stellen, etwa nach möglichen Zusammenhängen von Geist und Materie. Ich erinnere nur an das Youngsche «Zwei-Löcher-Experiment», wonach das Verhalten des Elektrons nur damit erklärt werden kann, daß es über eine Art «Wissen» verfügt.

Als ich zum ersten Mal in den Schriften von Paracelsus las, stellte ich staunend fest, mit welcher ungetrübten, radikalen Sicht dieser Einzelgänger vor über vierhundert Jahren über Dinge nachgedacht hat, wie sie aktueller kaum betrachtet werden können; dabei stieß ich immer wieder auf Sätze, die mit vorsokratischer Kraft zeitlose Einsichten beschworen. In dieser ersten Phase meiner Rezeption vermochte ich Paracelsus nur in homöopathischer Dosis zu ertragen, zu überwältigend waren die Eindrücke, die mir einerseits seine konsequente Sicht auf das Weltganze, andrerseits sein faszinierendes Begreifen der individuellen, eigenverantwortlichen menschlichen Existenz vermittelten. Später, nach eingehender Lektüre, wurde mir klar, daß Paracelsus nicht nur eine historische Figur unter anderen ist, sondern einzureihen wäre in die Kette jener universalen Gestalten der Geistesgeschichte, die uns gelehrt haben, die Welt ganz neu zu betrachten. Es sind Gestalten wie Heraklit, Sokrates, Platon, Buddha – Denker, die eigentlich nichts anderes taten, als die Macht der Vorurteile und Gewohnheiten, die den Blick ihrer Zeitgenossen verstellten, zu durchbrechen und aus der Erfahrung ihres Lebens den Lauf der Dinge unvoreingenommen zu hinterfragen. Damit haben sie die Geschichte geprägt. Sie haben die Welt neu interpretiert, und damit hat sich die Welt verändert.

Ähnlich müssen wir auch das Wirken von Paracelsus begreifen. Mir stellte sich von Anfang an die Frage, mit welchen Schlüsseln sich Paracelsus seine Einsichten verschafft hat. Dazu galt es, wieder einmal die Vorsokratiker zu lesen, aber auch Platon, das Corpus Hermeticum des Hermes Trismegistos, die Evangelien. Da fanden sich viele grundlegende Sätze, die bei Paracelsus auch auftauchten – aber in völlig neuer, überraschender Bedeutung. Sie ergaben einen neuen Sinn, da er diese Grundsätze nicht als lebensferne Weisheiten höherer Einweihung begriff, sondern sie angewendet hat im harten täglichen Kampf eines unermüdlich forschenden und praktizierenden Arztes. Die neuplatonische Ideenlehre, die Evangelien, das waren für ihn keine schöngeistigen Gedankengebäude, keine isolierten Ideale, es waren ihm praktische Hilfen, die er benutzt hat, das Wesen der Pflanzen, des Menschen, des Kosmos zu ergründen und danach zu handeln.

Die tiefere Bedeutung dieser Urweisheiten hat sich ihm nicht in der Spekulation eines philosophischen Kolloquiums oder eines theologischen Konzils erwiesen, sondern in der Praxis, am Krankenbett, auf den Schlachtfeldern, in der rußigen Alchemistenküche und in der hellsichtigen Naturbetrachtung.
Schon ahnen wir des Rätsels Lösung, warum sich sowohl Esoteriker als auch Pragmatiker zu Recht auf Paracelsus berufen, die Erklärung für das Einzigartige seiner Erscheinung, daß Okkultismus und Aufklärung, Idealismus und Realismus, für ihn keine gegensätzlichen Haltungen darstellen, sondern sich als eine notwendige Ergänzung erweisen, wenn man seine Erkenntnis nicht auf Stückwerk beschränken, sondern der Wahrheit nahekommen will. Es muß uns immer wieder zu denken geben, daß sich die Tiefenpsychologie eines C. G. Jung genauso auf Paracelsus zurückführen läßt wie jene Methoden der exakten Naturwissenschaft, die es etwa Watson und Crick ermöglicht haben, den Code des menschlichen Gens zu entschlüsseln. Wissenschaftszweige, die bei uns längst nichts mehr miteinander zu tun haben, fanden ihren geistesgeschichtlichen Grund offenbar im gleichen, revolutionären Neuansatz eines Denkens, das mit Paracelsus einsetzte.
Die scheinbaren Widersprüche, die sich schon immer aus dieser Wirkungsgeschichte ergaben, haben die Rezeption des Paracelsus nicht gerade vereinfacht. Dafür hat Erwin Jaeckle die folgenden treffenden Worte gefunden: «Sage aber blieb auch die Paracelsus-Forschung zu oft. Diesen erschien er als Gründer, der berufen war, eine neue Ära der Wissenschaft anzuführen, jenen blieb er in seinen höchsten Werten Gotiker und Mystiker, und die Wortsicheren glaubten sich mit ihren klugen Begriffen seiner bemächtigt zu haben: er wurde Pantheist, Panpsychist und Pandynamiker, Neuplatoniker und Esoteriker östlicher und kabbalistischer Überlieferung. Abneigung, Glaube und Forschung aber haben in allen Fällen recht – Paracelsus ist sowohl dies als auch jenes und anderes noch, gerade deshalb aber bleibt er alles dies nicht mehr, er entzieht sich den Begriffen und vereinsamt.»
Dieser einsamen Position entspricht eine eigenständige Erkenntnistheorie, aus der sich viele der scheinbaren Widersprüche erklären lassen. Kurt Goldammer hat diese Erkenntnistheorie untersucht: «Dahinter steht die Tatsache eines doppelten Menschenbildes: der Mensch ist für Paracelsus gleichzeitig ein Naturwesen, das besonders der ärztlichen Betrachtung und Erforschung unterworfen ist, und ein theologisches Wesen, dessen Sinn das Evangelium setzt [...] Gegenüber der scholastischen Theologie scheint bei Paracelsus die Antithese von lumen naturae, lumen gratiae und lumen gloriae verschwunden zu sein. Er kennt nur das Nebeneinander von ‹Licht der Natur› und ‹Licht des Geistes›. Beide werden nicht koordiniert, auch nicht entgegengesetzt, sondern das eine ist

die Quelle des andern [...] Damit ist bei Paracelsus eine Einheit des Kosmos im Erkennen hergestellt. Der Kosmos ist das Erkennbare und das Erkenntnis Gebende zugleich, insofern der Heilige Geist die Erkenntnisfunktion in Bewegung setzt und der Mensch sein Erkennen richtig leiten und nicht fehlgehen läßt. Der Kosmos vermittelt eine Art von erlösendem Erkennen, weil hinter ihm die Gottheit als das Bewegende, das Verursachende des ganzen Erkenntnisvorganges steht.» Daraus entwickelt sich «ein neues Konzept des Humanum in seiner Erkenntnisfunktion, in seiner Doppelposition zwischen Welt und Gott, zwischen Schöpfung und Erlösung».

Auf diesem erkenntnistheoretischen Hintergrund erstaunt es uns nicht mehr, daß Paracelsus als Vater so vieler widersprüchlicher Schulen gilt. Ihm selbst war keine Schule, keine überlieferte Lehrmeinung ein verbindlicher Maßstab, sein Forschen hatte ja einen tieferen Grund. Letztlich sah er in seiner Wissenschaft den Auftrag, «Gottes Weisheit offenbar zu machen». Damit aber war untrennbar eine ethische Prämisse verbunden, die ihn immer wieder gegen «die falschen Ärzte» aufbrachte: «Wenn ein Ding auf den Eigennutz gerichtet wird, werden die Künste und auch das Werk gefälscht. Die Kunst und die Werke müssen aus der Liebe entspringen, sonst ist nichts Vollkommenes da.»

Indem also Paracelsus die Erkenntnis aus dem «Licht der Natur» von der Erkenntnis aus dem «Licht des Geistes» getrennt hat, schuf er Raum und Freiheit für die exakte Wissenschaft einerseits, die Offenbarung des Glaubens andrerseits. Die drohende Kluft überbrückte er in einem gemeinsamen, ethischen Grund, wo sich «natürliche» und «göttliche» Philosophie ergänzen. Damit sind der Erkenntnis keine Grenzen mehr gesetzt, sie wird zum Fundament und der unaufhaltsamen Triebkraft des weltlichen und geistlichen Lebens. Auch Forschungsgebiete wie Kernspaltung und Genetik, die uns mit Recht so zwiespältig anmuten, würde Paracelsus vermutlich an vorderster Front vorantreiben, selbst die Hilfe des Satans war ihm ja willkommen, wenn er daraus Erkenntnis schaffen konnte: «Gutes und Böses muß hervor. So wirs nun hervorgebracht haben, so sollen wir die zwei voneinander scheiden, das Gute nehmen und das Böse liegenlassen. Nun, was wird uns hier gezeigt anders, als: Wenn wir dem Teufel alle seine Kunst ablernen könnten, so sollen wirs tun, die Kunst brauchen und den Teufel liegen lassen. Die Künste sind uns alle erlaubt zu lernen, alle Dinge zu versuchen, und was gut ist, behalten.»

Dieser Offenheit aller Erkenntnis gegenüber liegt das Wissen zugrunde, daß sich der «faustische» Drang des Menschen nicht einschränken lassen wird, Verbote sind sinnlos; was erkannt werden kann, wird erkannt werden, da ja eben darin die Bestimmung des Menschen liegt, daß er allein dazu fähig ist, die Wunderwerke Gottes zu offenbaren.

Will-Erich Peuckert hat einmal nahegelegt, daß man in diesem Zusammenhang statt «faustisch» eher von «paracelsisch» sprechen sollte, und diese Anregung hat einiges für sich, zumal sie auch einen entscheidenden Unterschied zwischen «Faust», wie Goethe ihn sah, und dem historischen Paracelsus offenlegt. «Faust» geht seinen Pakt mit dem Teufel aus Eigennutz ein und wird damit zum Sinnbild einer menschlichen Tragödie. Paracelsus dagegen konnte eine solche «Zusammenarbeit» mit dem Teufel nur anregen, weil sein Handeln verankert war in einer unumstößlichen ethisch-religiösen Gewißheit, auch daraus das Gute zu schöpfen.

Dort, wo uns Paracelsus als zukunftsweisend erscheint, uns moderner anmutet als alle, die unser Fortschrittsdenken um jeden Preis verteidigen, moderner aber auch als jene, die sich dagegen sperren, begegnet uns immer wieder diese ethisch-religiöse Grundfrage. Also sei versucht, ihr noch etwas genauer nachzugehen.

Das Zukunftsweisende

Wir zeigten bereits, daß bei Paracelsus die Erkenntnis aus dem «natürlichen Licht» mit der Erkenntnis aus dem «göttlichen Licht» zusammenhängt, modern gesagt, würde das heißen: Exakte Naturwissenschaft und Offenbarung brauchen einander. Warum? Vom «natürlichen Licht» heißt es, es diene, die Wunderwerke Gottes offenbar zu machen. Wozu aber bedürfen wir dann auch noch eines «göttlichen Lichts»?

In der Vorrede seines reifsten Werkes, der «Philosophia sagax» unterscheidet Paracelsus wesensmäßig die beiden Lichter, indem er sie mit dem Reich des Absoluten und des Relativen in Verbindung bringt: In «unsrem Verhältnis zu Gott, zum ewigen Leben, [...] da gibt es nur einen Weg, eine Kunst, eine Lehre, eine Weise, ein Wesen, eine Wohnung, einen Hut, einen Gott. Aber was das Licht der Natur betrifft, so gibt es viele Wege, das Licht der Natur zu verarbeiten. So bei den Handwerksleuten, bei den Künsten, so in anderen Fakultäten und Religionen.»

Einen Abschnitt später zieht er aus dieser Unterscheidung eine ethische Konsequenz: «Wie das nun zu verstehen sei, gibt es also zwei Weisheiten auf dieser Welt, eine ewige und eine sterbliche. Die ewige entspringt ohne Mittel aus dem Lichte des heiligen Geistes, die andere ohne Mittel aus dem Lichte der Natur. Die aus dem Lichte des heiligen Geistes entsprungene hat nur eine Art, das ist die rechte und makellose Weisheit. Die aber, die aus dem Lichte der Natur entspringt, hat zwei Arten, die gute und die böse Weisheit. Die gute hängt sich an das Ewige, die böse an das Verdammte.» Woher aber sollten wir nun erkennen, worin das Böse und das Gute besteht? Eben dazu brauchen wir das «ewige Licht», da ja aus ihm allein sich unsre «sterbliche Weisheit» unterscheiden läßt in das «Gute und Böse». Modern ausgedrückt, erführe nach Paracelsus die exakte Naturwissenschaft erst dadurch einen Sinn, daß sie mit Hilfe des «göttlichen Lichts» geschieden wird in Gut und Böse.

Wie einfältig muß angesichts einer solchen scharfsinnigen Plausibilität das Gerede von «wertfreier Wissenschaft» erscheinen! Wie aberwitzig und gefährlich bequem die Haltung so vieler Wissenschaftler, die ihre Forschung von jeder Verantwortlichkeit trennen! Und wie erlösend klingen dagegen die Gedanken ihres genialen Vordenkers, wenn er von sich fordert: «Sollte ich nicht so viel vermögen, ich und ein jeder, daß sich das ewige Licht in uns bewähre und daß auch das natürliche in uns erstrahlen sollte und daß wir also im ewigen Lichte zum Höchsten wandeln im Willen Gottes, daß unser Licht scheine vor allen Menschen? Dann täte mir leid, daß mich der Erdboden trägt!»

In dieser Maxime liegt ein dialektisches Denken, das den Konflikt zwischen Hegel und Marx schon gelöst hat, ehe er ausbrach; ein Denken, in dem sich Idealismus und Materialismus nicht ausschließen, sondern ergänzen, die höchste Individuation des Menschen und seine soziale Verantwortung sich gleichsam bedingen. Ethik beruht nicht auf einer äußerlich aufgesetzten Moral; sie ist verbunden mit einem sinnvoll erfahrenen Leben, das sowohl die Entwicklung der eigenen Erkenntnis als auch ihre Vermittlung an andere Menschen einschließt.

So läuft diese Maxime auf eine Interpretation des Menschen und des Kosmos hinaus, die weder eine Dominanz des «Materiellen» noch des «Geistigen» zuläßt, also sich gleichsam dem Absinken in eine sinnlos gewordene Warenwelt widersetzt, wie sie sich gegen jede spirituelle Selbstüberhebung wendet.

Ich habe Paracelsus mit Sokrates und anderen Erneuerern verglichen, und mancher wird darob etwas mehr Bescheidenheit verlangen. Je mehr ich mich indessen mit Paracelsus beschäftige, desto deutlicher kommt ihm eine solche Einordnung zu. Er hat nicht nur die moderne Naturwissenschaft entscheidend mitbegründet, er hat weit über ihre real existierende Dominanz unsrer Tage hinausgedacht, indem er alle Naturwissenschaft eingebunden hat in einen Sinnzusammenhang, aus dem heraus sich eine Zukunft entwickeln ließe.

Lesehilfe

Viele Autoren ziehen es aus gutem Grund vor, Paracelsus nur in der Originalsprache zu zitieren, und auch ich habe mich dieser Tradition teilweise angeschlossen.

Auf den ersten Blick mögen manche dieser Original-Zitate als unverständliches Kauderwelsch erscheinen. Doch dadurch sollte man sich nicht abschrecken lassen.
Es ist zu bedenken, daß Paracelsus die Volkssprache des ausgehenden Mittelalters benutzte, um Dinge und Zusammenhänge zu benennen, die vor ihm noch niemand in dieser Weise erforscht hatte. Hinzu kommt, daß er gestottert hat und viele seiner Schriften wörtliche Wiedergaben seiner frei gesprochenen Vorlesungen oder Diktate sind, quasi phonetische Mitschriften. Eine Orthographie im heutigen Sinne gab es ja damals noch nicht.
Im Gegensatz zu Friedrich Gundolf, der Paracelsus nur wenig sprachliche Qualitäten zubilligt, bin ich der Meinung, daß er zu den großen Sprachschöpfern seiner Epoche gehört, was wir aber vielleicht erst heute wieder richtig einzuschätzen vermögen, da uns nicht mehr der perfektionierte, geschliffene Stil als höchstes Kriterium gilt, sondern auch das Fragmentarische, Sperrige und Spröde einer Sprache reizvoll erscheint.
Hilfreich für das Verständnis der paracelsischen Schriften mag sein, wenn man, wie er, von einem alemannischen Dialekt herkommt. Das gilt vor allem für sein Vokabular. Viel ist aber auch schon gewonnen, wenn man sich seine Texte – ihrer phonetischen Niederschrift gemäß – laut vorliest. Auf diese Weise tritt die merkwürdige Orthographie in den Hintergrund, und wir haben die einmalige Chance, uns nicht nur Dokumente der spätmittelalterlichen Sprachentwicklung zu Gehör zu bringen, sondern uns dem Sprachduktus zu nähern, der für Paracelsus charakteristisch war. Durch solches laute Lesen der Original-Zitate ergibt sich oft nicht nur ein leichtes Verständnis seiner zunächst so «wirr» erscheinenden Sprache, sondern es wird deutlich, mit welcher Anschaulichkeit Paracelsus die kompliziertesten Sachverhalte darzustellen vermochte. Da räsoniert er zuweilen über die ersten und letzten Fragen der Menschheit, dabei könnte man meinen, man höre einem alemannischen Bauern zu, der über die zu erwartende Kartoffelernte spricht. Was uns also bei seiner Sprache zunächst etwas entmutigen mag, kann so zu einem Lesevergnügen werden.

Basel, Juli 1992 *Frank Geerk*

I
Paracelsus, ein universaler Einzelgänger

Versuch einer Monographie

Die Kindheit in Einsiedeln

«Also bin ich gewandlet durch die Länder und ein Peregrinus gewest meine Zeit – allein und fremd und anders. Da hast Du, Gott, wachsen lan Deine Kunst unter dem Hauche des furchtbaren Windes mit Schmerzen in mir.» Nicht umsonst stehen diese Worte im Sockel des Einsiedler Paracelsus-Denkmals, sie sind die prägnanteste, mir bekannte Autobiographie eines Menschen und formulieren zugleich den Erfahrungsgrund des parcelsischen Werkes. Paracelsus war zeit seines Lebens ein Wanderer, oft auch wider Willen, dabei «allein und fremd und anders», da er die Welt von Grund auf neu interpretierte. Seine Biographie ist ein Beispiel dafür, daß unabhängige, selbstschaffende Erkenntnis fast immer den Preis eines menschlichen Scheiterns hat, aus dem heraus sich das Leben in seinen tieferen Schichten erschließt.

Wir besitzen so wenige verbürgte Fakten über das Leben des Paracelsus, daß wir dankbar sind über jedes erwiesene Indiz. Im übrigen sind wir darauf angewiesen, uns auf die Aussagen von Paracelsus selbst zu berufen und von daher die Fakten zu erhellen.

Was also will es uns sagen, wenn Paracelsus sich als «allein und fremd und anders» bezeichnet? Wir sehen schon in den wenigen verbürgten Tatsachen über seine Kindheit in Einsiedeln einen möglichen Hintergrund für diese Selbstdarstellung.

Vermutlich wurde Theophrastus Bombastus von Hohenheim, genannt Paracelsus, im Jahre 1493 geboren. Als Geburtsort bleibt Einsiedeln außer Frage, nicht aber das Geburtshaus. Früher galt ein Gebäude direkt bei der Teufelsbrücke als Geburtshaus, neuere Untersuchungen deuten darauf hin, daß es eher oberhalb der Sihlbrücke am Etzel gestanden hat. Eine Volkssage berichtet, er habe schon im Leib seiner Mutter geschrieen, und sie soll während seiner Geburt in vier Teile geschnitten worden sein. Eine solche Sage gibt uns sicher keine Auskunft über den historischen Paracelsus, tradiert aber vielleicht eine andere Art von Wissen um ihn, wie es ihm selbst sehr vertraut gewesen wäre. Oft sind Volkssagen ja nichts anderes als eine symbolische Überhöhung der Wirklichkeit, eine Verdichtung der Wahrheit also. Zeigt sie uns nun aber Paracelsus als teuflische Gestalt, deren Geburt die Mutter das Leben kostete? Oder eher Paracelsus als Mensch ohne Mutter, von der ersten Minute seines Lebens an der Einsamkeit und Selbständigkeit ausgesetzt, unbehütet und ohne Rückhalt in jenem menschlichen Urvertrauen, das eine Mutter am besten vermittelt? Wir wissen es nicht. In jedem Fall aber weist diese Sage darauf hin, daß Paracelsus von Geburt an eine leidvolle Eigenständigkeit zugeschrieben wurde.

Historisch belegt ist, daß alle Umstände darauf hinausliefen, aus Paracelsus einen Außenseiter zu machen. So war schon sein Vater nicht ein Ritter im vollgültigen Adelsstand, sondern als illegitimes Kind eines Hohenheimers ein deklassierter Adliger, der nicht zu Hause auf dem Stammschloß seiner Familie nahe bei Plieningen südlich von Stuttgart aufwuchs, sondern bei Verwandten auf Schloß Riet. Wilhelm Bombast von Hohenheim war auch nicht erbberechtigt und folglich gezwungen, einen bürgerlichen Beruf zu erlernen, um sich zu ernähren. Er konnte sich also nicht auf die Traditionen seiner Familie zurückziehen wie etwa die Verwaltung der Erbgüter oder die hohe Politik, er mußte sein Leben aus eigener Kraft bestreiten und eigene lebenserhaltende Interessen entwickeln. In den Inskriptionslisten der Tübinger Universität findet sich im Jahr 1481 ein Eintrag unter seinem Namen. Zunächst stand ein dreijähriges Studium generale auf dem Programm, dann folgte das eigentliche Fachstudium der Medizin. Es ist also anzunehmen, daß Wilhelm Bombast von Hohenheim seinem Sohn später nicht nur das medizinische Grundwissen vermitteln konnte, sondern auch einen hohen Grad an humanistischer Allgemeinbildung.

Nicht nur die Handwerker, auch die Ärzte gingen damals nach dem Studium auf die Wanderschaft, um ihre Kenntnisse in der praktischen Erfahrung zu erhärten. Was ihn nach Einsiedeln in den Kanton Schwyz geführt hat, ist nicht bekannt, vielleicht haben ihn religiöse Gründe an diesen berühmten Wallfahrtsort gelockt, vielleicht auch die Aussicht, in der dortigen Badestube als Scherer oder Chirurgus ein Auskommen zu finden.

Unbekannt ist die Liebesgeschichte, die dazu geführt hat, daß Wilhelm Bombast von Hohenheim, trotz allem immerhin doch ein Adliger, eine Leibeigene des Klosters Einsiedeln ehelichte. Zumindest spricht dies für die eigenständige Persönlichkeit des deutschen Arztes, den weder Standesdünkel noch pekuniäre Überlegungen bei der Wahl seiner Frau bestimmten. Als Leibeigene des Klosters hatte sie keinerlei eigenen Besitz, und auch ihre Nachkommen würden nach dem Gesetz «der schlechten Hand» nicht nach dem Stand des Vaters bestimmt, sondern nach jenem der Mutter, das hieß, seine Kinder würden ebenfalls Leibeigene des Klosters werden. Das erklärt übrigens, warum nach dem Tod von Paracelsus ein Vertreter des Abtes von Einsiedeln als «Besthaupt» einen schweren silbernen Becher aus dem Nachlaß von Paracelsus entgegennehmen konnte.

Für einen verarmten Adligen vollzog Wilhelm von Hohenheim also eine sehr ungewöhnliche Brautwahl. Sie läßt nicht nur darauf schließen, daß der Vater von Paracelsus sich kaum um die Gepflogenheiten seines Standes scherte, sie zeigt uns, daß er ihnen sogar in extremer Weise zuwiderhandelte. Vielleicht können wir darin eine erste Erklärung für die Respektlosigkeit finden, die sein Sohn später den Obrigkeiten aller Art entgegenbrachte.

Noch weniger wissen wir von seiner Mutter, dürfen aber vermuten, daß er zeit seines Lebens eine tiefe Verehrung für sie empfunden hat, sonst hätte er wohl kaum so eindeutige Worte für die Beziehung von Mutter und Kind gefunden: «Das Kind bedarf keines Gestirns und keines Planeten; seine Mutter ist sein Planet und sein Stern.»

Historisch gesichert aber ist nicht einmal, zu welcher Sippe seine Mutter gehörte. Allgemein läßt sich sagen, daß die Einsiedler Untertanen des Stiftes waren, hauptsächlich elsässischer Abstammung, ab 934 als Leibeigene des Straßburger Münsters und der Niederlassung Sierenz im Oberelsaß zur Kolonisation im Finsterwald angesiedelt. Ehen mit Auswärtigen wurden nur sehr selten registriert, vor allem aus dem schon angeführten Grund, daß auch die Kinder von Fremden zwangsläufig Leibeigene des geistlichen Fürstentums von Einsiedeln wurden. Auch kann man sich vorstellen, daß die Einsiedler sich zwar im Sommer mit der Beherbergung und Versorgung der Wallfahrer beschäftigten, eine frühe Form des Fremdenverkehrs, sich sonst aber sehr zurückhielten im Kontakt mit den «Hergeloffenen».

Also dürfen wir auch von der Seite der Mutter her annehmen, daß sie eine Persönlichkeit war, die sich über die gesellschaftlichen Gegebenheiten und Traditionen ihres Standes hinwegsetzte, indem sie ausgerechnet einen Schwaben heiratete. Dieser Entschluß mag ein Affront für ihre Familie und das ganze Dorf gewesen sein, zumal die politische Entwicklung in den folgenden Jahren dazu führte, daß im «Schwabenkrieg» die Fronten zwischen der Eidgenossenschaft und dem Heiligen Römischen Reich Deutscher Nation aufeinanderprallten.

Da gab es also politische, soziale und mentalitätsbedingte Konfliktstoffe genug, über die sich die Eltern von Paracelsus mit ihrer Ehe hinwegzusetzen versuchten – und in deren Spannungsfeld das Kind dennoch seine ersten entscheidenden Jahre verbachte. Zwar war er durch die Mutter durchaus ein «Einheimischer», aber durch die väterliche Herkunft doch immer auch ein Fremder in seiner engsten Heimat. Eine Konstellation, die uns für seinen autobiographischen Hinweis, er sei «allein und fremd und anders», eine erste mögliche Erklärung liefert.

Es ist auch gut vorstellbar, daß dieses spannungsgeladene Umfeld seines Elternhauses den jungen Paracelsus mit einem Stigma behaftet hat, demzufolge er nicht ohne weiteres Anschluß an die eingeborene Bauernjugend des Ortes fand. Sein Hinweis, er habe seine Kunst in erster Linie von seinem Vater gelernt, läßt darauf schließen, daß er wohl die meiste Zeit seiner Kindheit mit seinem Vater verbrachte und ihn bei seinen Krankenbesuchen begleitet hat.

Ein weiteres Indiz dafür, daß sich Paracelsus schon von früher Kindheit an «allein und fremd und anders» fühlte, könnte man darin sehen, daß er wohl von eher schwächlicher Gesundheit war. Wir wissen aus diversen Beschreibungen, daß er noch als Erwachsener kleinwüchsig war, und ein Ansatz zum Buckel wie auch die etwas verwachsene Schädelform, vor allem das übermächtige Kinn und der übergroße Hinterkopf, lassen uns eine rachitische Erkrankung in seiner Kindheit vermuten. Ein daraus resultierendes körperliches Minderwertigkeitsgefühl mag dazu geführt haben, daß Paracelsus später ein um so gewaltigeres Henkersschwert mit sich zu führen pflegte.

Einzelkind, körperlich eher schwach und zurückgeblieben, soziale, politische und mentalitätsbedingte Konflikte im Elternhaus – so stellt sich also die frühe Kindheit des Paracelsus von seiner Konstitution und seiner familiären Herkunft her dar. Nun fragt sich, aus welchen Komponenten sich seine ersten Erfahrungen mit der äußeren Welt zusammensetzten.

Das Kloster Einsiedeln verdankt seine Entstehung dem heiligen Meinrad, der Sage nach ein Hohenzoller, geboren um 800, der sich als Eremit zuerst auf dem Etzel, dann in der Wildnis niederließ, eben dort, wo heute die Klosterbauten stehen. Hier soll ihm Hildegart, Äbtissin im Frauenmünster zu Zürich, eine Kapelle erbaut und das Marienbild geschenkt haben, dem Einsiedeln seine Bedeutung verdankt. Im Jahre 861 wurde er ermordet; die Sage läßt seine zwei Raben die Täter bis nach Zürich verfolgen, wo die Vögel von Pilgern erkannt und die Mörder entdeckt und bestraft wurden. Die Zelle des Eremiten wurde ein Wallfahrtsort, blieb aber unbewohnt, bis sich der Einsiedler Benno mit einigen Gefährten dort niederließ. Das Kloster selbst wurde von Eberhard, Domprobst von Straßburg, erbaut. Zur Einweihung der Kapelle, heißt es in der Legende, sei der Heiland selbst herabgestiegen, begleitet von Engeln und Heiligen. Papst Leo VIII. hieß das Wunder gut und verkündete den Pilgern, die sich nach Einsiedeln aufmachten, vollkommenen Ablaß.

Die Macht einer solchen Legende, die diesen Ort prägte und jährlich bis zu 200 000 Pilger nach Einsiedeln lockte, ist sicher an dem einzelgängerischen Paracelsus nicht spurlos vorbeigegangen. Wir können darin zwei Hinweise für seine spätere Entwicklung sehen. Einmal könnte die prägende Erfahrung der Heiligenverehrung dazu geführt haben, daß er sich aus seiner einsamen Situa-

tion heraus mit dem heiligen Meinrad identifizierte. Der gloriose Heilige mag ihm ein Vorbild geworden sein, sich später selbst als eine Art «Heiland» zu fühlen, als Priesterarzt, der im frei gewählten Stand der Ehelosigkeit sogar noch das mönchische Gebot erfüllte, sein Leben ganz in den Dienst Gottes zu stellen. Hinzu kommt, daß er den Vater nicht nur in seiner praktischen ärztlichen Arbeit erlebte, sondern auch Zeuge davon wurde, wie sich viele Pilger allein schon durch die Macht ihres Glaubens, der sie an diesen Ort geführt hatte, geheilt glaubten. Darin liegt möglicherweise ein Kern dafür, daß Paracelsus, obschon er die praktische Erfahrung des Arztes über alles stellte, so viel Verständnis für psychosomatische Phänomene entwickeln konnte.
Das Innere der Kirche ist, heute wie damals, mit Gemälden, Marmor und Vergoldung reichlich verziert. Im vorderen Schiff steht die aus dunklem Marmor erbaute Kapelle der Heiligen Jungfrau, in der sich der zentrale Gegenstand der Verehrung befindet, ein aus glänzendem schwarzen Holz gearbeitetes Marienbild, ausgeschmückt mit Gold und Edelsteinen, umgeben von brennenden Kerzen und Blumen. Es ist unschwer, sich vorzustellen, wie dieses allerheiligste Gnadenbild, in dem so viele Pilger ihr Heil suchten, auch auf den kleinen Theophrastus von Hohenheim großen Eindruck machte, jedenfalls hat er sich zeit seines Lebens eine ungebrochene Marienverehrung bewahrt.

Nach dieser Skizze seines spirituellen Hintergrundes nun noch ein paar Vermutungen über seine praktischen Erfahrungen. Obwohl nicht gesichert ist, daß Wilhelm von Hohenheim der erste «Spitalmeister» von Einsiedeln war, dürfen wir doch annehmen, daß er als Arzt zumindest auch im Pilgerspital tätig war, das 1353 von Abt Heinrich III. gegründet worden war, ein Ort also, wo Paracelsus seine ersten unmittelbarsten Kindheitseindrücke erfuhr; auch gab es im Klosterbereich ein Altenheim fur Leute, die im Dienst des Klosters ergraut waren. Seit 1465 gab es zudem ein «Siechenhaus», in dem vor allem die «Leprösen» untergebracht wurden, die mit den Wallfahrern angereist kamen, um hier ihre Heilung zu finden. Sie mußten einen Siechenmantel und eine Klapper tragen, um die Menschen rechtzeitig vor sich zu warnen. Stellt man sich diese tägliche Umgebung des jungen Paracelsus vor, wird man unwillkürlich an die Jugend von Buddha erinnert, dem, nach wohlbehüteter Kindheit, erst durch die Begegnung mit Krankheit, Alter, Tod und einem Asketen die entscheidenden Impulse für seine spätere Lehre gegeben wurden.
Die andere Seite des praktischen Lebens, mit dem der junge Paracelsus konfrontiert war, zeigte sich in den Aktivitäten der Einsiedler Bevölkerung. Es war, vom Bauernstand abgesehen, eine saisonbedingte Betätigung. Zur Zeit der Kindheit des Paracelsus erlebte die Wallfahrt in Einsiedeln ihren Höhepunkt. Das brachte

es mit sich, daß sich aus dem Bauernstand viele Geschäftsleute entwickelten, die sich als sehr vielseitig erweisen mußten, wenn sie überleben wollten. Um den Kontakt mit den Pilgern aufzunehmen, mußten sie über Sprachkenntnisse, Anpassungsfähigkeit und vor allem Menschenkenntnis verfügen. Sicher ist, daß sich schon damals ein starkes Kunsthandwerk entwickelte, um die Pilger mit allerlei «Souvenirs» zu versorgen. Wie vielseitig ein erfolgreicher Geschäftsmann zu sein hatte, geht aus dem Tagebuch eines Einsiedler Wirts hervor, der gleichzeitig als «Tuchhändler, Weinhändler, Metzger, Pferdehändler und Krämer» tätig war. Vielleicht können wir auch darin prägende Indizien für den Lebenslauf von Paracelsus sehen, einmal einen Keim für seine Universalität, aber auch für seine urwüchsige Beredsamkeit, wenn es galt, sich und seine Botschaft anzupreisen. Außerhalb dieser saisonbedingten Betriebsamkeit war das Leben der Einsiedler nach wie vor von den Bedingungen der Landwirtschaft geprägt. Frühling, Sommer, Herbst und Winter waren also nicht nur unterschiedliche Jahreszeiten, die man in der Stube mehr oder weniger aus sicherem Abstand erlebte, es waren Zeiten, die die Existenz bestimmten. So machte das Kind früh die Erfahrung, wie sehr der Lauf der Sonne das Befinden und die Tätigkeit des Menschen bestimmt, vielleicht ein Grund dafür, daß Paracelsus später für das Erkennen und Behandeln von Krankheiten nicht nur den Lauf der Sterne, sondern auch die Jahreszeit ihres Ausbruchs berücksichtigt wissen wollte.

Es liegt mir fern, nun alles und jedes aus seiner Kindheit erklären zu wollen, aber so viele Hinweise müssen uns doch zu denken geben. Schon Erasmus von Rotterdam nannte ja Paracelsus einmal einen «Helvetius Eremita», was auch als eine Anspielung auf seine Einsiedler Herkunft zu verstehen ist.
Neben den erwähnten Umständen, die ihn zum Außenseiter prädestinierten, erkennen wir noch eine andere Einsiedler Prägung, in der ein Motiv für seine spätere Rastlosigkeit vermutet werden kann. Sein «faustischer» Drang, möglichst die ganze Welt zu erfahren, kam kaum je zur Ruhe. Zwar verwehrten es ihm auch die äußeren Gegebenheiten und politische Intrigen immer wieder, sich irgendwo niederzulassen, aber mir scheint, daß ihm dieses ewige Wanderleben entsprach.
Jahr für Jahr, wenn der harte und schwere Winter überstanden war, der Frühling Schnee und Eis getaut hatte, zogen mit dem Sommer neue Ströme von Pilgern ins Land, um in Einsiedeln Ablaß, Genesung und Heil zu finden. Was für eine Kluft zwischen der Einsamkeit der Winterszeit und der sommerlichen Betriebsamkeit, die den kleinen Ort zum Zentrum der Welt machte! Die Pilger führten dem Kind fremde Sprachen, fremde Gesichter, fremde Gewohnheiten und

Sitten vor Augen und mögen dadurch ein unstillbares Verlangen genährt haben, all diese Länder einmal kennenzulernen, aus denen sie hergepilgert kamen. Nicht nur seine lebenslängliche Rastlosigkeit, auch seine Universalität mag in diesen Begegnungen noch verwurzelt sein. Gut vorstellbar, wie er diesen Pilgern gelauscht, ihre Fremdheit bestaunt hat. Unermeßlich die Welt, die noch jenseits von Einsiedeln lag! Neben der kleinen vertrauten Welt gab es jene ganz andere große Welt, die eines Tages erwandert werden wollte, und schon fällt uns die eingangs zitierte Selbstdarstellung wieder ein: «Also bin ich gewandlet durch die Länder und ein Pelegrinus gewest meine Zeit...»

Ich beschließe diese Vermutungen über die Einsiedler Kindheit des Paracelsus mit einer Spekulation, die ganz und gar nicht historisch ist, darum aber nicht weniger plausibel zu sein braucht.

Wenn wir auch nicht mit Sicherheit sagen können, ob Paracelsus in einer Liegenschaft bei der Teufelsbrücke aufgewachsen ist oder mehr oberhalb auf der rechten Seite der Etzelstraße im sogenannten Küelwisli – das hängt ganz davon ab, von welcher Familie man die Abstammung der Mutter herleiten will –, sicher ist aber, das ihm Sihlschlucht und Teufelsbrücke bekannt gewesen sein müssen. Hier hat er seine ersten, unmittelbarsten Erfahrungen mit der Natur gemacht. Mit jener kindlichen Wahrnehmungsintensität, über die der bewußtere Mensch nur noch selten verfügt, hat er sich prägen lassen von der Wildheit und Menschenverlassenheit dieser urwüchsigen Gegend. Vielleicht war er sogar weniger im Elternhaus verwurzelt als vielmehr in dieser Landschaft, mag sein, daß er aus ihr jene seelische und geistige Kraft bezog, die ihn später befähigte, die Strapazen seiner Wanderungen durchzustehen, jedenfalls gibt es einige Hinweise in seinem Werk, die auf eine solche archaische Naturverbundenheit schließen lassen, etwa seinen Hinweis, daß gewisse Krankheiten am besten geheilt werden, indem der Kranke an den Ort seiner Geburt zurückkehrt. Da ahnen wir einen Heimatbegriff, der nichts mit politischem Chauvinismus zu tun hat, sondern die Existenz des Menschen wesentlich ausmacht.

Wir vermuten, daß auch sein Verhältnis zur Sprache in diesen Kindheitserlebnissen wurzelt. Für Paracelsus war die Sprache kein mechanistisches Instrumentarium der Datenvermittlung, er sah in der Sprache die Gabe des Menschen, dem Licht der Natur und dem Licht des Geistes Ausdruck zu geben, auf daß die Wunderwerke Gottes offenbar werden. Allein schon dieses schamanistischen Anspruchs wegen konnte er sich nicht damit begnügen, die vorgefertigten, endlos repetierten Phrasen der lateinischen Nomenklatur nachzuplappern, sondern mußte zurückgreifen auf eine tiefere Erfahrung, die Sprache der Kindheit, wo die Worte noch gesättigt sind von Intuition und Anschauung. Diese Verweigerung, sich der gängigen Sprachmode zu unterwerfen, begründet er immer

wieder mit seiner Einsiedler Kindheit: «Daß ich mich keiner Rhetorik noch subtilitatem berümen kann, sondern nach der zungen miner Geburt und landssprachen, der ich bin von Ainsiedlen, des lands ein Schweizer.»
Daß seine Sprache ihm nicht nur aus Büchern und Menschen zuwuchs, sondern mehr noch aus der Natur, kommt an folgender, oft zitierten Stelle zum Ausdruck: «Dieselbigen, die in weichen Kleidern und bey Frauenzimmern erzogen worden und wir, die in Tannenzapfen erwachsen, verstehen einander nit.» Nicht die Lateinschule, die Tannenzapfen haben also seine Sprache entscheidend geprägt. Darin, daß Paracelsus später auf diese unmittelbare Spracherfahrung seiner Kindheit zurückgriff, sehe ich weniger ein Zeichen für nationale Gefühle, als vielmehr einen Ausdruck seiner Not, für seine Philosophie authentische Worte zu finden. Er fand sie nicht in den leeren Begriffshülsen der lateinischen Kunstsprache, sie war nicht geeignet, all seine Entdeckungen und Neuheiten zum Ausdruck zu bringen; dazu brauchte es die Sprache der Kindheit, wo die Worte noch mit dem, was sie nennen, eine magische Einheit bilden.
Diese starke Bindung an die Natur wurde dem Kind übrigens schon durch die Namensgebung in die Wiege gelegt, nicht umsonst gab ihm der Vater den Vornamen «Theophrastus». Theophrastus, 390–288 vor Christi Geburt, war ein griechischer Philosoph und Nachfolger des Aristoteles in der Leitung der peripatetischen Schule, hat sich aber vor allem um die Naturkunde und Botanik bemüht, er gilt als Begründer der Naturheilkunde. Gut vorstellbar, daß der Vater den «kleinen Theophrastus» schon früh im Sinne des großen Vorbildes in die Pflanzenheilkunde eingeführt hat.
Aber nicht nur das Verhältnis zu Sprache, Heimat und biologischer Heilkunde wurzelt in der Naturerfahrung seiner Einsiedler Kindheit, ich deute auch seine Beschreibung der «Elementargeister» als eine spätere Folge dieser ersten unmittelbaren Eindrücke. Im «Liber de nymphis» hat Paracelsus, ganz gegen die monotheistische Dogmatik seiner Zeit, den lebendigen Dialog mit der Natur aufgenommen. Er hat die Elemente mit Geistern bevölkert und damit unser heidnisches Erbe in sein Christentum integriert. Von seiner Beschreibung der «Elementargeister» hat gut zweihundert Jahre später die deutsche Romantik ihren entscheidenden Impuls empfangen, man kann im «Liber de nymphis» mit guten Gründen einen Urtext der Romantik sehen.
Als ich vor einigen Jahren zum ersten Mal den Geburtsort von Paracelsus besuchte, habe ich mich einige Stunden unter der Teufelsbrücke und in ihrer näheren Umgebung aufgehalten. Da schien mir, daß ich dem Ursprung der paracelsischen Geisterbeschreibung recht nahe war, ja, ich berauschte mich fast an der Vorstellung, den geographischen Ort gefunden zu haben, wo mit Paracelsus auch die Romantik geboren wurde.

Die Sihl ist ein Fluß, der sich, den schnellen Wetterwechseln des Gebirges gemäß, ständig verwandelt, aufblitzt im Sonnenlicht, im Schatten der Wolken verblaßt, ein quirliger Leib, der über Felsen und Wehre hüpft, als wäre er nicht nur von Fischen bevölkert. Was lag näher, als daß dem «kleinen Theophrastus» in der Menschenverlassenheit dieser Gegend menschenähnliche Wesen erschienen, die ihn ahnen ließen, daß da ein Zwischenreich sei zwischen Mensch und Natur? Wenig fehlte, und auch mir wären hier plötzlich Nymphen erschienen. Aber nicht nur das Wasser, auch die ständig wechselnden Schatten der Felsen lassen verborgene Bewohner vermuten; was lag näher, als daß da die Gnomen erwachten und ihm ihr Wesen offenbarten? Wo die Natur sich so lebendig zeigt, lassen auch Sylphen im Laub der Bäume nicht auf sich warten, ein Windstoß genügt, und die grünen Blätter erzählen, was der Wind ihnen eingibt. Und abends im Dämmerlicht finden sich feurige Salamander ein.

Die berückende Nomenklatur für die Elementargeister hat Paracelsus erst später, als gebildeter Mann gefunden, dabei aber beschreibt er die Elementargeister so genau und wissend und selbstverständlich, daß man das «Liber de nymphis» schwerlich als launisches Nebenprodukt eines humanistischen Gelehrten abtun kann. Man muß fast annehmen, daß diese Beschreibung auf eine tiefere, unverstellte, authentische Erfahrung zurückgeht – eine Wahrnehmung, wie sie nur noch Naturvölker und Kinder haben.

Wir sagten, daß Paracelsus ein einsames Kind war, dem die Menschen seiner Umgebung eher fremd erscheinen mußten. Was lag da näher, als sich in dieser Einsamkeit andre Kontakte zu suchen, weniger mit den Altersgenossen zu spielen als vielmehr mit den Bewohnern der Elemente? Unwillkürlich fällt uns Hölderlin ein, den mit Paracelsus auch sonst viel verbindet, wenn er seine Kindheit beschwört: «Da ich ein Knabe war, / Rettet ein Gott mich oft / Vom Geschrei und der Rute der Menschen, / Da spielt' ich sicher und gut / Mit den Blumen des Hains, / Und die Lüftchen des Himmels / Spielten mit mir.» Und gegen Schluß heißt es: «Ich verstand die Stille des Äthers / Der Menschen Worte verstand ich nie.» Und dieses Gedicht, das sich Zeile für Zeile wie die Beschreibung der Kindheit von Paracelsus liest, endet mit den Versen: «Mich erzog der Wohllaut / Des säuselnden Hains / Und lieben lernt ich / Unter den Blumen. / Im Arme der Götter wuchs ich groß.»

Daß Wilhelm von Hohenheim Einsiedeln verließ, führen manche Biographen auf den Tod seiner Frau zurück, andere sehen mehr wirtschaftliche Gründe, mit Sicherheit weiß man nicht einmal, ob die Mutter von Paracelsus tatsächlich schon gestorben war, als der Vater sich zum Wegzug entschloß, gewiß ist lediglich, daß sie seither nirgends mehr erwähnt oder registriert wird.

Auf jeden Fall läßt die politische Entwicklung vermuten, daß ein von Hohenheim aus Schwaben in jenen Jahren einen schweren Stand in der Schweiz hatte und sich immer unwohler fühlen mußte. Der «Schwabenkrieg» hatte mit dem Sieg der Schweizer über die deutschen Landsknechte dazu geführt, daß die Schweizer sich immer freier und selbständiger aufführten. Im Frieden von Basel wurde am 22. Sept. 1499 unter Kaiser Maximilian die völlige Loslösung der Eidgenossenschaft vom Heiligen Römischen Reich Deutscher Nation besiegelt. Gut vorstellbar, daß darin der entscheidende Grund für den Wegzug des Hohenheimers gesehen werden muß. Dabei waren kaum nationale Gefühle von Belang. Zu freigeistig und unabhängig kommt er uns vor, um sich durch solche Motive bestimmen zu lassen. Es war wohl eher das erstarkende Zusammengehörigkeitsgefühl der Einheimischen, durch das er sich ausgeschlossen fühlen mußte und das ihm das Leben als Arzt schwermachte.
Mit dem Vater verließ auch der junge Theophrastus seine engere Heimat, das Land seiner Mutter. Wir dürfen annehmen, daß er sehr wohl registrierte, unter welchen Vorzeichen sein Vater wieder auf Wanderschaft ging. Wenn wir uns vorstellen, wie sehr er im Ort seiner ersten Erfahrungen verwurzelt war, erkennen wir in diesem Abschied fast schon ein traumatisierendes Ereignis, sozusagen seine erste Vertreibung aus gesicherten Lebensumständen. Rechnen wir, daß er zu diesem Zeitpunkt zwischen sechs und neun Jahre alt gewesen sein muß, fällt der Wegzug aus Einsiedeln mit dem Ende seiner Kindheit zusammen. Rückblikkend mußte er also seine Kindheit mit seiner Einsiedler Heimat identifizieren, aus der er vertrieben worden war.
Ein innerer Grund dafür, daß er später auch sonst nirgends mehr heimisch zu werden vermochte? Daß er sich stets selbst wieder Anlässe schuf, die zu seiner Vertreibung führten? Neben vielen äußeren Umständen mag dieser zweifache Abschied von Einsiedeln seine spätere Ruhelosigkeit mitbegründet haben. Es gibt kein Zurück in die Kindheit, schon gar nicht in jene, die uns die Erinnerung zum Paradies verklärt. Also müssen wir das Paradies, das selige Leben, in uns selber suchen. Genau dies aber hat Paracelsus sein Leben lang getan.

Lehrjahre

Aus einer Urkunde, die im Kärntner Städtchen Villach aufgefunden worden ist, wissen wir, daß sich Wilhelm von Hohenheim hier im Jahre 1502 als Lizentiat der Medizin niedergelassen hat. Vater und Sohn – von der Mutter fehlt fortan jede Spur – haben also eine lange, beschwerliche Wanderung hinter sich gebracht, die möglicherweise mehrere Monate, wenn nicht gar Jahre, gedauert hat, da der Arzt sich vermutlich auch unterwegs an verschiedenen Orten etwas länger aufhielt. In Villach, einer blühenden Handelsstadt, wird der junge Theophrastus wohl die Stadtschule besucht haben, später eine Klosterschule in Kärnten, einiges spricht für das Stift Sankt Paul im Lavanttal. Man nimmt an, daß Paracelsus in diesen Jahren nicht nur seine schon vom Vater her angelegte humanistische Bildung vertieft hat, sondern auch in die Geheimnisse des Bergbaus und der Metallurgie eingeweiht wurde, ein plausibler Hintergrund für seine spätere Maxime, weniger der Theorie als vielmehr der praktischen Erfahrung zu trauen. Das Schmelzen von Erzen, das Scheiden der Metalle und ihre Veredlung, aber auch die Kunst des Gießens mögen ihm praktische Anschauung für alchemistische Prozesse vermittelt haben.

In verschiedenen Schriften weist Paracelsus auf seine «geistlichen Lehrer» hin. Dabei muß man sich keinen regelmäßigen, über einen längeren Zeitraum erteilten Unterricht vorstellen, manchmal fand vielleicht nur ein kurzes Gespräch statt, zuweilen beruht die erwähnte Lehrerschaft wohl auch nur auf der Lektüre einer Schrift aus der Feder des Genannten, trotzdem ist uns wichtig, wen Paracelsus namentlich aufführt, da er sich ja dadurch zu dessen Einfluß auf ihn bekennt. Kurt Goldammer hat in dankenswerter Weise untersucht, was es mit jenen Autoritäten auf sich hat, auf die sich Paracelsus in der «Großen Wundartzney» beruft: «und von guten Unterrichtern gelernt, die in der adepta philosophia die ergründesten warent und den künsten mechtig nach gründeten. erstlich Wilhelmus von Hohenheim, meinen vatter, der mich nie verlassen hat, demnach und mit sampt in eine große zal, die nit wol zu nennen ist, mit sampt vilerlei geschriften der alten und der neuen von etlichen herkomen, die sich groß gemühet habent, als bischof Scheit von Settgach, bischof Erhart und sein vorfaren von Lavanttal, bischof Nicolaus von Yppon, bischof Mattheus Schacht sufraganus Phreisingen und vil ept, als von Spanheim und dergleichen mer, und vil under den anderen doctorn und dergleichen.»

Goldammer sieht in den Persönlichkeiten dieser Lehrmeister eine Erklärung für die tiefe Verwurzelung des Paracelsus in der damaligen kirchlichen Kultur, aber sie lassen den jungen Theophrastus auch «in einer weltpolitisch nicht unbedeutenden Umgebung erscheinen». Es sind Lehrmeister, die im Stande waren, jene Bildung zu vermitteln, die im 15. Jahrhundert zur so fruchtbaren Grundlage der großen Humanisten gehörte. Im übrigen ist es wohl kein Zufall, daß es sich bei diesen Referenzen ausnahmslos um eigenständige, nicht nur hochgelehrte, sondern durchaus streitbare Zeitgenossen handelt.

So wurde Matthias Scheit, ein Günstling der Kaiser Friedrich III. und Maximilian I., aufgrund von Rechtsstreitigkeiten mit dem Domkapitel wiederholt exkommuniziert. Goldammer sieht in dieser Zeit seiner Exkommunikation den einzigen Lebensabschnitt, der für eine Unterweisung des Paracelsus in Frage kommt. Die Bibliothek des Bischofs, die dem wißbegierigen Schüler zur Verfügung stand, umfaßte neben juristischen, philosophischen und theologischen Werken auch Bücher von Vincentius von Beauvais und Boccaccio. Noch prägender als dieses Bildungsgut mag jedoch die Persönlichkeit des Bischofs gewesen sein: «Was ihn mit Paracelsus besonders verbunden haben dürfte, war wohl der aufrichtige, trotzige und mannhafte Charakter dieses aus Westerstetten im Donaukreis gebürtigen Schwaben, der ein kampfreiches, bewegtes und an Disharmonien reiches Dasein führte [...] Hohenheims eigenes Schicksal zeichnet sich hier bedeutungsvoll ab. Mag sein, daß das Bild dieses militanten und um sein Recht kämpfenden Bischofs sich dem jungen angehenden Adepten tief einprägte und zur Bildung seiner Persönlichkeit ebensoviel beitrug wie die Lehren verschiedener Art, die er von ihm empfangen hat.»

Erhard Baumgartner, der zweite Bischof, den Paracelsus als seinen Lehrmeister bezeichnet, war ein Amtsnachbar Scheits. Auch er ein streitbarer Geist, dessen Leben im Kampf um seine Rechte kulminierte. Für den späteren Entwicklungsgang von Paracelsus erscheint es indessen noch wichtiger, daß Bischof Erhard Baumgartner gegen den Aberglauben zu Felde zog und sich als Aufklärer des Volkes verstand. Er entlarvte ein falsches Marienmirakel, ging gegen einen Wallfahrtsschwindel vor und gab Reformbestimmungen für Geistliche heraus. Auch wandte er sich gegen Schaustellungen in den Kirchen und gegen wilde Ablässe. Das waren Reformbestrebungen, die schon ganz im Sinne der späteren Schriften von Paracelsus angelegt waren. Goldammer vermutet, daß auch ein theologisch-erbauliches Werk dieses Lehrmeisters auf Paracelsus gewirkt haben mag. Es ist durch «Biblizismus» und didaktischen Moralismus gekennzeichnet, Verfahrensweisen, deren sich Paracelsus in seinen theologischen Schriften ebenfalls bedienen sollte.

Als weitere Lehrmeister nennt Paracelsus im Zusammenhang mit Erhard Baumgartner «sein vorfaren von Lavanttal». Damit sind die Vorgänger auf dem Bischofssitz gemeint. Mit Bischof Johannes Roth könnte Paracelsus noch direkten Kontakt gehabt haben, im übrigen meint er wohl die geistige Tradition, die diesen Bischofssitz auszeichnete. Johannes Roth galt als einer der größten Gelehrten seiner Zeit und war ein Studienfreund des Enea Silvio Piccolomini, nachmals Pius II. Noch wichtiger für die Charakterisierung der geistigen Tradition, auf die Paracelsus mit seiner Bemerkung anspielt, mag Bischof Rudolf von Rüdesheim gewesen sein, der zwar schon lange vor des Paracelsus Geburt gestorben ist, aber dennoch nicht ohne Einfluß auf ihn gewesen sein mag, etwa durch seine biblischen, vor allem alttestamentlichen Kommentare, die dem jungen Theophrast vor Augen gekommen sein mögen. Wichtig auch, daß dieser Bischof ebenfalls mit den prägenden Renaissance-Persönlichkeiten seiner Zeit befreundet war; 1438 lernte er am Basler Konzil Enea Silvio Piccolomini und Nicolaus von Cues kennen. Dieser Hintergrund spricht für eine geistige Tradition, der sich Paracelsus wohl sehr bewußt gerühmt hat. Goldammer, dem ich auch hier gerne folge, charakterisiert in seinem Aufsatz «Die geistlichen Lehrer des Theophrastus Paracelsus» diesen geistigen Nährboden so: «Es waren die Kreise der innerkirchlichen und politischen Reform, des Humanismus, der Frührenaissance und der nördlichen spätmittelalterlichen Besinnung und Erneuerung in all ihren Abschattungen, Geistliche und Gelehrte, die sich teilweise als feuerköpfige, begabte und zielbewußt vorwärtsstrebende junge Leute auf dem Basler Konzil in Berater- und Sekretärsfunktionen begegnet waren und dort auch manche Freundschaften für die Zukunft geknüpft hatten [...] Es war geistige Elite schlechthin, wenn auch nicht immer nach den Maßstäben unsrer Moral genormt, aus der einige an die Spitze der Welt des 15. Jahrhunderts traten, wie etwa Enea Silvio als Papst Pius II. oder Nicolaus von Cues als Theologe, Mystiker, Kirchenpolitiker, Reformprediger, Kulturphilosoph und enzyklopädistischer Universalist seines Zeitalters.» An solchen Gestalten, die seinen unmittelbaren Lehrmeistern noch bekannt oder zumindest geläufig gewesen waren, mag Paracelsus sich als gläubiger Schüler orientiert haben, um später ähnlich hohe Ziele zu verfolgen.

Während über den dritten, von Paracelsus angeführten Lehrmeister Bischof Nicolaus von Yppon wenig in Erfahrung gebracht werden konnte, wird der vierte, Bischof Mattheus von Schacht, schon deswegen als wichtig angesehen, da durch ihn eine Verbindung zu Johannes Tristhemius führt, den Abt von Sponheim und St. Jakob in Würzburg.

Johannes Tristhemius (1462–1516) kann mit gutem Grund als vielleicht einflußreichster Lehrmeister von Paracelsus angesehen werden. Er besaß eine der umfangreichsten und inhaltlich gewichtigsten Bibliotheken seiner Zeit. Der Begriff «Pansophie» ist mit seiner Person eng verknüpft. Goldammer sieht darin allerdings keine Geheimwissenschaft, sondern einen «Bildungsuniversalismus auf höherer Ebene und in tieferem Sinne». Im Volksglauben gehörte Tristhemius – wie der historische Faust und Agrippa von Nettesheim – zu jenen spätmittelalterlichen Gestalten, denen man nicht nur universales Wissen, sondern auch Zauberkräfte zuschrieb. So soll er die Fähigkeit besessen haben, mit magischen Kräften Gestalten aus der Antike leibhaftig lebendig werden zu lassen. In seinen Werken finden sich zahlreiche ideengeschichtliche Verbindungen zu Paracelsus, ja, es scheint fast, als habe sich die ganze Themenvielfalt des Hohenheimers bereits bei Tristhemius vorbereitet. Einfluß und Ansehen des

Abtes von Sponheim waren so groß, daß der Verleger Scheible in Stuttgart noch im Jahre 1850 folgendes Werk ankündigt:
«Johannes Tritheims, Abt zu Spanheim, Wunder Buch von der göttlichen Magie; dem Planeten- und Geburtsstunden-Einfluß; der Signatur der Kräuter, Mineralien, Tier und Menschen; dem Universal-Spiritus; den magischen Tinkturen und Arzneien; Krystallspiegeln; hermetischen Geheimnissen; der künstlichen Lebenslampe; dem Offenbarungs-Spiritus aus Maithau; dem magischen Feuer und Liquor; dem Offenbarungsspiegel; dem Spiegel Salomonis, in welchem alle Signaturen der Welt und alle Geister zu erkennen; den magischen Kugeln zur Erforschung des unter der Erde Verborgenen; den magischen Geisterglöcklein, Ringen und Ruthen, Siegeln und Signaturen; den heimlichen Bergwerken in Zimmern; der Bereitung des Urims der Israeliten; den höchsten Sekreten der Magie und Kabbala; den Geheimnissen des Geistes und der Seele der Welt. Nebst Tritheims güldenes Kleinod, oder Schatzkästlein. Aus dem Lateinischen um seiner Unschätzbarkeit willen ins Deutsche übersetzt von Frater B. Valentino, 1482. Zum erstenmal herausgegeben Passau Anno MDVI.»
Wenn dieses Buch auch eine freche Fälschung ist, zitieren wir dennoch das Inhaltsverzeichnis, da es uns einen Überblick über jene Gebiete verschafft, mit denen sich der authentische Tristhemius tatsächlich beschäftigt hat, gleichzeitig treffen wir darin viele Titel an, die auch über Werken von Paracelsus stehen könnten.
Mit dem Hinweis auf solche ideengeschichtlichen Zusammenhänge will ich das Genie des Hohenheimers keineswegs schmälern, im Gegenteil, auch Paracelsus hat ja vor allem Themen aufgegriffen und behandelt, die zu seiner Zeit aktuell waren und die Menschen bewegt haben, mit dem entscheidenden Unterschied allerdings, daß er die Dinge aus einer neuen und daher erneuernden Perspektive betrachtete. Im Gegensatz zu seinem Lehrer Tristhemius, der ihm seinen künftigen thematischen Horizont abgesteckt haben mag, betrachtete Paracelsus die Dinge eben nicht mehr aus der Perspektive der Theologie und der allgemeinen Geisteswissenschaften, sondern untersuchte den Menschen und die Welt als Mediziner und genau beobachtender Naturwissenschaftler.
Wie sehr und wie grundlegend er sich von seinem Lehrer unterscheidet, mag an seinem «Liber de nymphis» veranschaulicht werden. Auch Tristhemius beschreibt elementische Geister, für ihn aber sind es allesamt bösartige Teufel, die sich im Grunde gar nicht voneinander abheben; Paracelsus dagegen befreit sich in seiner Beschreibung von jedem christlichen Dämonenglauben und ordnet den Elementen sehr spezifische Geister zu, schafft eine Mittlerwelt zwischen Mensch und Natur voller scharfsichtig definierter Gestalten.
So hat Paracelsus auch andere traditionelle Wissensbereiche von seinem Lehrer

übernommen, lief aber niemals Gefahr, dessen Epigone zu werden, da er alles und jedes an der eigenen Erfahrung überprüfte und dementsprechend neu zu erfassen vermochte.

Die Biographen sind sich einig, daß Paracelsus von Beginn an ein Medizinstudium anstrebte. Manche sind der Ansicht, er habe Villach 1507 verlassen, andere nennen das Jahr 1509, um an deutschen Hochschulen sein Studium aufzunehmen. Er selbst schildert seine Wanderjahre in seiner berühmten Vorrede zum ersten Buch der «Wundartzney» recht kurz und bündig: «Hab die Hohen Schulen lange Jahr bei den Deutschen, bei den Italienischen, bei den Frankreichischen befahren und den Grund der Arznei gesucht. Mich nit allein der selbigen Lehren und Schriften, Bücher ergeben wollen, sondern bin weiter gewandert gen Granada, gen Lissabon, durch Hispanien, durch Engelland, durch die Mark, durch Preußen, durch Litauen, durch Poland, Ungarn, Walachei, Siebenbürgen, Crabaten, Windisch Mark, auch sonst andre Länder, nit not zu erzählen, und in allen den Enden und Orten fleißig und emsige nachgefragt und gewisser und erfahrener wahrhaften Künsten der Arznei Erforschung gehabt ...» Berühmt ist diese Vorrede vor allem wegen der folgenden Passage, die immer wieder zitiert wird, um dem Dünkel der «Studierten» entgegenzuhalten, daß dieser bedeutende Reformator der Medizin sein eigentliches, die reine Schulweisheit umstürzendes Wissen ganz anderen Quellen verdankt: «Nicht allein bei den Doktoren, sondern auch bei den Scherern, Badern, gelernten Ärtzen, Weibern, Schwarzkünstlern, so sich dess' pflegen, bei den Alchemisten, bei den Klöstern, bei den Edlen und Unedlen, bei den Gescheiten und Einfältigen.» So lernbegierig war Paracelsus, daß er über jeden Standesdünkel hinwegsah. Einsicht in Lebenszusammenhänge war für ihn weniger eine Erfahrung, die ihm die Hochschule vermitteln konnte, sie widerfuhr ihm überall dort, wo das Leben sich handgreiflich abspielt. An anderer Stelle heißt es, er habe am meisten von den Kranken selbst gelernt. So müssen wir uns die Studienjahre des Paracelsus weniger als ein Absolvieren von obligatorischen Kursen vorstellen, sondern mehr als ein freies Studium des Lebens selbst, wie es ihm in den Städten und auf den Landstraßen begegnete.

Basilio de Telepnef hat versucht, die Hochschulen zu eruieren, an denen Paracelsus studiert haben könnte. Er nimmt dafür den Zeitraum von 1507 bis 1515 an. Über die Reisewege finden sich bei Paracelsus keine Angaben. Einleuchtend scheint uns das Vorgehen, die Route vor allem anhand des damals auch von der Post frequentierten Flußverkehrs nachzuzeichnen, zumal sich Paracelsus wiederholt über die wichtigsten Flüsse wie Rhein, Donau und Elbe mit genauer Kenntnis äußert. Zwar hat Paracelsus sicher auch über weite Strecken Pferd und Kutsche benutzt, Flußschiffe waren aber bei weitem schneller und sicherer.

Als erster Studienort könnte Tübingen angenommen werden, am oberen Lauf des Neckars gelegen, wo schon sein Vater erfolgreiche Studien absolviert hatte. Daß auch Paracelsus dort zumindest als Hörer einigen Universitätsvorlesungen gefolgt ist, geht aus verschiedenen Bemerkungen über Tübinger Professoren hervor, die sich in seinen Schriften finden. Er scheint sich allerdings keine hohe Meinung vom akademischen Leben Tübingens gebildet zu haben. Nicht nur wegen ihres Mißbrauchs des Guajak-Holzes, sondern auch als Einschätzung ihrer sonstigen Fähigkeiten, bezeichnete er die Tübinger Mediziner als «Holzdoktoren», und über die Studenten meinte er abfällig: «Euch hat nicht Gott, sondern Tübingen beschaffen!» In seinen Basler Vorlesungen sprach er sogar von den «vielen Tölpeln, die ihm dort aus Tübingen nachzogen».

Folgen wir dem Neckar, führt uns der Wasserweg nach Heidelberg mit seiner berühmten, 1386 gegründeten Hochschule. Über diese Zeit wissen wir nur, daß sie dem jungen Studenten ebenso unerfreuliche Erfahrungen bescherte wie jene in Tübingen, auch die Heidelberger Professoren haben einen sehr negativen Eindruck auf ihn gemacht.

Der Reiseweg von Paracelsus ließe sich übrigens auch anhand der Weine weiterverfolgen, die er immer wieder als Kenner beschreibt und empfiehlt. So rühmte er etwa den Neckarwein: «Trink den Neckarwein, da bist du von jeder Krankheit gesichert!» Das gilt auch für die Rheinweine, auf die er wiederholt hinweist. So folgen wir ihm nun also auf dem Rhein nach Mainz, Mittelpunkt des rheinischen Weinhandels, Gutenbergs Heimat, ein Zentrum der Buchdruckerkunst, seit 1477 Universitätsstadt. Auch den Mainzer Doktoren stellte Paracelsus allerdings kein gutes Zeugnis aus. Er rechnet sie zu jenen, die, statt selber Medizin zu lehren, sich lieber ihm anschließen sollten, dem wahren Monarchen der Medizin.

Wir können annehmen, daß er auch Frankfurt besuchte, jedenfalls rühmt er diese Stadt als einen Ort, wo es viel zu lernen gab, obwohl sie über keine Universität verfügte. Schon damals ein Handels- und Messezentrum, zog sie viele Gelehrte und weitgereiste Handwerker und Kaufleute an, die hier Waren und Wissen tauschten. Besonders der Jahrmarkt muß auf Paracelsus Eindruck gemacht haben, meint er doch, man habe dort mehr lernen können als auf so mancher Hochschule. In Frankfurt wurde Paracelsus übrigens schon sehr früh zu einer beliebten, legendären Figur. Auf eben dem Jahrmarkt, den er so positiv erwähnte, boten später als Paracelsus verkleidete Quacksalber «wunderbare paracelsische Mixturen» an. Mag sein, daß diese volkstümliche Paracelsus-Tradition noch ihre Nachwirkung auf Goethe hatte, der ja hier 1749 geboren wurde.

Bad Ems, Koblenz, Trier, vor allem aber Köln, mögen weitere Stationen gewe-

sen sein. Den Kölner Professoren billigt er immerhin zu, daß sie ein gewisses Niveau hatten; Gegnern, an denen Paracelsus kein gutes Haar lassen wollte, attestierte er später, daß sie «weder Prüfungen noch Vorlesungen in Köln mit Ehre halten könnten». Andrerseits aber prangert er auch die Kölner Ärzte als Totengräber der Kranken an: «Eine große Schande ist es doch, daß die hohen Schulen solche Ärzte machen, die es nur dem Scheine nach sind; geben einem Kerl den roten Mantel, das rote Barrett und der Welt einen viereckigen Narren, der bloß fähig ist, Kirchhöfe anzufüllen ... Köln schickt die seinigen nach dem Westerreich ... da haben sie ihren Kirchhof ausgeteilt und ausgebreitet; daheim wird es aber gesagt, unser Meister ist ein echter Doktor, er ist weit gewesen.» Auch den Kölner Professoren empfahl er später nachdrücklich, das Lehren aufzugeben und sich lieber ihm anzuschließen.
Es folgt ein erster Aufenthalt in Straßburg, eine Metropole des europäischen Handels, wo zwar erst 1567 eine Universität eröffnet wurde, doch schon vorher ein reiches intellektuelles Leben in humanistischer Tradition stattfand. Die Ärzte bedachte Paracelsus allerdings nur mit bitterstem Spott. Nach einer betrügerischen Ausbildung in Frankreich komme «Dr. Fürzli wieder heim [...] gen Straßburg und scheint da, wie Dreck an einer Laterne». Weiter führte sein Weg rheinaufwärts, jetzt vermutlich meistens zu Pferde, er spricht oft von seinen «schnellen Rossen». Ein erster Besuch in Kolmar wird wahrscheinlich, wo er sich jene Freunde gewonnen haben mag, die bei seiner späteren Flucht aus Basel so wichtig werden sollten. Ein etwas längerer Aufenthalt in Freiburg im Breisgau führte zu einer sehr abschätzigen Meinung über die dort ansässigen Ärzte: «Es ist ein leichtes Studieren, Wissen und Können, das in Freiburg aus einem solchen Kerl einen Doktor macht, in wem die ganze Arztneikunst zu Grunde geht [...] Denn wahrhaftig ist ihnen Himmel und Erde verborgen [...] Und da ihr entweder Himmel noch Erde kennt, wie auch dieselbigen im Menschen liegen, und wie die Concordanz des Äußeren und des Inneren steht, seid ihr ehrlich gesagt nicht mal dazu wert, daß ihr ein Dreckhaufen anfaßt, geschweige denn die menschliche Gesundheit und Leben.»
An anderer Stelle heißt es, solche Doktoren schicke Freiburg in den Schwarzwald, wo sie sich dann mit der «Kirchhoffüllung fleißig beschäftigen». Einmal nennt er die ehrwürdige, 1457 gegründete Freiburger Hochschule ein Haus der Unzüchtigkeit. Wenn sogar er, der sich selbst der Trinkfreudigkeit rühmt, die Freiburger Studenten der «Trunksucht» bezichtigt, muß es da recht hoch hergegangen sein, ihm jedenfalls schien es zu viel des Guten zu sein: «Es bildeten sich in den Studentenbursen selbst unerlaubte Trinkgesellschaften mit eigenen Bräuchen, ja in Freiburg veranstalteten im 15. Jahrhundert besondere ‹Weinkönige› mit einem Hofstaat große Umzüge.» Daß ihm solche Bräuche «roh und

wild» erschienen, mag uns bei einem sonst so sinnenfreudigen Studenten verwundern, vielleicht hinderte ihn eine schwächliche Gesundheit daran, sich zu beteiligen, vielleicht stieß ihn auch der «unsittliche Verkehr mit liederlichen Frauenzimmern» ab, den er in diesem Zusammenhang erwähnt, sicher aber können wir daraus schließen, daß er seine Studien im Prinzip sehr ernst nahm.
Ulm und Augsburg mögen weitere Stationen auf dem Weg dieser ersten Wanderung des Paracelsus gewesen sein. Noch in seinem Spätwerk «Philosophia sagax» erinnert er sich an den großen Eindruck, den Augsburg auf ihn gemacht hat: «Also auch bereitet das Gestirn ein besondere Kunst / oder ein besondere Geschicklichkeit in Kaufmannschaft. Und so sie kein geborenen Sohn hat / durch den sie es volende / so eligiert sie einen. Also ist Filius adoptivus zur Kunst gewesen Albertus Dürer von Nürnsberg. Zur Kaufmannschaft ist Filius adoptivus der Fucker von Augsburg.» Neben aller Polemik war Paracelsus offenbar auch zu sehr objektiver Wertschätzung eines Gegners fähig, sonst hätte er wohl kaum einen seiner erbittertsten Feinde, den Großhändler Fugger, mit einem solchen Kompliment versehen können.
Weiter führt uns die Reise nach Ingolstadt, wo der Student sich vermutlich kaum länger aufhielt, er nannte die dortigen Professoren abschätzig «alte scholastici», und von den Schülern meinte er verächtlich: «Euch hat nicht Gott sondern Ingolstadt geschaffen!»
Über Regensburg, damals ein Zentrum philosophisch-theologischer Gelehrsamkeit, führte ihn seine rastlose Suche nach der «wahren Medizin» nach München, Universitätsstadt seit 1472. München gehört zu den wenigen Universitätsstädten, über deren Lehrkörper sich Paracelsus nicht abschätzig geäußert hat. Das mag darauf zurückzuführen sein, daß eine «pflegliche Verbundenheit Hohenheimschen Schrifttums an das bayrische Fürstenhaus» bestanden hat, ein guter Grund, sich mit dem üblichen Spott etwas zurückzuhalten.
Am Weg liegen nun Freising an der Isar mit seiner berühmten Benediktinerabtei Weihenstephan, aber auch Passau, eine Stadt, die Paracelsus später als ein Zentrum des «Hexendienstes» beschreiben wird.
Einige Indizien weisen darauf hin, daß Paracelsus seine Studien in Wien fortgesetzt hat. Hier traf er wieder auf den «Hochgelehrten Herrn Joachim von Wadt», genannt Vadianus, einen Schweizer Arzt aus St. Gallen, der vermutlich schon auf der Villacher Lateinschule sein Lehrer gewesen war und inzwischen eine Vertretung auf dem Wiener Lehrstuhl für Rede- und Dichtkunst übernommen hatte. Vadianus, dem Paracelsus später immerhin das «Opus Paramirum» widmete, zog zu jener Zeit viele Studenten aus der Schweiz nach Wien – es mag also gut sein, daß sich auch Paracelsus von ihm angezogen fühlte und unter seiner Obhut das Studium fortsetzte. Das könnte in den Jahren 1509 bis 1511

gewesen sein, zwei Jahre also, die ausreichten, die erste Hälfte des Studiums mit dem Baccalaureusexamen abzuschließen. Das bestandene Baccalaureat war übrigens die Voraussetzung dafür, später in Ferrara das Studium wieder aufnehmen zu können.
Während Paracelsus der Wiener Hochschule immerhin einen gewissen Ruf attestiert, indem er in seiner Arbeit «über das Podagra» von Narren spricht, denen nicht einmal das Lernen «in Leipzig oder in Wien helfen kann», fällt er an anderer Stelle auch über die Wiener Hochschule seiner Zeit ein vernichtendes Urteil: «Was leuchtet Ihr, die Montpellierischen, und Ihr, die Wienischen, und Ihr, die Leipziger? Genau so wie der Hauch über einem Dreckhaufen.» Und fährt fort: «Ihr von Paris, Padua und Montpellier, von Salern, Wien und Leipzig, Ihr seid nit professores veritatum!» Und im ersten Buch des «Modus Pharmacandi» lesen wir, teilweise in Anlehnung an sein Urteil über die Freiburger Hochschule: «In Wien machen sie aus einem solchen Schuft einen Doctoren, in dem die ganze Arbeit verderbt worden ist [...] Denn fürwahr, ihnen sind Himmel und Erde verborgen. Und dieweil sie den Himmel und die Erde nicht erkennen, wie dieselbigen im Menschen liegen, und wie die Concordanz des äußeren und des inneren steht, dieweil sind sie, ehrlich gesagt, nicht würdig, daß sie mal den Menschendreck anrühren, geschweige schon die Gesundheit und das Menschenleben [...] Sophisticieren und Sophisterieren ist ja aller Welt möglich. Es solten sich noch vier Bauern darab verwundern, daß solche Leute Doctoren und Meister seind.»

Im Sommer 1511 trieb eine Pestepidemie die Bewohner der Habsburger Metropole auseinander. Die Unversität leerte sich, auch für Paracelsus ein möglicher Grund, die Stadt zu verlassen, um weiterzuziehen, warum nicht nach Leipzig, wo es auch viel zu lernen gab? Einer solchen Wanderung verdanken wir vielleicht seine poetische Beschreibung der Elbe, die wir hier als Beispiel seiner schlichten Sprachkraft gerne zitieren: «In den hohen Bergen, unter den Felsen mit Schnee bedeckt, weit von den Leuten und dem Schleim der erde, allein im Gestein und Sand, so ist die Elbe in ihrem Ursprung [...] Verschieden von anderen Wässern und vielerley Weg.»
Meißen und Wittenberg könnten weitere Aufenthaltsorte gewesen sein, mag sein, daß er in Wittenberg eine Vorlesung Luthers hörte, die ihn später zu der Äußerung veranlaßt hat: «Ich würde den Luther sein ding lassen verantworten, und ich werde das mein auch eben machen.«
Weiter geht es über Magdeburg und Halle, Städte, die Paracelsus beide erwähnt, auf Leipzig zu, die berühmte Universitäts- und Messestadt. Wenn Paracelsus davon spricht, es gebe für einen Mediziner an den deutschen Messen und

offenen Märkten viel zu sehen und zu lernen, mag er damit auch die Leipziger Messe gemeint haben. Da gab es damals auch eine sogenannte «Medizinerabteilung», eine Art Treffpunkt der Volksmedizin, wo sich die mittelalterlichen fahrenden Heilkünstler versammelten, um ihre Künste und Waren anzupreisen, dazu gehörten auch «Steinschneider, Okulisten und Zahnbrecher».

Für viele Patienten war der Jahrmarkt der wichtigste Ort, sich kurieren zu lassen. Da konnte man sich nicht nur den «Stein schneiden lassen», worunter man sowohl das Entfernen von Blasensteinen als auch Schädelöffnungen verstand, es gab auch «wundertätige» Heilkräuter und andere Medizin zu kaufen, etwa das berühmte Theriak, ein legendäres Allheilmittel, das auf Andromachos, den Leibarzt Neros, zurückgeführt wurde. So wenig wie die riesigen Blasensteine, die nach «chirurgischen Eingriffen» vorgewiesen wurden, unbedingt wirklich im Patienten gefunden worden waren, so wenig handelte es sich wohl in den meisten Fällen um echtes Theriak, dessen Herstellung aufwendig und kostspielig war.

Zigeuner, «alte Weiber» und «Teufelsbeschwörer» boten hier ebenfalls ihre Dienste an, und operative Eingriffe wurden nicht in der verschwiegenen Intensivstation durchgeführt, sondern als grandioses öffentliches Spektakel. Alle Welt sollte Zeuge sein, wenn es dem Okulisten wieder einmal gelang, mit einer gewagten Operation einen Star zu stechen oder ein Schielauge zu heilen. Und wie mörderisch eine Zahnoperation sein konnte, hat Paracelsus selbst eindrücklich festgehalten: «Es ist auch oftmals beschehen, daß heißer Mercurius eingegossen worden ist [...] so trefflich Zittern der Glieder und so viel großer Zahnwehe sind auß demselbigen erwachsen, das diese Kunst nimmer zu gedulden wurde.» Wer möchte schon heißes Blei in sein Zahnloch gegossen bekommen?

Wenn sich Paracelsus später dennoch rühmt, «nicht allein bei den Doktoren, sondern auch bei den Scherern, Badern, gelernten Ärzten, Weibern, Schwarzkünstlern» gelernt zu haben, so mag das darauf zurückzuführen sein, daß an solchen Treffpunkten der Volksmedizin oft auch einfach aufgrund langer praktischer Erfahrungen Erfolge erzielt wurden und vielleicht auch so manche neue und unkonventionelle Methode angepriesen und ausprobiert wurde, gegen die sich die scholastische Schulmedizin verwahrte.

Neben dieser Volksuniversität wird Paracelsus auch die ehrwürdige Hochschule von Leipzig besucht haben, deren Niveau er hoch einschätzte: «Nach den Experimenten, die ein jetlicher Bauer machen kann, darauf darfst du nicht zu Leipzig Doktor werden oder gar zu studieren.» Andrerseits aber wurden auch dort «Narren zu Ärzten gemacht, die das Volk tot ins Grab schlugen, gleich wie ein Kriegsmann in den Schanzen».

Nach einem Abstecher nach Erfurt, Universitätsstadt seit 1392, deren medizinische Fakultät er ebenfalls mit herber Kritik bedachte, reiste Paracelsus nach Villach zu seinem Vater zurück. Da mochte sich der Sohn bei seinem Vater bitter über den Zustand der deutschen Hochschulen beklagt haben, so daß der Beschluß gefaßt wurde, ihn zum Abschluß seiner Studien nach Ferrara zu schicken, einer berühmten Hochburg der italienischen Renaissance.

Also nahm Theophrastus, der nun um die zwanzig Jahre alt war, wieder Abschied von Villach und seinem Vater. Sein Weg führte ihn nach Spittal und Bad Gastein, wo er sich für die rätselhaften Quellen interessiert haben dürfte. Es folgte ein beschwerlicher Ritt über den Brenner-Paß. Nun lag Italien vor ihm, das gelobte Land der Renaissance, wo er endlich seinen unbefriedigten Wissensdurst zu stillen hoffte. Er ritt durch Brixen, Bozen, Trient, Verona, am Gardasee entlang durch die Lombardei bis nach Mailand, wo eben Herzog Maximilian von Sforza mit Hilfe eines Schweizer Heeres den Thron bestiegen hatte. Pavia, Mantua, Padua mögen weitere Stationen gewesen sein, bis er dann kehrt machte und endlich nach Ferrara gelangte.

Ferrara hatte sich unter der Herrschaft von Herzog Alfonso I. von Este und seiner Gemahlin, Lukrezia Borgia, zu einem Zentrum humanistischer Wissenschaften und Künste entwickelt. Die frühe Renaissance mit all ihren Entdeckungen und ihrer gläubigen Hoffnung, Antike und Christentum zu einer neuen Blüte zu führen und zu verschmelzen, hatte hier einen fruchtbaren Boden gefunden. Für Paracelsus fielen besonders zwei Lehrer ins Gewicht. Einmal Giovanni Manardi (1462–1536), der sich durch seine Kritik an vereinzelten medizinischen Lehrsätzen antiker Autoren hervortat, dann aber auch der weitgereiste Niccolò Leoniceno (1428–1524), der als einer der hervorragendsten Ärzte der Epoche galt. Neben Übersetzungen und Kommentaren der medizinischen Klassiker veröffentlichte er auch eine Schrift, die zu den frühesten wissenschaftlichen Untersuchungen der Syphilis zählt. Niccolò Leoniceno mag für Paracelsus besonders wichtig gewesen sein, da er als einer der ersten Mediziner überhaupt die Galenische Medizin bewußt in Zweifel zog.

Das muß, nach so viel scholastischer Dogmatik an den deutschen Hochschulen, für Paracelsus ein erlösendes Klima gewesen sein. Hier wurden die Größen der Antike nicht blindlings nachgebetet, sondern kritisch hinterfragt. Hier wagte man selber zu denken, hier stellte man die Fragen neu.

Vielleicht hat Paracelsus in dieser Zeit auch das «Corpus Hermeticum» kennengelernt, jene gnostische Schriftensammlung, die im 2. und 3. Jahrhundert in Ägypten zusammengestellt worden war und als Kundgebung des Hermes Trismegistos, hinter dem sich der ägyptische Gott der Weisheit Thot verbirgt, verstanden wurden. 1463 war sie im Auftrag Cosimo Medicis zum ersten Mal ins Lateinische übersetzt worden. 1471 erschien sie zum ersten Mal im Druck

und übte großen Einfluß auf die Philosophie der Renaissance in Italien aus. Das «Corpus Hermeticum» steht für eine okkulte Offenbarungsweisheit, die dem Streben nach Gottesschau, Wiedergeburt und Erlösung der Seele dient. Altägyptische Weisheit, neuplatonische Mystik und Christentum vermischen sich zu einem unausdeutbaren Gesang der Weisheit und Einweihung, wo Religion zum Wissen um die letzten Lebenszusammenhänge wird. Ein Werk, das sich jeder Dogmatik entzieht, dafür bürgt schon sein Leitgedanke: «Was oben ist, wird unten sein.» Hermes Trismegistos erscheint als Monarch und Weiser zugleich, eine Personalunion, die für Paracelsus vorbildlich und verbindlich war. In seinem Fragment «Aurora philosophorum» wird er schreiben: «Dieser Ursach halben ist Hermes recht und wohl trismegistus, der allergrößte, allermächtigste und allerweiseste genannt worden, alldieweil er ein König, Priester, Prophet, weiser und kluger Herr in allen natürlichen Sachen gewesen ist, – wie nach ihm Zoroaster.»
Wenn Paracelsus rund zwölf Jahre später in Basel die Studenten und Ärzte der Welt aufrufen wird, ihm zu folgen in seine «Monarchei», mag ihm ein solcher universaler Anspruch geistiger Führerschaft vorgeschwebt haben, und nicht umsonst ist er von gewissen Anhängern als Nachfolger des «Dreimalgrößten Hermes» apostrophiert worden.
1515, nach zweijährigem Studium in Ferrara, promovierte Paracelsus zum «Doktor beider Arzneien» (Innere Medizin und Chirurgie), wie er selbst schreibt «unter dem löblichen Gewölbe der Anatomie». Diplome wurden damals noch nicht vergeben. Das Zeichen der Doktorwürde bestand darin, den roten Talar tragen zu dürfen. Später ist von verschiedenen Seiten dieser akademische Abschluß von Paracelsus angezweifelt worden. Unter den Eintragungen der Akten der Universität Ferrara findet sich kein entsprechender Vermerk, was aber nichts besagen will, da diese Eintragungen sehr lückenhaft sind. Inzwischen ist aber ein Protokoll aus Basel aufgetaucht, wo Paracelsus als Zeuge in einem Streitfall zwischen zwei Bürgern beschrieben wird. Darin heißt es, er versprach «bei dem eyd den er an sin doctorat der löblichen Schul zu Ferraria gethan» die Wahrheit zu sagen. Daß Paracelsus wegen eines solchen Bagatellfalles einen falschen Eid geschworen haben sollte, ist wohl kaum zu vertreten.

Inwieweit alle diese Vermutungen über die Studienaufenthalte des Paracelsus, die ich immerhin aufgrund von Textstellen angestellt habe, wirklich zutreffen, ist wohl nie endgültig zu entscheiden. Als wichtigstes und unbestreitbares Fazit können wir jedoch aus diesen Originalzitaten entnehmen, daß sein akademisches Studium, mit Ausnahme der Jahre in Ferrara, eine herbe Enttäuschung gewesen sein muß.

Einerseits waren die Mißstände wohl wirklich beträchtlich, vor allem, was das Verhältnis von Theorie und Praxis betrifft, andrerseits aber stellt sich die Frage, woher der junge Theophrastus die Kraft und die Einsicht nahm, das Gegebene nicht einfach autoritätsgläubig hinzunehmen, wie das seine Studienkollegen taten. Zwar stammen die Äußerungen, die wir oben zitierten, aus späteren Jahren, aber sie gehen ohne Zweifel auf diese früheren Erfahrungen zurück. Wie also ist zu erklären, daß da ein junger Mann, kaum zwanzigjährig, dermaßen radikal gegen die geläufige Medizin sich sträubt?

Wir können dafür verschiedene Erklärungen anführen. Einmal ist der Einfluß der geistlichen Lehrer, zu denen immerhin solche gewichtigen Persönlichkeiten wie Matthias Scheit oder Johannes Thristhemius gehörten, nicht zu unterschätzen, vor allem, wenn wir mit Goldammer annehmen, daß ihm durch die geistige Tradition von Lavanttal Leitgestalten wie Enea Silvio Piccolomini oder Nicolaus von Cues nahegebracht wurden. Damit hatte er sein Studium mit einer so hohen Erwartungshaltung angetreten, daß er von der alltäglichen Realität der deutschen Hochschulen zwangsläufig enttäuscht werden mußte. Wer vermochte schon dem Vergleich mit einem Nicolaus von Cues zu genügen? So klare und bahnbrechende Gedankengänge wurden kaum mehr entwickelt, schon gar nicht an den medizinischen Fakultäten, wo der Unterricht zur Hauptsache in der blindgläubigen Nachbeterei der Galenschen Bücher bestand. Von «Philosophieren», nach Paracelsus die Grundvoraussetzung für das Studium des Menschen, konnte da gewiß keine Rede sein.

Ein anderer Grund für seine Enttäuschung mochte sein, daß er von seinem Vater her gewohnt war, medizinische Unterweisungen stets im direkten Kontakt mit den Kranken zu erhalten. Wenn wir uns vorstellen, daß er den Vater schon als Kind bei seinen Krankenvisiten begleitet hat, dürfen wir daraus schließen, daß Krankheit, Diagnose und Heilprozeß für ihn eben etwas sehr Konkretes, von Fall zu Fall vollkommen Neues war – wie soll ihn da ein Medizinstudium überzeugt haben, das von Professoren geleitet wurde, die sich zum Teil zu schade dafür waren, einen Kranken überhaupt anzurühren?

Ein dritter Grund für seine entschiedene Ablehnung des gebotenen Unterrichts mochte in seinem Charakter liegen, den ich als einzelgängerisch, störrisch und unabhängig definiert habe. Es war ihm zu einfach, nur hinzunehmen, was ihm geboten wurde. Er fühlte sich «allein und fremd und anders», und in seiner Einsamkeit verspürte er den Drang, über alles Gegebene hinauszuwachsen, jeden Rahmen zu sprengen. Solchem Ehrgeiz aber konnte keine Hochschule genügen, auch nicht jene von Ferrara. Solcher Ehrgeiz mußte schließlich alle Buchweisheit verachten, und in diesem Sinne spricht Goethe wohl auch für den jungen Theophrastus, wenn er seinen Faust lamentieren läßt: «Habe nun, ach!

Philosophie, / Juristerei und Medizin, / Und leider auch Theologie! / Durchaus studiert, mit heißem Bemühn. / Da steh ich nun, ich armer Thor! / Und bin so klug als wie zuvor.»

Wir könnten noch weiterzitieren, um den inneren Zustand des Paracelsus mit Goethes Worten zu schildern, lassen ihn aber lieber selbst wieder zu Wort kommen. In der «Großen Wundartzney» faßt er seine Erfahrungen mit den Büchern und Ärzten seiner Zeit zusammen: «Befand soviel, daß ihrer keiner diese Kunst im Grunde nie gewußt noch erfahren noch verstanden hat, und daß sie um die Kunst der Arznei gegangen sind und noch gingen, wie eine Katz um den Brei, und daß sie lehrten, was sie selbst nicht wußten, daß sie ihr Disputieren nicht verstanden, außer daß sie die Kranken heimsuchten und ratschlagten. Erkannten weder Krankheit noch Kunst dazu, und daß also der Fehler allein in dem war, der sie brauchte. Was sagen will und ist: Schreier und Schwätzer waren sie, in Pracht und Pomp, und es war in ihnen nichts als ein totes Grab, das auswändig schön ist, inwändig ein stinkendes faules Aas voller Gewürm.»

Drastischer lassen sich die Erfahrungen seiner Studienjahre wohl kaum zusammenfassen, aber Paracelsus gab seine Suche nach der wahren Kunst nicht auf. Er fährt fort: «Auf solches war ich gezwungen weiter zu suchen, das Lesen derselbigen jetzt gemeldeten bösen Lügen zu verlassen und einem anderen Grunde nachzufahren, der da mit den jetzt gemeldeten Fabeln und Klappereien unbefleckt sei.»

Die große Wanderung

Wo aber war zu finden, was keine Buchweisheit zu offenbaren vermochte? Wo waren die Lehrmeister, die mehr wußten als die Ärzte der Hochschulen? Eine dunkle Ahnung mochte dem dreiundzwanzigjährigen Doktor der Medizin gesagt haben, daß man die Menschen und die Welt nur durch die Menschen und die Welt selbst kennenlernen kann. Nicht in der Gelehrtenstube, auf der Landstraße lag die Wahrheit der Welt! Dort, wo die Menschen litten und um ihr Überleben kämpften, lag wahres Wissen verborgen! Dort war auch der neue Zeitgeist schon lange lebendig, ehe er schließlich seine offiziellen Wortführer fand, die dann als bahnbrechend galten! Nicht aus sich selbst hatte Luther die Sprache der Reformation geschaffen, die dann die Umwälzung bewirkte, er hatte dem Volk aufs Maul geschaut.

So zog Paracelsus aus, um seine Kunst auf der Landstraße zu lernen, und kein Satz drückt die Erfahrungen der folgenden Jahre wohl besser aus, als seine

Feststellung, am meisten habe er von den Kranken gelernt. Er entwickelte die Gabe, so auf sie einzugehen, daß sie ihm ihre Krankheiten offenbarten.
Zwölf Jahre dauerte diese erste große Wanderung, wo sich Paracelsus bereits selbst als Arzt betätigte und auf diese Weise verbindlich überprüfen konnte, was sein erlerntes Fachwissen wirklich wert war. Nicht mehr die Folianten, die in den halbdunklen Lesesälen der Universitäten mit den Wänden verkettet waren, dienten ihm zum Studium, sondern die Menschen selbst und das Buch der Natur.
Zeichnen wir diesen Weg nach, folgen wir wieder den Untersuchungen von Basilio de Telepnef, die teilweise zwar bestritten worden sind, doch noch immer als umfassendster Versuch gelten, den Wanderweg des Paracelsus nachzuzeichnen. Er verließ Ferrara vermutlich im Jahre 1515 und begab sich über Bologna und Florenz nach Rom, wo er von der medizinischen Fakultät abermals bitter enttäuscht wurde: «Es gibt viele deutsche Narren, die nach Rom kommen, um da mit dem Doktorhut gekrönt zu werden. Sie denken, sie würden vom Heiligen Geist selber gekrönt. Doch das stimmt nicht. Da ist kein Heiliger Geist zu finden. Da haust der Teufel selbst.»
Seine Verehrung von Cicero, dessen scharfsinnige, unbeirrbare Argumentationskunst ihm vorbildlich war, führte ihn in dessen Geburtsstadt Arpinum, ein Ort, der ihm sehr ans Herz gewachsen sein muß, bezeichnet er sich doch einmal als «Bürger der Stadt Arpinum».
Auf der alten römischen Heerstraße gelangte er über Capua nach Neapel. Hier hatte sich ein wilder Haufen von Söldnern, Marketendern, Prostituierten und anderen vom Krieg entwurzelten Menschen angesammelt. Die Syphilis wütete so stark, daß Paracelsus annahm, diese Krankheit sei in Neapel entstanden. Die vielfältige Art der Übertragung war noch unbekannt, und so erkrankten Tausende, ohne daß man ein Mittel wußte, die Ansteckung zu verhindern und die «Lustseuche» zu heilen. Sie galt als Geißel Gottes, als Strafgericht, das über die sündige Welt verhängt war und aus dessen tödlichen Verlauf es kaum ein Entrinnen gab. Paracelsus muß mit angesehen haben, wie Hunderte an dieser Krankheit starben. Später wird er eine bahnbrechende Schrift über die Behandlung der Syphilis verfassen.
Er wanderte weiter nach Salerno, eine Stadt, die in Europa unter dem Namen «Civitas Hippocratia» bekannt war und sich rühmte, ein Zentrum des Apothekerwesens zu sein. Aber auch hier beobachtete Paracelsus nur einen Stillstand der Entwicklung, er warf Lehrern und Schülern vor, für «das Richtige» hätten sie keinen Verstand.
Ein Besuch des Ätna muß ihn sehr beeindruckt haben, er berichtet ausführlich darüber. Vielleicht war damals noch die Legende von Empedokles lebendig, der

sich durch einen Sturz in den Vulkan von seinem Leben erlöst haben soll. Gut möglich, daß auch dieser Vorsokratiker, Arzt und Priester in einer Person, auf Paracelsus Einfluß ausgeübt hat, es gibt Parallelen in ihren Interpretationen der Welt.

Von Sizilien aus schiffte er sich ein nach Genua, um sich über Marseille nach Montpellier zu begeben. Diese mittelalterliche französische Stadt galt als Hochburg der Medizin und des Apothekerwesens. Auch gab es hier einige «Adeptenschulen», geheime Gesellschaften, in denen uraltes medizinisches Wissen, vermutlich auch altägyptischen und arabischen Ursprungs, verwahrt und vermittelt wurde, offenbar aber ohne jeden praktischen Nutzen. Diese geheimen Gesellschaften dienten wohl eher dazu, die «eingeweihten» Ärzte überheblich werden zu lassen, statt sie zur Erneuerung der Medizin zu führen. Paracelsus warf ihnen vor, sich besser als andere zu fühlen, dabei aber höchst unwissend zu sein. Ebenso gering schätzte er die Apotheker ein: «Die besudelten Apotheker von Montpellier bereiten ihre Rezepte aus Mist und haben von Anstand und Wissenschaft beinahe alles vergessen.» Wen wundert es also, daß er später auch die Ärzte von Montpellier dazu einlud, ihre bisherige Lehre zu verlassen und ihm zu folgen in seine Monarchei?

Ende 1517 zog er weiter, der alten Handelsstraße am Ufer des Mittelmeers entlang, nach Catalonien. Barcelona und Cartagena waren weitere Stationen. In Cartagena fand er den Hafen in großer Bewegung. Spanien rüstete für seinen Feldzug gegen Algier. Kriegsschiffe wurden ausgerüstet und Seeleute, Soldaten und Söldner versammelt. Da war sicherlich auch ein Doktor willkommen, der den Feldzug als Militärarzt begleitete.

So fuhr Paracelsus mit dem spanischen Heer über Oran nach der Berberei. 1518 wurde der Sultan von Algier gefangengenommen und enthauptet. Die meisten Spanier kehrten in ihre Heimat zurück, vermutlich über Almeria, Ausgangspunkt für Paracelsus, seine Reise fortzusetzen nach Granada, Cordoba und Sevilla. Was die spanischen Gelehrten, Ärzte und Schüler betrifft, hält sich Paracelsus mit seiner sonst so schonungslosen Kritik zurück. Mag sein, daß er von ihnen etwas über jene altrabbinischen und orientalischen Geheimwissenschaften erfahren hat, die üblicherweise nur einem «Würdigen» offenbart wurden. Paracelsus hat solche Grundlagen später als eine Voraussetzung der wahren Medizin bezeichnet und nachweislich von den entsprechenden Rezepturen Gebrauch gemacht.

Zum Aufenthalt des Paracelsus in Spanien führt Basilio de Telepnef eine witzige Spekulation an, die durchaus etwas für sich hat. Zur Zeit als sich der Hohenheimer in Spanien befand, hielt sich auch der berühmte Weltumsegler Fernando

Magellan in Sevilla auf, verwundet und krank. Er wurde geheilt. Hatte Paracelsus dabei seine Hände im Spiel? Zwei Jahre später entdeckte Magellan die Philippinen. Nördlich davon liegt eine Inselgruppe, die an seinem Weg lag. Hat er sie in Erinnerung an seine Heilung «Paracelsus-Inseln» getauft? Dagegen spricht, daß der Hohenheimer sich erst später offiziell «Paracelsus» genannt hat, vielleicht aber hat er sich in der Fremde auch vorher schon hin und wieder mit diesem Namen geschmückt, den Magellan dann verwendet hat. Heute gehören diese Inseln zu China – und heißen noch immer «Paracelsus-Inseln».

Nach Spanien bereiste Paracelsus Portugal. Sein Aufenthalt in Lissabon ist verbürgt und könnte so manches erhellen, was uns so dunkel und unwahrscheinlich in seinen Werken erscheint. Lissabon war damals nicht nur Zentrum der portugiesischen Weltmacht, es war auch ein Schauplatz vom Reichtum der neu entdeckten Welten. Hier trafen sich die Entdecker der Neuen Welt mit jenen, die neue Routen in den Alten Osten auftaten. Wenn wir annehmen, daß Paracelsus nach seiner bitteren Enttäuschung über die Lehren der offiziellen Hochschulen in seiner unstillbaren Wissensgier für alles offen war, was andre Heilmethoden versprachen, können wir sicher sein, daß er in Lissabon die Gelegenheit wahrnahm, sich das Wissen anderer Völker anzueignen. Da bot sich etwa die Möglichkeit, sich mit der Kultur der Indianer auseinanderzusetzen, die damals in Lissabon öffentlich ausgestellt und deren Lebensweise und Religion eifrig diskutiert wurde, so auch die Frage, ob diese «Wilden» überhaupt eine Seele hätten. In Lissabon traf Paracelsus auch Inder aus Calcutta, bei denen er sich über indische Heilmethoden erkundigt haben mag, waren sie doch berühmt für die Wirkung ihrer Gewürze, Pflanzen, Kräuter und Heilmittel, auch ist indische, vor allem buddhistische Medizin eng verbunden mit religiösen kosmischen Vorstellungen, jede kultische Handlung ist nur dann etwas wert, wenn sie ihre Entsprechung in der Konstellation der Sterne hat. Wir sehen, daß auf diesem biographischen Hintergrund gewisse Parallelen, die wir bei Paracelsus zu indischer und indianischer Medizin feststellen können, durchaus nicht mehr so erstaunlich sind und einen realistischen Boden bekommen. Im Gegensatz zu seinen im Dogma der schulmedizinischen Überlieferung erstarrten Kollegen war Paracelsus eben offen für alles Neue und Fremde, wenn es nur zur Heilung verhalf – so liegt auf der Hand, daß er sich auch für den Schamanismus der Indianer interessierte und in der buddhistischen Lehre vom unerlösten Kreislauf der Lebensvorgänge manchen Grund für seine eigene Lehre fand.

Seine Wanderschaft führte ihn nach Spanien zurück, Santiago de Compostela heißt der nächste Ort, über den er mit Abscheu spricht: «Nach Santiago kommen die Pilger, um unter dem Schutze des heiligen Apostelgrabes ihre schmutzigen Geschäfte abzuwickeln.»

León, Salamanca, Valladolid, Saragossa, Navarra könnten weitere Stationen seiner Wanderung gewesen sein, bis er über den Pyrenäen-Mittelpaß nach Toulouse gelangte, seit dem 12. Jahrhundert Sitz einiger gnostischer Geheimgesellschaften. Darüber läßt Paracelsus allerdings wenig verlauten, um so mehr über Paris, seine nächste Station.

Paris war die absolute orthodoxe Hochburg der mittelalterlichen Hochschulmedizin. Die Wissenschaft war wie versteinert in der Anbetung der nie hinterfragten Überlieferung. Autoritäten wie Aristoteles oder Galen durften nicht angezweifelt werden. Ihr Wort war die Wahrheit, und wenn eine unbestreitbare Tatsache ihnen widersprach, verfälschte man lieber den Tatsachenbefund, als am Wort der Autoritäten zu rütteln. In diesem lähmenden Umfeld machte Paracelsus von sich reden, indem er einige schwere Krebsfälle, die von den Pariser Ärzten längst aufgegeben worden waren, zu heilen vermochte. Womit erreichte er diese Erfolge? Aschner vermutet, daß er dabei schon ein Verfahren anwendete, in dem man eine Vorform der heutigen Bestrahlungstherapie sehen könne, und tatsächlich legt Paracelsus selbst eine solche Vermutung nahe, wenn er unter anderem über seine Behandlungsweise verlauten läßt: «Diese Medizin ist die philosophische Tinktur, die wirkt wie ein Feuer, das alles verzehrt was es anrührt [...] Diese Medizin muß in einem Behälter zusammengeballt werden und in kleinsten Dosen verwendet, sonst zerstört es alles.»

Statt ihm Hochachtung und Anhänger seiner Methode zu verschaffen, führten seine Erfolge dazu, daß die Pariser Ärzte den Reformator der Medizin mit erbittertem Haß verfolgten. Sie verteufelten ihn sein Leben lang mit Dekreten und Erlassen; so gibt es zum Beispiel eine Verfügung der Pariser Universität, die unter Androhung der Zurückziehung des Doktorgrades verbot, paracelsische Heilmittel und Methoden anzuwenden. Paracelsus blieb seinen Verfolgern aus Paris nichts schuldig. Ihr rachsüchtiger Neid hat ihn nicht nur enttäuscht, sondern mit blanker Empörung erfüllt. Er verhöhnt sie in gröbster Weise, und später wird er auch den Pariser Ärzten dringend empfehlen, sich seiner Lehre anzuschließen und ihm in seine Monarchei zu folgen. Das aber hat vermutlich nur noch mehr zu seiner Verteufelung beigetragen, statt Gefolgschaft erwartete ihn Isolation.

Dieser Aufenthalt in Paris ist so bedeutsam, weil sich Paracelsus hier zum ersten Mal, kaum fünfundzwanzigjährig, der gesamten gängigen Medizin und ihren allerhöchsten, ehrwürdigen Autoritäten entgegenstellte. Es ist der Beginn eines lebenslänglichen Kampfes, den er mit der traditionellen Medizin führen sollte, allein und fremd und anders. Und seine Vertreibung ist nur der Anfang einer tragischen Grundkonstellation, die er später so lapidar beschrieben hat: «Sie treiben mich aus Litauen, danach aus Polen, war noch nicht genug. Ich gefiel den

Niederländern auch nicht, den Universitäten nicht, weder Juden noch Mönchen. Ich dank aber Gott, den Kranken gefiel ich.»

In diesen Sätzen liegt schon die Antwort auf die Frage, woher dieser junge Feuerkopf die Kraft und Überzeugung nahm, sich so allein gegen die übermächtigen Vorurteile und Interessen seiner Zeit zu stemmen. Worin könnte ein Arzt mehr Bestätigung und Zuspruch finden als in den Patienten, die er geheilt hat?

Weiter ging seine Reise, fast schon eine erste Flucht, nach Calais. Von dort setzte er über nach England. Man darf annehmen, daß wir dieser Überfahrt, die etwas stürmisch gewesen sein mag, das erste Rezept gegen Seekrankheit verdanken. Es lautet: «Wenn du auf dem hohen Meer bist und nicht kotzen willst, nimm sal peregrinorum.»

In seinen Schriften erwähnt Paracelsus die weißen Kreidefelsen der englischen Küste bei Dover, schildert auch seine Wanderung durch Irland und Schottland. Die dortige Medizin scheint ihm kaum Eindruck gemacht oder ihn gar nicht mehr interessiert zu haben, er findet sie kaum einer Erwähnung wert. Um so mehr interessiert ihn die Tuchfärberei, es gibt Tuchfärberezepte, die auf ihn zurückgehen. Es könnte sein, daß er sich nach seinen enttäuschenden Erfahrungen in Paris von der Medizin abgewendet hat. In der «Großen Wundartzney» ist durchaus die Rede davon, daß er mit dem Gedanken gespielt hat, sich einem anderen Metier zuzuwenden: «Hab ihm viel nachgedacht, daß die Arznei eine ungewisse Kunst sei, die nicht gebührlich sei zu gebrauchen, nicht billig mit Glück zu treffen, einen mache sie gesund, zehn dagegen verderben, – was mir eine Ursache gegeben hat zu glauben, es sei ein Betrügnis von Geistern, den Menschen so zu verführen und gering zu machen. Hab abermals von ihr gelassen, bin in andere Händel gefallen.» Meinte er mit diesen «anderen Händel» den Handel mit Wolle und gefärbtem Tuch?

Die folgenden Reiseziele sprechen für diese Vermutung. Von London aus begab er sich direkt nach Brügge in Flandern, dem größten Woll- und Tuchhandelszentrum der damaligen Welt. Auf Brügge folgte sein Besuch in Brabant, ebenfalls ein Woll- und Tuchhandelszentrum.

Fragt sich, was ihn davon abhielt, in diesem neuen Metier zu bleiben, wo er mit seiner wissenschaftlichen Erfahrung und praktischen Begabung sicherlich sehr erfolgreich geworden wäre. Von seinem folgenden Aufenthalt in den Niederlanden erwähnt er Geldern, Deventer, Zwolle und Friesland, vor allem aber berichtet er von den Niederländischen Kriegen. Vielleicht war es die Gelegenheit, sich als Militärarzt zu betätigen, was ihn zu seinem alten Beruf zurückkehren ließ. Dabei leitete ihn sicher auch ein ethisch-religiöses Motiv. In seiner «Großen Wundartzney» gibt er uns Auskunft, was ihn bewogen hat, sich doch wieder der

Kunst der Medizin zuzuwenden: «Hab gefunden den Spruch Christi: die Gesunden bedürfen keines Arztes, allein die Kranken. Das bewegte mich so viel, daß ich mir mußte ein ander Fürnehmen setzen, nämlich daß die Kunst nach Inhalt des Spruchs Christi wahrhaftig, gerecht, gewiß, vollkommen und ganz wäre und in ihr nichts von Geisten zur Verführung und sie nicht des Glückes Schuld sei, sondern in Nöten eine bewährte nothafte Kunst, allen Kranken nützlich und hilflich zu ihrer Gesundheit.»
Gut vorstellbar also, daß er sich vom lukrativen Woll- und Tuchhandel wieder abgewendet hat, um auf den Schlachtfeldern seine «nothafte Kunst» zu üben, das heißt, seine ärztliche Pflicht zu tun. Der Herzog von Geldern zog mit seiner Reiterei gegen die Städte, die den Burgundern die Treue bewahrten und sich weigerten, sich ihm zu unterwerfen. Er verwüstete und verbrannte alles auf seinem Weg, zudem entwickelte sich unter seinem Einfluß in Friesland ein Bürgerkrieg. Da gab es also für einen jungen Arzt, den das Ethos des Helfens und Heilens leitete, mehr als genug zu tun.

Kriegsgreuel und Schlachtfelder kennzeichneten auch die nächste Station seiner Wanderung. Von Holland aus zog er weiter und besuchte die Hansastädte Hamburg, Lübeck und Rostock. In Rostock schiffte er sich nach Dänemark ein und gelangte nach Kopenhagen.
Dänemark befand sich im Krieg mit Schweden, da die Schweden seit dem Anfang des 16. Jahrhunderts versuchten, sich aus der Union mit Dänemark und Norwegen zu lösen. Dieser blutige Bruderkrieg wütete, bis es im Jahre 1518 dem dänischen König gelang, die Schweden vernichtend zu schlagen. 1519, als Paracelsus nach Dänemark kam, brach dieser Bruderkrieg wieder aus. Zu Beginn des Jahres 1520 begleitete Paracelsus den dänischen König Christian II. nach Schweden bis vor Stockholm. Auf diesem Kriegszug betrieb er zum ersten Mal eigenhändig Chirurgie, eine Tätigkeit, die bis dahin mit der Würde eines promovierten Doktors nicht zu vereinen war. Die Ärzte waren sich zu gut, sich an ihren Patienten die Hände blutig zu machen. Indem Paracelsus erkannte, daß Wundheilkunde und Operationslehre nur dann wirklich zum Erfolg führen konnten, wenn sie in einem allgemeinmedizinischen Zusammenhang betrieben werden, wurde er zum Begründer der modernen Chirurgie. Er war es, der dazu aufrief, Amputationen und andere chirurgische Eingriffe künftig nicht mehr den Badern und Scherern zu überlassen, sondern als ein Fachgebiet der Medizin anzuerkennen. Seine Erfolge auf den schwedischen Schlachtfeldern müssen beträchtlich gewesen sein. Zum Dank soll er zum königlichen Leibarzt ernannt und mit der Reform des dänischen Apothekerwesens beauftragt worden sein.
Diese Zeit benutzte er, um die «mittnächtlichen Lande« zu bereisen. Man

nimmt an, daß er die Universitätsstadt Upsala besuchte und die Bergwerke von Fallun mit ihren berühmten Kupferminen einer Inspektion unterzog. Basilius de Telepnef vermutet sogar, daß Paracelsus in königlichem Auftrag auf Hundeschlitten Inspektionsreisen bis nach Lappland unternahm. Noch immer stand er ja in der Gunst von Christian II., und das mag ihm durchaus ermöglicht haben, in relativ kurzer Zeit eine solche weite Reise zu absolvieren.

Kaum aber kehrte er zurück nach Stockholm, geriet er in neue Kriegswirren. Das Land war in Aufruhr gegen den dänischen König. In Stockholm fand ein furchtbares Blutbad statt. Paracelsus blieb nichts anderes übrig, als wieder einmal die Flucht zu ergreifen.

Die Zeit, die Paracelsus als Günstling von Christian II. in Schweden verbracht hatte, ist noch dadurch bedeutsam, daß vermutlich die Niederschrift seiner frühesten Abhandlungen in diesen Monaten zu datieren ist. Es handelt sich um die Schrift «Elf Traktat von Ursprung, Ursachen, Zeichen und Kur einzelner Krankheiten». Darin wird über ganz verschiedene Krankheitsgruppen wie Wassersucht, Schwindsucht, Koliken, Schlaganfall, Wurmkrankheiten, Podagra und Fallsucht berichtet, wobei sich Paracelsus schon ganz eigene Gedanken über den Ursprung und das Wesen dieser Krankheiten macht.

Zur gleichen Zeit ist das Buch «Von den fünf Entien» entstanden, ein Werk, das nur in Bruchstücken erhalten ist. In der Sudhoffschen Gesamtausgabe ist es mit «Volumen medicum Paramirum, de medica industria» überschrieben. Es ist ein System, das den Krankheiten fünf verschiedene mögliche Ursachen zugrunde legt. Damit wendet sich Paracelsus gegen alle bisher gültigen Lehren und begründet eine Krankheitslehre, die in ihrer Differenzierung einzigartig ist und von einer Menschenkenntnis zeugt, die weit über die Borniertheit der einzelnen Schulen hinausweist. Diese Lehre sprengt die bis dahin tradierten Menschenbilder, indem sie alle in der Erfahrung bestätigten Krankheitsursachen integriert, aber auch neue Erkenntnisse hinzufügt. Allein das Wagnis, so viele verschiedene Ursachen als gültig anzuerkennen, ist für jene Zeit eine Leistung, die kaum abzuschätzen ist, hinzu kommt aber, daß diese Lehre auch heute noch dem üblichen diagnostischen Denken überlegen ist, da sie auch Bereiche einbezieht, die gerne verdrängt werden.

Als erste Krankheitsursache nennt Paracelsus das «Ens astrale». Gemeint sind Krankheiten, die ihre Ursache im Kosmos haben. Das gilt vor allem für die Pest, deren völkervernichtende Wirkung Paracelsus dadurch erklärt, daß Neid und Mißgunst die Menschen so geschwächt und verdorben haben, daß ihre Ausstrahlung negativ und destruktiv wurde. Diese Ausstrahlung wirkt nun bis in die Sterne, heute könnte man vielleicht auch sagen «Umwelt» im weitesten Sinne. In den Gestirnen werden diese negativen Ausstrahlungen verstärkt und fallen auf die Menschen zurück. Etwas moderner ausgedrückt: Die erste Krankheitsursache liegt im Ungehorsam des Menschen gegen die Lebensgesetze der Schöpfung. Wie modern diese Krankheitslehre ist, mag mit so augenscheinlichen Beispielen belegt werden, daß etwa der rücksichtslose Umgang mit der Natur zum Ozonloch in der höheren Atmosphäre geführt hat, durch das sich das Krebsrisiko drastisch erhöht. Aber auch neuere Versuche, die Erkrankung des menschlichen Immunsystems nicht nur physiologisch zu erklären, sondern in einem größeren psychischen Zusammenhang zu interpretieren, gehen in diese Richtung.

Die zweite mögliche Ursache für die Entstehung von Krankheiten nennt Paracelsus «Ens venale». Das sind Krankheiten, die aus Unsauberkeit und giftigen Substanzen entstehen. Dazu ist vielleicht zu bemerken, daß Paracelsus sich bei der Diagnose einer Krankheit nicht nur auf eine Ursache beschränkt. So legt er etwa in seinen Abhandlungen über die Pest sehr genau dar, daß diese Krankheit zwar «astralischen» Ursprungs sei, aber sehr wohl auch durch eine Ansteckung verbreitet werden kann.

Drittens nennt er das «Ens naturale». Das gilt für Krankheiten, die ihre Ursache in einer angeborenen Veranlagung des Menschen haben. Damit sind nicht nur sogenannte Erbkrankheiten gemeint, sondern die Gesamtkonstitution des menschlichen Individuums, wie es sich von der Geburt bis zum Tod entfaltet.

Die vierte Krankheitsursache heißt «Ens spirituale». Das sind Krankheiten, die durch magische Kräfte hervorgerufen werden oder auf einen dämonischen Einfluß zurückzuführen sind. Später wird Paracelsus dieser Krankheitsursache genauer nachgehen und dabei Beobachtungen machen, mit denen er die Analysen von Freud und C. G. Jung vorwegnimmt. So etwa, wenn er die Entstehung des Veitstanzes nicht auf eine Teufelsbesessenheit zurückführt, sondern auf eine sexuelle Verweigerung.

«Ens dei», nennt er die fünfte Ursache für eine Erkrankung. Damit definiert er Krankheiten, die uns von Gott auferlegt und die auch nur durch ihn geheilt werden können. Franz Hartmann hat den Begriff «Karma» damit in Verbindung gebracht. Man könnte vielleicht auch sagen, es sind Krankheiten, die den Menschen in seine Grenzen zurückweisen und ihm ein Anlaß sein sollten, sich in einem höheren göttlichen Zusammenhang zu begreifen und zu bescheiden. Das gilt nicht nur für den Patienten, es gilt auch für den behandelnden Arzt, der sich in diesem Fall darauf beschränken muß, seelischen Trost zu spenden.

Nun gibt es verschiedene medizinische Richtungen, die nur die eine oder die andere Ursache gelten lassen. Für solche Mediziner hätte Paracelsus nur beißenden Spott übrig: «So kann zum Beispiel ein Astrolog vielleicht richtig berechnen, welche Krankheiten dir drohen, und wie lange die Gefahr dauern wird; aber er zieht dabei nur eine der fünf Ursachen in Betracht und die wahrscheinli-

che Folge davon ist, daß seine Prophezeihung sich nicht erfüllt und er ausgelacht wird!»
Was aber braucht es, eine zutreffende Diagnose, die alle fünf Ursachen entsprechend berücksichtigt, zu stellen? Es braucht eine umfassende Kenntnis des ganzen Menschen, und da der Mensch aus Himmel und Erde besteht, verlangt Paracelsus vom Arzt, daß er sich auch mit Natur und Kosmos vertraut macht. Wenn wir in Paracelsus einen Begründer der modernen Naturwissenschaft sehen, sollten wir nicht vergessen, daß für ihn der einzige Sinn solcher Naturwissenschaft darin lag, den Menschen zu helfen und die Kranken zu heilen.

Zurück zur Biographie. Wieder einmal befand sich Paracelsus auf der Flucht. Kaum hatte er sich als königlicher Leibarzt von Christian II. eine Epoche der Ruhe verschafft, kehrte sich die Geschichte gegen ihn. Er floh nach Libau im Kurland, setzte mit einem Hansaschiff über nach Pommern, besuchte kurz die Mark Brandenburg und reiste weiter von Stettin bis in die Danziger Bucht.
Wie in diesen Zeiten des Umbruchs nicht anders zu erwarten, traf er schon wieder auf kriegerische Auseinandersetzungen. Ende 1520 unternahmen die deutschen Ritter einen Feldzug gegen Polen. Danzig wurde von ihnen belagert. Es gehörte zu Polen, und die Danziger wollten von den Deutschen nichts wissen. Sie verteidigten ihre Stadt so erfolgreich, daß die deutschen Ritter schließlich die Belagerung aufgeben mußten.
Man nimmt an, daß sich Paracelsus den deutschen Rittern anschloß, denen er sich möglicherweise durch seinen Großvater verbunden fühlte, der ein Ordenskommandant gewesen war. Aus der Perspektive des Hohenheimers stellte sich diese Episode so dar, daß er später davon sprach, aus Polen vertrieben worden zu sein.
Noch abenteuerlicher stellt sich der weitere Verlauf seiner Wanderschaft dar. Er machte die Bekanntschaft der Gesandten des russischen Großfürsten Wassilji III., der zu jener Zeit ein geheimer Verbündeter der deutschen Ritter in ihrem Feldzug gegen Polen gewesen sein soll. Diese Gesandten hatten vom Großfürsten den Auftrag, die berühmtesten Wissenschaftler, Künstler, Baumeister, Ärzte und Wahrsager nach Moskau einzuladen. Da finden wir einen möglichen Hintergrund für die folgende Reise des Hohenheimers, die ihn laut eigener Aussage durch Litauen, von wo er aus ungeklärten Gründen «vertrieben» wurde, über Smolensk nach Moskau führte. Diesen Besuch in Moskau hielt Paracelsus für eine wichtige Station seiner Reise, wichtig genug jedenfalls, um sich vor seinen Verleumdern damit zu rechtfertigen: «Ihr, die Ihr mich für einen unerfahrenen Doktor hält, Ihr sollt zuerst Santiago de Compostela, Frankfurt a. M. mit der großen Messe und den Sitz der Moskowiter besuchen, dann könnt

ihr mit mir reden!» Es ist immer wieder bezeichnend für Paracelsus, daß er für die Legitimation seiner reformatorischen Medizin weniger seine akademischen Lehrer anführt, als vielmehr die Erfahrungen seiner Reisen.
Eine fast märchenhafte Dimension hat die folgende Episode, die ihn zu den Tataren führt. Die Tataren beherrschten damals den ganzen Süden Rußlands, und ihr Einfall in die Gebiete des Moskauer Großfürsten waren an der Tagesordnung. Ein besonders blutiger Überfall geschah zur Zeit, als sich Paracelsus dort aufhielt. In russischen Annalen jener Epoche heißt es, die Tataren seien bis zur Hauptstadt selbst vorgedrungen, hätten Vororte erobert, geplündert und gebrandschatzt, um dann mit ihrer Beute und ihren Gefangenen in ihre Steppen zurückzureiten. Möglich, daß bei diesem Überfall auch Paracelsus gefangengenommen wurde, jedenfalls kann man eine Passage aus seinem Buch über die podagrischen Krankheiten durchaus in diesem Sinne deuten: «Leser, Du wirst wohl gehört haben, daß ich an vielen Kriegen teilgenommen habe, daß ich gefangengenommen wurde und vieles Schreckliche miterlebt habe. Nun, was geschehen ist, ist geschehen, vielleicht auch zum Besten [...] Laß Dich dies nicht gegen mich und meine Bücher wenden.» An anderer Stelle erwähnt er wunderbare Heilungen, die ihm unter den Tataren «zum Ruhme des ewigen Gottes» gelungen seien. Einmal wundert er sich auch darüber, was für merkwürdige Dinge im Leben zusammenkämen, etwa wenn «ein Schwabe Heilmittel zu den Tataren bringt». Helmont weiß zu berichten, daß Paracelsus aufgrund seiner Heilerfolge bei den Tataren bald nicht mehr wie ein Gefangener gehalten, sondern wie ein heilbringender Gast beherbergt wurde. Möglich, daß diese unfreiwillig anzunehmende Gastfreundschaft der Tataren ihm Zeit und Muße verschaffte, die Niederschrift weiterer Werke voranzutreiben. Sudhoff datiert mehrere Arbeiten in diese Epoche, so «Das Buch von der geberung der empfintlichen dingen in der Vernunft», aber auch das «Liber de generatione hominis», und einige frühe Ausarbeitungen über das Podagra, zum Beispiel das «Liber de podagricis et suis speciebus et morbis annexis», eine originelle Beschreibung von Zipperlein und Gicht.
In der Schrift «Von den natürlichen Dingen», behandelt er die Anwendungsmöglichkeiten von neun Arzneimitteln. Er untersucht die Wirkung des Terpentins, der weißen und schwarzen Nieswurz, des Wasserblutes, des Salzes, des Sankt-Johannis-Krautes, des Magnetsteines, des Schwefels, des Vitriols und des Arsens. Schon diese Schriften sind, wie auch alle späteren Arbeiten, eingebettet in allgemein-philosophische Überlegungen, gespickt mit Seitenhieben gegen die unwissenden Ärzte, und es ist dem Verfasser gleichbedeutend, ob er seine Rezepte und Heilmethoden den Hochschulen, den Jahrmärkten oder eigenen Experimenten verdankt, wichtig ist allein die erwiesene Heilwirkung.

Ungeklärt ist, wie Paracelsus der «Gastfreundschaft» der Tataren entkommen konnte. Gut vorstellbar, daß er die Verwirrungen einer Schlacht ausgenutzt hat für seine Flucht. Er berichtet von seiner Reise durch Litauen, Polen, Ungarn, Siebenbürgen, die Wallachei, Slawonien bis nach Kroatien, wo er mit der Stadt Zengg «die letzte Bastion des Westens» besuchte, ehe er weiterzog Richtung Venedig. Diese Reise war weniger beschwerlich, als sie uns auf den ersten Blick erscheinen mag. Er folgte dem gut ausgebauten militärischen Grenzweg zwischen der christlichen und der türkischen Welt. Da gab es für einen Militärarzt wie ihn ständig zu tun, und entsprechend hilfreich mögen die Militärs ihm mit Proviant, Unterkunft und Pferden gewesen sein. Er beklagt sich lediglich, vor allem in Ungarn und in der Wallachei von Insekten, speziell von Läusen, geplagt worden zu sein, und so erstaunt es uns nicht, daß wir ihm auch ein Rezept verdanken, dessen Anwendung er gegen die Belästigung durch Insekten empfiehlt.

Von Venedig weiß er einiges zu berichten, unter anderem bewundert er die venezianischen Schönheiten auf der Promenade Real, ungewöhnlich für einen Mann, der sich wohl schon damals einem priesterlich-ärztlichen Gelübde unterworfen hatte, das Keuschheit von ihm verlangte. Wichtiger als die Schönheiten und die anderen Sehenswürdigkeiten der Stadt war für ihn zweifellos die Tatsache, daß wieder Kriegshandlungen bevorstanden.

Europa im Umbruch. Nicht nur die alten Werte des Adels und der Kirche zerfielen, auch die Machtverhältnisse gerieten in Bewegung. Die beiden größten christlichen Herrschaftshäuser, der französische König und der deutsch-römische Kaiser, rüsteten zum Krieg. Venedig beteiligte sich auf französischer Seite, also wohl kaum die Partei des Hohenheimers, für den sich aber im gleichen Jahr eine andere Möglichkeit auftat, seinen Beruf mit der Erkundung neuer Länder zu vereinbaren.

Eine mächtige türkische Flotte hatte begonnen, die Hochburg des Johanniterordens auf der Insel Rhodos zu belagern. Zwar nahm die venezianische Republik offiziell an dieser Auseinandersetzung nicht teil, tat aber alles, der bedrohten Insel gegen den «türkischen Erbfeind» zu helfen. Ritter, Offiziere, Soldaten, Söldner, Baumeister, Ingenieure und Ärzte wurden nach Rhodos gebracht, oft heimlich und auf abenteuerlichen Wegen. So finden wir Paracelsus bald auf der anderen Seite der Apenninen in Apulien, von dort reitet er via Tarento nach Messina auf dem Peleppones, damals noch eine venezianische Besitzung. Weiter geht es, der venezianischen Handelsroute nach bis nach Alexandria. Es gibt Spekulationen, wonach er dort in neoplatonische Geheimgesellschaften eingeweiht worden sein soll. Er selbst spricht davon, daß er «in Ägypten einen Unterricht in magischen Künsten» erfahren habe.

Die venezianische Handelsroute führte ihn durch das Mameluckenreich nach Kairo. Besonders beeindruckt hat ihn der Nil mit seinen «Ungeheuern», womit er wohl Nilpferde meinte: «Wenn Du die afrikanischen Ungeheuer sehen würdest, dann würdest Du Dich wieder unter die Schürze Deiner Mutter verkriechen wollen.» Es gibt Zeugnisse, wonach er auch Äthiopien bereist hat, etwa die Feststellung, daß es «in Athiopien sehr heiß zu der Zeit wäre, wo es bei uns und in Deutschland schon sehr kalt ist».

Per Schiff durch das Tote Meer, den Golf von Akaba, dann über die bequeme Karawanenroute im sogenannten Arabertal, führte die Handelsroute ihn weiter nach Palästina, nach Jerusalem. Jerusalem war schon das Ziel einer Pilgerschaft gewesen, die sein Großvater gemacht hatte, mag sein, daß er ganz bewußt dessen Pilgerschaft nachvollzog. Diese Pilgerschaft muß für ihn auch das Erreichen eines inneren, spirituellen Ziels bedeutet haben. Wenn er mit Verachtung von jenen spricht, die den Weg nach Judäa nicht kennen, ist das sicher auch symbolisch gemeint.

Über Akka, den traditionellen Landungsort für christliche Pilger, kam er nach Zypern, damals noch venezianisch, und dann endlich erreichte er die Insel Rhodos.

Die Erfahrungen, die er auf dieser Insel machte, schätzte er hoch ein. Das Krankenhaus des Johanniterordens galt als vorbildlich für die ganze christliche Welt. Er bekennt, dort neue Fieberkrankheiten und Heilmittel kennengelernt zu haben.

Als weitere Stationen seiner Reise erwähnt er die Inseln Kos und Samos, vermutlich besuchte er auch die Johannes-Insel Patmos, Athen und Delphi. In Athen schiffte er sich ein nach Lesbos, dann folgten Lemnos und Konstantinopel. Über seine Zeit bei den Türken läßt er verlauten, daß ihm auch dort ein paar Heilungen «zur Ehre des ewigen Gottes» gelungen seien. Weiter führte ihn sein Weg auf den gut ausgebauten Militär- und Handelsrouten durch den Balkan. So kam er über Thrakien, Bulgarien, Mazedonien, Albanien, Herzegowina und Dalmatien zurück nach Venedig. Anfang 1524 kehrte er nach Villach zurück, um seinen Vater zu besuchen.

Der Versuch, die Route seiner Wanderung zu rekonstruieren, mag in diesem oder jenem Detail anfechtbar sein, manchmal sicher auch ergänzungsbedürftig, im großen und ganzen vermittelt diese Rekonstruktion aber sehr wohl einen Eindruck vom Ausmaß seiner Wanderung, und darauf kam es mir an. Jetzt hatte er nicht nur Kenntnis der wichtigen Hochschulen, jetzt hatte er viele praktische Erfahrungen gesammelt, Tausende von Kranken betreut und behandelt, vor allem auf den verschiedenen Schlachtfeldern. Dabei hatte er sich auch einweisen lassen in die unterschiedlichen Heilmethoden der romanischen, germanischen und slawischen Länder. Ein Europäer aus Erfahrung, ein Odysseus der Medizin, hatte er sich in diesen zwölf Jahren ein Wissen angeeignet, das wohl einzigartig war. Die beste Voraussetzung, endlich seßhaft zu werden.

Salzburg

Als Ort, sich als praktischer Arzt niederzulassen, wählte Paracelsus die Bischofsstadt Salzburg. Wir wissen, daß er «in Wolfgang Buchler's Behausung bei der Kumpfmühl», heute Pfeiffergasse 11, Unterkunft fand. Er richtete sich ein kleines Laboratorium ein und betreute die Kranken der Stadt. Ebenso fühlte er sich zuständig für die verarmte Bevölkerung auf dem Land, und so wird er aus nächster Nahe erlebt haben, wo die Ursache der sozialen Unruhen lag, die bald auch Salzburg ergriffen.

Europa im Umbruch: seit Luther am 31. Oktober 1517 an der Schloßkirche zu Wittenberg seine 95 Thesen gegen den Mißbrauch des Ablasses angeschlagen hatte, mußte jeder sich fragen, ob er sich für oder gegen die Reformation stellen wollte. Die religiöse Diskussion griff auf die politischen Machtkämpfe über und verlieh ihnen erst jene bedingungslose Unerbittlichkeit, die wir in der Folge beobachten. Die Landesfürsten bekannten sich zu Papst oder Luther, der Kaiser ließ den Reformator ächten, Friedrich von Sachsen dagegen brachte ihn zu seinem Schutz auf die Wartburg, wo er begann, die Bibel ins Deutsche zu übertragen.

Europa im Umbruch, die Dogmen aufgeweicht, die alten Herrschaftsstrukturen des Adels in Frage gestellt – das machte auch den Bauern Mut, sich gegen ihr Joch zu erheben. Sie waren zu Frondiensten und Abgaben verurteilt, und da sie weder im Reich noch auf den Landtagen politisch vertreten waren, gab es keine Aussicht für sie, jemals auf legalem Weg zu ihren Rechten zu kommen. Jetzt forderten sie Aufhebung der Leibeigenschaft, Beschränkung der Abgaben, Freiheit der Jagd, Einziehung des Kirchengutes, Wahl der Pfarrer durch die Gemeinden, Abschaffung des römischen Rechtes zugunsten einer Volksgerichtsbarkeit nach neuem Recht. Götz von Berlichingen wurde ihr Feldhauptmann, und in Thüringen vereinigte Thomas Müntzer die aufständischen Bauern, Bilderstürmer und Wiedertäufer. Es gärte in Süddeutschland, und in der Folge gab es auch in Salzburg einen Bauernaufstand. Einem Bericht von Sebastian Franck zufolge muß es dabei besonders hart zugegangen sein. Der Bischof ließ «etlich bergkknappen des glauben halben richten», was schließlich zu einem Sturm der Bauern auf Salzburg führte, das sie auch einzunehmen vermochten – allerdings nur für kurze Zeit.

Dieser religiös-soziale Konflikt beherrschte das Leben, und so verwundert uns nicht, daß Paracelsus sich in Salzburg zunächst keinen medizinischen Problemen zuwandte, sondern seine ersten theologischen Schriften verfaßte. Dabei ist die Parteinahme für die Bauern nicht zu bestreiten, wobei diese Solidarität wohl weniger politisch begründet war, als vielmehr in seiner urchristlichen, jeder materiellen Machtanhäufung zuwiderlaufenden Auffassung von einer menschlichen Sozietät zu suchen ist. Später wird er dieses Urchristentum so formulieren: «Die da essen die Arbeit ihrer Händ, die sind selig. Die aber nit ihr eigen Handarbeit essen, dieselbigen sind unselig. Darum weil das ewig Leben mit solcher unseligen Nahrung verloren wird, so soll kein Vater seinen Kindern Reichtum hinterlassen zum Müßiggang, sondern hinterlassen ihnen den Bau, die Arbeit, das Werk auf Erden, auf daß er ob seines eigenen Blutes nit verdammt werd.»

Während seines ersten Salzburger Aufenthaltes entstand das «Buch von der Jungfrauen, aus der Gott geboren ist». Darin setzt sich Paracelsus dafür ein, daß auch Maria nicht von einem irdischen Mann, sondern von Gott selbst gezeugt worden sei, er sieht eine Göttin göttlichen Ursprungs in ihr, vielleicht eine Folge der Marienverehrung aus seiner Einsiedler Kindheit. Den Biographen interessiert an dieser Schrift aber vor allem ein Passus, in dem Paracelsus mehr von sich zu erkennen gibt als irgendwo sonst. Es ist eine der wenigen Stellen, wo dieser eher zu Selbstgerechtigkeit neigende Mann offen gewisse Schwierigkeiten und Schwächen zugibt. Offenbar hatte er Mühe, sich in den hitzigen Debatten jener Salzburger Monate mit kühlem Kopf zu behaupten.

Er richtet sich mit dieser Schrift an drei befreundete Doktoren, mit denen er offenbar eine Diskussion über die Jungfrau Maria gehabt hatte, in der er den kürzeren gezogen hatte. Er schreibt darüber: «Denselben Morgen, da sich solche Colloquia begeben haben, Rede um Rede, zwischen euch und mir, ist das Maulgeschrei bei euch gewesen von der Geburt und Reinigkeit Mariae, dass ihr mir etwas schimpflich zugelegt habt, dass ich euch euer Maulgeschrei unbeantwortet gelassen habe, und mich gering geschätzt. Dass ich etwas ruhig abgezogen bin, ist das aber die meiste Ursache, dass ich euch dreien Gelehrten mit meiner stammleten Zunge nicht zu folgen vermag, wie ihr mich kennt von Jugend auf, dass ich die allemal stammlet getragen habe. Wollte Gott, dass ihr alles, das ich im Herzen getragen habe, dieselbe Zeit verstanden hättet, darin mich die Zunge gehindert hat.»

Paracelsus war also Stotterer. Und das behinderte ihn offenbar zuweilen so stark, daß er sich in heftiger werdenden Diskussionen kaum mehr auszudrücken vermochte. Daß er seiner «Zunge und der zufliegenden Rede nicht gewaltig«

und seiner «selbst nit gewiß» sei, zu eröffnen, was sein Herz begehrte, führt er einerseits darauf zurück, daß er «in Schanden», das heißt in Armut, erzogen worden sei, andrerseits aber bekennt er sich dazu, daß er dazu neigte, bei solchen Disputationen die geistige Selbstbeherrschung zu verlieren: «die andere Ursache ist, dass mir im Reden die ungezähmten Gegenreden und die Abwege, so da mitlaufen, meiner Zunge meinen Geist nehmen, berauben mir meines Herzens Gemüt und eröffnen ein anderes als ich im Sinn habe.» Verdanken wir also seinem schwerwiegenden Sprachfehler und seiner Schwierigkeit, sich mündlich unter Kontrolle zu halten, sein schriftstellerisches Werk? Das mag eine Erklärung dafür sein, daß er trotz seiner Verachtung aller Buchweisheit selbst immer wieder zum Schriftsteller wurde. Im offenen Streitgespräch ging ihm der Geist durch, bis er vor Erregung die Sprache verlor oder auf irrige Abwege geriet.

«Aber so meine stammlete Zunge das nicht verantworten kann, gehört denn dasselbige meiner rechten Hand zu, es mit gefasster Feder auszubreiten», fährt er fort, und weiter heißt es: «Und wiewohl ihr mir freundlich zugeschrieben habt, bei euch zu erscheinen, an euerem fürstlichen Hof zu disputieren, entschuldige ich mich; dieweil ich stummend vor euch erstarrt bin, wie viel mehr würde ich vor dem Fürsten erzittern, den ich nit gewohnt bin [...] Darum schicke ich euch an meiner Statt meinen schriftlichen Grund, denselben euch zu belesen [...]»

Gut vorstellbar, daß sich Paracelsus beim «niederen Volk» in den Schenken weniger gehemmt fühlte und sich keine Zügel auferlegte. Es scheint, als habe er sich als eine Art Armenpriester oder Bauernprediger betätigt, und er gibt das in einer anderen Salzburger Kampfschrift, in der er sich gegen den christlichen Götzendienst wendet, auch offen zu. Da heißt es: »so ich etwan und etliche Male in Tabernen, Krügen und Wirtshäusern wider das unnütze Kirchengehen, üppige Feiern, vergebene Beten und Fasten, Almosengeben, Opfern, Zehnten, Leibfall, Dreissigsten, Jahrzeit, Beichten, Sakrament nehmen und alle andere dergleichen priesterliche Gebote und Aufenthaltung geredet habe.»

In eben dieser Schrift gegen den christlichen Götzendienst bekennt er sich auch offen für die Anliegen der Bauern, insofern sie mit seinen eigenen Ansichten übereinstimmen: «Ihr klaget sehr und fast, ich hab euch die Bauern widerspenstig gemacht, daß sie nimmer opfern und wenig auf euch halten, und schier gar nichts. Gedenkt, wenn meine Red aus dem Teufel wäre, so folgten sie euch und nit mir. Aber so sie mir folgen und nit euch, so denkt nit anders, als dass der Heilige Geist in ihnen sei, der lehret sie erkennen euer Gemüt, Tücke und grosse Lügen.»

Deutlicher kann man kaum werden, und so ist es kein Wunder, daß Paracelsus bald einmal beim Erzbischof angezeigt, festgenommen und verhört wurde. Noch reichten aber die Anschuldigungen gegen den aufwieglerischen Ausländer offenbar nicht aus, um ihn in Haft zu nehmen oder hinzurichten. Auf die Dauer jedoch war sein Aufenthalt in Salzburg bedenklich geworden.

So bedenklich, daß er wenig später Hals über Kopf die Stadt verlassen mußte. Ein Indiz für seine überhastete Flucht ist die Tatsache, daß er seine Habe zurückließ. In einem Gerichtsprotokoll, übrigens die älteste erhaltene Urkunde aus seinem Leben, können wir nachlesen, worin seine Habe bestand. Es handelte sich um ein Bildnis seines Vaters, das noch heute in Salzburg gezeigt wird, ferner zwei Feuerbänke, einunddreißig Bücher, zwei Trinkgläser, einen Messingleuchter, vier Messing-Arzneibüchsen, fünf Arzneigläser, Salben, einen Tisch und Kleidungsstücke. Bei den Kleidungsstücken befanden sich zwei Kamelhaargewänder, die Paracelsus offenbar besonders schätzte.

Also endete sein erster Versuch, sich als niedergelassener Arzt zu betätigen mit einer Katastrophe, einer Flucht vor drohender gerichtlicher Verfolgung. Anderswo sollte es ihm nicht besser ergehen.

Die Flucht aus Salzburg scheint uns deswegen besonders wichtig, weil sie uns seinen religiös-sozialen Hintergrund offenbart. Er hatte sich zwar der Sache der Bauern angenommen, aber hatte er damit auch Stellung bezogen im Streit zwischen Luther und Papst? Er hat sie beide mit Huren verglichen. Ihm schwebte, wie übrigens vielen radikalen Erneuerern des Glaubens, eine Religion ohne Kirche und Rituale vor, eine Religion ohne Mauern und äußere Form. Rituale lehnte er ab, weil er die Teilnehmer verdächtigte, dabei nicht an Gott, sondern an das Ritual zu glauben; er sah darin nur eine weitere Form von Götzendienst, und er selbst fühlte sich wohl stark genug, seinen Glauben zu leben, ohne in einer Institution Halt und Rückhalt zu finden. Armut war Pflicht, Helfen das wichtigste Gebot; wer Christus nachlebte, sollte das nicht durch äußere Zeichen, sondern durch Taten der Liebe offenbaren.

Da liegt die Wurzel dafür, daß sich später ein geheimer Orden wie jener der Rosenkreuzer auf Paracelsus berufen hat, ein Orden, der vor allem die innere Reformation anstrebte, geleitet von der Vision einer rein spirituellen Aristokratie, die keiner Institution und äußeren Macht bedurfte. Ein Orden übrigens, dessen reale Existenz sein Erfinder Christian Rosenkreuz selbst geleugnet hat, vielleicht in der weisen Voraussicht, daß es Ideen gibt, die nur der Einzelne verkörpern und vorleben kann; sobald eine solche Idee zur Institution wird, verliert sie ihre erneuernde Kraft.

Erfolge und Ruhm

Also befand sich Paracelsus wieder einmal auf der Landstraße. Aber es scheint, als ob er selbst seine Wanderjahre für abgeschlossen hielt und sich jetzt lieber irgendwo niedergelassen hätte, um in Ruhe seinem Beruf nachzugehen. Er hatte genug gesehen von der Welt. Jetzt suchte er eine Stelle, wo er sein Wissen weitergeben könnte.

Die nächsten Nachrichten über ihn stammen aus Ingolstadt, wo er sich längere Zeit aufgehalten hat. Er berichtet, er habe dort Dr. Petrus de Burckhardis behandelt, ein Mitglied der medizinischen Fakultät, der an chronischer Bronchitis mit Erstickungsanfällen litt. Allerdings war die Krankheit schon zu weit fortgeschritten. Der Patient erlag seinen Asthmaanfällen.

Eine andere Kur verlief erfolgreicher und trug dazu bei, Paracelsus mit dem Ruf eines Wunderdoktors zu versehen. So berichtet Johann Rist Holsatus im «Philosophischen Phönix» folgende wundersame Geschichte: «Hohenheim war bei einem Ratsherrn abgestiegen, der zugleich Gastwirt war; er traf dort dessen von Geburt an gelähmte Tochter, die ihm ihr Leid klagte. Hohenheim empfahl ihr, eine Messerspitze seines ‹Azoth des roten Löwen› in einem Löffel Wein nach der Mahlzeit zu nehmen und darauf kurz zu schwitzen. Das Ergebnis dieser Behandlung war, daß am Abend das dreiundzwanzigjährige Mädchen in das Zimmer der Eltern trat, sich vor Theophrastus niederwarf, obgleich sie vorher noch niemals einen Schritt gegangen war.»

Was es mit seinem Wundermittel auf sich gehabt haben konnte, ist bisher ungeklärt. Ich vermute, daß er die tatsächlich angewendeten Mittel oft nicht preisgeben wollte und daher Bezeichnungen wie «Azoth des roten Löwen» erfand, worunter sich jeder vorstellen konnte, was ihm beliebte.

Wie groß sein Ansehen inzwischen geworden war, belegt noch eine andere Geschichte, in der Sudhoff ein kulturgeschichtliches Dokument sieht, aus dem vor allem hervorgeht, wie man sich die pekuniären Bedrängnisse und deren Behebung durch Paracelsus vorstellte.

Derselbe Johann Rist Holsatus, der schon von der wundersamen Heilung des gelähmten Mädchens berichtete, erzählt auch, daß der Arzt in einer vornehmen württembergischen Stadt in Geldnot geraten war. Er soll bereits viele Leute mit sich geführt haben, eine Art Hofstaat also, für die er offenbar aufzukommen hatte. Nun aber teilte sein Hofmeister ihm mit, die Kasse sei leer. Darauf befahl ihm Theophrastus, einen Zentner Blei zu kaufen und ihn einzuschmelzen. Dazu schickte er ihm ein «kleines Papierlein», in dem sich ein «blutrotes Pülverlein» befand. Dieses Pülverlein sollte er unter das geschmolzene Blei mengen. Gesagt, getan. Das in Formen gegossene Blei sah «leibhaftig aus wie das schönste und klarste Gold, wofür ihm der Münzmeister des Ortes etliche tausend Gulden bezahlt hat!»

Wie berühmt Paracelsus inzwischen geworden war, ist auch durch ein Dokument belegt, das sich ebenfalls bei Karl Sudhoff findet, und zwar im dritten Band seiner Gesamtausgabe. Es handelt sich um eine Lobpreisung des Hohenheimers, die sich wie ein moderner Reklametext liest, vor allem, was die darin enthaltenen phantastischen Übertreibungen betrifft. Auch dieser Text, wohl von einem seiner Schüler verfaßt, gibt zwar keine Tatsachen wieder, erscheint uns aber dennoch bedeutsam, weil er beweist, daß Paracelsus schon zu Lebzeiten eine Legende wurde, vor allem, was sein enormes Wissen und seine magischen Heilkräfte betraf. So berichtet der Verfasser dieser Schrift, ein Valentinus vom Ries, Philippus Theophrastus von Hohenheim sei von den Athenern «der große Paracelsus genannt worden», ein wichtiger Hinweis, aus dem hervorgeht, daß der Hohenheimer sich offenbar schon zu jener Zeit mit diesem Übernamen schmückte. Märchenhaft klingt die Anzahl der Bücher, die er verfaßt haben soll. Allein 230 Bücher über philosophische Fragen, 40 über Arzneikunst, 12 «de republica», 7 über Mathematik oder Astronomie, 66 über «verborgene und heimliche Künste», aber auch Werke, die davon handeln, das Reine vom Unreinen zu scheiden, oder von der Ewigkeit «tractieren». Sich auf andere Autoritäten beziehend, deren Namen uns heute nichts mehr bedeuten, fährt der Autor fort:

«Im Teutschland ist jetzt ein junger Mann, des gleich in der ganzen Welt nicht gefunden wird, der so fürtrefflich und köstlich in der Philosophei, Arznei, Astronomei und vom gemeinen Nutz und dem Rechten geschrieben hat, daß ich nicht anders glaub, er habs entweder aus einer wunderbarlichen angeborenen Influenz oder aus unaussprechlicher Gnad des Heiligen Geistes oder aber aus der bösen Geister Eingebung. Dann was er nur für gering und schlecht haltet, das ist keinem Menschen wohl möglich zu erfahren und zu ergründen. Ich kann mich nicht erinnern, daß ich eines Gelehrteren Schriften gelesen hätt. Deshalb, lieber Leser, nimm dieses Theophrasti Schriften in gutem und für lieb auf und scheue dich nicht, dieselbigen höher zu achten als [die Schriften] der Alten, ob sie schon neu zu sein vermeint werden. Vale.»

Wenn man bedenkt, daß Paracelsus zu diesem Zeitpunkt vermutlich noch keine einzige Schrift im Druck veröffentlicht hatte, wird diese Lobpreisung besonders pikant. Sie läßt uns vermuten, daß der Hohenheimer offenbar Schüler herangezogen hatte, die so bedingungslos an ihn glaubten, daß sie vor keinem propagandistischen Mittel zurückschreckten, ihrem Meister die gebührende Achtung zu verschaffen.

Von Ingolstadt zog Paracelsus weiter nach Neuburg an der Donau, dann flußaufwärts nach Ulm und über die Schwäbische Alb ins Neckargebiet. In Tübingen, wo er vermutlich schon als Student gewesen war, hielt er Vorlesungen. Dazu berechtigte ihn sein Doktorgrad. Seit dem 13. Jahrhundert galt auf den europäischen Universitäten die Regel, daß ein Gelehrter mit diesem akademischen Abschluß das Recht hatte, Studenten um sich zu scharen und sie zu unterweisen.

Auch in Tübingen schien er sich nicht sehr wohl zu fühlen. Er zog weiter nach Rottweil, wo er nach eigenen Aussagen die Äbtissin behandelte, die an einer Herpes erkrankt war.

Die nächste Station dieser Wanderung war Freiburg. Auch hier hielt er Vorlesungen, was daraus hervorgeht, daß er später von seinen Schülern aus Freiburg sprechen wird. Offenbar drängte es ihn immer mehr, seine Erfahrungen und sein Wissen nicht nur den Kranken zugute kommen zu lassen, sondern auch an möglichst viele Studenten der Medizin weiterzuvermitteln. Mit messianischem Eifer ging er daran, die jungen Ärzte von der Bevormundung durch überkommene Lehren zu befreien und ihnen einen neuen erfolgversprechenden Weg zu weisen.

In diesen Monaten entstand wohl auch eine seiner wichtigsten Arbeiten, der «Herbarius», das Kräuterbuch. Es ist ein Werk, das nur denkbar ist auf dem Hintergrund seiner Wanderjahre. Da hatte er gesehen, daß es in den verschiedenen Ländern ganz verschiedene Kräuter und einheimische Naturheilmittel gab, die von der Volksmedizin bewahrt und verwendet wurden. Von solchen Heilmitteln wollten aber die etablierten Ärzte und Apotheker nichts wissen. Oft bildeten Arzt und Apotheker eine Art Personalunion, und um das Geschäft zu fördern, wurden möglichst kostspielige Arzneien verschrieben, bestimmt keine Kräuter, die man auf jedem Feld ohnehin hätte finden können. In seinem «Herbarius» spart Hohenheim nicht mit Hohn und Spott über solche Praktiken: «Da aber das Wissen und die Kunst bei den Ärzten verloschen war, da mußte man über Meer fahren und Arznei bringen von allen Landen, was dorten, hier auch gut sei.» Und an andrer Stelle: «Ist gleich als mit dem Tuch, je weiter, je besser; das heimische, das seine Wärme auch gibt, wird verachtet. Die übersichtig werden, sehen tausend Meilen ein Kraut, und das vor ihren Füßen nicht.»

Hinzu kam, daß auch viele Drogen gefälscht wurden, da es oft zu schwierig und kostspielig war, tatsächlich an die exotischen Ingredienzien zu gelangen, die auf den Etiketten aufgeführt wurden. In manchen Fällen war das nicht weiter gefährlich. Ob man nur wirkliche «mumia vera», zerstampfte Mumienteile aus Ägypten, zur Lebensverlängerung anbot oder statt dessen einfach etwas Asche aus dem Ofen zusammenscharrte und den Menschen als Wundermittel für ein

langes Leben anbot, hatte auf die Gesundheit der Käufer wohl kaum Einfluß. Lebensgefährlich wurde solcher Etikettenschwindel allerdings, wenn sich hinter den hochfahrenden lateinischen Namen der Medikamente verdorbene Waren verbargen. Paracelsus beklagt sich: «Nun ermesset ihr Leser all, wie eine große Beschwerde ist es nun dem Kranken, der in Todes Nöten liegt, daß er soll solchen Kaufleuten ihren Falsch allen fressen und damit gesund werden!»
Für Paracelsus war «die ganze Welt ein Apotheken». Das aber hieß, daß man die Medizin überall fand: «Was dem Menschen vonnöten ist zu haben, das hat Gott ihm geschaffen, daß er's ringlich und leichtlich haben mag. Was aber nicht vonnöten ist, dasselbige hat Gott desto weniger geschaffen ohn Überfluß. Also solltet ihr auch verstehen, daß die Arznei vonnöten ist, daß der Mensch sie habe. Darum darf er nicht übers Meer ziehen darnach, er hat's herwärts des Meeres.» Nun gab es zu Zeiten des Paracelsus auch andere Verfasser, die Kräuterbücher veröffentlichten, ihnen aber wirft er vor, ihre Bücher nur auf Hörensagen gegründet zu haben, und hält ihnen entgegen: «Einer, der da schreiben will ein Buch, muß sich nicht ziehen auf die, welche nur reden und schreiben auf Hörensagen, sondern auf die soll er sein Kirchen bauen, die aus der Experienz reden.»
Nachdenklich kann uns heute wieder seine Erfahrung machen, daß viele Krankheiten ihre spezifischen Ursachen im Umfeld, Klima und Landschaftscharakter ihres Auftretens haben. So kann er behaupten: «Einem jeglichen Land wächst seine Krankheit selbst, seine Arznei selbst, sein Arzt selbst.» Oder auch: «Die Ärznei wächst in Gärten, wächst beim Kranken. Die übersichtig werden, sehen tausend Meilen kein Kraut und das vor ihren Füßen nicht, und der Himmel ist gleich sowohl vor den Füßen als über tausend Meil. Es ist ein jegliches doppelt: wo Krankheit, da Arznei, wo Arznei, da Krankheit.» Später wird er es noch deutlicher formulieren: «Wo die Krankheiten sind, da sind auch Arzneien, und wo die Krankheit und Arznei ist, da ist auch der Arzt. Wo Gott dem Menschen seine Wohnung geschaffen hat, da hat er ihm auch sein Essen, Trinken, alle Notdurft und die Arznei in seinem Garten geschaffen.» Das aber heißt nichts anderes, als in dem, was krank macht, auch die Widerstandskräfte, das Gegenmittel zu suchen, ein Prinzip, das heute nicht nur in der Homöopathie, sondern auch sonst seine Anwendung findet, etwa bei der Entwicklung von Impfstoffen.

In diesen Monaten beschäftigte sich Paracelsus auch mit den badischen Heilbädern, die er alle besuchte und analysierte. Er nannte die natürlichen Heilquellen «Gottes eigne Composita». Mit den sehr beschränkten Mitteln, die zu seiner Zeit für eine chemische Analyse zur Verfügung standen, fand er immerhin heraus, daß die Quellen von Niederbaden, das Wildbad und das Zellerbad in

Bad Liebenzell einen gemeinsamen Ursprung im Erdinnern haben müßten. In seiner Schrift «Von den natürlichen Bädern» weiß er erstaunlich genaue Angaben über die chemischen Eigenarten der verschiedenen Quellen zu machen, auch teilt er mit, wie es zu diesen Zusätzen gekommen ist, und empfiehlt, welche Bäder bei welcher Krankheit am zuträglichsten seien. Im einzelnen schreibt er vom «bad Pfeffers», «von obern baden», «von Walliserbat» (Leukerbad), «Von dem bat Plumbers», «vom Westerbat», «Vom Niderbaden, Wiltbat und Zellerbat», «von dem bat Castein (Gastein), «Von Döpplitz» (Teplitz), «von Baden in Österreich» und «von Villacher bat». Dazu bespricht er noch die «brunnen Göppingen», den «brunnen under Cobolenz» (Bad Ems) und das «saure wasser in dem moos vor Eger und in Grauenbunt» (Sankt Moritz). Auch diese Schrift beweist uns wieder, daß er während seiner ganzen Wanderschaften unermüdlich erforschte und untersuchte, was ihm hilfreich für die Heilung von Krankheiten erschien. Daß er sich dabei nicht nur auf die üblichen Spekulationen verließ, sondern möglichst genaue chemische Analysen anstellte, macht ihn zum eigentlichen Begründer der Balneologie, der wissenschaftlichen Bäderheilkunde.

Sein wachsender Ruf als Wunderdoktor, der Kranke zu kurieren vermochte, die von anderen Ärzten längst aufgegeben worden waren, brachte es mit sich, daß er nun auch von sehr hochgestellten Persönlichkeiten zu «medizinischen Consilien» berufen wurde, so bat ihn zum Beispiel der Markgraf Philipp von Baden, der an der Ruhr litt, um Rat. Über diese Begegnung wird sich Paracelsus später allerdings bitter beklagen. Offenbar haben die Leibärzte des Markgrafen dem wandernden Theophrastus dessen Behandlungsmethoden gestohlen und an seiner Stelle den Lohn dafür eingezogen, als er selbst bereits wieder unterwegs war. Er litt noch lange unter dieser unerfreulichen Episode, zumal seinen Gegnern «des Fürsten Undankbarkeit und unfürstliche Belohnung eine Freud war und ein Stichblatt wider ihn».

Straßburg

Wie Paracelsus schon in seinen Studienjahren erfahren hatte, war Straßburg in jenen Jahren nicht nur eine Wirtschaftsmetropole am Oberrhein, es stritt sich auch mit Basel darum, das Zentrum des Humanismus zu sein. Ein Ort also, von dem sich ein Universalgelehrter und Arzt wie der Hohenheimer viele Anregungen und Wirkungsmöglichkeiten erhoffen konnte, und er spielte sicher mit dem Gedanken, seine Schriften dort im Druck erscheinen zu lassen. Die Stadt war berühmt für ihre Buchdruckerkunst, nicht umsonst hatte Gutenberg dort so lange gewirkt. Auch vom medizinischen Standpunkt verhieß diese Stadt eine neue Entwicklung, im Gegensatz zu vielen anderen Orten bestand hier ein gutes Verhältnis zwischen Ärzten und Chirurgen. Das schien den eigenen Absichten des Paracelsus sehr entgegenzukommen. Daß trotzdem alles auf eine bittere Konfrontation zwischen ihm und den eingesessenen Ärzten hinauslaufen sollte, hatte tiefere Ursachen.

Zunächst aber schien alles einen guten Gang zu nehmen. Paracelsus berichtet von vielen Heilerfolgen und wachsendem Ansehen. Er ist überzeugt, endlich den Ort gefunden zu haben, wo er den Rest seines Lebens forschend, lehrend und helfend zubringen wird. So sicher war er sich dieser wünschenswerten Zukunft, daß er sich das Straßburger Bürgerrecht erwarb und der Zunft «zur Lutzernen» beitrat. Es war die Zunft der Kornhändler, Müller und Stärkefabrikanten, zu der aber auch die Chirurgen gehörten, eine patrizische Bruderschaft, die so angesehen war, daß ihr sogar Ärzte beitraten. Es gibt einen Hinweis, nach dem Paracelsus sich ein Haus erworben haben soll. Alles Indizien, daß er seiner ewigen Wanderschaft endgültig überdrüssig war und eine Art selbstgewählter Heimat gefunden zu haben glaubte.

Tatsächlich machte sich das Ende des Wanderlebens dadurch bemerkbar, daß Paracelsus die Ruhe fand, ein medizinisches Grundwerk nach dem anderen zu verfassen. Es entstand eine Schrift über seine drei medizinischen Hauptprinzipien Sal, Sulphur und Mercurius, auf denen ein großer Teil seiner medizinischen Anthropologie beruht. Er schrieb ein Traktat «De spiritu vitae», in dem er untersucht, was den menschlichen Körper lebendig macht: «Der spiritus vitae ist ein Geist, der da ligt in allen glidern des leibs wie sie dan genent werden und ist in allen gleich, der eine geist, die eine Kraft in einem wie in dem andern, und ist das höchste korn des lebens aus dem alle glider leben.»

Ein weiteres Werk dieser Zeit ist «De mineralibus», eine Schrift, die von der Zubereitung chemischer Arzneimittel handelt, dabei geht es um Silber, Blei, Eisen, Kupfer, Zink, Kobalt und Quecksilber.

Wichtig, auch in philosophischer Hinsicht, die Schrift «Liber de longa vita», die das Problem der künstlichen Lebensverlängerung behandelt. Interessant, daß Paracelsus dabei der Umwelt eine so große Bedeutung beimißt: «So wir also vom langen leben schreiben ein underrichtung ist auch mer zu wissen, das die regiones, lender, stet und teler, eins zu dem langen leben mer gesunt und nuz ist, dan das ander und mer freud, mer lust, mer humores gibt dem leben, dan das ander.» Schon dieser Gedanke zeigt uns, daß es ihm dabei mehr um einen lebensfördernden Gesamtzusammenhang der Lebensprozesse geht als um ein paar billige Patentrezepte. Freilich gibt er auch ein paar Drogen und Rezepte an, die ein Alter von bis zu 140 Jahren sichern sollen. Wirklich verstehen wird

diesen Traktat allerdings nur der, der die ganze Natur erkennt – wer nicht, dem erteilt Paracelsus eine harsche Absage: «denn was nichts verstet, wollen wir de longa vita nicht verstendig machen.»
Ein anderes Buch beschäftigt sich mit anorganischen Arzneistoffen. Es setzt sich mit einer Fülle von mineralisch-chemischen Wirkstoffen auseinander. Es zeigt uns, daß der Schatz an Arzneimitteln, die Paracelsus in seiner Rezeptur verwendet hat, sehr groß gewesen sein muß. Es entsteht auch eine Schrift über die Wirkung des «Vitriolgeistes», eine verdünnte wässerige Lösung der Schwefelsäure, die er gegen Fallsucht, Wassersucht, Lues und Gicht empfiehlt.
Diese und weitere Schriften seiner Straßburger Zeit genauer zu analysieren, kann nicht die Aufgabe des Biographen sein. Es genügt hier der Nachweis, wie sehr es den Hohenheimer drängte, seine grundlegend neue Auffassung der Medizin in möglichst allen Bereichen der Pathologie anzuwenden und zum Erfolg zu führen.
Diese Erfolge müssen beträchtlich gewesen sein. Das hat ihm zwar die Achtung und Liebe vieler Patienten eingebracht, gleichzeitig muß aber der spektakuläre Aufstieg dieses Neulings den alteingesessenen Ärzten von Straßburg ein Dorn im Auge gewesen sein. Und hatte Paracelsus sich nicht verschiedene Male despektierlich über die Anatomie geäußert? Auf ihre anatomischen Kenntnisse waren die Straßburger Ärzte besonders stolz, und ihr Einfluß hatte dazu geführt, daß Straßburg zu den ersten Städten gehörte, wo es erlaubt war, menschliche Leichen zu sezieren.
Gut möglich, daß man dem erfolgreichen Neuling regelrecht eine Falle stellte, indem man ihn zu einer öffentlichen Disputation über Anatomie herausforderte. Man mußte nur abwarten, bis Kirche und Gerichtsbarkeit einwilligten, wieder einmal die Leiche eines gehängten Verbrechers aufzuschneiden. Das waren öffentliche Anläße, über die man in der ganzen Stadt noch Monate später mit Schaudern sprach. Dabei wollte man sehen, wie es denn mit den anatomischen Kenntnissen des Neulings wirklich bestellt war.
Einige Indizien sprechen dafür, daß der damals berühmte Arzt und Anatom Dr. Hock der Wortführer einer solchen Veranstaltung war, die dazu führte, daß bei der Leichenöffnung Paracelsus regelrecht examiniert und dabei so manche Wissenslücke bloßgelegt wurde. Die Straßburger Ärzte triumphierten über den Fremdling. Seine Blamage war Stadtgespräch, und sie trug ihm noch später, vor allem in einer Basler Schmähschrift, viel Hohn und Spott ein. Es war immer wieder ein gefundenes Fressen für seine Gegner, seinen Ruf zu schädigen, indem sie ihn als einen unwissenden Quacksalber und Aufschneider hinstellten.
Wie aber war es möglich, daß der fachlich sonst in jeder Hinsicht so beschlagene Paracelsus auf einem so wichtigen Gebiet der Medizin vergleichsweise wenig zu

wissen schien? Warum nahm er eine solche berufsschädigende Blamage überhaupt in Kauf?
Er muß davon überzeugt gewesen sein, das Auditorium bei diesem Anlaß von seiner ganz anderen Medizin überzeugen zu können. Ja, er mockierte sich über die Anatomen, und zwar in einer ziemlich provozierenden Art und Weise: «Solcher Anatomie befleissigen sich auch die deutschen Gutzgauch der Ärzte und besehen die Diebe und dergleichen; gehen nachher zum Requiem; gingen sie dafür doch zu den Patienten!»
Hatte er, der sonst ja Erfahrung und Experiment zur Grundlage seiner Forschung erklärte, vielleicht religiöse Einwände gegen das Öffnen menschlicher Leichen? Das mochte ein Grund seiner Ablehnung sein, wichtiger aber scheint uns, das Problem im Gesamtzusammenhang seiner Lehre zu sehen. Anatomie, meinte er, nimmt auseinander, was zusammengehört. Ein toter Körper vermag nichts mehr über den Menschen als ein lebendiges Ganzes auszusagen. Erst wenn wir den Menschen als Ganzes begreifen, macht auch die Anatomie einen Sinn, da wir dann erst verstehen können, welche Bedeutung den einzelnen Teilen zukommt. Solche Gedanken hätte er wohl bei der öffentlichen Disputation im anatomischen Theater von Straßburg gerne vermittelt. Aber die Gegner waren stärker. Die Zeit für seine neuartige Betrachtungsweise war noch nicht gekommen. Vielleicht hat es ihm auch einfach die Sprache verschlagen. Wir kennen sein Problem, sich im Zustand der Erregung verständlich zu machen, und so verstummte er lieber, statt stotternd unterzugehen.
Später, in der «Großen Wundartzney», hat er genauer formuliert, worauf es ihm ankam: «Ihr lernt nichts von der toten Anatomey. Was zu wissen not tut, ist tot: der Grund der Gesundheit und Krankheit, die Qualität des Seins, die Kräfte und das Leben. Eine wirkliche Anatomey des lebendigen Körpers, die all dies erklären würde, hat es noch nicht gegeben. Wer Gesundheit und Krankheit studieren will, braucht einen lebenden Körper, keinen toten.»

Basel

Die «Blamage» von Straßburg fiel zunächst anderswo kaum ins Gewicht. Im Gegenteil, der Aufstieg des Paracelsus schien unaufhaltsam zu sein. Bald sollte er allen Grund haben, seinen Straßburger Kollegen gegenüber aufzutrumpfen. In Basel gelang ihm nämlich ein spektakulärer Heilerfolg, der seinen Namen in der ganzen humanistischen Welt der damaligen Zeit bekannt machen sollte.
Mit der Eröffnung der großen Kirchenversammlung im Jahre 1431 war Basel für

einige Jahre zur «Hauptstadt Europas» geworden. Was Rang, Namen und Geist hatte, war in diese Stadt gereist, um hier an den grundlegenden Diskussionen über die drohende Kirchenspaltung teilzunehmen. Kaiser, Fürsten und Gelehrte, vor allem aber die hohe Geistlichkeit versuchten, dem drohenden Verfall der katholischen Kirche noch einmal eine positive Wende zu geben und das Schisma aufzuhalten. Herausragende Persönlichkeiten dieser Zeit waren Nicolaus Cusanus und Aeneas Silvio Piccolomini, die uns im Zusammenhang mit Paracelsus als dessen mögliche Leitbilder ja schon begegnet sind. Während der Cusaner eine philosophisch tiefgreifende Synthese der Gegensätze anstrebte, legte Piccolomini hier das Beziehungsnetz, das ihm später dazu verhelfen sollte, zum Papst gewählt zu werden. Auf diesem historischen Hintergrund, Geist und Politik in höchster Potenz, hatte sich in Basel die Buchdruckerkunst zu einer der Hauptattraktionen der Stadt entwickelt. Diese Entwicklung hielt an, auch als sich die Konzilsteilnehmer längst wieder entfernt hatten, und erreichte mit dem Lebenswerk des Buchdruckers Johannes Froben einen Höhepunkt. So berühmt war er für seine Editionen, daß er der «König der Buchdrucker» genannt wurde. Er verstand es, Schriftsteller wie Erasmus von Rotterdam und bildende Künstler wie Hans Holbein den Jüngeren oder Urs Graf an sein Haus zu binden. In seinem Druckereibetrieb am Totengäßlein 3, bekannt unter dem Namen «Zum vorderen Sessel», versammelten sich aber auch andere Persönlichkeiten des öffentlichen Lebens wie der Anführer der Basler Reformation Ökolampad und der berühmte Rechtsgelehrte Bonifacius Amerbach. Dadurch war dieses Haus nicht nur ein Zentrum des europäischen Humanismus, es war auch ein Ort, wo die Basler Lokalpolitik entscheidend mitbestimmt wurde. Das sollte für Paracelsus nicht ohne Folgen bleiben.

Noch während er sich in Straßburg zu etablieren versuchte, ereilte ihn der Ruf, Johannes Froben zu behandeln. Der Buchdrucker war an einem ernsten Beinleiden erkrankt, die Basler Ärzte dachten bereits an eine Amputation. Als Paracelsus eintraf, muß der Zustand des Patienten also schon recht bedenklich gewesen sein. Um so mehr wurde Paracelsus gefeiert, als es ihm gelang, die Amputation zu verhindern und das Bein zu retten. Der «König der Buchdrucker» wurde sogar so weit wiederhergestellt, daß er daraufhin wieder zur Frankfurter Buchmesse reiten konnte.

Was lag näher, als diesen Arzt nach Basel zu berufen? Die gesundheitspolitische Situation der Stadt war miserabel. Die medizinische Fakultät hatte nur einen einzigen Ordinarius. Doctor Oswald Bär hatte dieses Amt von 1523 bis 1529 inne. Die Stellung eines Stadtarztes war vakant, und Basel bedurfte dringend eines Mannes, der sich um die medizinische Versorgung und Betreuung der Bevölkerung kümmerte. Noch litt man an den Nachwehen der Pestepidemie aus dem Vorjahr, und die hygienischen Verhältnisse müssen katastrophal gewesen sein. Offenbar war auch genügend Geld vorhanden, sich einen Stadtarzt zu leisten, was durchaus nicht selbstverständlich war.

Es kamen also einige glückliche Fügungen zusammen, die dazu führten, daß sich für Paracelsus nach seiner langen Irrfahrt und seinen Schwierigkeiten in Straßburg doch noch ein Lebenstraum zu erfüllen schien. Er wurde zum Professor und Stadtarzt von Basel ernannt. Für ihn, der Praxis und Theorie als eine unlösbare Einheit begriff, eine ideale Voraussetzung, sein medizinisches Wissen und seine messianische Persönlichkeit voll zu entfalten!

Gestützt durch die Stadtväter, aufgenommen in den Kreis der führenden Persönlichkeiten der Reformation und des Humanismus, zudem noch Gast und Schützling des berühmtesten Buchdruckers der Epoche – bessere Voraussetzungen waren für ihn und sein Vorhaben kaum denkbar.

Entsprechend selbstsicher und radikal ging er ans Werk. Er nahm keine Rücksicht auf die eingespielten bestehenden Verhältnisse. Hemmungslos deckte er den korrupten, lebensgefährdenden Zustand des Apothekerwesens auf, ebenso die erstarrte medizinische Praxis seiner Kollegen, aber auch die ewig gestrige scholastische Nabelschau von Forschung und Lehre. Und auch das war ihm noch nicht genug. Die Medizin, für ihn eine theologisch verwurzelte Grundwissenschaft, sollte in alle Lebensbereiche hineinwirken – und aus allen Bereichen Erfahrungen aufnehmen. Er selbst hatte ja einen großen Teil seines Wissens beim «einfachen Volk» gelernt! Also sollte die Medizin künftig auch nicht länger allein eine Sache der lateinisch geschulten Gelehrtenwelt bleiben, sie sollte jedem zugänglich sein. Sein Widersacher in Straßburg, der berühmte Doctor Wendlin Hock, hatte bereits für Bader und Scherer medizinische Vorlesungen in deutscher Sprache gehalten, Paracelsus schockierte das ehrwürdige Kollegium der Universität Basel nun damit, daß er auch für die Fachstudenten seine Vorlesungen in deutscher Sprache abhielt, was ihm den Namen «Lutherus medicorum» eintrug.

Noch mehr aber provozierte er die «heile Welt» der Mediziner, indem er seinen Amtsantritt damit begann, die «Summe der Bücher», also das traditionelle medizinische Lehrwerk, in einer spektakulären Aktion vor aller Augen ins Johannisfeuer zu werfen. So leitete er ein neues Kapitel der Medizingeschichte ein. Dieser verbürgte Sinn für theatralische Auftritte läßt auch die Überlieferung glaubhaft erscheinen, er habe während einer Vorlesung einmal die Insignien der Doktorwürde, Talar und Barett, von sich geschleudert, um den Studenten damit zu demonstrieren, daß der wahre Arzt auf solche Äußerlichkeiten verzichten konnte. Im übrigen aber ist diese Zeit die am besten dokumentierte Epoche seines Lebens.

Da wäre zunächst das Flugblatt, das Paracelsus als Auftakt seiner Basler Vorlesungen drucken und verteilen ließ. Es ist ein medizingeschichtliches Dokument ersten Ranges, bekannt unter dem Titel «Intimatio», datiert vom 9. Juni 1527. Es enthält nicht nur einen frontalen Angriff gegen die herrschende Schulmedizin, es verspricht auch ein vollkommen neues medizinisches System und eine «Reinigung» von den Irrtümern der Alten. Dieses Flugblatt hat sicher dazu beigetragen, daß die Zahl der Medizinstudenten mit dem Amtsantritt von Paracelsus von 5 auf 31 anstieg, was enorm hoch einzuschätzen ist, wenn man bedenkt, daß die Gesamtstudentenzahl an Universitäten dieser Größenordnung oft kaum mehr als hundert Hörer betrug. Nach dem Weggang von Paracelsus soll sich gerade nur noch ein Student der Medizin eingeschrieben haben. Das zeigt uns, daß die Reform, die der Hohenheimer mit seinem Programm anstrebte, einem Bedürfnis der studierenden Jugend durchaus entsprach:

«Theophrastus Bombast von Hohenheim aus Einsiedeln, beider Arzneien Doktor und Professor, entbietet den Studenten der Medizin seinen Gruß.

Da von allen Disziplinen nur die Medizin gleichsam als göttliches Geschenk nach dem Urteil der heiligen und profanen Autoren als eine Notwendigkeit für den Menschen bezeichnet wird und nur sehr wenige Doktoren sie heute mit Glück ausüben, erschien es mir notwendig, sie zu ihrem früheren Glanze zurückzuführen und sie von den Schlacken der Barbaren und uns von den schwersten Irrtümern zu reinigen. Wir werden uns nicht an die Vorschriften der Alten halten, sondern an diejenigen, welche wir teils durch Erforschung der Natur, teils durch unsere kämpfenden Bemühungen gefunden und durch lange Übung und Erfahrung erprobt haben. Denn wer weiß nicht, wie viele Doktoren der heutigen Zeit mit größter Gefahr für die Kranken die greulichsten Irrtümer begehen. Sie tun das, indem sie sich allzu ängstlich an die Worte des Hippokrates, Galen, Avicenna u. a. anklammern und ebenso wie an einem Orakel vom Dreifuß des Apollo daran festhalten, von welchem man nicht einen Fingerbreit abweichen dürfe. Von solchen Autoren können wohl glänzende Doktoren, wenn es den Göttern gefällt, nicht aber Ärzte geschaffen werden. Nicht der Titel, nicht die Beredsamkeit, nicht eine gewandte Zunge, auch nicht die Lektüre vieler Bücher, wenn auch das nicht wenig Ansehen verleiht, ist in der Medizin wünschenswert, sondern höchste Kenntnis der Dinge und Mysterien, welche leicht alle anderen ersetzen kann. Es ist zwar Sache des Redners, wohlgeordnet zu sprechen und zu überreden und den Richter zu seiner Meinung zu bekehren, Sache des Arztes aber, die Arten der Krankheiten, ihre Ursachen und Symptome zu kennen und darüber hinaus durch seine Geschicklichkeit und seinen Fleiß Heilmittel anzuwenden, sowie mit Geist und Verstand sie alle zu heilen.

Um kurz meine Lehrmethode zu beschreiben, will ich, besonders auf die ansehnliche Bestallung der Herren von Basel hin in täglich 2 Stunden die Bücher der praktischen und theoretischen Medizin sowie der inneren Medizin und Chirurgie, die ich selbst mit größtem Fleiß und zum Nutzen der Hörer verfaßt habe, öffentlich interpretieren. Ich habe diese Bücher aber nicht nach der Gepflogenheit der anderen von Hippokrates, Galen oder irgendwelchen anderen Autoren erbettelt, sondern durch höchste Kenntnis und Erfahrung der Dinge und durch Arbeit erlangt. Ebenso wenn ich etwas erproben will, ist für mich Erfahrung und Überlegung an Stelle der Meinung der Autoren maßgebend. Daher, gütige Leser, soll jeder, den die Mysterien dieser apollinischen Kunst erfreuen, der Liebe und Sehnsucht danach hat und in kurzer Zeit den Inhalt dieser Disziplin gründlich erlernen will, unverzüglich zu uns nach Basel sich begeben und wird weit mehr, als ich in wenigen Worten schildern kann, erfahren. Um aber noch deutlicher den Studenten unsere Grundsätze bekanntzugeben, verdrießt es mich nicht, als Beispiel anzuführen, daß wir keineswegs hinsichtlich der Komplexionen und Humores die Alten nachahmen, welche beinahe alle Krankheiten auf diese falsche Annahme zurückführen. Daher kommt es, daß keine oder gewiß nur ganz wenige heutige Doktoren die Krankheiten, ihre Ursachen und die kritischen Tage genau kennen. Schließlich dürften diese wie durch ein Gitter gezeigten Andeutungen genügen. Ich empfehle aber, über diese Dinge nicht früher vorschnell zu urteilen, bevor ihr nicht selbst den Theophrastus gehört habt. Lebt wohl und beurteilt unser Vorhaben der Erneuerung der Medizin günstig. Gegeben zu Basel am 9. Juni 1527.»

Ein anderes Zeugnis dieser Zeit ist ein Briefwechsel zwischen Paracelsus und Erasmus von Rotterdam, der um medizinischen Rat gebeten hatte. Der Brief des Hohenheimers ist uns deswegen so wichtig, weil er eines der wenigen authentischen Dokumente darstellt, aus dem hervorgeht, wie gründlich und nach welchen Gesichtspunkten im praktischen Umgang mit einem Patienten er seine Diagnosen gestellt hat:
«Was mir die weise Muse und die ärztliche *Alstoos* gewährten, spricht deutlich bei mir: Ich bin offensichtlich der Urheber ähnlicher Urteile. Das Gebiet der Leber braucht keine Arzneien und auch die andern zwei Arten brauchen keine Abführmittel. Die Arznei ist ein meisterliches arcanum aus einem spezifischen stärkenden Dinge, dem die süßen, das ist die festigenden Stoffe genommen wurden. Bei einem Fehler der Leber ist die essentia die zweite, die vom Fett der Nieren ist. Die königlichen Arzneien sind des Lobes wert. Ich weiß, daß dein Körperchen die *Koloquinthen* Mesuës nicht vertragen kann, noch etwas von Turbith oder das geringste von einer Arznei. Ich weiß, daß ich geeigneter und

erfahrener in meiner Kunst bin und ich weiß, was deinem Körperchen zu einem langen ruhigen und gesunden Leben verhelfen kann. Du brauchst keine Ausleerungen. Die dritte Krankheit ist (damit ich offen spreche) eine gewisse Materie oder ulzerierte Fäulnis oder ein entstandenes Phlegma, oder ein zufällig gesammeltes, oder eine Schlacke des Harnes, oder ein Stein des Gefäßes, oder ein Schleim von Sperma, oder eine schleimige oder leimige Nährflüssigkeit. Es ist ein gelöstes Fett oder irgend etwas von dieser Art, wenn es von der Kraft des Salzes (in dem die Kraft des Koagulierens ist) koaguliert werden wird, zu einem Kieselstein oder Beryll. Ähnlich ist diese Entstehung. Ich habe nicht gesehen, daß sie in dir entstanden ist. Ich habe aber geurteilt, daß ein unnützes marmornes Mineral in den Nieren entstanden ist und dies geht unter dem Namen der koagulierten Dinge.

Bester Erasmus, wenn meine spezifische Praxis deiner Exzellenz gefallen hat, sorge ich dafür, daß du einen Arzt und eine Arznei habest. Lebe wohl.»

Nachdem Paracelsus die vorliegenden Beschwerden analysiert hat, kommt er auf den Kern der Diagnose zu sprechen, nämlich das Auftreten von Nierensteinen. Auf diesem Gebiet, das er mit «tartarischen» Erkrankungen umschrieben hat, gelangen ihm bahnbrechende Erkenntnisse, die er dann auch in seinen Basler Vorlesungen vorgetragen hat.

Es gibt auch einen Antwortbrief von Erasmus, dem wir entnehmen können, wie überzeugend das Auftreten des Hohenheimers offenbar gewesen sein muß, wenn er seine Patienten untersuchte. Er wirft auch Licht auf Erasmus selbst, der sich nicht gerade als geduldiger Patient entpuppt und ankündigt, daß er eigentlich gar keine Zeit habe, sich um seine Krankheit zu kümmern:

«Es ist nicht sinnlos, dem Arzte, durch den uns Gott die Gesundheit des Körpers zur Verfügung stellt, ständige Gesundheit der Seele zu wünschen. Ich wundere mich, daß du mich so genau erkannt hast, da du mich nur einmal gesehen hast. Ich erkenne nicht durch die medizinische Kunst, die ich nie gelernt habe, sondern durch mein schlechtes Gefühl, daß deine Rätsel sehr wahr sind. In der Gegend der Leber habe ich schon früher Schmerzen gefühlt, aber ich konnte nicht entscheiden, was die Quelle des Übels ist. Fett der Nieren habe ich vor einigen Jahren im Harne gesehen. Was das Dritte ist, verstehe ich nicht genügend, dennoch scheint es mir, daß ich dadurch belästigt werde, wie ich es gesagt habe. In diesen Tagen habe ich weder freie Zeit für eine Behandlung, noch krank zu sein, noch zu sterben, da ich mit so vielen wissenschaftlichen Arbeiten überlastet bin. Wenn es dennoch etwas gibt, was ohne Loslösung (von der Arbeit) das Leiden meines Körpers erleichtern kann, bitte ich dich, es mitzuteilen. Was du mit wenigen Worten lakonisch angegeben hast, erkläre, bitte, breiter und verschreibe andere Arzneien, die ich, so weit es möglich ist, einnehmen werde. Ich kann deiner Kunst keine gleichwertige Belohnung versprechen, aber ich verspreche dir, sicher dankbarer Gesinnung zu sein. Den Frobenius hast du von der Unterwelt zurückgerufen, das ist, die Hälfte von mir. Wenn du auch mich hergestellt haben wirst, wirst du im einzelnen beide Hälften hergestellt haben. Daß dich doch das Schicksal in Basel zurückhalten möchte. Ich hoffe, daß du mein ex tempore verfaßtes Schreiben gut lesen können wirst. Lebe wohl.»

Was die Basler Vorlesungen betrifft, muß hier ein kurzer Überblick genügen, aus dem aber anschaulich hervorgeht, über welche Fülle an Wissen und Erfahrung Paracelsus verfügte, der nun gerade erst 32 Jahre alt war! Diese Vorlesungen sind uns vor allem durch verschiedene Nachschriften seiner Schüler erhalten geblieben. Die erste «Lektur» begann Mitte März und zwar in lateinischer Sprache: «De Gradibus et Compositionibus Medicamentorum simplicium». In diesen Vorlesungen wendet er sich gegen die «Irrlehren» der Alten und beweist dabei eine offensichtliche Belesenheit auch im überlieferten scholastischen Sinne. Er wußte also, wovon er sprach, wenn er sich gegen die überlieferten Lehren gewendet hat, und wir haben damit ein Dokument gegen die üble Nachrede, er sei nur ein unwissender «Scharlatan» gewesen.
Von den «Alten» läßt er nur gerade Hippokrates gelten, den er gegen seine falschen Ausleger in Schutz nimmt. In diesem Zusammenhang trägt er eine Synthese aus psychischer und physischer Therapie vor, die uns noch heute bedenkenswert erscheint. Er zitiert Hippokrates mit dem Satz, daß Tugend die Krankheiten heile, und fügt seine eigene Theorie hinzu, daß nämlich die Natur die Natur heile, und kommt dann zu folgendem Schluß: «Nehmt sowohl dies von uns, als jenes von Hippokrates, damit ihr die Kranken heilet und die Darniederliegenden gesund werden!»
Parallel zu dieser mehr medizinphilosophischen Vorlesung hielt er eine zweite Lektur, die mehr pragmatischen Charakter hatte. Dabei ging es, nun in deutscher Sprache, um «Geschwüre, offene Wunden und andere Gewächse am Leib, woher ihr Ursprung, was ihr Wesen, ihre Form, Zeichen und Endung, samt wahrhaftiger Kur derselben». In dieser Vorlesung berief er sich ausschließlich auf seine eigenen Erfahrungen, die er während seiner Wanderjahre gemacht hatte. Dabei war er so konsequent, daß er sich weigerte, auch Aussagen über Krankheitssymptome und Behandlungsmethoden zu machen, die er nicht selbst praktisch erfahren und ausprobiert hatte. Damit illustrierte er anschaulich, was er in seiner Theorie gefordert hatte: Nicht meinen, sondern wissen! Denn nur darin ist ein wahrer und zuverlässiger Physikus oder Arzt verborgen.

Er las auch während der Sommerferien, ab dem 17. August 1527, unermüdlich weiter, einmal über Harn- und Pulsdiagnostik, dann «De Physiognomia». Vor Beginn des Wintersemesters unternahm er einen kurzen Abstecher nach Zürich, der uns noch beschäftigen wird.

Im Winter ging es weiter mit einer Vorlesung über spezielle Pathologie und Therapie, insbesondere entwickelte er jetzt seine neuartige Tartaruslehre, daneben folgten auch wieder deutsche Vorlesungen über «Wunden und Wundheilung». Vermutlich stammen aus dieser Zeit auch seine Äußerungen über die Bereitung anorganischer und pflanzlicher Arzneistoffe, die wir in mehreren Abschriften vorliegen haben. Diese Abschriften brechen allerdings mitten in einem Gedankengang ab, vielleicht ein Indiz, daß es sich dabei um seine letzte Basler Vorlesung handelt.

In Zürich hatte Paracelsus den dortigen Stadtarzt Christoph Clauser besucht, einen Studiengenossen aus Ferrara, der dort mit ihm doktoriert hatte. Zurück in Basel, hielt es Paracelsus offenbar für notwendig, dem Kollegen noch einmal schriftlich nachzuliefern, was er vielleicht im Eifer einer mündlichen Auseinandersetzung nicht so klar hatte ausdrücken können. Aus dem folgenden Brief geht hervor, wie sehr ihn nunmehr ein messianischer Eifer leitete, sich selbst als *den* Arzt Germaniens zu apostrophieren, wobei ich darunter kein Indiz für politischen «Nationalismus» im heutigen Sinne sehe, sondern den Ausdruck seiner Erfahrung, daß jedes Land seine eigenen Krankheiten hervorbringe und daher auch seiner eigenen Ärzte bedarf.

«Es ist die vornehmste und beste Pflicht jedes wahren Arztes, daß er seine eigene ärztliche Wahrheit vollkommen erprobt habe und wisse, ob er Gewalt über sein Arcanum hat oder nicht. Ebenso befleißest ja auch Du Christoph, bester aller waadtländischen Ärzte, Dich der Vernunft und eines ausgezeichneten Wissens in der Medizin, wovon nicht ohne Grund tausend Zeugen Kunde geben. Aber welche Gewalt in dieser unserer Monarchie ich übe, das vernimm:

Verliehen ist mir meine ärztliche Kraft nur von meinem Vaterlande. So wie nämlich der Arzt der Araber Avicenna war, der Pergamener Galenus, der beste unter den italienischen Ärzten aber Marsilius war, so hat auch mich das glückliche Germanien selbst als den für sich notwendigen Arzt entsendet. Du weißt ja selbst, daß die Erfahrung gleichsam die Mutter jedes Arztes ist, ja sogar unserer ganzen Monarchie. Außerdem aber ist es das Recht eines jeden, das ganze Vaterland, obendrein nichts Fremdes (al. mit etwas anderem Fremden richtig zu vereinen) mit heimischen Dingen richtig zu vereinen, und daß nicht das Gegenteil, das ist das Fremde, mit einem anderen, ihm Widerwärtigen jemals gut in Übereinstimmung gebracht werden könne. Daraus magst Du entnehmen, wie mit mir Hippokrates, wie Averroes mit mir verglichen werden kann, mit uns dreien aber Rasis. Natürlich jeder gemäß seinem Vaterlande. Da nämlich die Araber und die Griechen ebenso wie die Deutschen nicht anders als das dreifache Marrubium in gleicher Waage stehen und die Ambra Germaniens und die griechische mit dem Storax und Terpentin dem Balsam und der Mumia gleichmachen, ist es Dir auch nicht verborgen, daß jedes Vaterland die Muttersubstanzen (Matrices) seines Elementes in sich birgt und alles das, was notwendig ist, selbst bietet. Die Ambra nämlich ist die Ambra ihres Vaterlandes.

Und darf man vielleicht die chaldäischen Rosen dem Arpinaten (aus der Heimatstadt Ciceros Arpinum stammend) vergleichen, was geht das die eigentlichen Krankheiten an? Die Rose ist doch immer die Rose ihres Vaterlandes. Aus demselben Grunde bringt jede Nation den ihr eigentümlichen und eigenartigen Arzt hervor, und zwar aus ihrem Archäeus.

Denn jede Notwendigkeit bringt bei diesem Künstler auch die entsprechende Betriebsamkeit hervor. Außerdem ist die Notwendigkeit selbst wie ein Lehrer und Vater eines jeden Arztes. Daher können sich die Italiener von den Griechen entschlagen, die Deutschen von beiden, da sie jeder ihre eigene Notwendigkeit haben und jeder einen besonderen Helfer entsprechend der Eigenart der betreffenden Nation. Denn um die Gedanken und Sitten der Araber oder der Griechen nachzuahmen, liegt für das Vaterland keine Notwendigkeit vor, sondern es ist ein Irrtum und eine fremde Anmaßung, zumal dies aber auf teilnahmslose Weise geschieht und wie im Schlaf ohne alle Vernunft und ohne Zwang mit Außerachtlassung von Nutzen und Gelegenheit, aus welchen doch der Arzt entspringen soll. Wer aber abseits von dieser schläfrigen Verträumtheit aus den Bedürfnissen des Vaterlandes zum Arzte wird, der wird ein vollkommener Arzt für seine Nation, fast gleich jenem einzigen Hippokrates, Avicenna und schließlich Lullius. Obgleich ich hier die Genannten dafür loben will, als ob sie aus der Notwendigkeit hervorgegangen wären, da, was ich mit Stillschweigen übergehen will, ihre Irrtümer von ihrem eigenen Vaterlande nicht vertragen werden konnten, was soll dann, so frage ich, Rasis für Wien helfen? Was Savonarola für Freiburg, was Arnoldus für die Sueben? Was Jacobus de Partibus den Gentern(?) (Gentilis)? Was die Kommentare des Trusanus den Misnischen (Misnicis) Ärzten?

Was soll allen diesen Avicenna, wo doch nur das Heil der Kranken in Betracht zu ziehen ist? Daher aber stammt die Gewalt, auf Grund welcher ich schreibe und die mir das Vaterland selbst gegeben hat, und von der erwähnten Notwendigkeit, aus welcher ich selbst hervorgegangen bin. Daher widme ich Dir dieses Büchlein, damit es in Druck gesetzt, Dir empfohlen sei. Ich bin überzeugt, daß dieser meiner Schrift vielleicht einmal durch einen Unerfahreneren entgegnet

werden wird und diesem wieder von mir. Denn beides soll daraus klar hervorgehen, sowohl die Notwendigkeit des Arztes als auch das Heil der Kranken. Übrigens werden einige von denen, welche ich am liebsten habe, vielleicht in kurzer Zeit Erläuterungen einiger dunklerer Stellen geben, aber nicht die ältesten meiner Schüler, sondern natürlich die Füchse. Geteilt und zerrissen ist nämlich die Schar meiner Ärzte, ein Teil mit falscher Zunge, ein anderer mit falschem Herzen und falscher Zunge. Was ich also will, verstehst Du demnach ohne Zweifel und ich schicke Dir nächstens eine Anzahl Beschreibungen (Descriptiones) zugleich mit meiner Verbesserung des Oleum colcotharinum. Gebrauche es gut und gib Dir Mühe, meiner immer in Freundschaft zu gedenken. Lebewohl! Basel, quarto Idus Novembris, Anno 26.»
Christoph Clauser, der oft als Freund des Hohenheimers bezeichnet wurde, verdiente diese Bezeichnung offenbar nicht. Weder hat er sich um den Druck des erwähnten «Büchleins» bemüht, noch sich sonst für Paracelsus eingesetzt, auch stammt eine der frühesten Verurteilungen seines Basler Kollegen aus seiner Feder. In seiner Schrift «Daß die betrachtung des menschlichen harns on andern bericht unnütz» bezichtigt er Paracelsus der «toubsucht» und «unwüssenheit». Noch ein anderes, durchaus negatives Urteil jener Monate stammt aus Zürich. Es ist ein Zeugnis von Heinrich Bullinger, dem späteren Nachfolger Zwinglis: «Wiederholt habe ich mit Paracelsus über religiöse und theologische Fragen gesprochen, von Rechtsgläubigkeit war in keinem dieser Gespräche etwas zu spüren, dagegen von einer selbsterdachten Magie. Wenn ihr ihn gesehen hättet, keinen Arzt würdet ihr in ihm vermutet haben, eher einen Fuhrknecht. Mit solchen Leuten zu verkehren, gefiel ihm auch besonders. Als er hier in der Herberge zum Storchen weilte, paßte er immer auf die Ankunft von Fuhrleuten. Mit diesen aß und trank der schmutzige Mann. Wenn er zuweilen vom Wein eindöste, blieb er auf der nächsten besten Bank liegen und schlief seinen garstigen Rausch aus. Kurz, er war ein überaus schmutziger, unsauberer Mensch. In fromme Versammlungen ging er nur selten, auch sonst schien er sich wenig um Gott und göttliche Dinge zu kümmern.»

Wir entnehmen daraus, wie umstritten die Persönlichkeit des Hohenheimers inzwischen geworden war. So umstritten, daß seine Gegner nicht davor zurückschreckten, auch seine «persönlichen Schwächen» erbarmungslos auszuspielen. Ein anderes Dokument, das in ähnlicher Weise Wahrheit und Verleumdung mischt, stammt von Johannes Oporinus, seinem Famulus aus der Basler Zeit. Es ist ein Brief, der das Datum vom 26. November 1555 trägt, also aus fast zwanzigjähriger Distanz verfaßt wurde. Mir scheint darin einiges spürbar von der dominanten, ungezähmten Persönlichkeit des Paracelsus, durch die der Famu-

lus sich wohl so restlos überfordert sah, daß er es noch so viel später für nötig hielt, seine Schmähungen loszuwerden:
«Was Theophrastum Paracelsum betrifft (denn er ist jetzt lange tot), so würde ich nicht gerne dem Geiste seines Todes (wie man zu sagen pflegt) widersprechen. Als er noch lebte, habe ich ihn so sehr kennen gelernt, daß ich mit derartigen Menschen zu leben, wie ich mit ihm gelebt habe, nicht leicht begehren würde. Denn abgesehen von seinen wunderlichen und glücklichen Heilungen in jeder Art von Krankheiten, habe ich an ihm weder irgendwelche Gottseligkeit noch irgendwelche Gelehrtheit bemerkt, und ich pflege mich sehr zu wundern, nachdem ich so manches erscheinen sehe, das von ihm geschrieben und der Nachwelt hinterlassen zu sein behauptet wird, welches ich ihm kaum im Traum zuschreiben würde; so sehr war er Tag und Nacht, während ich fast zwei Jahre bei ihm verkehrte und wohnte, dem Trunk und der Prasserei ergeben, daß man ihn kaum eine Stunde oder zwei nüchtern fand; besonders nachdem er von Basel fortgereist war und im Elsaß unter den Edeln, Bauern und Bäuerinnen, wie ein zweiter Äskulap gefeiert worden war. Und dessen ungeachtet, wenn er am betrunkensten war und nach Hause gekommen, mir etwas von seiner Philosophie zu diktieren pflegte, so schien sie so ordentlich zusammenzuhängen, daß sie von einem nüchternen Menschen nicht hätte verbessert werden können. Ich war beflissen sie ins Lateinische zu übersetzen, und es gibt auch einige von diesen Büchern, die, teils von mir und teils von andern ins Lateinische übersetzt worden sind. Die ganze Nacht, so lange ich bei ihm wohnte, hat er sich nie ausgezogen, was ich seiner Trunkenheit zuschrieb; und sehr oft kam er gegen Mitternacht, stets betrunken, nach Hause, um zu schlafen; so wie er angezogen war, sein Schwert bei sich, das er von einem Folterknecht oder Henker geschenkt bekommen zu haben behauptete, warf er sich aufs Bett, und dann und wann, mitten in der Nacht, wenn er kaum geschlafen hatte, stand er auf mit seinem gezogenen Schwert, wie ein Rasender, schmiß es zu Boden gegen die Wand, so daß ich manchmal glaubte, er würde mir den Kopf abhauen und davor Angst hatte. Viele Tage würde ich brauchen, würde ich alles schildern, was ich bei ihm durchgemacht habe. Immer hatte er seinen Kohlenwinkel, mit ständigem Feuer, bald sein *Alcali*, bald sein *Oleum sublimati*, bald den König *praecipitati*, bald sein Arsenisches Öl oder *Crocus martis* oder seinen wunderlichen Opoldeltoch, und ich weiß nicht was für Gebräu kochend. Denn er hätte mir einmal mit seiner Kocherei fast den lebendigen Geist erstickt, als er mir befahl, daß ich mir den Geist seines Alembiks anschauen sollte, meine Nase etwas zu nah daran gehalten – das Glas, das oben auf dem Alembik lag, war ein wenig weggenommen –, so daß ich durch den Rauch und Dampf, die in meinen Mund und meine Nasenlöcher schlugen, durch den virulenten Qualm fast erstickt und

gewürgt wäre; so daß ich ohnmächtig wurde und durch Besprengen mit kaltem Wasser wieder zu mir kam. Zwischendurch gab er vor, viel Wunderbares prophezeien zu können, und sonderbare Arcana und Mysterien zu kennen; so daß ich im Geheimen nicht leicht bei ihm an etwas heranzukommen, noch jemals etwas anzurühren wagte, da ich mich immer vor ihm fürchtete. Er brachte viel Geld durch, so viel, daß er manchmal weder Heller noch Pfennig behielt, soviel ich wußte, und Tags darauf zeigte er mir wiederum seinen Geldbeutel voll Geld, sodaß ich mich nicht selten wunderte, wodurch er wieder so viel bekommen hätte. Fast jeden Monat ließ er sich einen neuen Rock machen, und den anderen Rock, den er anhatte, verschenkte er dem Ersten, der ihm begegnete, er war aber so sehr bekleckert, daß ich nie mehr einen von ihm begehrte, und wenn er ihn mir auch selber geschenkt hätte, ich hätte ihn nicht tragen wollen. Im Kurieren und Heilen von Geschwüren verrichtete er fast Wunder, wo wenig Hoffnung zu sein schien, keine Art von Speisen oder Getränken beim Heilen verbietend, sondern mit seinen Patienten Tag und Nacht nach Herzenslust zechend, sodaß er sie (wie er zu sagen pflegte) mit vollem Bauche heilte. Das Pulver von *Praecipitat* mit ‹Theriak› oder ‹Methridatum› oder mit Kirschensaft zu Pillen gemacht, gebrauchte er für Purgierungen in allen Arten von Krankheiten. Mit seinem ‹Laudanum› – so nannte er Pillen in der Form von Mäusedreck, welche er in ungleicher Anzahl nur in der äußersten Not der Krankheiten, wie zum heiligen Anker (wie man sagt) seine Zuflucht nehmend, eingab, sich so brüstete, daß er sich auch nicht entblödete zu behaupten, daß er allein, nur durch den Gebrauch von diesen, Tote zum Leben zurückbringen könne, und das hat er dann und wann als ich bei ihm war, tatsächlich bewiesen, daß sie, die tot zu sein schienen, plötzlich wieder zu sich kamen. Aber ich habe ihn nie beten sehen oder hören, noch fragte er nach irgend einer geistlichen Übung, noch nach der evangelischen Lehre, welche zu der Zeit bei uns verehrt und geübt zu werden anfing und von unserm Prediger sehr sorgfältig und fleißig betrieben, welche er nicht nur verachtete, aber auch drohte, daß er noch einmal Luther und den Papst, ebenso wie nun Galen und Hippokrates, den Kopf zurecht setzen werde, und daß niemand, der bisher über die heiligen Schriften geschrieben habe, sowohl die Älteren wie die Jüngeren, den rechten Kern der Schriften noch nie getroffen hätten, sondern nur die äußere Schale, sodaß sie nur die Schatten träfen und erklärten. Und ich weiß nicht, was er noch für andere Nichtigkeiten vorbrachte, die ich mich schäme zu erzählen. Dies habe ich alles kurz erzählt, und so wie es mir in die Feder kam; so hat es mir beliebt, es Euch zu schreiben. Zu einer anderen Zeit, wenn ich Muße haben werde, werde ich Euch mehr schreiben. Es zog ihn gar nichts zu Frauen, sodaß ich glaube, daß er überhaupt nie eine erkannt hat. Im Anfang war er sehr mäßig, sodaß er bis zu seinem fünfundzwanzigsten Jahre keinen Wein trank; aber später hat er so zu trinken gelernt, daß er ganze Tische voll von Bauern zum Trinken herausforderte und auch im Trinken und Saufen gewann, ab und zu seinen Finger in den Hals steckend und so einem Schwein gleichend.»

Dieser Brief ist deshalb von großer Bedeutung, weil er wohl ganz entscheidend dazu beigetragen hat, das Paracelsus-Bild für Jahrhunderte prägend zu verfälschen. Die Vorurteile, die darin formuliert werden, haben lange verhindert, daß Paracelsus seinen Verdiensten gemäß von der Wissenschafts- und Philosophiegeschichte überhaupt wahrgenommen wurde. Neben offensichtlichen Verleumdungen wie etwa jene, daß der Famulus an seinem Meister keinerlei Gottseligkeit oder Gelehrsamkeit habe entdecken können, enthält der Brief auch Mitteilungen, die uns durchaus glaubhaft erscheinen, so etwa die geschilderte Arbeitswut während jener Zeit, vielleicht aber auch der Ausbruch des verzweifelten Jähzorns, mit dem er nachts sein Schwert gezückt haben soll. Gut vorstellbar, daß Paracelsus sich von seinen Basler Widersachern bis in sein Ruhelager verfolgt fühlte, und, von Alpträumen geplagt, plötzlich erwachte und sich gegen sie zur Wehr setzen wollte.

Ungläubig vernehmen wir von seiner materiellen Verschwendungssucht. Das ist mit seinem tief religiös bestimmten sozialen Engagement nicht zu vereinbaren. Eine gewisse, vielleicht sogar provozierende Vernachlässigung seiner Kleidung und der hygienischen Pflege seines Äußeren glauben wir gerne, so beschäftigt scheint er uns, daß er für würdevolle Garderobe und stattlichen Putz weder die Zeit fand noch irgendeinen Sinn darin sah. Glaubhaft erscheint mir auch, daß er keinerlei äußeren Exerzitien religiöser Art ausübte; ich habe schon darauf hingewiesen, daß für ihn der wahre Glaube jenseits aller kirchlichen Traditionen und Rituale lag. Was seine «Trunksucht» betrifft, so wissen wir, daß Paracelsus Weinkenner war. Denkbar, daß er in seiner Verzweiflung über sein Scheitern in Basel zuweilen etwas übermäßig zum Krug griff. Ihn aber deswegen zu einem notorischen Säufer zu machen, scheint uns verfehlt, da er wiederholt vor unmäßigem Weingenuß warnt. Außerdem hätte er sein enormes Arbeitspensum kaum zu bewältigen vermocht, wenn er tatsächlich so trunksüchtig gewesen wäre, wie sein Famulus ihn schildert.

Nichts von dem, was Paracelsus uns noch heute bedeutet, scheint Oporinus bemerkt zu haben. So ist ihm entgangen, daß sein Meister in jener Zeit dabei war, das gesamte abendländische Denken und Forschen von Grund auf zu erneuern.

Paracelsus brachte es fertig, mit seinem zu Jähzorn und Selbstgerechtigkeit neigenden Charakter innert Kürze fast alle gegen sich aufzubringen, die in Basel das Sagen hatten. Statt mit Geduld für seine Reformen zu werben, schlug er Krach, wo immer er einen Grund dazu sah. Er legte sich mit den Apothekern an, indem er ihre Regale regelrecht «ausmistete», und wandte sich in schärfster Form gegen die in Basel durchaus noch übliche Personalunion von Arzt und Apotheker, was die Betroffenen ihm aus begreiflichen Gründen nicht verzeihen konnten, da es natürlich sehr lukrativ war, den Patienten Medikamente zu verschreiben, die man ihnen selbst verkaufen konnte.

Daß die Basler Gesellschaft mehr und mehr auf Distanz zu ihm ging, schien ihn vorläufig nicht weiter zu stören. Für den Umgang mit vornehmen Kreisen war er ja ohnehin nicht geschaffen. Er zog es vor, in Tavernen und Wirtshäusern zu verkehren, sich mit Bauern, Fuhrleuten, Zigeunern und «Weibern» zu umgeben und auch vom Henker einiges zu lernen, dem ja damals nicht nur die Folter, sondern auch die Pflege der Geschundenen oblag. Dazu paßte die Wahl seines Basler Domizils. Es gilt als erwiesen, daß er sich in einer Liegenschaft an der heutigen Leonhardstraße 1 niederließ, auf dem Kohlenberg also, der nicht nur die Wohngegend des Henkers war, sondern auch als Freistatt der Verfolgten, Pilger, Kriegsflüchtigen, Landsknechte, Zigeuner und Bettler galt, ein Milieu, in dem sich Paracelsus sicherlich wohlgefühlt hat.

Es liegt auf der Hand, daß ein solcher Mann, der alle vor den Kopf stieß und sich an keinerlei Konventionen seines Standes als Stadtarzt und Professor hielt, nicht lange in der Stadt geduldet werden würde. Einen entscheidenden Rückschlag bedeutete in dieser Phase der Entwicklung der Tod von Johannes Froben. Seiner Heilung hatte Paracelsus vermutlich seine Berufung nach Basel zu verdanken gehabt, und nun ereilte ihn doch noch der Tod! Trotz eindringlichen Abratens war er auch in diesem Jahr wieder nach Frankfurt zur Buchmesse geritten. Diesmal traf ihn der Schlag. Ein willkommener Anlaß für die Feinde des Hohenheimers, dessen ärztliche Kunst in Zweifel zu ziehen. Es hieß, seine Heilkunst erwirke nur eine scheinbare Genesung, was durch Frobens Tod bewiesen schien.

Wie Paracelsus selbst zu Froben stand und wie ihn dessen plötzlicher Tod geschmerzt haben muß, geht aus dem folgenden Brief hervor, mit dem er sich an eine Gruppe junger Studenten wandte, die er wohl in Zürich zu seinen Freunden gemacht hatte:

«Ach, wie elend ist das Los des Sterblichen. Es gibt fast keine Freude, der nicht meist rasch die Trauer als Begleiter auf dem Fuße folgt, ansehnliche Versammlung meiner Gönner. Noch niemals habe ich so stark meine Blindheit bemerkt wie jetzt, ohne zu achten, daß ein Gelehrter nicht nur das mit höchster Aufmerksamkeit beobachten muß, was vor seinen Füßen liegt, sondern auch das, was hinter seinem Rücken ist (gleich wie jener zweiköpfige Janus) und auch das, was ringsherum an der Seite geschieht. Der Grund ist, weil der so angenehme Umgang mit Euch, dessen ich mich in letzter Zeit erfreut habe und an den ich mich auch jetzt aufs dankbarste erinnere, meinen Geist und meine Augen so abgelenkt und erfreut hat, daß ich der Zukunft fast uneingedenk (natürlich nichts Ungünstiges im Geiste, vorausahnend) geglaubt habe, alles gehe gut und daß die erwähnte Freude alle Traurigkeit überwinden und beseitigen werde. Da ich nun gesehen habe, was ich hätte voraussehen müssen, wozu soll ich mich noch der Klage und der Trauer enthalten?

Ist doch derjenige, welchen ich als liebsten Freund in Basel hatte, mir verloren gegangen durch jenen jetzt schon allgemein bekannten Irrtum, durch den er schon vorher daniederlag. Darauf ist er von mir aus den schweren Fesseln, in welche er von jenen unkundigen, bei den Italienern in die Schule gegangenen Doktorchen geworfen worden war, ebenso wie von seiner Krankheit befreit worden. Erasmus von Rotterdam ist ein Zeuge dafür, ebenso ein Brief von seiner eigenen Hand geschrieben, ebenso seine ganze Familie. Schließlich, als er sich schon erholt hatte und ich ihn mit wiederhergestellter Gesundheit bei gutem Wohlbefinden verließ und von dort fröhlich zu Euch gekommen bin, habe ich ihn dann verloren. Inzwischen ist, während ich bei Euch mir Herz und Seele erleichtert habe, jener auf die geschilderte Weise dahingegangen, jener Johannes Frobenius, den ich wie meinen Augapfel geliebt habe, der Vater und Beschützer aller rechtschaffenen Gelehrten (denn er war unzweifelhaft selbst gelehrt und rechtschaffen) und der eifrigste Förderer jeder Art von Bildung. Daher muß ich auch für mein Leben von dem, der jenen uns entriß, auch ein so unvorhergesehenes Ende befürchten. Was soll ich meiner Seele sagen? Oder vielmehr ganz der seinen? Seid deshalb ermahnt und wachet, liebe Gesellen (Combibones), wenn vielleicht hier unsere Pflicht zu wenig erfüllt wird, so schreibet es der schweren Qual und Trauer, die mich meiner nicht mächtig sein läßt, zu. Lebet wohl, werte Kameraden, und behaltet Euren Theophrastus lieb.»

Der Brief ist datiert vom 3. November 1527, ein Zeitpunkt, wo sich die Intrigen gegen Paracelsus mehr und mehr verdichteten. Es gelang seinen Widersachern, ihn vor dem Volk und der Obrigkeit so zu verteufeln, daß ihm schließlich auch seine Petitionen vor dem Großen Rat, ihn gegen die Verleumdungen zu schützen, nichts mehr halfen.

Studenten verfaßten ein Schmähgedicht gegen ihn und schlugen es öffentlich an. Darin wurde er als Cacophrastus angeredet, des Wahnsinns bezichtigt und als tollwütiger Hund bezeichnet, der es nicht einmal wert sei, «dem Hippokrates seinen Nachttopf zu tragen». Am Schluß des Pamphletes raten ihm die Verfasser, sich einen Strick zu nehmen und sich aufzuhängen.

Hinzu kam ein Rechtsstreit um ein Honorar, das ihm ein angesehener Domherr nicht in der vereinbarten Höhe auszahlte. Obwohl sich Paracelsus im Recht befand, wurden seine Petitionen abgewiesen. Der Magistrat und die öffentliche Meinung wandten sich so entschieden gegen den Unruhestifter, daß ihm eine Verurteilung drohte. Jetzt war er es, dem «Schmähungen» vorgeworfen wurden. Daß man ihm sein Recht verweigerte, muß ihn zu den wüstesten Beschimpfungen des Magistrates und anderer hochgestellter Persönlichkeiten verführt haben. Gegen solche Schmähungen aber wehrte sich die Obrigkeit mit harten Strafen. Paracelsus mußte fürchten, gefangengenommen zu werden. Offenbar war ihm zu Ohren gekommen, «daß sie mich in die insulen, Pilati Pontii genannt, zu relegieren unterstanden». Der Aussicht, auf den zerklüfteten Pilatus verbannt zu werden, zog er es vor, von Häschern gehetzt, die Flucht zu ergreifen.

Kaum einen Kilometer von seinem Basler Domizil entfernt steht das Spalentor, ein günstiger Fluchtweg, der auf die Straße ins Elsaß führt. Wir sehen ihn, wie er bei Nacht und Nebel sein Pferd besteigt und voller Verzweiflung und Zorn aus dieser Stadt galoppiert, wo sein Lebenstraum sich hätte erfüllen können.

Wie schon die Flucht aus Salzburg muß also auch die Flucht aus Basel Hals über Kopf geschehen sein. Mit seinem Famulus Johannes Oporinus blieb wohl der größte Teil seiner Habe zurück. Leider gibt es in Basel kein Inventar seines zurückgelassenen Eigentums, wohl aber sind seine beiden abgewiesenen Petitionen erhalten. Sie liegen noch heute im Stadtarchiv.

In den «Basler Chroniken», frühen Berichten zur Stadtgeschichte, sind das Wirken von Paracelsus und seine Vertreibung nur als kleine Notiz verzeichnet. Es gibt offenbar historische Fakten, die sich erst Jahrhunderte später in ihrer vollen Bedeutung zu erkennen geben. Hätte er die Möglichkeit gehabt, Forschung, Lehre und Praxis weiterhin in einem so idealen Umfeld auszuüben und womöglich seine Bücher in einem so angesehenen Ort wie Basel zu publizieren, hätte die Wissenschaftsgeschichte vielleicht eine andere Wendung genommen. Mit ihm als einer anerkannten «Autorität» hätte sich die Naturwissenschaft vermutlich viel früher auf empirische Beweisführungen besonnen und entsprechende Fortschritte gemacht; sie hätte früher das Adjektiv «exakt» beanspruchen können, sich andrerseits aber, mit Paracelsus als einer Leitfigur, kaum so bedenkenlos ihrer ethischen Verwurzelung entzogen.

Paracelsus ist in Basel «gescheitert»; wir trösten uns mit der Annahme, daß er auch diese «Erfahrung» gebraucht hat, um sich um so ungebundener auf Fragen einzulassen, die sich ihm sonst kaum gestellt hätten.

Kolmar

Wieder einmal muß er sich «allein und fremd und anders» gefühlt haben, ja, nach dem Basler Versuch, sich in einer anerkannten und offiziellen Funktion zu bewähren, scheint sich diese Lebenslosung mehr und mehr zu erfüllen. Das hinderte ihn nicht, sich schon wenige Tage später mit vollem Eifer einer wissenschaftlichen Frage zu widmen. Wohl mit dem Ziel, in Kolmar Freunde aus früheren Zeiten zu treffen, ritt er zunächst über Mulhouse nach Ensisheim, um dort einen Meteor zu besichtigen, der am 7. November 1492 niedergegangen war und im Chor der Kirche zur Schau gestellt wurde. Ein solcher Gruß der fernen Sterne mußte ihn interessieren, und er hat ihn auch entsprechend beschrieben.

In Kolmar, wo er immerhin etwa ein halbes Jahr bleiben sollte, wurde er gut aufgenommen. Der Kollege Fries gewährte ihm Unterkunft. Wenn die beiden Ärzte, was fachliche Fragen betraf, auch verschiedene Positionen vertraten, so verband sie doch die Vision, ihre Wissenschaft in deutscher Sprache vorzutragen und damit möglichst für alle zugänglich zu machen. Diese Gemeinsamkeit erwies sich allerdings auf die Dauer für ihre Freundschaft nicht als sehr tragfähig. Später gingen sie mit wüster Polemik aufeinander los. Fries warf dem Hohenheimer vor, «Hipocratem, Galenum und andere Alten» zu «verachten»; Paracelsus beschimpfte Fries als einen Mann, der die Astrologie als eine «abergläubische Kunst» betreibe.

Zunächst aber muß Paracelsus sich bei seinem Gastgeber wohlgefühlt haben. Zwei Briefe an den Basler Freund Bonifacius Amerbach beweisen, daß er sich in Kolmar gut aufgehoben fühlte. Aus diesen Briefen geht aber auch hervor, daß er sich zu diesem Zeitpunkt durchaus noch nicht mit seiner Vertreibung aus Basel abfinden konnte. Er hoffte, doch noch zu seinem Recht zu kommen. Diese Briefe sind in lateinischer Sprache verfaßt. Karl Sudhoff, dessen deutsche Übertragungen wir zitieren, sieht darin einen Beweis, daß Paracelsus durchaus der lateinischen Sprache mächtig war und keineswegs der Hilfe seines Famulus bedurfte, um sich mit höchster Korrektheit und Eleganz auszudrücken:

«Sei gegrüßt, Beschirmer des Rechts und Zierde der Universität!

Welche Maßregeln das feindliche (früher mein) Basel gegen mich ergriffen hat, ist mir noch völlig unbekannt. So groß war der Meeressturm gegen mich, daß ich (dort) nicht (mehr) sicher war, noch bin, wie ich glaubte, ja wußte. Diesem Sturm entfloh ich, Sicherheit suchte ich, leidlich ruhige Tage. Dies fand ich in Colmar, wo ich um nichts weniger bestens der Deine bin. Erst auf Laetare werde ich mich in Neuenburg einfinden, früher ist es mir nicht möglich, weil ich viele Kranke zu betreuen habe. Was Deine Gesundheit betrifft, werde ich wieder

schreiben (wenn ich nützlich sein kann). Dein Brief ist für mich Ambra (Hochgenuß). Meinem Basilius trinke einen Becher Weins zu in meinem Namen. Verteidige den Theophrastus, wenn die Widersacher vor Dir erscheinen, so gut Du kannst. Phrusius von Colmar geht es sehr gut, und ich bin aufs beste aufgenommen in seiner Familie und in der ganzen Stadt. Schreibe wieder. Ein Buchstabe von Deiner Hand genügt. Lebe wohl, Du Zierde der Akademie. Aus Colmar, den 6. Wochentag (Freitag) vor Invocavit (den 28. Februar) 1528.»
Deutlich wendet sich dieser Brief an den «Beschirmer des Rechts» und gipfelt in der Bitte: «Verteidige den Theophrastus, wenn die Widersacher vor Dir erscheinen.» Wie groß das Vertrauen in die Solidarität und den Einfluß von Bonifacius Amerbach gewesen sein muß, beweisen die Sätze: «Schreibe wieder. Ein Buchstabe von Deiner Hand genügt.»
Hätte ihm der Rechtsgelehrte geantwortet, wäre Paracelsus offenbar sofort und ohne Bedenken nach Basel zurückgekehrt. Aber die Antwort blieb aus. Also schrieb er fünf Tage später ein zweites Mal, und diesmal formuliert er wesentlich deutlicher, wie er das ihm widerfahrene Unrecht empfindet:
«Ich grüße Dich. Was ich Dir neulich nur ganz kurz geschrieben, teuerster Bonifacius, das empfange jetzt ausführlicher. Alles was mir Basel, samt denen, die es bewohnen, sowohl Gläubigern als anderen versprochen hat, bleibt mir teils noch genauer zu erforschen, teils aber ist es mir rundweg abgeleugnet worden, und zwar mit so niederträchtigen Schmähungen und solcher Mißachtung, daß es sich durchaus nicht geziemen würde, es auch nur kurze Zeit zu ertragen, oder sich nicht dagegen zu wehren. Es mag ja sein, daß ich einiges zu frei gegen den Magistrat und andere ausgesprochen habe; doch was tut's?! Sobald ich eben dies, was auch immer ich gesagt habe, als auf Tatsachen beruhend beweisen kann; nur daß ich dann zuletzt als höchste Wahrheit erkennen muß: Wahrheit trägt Haß ein. Dadurch ist's gekommen, daß der Magistrat, von Haß, Zorn und Mißgunst getrieben, wider mich beschloß, man solle mich, wenn ich nur eine halbe Stunde länger geblieben wäre, festnehmen und nach Herzenslust mit mir verfahren. Es läßt sich nicht sagen, wie sehr mich das im Herzen quält. Trotzdem lasse ich es gegenwärtig ruhen, obwohl ihnen selbst noch nicht zu genügen scheint, was sie an Verleumdungen auf mich gehäuft haben; denn wie ich höre, fahren sie täglich noch immer mehr mit ihren Verleumdungen fort. Doch das muß nun schon ertragen werden. Die Wahrheit aber hat ihre Zeit und ihren Ort, wo dies und anderes mir auszutragen bleibt. Übrigens soll Oporinus Dir Deine Bücher überbringen mit bestem Danke, ebenso auch die Rezepte und Descriptionen, von welchen Du schreibst. Mit diesem Wenigen lebe wohl!
Aus Colmar am 4. Wochentage vor Reminiscere (4. März) im Jahr (15)28.»

Auch auf diesen Brief gab es offenbar nie eine Antwort, so daß sich Paracelsus nun nicht mehr nur von der Stadt und ihrer Obrigkeit, sondern auch von einem seiner besten Freunde verraten oder zumindest im Stich gelassen fühlen mußte. Verständlich, daß er in seinen späteren Werken immer wieder mit Hohn und Verbitterung auf diese «Wende seines Lebens» zu sprechen kam und kein gutes Haar an den Baslern ließ. Seinen Basler Widersachern wird er zurufen: «Ich werde grünen und ihr werdet dürre Feigenbäume werden: Ihr seid aus dem falschen Gestirn geboren, das wird auslaufen und der Himmel wird sein eigen Übel strafen, wird seine Astronomie korrigieren. Die Erde und das Wasser werden ihre Philosophen erneuern und das Licht der Natur wird seinen Alchemisten zum andern Mal gebären und die Kranken werden ihre Ärzte baculieren. Wo wird in dieser Musterung Doktor Kunz und Meister Leussträhler und Meister Arschkratzer bleiben, mit ihren zahnbrecherischen Zotten und hochtragenden Eselsköpfen?»

Nichts schien Paracelsus mehr davon abhalten zu können, sein Werk und seine Erkenntnisse voranzutreiben. Wie ihn die erste Euphorie der Basler Zeit zu ungeheurer Produktivität angeregt hatte, so trieb ihn jetzt die Enttäuschung zu unermüdlicher Arbeit.

Zunächst arbeitete er an seinen «drei Büchern der Wundarznei», deren Vorreden noch ganz vom Schatten der Basler Ereignisse geprägt sind. Diese Bücher enthalten genaue Beschreibungen und Behandlungsmethoden von Beinbrüchen, Verrenkungen und Wundfäule. Ferner behandelt er darin «offene Schäden», cancer, und andere Geschwüre. Wegweisend dabei, daß er nicht nur zwischen inneren und äußeren Ursachen von Verwundungen unterscheidet, sondern auch spezifische Behandlungsmethoden dafür entwickelt. Wegweisend auch seine Ansicht, daß man die Wunden möglichst sich selbst überlassen und nicht etwa, wie damals noch üblich, künstlich eine Eiterung herbeiführen solle. Er attestiert dem Körper seine eigenen Heilkräfte und vergleicht ihn einem jungen Baum, der ja auch durch sein «eigen mumia wider zuheilet». Paracelsus folgert, daß jede Krankheit auf einer anderen «experienz» beruht und im Grunde sogar ihr eigener Arzt sei.

Sudhoff datiert ebenso die umfangreiche Schrift «Von allen ofnen Scheden, so aus der Natur geboren werden» in diese Zeit. Diese Schrift ist Konrad Wickram gewidmet, einer einflußreichen Persönlichkeit in Kolmar, von dem er sich wohl eine «Beförderung zum Druck» erhoffte. Auch erhoffte er sich sicher großes Interesse für seine ersten Schriften zur Syphilis, den zehn Büchern «von chemy und heilung der Franzosen», die er dem angesehenen Kolmarer Gelehrten und Schultheißen Hieronymus Boner widmete.

Auch die Kolmarer Zeit führte zu Erbitterung und Abschied. Warum Paracelsus nach einem halben Jahr wieder aufbrach, ist nicht ganz geklärt. Vermutet können erste Auseinandersetzungen mit seinem Gastgeber Lorenz Fries werden, aber auch die Enttäuschung darüber, daß weder Wickram noch Boner, denen er zwei seiner wichtigen Schriften zugeeignet hatte, ihm dazu verhelfen wollten oder konnten, sie im Druck erscheinen zu lassen. Nun aber, da er sich in der Hauptsache als eine Art freier Schriftsteller betätigte, war die Drucklegung seiner Schriften eine existentielle Angelegenheit geworden.

Die nächste Stadt, in der Paracelsus sein Glück versuchte, war Eßlingen, wo noch heute eine Tafel das Haus kennzeichnet, das er bewohnt und in dessen Keller er sich ein Labor eingerichtet haben soll. Gesicherte Urkunden über seinen dortigen Aufenthalt gibt es nicht, nur eine Aussage des Hohenheimers selbst, die uns diese kurze Episode wichtig erscheinen läßt: »Mein Elend, das in Eßlingen anfing, bestätigten die Nurnberger.»

Was ist mit «Elend» gemeint?

Hatte Paracelsus gehofft, in Eßlingen, wo die Hohenheimer ein Haus besaßen, von seinen Verwandten aufgenommen zu werden und bei ihnen eine Heimat zu finden? «Elend» bedeutet ja vor allem «Fremde», und Sudhoff hat diese Aussage so gedeutet, daß Paracelsus nach seinem Scheitern in Straßburg, Basel und Kolmar, Städten, wo er sich zu Hause gefühlt hatte, nun erst so richtig realisierte, was für ein neues Wanderelend ihm bevorstand! Im weiteren schildert Paracelsus jedoch, daß er in beiden Städten «betrogen ward», was auch an Geldschwierigkeiten und uneingelöste Honoraransprüche denken läßt.

Gesichert erscheint, daß ihn keine Familienbeziehungen in Eßlingen zurückhielten. Er ritt weiter über das Ries und Nördlingen auf Nürnberg zu, die wohlhabende Reichsstadt, wo er hoffen konnte, endlich seine druckfertigen Schriften in Buchform herauszubringen.

Nürnberg

Wo immer Paracelsus sein Pferd hinlenkte, warfen die Basler Ereignisse ihre Schatten voraus. In Sebastian Francks «Chronika, Zeitbuch und Geschichtsfibel», 1531 in Straßburg gedruckt, finden wir ein Zeugnis über den Ruf, der den Hohenheimer damals begleitete: «Doctor Theophrastus von Hohenheim, ein Phisikus und Astronomus; anno 1529 ist gemeldeter Doctor gen Nürnberg kummen. Ein seltsamer wunderlicher Mann, der fast alle Doctores und Scribenten in Medicinis verlacht. Den Avicenna soll er verbrennt haben zu Basel in

öffentlicher Universität und allein schier wider alle Medizin ist mit seinen Rezepten, Judiciis, Medizin und viel Widersinns mit vielen hält. Des Praktiken schier wider alle ist, gleichsam ein ander Lucianus.»
In Nürnberg fand Paracelsus tatsächlich einen Drucker und Verleger, der sich für seine Schriften interessierte. So erschienen schon kurz nach seiner Ankunft bei Friedrich Peypus zwei Bücher, vermutlich bereits in Kolmar entstanden, in denen er sich mit der Syphilis auseinandersetzte.
Damit war ein großer persönlicher Erfolg verbunden, gleichzeitig aber auch schon der Keim für die nächste bittere Enttäuschung gelegt. Paracelsus, dem es in erster Linie um die Heilung der Kranken ging, sah keinen Grund, auf andere Interessen Rücksicht zu nehmen, wie etwa jene des Profits. Je schlimmer die Krankheit, desto größer der mögliche Gewinn für jene, die ein erfolgversprechendes Heilmittel anzubieten haben. Das ist nur logisch und kann auch zu einem entwicklungsfördernden, positiv zu bewertenden Konkurrenzkampf führen. Die damit verbundenen materiellen Interessen können aber auch so groß sein, daß wirkliche Heilerfolge geradezu verhindert werden, da ja damit das Geschäft ein Ende nähme. Mit seinen Syphilis-Schriften gelangen Paracelsus so bahnbrechende medizinische Erneuerungen, daß er damit zwangsläufig gegen sehr viele solcher Interessen verstieß.
Die Syphilis trat damals in einem Ausmaß auf, das wir uns heute kaum noch vorstellen können. Es war eine Krankheit, die bisher in Europa unbekannt gewesen war; man vermutet, daß sie ihren Ursprung in Amerika hatte. Entsprechend ratlos sahen sich die Ärzte mit diesem Phänomen konfrontiert. Über diese Krankheit, die äußerst schmerzhaft und schnell verlief, konnte man bei den alten Klassikern der Medizin nichts nachlesen! Nun rächte es sich, daß auf den Hochschulen immer nur die alten Folianten auswendig gepaukt worden waren, statt daß man sich eigene Gedanken über das Wesen und die Übertragungsarten von Krankheiten gemacht hätte. So konnte es kommen, daß die Syphilis von den Landsknechten und Reisenden von Land zu Land verschleppt wurde, und da sie sich nicht nur durch geschlechtliche Kontakte verbreitete, es genügte ja auch schon ein «harmloser» Besuch einer Badestube, dauerte es lange, ehe man eine eigentliche Geschlechtskrankheit in ihr erkannte.
Die Maßnahmen, diese «Geißel Gottes» zu bekämpfen, waren oft so drastisch, daß die Menschen schon an der «medizinischen Behandlung» zugrunde gingen, ehe sie an der Syphilis gestorben wären. Allein an der sogenannten «Quecksilberkur» starben mehr Leute, als durch sie geheilt wurden. Auch wurden die syphilitischen Hautveränderungen oft mit Arsenlösungen ausgewaschen, wobei sicher die Devise galt, je stärker die Konzentration, desto besser. Mit Recht warf also der Hohenheimer den Ärzten vor, die Friedhöfe zu füllen.

Oft waren diese Behandlungen mit harten Hunger- und Schwitzkuren verbunden, die zu überleben eine geradezu bärenhafte Kondition erforderte. Da wurden Patienten bis zu acht Tage und Nächte lang in einer heißen Kammer eingeschlossen, Türen und Fenster blieben versperrt, damit ja weder Luft noch Licht zu ihnen drang, und das Essen wurde durch ein Loch in der Kammertür gereicht.

Paracelsus geht in seinen Schriften auf die üblichen Behandlungsmethoden ein und verwirft sie zum größten Teil. Was die Quecksilberkur betrifft, so billigt er ihr durchaus eine gewisse positive Wirksamkeit zu, entwirft aber genaue Vorschriften, wie das Quecksilber dosiert und präpariert werden müsse, auch tritt er für eine strenge, lokal begrenzte Anwendung seiner Präparate ein.

Wichtig für die Behandlung ist es auch, das Entwicklungsstadium der Krankheit richtig zu bestimmen. Auch danach richtet sich die Dosierung. Eindringlich warnt er davor, was wir heute als Medikamentenmißbrauch bezeichnen. Die meisten Ärzte sind mit ihren Heilmitteln viel zu rasch bei der Hand: «Sie würgen damit dem Kranken das Leben ab, indem sie die Zeit der Krankheit mit der Zeit des Quecksilbers vertreiben wollen. Denn die Krankheiten wollen in kein Weg übereilt werden.» Andererseits ist darauf zu achten, die Heilmittel nicht zu früh abzusetzen. Das ist, als wenn «der Sommer zu früh aufhört. Die Krankheit muß führen, nicht die Arznei.» Vor allem aber bedarf jede Behandlung einer individuellen Analyse des Kranken. Gleiche Krankheitsbilder besagen noch nicht, daß auch eine gleiche Behandlung angezeigt ist. Jeder Mensch ist durch andere Faktoren bestimmt, daher darf der Arzt «nicht allen Kranken dasselbe Lied singen», sondern muß sich nach «Ansehen der Person und Krankheit und Inhalt der Erfahrenheit richten.» Heute klingen solche Gedanken einleuchtend und vertraut, und mancher Arzt handelt sogar danach. Damals aber waren solche Überlegungen so revolutionär und ungewohnt, daß sie eine breite Gegnerschaft aktivierten, zumal es Paracelsus nie unterließ, seine Neuerungen stets mit wüsten Beschimpfungen der Apotheker und Ärzte zu begleiten.

In Nürnberg gelangen ihm offenbar einige spektakuläre Heilerfolge. Im Siechenkobel soll er neun Aussätzige geheilt haben. Trotz solcher Erfolge verachteten die offiziellen Ärzte seine unkonventionellen Methoden, die anzuwenden wohl unter ihrer Würde lag. Sie schimpften den Fremden einen besseren Chirurgen, zu ungebildet für die innere Medizin. Paracelsus konterte in seiner gewohnten Art: «Das sind die geschworenen Meister von Nürnberg [...] sie sind bestellte Narren und hütet euch vor solchen Bescheißern; sie bescheißen die Leute mit Gewalt, dazu helfen Fürste, Städte und Land.» Und auch über die Apotheker zog er wieder einmal her: «Ist euch das nicht eine Schand, daß der

Apotheker, der ein Bacchant, ein Büffel, ein Sudelwust und nichts ist, soll Euch, Herr Doktor lehren!»

In Nürnberg entstanden auch einige «Prognostica», Weissagungsschriften, die offenbar große Beliebtheit erlangten; allein das erste Buch dieser Art wurde fünfmal nachgedruckt. Solche Prognostica scheinen zu einer seiner Haupteinnahmequellen geworden zu sein. Von seinen 24 zu Lebzeiten gedruckten Schriften handelt es sich bei 16 um solche Weissagungsbücher. In dieser Zeit des Umbruchs und der Ungewißheit hatten die Menschen das starke Bedürfnis, etwas über die Zukunft zu erfahren. Zukunftsprognosen aus kompetenter Feder hatten die Funktion, Ängste zu binden und Hoffnungen zu wecken.
Für Paracelsus waren der Mensch, die Sterne und der Kosmos ein unauflösbar miteinander verstricktes und korrespondierendes Funktionssystem; da verwundert es nicht, daß er sich berufen fühlte, aus seinen Kenntnissen heraus gewisse Prophezeiungen zu wagen. Dabei verwahrt er sich allerdings gegen astrologische Spekulationen, wie sie auch noch heute üblich sind. Für ihn zählt auch hier viel mehr die konkrete Erfahrung. Wie bei der Diagnose der Kranken, die er erst nach eingehender Untersuchung und Feststellung aller möglichen Faktoren stellt, geht er auch bei seinen Prognosen über das Wetter, drohende Naturkatastrophen, Krieg, Frieden und weltpolitische Entwicklungen vor. Zu allen Zeiten war der Wert solcher Prophezeiungen daran zu messen, wie gut der Seher die Gegenwart überblickte. So sind auch die Weissagungen von Paracelsus als politische Manifestationen zu verstehen, verkappte Kommentare zur Gegenwart, deren Analyse er in die Zukunft extrapolierte. Solche Prophezeiungen erlaubten es auch, allerlei utopisches Gedankengut unterzubringen, so etwa, wenn er in seiner Auslegung einer Reihe überlieferter Bilder gegen den Papst die Vision eines Reiches entwickelt, in dem «alle List und Trügerei der Geistlichen» vernichtet werden, und davon spricht, daß im Papst «ein selig Gemüt» sein werde und also auch in seinen Schafen.
Auch sonst teilt er in seinen Prophezeiungen kaum je den Fatalismus seiner Zeitgenossen. Denn der Mensch selbst hat es weitgehend in der Hand, sein Schicksal selbst zu beeinflussen. Unter «Gestirn» versteht Paracelsus eben nicht nur die fernen Sterne, die uns unausweichlich bestimmen; das «Gestirn» ist auch im Menschen selbst, es ist das Gesetz, unter dem er sein Leben antritt und nach dem er vergeht. So kommt es nicht darauf an, sich um die Gestirne am Himmel zu sorgen, sondern vielmehr darauf, «in uns unsren Himmel zu reinigen».

Als Paracelsus Ende 1529 Nürnberg verließ, hatte er sich zwar mit den alteingesessenen Ärzten und Apothekern redlich verkracht, hatte aber zum Rat der Stadt und seinem Drucker Peypus so viel Vertrauen, daß er seine dritte, umfangreichste Abhandlung über die Syphilis «Vom Ursprung und Herkommen der Franzosen» in der Annahme zurückließ, sie werde dort bald im Druck erscheinen. Unterwegs erreichte ihn das Schreiben eines befreundeten Arztes, der ihn bat, doch nach Nürnberg zurückzukommen. Die Antwort des Hohenheimers ist erhalten. Es ist der oft zitierte sogenannte «Brief an Dr. Magenbuch», aus dem deutlich hervorgeht, daß sich Paracelsus inzwischen damit abgefunden hatte, womöglich nirgends mehr heimisch zu werden. Aus diesen Zeilen spricht aber auch ein gewisser fröhlicher Trotz der Unabhängigkeit, wie er sonst kaum zu finden ist:

«Trefflicher Doktor! Es ist nicht verwunderlich, daß ein Arzt den andern grüßt, wie ein Erdenwandler den anderen Erdenwandler sucht und andere mehrere andersherige mit mir Bekanntschaft machen. Allen ordentlichen Leuten ist es erlaubt, sich gegenseitig zu begrüßen, unter Bekannten und Fremden, und eindringlich bittest Du, daß ich baldigst wiederkehre. Doch höre ich nicht auf, in meiner Arbeit fortzufahren, und die Freizeit reißt mir die Stunde nicht weg, noch eine Liebelei, sondern ununterbrochen Arbeit, bald dies, bald jenes, wie ichs begonnen habe. Was ich schreiben mag, schreibe ich, was Gestirn und Erde mich heißen, schreibe ich den wohl gekennzeichneten Ärzten und lasse es drucken. Sobald der Karbunkel angenehm wird und der Blutschwären erträglich seinem Träger, werde ich mich zur Rückkehr nach Nürnberg rüsten, damit ich als Mann den Männern gegenübertrete und deine Freundlichkeiten genieße, obgleich die Erde mich nicht seßhaft geschaffen hat und mein Vater mich nicht unbeweglich gezeugt hat, darum bereitet schnell mein Vaterland, und nur schwer bin ich zu halten. Lebe wohl, ich bin bereit, dir zu geben, womit ich dir gefällig sein kann. Leb nochmals wohl und liebe deinen Arzt und Propheten.»

Der ungebundene Optimismus dieses Briefes muß kurz darauf, vielleicht nur Stunden später, brutal gebrochen worden sein. Da erreichte den Hohenheimer nämlich ein reitender Bote aus Nürnberg, der ihm die niederschmetternde Nachricht überbringt, daß ein Verbot erlassen worden sei, seine dritte Syphilisschrift zu drucken. Ein Verbot, das auf Betreiben der Universität Leipzig von der Nürnberger Stadtbehörde erlassen worden war.

Wie kam es zu diesem Verbot, das den Hohenheimer offenbar aus heiterem Himmel ereilte? Dahinter stand seine ablehnende Haltung, mit der er sich gegen die Verwendung des Guajak-Holzes zur Bekämpfung der Syphilis äußerte. Hatte er sich bisher mit seinen erfolgreichen Schriften und Heilungen bloß den Haß und die Mißgunst der Ärzte und Apotheker zugezogen, bekam er jetzt den Einfluß des mächtigsten Handelsunternehmens des Mittelalters, der Fugger, zu spüren.

Guajak-Holz wurde von den Indianern im Sinne eines Wundkrautes bei Infektionen benutzt. 1508 hatten die Spanier es aus Santo Domingo zum ersten Mal nach Europa gebracht. Seither setzte man überschwengliche Hoffnungen auf dieses Holz. Man nannte es «Lebensholz» und «heiliges Holz». Ulrich von Hutten schrieb sogar ein kleines Buch darüber, in dem er darauf schwor, diesem Wunderholz seine Genesung von der Syphilis zu verdanken. Offenbar beseitigte die Guajak-Kur tatsächlich gewisse äußere Erscheinungen, während die Krankheit innerlich ungebrochen weiterwütete. So auch bei Ulrich von Hutten, der ihr 1523, im Alter von 35 Jahren, erlegen war.
Die Fugger hatten inzwischen einen europaweiten Handel mit diesem Holz aufgezogen, einiges Kapital in den Transport von Übersee investiert und bereits große Summen daran verdient. Es gibt Unterlagen, nach denen Städte wie Straßburg ganze Wagenladungen dieses teuren Holzes aufkauften, um die erkrankte Bevölkerung damit zu kurieren, ja, in manchen Städten wurde es sogar umsonst an die Armen verteilt!
Noch in Straßburg hatte sich Paracelsus positiv über das Guajak-Holz geäußert, dann aber festgestellt, daß es eben nur eine äußerliche, antiseptische Wirkung hatte, die man genausogut mit einheimischen Hölzern wie etwa Kiefer, Esche oder Mistelpräparaten erzielen konnte.
Sollte sich nun aber die Meinung des Paracelsus durchsetzen, bedeutete das für die Fugger Verluste in Millionenhöhe. Sie würden auf ihren Schiffsladungen sitzenbleiben! Kein Wunder, daß sie sich mit allen Mitteln gegen den Druck eines Buches zur Wehr setzten, das dem nutzlosen Gebrauch dieses Holzes endgültig den Kampf ansagte. Es besteht die gut begründete Annahme, daß die Fugger den Dekan der medizinischen Fakultät von Leipzig damit beauftragten, ein Gutachten gegen die neue Schrift des Hohenheimers zu verfassen. Dieser Dekan, Heinrich Stromer aus Auerbach, war den Fugger freundschaftlich verbunden, möglicherweise wurde ihm auch materiell etwas unter die Arme gegriffen, mit Sicherheit gab es aber noch ein drittes Motiv, zu einem solchen Schlag auszuholen. Während seiner Leipziger Zeit hatte Paracelsus sich ja bereits mit den dortigen Kollegen genügend angelegt, um nun ihre Vergeltung fürchten zu müssen. Jetzt bot sich eine Gelegenheit, den lästigen und verhaßten Erneuerer der Medizin vernichtend in seine Grenzen zu weisen. Wurde nämlich ein Verbot seiner neusten Schrift in Nürnberg durchgesetzt, galt dieses Verbot für das ganze Reich! Mit dem Reichstagsabschied von 1524 war der Nürnberger Senat für das gesamte Reich als Zensurbehörde eingesetzt worden. Damit würde Paracelsus also in keiner deutschen Stadt mehr eine Druckerlaubnis für diese Schrift bekommen und wäre damit weithin in Verruf gebracht!
Mit tiefer Entrüstung verwahrte sich Paracelsus gegen dieses Verbot. Er forderte

den Nürnberger Senat auf, eine öffentliche Disputation über seine Schrift anzusetzen. Aber seine Eingaben blieben erfolglos. Die Fugger triumphierten, und so gehört auch seine reifste und umfangreichste Abhandlung «Vom Ursprung und Herkommen der Franzosen» zu den Werken, die erst lange nach seinem Tode erscheinen konnten.

Der Landfahrer

Schon seine Eingaben an die Stadt Nürnberg hatte er von Beratzhausen bei Regensburg aus geschickt, und hier, auf dem Schloß des Freiherrn Hans Bernhard von Stauff sollte er noch eine sehr fruchtbare Zeit verbringen. Neben der täglichen Arbeit als praktizierender Arzt widmete er sich der Niederschrift seines «Paragranum», auch das «Vier Säulen-Werk» genannt, eine große Verteidigungsschrift seiner medizinischen Weltschau, die schließlich in Sankt Gallen mit seiner Krankheitslehre «Opus Paramirum» ihren Abschluß finden sollte.

Im «Paragranum» geht es um die Grundlagen der Medizin. Er fordert vom Arzt nichts anderes, als sowohl ein Philosoph im klassischen Sinne als auch ein Naturwissenschaftler im modernen Sinne zu sein, ein universaler Deuter der Welt also, der nur aus diesem universalen Weltverständnis heraus legitimiert ist, Krankheiten zu erkennen und zu heilen: »Daß ihr mich nun fortan recht versteht, auf welchen Grundlagen ich die Arznei baue und worin ich bleibe und bleiben werde, nämlich in der Philosophie, in der Astronomie, in der Alchemie und in den Tugenden. So daß die erste Säule eine ganz Philosophie der Erde und des Wassers sei. Und die andere Säule sei die Astronomie und Astrologie, mit vollkommener Erkenntnis beider Elemente, der Luft und des Feuers. Und die dritte Säule sei die Alchemie ohne Fehler, mit der Fähigkeit, die genannten vier Elemente kunstreich zu behandeln. Und die vierte Säule sei die Tugend und bleibe dem Arzt bis in den Tod, sie beschließe und erhalte die anderen drei Säulen.»

Damit erhebt Paracelsus für den Arzt einen Anspruch, der sich radikal von allen bisherigen Auffassungen unterscheidet. Er wird zum Begründer der modernen Naturwissenschaft und deutet weit über sie hinaus, indem er ihre Basis in der «Tugend» sieht, von der er fordert: «sie beschließe und erhalte die drei anderen Säulen».

Getragen von solcher Erkenntnis vermochte er Rückschläge wie jenen von Nürnberg offenbar gut zu verdauen. Vielleicht brauchte er solche Widerstände, um immer klarer seine eigene Position zu erkennen. Sein Entwicklungsgang war

eben auch eine Art chemischer Prozeß. Erst die Hitze der Auseinandersetzung zwischen alter und neuer Lehre ermöglichte jenen Scheidungs- und Reinigungsprozeß, aus dem heraus sich immer klarer sein Weltbild herauskristallisierte. Nicht umsonst hatte er ja schon in seiner Basler «Intimatio» davon gesprochen, daß die Medizin einer grundlegenden «Reinigung» bedürfe. Jetzt, im «Paragranum», ist er sich seiner Position so sicher wie noch nie. Jetzt kann er alle andern dazu auffordern, ihm zu folgen. Nicht umsonst hat er die halbe Welt bereist und kennengelernt. Er weiß genau, an wen er sich wendet, wenn er ausruft: «Ihr müßt mir nach, mir nach Avicenna, Galenus, Rasis, Montagnana, Mesve et ceteri, mir nach und nicht ich euch nach. Ihr von Paris, ihr von Montpellier, ihr von Schwaben, ihr von Meißen, ihr von Köln, ihr von Wien und was an der Donau und am Rheinstrom liegt und ihr Inseln im Meer. Du Italia, du Dalmatia, du Sarmatia, du Athener, du Grieche, du Araber, du Israelite, mir nach und nicht ich euch nach. Euer wird keiner im hintersten Winkel bleiben, den nicht die Hunde anbrunzen. Ich werde Monarch und mein wird die Monarchie sein und ich führe die Monarchie und gürte euch eure Lenden. Wie gefällt euch Cacophrastus? Diesen Dreck müßt ihr essen.»
«Cacophrastus» hatten ihn die Basler Intriganten in ihrer Schmähschrift genannt, jetzt zahlte er es ihnen heim. Auch wenn es im ausgehenden Mittelalter noch durchaus üblich war, sich einer so deutlichen Sprache zu bedienen, erweist sich Paracelsus doch als besonderer Meister darin. Ungehemmt fährt er fort: «Wie wird es euch Hornochsen anstehen, so euer Cacophrastus ein Fürst der Monarchie sein wird und ihr Kalfakter (Übeltäter) werdet Schlotfeger. Wie gefällt es euch, so die Sekte des Theophrastus triumphieren wird? Ihr werdet meine Philosophie annehmen müssen und euren Plinius Cacoplinius heißen und euren Aristoteles Cacoaristoteles.» Was es damals bedeutete, den unantastbaren Aristoteles derartig zu verunglimpfen, ist heute kaum noch nachzuvollziehen. Er war die absolute Autorität aller Wissenschaften, der Inbegriff der herrschenden katholischen Lehre. Noch viel später, im Jahre 1633, wurde Galilei wegen seines anti-aristotelischen Weltbildes in einem Inquisitionsprozeß unter Androhung der Folter zum Widerruf seiner Lehre gezwungen. Daß Paracelsus es schon hundert Jahre früher gewagt hat, die Lehre des Aristoteles nicht nur lächerlich zu machen, sondern sich selbst weit über ihn zu stellen, bedeutet eine wissenschaftsgeschichtliche Revolution, die bislang viel zu wenig gewürdigt wurde. Sein radikaler Anti-Aristotelismus mag auch ein Grund dafür gewesen sein, daß man ihn noch Jahrhunderte später so verteufelt hat.

Ungeklärt ist, warum Paracelsus das gastliche Schloß von Beratzhausen so bald wieder verlassen hat. Vielleicht war er selbst nicht mehr fähig, an einem Ort zu bleiben, zu groß war die innere Unruhe, die ihn umhertrieb. In dieser Zeit hat er sich selbst als einen «Landfahrer» bezeichnet. Wie schon während seiner Lehrjahre verbrachte nun auch «der Meister» einen großen Teil seiner Tage in Fuhrwerken oder auf dem Pferdesattel, die Nächte in Herbergen, von Kranken umlagert, getrieben von der göttlichen Vision seiner Monarchie, die es auf der Erde zu verwirklichen galt. Im konkreten Umgang mit den Kranken war er realistischer als alle Ärzte vor ihm, in seiner Vision eines anderen Lebens idealistischer als seine Zeitgenossen – in diesem unerlösten Spannungsfeld konnte er keine Ruhe finden, da mußte er «allein und fremd und anders» bleiben.

In der zweiten Hälfte des Monats März 1530 finden wir ihn in Regensburg wieder, wo er am 29. März eine Sonnenfinsternis beobachtet, die ihm später zur Grundlage einer prognostischen Schrift dienen wird. In diese Zeit datiert Sudhoff das Buch «Von den hinfallenden Siechtagen», das schon allein deswegen unsre Beachtung verdient, weil Paracelsus darin vom Ethos des Arztes auch bei unheilbaren Krankheiten absolute Hingabe verlangt. Als Folge der Verbundenheit aller Wissenschaft mit dem Himmlischen hat auch die Kunst des Arztes ihr Fundament in seinem Herzen. Immer wieder hat Paracelsus diesen Zusammenhang zwischen seiner Naturwissenschaft und seiner Ethik hergestellt, am eindrücklichsten aber in dieser Schrift, wenn er sagt: «Dieser Kunst Übung liegt im Herzen. Ist dein Herz falsch, so ist auch der Arzt bei dir falsch. Ist es gerecht, so ist auch der Arzt gerecht.»
Sein Gerechtigkeitssinn konnte sich allerdings auch gegen die Kranken wenden, wenn er sich von ihnen betrogen fühlte. Das zeigt uns die folgende Episode, über die er gleich zweimal selbst ausführlich berichtet hat. Von Regensburg aus wurde er zu einer Konsultation nach Amberg gerufen. Acht Meilen mußte er reiten, um den Patienten zu erreichen, Bastian Castner, einen schwerkranken und wohlhabenden Mann, der schon «durch vil hend der arzt geloffen» war, ohne daß ihm einer hatte helfen können.
Seine Beine waren schon halb verfault, behaftet «mit großem stanck und unflat». Für eine Heilung versprach der reiche Mann großzügige Entlöhnung, blieb sie dann aber dem Hohenheimer schuldig, ja, er kam nicht einmal dafür auf, ihn seinen Ritt entgelten zu lassen. Den Heilerfolg nahm der Bruder des Patienten, «ein Doktor der Kunst und Meister der Lügerei und Bescheißerei» für sich in Anspruch. Nach dieser Erfahrung warnt Paracelsus vor der «Reichen gemeiner Brauch», die, «je näher dem End, je weniger zu halten bedächtig sind».
Eine weitere Station des «Landfahrers» war Zimmern an der Altmühl bei Pappenheim, wo die «Auslegung der Psalmen des letzten Viertels» (die Psalmen

110 bis 150) und andere theologische Schriften entstanden, die sich durch erfrischende Klarheit und Unabhängigkeit von den üblichen scholastischen Spekulationen auszeichnen. Über Nördlingen ritt er weiter nach Sankt Gallen, der bedeutenden Klosterstadt, wo er aufgrund seiner früheren Verbindung mit dem Oberhaupt der Gemeinde, Joachim von Watt, einen Gönner und Förderer seiner Schriften anzutreffen hoffte.

Sankt Gallen verhieß ihm wohl auch noch aus einem anderen Grund mehr Zukunft, als er es nach dem Nürnberger Druckverbot in den deutschen Städten erhoffen konnte. Seit im Frieden von Basel der Eidgenossenschaft Steuer-, Kriegs- und Gerichtshoheit zugestanden worden war, fand sich die Schweiz vom Reich losgelöst, also auch unabhängig von seiner Zensur. In jenen Jahren war Sankt Gallen überdies ein Zentrum der Reformation, wo sich ein unabhängiger Geist eher zu Hause fühlen mochte.

Sankt Gallen

Unsrer bisherigen Kenntnis gemäß deuten wir den Namen «Paracelsus», mit dem der Hohenheimer seit seinen Nürnberger prognostischen Schriften nun auch seine medizinischen Werke überschrieb, als «Über-Celsus-hinaus». Alles im Wesen des Hohenheimers strebte ja danach, das Bestehende einer strengen Überprüfung und Kritik im Sinne einer Unterscheidung von Richtig und Falsch zu unterwerfen, um dann in einer radikalen Erneuerung in andere Dimensionen der Erkenntnis vorzustoßen. Der römische Enzyklopädist Celsus hatte das Wissen seiner Zeit in über zwanzig Büchern aufgezeichnet und dabei allein acht Bücher der Medizin gewidmet. So umfassend wollte wohl auch der Hohenheimer sein – dabei aber über Celsus hinausdeuten. In diesem Sinne verstehen wir nun auch die Titel seiner medizinischen Grundwerke «Paragranum» und «Paramirum». Folglich übersetzen wir «Paragranum» mit «Über-das-Korn-hinaus», interpretieren es als das Aufgehen einer Saat, was dem Inhalt der damit zusammengefaßten Bücher ja durchaus entspricht, es geht darin um die Erneuerung der Grundlagen der Medizin. Entsprechend hieße dann «Paramirum» nichts anderes als «Über-das-Wunder-hinaus», Medizin als die höchste Kunst der Naturwissenschaft, die Wunder Gottes offenbar zu machen.

Der Abschluß der Arbeiten am «Opus paramirum» fällt in die erste Sankt Galler Zeit. Es gehört zu den tiefsinnigsten und bei wiederholter Lektüre auch plausibelsten Werken des Hohenheimers. Daher wundert uns nicht, daß ihm zunächst vor allem daran lag, dieses Werk im Druck erscheinen zu lassen. Er widmete es

Das Kloster Einsiedeln.
Holzschnitt aus dem Jahre 1577.
In der Mitte die Teufelsbrücke
und das mutmaßliche Geburtshaus von Paracelsus

Das Geburtshaus neben der Teufelsbrücke.
Ausschnitt aus der obigen Abbildung

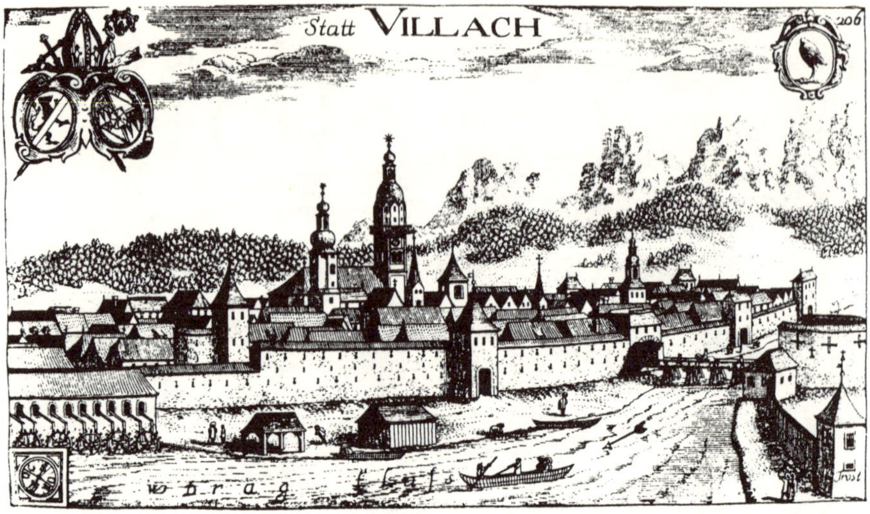

Ansicht der Stadt Villach, wo Paracelsus die Stadtschule besuchte.
Nach einem Stich aus dem 17. Jh.

Die italienische Universitätsstadt Ferrara, wo Paracelsus
1515 promovierte.
Holzschnitt aus dem 16. Jh.

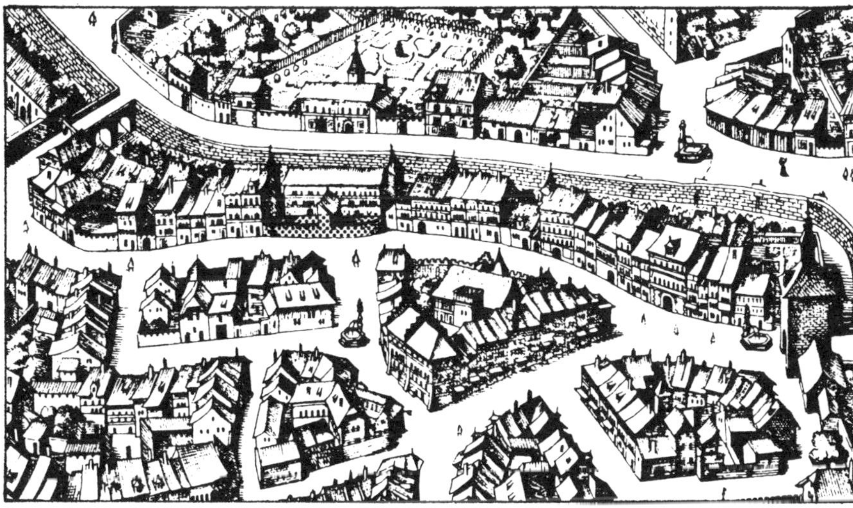

Basel, 1615. Ausschnitt aus dem Merianplan.
Das Eckhaus beim Brunnen oben rechts
(heute Leonardsgraben 1) war das Basler Domizil
von Paracelsus.

Das Wappen der Familie Hohenheim

Das Siegel von Paracelsus

Typenbilder von Paracelsus,
hergestellt nach verschiedenen überlieferten Porträts

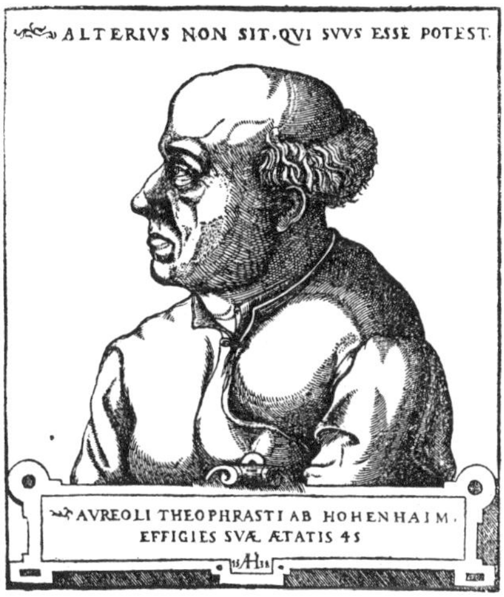

Bildnisse des Paracelsus aus den Jahren 1538/1540,
Augustin Hirschvogel zugeschrieben

Paracelsus mit Henkersschwert.
Holzschnitt aus dem Jahre 1567

Der Basler Buchdrucker Johannes Froben.
Bildnis von Hans Holbein
Öffentliche Kunstsammlung Basel

Erasmus von Rotterdam.
Bildnis von Hans Holbein 1530/32
Öffentliche Kunstsammlung Basel

Johannes Oporinus, Famulus von Paracelsus, bekannter Drucker und Verleger. Nach einem Kupferstich von Theodor de Bry (1528–1598)

Der Basler Rechtsgelehrte Bonifacius Amerbach.
Bildnis von Hans Holbein, 1519.
Öffentliche Kunstsammlung Basel

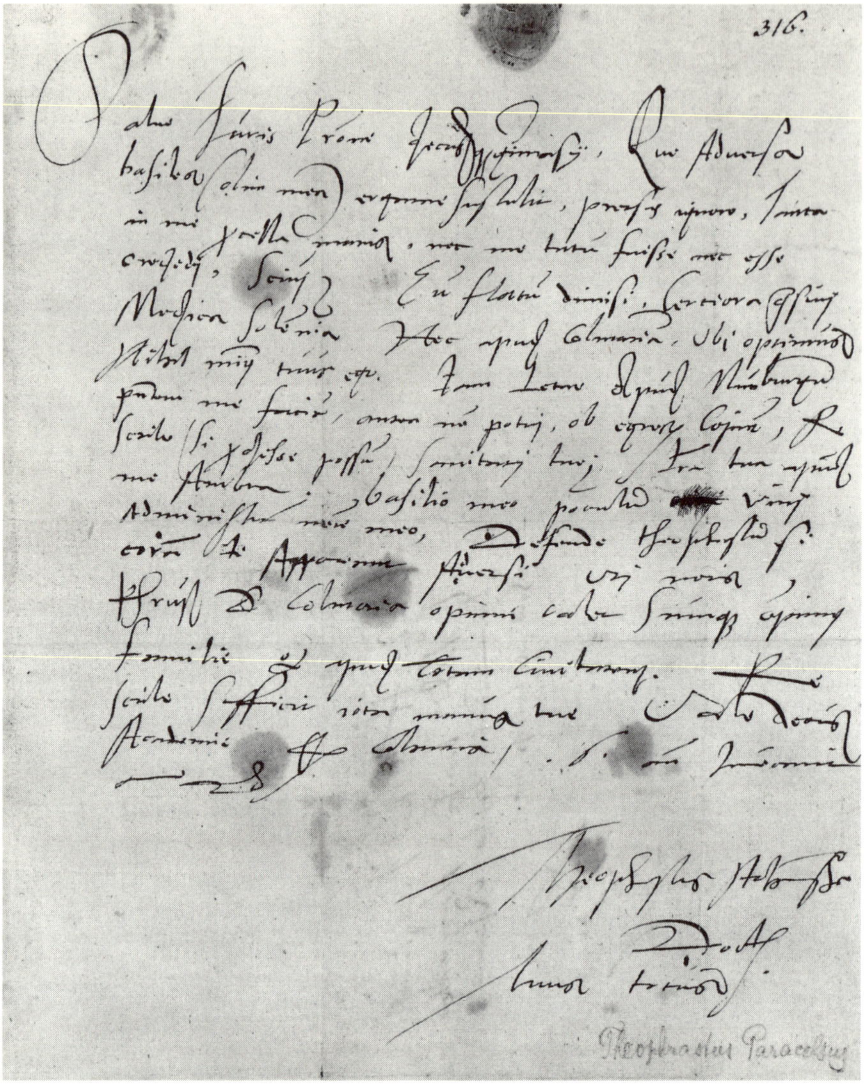

Eigenhändiges Schreiben Hohenheims an Bonifazius Amerbach,
verfaßt in Colmar am 28. Februar 1528,
nach der Flucht aus Basel.
Universitätsbibliothek Basel

Joachim von Watt, der nicht nur Bürgermeister von Sankt Gallen war, sondern auch ein praktizierender Arzt, so daß Paracelsus Verständnis für seine Gedanken von ihm erwarten konnte.

Das «Opus paramirum» zu umschreiben oder gar zu deuten, würde dicke Bücher füllen. Es ist ein Konzentrat aller Einsichten, die Paracelsus auf den verschiedenen Gebieten der Naturwissenschaften hatte, immer gedacht im Hinblick auf die Kunst, kranke Menschen zu heilen. Auf dem Hintergrund seiner Kosmosophie kommen darin chemische Themen, Arzneimittellehre, Meteorologie und Klimalehre genauso zum Tragen wie seine Auffassung vom Wesen der menschlichen Geschlechtlichkeit. Es enthält aber auch die Schrift «Über die unsichtbaren Krankheiten», ein psychosomatisches Kompendium, in dem schon erstaunlich viele Gedanken angelegt sind, die ein Freud oder ein C. G. Jung später vertieft haben. Darin deutet Paracelsus mit seinem Begriff des «falschen Glaubens» Phänomene wie religiöse Hysterie und Massenhysterie, erkennt aber auch bereits deren sexuellen Hintergrund, etwa in seiner Beschreibung des Falls «Troffea», wo eine Frau sich ihrem Mann erfolgreich verweigert, indem sie dem «Veitstanz» verfällt.

Die Grundlage dieses paracelsischen Denkens bildet die Kosmosophie. Die Welt ist Einheit von Geist und Materie, der Mensch damit ausgezeichnet, in seinem Erkennen das eine vom andern zu trennen. Der Mensch wird als Mikrokosmos begriffen, in dem sich der Makrokosmos spiegelt – und so zum Bewußtsein kommt.

Was also braucht es, um einen Kranken zu heilen? «Die rechte Arznei gehet aus Himmel und Erden und aus allen Elementen und ihren Kräften; das ist das Kompositum, darin der Arzt lernen soll, das ist das Recept, das sind die Simplicia, nicht in die Zahl der Stücken der Simplicien, sondern in der Komposition, daß da zusammenkomme der ganze Mensch. So der beieinander ist, so sind beieinander alle Remedia, Medicinalia und arcana; da liegen alle Kräfte.»

Im «Paramirum» erläutert Paracelsus auch seine Auffassung der «Materie». Die irdischen Stoffe sind durch drei Grundeigenschaften gekennzeichnet, die er «Mercurius» (Quecksilber), «Sulfur» (Schwefel) und «Sal» (Salz) nennt. Daraus leitet er seine Grundmuster chemischer Prozesse ab, die er in allen Stoffen angelegt findet. Dabei steht das Quecksilber für die Sublimierbarkeit, Schwefel für die Brennbarkeit und Salz für die Feuerbeständigkeit: «Der Mensch wird erlernt aus der großen Welt, nicht aus dem Menschen. Ein jedes Korpus steht in den drei Dingen sulphur, mercurius und sal. Nur das Leben und sein Anhangendes wird noch hinzugetan. Diese drei Dinge sind in jedem Korpus. So Du die drei Ding sichtbar hast, greiflich und wirklich, die in jedem Dinge sind, ein

Jegliches gesondert von dem andern, so hast du die Augen damit ein Arzt sehen soll. Er soll sie in der großen Welt wissen, also hat er sie auch im Menschen. Laß es brennen, so brennt der Sulfur, das da raucht ist Mercurius, das zu Aschen wird ist Sal. In den Dreien steht des Menschen Gesundheit, seine Krankeit und alles, was in ihm ist. Die Scientia Separationis macht das alles sichtbar und kenntlich.»

Die «Scientia Separationis» ist also die Kunst, durch die Analyse der drei Grundsubstanzen den Gesundheitszustand eines Menschen zu diagnostizieren. In diesem Sinne hat Paracelsus Blut und Harn untersucht und sich als «Urinschnüffler» verhöhnen lassen müssen. Was uns heute so selbstverständlich ist, war für seine Zeit ein Affront gegen die geltenden Regeln der Ärzte, die offenbar nichts so sehr scheuten, als mit den Kranken auf diese oder jene Art in Berührung zu kommen.

Für die Entwicklung der Chemie sind solche Überlegungen von historischer Bedeutung. Mit Recht sieht man in seiner Hinwendung zu einer mehr experimentellen, empirischen Alchemie eine Überwindung der damaligen Alchemie. Würde man ihn durch ein modernes Labor führen und als Mitbegründer der modernen Chemie begrüßen, wäre er sicher begeistert über die Möglichkeiten, die ihm die moderne Forschung böte.

Aber einem Para-Celsus wäre das längst nicht genug. Wir stellen uns vor, daß er sehr schnell eine Art «Para-Chemie» gründen würde, eine Wissenschaft, deren Ziel es wäre, die moderne Chemie durch eine neue, von allen Schlacken gereinigte Alchemie zu überwinden. Der Ansatz dazu läge in seiner Auffassung der Materie, der «matrix», die allen Dingen zugrunde liegt. Und so wie die Materie für ihn eine Einheit aus sterblicher («tödlicher») Substanz und unsterblicher göttlicher Essenz ist, sind auch Mercurius, Sulfur und Sal nicht nur materielle chemische Grundmuster, sie haben ihre Entsprechungen im psychischen und geistigen Bereich.

Das sind Ansprüche, die uns auch heute noch überfordern oder als barer Unsinn erscheinen. Für Paracelsus war diese Entsprechung von Geist und Materie dagegen eine Selbstverständlichkeit, die immer wieder zum Ausdruck kommt. So wird etwa die Wahrheit durch einen Läuterungsprozeß gefunden, der mit dem Feuer zu tun hat: «Ein Jeder soll dem andern so viel glauben, als er im Feuer erfahren hat, weiter nichts.» Die Wahrheitsfindung als Fegefeuer. Dem entspricht die Aussage: «Der Arzt wächst durch das Feuer, drum lerne er Alchimiam, auch Spagiria geheißen, die das Falsche vom Rechten scheidet.»

Der Arzt soll also nicht nur aus praktischen Erwägungen, sondern auch aus ethischen Gründen Alchemist werden, womit wir wieder einmal bei der paracelsischen Einheit von Ethik und Forschung angelangt wären.

Wir haben uns diesen kurzen spekulativen Ausflug in die Neuzeit erlaubt, um zu demonstrieren, wie das paracelsische Denken uns auch heute noch zukunftsweisend plausibel – oder unsinnig erscheinen muß. Wie erst sollten seine Zeitgenossen seinen Gedankengängen gerecht werden?

Der Mann, dem Paracelsus in Sankt Gallen sein «Paramirum» widmete, um es durch ihn zum Druck befördern zu lassen, war ihm vermutlich schon von seiner Villacher und Wiener Zeit her bekannt. Joachim von Watt war nicht nur Stadtarzt und Bürgermeister in einer Person, er war auch einer der angesehensten Humanisten seiner Zeit, von Kaiser Maximilian I. zum Poeta laureatus gekrönt, Herausgeber lateinischer Autoren wie Sallust, Ovid und Plinius, im ständigen Kontakt mit den bedeutenden Humanisten der Epoche, und als Oberhaupt von Sankt Gallen hauptverantwortlich für die rasche Ausbreitung der Reformation in dieser Stadt. Also ein Mann, dessen geistiger Horizont sich durchaus mit jenem eines Paracelsus messen konnte, und dennoch fand der Hohenheimer in ihm offenbar keinen «Beförderer seiner Kunst». Die Ursache, daß die beiden sich nicht näherkamen, könnte man in den sozialen Gegensätzen ihrer Herkunft sehen; während Paracelsus in Armut aufgewachsen war, stammte von Watt aus einem der angesehensten und wohlhabendsten Geschlechter Sankt Gallens. Zudem war von Watt ein Anhänger der alten Vier-Säfte-Lehre, und daß Paracelsus die Frechheit hatte, in seinem «Paragranum» von Plinius als «Cacoplinius» zu sprechen, mag er als eine persönliche Beleidigung empfunden haben, schließlich war ja bekannt, daß er selbst einen Teil der Werke von Plinius herausgegeben hatte.

Fakten genug, die uns zeigen, wie aussichtslos die Position des Hohenheimers war, wenn es darum ging, sein «Opus paramirum» in Sankt Gallen zu veröffentlichen. Auch dieses Werk war zu neuartig und provozierte zu viel Widerspruch, um eine Chance zu haben, zu Lebzeiten des Autors an die Öffentlichkeit zu gelangen und damit auf den Gang der philosophischen und medizinischen Diskussionen seiner Zeitgenossen Einfluß auszuüben.

Trotz dieser abermaligen, bitteren Enttäuschung war auch die Sankt Galler Zeit durch unermüdliche Arbeit gekennzeichnet. Sudhoff berichtet von Tagebuchaufzeichnungen eines gewissen Rütiner, der den Hohenheimer offenbar sehr gut kannte und über ihn berichtet: «Er ist äußerst fleißig und schläft wenig. Niemals zieht er sich aus, mit Stiefeln und Sporen ruht er drei Stunden auf das Bett hingeworfen aus und dann schreibt er wieder.» Paracelsus selbst berichtet im ersten Buch seines «Opus paramirum» ebenfalls, daß er «Tag und Nacht mit Arbeiten die Hörer in der Medizin zu unterrichten» beflissen sei.

Von lokalem Interesse ist die Behandlung des ehemaligen Bürgermeisters Christian Studer, ursprünglich ein Patient von Joachim von Watt, dem auch Paracelsus nicht helfen konnte. Er starb am 10. Dez. 1531. Gut vorstellbar, daß von Watt und Paracelsus sich in der Konfrontation mit diesem konkreten Krankheitsfall als unversöhnliche Gegner zu erkennen gaben, sich womöglich sogar gegenseitig die Schuld am Tod des Patienten zuschoben. Von Paracelsus, der den konventionellen Ärzten ja ohnehin vorwarf, die Gottesäcker mit ihren Patienten zu füllen, darf man in jedem Fall annehmen, daß er mit seinen Beschuldigungen nicht zimperlich war.

Andere zeigten sich von den Neuerungen des Hohenheimers mehr beeindruckt. So ließ sich der wohlhabende Bartholomäus Schobinger von Paracelsus eine Alchemistenküche bauen, und es wird berichtet, daß die beiden einen «sehr vertraulichen Briefverkehr» miteinander führten. Einige Biographen nehmen an, daß ein Portrait des Hohenheimers, das lange im Besitz der Familie Schobinger gewesen ist, aus dieser Zeit stammt und von ihrem Vorfahren Bartholomäus in Auftrag gegeben worden sei. Im Historischen Museum ist noch heute eine spätere Kopie des Bildes ausgestellt. Das Original ist nicht erhalten.

Johannes Rütiner, der uns schon über den Arbeitseifer von Paracelsus berichtet hat, teilt in seinem Tagebuch, das übrigens noch heute in der Kantonsbibliothek von Sankt Gallen verwahrt wird, eine Episode mit, die uns Paracelsus als einen Mann zeigt, dem Schalk und Ernst gleichermaßen zu Gesicht standen.

Der Sohn des Sankt Galler Kleinbürgers Kaspar Tischmacher war an einem Knochenleiden der Hand erkrankt. Paracelsus entschloß sich, den Knochen zu entfernen. Bald darauf schwoll die Hand so sehr an, daß der Junge sie nicht mehr bewegen konnte. Für Paracelsus ein natürliches Phänomen nach einem solchen operativen Eingriff. Er versicherte dem Vater, daß die Schwellung und Lähmung der Hand nur vorübergehend sei, es gelte jetzt einfach, in Geduld den Heilungsprozeß abzuwarten.

Der mißtrauische Vater ließ nun Bader und Scherer den Fall begutachten, die diese Gelegenheit nutzten, dem verhaßten Hohenheimer eins auszuwischen, und gegen ihn aussagten. Sie veranlaßten den aufgebrachten Vater, eine Beschwerde bei der Chirurgengilde vorzubringen, wonach Paracelsus sein Vorgehen rechtfertigen sollte. Er, beider Arzneien Doktor, sich vor einem Kollegium von Salbadern, Kratzern und Sudlern verantworten? Er wird diese Aufforderung in seiner üblichen scharfzüngigen Weise beantwortet haben, jedenfalls führten die Bader die Sache weiter und verklagten den fremden Doktor vor dem Senat der Stadt.

Aufgrund einer guten Verbindung, die der Hohenheimer durch Bartholomäus Schobinger zu dessen Bruder Hieronimus, dem amtierenden Stadthalter, hatte, wurden ihm vierzehn Tage bewilligt, die man abwarten wolle, um zu sehen, wie sich die gelähmte Hand entwickelte.

Aber nach vierzehn Tagen war die Hand immer noch steif. Vater Tischmacher lief wieder von Behörde zu Behörde, um eine gerichtliche Vergeltung zu erlangen. Nun griff Paracelsus zu einem drastischen Mittel, das dazu beitrug, seinen Ruf als Wunderdoktor noch lange wachzuhalten. Er verordnete, daß lebendige Regenwürmer eine Nacht lang über die Wunde gebunden wurden. Diese als «Regenwurmkur» in die Annalen eingegangene Verordnung beruhte tatsächlich auf einem volkskundlichen Brauch, und auch bei Hohenheim selbst sind Belege für ähnliche Kuren zu finden. In Sankt Gallen mag er sich damit allerdings nur einen weiteren Aufschub verschafft haben, dessen die Hand für den natürlichen Heilungsprozeß bedurfte. Drei Tage später war die Schwellung soweit zurückgegangen, daß der Junge seine Hand wieder bewegen konnte.

Viele Gründe mögen dazu geführt haben, daß sich Paracelsus nun wieder vermehrt theologisch-gesellschaftlichen Themen zuwandte. Einmal spielte dabei sicher die Erfolglosigkeit seiner medizinischen Schriften eine Rolle, dann auch die gute Aufnahme, die schon in Nürnberg seine prognostischen Bücher gefunden hatten.

Äußeren Anlaß boten verschiedene Naturereignisse, die im Spätsommer und Herbst 1531 die Menschen beschäftigten. Im August erschien ein Komet, Anfang Oktober erschütterte ein Erdbeben die Alpenländer, und Ende Oktober stand ein ungewöhnlicher Regenbogen über dem Bodensee.

Der Komet, der die Menschen in Angst und Panik versetzte und von vielen als Zeichen des kommenden Weltuntergangs gedeutet wurde, sollte auch in den Jahren 1607 und 1682 die Gemüter beunruhigen, bis dann sein zyklisches Erscheinen von Edmund Halley erkannt wurde, der daraufhin richtig vorhersagte, er werde im Jahre 1756 wieder zurückkommen.

Die Interpretation, die Paracelsus für das Erscheinen des Kometen fand, übersandte er schon am 26. August dem Zürcher Prediger Leo Jud mit einer Widmung und der Bitte, sie im Druck erscheinen zu lassen. Leo Jud, Pfarrer am Großen Münster in Zürich, war von der Schrift so angetan, daß er sie sofort drucken ließ.

Paracelsus distanziert sich darin zunächst von der üblichen Sterndeuterei: «Eine jegliche Kunst ist geboren aus Gott und soll in Gott ausgelegt werden; die aber augurieren, wie können sie dir oder mir gefallen?» Zunächst einmal geht es darum, die natürlichen Dinge aus dem natürlichen Licht, also naturwissenschaftlich, zu erklären. Nur was sich solcher Erklärung entzieht, bedarf einer anderen Deutung, da müsse die Offenbarung der Heiligen Schrift beigezogen werden. So faßt er den Kometen, den er mit seinem Wissensstand noch nicht naturwissenschaftlich erklären konnte, als ein Zeichen Gottes auf, daß seine

Wunderwerke auf der Erde herrschen wollten. Ähnlich wie der Stern von Bethlehem will auch dieser Komet die Menschen nicht erschrecken, sondern sie zur Besinnung mahnen.
Genauso deutet er auch das Erdbeben nicht als Zeichen des nahen Weltendes, sondern als Mahnung Gottes, ein Zeichen für «groß Jammer und schwere Irrung im Volk, das wider Gott seinen Schöpfer handelt».
Auch in der Schrift über den Regenbogen weiß er wohl zu unterscheiden zwischen Erscheinungen, die auf natürliche Weise erklärt werden können, und solchen, die den Naturgesetzen offensichtlich widersprechen und daher als Zeichen Gottes gedeutet werden müssen. Der Regenbogen über dem Bodensee, dessen Standort recht ungewöhnlich gewesen sein muß, erklärt er als Zeichen des kommenden Friedens, darauf weist schon der Titel hin: «Usslegung des Fridbogens».

In dieser Hinwendung zu Dingen, die nicht aus dem natürlichen Licht erklärbar scheinen, sehen wir außer den schon genannten Motiven noch tiefere Gründe. Einmal ließ wohl die politische Entwicklung auch Paracelsus keine Ruhe, er rang um eine eigene Position zwischen Reformation und Gegenreformation; mindestens ebenso stark muß ihn aber die Frage nach der Grenze des Erkennens aus dem natürlichen Licht beschäftigt haben. Er sah, daß der Naturwissenschaft deutliche Grenzen des Erkennens gesetzt waren, mochte sich aber als «Paracelsus» nicht damit abfinden, daß so viele Bereiche und Erscheinungen außerhalb seines Erkennens liegen sollten! Wo ein Immanuel Kant sich später selbst begrenzte, drängte es Paracelsus über die Schranken des «natürlichen Lichts» hinaus.
Wohl bekennt er: «Es hat nit alles von Stund an einen geistlichen Verstand, sondern es muß am ersten im Licht der Natur erkannt werden, darnach so gibt es einen theologus.» Dann räumt er ein, kein Theologe im Sinne jener zu sein, die sich mit anderen Auslegern der Heiligen Schrift auseinandersetzen, wohl aber stehe ihm zu, aus eigener Erfahrung die Schriften der vier Apostel zu deuten.
Erschütternd das folgende Eingeständnis, daß er gerne «den theologischen Geist hätte», aber sehr wohl darum weiß, daß es, um ihn zu erlangen, noch bedeutend mehr Entbehrungen braucht, als er schon für seine Erkenntnis aus dem natürlichen Licht auf sich genommen habe: «Ich wollte aber, daß ich den theologischen Geist hätte [...] Aber ich kann wohl erkennen, es mag mit Nöten nit erlangt werden; dieweil und ich mit so viel Armut, Elend und Jammer diese kleine Fakultät habe müssen erfahren, noch viel mehr Ernst, Armut, Hunger, Elend gehört zu dem theologischen Geist.»
Seine Biographie beweist uns, daß er bereit war, alles auf sich zu nehmen, um

nach dem Licht der Natur auch den «theologischen Geist» zu erfahren. So wie er bisher vor allem das «Buch der Natur» mit der ihm eigenen, radikalen und unabhängigen Gründlichkeit erfahren und gedeutet hatte, so interpretierte er nun auch das «Buch Gottes», die Heilige Schrift. Konfessionsgebundene Theologen haben in diesen paracelsischen Schriften zu theologischen Fragen meist nur Verirrungen eines Laienpredigers gesehen. Er wollte sich nur auf sein «inneres Licht» verlassen, das ihm die Heilige Schrift zu erhellen half. Noch Ildefons Betschart wertet in seiner 1942 erschienenen Paracelsus-Biographie die Haltung des Hohenheimers, sich weder der Reformation noch der katholischen Kirche zu unterwerfen, als Mangel an Demut. Er sieht die «subjektive, autoritätsfreie Einstellung» von Paracelsus negativ und urteilt: «Theophrastus kämpft nach beiden Seiten hin mit der gleichen Rücksichtslosigkeit und Derbheit des Eigensinnigen.»

Heute aber, da sich überall Zweifel an konfessionell und kirchlich gebundener Religiosität zu regen beginnen, erscheint seine Position aktueller denn je. In einer Zeit, da sich katholische und reformierte «Fundamentalisten» mit Waffengewalt begegneten, entwickelte und lebte Paracelsus einen «theologischen Geist», der sich über jede rituelle und konfessionelle Gebundenheit erhob, um in selbstgewählter Armut und Barmherzigkeit allein Gottes Gebot zu erfüllen.

Der Wanderprediger

Also stand Paracelsus wieder einmal, vielleicht sogar radikaler als je zuvor, «allein und fremd und anders» in der Welt, angewidert von ihren Religionskriegen, erbittert über die Borniertheit der herrschenden Wissenschaft und Theologie. Jetzt ging der Hohenheimer auf die Vierzig zu, ein Alter, das auch in anderen Biographien als Zeit der Einkehr, Verwandlung oder Neugeburt aus höherer geistiger Erkenntnis erscheint, Zeit der Krise und Wende, in der sich für viele die Sinnfrage in letzter abgründiger Konsequenz zu stellen beginnt. So begegnet uns Paracelsus in den folgenden Jahren als rastloser Wanderprediger in den abgeschiedenen Tälern und Wäldern des Appenzellerlandes. Nicht in den Städten, nicht als Gast der Fürsten und Gelehrten seiner Zeit sucht er das wahre Christentum, denn seine Erfahrung sagt ihm, «daß im Laien, in dem gemeinen Mann, im Bauern die Vollkommenheit christlichen seligen Lebens am meisten wohnt, bei den anderen gar nicht».

In Urnäsch und Hundwil begegnet er uns, er, der weltberühmte Doktor beider Arzneien! Hier, in den Winkeln der Welt, sucht er das Gespräch mit Köhlern,

Hirten, Waldbauern, ringt mit ihnen um den wahren Glauben. So wie er einst in der Volksmedizin der Jahrmärkte mehr medizinisches Wissen als an den Hochschulen fand, meint er nun wieder, beim «einfachen Volk» mehr zu erfahren über das göttliche Licht, den theologischen Geist. In diesen Monaten muß er eine ganz besondere Ausstrahlung gehabt haben, hinzu kam sein Äußeres, das er nun vollkommen zu vernachlässigen schien. Die Paracelsus-Forschung, die sich um eine «wissenschaftliche» Biographie bemüht und darunter versteht, beglaubigte Amtspapiere aneinanderzureihen, hat auf diese Weise Dankenswertes geleistet, hier aber muß sie versagen. Es gibt keine «Amtspapiere», die über diese Zeit etwas aussagen. Um so mehr berichten uns Volkslegenden über den Paracelsus jener Tage. Den einen erscheint er als Narr, den andern als Heiliger, immer umgibt ihn eine Aura, die nicht mehr von dieser Welt ist. In seinem Roman «Der Narr in Christo Emanuel Quint» hat uns Gerhart Hauptmann einen solchen Wanderprediger geschildert, es gibt einige Kapitel in diesem Buch, die uns helfen können, uns den Paracelsus jener Zeit vorzustellen, deren Last er selbst als «Hundsketten» bezeichnet hat.

Von vielen ist diese Zeit als eine bedauernswerte theologische Verirrung des sonst so klar denkenden Naturwissenschaftlers angesehen worden. Wollen wir in Paracelsus aber mehr als bloß einen Vorläufer dieser oder jener wissenschaftlichen Schule erkennen, wird uns gerade diese Zeit besonders wichtig. So wie ich schon sein Scheitern in Basel nicht nur negativ gewertet habe, sondern als Voraussetzung dafür deutete, daß Paracelsus sich danach nur um so ungebundener fühlen mußte, so sehe ich auch in seinem Appenzeller Martyrium eine Voraussetzung für seine spätere Reife, die ihn über den Anspruch des reinen Naturwissenschaftlers hinauswachsen ließ. Welchem Bild er nachlebte und was er in jenen Monaten von sich selbst gefordert und erwartet haben mag, das apostolische Christentum, schildert er uns in seiner Schrift «Vom seligen Leben». So wie er die Medizin nicht als Buchweisheit verstand, sondern als Erkenntnis aus dem natürlichen Licht, so versteht er jetzt Religion als Leben aus dem göttlichen Licht:

«Die größte Gnade, die uns Gott beweist, ist die, daß er uns allemal mit seligen Leuten versorgt, die uns weisen und führen und lehren sollen in dem ewigen, seligen Leben. Die hat er mit dem heiligen Geist erleuchtet, daß sie wunderbarlich reden vor den Menschen von dem Reich Gottes, und mit feurigen Zungen reden.

Das ist der rechte Grund der heiligen Lehrer auf Erden, die vom heiligen Geist ihre Lehre nehmen und reden und lehren, daß sich männiglich groß über sie verwundern muß, nit allein, daß sie groß erleuchtet sind im heiligen Geist und große Dinge reden, wunderbarlich allen Menschen, sondern auch, daß sie große

Gewalt haben bei uns auf Erden, die sie erhalten haben von Gott und Christo, seinem Sohn; das ist, daß sie gleich sind wie ihre Meister: sie reinigen die Aussätzigen, – was der Natur nicht möglich gewesen ist noch in ihrem Vermögen stand, – und das mit einem wunderbaren Wort allein: du bist rein – und es ist so. Da ist die große Wahrheit, vor der alle natürlichen Kräfte müssen schweigen und von dannen gehen, gegenüber der Kraft dieser Wahrheit, die allein in einem einzigen Wort liegt. Sie machen die Toten lebendig mit einem Wort.
Und wieviel sie solcher Zeichen tun, so werden sie nit hoffärtig noch reich darin, sondern sie freuen sich, daß ihr Name geschrieben steht im Buch der Lebendigen. Sie trinken Gift und es schadet ihnen nit. Man siedet sie in Öl und es schadet ihnen nit. Sie liegen gefangen in Ketten und werden ledig ohne Menschenhilfe. Sie machen die Blinden sehend, die Lahmen gerade, und alles, was sie an den Dingen tun, das tun sie umsonst, und lehren das Wort Gottes wunderbar ohne Pfründen und Renten und Gult, ohne Lohngabe und Verehrung. Sie achten keines Reiches dieser Welt noch ihrer Güter; sie wandern ohne Schuh, ohne Säckel, ohne Stecken, zu einem Zeichen, daß ihr Reich nit von dieser Welt ist. Es sind die, die wir sollen hören und von ihnen lernen. Das ist das Salz in unser Herz. Das sind die Lichter der Welt und aller Menschen. Das sind die, die kommen im Namen des Herrn; das sind die, die da weiden und geben, führen und nähren. Das ist die bewährte Religion des Geistes, der da ist vom Himmel, ohn allen Betrug, und ohne allen Falsch. In der Religio ist die Wahrheit und die wahrhaftige Verkündigung.
Sie sind die, so ohne allen Falsch lehren, ohne Geiz, ohne Gut, ohne Geld. Sie sind die wahrhaftigen Armen. Denn wie der Vogel in der Luft fliegt und sich heute ernährt und nit weiß, wo er morgen seine Nahrung nehme, also die auch. Sie sind die, die in Einfalt wandeln wie die Tauben, in Fürsichtigkeit ihres Amtes wie die Schlangen. Das sind die, die da Sorge tragen in ihrem Amt und nichts unterlassen, sondern alles vollenden, was ihnen befohlen ist, und so die Stunde ihres Todes kommt, so han sie mit Freuden ihr Amt vollbracht und sterben seliglich in dem Herrn zu dem ewigen Leben. Das sind Lehrer, die das Evangelium verkünden den Armen. Das sind die, die den Frieden verkünden, denn sie lehren nit ihren Eigennutz. Bei ihnen ist die Lehre des Friedens ... Sie predigen den milden, süßen Gott, der von den Seinen nit Gut noch Geld haben will, sondern ein reines Herz.»
Das sind Sätze, die uns verstehen lassen, warum ein Jakob Böhme in Paracelsus seinen inspirierenden Vorläufer fand, und sie machen uns deutlich, warum Paracelsus immer wieder mit indischen Lehrern verglichen wurde. Sie lassen uns an Matriya denken, den Buddha der zukünftigen Liebe. Wir ahnen den gemeinsamen Ursprung aller Religionen.

Wir wissen nicht, was ihn bewogen hat, sein Amt als Wanderprediger aufzugeben und sich wieder konkreteren Problemen und Aufgaben zu widmen. Mag sein, daß die Kunde vom «Wunderdoktor» ihm auch im Appenzell voranging und dazu führte, daß Kranke ihn umlagerten, wo immer er sich blicken ließ. Und da er keine Hilfe verweigern konnte, gewann die praktische ärztliche Arbeit wieder Überhand. In der gleichen Schrift «Vom seligen Leben» lesen wir wenig später sein ärztliches Glaubensbekenntnis, in dem sowohl die Pragmatik moderner Naturwissenschaft als auch die Lessingsche Demut vor der Weisheit Gottes anklingen: «Das ist nun die wahrhaftige Religion der Ärzte, daß sie am allerersten wissen und kennen alle Natur der Gewächse, was in einem jeglichen sei. Und so sie das wissen, so wissen sie weiter, was die Krankheiten sind, das ist, wie viel ihrer sind, und wissen die Arznei gegen die Krankheit zu gebrauchen. Denn die wahrhaftige Religion der Arznei geht in der Gestalt, daß wir wissen sollen, was in den Dingen der Natur sei, und wissen sollen Unterschied und Namen aller Krankheiten, und dann das Zusammenfügen der Arznei und des Kranken, – und wir sollen es nit achten, was der Ursprung sei oder die Handlung im Anfang. Denn wie können wir wissen, aus was die Arznei ihre Kraft genommen habe oder wird, als allein aus der Gewalt und Gabe Gottes. Dabei müssen wirs bleiben lassen.»
Das klingt modern, erinnert sogar an die Ausklammerung ethischer und religiöser Probleme aus der naturwissenschaftlichen Forschung, ist aber für Paracelsus keineswegs ein Patentrezept und ein Freibrief für bedenkenlosen Fortschritt, dazu ist er zu umfassend in seiner Erfahrung von Gott und Welt. Seine Einzigartigkeit wird sich immer mehr darin erweisen, daß er sich als «ganzer» Mensch zu begreifen und zu verwirklichen sucht. Erkenntnisse, die wir aus dem natürlichen Licht beziehen, erfahren ihren Sinn erst aus dem himmlischen Licht.

Arzt in Lumpen

Als Paracelsus wieder aus den abgeschiedenen Wäldern des Appenzellerlandes auftauchte, muß er in einem ziemlich heruntergekommenen Zustand gewesen sein, eher einem Bettler als einem Doktor der Medizin vergleichbar, also noch weniger angepaßt an die Prätentionen seines Standes. Mit diesem unbekümmerten, verächtlichen äußeren Auftreten hat er sich wohl an mehreren Orten das Vertrauen der Bürgermeister und Bürger verscherzt.
Zunächst wanderte er über den Arlberg-Paß in das tirolische Inntal zu den Bergwerken von Hall und Schwaz, vermutlich besuchte er auch die Eisenhütten

von Jenbach und die Kupferwerke von Brixlegg. Von Jugend an hatte er sich für Metallurgie interessiert, jetzt aber galt seine Aufmerksamkeit weniger alchemistischen Prozessen als vielmehr rein medizinischen Untersuchungen. Zu seiner Zeit waren allein in der Gegend von Schwaz bis zu 7000 Bergarbeiter beschäftigt, also sicherlich viele, denen ihre Arbeit zum Verhängnis geworden war. Wohl gab es Schriften über den Bergbau als ein technisches Problem, doch über Gesundheitsprobleme der Arbeiter hatte sich noch niemand Gedanken gemacht. Paracelsus untersuchte als erster die Krankheiten der Erzknappen, Schmelzer, Silberbrenner und Quecksilberarbeiter. So verdanken wir ihm die erste medizinische Schrift über Gewerbekrankheiten und Gewerbehygiene: «Von der Bergsucht und anderen Bergkrankheiten». Als besonders gefährlich erkannte er die Quecksilberdämpfe, die in den Stollen aufstiegen und schwere Vergiftungen auslösten. Auch diese medizingeschichtlich so bedeutsame Arbeit fand kaum Beachtung.

Mit Erbitterung endete sein kurzer Aufenthalt in Innsbruck. Dem dahergelaufenen Landstreicher in seinem verdreckten Lederwams mochte man nicht glauben, daß er der berühmte Theophrastus von Hohenheim sei, so daß ihm nichts übrig blieb, als weiter «fürbaß zu streichen».

Über Matrei am Brenner erreichte er Sterzing im Eisacktal, auch ein Ort, der ihn zu bitteren Äußerungen veranlassen sollte. Sterzing war damals eine bedeutende Stadt, an der Heeres- und Handelsstraße über den Brenner gelegen, wo sich Fuhrleute und reiche Handelsherren aus deutschen und italienischen Städten trafen. Städte mit so viel Durchgangsverkehr waren besonders seuchengefährdet, auch in Sterzing war wieder einmal die Pest ausgebrochen. Paracelsus verfaßte darüber die kleine Schrift «Büchlein von der Pest an die Stadt Sterzingen» und versah sie mit folgender Widmung: «Den ehrsamen, fürsichtigen und weisen Herren Bürgermeister und Rat der Stadt Sterzingen zu Ehren und zu Nutz der ganzen Gemeinde, daß es auch dem gemeinen mann angenehm und verständlich sei.» Diese Widmung, die sich ausdrücklich auch an den «gemeinen Mann» richtete, brachte ihm kein Glück. Einem Doktor, der nicht in Talar und Kutsche dahergereist kam, sondern sich «in zerrissenen Lumpen an der Sonne braten ließ», traute man keine ernstzunehmenden Ratschläge zu. Die Schrift verlor sich unbeachtet in den Archiven und wurde erst 1576, also fast fünfzig Jahre später, in Straßburg gedruckt.

Paracelsus selbst nennt zwei Gründe für die erlittene Ablehnung, nämlich «seine Armut und seine Frommheit». Offenbar war er noch immer den Grundsätzen des Wanderpredigers verpflichtet, der selbstgewählten Armut und dem freien apostolischen Geist. In einem Nachbericht, den er später in Meran verfaßte, gibt uns eine Stelle besonders zu denken, wo er uns einen tieferen Grund für seine

Schriftstellerei offenbart. Nachdem er sein Leid geklagt hat, wendet er sich direkt an den Leser: «Deshalb, Leser, magst du nun ermessen, was mich zwingt, meine Geheimnisse preiszugeben. Würdest du in meiner Not und Armut gefesselt sein ... es müßte heraus. Wäre ich mit Einkünften und Benefizien versorgt, möcht ich wohl einen stillschweigenden Mund tragen.»

Von Sterzing führt die Spur nach Meran, wo es ihm offenbar besser erging; er berichtet, «daselbst Ehr und Glück gefunden zu haben». Trotzdem zog es ihn weiter. Er wanderte über das Stilfser Joch ins Veltlin, das er als ein Paradies der Gesundheit preist, gelangte über den Bernina-Paß nach St. Moritz, überquerte den Albula-Paß und stieg hinunter nach Tiefenkastel, alles in allem ein beschwerlicher, entbehrungsreicher Weg. Über Chur erreichte er schließlich Bad Pfäfers.

Aus dieser Zeit ist eine der seltenen Handschriften des Hohenheimers erhalten, das medizinische Gutachten für Abt Johann Jakob Russinger, ausgestellt am 31. August 1535. Es zeigt ein energisches, entschlossenes Schriftbild ohne Schnörkel und Zierat. Als Gast des dankbaren Patienten verfaßte Paracelsus eine vergleichsweise umfangreiche Schrift über Bad Pfäfers, die eine genaue Indikationsliste und diätische Vorschriften enthält. Er widmete sie dem Abt, der daraufhin dafür sorgte, daß diese Schrift im Druck erschien. Mehrere Nachdrucke aus dem 16. Jahrhundert bezeugen, daß er damit auf breites Interesse stieß.

Gegen Ende des Jahres 1535 verließ Paracelsus die Schweiz, als eine offenbar wieder in sich gefestigte Persönlichkeit. Die Krise war überwunden, er glaubte erneut an seinen möglichen Erfolg als medizinischer Schriftsteller. Wo immer er etwas Ruhe fand, arbeitete er an seinem chirurgischen Hauptwerk «Die große Wundartznei».

Ein Fels in sich selbst

Wieder ging er auf Wanderschaft, verbrachte die Tage auf dem Pferdesattel, im Fuhrwerk oder auf seinen unermüdlichen Beinen, die Nächte in Herbergen, manchmal auch als zahlender Gast bei Privatleuten. Rastlos getrieben wie eh und je, aber weniger von äußeren Umständen als vielmehr aus innerer Unruhe. Warum blieb er nicht in Meran, wo es ihm so gut gefallen hatte? Warum nicht in Bad Pfäfers, wo er so viel Verständnis fand? Auch wenn er jetzt in den größeren Städten auftauchte, man hat nie das Gefühl, daß er noch immer einen Ort sucht, um seßhaft zu werden.

Wir haben in seiner Kindheit einen biographisch-psychologischen Hintergrund gefunden, der sein einsames und rastloses Leben zu determinieren schien; inzwischen hatte er die Not zur Tugend gemacht, sich von den Determinanten seines Schicksals befreit, indem er die Zwänge in Einsichten verwandelte. Sein berühmter Wahlspruch, einem anderen solle nicht gehören, wer sich selbst gehören kann, mag aus der Einsamkeit seiner Kindheit gewachsen sein, jetzt bekannte er sich aus freier Entscheidung zu dieser Einsamkeit. Jetzt gab sie ihm die Kraft für vollkommen unzeitgemäßes Denken und Handeln.

Unzeitgemäß blieb er in seiner Religion. Er, der durch alle Höllenfeuer der Gottsuche gegangen war, konnte aus dieser Erfahrung heraus behaupten: «In jedem einzelnen Menschen erhebe sich eine heilige Kirche wie ein mächtiger Bau gen Himmel, im Herzen und im Geist, im Gewissen. Hier soll man ins Gericht gehen, hier beten und beichten. Man bewahre den inneren Menschen rein und keusch, verhülle ihn nicht in Kutte und Ornat, setze ihm keinen goldstrotzenden Hut auf, mache keinen Narren aus ihm.»

Unzeitgemäß blieb er in seiner Wissenschaft. Nie dachte er daran, auch nur die geringsten Konzessionen an den herrschenden aristotelischen Dogmatismus zu machen. Seine Schule war nicht die Buchweisheit, es war die Welt mit ihren Schlachtfeldern, Seuchen und unzählbaren anderen Krankheiten, die Welt mit ihren Unwettern auf See und zu Land, ihren Hitzen und Kälten, ihren Bergwerken und blühenden Wiesen.

Unzeitgemäß blieb er in seinem Leben. In einer Epoche, da das Bürgertum mehr und mehr dominierte, sich den häuslichen Pflichten der Seßhaftigkeit verschrieb, blieb Paracelsus Nomade. So wie er Gott in sich selbst fand, fand er ihn auch auf der ganzen Welt. Daher konnte er überzeugter Regionalist sein, einem jeglichen Land seine eigene Medizin offenbaren, ohne je abzugleiten in chauvinistischen Nationalismus. Die Welt war ihm Gottes Haus, also war auch der Gottsucher gleichermaßen überall und nirgends daheim und seine Wanderung niemals zu Ende. Man hat Paracelsus verschiedentlich als einen der ersten Europäer bezeichnet. Ich sehe ihn auf diesem Hintergrund noch ungebundener als einen ersten Weltbürger.

Über seine weiteren Stationen unterrichten uns Dokumente, die ihn in sehr diesseitigen, unangenehmen Querelen zeigen. So gibt es einen Brief vom 10. Oktober 1536 an den Bürgermeister und Rat von Memmingen, in dem er sich bitter beklagt, von einem evangelischen Pfarrer, «Gabelpfaff» genannt, zu Unrecht mit Geldforderungen verfolgt zu werden. Bei diesem »Gabelpfaff» hatte Paracelsus offenbar gewohnt und sich von ihm nicht gerade in bestem Einvernehmen getrennt. Gut vorstellbar, daß da zwei theologische Hitzköpfe aneinandergeraten waren, was zu einer übereilten Abreise des Hohenheimers geführt haben mag. Was die Geldforderung betrifft, so bezeugt Paracelsus, nichts schuldig geblieben zu sein. Eine Verhandlung vor dem Rat in Memmingen brachte keine Einigung. Hohenheim verfaßte eine zweite Eingabe, in der er sich gegen die «üppigen Lügen» des Pfarrers zur Wehr setzt und bissig bemerkt, er habe weder bei ihm noch bei seiner Haushälterin Rosina die «evangelischen Tugenden» gefunden.

In den Memminger Stadtakten hat sich noch eine andere Eingabe des Hohenheimers gefunden, die ihn in ähnliche Händel verstrickt zeigt. Wieder handelt es sich um eine Schuldforderung, diesmal war es der «Müller von Ungershausen», der den wandernden Arzt um Geld anging. Paracelsus wies auch diese Forderung mit viel Witz und Schärfe von sich. Sie zeigt, daß er sich in täglichen Geldangelegenheiten kaum übers Ohr hauen ließ.

Wie überall, wo er hinkam, hatte er auch in Memmingen großen Zulauf von Kranken. Toxites, einer der wichtigsten Sammler paracelsischer Schriften, überliefert uns ein Consilium für Adam Reissner, den Stadtschreiber von Mindelheim. Toxites hat diesen Patienten offenbar persönlich aufgesucht und sich von ihm bestätigen lassen, er sei aufgrund dieses Consiliums noch über siebzig Jahre alt geworden.

Inzwischen war die «Große Wundartzney» so weit gediehen, daß Paracelsus daran dachte, einen Drucker für dieses Werk zu suchen. Er hatte es offenbar selbst handschriftlich niedergeschrieben und einem Schreiber auf dieser Grundlage eine Druckfassung diktiert, nach der nun der Ulmer Drucker Hans Varnier den Satz herstellte. Obschon von großer handwerklicher Qualität und großzügiger Ausstattung enthielten die Satzabzüge so viele Fehler und Entstellungen, daß Paracelsus sich kurzerhand entschloß, das Buch ein zweites Mal zu diktieren. Während in Ulm die Arbeiten nur schleppend vorangingen, hatte der Hohenheimer mit seinem Augsburger Verleger mehr Glück. Es dauerte knapp zwei Monate, bis die ersten beiden Bücher fertiggestellt waren.

Die «Große Wundartzney» ist als Summe vieler früherer Schriften und Erfahrungen zu verstehen. Aus den Vorreden haben wir ja bereits öfters zitiert, sie enthalten wichtige biographische Hinweise und Grundsätzliches zu Hohenheims Berufsauffassung. Nach so vielen niederschmetternden Erfahrungen mit den eingesessenen Ärzten seiner Zeit hatte der Autor es offenbar aufgegeben, von ihnen noch irgendwelche Einsichten zu erwarten. Mit der «Großen Wundartzney» wandte er sich vor allem an die Jungen, denen er die Summe seiner chirurgischen Erfahrungen hinterlassen wollte. Aber auch lernwillige Bader und Scherer sind angesprochen. Dabei geht Paracelsus bewußt «populärwissenschaftlich» vor. Er beschränkt sich aus pädagogischen Gründen in seinem schriftstellerischen Niveau, wie aus einem Widmungsbrief an Doktor Wolfgang Thalhauser in Augsburg deutlich hervorgeht: «Ich hätte wohl Lust gehabt, dieses Buch mit großen und subtilen Künsten zu zieren und am hübschesten anzugreifen. Wieweil aber die Wundarznei bei denen ist, die solches nit verstehen, hab ichs nit höher wollen verfassen, als es dieselbigen möchten vernehmen und ertragen.»

Seine Absicht, eine größere Leserschaft zu erreichen, ging voll auf. Sowohl die Ulmer als auch die Augsburger Ausgabe seines Lehrbuches waren in wenigen Monaten verkauft, ein glänzender Erfolg für einen medizinischen Schriftsteller und eine späte Genugtuung für den Reformer, der damit die Chirurgie in die Allgemeinmedizin integriert hatte.

Ursprünglich hatte er das Werk sehr umfangreich angelegt und es entsprechend angekündigt: «Ich habe mir vorgenommen, die ganze Wundarznei zu beschreiben und sie geteilt in fünf Teil: den ersten in die Wunden, so von außen ankommen, den andern in die offenen Schäden, den dritten in die auswändigen Gewächse und Gebresten, den vierten in die französischen Blattern und Lähme mitsamt ihren Schäden, und den fünften in die äußerlichen Geschwür.»

Nach dem großen Erfolg der ersten beiden Teile lag es nun nahe, die drei geplanten und angekündigten Teile so rasch wie möglich hinterherzuschicken. Nahe lag auch, in Augsburg zu bleiben, den Druck der Folgeschriften selbst zu überwachen und den Erfolg zu nutzen, sich endlich niederzulassen. Endlich ein großer Erfolg! Endlich fanden sich immer mehr Anhänger, die seine Lehre als richtig erkannten!

Für Erasmus von Rotterdam, der in diesem Jahr in Basel starb, war für die Wahl seines Wohnortes entscheidend gewesen, daß in Basel seine Schriften erscheinen konnten!

Aber Paracelsus war anders. Will-Erich Peuckert sieht in der verpaßten Chance des Hohenheimers, die «Große Wundartzney» abzuschließen und seinen Erfolg damit auszubauen, «das einfache Versagen eines überarbeiteten Mannes». Eine gewisse Müdigkeit, über die sich Paracelsus in jener Zeit beklagt, mag sicher eine Rolle gespielt haben. Ich sehe aber noch einen tieferen Grund für das offensichtliche Desinteresse des Hohenheimers, sein erfolgreichstes Buch mit weiteren Teilen zu Ende zu bringen. Was er mit den drei noch ausstehenden Büchern der «Großen Wundartzney» angekündigt hatte, waren für ihn im Grunde genommen alte Geschichten, über die er bereits in Straßburg und Kolmar genügend referiert hatte. Jetzt, wo er sah, daß seine Einsichten auf gutem Weg waren, interessierte es ihn nicht mehr, alte Schriften in neuer Aufbereitung zum Erfolg zu führen. Vielleicht spürte er auch, daß ihm für solche «Wiederholungen»

keine Zeit blieb. Und gemessen an dem, was inzwischen als naturwissenschaftlich-philosophisches Grundwerk in ihm herangereift war und aufgeschrieben sein wollte, muß ihm jeder äußere Erfolg gleichgültig gewesen sein.
Er brauchte diesen Erfolg nicht mehr. Er war ein Fels in sich selbst, bereit, noch viel mehr zu ertragen als bisher – nämlich die Last, seine Vision der großen und kleinen Welt in Worte zu fassen. Schon in München, seiner nächsten Station, entstehen erste Entwürfe zu seiner «Philosophia sagax», einer Arbeit, mit der «er vor Gott bestehen will» (Peuckert).

Die ganze Philosophie

Von München aus ritt Paracelsus weiter nach Eferding. In einem Schreiben, das uns erhalten blieb, begründet er, was ihn mit dem Pfarrherrn von Eferding, Johann von Brant, so verbindet, daß er ihn aufsuchen wollte: «denn ich hab je und je gelehrt erfahrene Leute in der Kunst adeptae philosophiae gesucht und ihnen einen langen Weg nachgereist, und, was mein Gemüt begehrt hat, stattlich gefunden. Aber nicht minder ist auch jetzund zu diesen Zeiten die Jugend der adeptae philosophiae gar nicht anhängig, und die Alten, von denen ich schreib, ist der mehrer Teil zu unsren Vorvätern gefahren. Was noch etliche der Alten sind, ist eine kleine Zahl, deren euer Ehrwürden einer ist unter den Ältesten, so jetzund adeptae philosophiae vermag.»
Er hat also einen Gesprächspartner für die alchemistisch-theologischen Probleme gesucht, die ihn seit München so übermächtig beschäftigten. Johann von Brant war einer der letzten, mit denen er seine tiefgreifenden Gedanken austauschen konnte.
In Eferding sollte er allerdings auch nicht zur Ruhe kommen. Johann von Leipnick, der oberste Erbmarschall von Böhmen, ließ ihn an sein Krankenlager rufen. Also machte sich Paracelsus wieder auf den Weg und ritt nach Mährisch-Kromau. Unterwegs schloß er die Arbeit an seinem «Buch von den tartarischen Krankheiten» ab, das er seinem Freund Johann von Brant widmete und ihm nach Eferding zukommen ließ.
Über seinen Patienten Johann von Leipnick berichtete er später, daß man ihn über den wahren Gesundheitszustand nicht richtig informiert habe, sonst hätte er sich «eines solchen abgezehrten, ausgedörrten Leibes nit angenommen, der von der Arznei so gar verderbt und in solchem schweren Abnehmen war». Statt einer Krankheit komme man auf fünfzig, also ein ziemlich hoffnungsloser Fall, der durch falsche Arzneien noch verschlimmert worden war. Milz, Galle,

Leber, Magen und Gedärme, alles war in Unordnung, hinzu kamen schwere Gicht und eine halbseitige Lähmung. Paracelsus ging zu einer einfachen Behandlung über, die vor allem eine von Grund auf andere Lebensweise vorsah. Statt komplizierter Mixturen gegen Fettleibigkeit empfahl er frühes Aufstehen, viel Bewegung und eine regelmäßige gesunde Ernährung, wenig spektakuläre Maßnahmen also, die besonders bei reichen Leuten kaum Anklang zu finden pflegten. Der Hohenheimer bekennt, wenig Freude an diesem Patienten gehabt zu haben. Zum Leib- und Hofarzt, der den ständigen Nörgeleien und Fragen seines hochgestellten Patienten ausgesetzt ist, hatte Paracelsus kein Talent und resümiert seine Erfahrung auf dem Schloß des Erbmarschalls recht kurz und bündig: «Will mich fürderhin hüten, mich in solcher Sorg einzulassen.»
Trotzdem war die Zeit, die Paracelsus auf dem Schloß in Mährisch-Kromau verbrachte, für seine Biographie von zentraler Bedeutung. In einem Keller soll er sich dort ein alchemistisches Labor eingerichtet haben, eine runde gewölbte Nische schien der geeignete Ort für den Ofen und die Apparaturen. Verbürgt ist, daß er in diesen Wochen den ersten Teil seiner «Astronomia magna», seiner «ganzen Philosophia sagax der großen und kleinen Welt» zum Abschluß brachte.

Es ist verschiedentlich versucht worden, aufgrund dieser Schrift den ganzen Paracelsus besser zu begreifen. Wir zitieren zunächst Kurt Goldammer: «Ein Verständnis für das ganze Wollen und Ringen des Paracelsus gewinnt man aus der beabsichtigten Zusammenfassung und Krönung seines Werkes in der ‹Astronomia magna›, die wie so manche seiner großen Schriften ein Torso geblieben ist. Diese ‹Philosophia sagax der großen und kleinen Welt› will aus einem großen System heraus einen Einblick in die tieferen Zusammenhänge des Universums vermitteln. Sie ist gleichsam der nachträglich gelieferte Schlüssel zum ganzen naturkundlich-medizinischen Bemühen des Paracelsus, soweit es die theoretische Seite betrifft. Sie lehrt uns als groß angelegter hermeneutischer kosmologisch-kosmosophischer Versuch die vielen, oft befremdenden, weil manchmal zusammenhanglosen und verstreuten Einzelgedanken verstehen.»
Paracelsus unternimmt nichts anderes, als auf dem Hintergrund seiner Lehre von Makrokosmos und Mikrokosmos alle seine Erfahrungen von Gott, Welt und Mensch in einer «Naturgeschichte des Geistigen» (Peuckert) darzulegen, ein Unterfangen, das vor ihm keiner zu leisten oder auch nur anzugehen vermochte. Dazu bedurfte es seines unbeirrbaren Eigensinns, mit dem er sowohl die Naturwissenschaft als auch die Theologie von ihren jahrhundertealten Schlacken und Vorurteilen befreit hat. Seine Philosophie der großen und kleinen Welt war erst möglich, nachdem er den dogmatischen Aristotelismus

überwunden und sich von jeglicher konfessionsgebundenen Theologie losgesagt hatte. Die Pragmatiker unter den Paracelsus-Forschern haben sich immer wieder dankbar auf eine Bemerkung bezogen, wonach der Hohenheimer bescheiden davon spricht, sich in diesem Werk auf die Weisheit des «natürlichen Lichts» zu beschränken, da er nicht begabt sei, auch mit der «feurigen Zunge» des Heiligen Geistes zu sprechen. Liest man indessen weiter, begegnet man unentwegt begeisterten Auslegungen der Bibel, inspirierten Passagen, wo er sehr wohl mit «feuriger Zunge» spricht. Da wird der Naturwissenschaftler zum Dichter: «Denn philosophia coelestis soll vorgenommen werden von uns, daß wir nicht nur irdisch von Kräutern schreiben, sondern auch schreiben das Ewige, das Himmlische, das ist: von dem, in des Hand alle Dinge stehen.»
Was er mit seinem Werk beabsichtigt, sagt uns der Autor in aller Deutlichkeit selbst, indem er den forschenden Menschen als ein Werkzeug Gottes betrachtet: «nämlich, daß durch denselben die Weisheit des Gestirns vollendet würde, auf daß nichts verborgen bliebe, sondern alles an den Tag käme und vollbracht würde, durch die Kunst alle Heimlichkeit der Natur in der Arznei, in den Bergwerken, in den Weisheiten der Menschen und alles andere öffentlich sichtbar würde.» Damit wird die Naturwissenschaft selbst zu einem Auftrag Gottes, seine Schöpfung zu vollenden.
Will-Erich Peuckert, vor Goldammer wohl der beste Kenner der paracelsischen Alchemie und Kosmosophie, hat die Bedeutung der «Philosophia sagax» so hoch eingeschätzt, daß er in diesem Zusammenhang sogar von einem «paracelsischen Jahrhundert» spricht: «Mit dieser Schrift entspringt die weiße Magie – die Magie aus Gott [...] Das ist, was als das Letzte und Höchste aus der tiefen Schrift entkeimt. Sie war die deutsche magia naturalis – und sie wurde viel mehr. Sie träumte den ‹Heiligen› vor, den zwei Jahrhunderte süchtig suchten. Den Magier aus Gott, der mehr war als ein Doktor Faust. Faust, sagte ich schon, ging in den Abgrund, um Erkennen zu gewinnen. Es war ein Weg, den alle Schauer eines verbotenen Tuns umwehten. Der weiße Magier blieb auf einem Wege, den die höllischen Feuer und den damit auch die Anreizungen aus der Tiefe nicht versengten, und der dadurch ein schwererer Weg ward als der durch die Dämonen.» Da liegt auf der Hand, warum sich die Rosenkreuzerbewegung so dankbar auf Paracelsus berief und verschiedenen seiner Schriften posthum zum Druck verhalf.

Wir sind sicher, die «Philosophia sagax» war erst möglich, nachdem Paracelsus den dogmatischen Aristotelismus überwunden und sich von jeglicher konfessionsgebundenen Theologie losgesagt hatte. Das aber heißt, er hat einerseits mit seinem pragmatisch-naturwissenschaftlichen Ansatz die Philosophie, die ja in der Hauptsache eine scholastische Theologie war, von ihren «Schlacken gereinigt» und ihr zurückverholfen zu einem skeptischen, realistischen Denken; andrerseits aber hat er sich das «himmlische Licht» erhalten, um damit seiner Naturwissenschaft einen metaphysischen Grund zu geben. In vielem ist er dabei noch spätmittelalterlichen Vorstellungen verhaftet, etwa was seine Geisterlehre und den Hexenglauben betrifft, im Ansatz aber hat er mit seiner Weltschau eine Art Ei des Kolumbus gefunden, aus dem heraus er sowohl der Naturwissenschaft als auch der Geisteswissenschaft zu einer Neugeburt verhalf. Die Genialität seines Gedankenansatzes erweist sich noch heute, wenn wir uns darauf einlassen.

Muß die Naturwissenschaft, wie wir das häufig beobachten, wirklich abgleiten in bezugsloses Spezialistentum und überheblichen Materialismus? Muß Religion tatsächlich immer wieder in Institutionen pervertiert werden und zu sektiererischem Machtmißbrauch des Klerus führen?

Die Verflechtung von natürlichem und himmlischem Licht, wie sie Paracelsus vorgedacht hat, stellt sich beiden obengenannten fatalen Entwicklungen entgegen. Wenden wir seinen Gedankenansatz an, hieße das einerseits, Naturwissenschaft mit Qualitäten aus dem religiösen Bereich zu betreiben, nämlich mit Demut und Hochachtung vor der Schöpfung; andrerseits aber hieße es, religiöse Institutionen und Rituale mit skeptischem Realismus zu verfolgen, die Religion von den pervertierenden Machtansprüchen dogmatischer Amtsinhaber zu «reinigen», um so wieder frei zu werden für ursprüngliche religiöse Erfahrung und spirituelle Erkenntnis. Mehr Wissenschaft in der Religion, mehr Religion in der Wissenschaft, Paracelsus hat es uns vorgemacht – als Wanderprediger im Appenzellerland, als Philosoph auf dem Schloß des kranken Erbmarschalls.

Zwangsläufig führt uns der Versuch, die Biographie von Paracelsus aufzuzeichnen, immer wieder zu seinem Werk. Sein Leben ist mehr als bei anderen unlösbar mit seinen Schriften verbunden, die sich als autobiographische Dokumentationen seines Erkenntnisweges lesen lassen.

Immer wieder verführen uns diese Schriften dazu, sie zu aktualisieren. Indem wir bekannte Phänomene aus unseren Tagen mit seinen Gedanken in Beziehung setzen, glauben wir, sie besser zu verstehen. Mag sein, daß ich mit solchen Aktualisierungen manchmal zu weit gegangen bin. In solchen Fällen aber wäre zumindest der Beweis erbracht, welche Faszination auch noch heute ausgeht von seiner «ganzen Philosophia sagax der großen und kleinen Welt».

Die Audienz

Paracelsus, sechsundvierzig Jahre alt, befand sich auf der Höhe seiner geistigen Entwicklung und seines äußeren Erfolgs, als er das Schloß von Mährisch-Kromau verließ. Sein Ziel war Wien, wo er hoffte, verschiedene Schriften zum Druck zu befördern. Aber diese Hoffnung erfüllte sich nicht, er berichtet, es sei von seinen Standesgenossen verhindert worden. Seine Kollegen scheinen nicht nur gegen ihn intrigiert, sondern ihn auch möglichst gemieden zu haben: «Wenn ich in Wien bei St. Stephan bin, so sind sie auf dem Hohen Markt; geh ich ans Luegeck, so gehen sie nach Lorenz.»
Nach Sudhoff soll er im Lugeck, dem sogenannten Laszla-Haus, gewohnt haben und sich im Haus «Zum Küß den Pfennig» sogar als Ehestifter in der Adlergasse betätigt haben.
Alle Biographen berichten von einer zweimaligen Audienz bei Ferdinand I., dem er ja bereits mehrere Schriften, vor allem die «Große Wundartzney» gewidmet hatte. Der König soll ihm hundert Goldgulden gespendet haben, damit er seine Schriften drucken könne; offenbar sind ihm aber diese Druckkostenzuschüsse niemals ausbezahlt worden.
Georg Sticker, dem wir eine der ersten brauchbaren Biographien von Paracelsus verdanken, hat uns ein Dokument übermittelt, das über die Zusammenkunft des Hohenheimers mit dem König berichtet. Schon Sudhoff wies auf dieses «Kuriosum» hin, das er in der Landesbibliothek in Düsseldorf entdeckt hatte, eine Handschrift in tschechischer Sprache. Georg Sticker hat sie übersetzen lassen und sieht darin einen Bericht, an dem außer der falschen Datierung kaum etwas auszusetzen sei. Ich schließe mich dieser Meinung an. Was darin über die Eigenarten, Umgangsformen und Lehren des Paracelsus gesagt wird, stimmt mit dem Bild überein, das auch ich mir nach und nach von ihm gemacht habe. Wenn der Verfasser vielleicht auch nicht selbst bei der geschilderten Audienz anwesend war, so muß er doch sehr zuverlässige Quellen gehabt haben, denn es gibt sonst kaum einen vergleichbaren Text, in dem uns Paracelsus so anschaulich und realistisch geschildert wird. Ich gebe dieses lange verschollene Dokument mit wenigen, unwesentlichen Kürzungen wieder und ändere nur die irrtümlich angegebene Jahreszahl 1553. Ich setze dafür das Jahr 1547 ein, die Zeit also, die für den Aufenthalt des Hohenheimers in Wien verbürgt ist.
«Alle Menschen, unter verschiedenen Umständen auf dieser Erde geboren, sind den Krankheiten und endlich dem bitteren Tode unterworfen. Nichts wurde geboren, daß es nicht sterben mußte. Nach Gottes Ratschluß weicht dieses unwandelbare Schicksal niemandem aus, weder dem arm noch dem reich Geborenen, auch nicht dem Berühmten. Es vernichtet alle. Der erbarmungslose Tod

vergibt auch dem kleinsten Kinde nicht und kennt kein Mitleid. Er vernichtet für die menschlichen Sünden durchwegs nicht nur alle Menschen, sondern auch das Vieh und sogar die kleinsten Insekten und verwandelt sie in nichts. Er greift nach denen, die sich nicht schämten, unüberwindlich sich zu nennen, und bezwingt sie geradeso wie die von der Welt ganz Verachteten. Die in nichts Vergehenden befreit er von ihrem eintägigen Ruhm und bietet die für Ewigkeiten Auserwählten öffentlich aus, wodurch er zeigt, daß diese Erde nichts Beständiges und nichts Unveränderliches hat. Dieses zu begründen dient das Folgende.

Es geschah im Jahre 1547 nach der Geburt des Gottessohnes, daß der Römische Kaiser und König von Böhmen und Ungarn in Wien in seiner österreichischen Heimat schon den zwölften Tag an einer sehr schweren natürlichen, aber den Ärzten unbekannten Krankheit stöhnend darniederlag und nach dem Urteil der Leute dem Tode sehr nahe war. Die königlichen Leibärzte und viele andere Ärzte aus der Walachei, aus Spanien und fernen Ländern wurden gerufen oder waren schon anwesend. Obwohl durch das Licht ihrer dunklen Herkunft hocherleuchtet, berühmt, goldbehängt, in Samt und Seide gekleidet, gelehrt und in der Schule des Galenos wohlbewandert und voll von überflüssigem Können da, wo man es nicht brauchte, verstanden sie diese gewiß einfache Krankheit nicht, zur Strafe für ihre Prahlerei und ihren hochmütigen Stolz, und zur Verherrlichung Gottes und des vollkommeneren Wesens der wahren Kunst, das in der Natur verborgen, für sie völlig verhüllt war. Sie waren unfähig das Richtige zu treffen und mit irgendwelchen Mitteln ihrer hohen Heilkunst dem Fürsten zu helfen; auch die unglücklichen Köche konnten ihm nicht helfen.

Als der König so von Tag zu Tag mehr erkrankte, so daß in summa desperatione sein Leben, seine Gesundheit an einem Spinngewebfaden hing und seine Räte schon lange erkannten, daß das nicht am Eifer der Doktoren, vielmehr am Nichtkönnen und am Rangstreit der mit Neid und Mißgunst einander bekämpfenden Auserwählten lag, rieten sie, daß noch andere Ärzte gerufen würden; gemäß einigen Gutachten wurde unter diesen Theophrastus Paracelsus – die Welt sah und hatte damals niemanden, der sich mit ihm vergleichen konnte – Doktor der gesamten Medizin, in Vorschlag gebracht. Neuartig gegenüber den anderen hatte er vielen Leuten aus verschiedenen Krankheiten zu einer wirklich vollständigen Gesundheit verholfen, sehr scharfsinnig, rasch und auf meisterhafte Art. Er verwandelte aber auch Metalle in kurzer Zeit in einen anderen Naturzustand. Daher drängten die vielen, die mit eigenen Augen seine Großtaten gesehen hatten, den König einmütig, er solle keine Unkosten scheuen und nach ihm schicken, damit er ihm mit Gottes Hilfe auf sanfte, sichere und sehr schnelle Art zur Gesundheit verhelfe. Der König hörte das gerne und wünschte, noch mehr Zeugen zu hören. Er befahl, sowohl die von Theophrastus Geheilten vorzuladen, als auch solche, die ihn Metalle verwandeln sahen, und fragte sie hinreichend über die Kunst des Theophrastus aus; auch darüber, ob sie wirklich und in Wahrheit wüßten, wo er sich in diesen Tagen aufhalte, und ob ihn auch der Kaiser sehen, mit ihm sprechen und in den Genuß seiner Hilfe kommen könne. Sie gaben ihm bekannt, daß er sich in diesen Tagen sicher im Kärntnerland, und zwar in der Stadt Krainburg aufhalte; denn nach solchen Männern greifen und schreiten die Augen, die Gedanken, die Lippen und die Arme und Beine derer, die, um sie nur erleben zu können, nach der wahren Kunst und auf dem Weg gründlichen Könnens gehen. Es wurde daher gleich auf ehrenvolle Weise mit einem königlichen Wagen und einem achtungsvollen und einladenden Schreiben um ihn geschickt.

Der König befahl seinen Leibkammerherrn, dem er durchaus vertraute, den Herrn Pruskovsky, zu sich und gab ihm eine hinreichende Belehrung, wie er mit jenem sprechen, verhandeln und am besten dafür sorgen könnte, daß der berühmte Doktor Theophrastus persönlich sobald als möglich beim König sich einfände. Der Diener des Herrn Pruskovsky wurde mit seinem Herrn, allen Notwendigkeiten und dem königlichen Wagen feierlich verabschiedet. Er erreichte den beschriebenen Doktor in der erwähnten Stadt Krainburg. Der Diener Pruskovskys übergab ohne Umschweife den Brief des Königs mit ehrerbietigem Gruß. Nachdem Doktor Theophrastus den Brief zur Kenntnis genommen hatte, antwortete er dem Gesandten, daß es ihm nicht möglich sei, dem Wunsche des Königs sofort nachzukommen, wegen vieler Arbeit, die er hier noch in seinem Berufe zu verrichten habe. Daher möge der Gesandte wieder nach Wien zurückkehren, um sich und den König nicht aufzuhalten, und dem König wörtlich bekanntgeben, daß Doktor Theophrastus weder auf einem Pferd noch auf einem Wagen reise, und daß er nichts brauche und benütze, was nicht notwendig sei; daß er ihn aber nicht vergeblich und ohne Not werde warten lassen und im Gasthaus keine Zeit verlieren werde, sondern sich bei ihm einfinden und ihm durch den Willen Gottes in seiner Krankheit helfen werde. Und so mußte der Gesandte wie er kam, ohne Theophrastus und ohne eine andere Antwort, wieder nach Hause zum König zurückkehren, da er den Theophrastus auf keine Art und Weise zum Mitreisen überreden konnte. Herr Pruskovsky teilte nach seiner Rückkehr mit, was mit diesem Herrn Doktor vereinbart worden war. Darüber war der König sehr betrübt und wartete mit Schmerz auf Theophrastus, und war nicht sehr erfreut, daß er nicht gleich mit dem Gesandten kam, den König nicht erhörte und ihn in einer solchen Schwierigkeit im Stiche ließ.

Doktor Paracelsus kam erst drei Tage nach dem Gesandten in Wien an, ging geradewegs in die Burg und zum Schlafgemach des Königs, in dem dieser krank lag, und fragte und verlangte, vor den König gelassen zu werden. Da die Dienstleute und Trabanten, welche an diesem Tage die Wache hielten, und auch der Kammerherr ihn nicht kannten und ihn für irgendeinen Fuhrmann oder Landstreicher hielten, und da er nicht sagte, daß er ein Doktor, noch weniger, daß er der vom König gewünschte und vom ganzen Hof erwartete Doktor wäre, verweigerten sie ihm den Eintritt; um so mehr als er nicht die Kleidung eines Doktors hatte, sondern ein langes rockartiges nach der Art eines Fuhrmannskittels genähtes Kleid und ein breites Schwert. Nach langem Hadern mit den Trabanten und mit irgendeiner dummen Stimme wurde, als es schien, daß Theophrastus im Zorn weggehen wollte, dem Herrn Pruskovsky gemeldet, irgendein Mann sei da, der sich Philipp Bombast nenne und durchaus vor den König wolle. Der König rechne mit seiner Ankunft, da er in diesen Tagen in der Stadt Krainburg nach ihm geschickt habe, und daher möge ihn Pruskovsky selbst dem Könige melden. Herr Pruskovsky entnahm aus der Rede des Dieners, daß das der Doktor war, um den er geschickt worden war; er meldete und führte ihn vor den König, mit seinem Schwerte. Denn dieses wollte Theophrastus nicht von sich geben und niemandem anvertrauen, weil Diener nicht einmal würdig seien, dieses Schwert zu berühren, und er es niemandem anvertraue und aus der Hand gebe, sondern eher wieder davongehe. Wolle der König ihn nicht mit dem Schwert vor sich lassen, so würde er ihn nicht sehen und seiner Hilfe teilhaftig werden. Sich zu den Wächtern und Trabanten wendend, legte er dar, daß es dem Könige nichts ausmache, schrecklichere und schwerere Waffen vor sich tragen zu lassen, denn sie trügen ja Lederwams, Hellebarden und Lanzen. Euere Waffen bringen Euch Geld ein und bringen den König um sein Geld, meine Waffe aber kann Eurem König zur Gesundheit verhelfen. Ihr tragt Eure Waffen zum Blutvergießen, ich aber trage die meine zur Herstellung des zerstreuten und verdorbenen Blutes. Dieses Schwert besitzt für den, der es versteht, ein besseres Heilmittel als alle berühmten in Seide gekleideten königlichen Doktoren mit all ihren galenischen Sprüchen.

Als er nach den vielen zornigen Reden, mit denen er die Höflinge abwies, vor den König geführt wurde, sprach er deutsch, und der König hieß ihn bereitwillig und mit Tränen in den Augen freudig willkommen. Der Doktor erfreute den König, der ihm von seinem Ruhelager aus die Hand reichte, mit dieser Rede: König Ferdinand, heute wirst Du, sofern es Gott gefällt, vollständig gesund, wenn Du dieses Pulver, das ich Dir mit einem von drei Gerstenkörnern gebe, austrinkst. Verlange, daß man ein Seidelglas ausgezeichneten Malvasierwein bringt. Du König, wirst die Hälfte, und ich die andere trinken.

In der Zwischenzeit, während der Mundschenk um den Malvasierwein geschickt wurde, stellte Theophrastus an den König die Frage: Was für unwissende und nachlässige Doktoren hast Du denn, Ferdinand, daß sie diese Krankheit nicht von Anfang an verhinderten und dann so lange nicht heilen konnten? – Der König antwortete mit Ehrerbietung, aber schon sehr schwach: In Wahrheit verstanden nicht sie allein meine Krankheit nicht, auch ich selbst konnte ihnen nicht die Spur dazu angeben, und so war eine Heilung nicht möglich. – Dazu meinte Theophrastus zum König: Mein lieber Ferdinand, weil sie Dich, wiewohl sie von Dir ein gutes Gehalt erhalten, das sie nicht wert sind, so lange quälten und peinigten, deshalb sind sie doch keine Doktoren, sondern eher Henker und Schinder. Besser würde ihnen gebühren, Säcke über die Straße zu ziehen und Getreide zu reinigen, als sich mit der Heilung der Menschen zu befassen. – Er sprach dann noch vieles andere, sehr Schmähliches, freilich Wahres über die königlichen Doktoren und Balbierer vor dem Könige, was ich der Kürze halber übergehe.

Als der Mundschenk mit dem Malvasier kam, nahm Bombastus den Wein, schüttete die Hälfte davon in ein Glas, preßte eine Art Sand aus dem Knauf seines Schwertes, in welchem er sonderbare und den Leuten unbekannte Dinge haben mußte, nahm eine kleine vergoldete Silberbüchse heraus und entnahm ihr mit der Spitze seines Messers ein rötliches, wie Zinnober mit Gold verriebenes Pulver, schüttete es in das Glas mit dem Malvasier und rührte es mit dem Messer gut um; dadurch veränderte sich der Malvasier, und das Umgerührte war zuerst weiß wie Sahne, nahm immer mehr eine zitronenartige und dann eine wie Gold schimmernde Farbe an.

Theophrastus sagte: Das ist, mein lieber König, das wahre Philosophorum aurum potabile non vi nummorum sed magna industria comparatum. Dann rührte er wieder um und gab das Glas dem König auszutrinken im Namen der hl. Dreifaltigkeit; und er gab dem König den Rat, sich mit der Bettdecke zu erwärmen, und fragte den König, was er gerne esse? Diese Speise möge er zubereiten lassen, denn zwei Stunden nach dem Trunk solle er essen. Darüber wunderte sich der König und auch die anderen, daß er so schnell nach dem Heilmittel essen sollte, da er doch keine natürliche Begierde zum Essen fühlte und seit einigen Tagen nichts gegessen hatte, sondern mit bloßen Getränken erhalten wurde. – Auch, sagte der König, haben Wir keine Hoffnung, daß Uns so schnell die Lust zum Essen kommen könnte, weil Uns jede Nahrung so angeekelt hat, daß Wir nicht einmal daran denken oder darauf sehen können, und es Uns schwer und unerträglich ist, davon zu hören. – Aber um dem Willen des Doktors nachzugeben, befahl der König dem Küchenmeister, zu jenem Zeitpunkt mit dem Mahl fertig zu sein, indem er sagte: Der Küchenmeister ist der Meister Unseres Magens, er weiß wohl, was Wir gerne essen.

Paracelsus blieb daraufhin einige Stunden beim Kaiser im Schlafzimmer und wollte keineswegs weggehen. Der König schwitzte und schlief gut anderthalb Stunden. Länger zu schlafen gestattete ihm Bombastus nicht, sondern weckte ihn auf, als sich der Schweiß löste. Er hielt ihn an und redete ihm fest zu, daß er nach den vergangenen zwei Stunden aufstehen und essen möge; es werde nichts weiter schaden, wenn er sich anziehen und waschen und umhergehen wolle; er werde nach dem Essen viel gesünder sein.

Der König tat alles, was der nun schon gerechtfertigte Doktor ihm befahl. Er wusch sich, setzte sich zu Tisch, trank Wein und aß neben anderen Speisen drei leckere Hühnchen mit Zitrone. Auch Theophrastus saß an dem Tisch, was keinem königlichen Doktor vorher widerfahren war, hatte seinen Stuhl neben dem König zu dessen Rechten, aß, trank, war fröhlich, und plauderte und sprach viel mit dem König, was diesen bald gesünder machte. Dadurch vergaß der König seine Krankheit, erledigte seine bereitgestellten drei Trünke und sprach mit dem Doktor Philippus heimlich, so daß die Umstehenden nichts hören konnten, ohne Zweifel über große Geheimnisse. Weiterhin wandte sich der König in einer laut geführten Unterhaltung, deutlich, damit es alle hören konnten, mit folgender Frage an Theophrastus:

Ich bitte Euch, sagt Uns, lieber Doktor, braucht Einer, wenn er ganz von Grund auf die Kunst erlernen wollte, geringe und wertlose Metalle in richtiges und vollkommenes Gold zu verwandeln, viel Geld dazu? – Paracelsus antwortete: Mein lieber König, alle Philosophen hinterließen nach ihrem Tode Aufzeichnungen, daß für dieses alchemistische Werk keine großen Ausgaben nötig seien. Aber die Worte dieser Gelehrten sind so zu verstehen, daß für den ägyptischen König Hermes Trismegistos und die andern großen Gelehrten längstvergangener Zeiten, welche dieses Werk gut konnten, keine großen Ausgaben nötig waren, weil alles billig war, was zu ihrem Lebensunterhalt und für ihr Werk nötig war. Die feurige Erde, das luftreiche Wasser der Philosophen bekam man damals sicherlich leicht; darüber hinaus aber fand man in Ägypten und anderen östlichen Ländern genügend Philosophengold zum Goldwaschen im Sande; aber das alles muß man in spagyrischem Sinne verstehen. Heute ist jegliches Gold, was früher an der Erdoberfläche war, fortgenommen und weggetragen, und daher ist es je ferner um so teurer, da es sich vor den Nichtwissenden tief in der Erde verbirgt.

Jener hochberühmte König Hermes soll der Vater aller Philosophen genannt werden; er lebte in den Tagen des heiligen Patriarchen Abraham, da er der Sohn des Noah war, Sem genannt, mehr als 3550 Jahre vor der Geburt des Erlösers. Jetzt ist, und gerade seit der letzten Zeit, nicht nur in den christlichen Ländern, sondern auch anderswo in heidnischen Ländern, alles Metall teuer, Gold, Silber,

Quecksilber, Zinn, Blei, auch das an letzter Stelle stehende Eisen. Aber auch alle anderen Metalle, die zum alchemistischen Werke dienlich sind; und dieses Werk wünscht der Herrgott vor unwissenden und undankbaren Leuten zu verbergen. Aus diesem Grunde ist in unseren Zeiten die göttliche Kunst der Universalarznei, die wir Tinktur nennen, besonders wichtig. Es handelt sich um die Umwandlung niedriger Metalle in einen besseren und vollkommeneren Zustand; wir helfen dem Können der Natur nach dadurch, daß wir vermittels des Feuers des Vulkanus in kurzer Zeit das zur Reife bringen, was das Feuer der Natur in der Erde bewirkt und in einigen hundert und tausend Jahren nicht zu seiner Reife und Vollendung bringen kann. Auch in meiner Jugendzeit war nicht alles so teuer wie jetzt, wo bei allem, was wir kaufen, die Preise steigen. Daher kann man die Ausgaben, die vor zwei- oder dreitausend Jahren nötig waren, nicht mit der heutigen großen Teuerung vergleichen. Damals war es einem armen Lehrling so leicht, zu hundert Pfund Gold zu gelangen wie heute zu einem. Du aber, mein lieber König, brauchst das nicht zu erlernen, denn diese himmlische Kunst sucht einen hohen Scharfsinn und ein ruhiges Herz, das leer und frei ist von allen anderen Sorgen. Und in Wahrheit, der große und ewige Gott vertraut dieses Können nicht denen an, die es zum Nichtstun, Eitelkeit, Hochmut, Tyrannei und Menschenblutvergießen benützen wollen und weltlichen Ruhm dabei suchen; bei solchen würde es sicher nicht lange reichen. Gott gibt es denen, welche armen Leuten bei wichtigen Bedürfnissen helfen, Kranke aufrichten wollen und göttliche Liebe und göttlichen Ruhm suchen. Wenn aber Gott jemandem aus seinem Willen etwas als Leihgabe gibt und ihm zum Erlernen hilft, so braucht der aus eigenem nur wenig hinzutun.

Ein halbes Pfund Gold zu zahlen, ist in der heutigen Zeit keine große Ausgabe, aber ich weiß nicht, ob nach fünfzig Jahren ein ganzes Pfund ausreichen wird. Vor Gott ist sicher, was vor der Welt verborgen ist; wer durch die wahre und vollkommene Kunst ein Pfund Philosophengold erhalten kann, möchte mit diesem Pfund ein großes Fürstentum, ich will nicht sagen, ein Königreich, bezahlen; solch ein unwägbarer Reichtum ist in ihm. Wie froh und überglücklich wäre ein Schüler, welcher einen vollkommenen Meister bekäme, der ihm diese himmlische Kunst vollständig zeigte, ihm alle Geheimnisse eröffnete und ihm ihren Sinn, das Geheimnis Gottes kennend, das Verborgenste nach dem Wort Gottes, verriete! Denn wie bei keiner Kunst und bei keinem Handwerk der Schüler nichts ohne den Meister erlernen kann, mag er aus sich selbst in der Arbeit noch so fleißig und von raschem und scharfem Geiste sein, so ist es auch hier. Abgesehen davon, daß ihm Gott durch seine Belehrung neben den gewöhnlichen Mitteln auch das verborgene Können offenbarte, bleiben seine Meister zeitlebens in den Anfängen stecken. Ein Spieler muß, bevor er sich an

das Spielen gewöhnt, dieses gut erlernen und bevor er gründlich zu gewinnen beginnt, viel und häufig verlieren; darum soll er aber nicht ängstlich sein und gleich verzweifeln, wenn es ihm nicht gleich bei der ersten Schanze gelingt, denn nicht jedem ist es gegönnt, sie bei allen Handlungen und Gedanken zu ersteigen. Der Schütze erlernt nicht gleich, die Scheibe zu treffen, wenn ihm nicht ein anderer getreulich zeigt, wie er das Pfählchen aufzusetzen und die Bolzen aufzulegen und das Ziel mit dem Auge abzumessen hat. Bedenke auch Du, König, diese Lehre. Eine Oblate gelingt nicht gleich, wenn Du den Teig in die Form gießest. Der Soldat bleibt nicht gleich Sieger, wenn er sich mit der Waffe umgürtet, sondern er muß erst Widerstand und Arbeit überwinden. Zum Doktor wird auch nicht gleich der, welcher die Arznei zubereitet, sondern er muß sie erst erproben. Wenn sie erprobt ist, bringt er glücklicherweise Nutzen und zahlt dem Lehrer Unkosten und Arbeit zurück. Auch der Schuster ist nicht sogleich Meister, wenn er schönes Schuhwerk nähen kann, sondern er muß es zuerst gut zuschneiden können.
Glücklich ist der Meister in unserer Kunst; wer diesen erreicht und für ihn etwas verliert, bezahlt die Unkosten. Wer ein Pfund Philosophengold sät, dem erwachsen viele Tonnen wahres und vollkommenes Gold, das in allen Proben immer gleich bleibt. Ein noch größerer Nutzen, mehr als hundert Tonnen Gold wert, ein anderer Nutzen aus unserer spagyrischen Tinktur, der über die eingezahlten Ausgaben hinausgeht, ist folgender: Wer auf vorgezeigtem Wege die in der Natur tief verborgene Lilie bekommt, der wird, wenn er mit ihr klug umzugehen versteht, die verschiedenen auf der Erde vorkommenden inneren und äußeren Krankheiten leicht mit Gottes Beihilfe heilen können. So wie Du es selbst am heutigen Tage an Deinem armseligen Körper erprobt hast. Lobe Deinen Herrgott, mein lieber Ferdinand, und die Kraft Gottes. Deine berühmten, erprobten, in Samt und Seide gekleideten, richtigen galenischen Doktoren konnten Dir in Deiner sehr vernachlässigten und lange andauernden Krankheit mit keinem ihrer gerühmten Mittel und teuren Arzneien helfen, und jetzt bist Du, o König, mit dem Willen und der Gnade Gottes durch einen Tropfen der Universalmedizin und der spagyrischen Tinktur, die Du aus meiner Hand im Getränk hattest, nach wenig mehr als fünf Stunden zur vollkommenen Gesundheit zurückgekehrt. Welche Zusammensetzung aber zu diesem unserem Werk, welche Gewichte und Vermehrung in dieser gewissen Wahrheit notwendig sind, das kann ich mit gutem Gewissen nicht bekanntgeben, weil das einzig in der Hand Gottes gelegen ist. Am meisten hängt alles vom Segen Gottes ab und von der bewährten Tugend und dem sorgfältigen Fleiß eines treuen und beständigen, gläubigen und nüchternen Arbeiters. Wir hörten und wissen von vielen bekannten und reichen Leuten, die bei der Erlernung dieser Kunst Tausende und

Millionen verloren, viel für ihre Erlernung hergaben und trotzdem bis jetzt das wahre Können aus dem bekannten Grunde nicht erreichten. Die Klugheit Gottes ist eben unerreichbar! Gut ist hier zu bemerken: In der kirchlichen Religion und für den Glauben gibt es zweierlei Arbeiter im Weinberg des Herrn; die einen sind treu, aufrichtig, rechtschaffen und einfach, die anderen aber untreu, unaufrichtig, falsch und arglistig. Der letzteren gibt es genug auf allen Seiten, der ersteren aber nur sehr wenige. Denn viele und zu einem großen Teil drängen sich in die Ämter des heiligen Priestertums, welche die Heilige Schrift verdrehen und unaufrichtig, da sie nicht den heiligen Geist zur Hilfe haben, vorwitzig und ungehörig auszulegen. Sie verkehren den wahren Sinn der Schrift, benehmen sich der Kirche gegenüber nicht beispielhaft und geben so den zu vielem verpflichtenden Priesterberuf, der ein über die Engel erhöhtes Amt ist, der Herabsetzung preis. Dummes Rindvieh und Satansesel greifen nach den besten Stellen auf der Erde, während kluge, fähige, gelehrte, gläubige und treue Männer irgendwo hinten in der Ecke sitzen, von trockenem Brot leben, sich mit Lumpen kleiden und mit ihren Frauen und Kindern die größte Not leiden müssen. Das habe ich in allen Teilen der Welt und besonders in Europa unter den Gliedern der Kirche oft festgestellt.

Auf der anderen Seite hat auch der Stein der Physiker oder Philosophen zweierlei Arbeiter. So wie ganz schwarze Schwäne und solche mit einem weißen Halsring gleich oder ähnlich aussehen, so ist auch alles mit Lügnern, Betrügern, Schatzsuchern, Nichtskönnern und Kohlenverschwendern so überschwemmt, daß man mit ihnen ganz Afrika besiedeln könnte; was diese in einem Jahr unnütz an Kohlen verbrennen, könnte das Königreich Böhmen und das ganze Land Österreich zu seinen verschiedenen Bedürfnissen nicht verbrauchen. Aber daran sind die Oberen schuld, daß sie nicht darauf sehen, was jemand macht. Der Heilige Paulus verglich die Religion mit dem Rittertum und dem Wettkampf: Der aufrechte Ritter oder Kämpfer und der schnellere Wettkämpfer wird gekrönt, und bisweilen mit einem Ehrengeschenk ausgezeichnet. Der Glaube kann nicht schlecht mit der Schießscheibe verglichen werden; wer dem Ziel am nächsten schießt oder genau den schwarzen Punkt trifft, gewinnt den Preis. Und so folgt auch die spagyrische Kunst diesem Gleichnis. Wer zu der richtigen Tinktur gelangt, wird König! Es gibt verschiedenartige Tinkturen, aber eine ist die wahre; die anderen sind auch wahrhaftig, aber von der Universaltinktur entfernt. So weit die Stadt Rom oder Nürnberg von der Stadt Konstantinopel entfernt ist, so weit ist der Bereiter einer teilweisen Tinktur von der wahren Tinktur entfernt [...] So auch in unserem Fall: wer kann, ohne daß es ihm ein wirklicher, gelernter und schon vorher erprobter Meister zeigt, die wahre Tinktur fertigbringen? Sie alle verstehen die dunklen philosophischen

Schriften nicht, obwohl sie solche Bücher und Schriften täglich in der Hand haben und lesen, um das Können zu bekommen und aus den Büchern allein diese Kunst zu verstehen. Aber sie bleiben trotzdem blind und haben es vom Herrgott nicht verliehen bekommen. Wem aber der barmherzige himmlische Vater, der Herrgott selbst, welcher der ewige Herr und die unbeirrbare Weisheit ist, diese geheime Kunst offenbaren will mit Hilfe seines Engels, der bekommt sie bei wenig Ausgaben. Bittet den wahren höchsten Spagyriker und es wird Euch gegeben werden, klopft an und es wird Euch aufgetan, suchet und Ihr werdet finden!

Nachdem der König dies alles aufmerksam und ehrerbietig angehört hatte, sagte er zu Bombastus: Aus dieser Deiner Rede, Theophrastus, entnehmen Wir, daß zur wahren Medizin ein gutes Gold nötig ist und daß sie ohne dieses nicht bestehen und erreicht werden kann. – Philippus antwortete: Welches Korn der Landwirt sät, aus solchem Korn wächst die Frucht und aus solchem wird er das Getreide in die Scheune führen. Aus Weizenkorn pflegt ein zum Essen und zur Verdauung angenehmeres, schmackhafteres und gesünderes Brot zu werden als aus Roggenkorn oder Gerstenkorn. Wer Gold zu säen versteht, wird in Fülle Gold ernten. Je nach dem Mehl, dem der Bäcker die Hefe beigibt, bekommt er sein Brot. Ähnlich ist es bei unserer Kunst: wer es versteht zu dem wahren Philosophengold die Säure herzustellen, der wird den armen und schlichten Leuten, aus einem Gold, das besser ist als das ungarische, Kuchen und Krapfen backen können.

Dann fragte der König, ob es nicht gegen die Gebote Gottes sei, einfache Metalle in ihrem Wesen zu verändern? – Darauf antwortete Paracelsus: «Gott gab uns die Erde, damit sie uns mannigfachen Nutzen bringe, Wurzeln, Gräser, Getreide, Bäume, Obst, kostbare Steine, Wälder, Tiere und Vieh, Regenwürmer, Vögel und andere Lebewesen und Kerbtiere, dazu einfache Steine, Metalle usw. Wie schrieb doch der heilige David in seinem Psalm: Coelum coeli Domino, terram autem dedit filiis hominum ad possidendum (psalm. CXIII, 24 [16]).

Und da uns unser Herrgott die Erde zur Benutzung und zur Beherrschung gegeben hat, gehört die ganze Erde uns, und wir können diese Erde und ihre Metalle, so wie Obst, Getreide, Pflanzen und Steine zu unserem Vorteil verändern und, wie es uns gefällt und wie wir es am besten vermögen, ausnützen und können, solange es dem Herrgott gefällt und es uns sowie unseren Nächsten zur Bequemlichkeit und zur Bildung gereicht, mit ihr auf diese Weise umgehen. Wer falsches Silber oder Gold macht, wie es einige Goldarbeiter tun, die gegen den Willen Gottes und gegen ihr Gewissen sich leichtfertig dazu hergeben, der betrügt und täuscht seinen Nächsten und das ist gegen das Gebot Gottes und auch gegen die durch den König aufgestellten irdischen Gesetze und das weltliche Recht; wenn aber jemand im Gegenteil mit gutem Gewissen durch eine ihm vom Allerhöchsten verliehene Kunst gutes Silber und Gold, und besseres als das natürliche herstellen kann, so ist das nicht gegen den Herrgott oder gegen das weltliche Recht, denn damit kann er sowohl seinem Gott als auch seinem Nächsten, wenn es gebraucht wird, gültig dienen. So wie beispielsweise das Pfropfen der wilden Bäume, nämlich das Umformen in eine bessere Art, damit diese gutes und schmackhaftes Obst bringe, keine Sünde gegen Gott ist und dessen Recht nicht antastet, so ist es auch in unserer Kunst der Alchemie: Wer ein wahres Werk macht, ist nicht wider den Herrgott; wenn er aus leichten Metallen wahres Gold herstellt, und zwar für arme Leute, so dient er damit sogar dem Herrgott: gemäß seiner Wohltat hat er den Lohn, so wie der Sohn Gottes selbst spricht: Was ihr dem Geringsten meiner Brüder getan habt, habt ihr mir getan. Wer leichte Metalle in gute und vollkommene umwandelt, mit dem Vorhaben, aus diesem Gold oder Silber Pagoden und andere Götzenbilder zu machen und zu gießen, vor denen sich die Leute beugen und niederknien sollen, sündigt auf diese Weise gegen den Herrgott, befleckt sein Gewissen und verführt die Leute, und ein solches Werk ist mit ihm verflucht. So war es, als die heidnischen Priester in den ägyptischen Ländern und anderswo goldene Bilder und Statuen anfertigen ließen und befahlen sich vor ihnen zu beugen und als sie zu schlechtem Beispiel sich nicht schämten, selbst sich vor ihnen zu beugen und zu beten, worüber König David (im Psalmenbuch; psalm CXIII 12 [CXV 4], CXXXIV 15) und der andere Prophet Baruch im Kapitel 6 eifrig und mit Weh im Herzen klagt, indem er in bezug auf die heidnischen Götzen und die Völker, die sich von Gott entfernt haben, sagt, daß ihre Götzen aus Silber und Gold Werke von Menschenhand sind, die Augen haben und doch nicht sehen, die Ohren haben und doch nicht hören, die Lippen haben und doch nicht sprechen. Also sind die Gelehrten, die ihre Tinkturen zur Umwandlung der Metalle gegen die Gebote Gottes und gegen den Willen Gottes mißbrauchen. Mein lieber König, die Umwandlung einer billigen und schlechten Sache in eine gute und teuere ist keine Sünde und kann auch nicht gegen das Gebot Gottes sein und es kann niemand klagen, daß es gegen das irdische Recht sei. Denn wer Gutes tut, sündigt nicht, verherrlicht vielmehr und fördert Gott mit seinem Tun. Der Mensch selber kann in seinem geistigen Verstand verändert werden; wenn der Sünder aufhört zu sündigen und sich in heiliger Reue übt, ändert er sein schlechtes Leben in ein gutes. Und wer einen Sünder zur Buße verbessert, verändert ihn und gewinnt seine Seele für die ewige Herrlichkeit.

Durch meinen leiblichen Verstand und eine gewisse Erfahrung habe ich – das können in vielen Ländern meine Geheilten bezeugen – vielen Leuten geholfen, reichen und armen, in vielen und schwer zu heilenden langdauernden Krankheiten verholfen zu wirklicher und vollkommener Gesundheit durch meine wahre Tinktur. Diese Medizin ist nicht wider Gott: wer aus Schlechtem Gutes, aus Billigem Kostbares und aus Krankem Ganzes und Gesundes in kurzer Zeit machen kann, der erfüllt den Willen Gottes und daher ist die wahre Tinktur nicht gegen den Willen Gottes und auch nicht gegen das weltliche Recht. –

So weit wurde mir bekanntgegeben, was die königlichen Diener hatten hören können, als ich im Jahre des Herrn 1580 zu Wien in Österreich mit einigen, die damals bei dieser Unterredung anwesend waren, sprach. Es war unter ihnen Freiherr Eustachius von Altham, von dem ich vier Söhne sub disciplina hatte, dann einige Vettern, wie Wolfhart Strein auf Bitow, dessen zwei Söhne in meiner Lehre waren, Hans Stockherner in Storein, von dem ich seinen Sohn Linhart in der Schule hatte; und auch viele andere erwähnten das, wie der berühmte alte und graue chirurgus familiaris Theophrasti mit Namen Vatenting Fraddingg, bei dem wir in der Pestzeit von 1583 mit allen Schülern, ungefähr fünfhundert Personen, zur Kost waren; der bestätigte alles; er selbst habe das von den Lippen des Theophrastus gehört.

Was aber der König weiter mit dem Doktor Theophrastus über jene Sache heimlich sprach, ist nicht alles bekannt, weil die dabeistehenden Diener nicht alles aufschnappen konnten. Bernhart, der Vater des Herrn Maximilian Maminger, stand am nächsten; dieser sagte, er habe gehört, wie der König den Theophrastus fragte, ob es möglich sei, daß er ihn als seinen Schüler, Sohn und geringsten Arbeiter annehme, worauf ihm Theophrastus antwortete, wiewohl seine Kunst dem König nicht dienlich und für ihn nicht schicklich sein würde, wolle er doch darüber nachdenken, ob es möglich sei.

Nachdem sie viele Zeit so zusammen verbracht hatten, erhoben sich alle von den Tischen. Theophrastus bat für diesen Tag den König um Urlaub und ging, nachdem er von ihm Abschied genommen hatte, fort. Der König befahl, um seine Dankbarkeit zu erweisen, den berühmten gedeckten königlichen Wagen mit dem Gespann der besten sechs Pferde bereitzuhalten und kostbare Kleider zu bringen, womit er ihn ehren wollte. Er ließ auch einen großen Becher aus reinem Gold im Maß von anderthalb Wiener Pinten mit Dukaten füllen, sowie eine Halskette aus dreißig Dukaten ihm überreichen. Alle diese Dinge verschmähend, sagte Theophrastus:

König, schütte niemals Wasser aus einem Fischteich in einen Fluß, und wer von vornherein genug hat, dem gib nicht noch mehr, behalte Dir das Deinige oder gib es denen, die es brauchen; aber die Kette will ich aus Deinen Händen annehmen, erstens damit nicht jemand sagt, daß ich Dich schmähe und Deine Geschenke so wenig zu schätzen wisse, und zweitens, damit Deine berühmten

Doktoren, diese quacksalbernden Küchenjungen, beschämt und zum Neid angetrieben werden. Denn sie sollen dieses Geschenk noch heute an mir erblikken. – Damit legte er sich die Kette um Hals und Schultern über den Fuhrmannsrock, ging vom König weg und fragte, auf welchem Weg er sich am meisten diesen unausgeweideten Schweinigeln zeigen könnte. Sie wichen ihm aber aus. Da es Dämmerzeit war, luden sie ihn zum Abendessen ein. Er ließ ihnen sagen, daß er auf eine Weile kommen werde. Aber er kam nicht, denn er wußte, daß sie sich darauf vorbereiteten, ihn zu vergiften. Ihm diente sicher der Geist eines dienstbaren Planeten.» (Aus «Nova Acta Leopoldina», N.F. 10, Halle 1941.)

Die Summe der Biographie

Nachdem der unbekannte tschechische Chronist aus dem 16. Jahrhundert uns Paracelsus auf der Höhe seines Ruhms und seiner Schaffenskraft so plastisch und umfassend vor Augen geführt hat, daß sich ein Kommentar erübrigt, wenden wir uns den letzten Lebensjahren des Hohenheimers zu. Trotz der günstigen Aufnahme durch den König und künftigen Kaiser Ferdinand I. mochte sich Paracelsus in Wien nicht länger aufhalten, warum auch? Er sah sich den Intrigen der Ärzte ausgesetzt, und für seine Schriften schien sich nach wie vor kein Verleger zu interessieren.

Wie sehr muß er in dieser Zeit einen Empfang genossen haben, der ihm zu Ehren im nachbarlichen Preßburg gegeben wurde! Den noch erhaltenen Kammerrechnungen ist zu entnehmen, daß der damalige «Stadtrichter» dem berühmten Arzt ein Essen gab, zu dem nicht nur die Mitglieder der Stadtverwaltung, sondern auch die Ärzte der Stadt geladen waren. Endlich einmal eine öffentliche Anerkennung, wo auch die Ärzte ihm die Ehre gaben!

Von Wien aus ritt Paracelsus zu den Schwefelquellen von Baden, südwärts über den Semmering durch das Mürztal zum Tal der Mur, besuchte das Städtchen Judenberg und Bad Einöd, bis er über Freisach nach Villach gelangte. Wie schon seine bisherige Biographie geraten uns auch seine letzten Jahre zu einem inneren und äußeren Reisebericht. Nicht Freundschaften, Frauen und namhafte Widersacher kennzeichnen dieses Leben – wichtiger sind seine Wanderwege, Aufenthaltsorte und die zahllosen, oberflächlichen Querelen mit Institutionen und mediokren Berufskollegen. Auch wenn er gegen sein Ende zu immer häufiger freundliche Aufnahme und Zuspruch fand, blieb er ein Fremder, unversöhnlich und unnahbar, «allein und fremd und anders».

Aus Villach bezeugt eine Urkunde vom 12. Mai 1538, daß er sich den Tod seines Vaters bestätigen ließ. Daraus erfahren wir, daß Wilhelm von Hohenheim hier am 6. Sept. 1534 verstorben war. Wie schon gesagt, sind uns keine Freunde bekannt, zu denen Paracelsus eine tiefe, langjährige Beziehung gepflegt hätte, um so mehr rührt uns sein Bekenntnis zu seinem Vater, der «nie von ihm gewichen» sei. Entsprechend wichtig muß ihm die Urkunde gewesen sein, in der ihm der Rat bescheinigt: «daß der ehrbar, wohlgelehrte und berühmte Wilhelm Bombast von Hohenheim, der Arznei Lizentiat, bei uns zu Villach als ein Inwohner bei zweiunddreißig Jahr ungefährlich gewohnt und all die Zeit seines Wesens, Wandel und Leben gegen allermeiniglich ehrbar, ehrlich und wohlgehalten.»

Es hätte nahegelegen, mit dem Erbe des Vaters auch dessen «Praxis» zu übernehmen und sich in Villach niederzulassen. Paracelsus aber ritt bald einmal weiter nach St. Veit an der Glan. Hier beendete er seine «Philosophia sagax» und verfaßte seine berühmten «Sieben Defensiones», ein wuchtiges Pamphlet, in dem er die Summe seines lebenslänglichen Kampfes gegen die «Friedhofsliferanten» (Ärzte) zieht und die Grundsätze seiner eigenen Lehre dagegen hält. Mit dieser «Selbstverteidigung» wollte er den Ständen des Landes Kärnten, seiner zweiten Heimat, eine Referenz erweisen. Zusammen mit anderen Schriften, der «Chronica und Ursprung dieses Landes Kärnten», dem «Labyrinthus Medicorum Errantium» und dem «Buch von den tartarischen Krankheiten», brachte er seine unaufgefordert verfaßte Selbstverteidigung nach Klagenfurt und überreichte sie der Behörde. Die Antwort ließ auf einiges hoffen. Die Versammlung der Stände übersandte dem Hohenheimer ein vierzehnfach versiegeltes Dankesschreiben, in dem mit wohlgesetzten Worten seine Verdienste hervorgehoben und das Versprechen geäußert wurde, «keinen Fleiß zu sparen», diese Schriften baldmoglichst zu drucken.

Aber das war auch schon alles, was der Autor zu hören bekam. Das dicke Manuskript verschwand in den Akten und setzte Staub an, ohne daß die Kärntner Stände daran dachten, ihr Versprechen wahrzumachen.

Paracelsus war auch ein Prophet in eigener Sache. Verschiedentlich betont er, daß seine Monarchie erst in ferner Zukunft anbrechen und seine wahre Bedeutung erst in späteren Jahrhunderten erkannt werde. Im Mai 1955, also über vierhundert Jahre nach dem Entstehen der «Kärntner Schriften», löste das Land Kärnten das Versprechen endlich ein und brachte die ihm gewidmeten Schriften in einer Prachtausgabe heraus, eine vorbildliche Edition, sorgfältig kommentiert von namhaften Paracelsus-Forschern.

Paracelsus hat in seinem Leben mehrere tausend Kilometer zurückgelegt, rastlos unterwegs zu Fuß, zu Pferd, im Fuhrwagen. Über dieses Landfahrertum zitieren wir einen Passus aus seiner «Selbstverteidigung», die Summe seiner Biographie: «Keinem wächst sein Meister im Hause und keiner hat seinen Lehrer hinter dem Ofen. Die Künste sind in keinem Vaterland eingeschlossen, sondern ausgeteilt durch die ganze Welt. Es ist mir billig überall und steht mir wohl an, alles zu erforschen, alles zu sehen und zu suchen, was in einem jeglichen gewirkt wird. Sonst würd ich unbillig der Theophrastus sein, der ich bin. Die Kunst geht keinem nach, aber ihr muß nachgegangen werden [...] Wer mag hinter dem Ofen ein guter Cosmographus wachsen oder ein Geograph? Was sagt denn der Birnenbrater hinter dem Ofen? Daß ein Arzt ein Landfahrer soll sein, das gefällt mir zum Besten wohl. Auch die Krankheiten wandern hin und her, so weit die Welt ist, und bleiben nicht an einem Ort. Wandert einer weit, so erfährt er viel und lernet viel.»

Wenig später vertieft er seinen Gedanken: «Will einer Künstler sein in Scheidung und Bereitung der Natur, so muß er sie suchen. Wie kann dann einer hinter die Bereitung der Natur kommen, wenn er sie nicht sucht, wo sie ist? Soll mir das verargt werden, daß ich meine Mineralia durchlaufen habe und ihr Gemüt und Herz erfahren, ihre Kunst in meine Hände gefaßt, die mich lehren, das Reine vom Kot zu scheiden, wodurch ich viel Übles verhütet habe? Es ist aber nicht minder, ich muß den philosophischen Spruch sagen, daß Weisheit allein von den Unwissenden verachtet wird.»

Die Tode des Paracelsus

Das Leben des Paracelsus, ein Reisebericht. Jetzt ging die Reise zu Ende. Die einzigen Bildnisse des Paracelsus, die von der Forschung als authentische Portraits anerkannt werden, entstanden in seinen letzten Jahren. Man vermutet, sie stammen von einem anderen berühmten «Landfahrer», dem Maler und Zeichner Augustin Hirschvogel, dem Paracelsus noch in seiner Kärntner Zeit begegnet sein mag.

Das Bildnis von 1538 zeigt Paracelsus im Profil mit gedrungenem, leicht verwachsenem Oberkörper, von einem Ansatz zum Buckel entstellt, aber keineswegs gebeugt. Ein wirrer Haarkranz säumt den fast kahlen Schädel, der Spuren einer frühen Rachitis zeigt, eine übergroße Kinnpartie und einen herausragenden Hinterkopf. Um den Mund zeichnen sich Züge von bitterer Entschlossenheit ab, die Nase erscheint stark und dominant, die Augen sind offen und wach. Ein Mann, in sich gefestigt, noch immer bereit, den Kampf mit den Widersachern aufzunehmen, für seine Wahrheit zu streiten und seine harte tägliche

Arbeit zu tun. Stolz hat er sich über dem Haupt seinen Wahlspruch eingravieren lassen: «Alterius non sit qui suus esse potest», einem andern soll nicht gehören, wer sich selber gehören kann! Deutlicher kann man wohl kaum zum Ausdruck bringen, wie sicher man sich seiner Sache und seines Lebens ist.
Wie sehr die Kärntner Zeit an ihm gezehrt haben muß, zeigt ein Bildnis, das nur zwei Jahre später entstand. Seine «Kärntner Schriften» waren noch immer nicht im Druck! Sein Blick erscheint getrübt, halb schon einwärts gerichtet, man könnte auch sagen abgeklärt. Resignation und Trauer scheinen ihn zu drücken, und so suchen seine kleinen Hände Halt am Griff seines riesigen Henkerschwerts, in dessen Knauf sich sein legendäres Zaubermittel befunden haben soll. Zwar ließ er sich auch über dieses Bildnis den Wahlspruch seiner Eigenständigkeit eingravieren, aber unten, auf einem Sockel, erscheinen die Worte: «Omne donum perfectum a Deo, imperfectum a diabolo»: Jedes vollkommene Werk ist von Gott, das unvollendete vom Teufel.
Eine Mahnung an die Kärntner Stände, sich endlich seiner Schriften anzunehmen? Wenn, dann war es eine vergebliche Botschaft. Nichts hielt ihn in Kärnten zurück.
Im Sommer 1540 finden wir ihn in Salzburg wieder, jener Stadt, aus der er vor fünfzehn Jahren wegen seiner Sympathie für die Bauernaufstände hatte fliehen müssen. Inzwischen war sein Erzfeind, Bischof Mathäus Lang, gestorben. Der Nachfolger, Herzog Ernst von Baiern, war dem Hohenheimer offenbar wohlgesinnt. Ungehindert konnte er praktizieren und seine Ansichten vertreten, ohne Sanktionen fürchten zu müssen. Endlich hatte Paracelsus Ruhe gefunden – vor sich und seinen Verfolgern.
Es gibt noch einige Dokumente aus dieser Zeit, die ihn als tätigen Arzt zeigen, der auch Patienten im weiteren Umkreis von Salzburg besuchte. Aber es gibt auch schon Hinweise, daß er sich zu schwach für größere Reisen fühlte. Als Arzt mußte er wissen, daß er nicht mehr lange zu leben hatte. Litt er an Leberkrebs, wie Karl Sudhoff vermutet? Oder an Leberzirrhose und Nephritis, hervorgerufen durch arsen- und quecksilberhaltigen Hüttenrauch, wie Robert Blaser annimmt? Sicher ist, daß er zwar als erster Mediziner die Gefahr von Gesundheitsschäden durch giftige Dämpfe am Arbeitsplatz beschrieb, so geschehen in seinen Büchern über die Bergsucht, er selbst aber hat wohl kaum schützende Vorkehrungen getroffen, wenn er mit seinen Kolben und Retorten hantierte.

Ein Leben lang hatte Paracelsus Krankheiten bekämpft, aus der tiefen Erfahrung heraus, daß mit der Krankheit auch die Medizin wachse. Da der Tod die ganze menschliche Existenz bedroht, muß ihm auch mit dem ganzen Menschen Widerstand geleistet werden. Daraus läßt sich die Einstellung ableiten, die er als

Arzt zum Tod hatte: «Wenn eine Krankheit im Leib ist, so müssen alle gesunden Glieder wider sie fechten, nicht eins allein, sondern alle, denn eine Krankheit ist ihrer aller Tod. Das merkt die Natur, darum fällt sie wider die Krankheit mit aller ihrer Macht, die sie hat. Ebenso wird auch deine Arznei sein müssen, daß sie in sich habe das ganze Firmament der oberen und unteren Sphären. Darum bedenke, mit welcher Gewalt die Natur wider den Tod straußt, daß sie zu Hilfe nimmt Himmel und Erden und all ihre Kraft und Tugend.»

Für den Arzt bedeutete der Tod also die Herausforderung schlechthin, der es sich mit allen Mitteln zu widersetzen galt. So konnte Paracelsus in den Krankheitssymptomen «Klagen der Natur» erkennen, Hilferufe an den Arzt, den Tod noch einmal abzuwenden. Und dennoch sind wir ihm alle ausgeliefert, er kommt, wann Gott will, und nicht einmal der König ist vor ihm sicher: «Ist der nit wohl bewahrt, der ein König ist und hat alle seine Macht bei sich und streitet wider seinen Feind, und hat sich umbollwerkt und eingegraben und mit Zeug zu Roß und zu Fuß versehen, und es geht eine Kugel in ihn, wenn er meint, er sei am sichersten?»

Gegen das Sterben kann also der Arzt etwas ausrichten, nicht gegen den Tod an sich, der unabweisbar zum Reich des Lebendigen gehört: «Nichts Natürliches ist ewig, es ist alles dem Tod überliefert und mit dem Tod umfangen; allein das ist ewig, das vom Ewigen kommt.»

Mit dem Tod wird der Mensch in seine Teile geschieden, und jeder Teil strebt in das Reich zurück, aus dem er stammt. Der «elementische Leib», damit ist unser sichtbarer Körper gemeint, wird von der Erde verzehrt und fällt ihr anheim: «erst das Gehör, nachfolgend das Gesicht, darnach die Bewegung und weiter Stimme und Rede, die mitsamt den andern hingehen, darnach das Blut, darnach die liquores, darnach das Fleisch, darnach das Geäder.» Was aber geschieht nun mit unsrem «siderischen Leib», unsrer geistig-seelischen Persönlichkeit? Paracelsus schreibt ihr ein eigenes Leben zu, also auch einen eigenen Tod. Der «siderische Leib» kehrt zurück zu dem Gestirn, dem er entsprungen ist, und unter Gestirn haben wir ja so viel wie Schicksalsträger oder Karma zu verstehen. Ist nun aber der «irdische» Leib verfallen, muß das noch lange nicht auch für den «siderischen» gelten. Oft wird er noch von seelischen Gelüsten beherrscht und tritt daher besonders «bei verborgenen Schätzen oder an anderen Orten dergleichen» als Geist in Erscheinung. Glücklich ist, wer schon zu Lebzeiten solche Gelüste überwunden hat. Ihm bleibt ein solches Geisterleben nach dem Tode weitgehend erspart: «so fliegt der siderische Leib gegen das Gestirn in sein Begräbnis, hat es nicht nötig, umzugehen, sondern er verzehrt sich still im Firmament.»

Was aber geschieht nun mit der dritten Substanz des Menschen, die göttlichen

Ursprungs ist? Das wird sich erst am Tag des Jüngsten Gerichtes erweisen. Da werden wir von den Toten auferweckt. «Da werden die drei Substanzen wiederum sein in ihrem Geblüt und ihrem Wesen. Was aber weiter daraus wird, das steht bei dem, der Leib und Seele gemacht hat und ist verborgen allen Menschen. Dann werden keine Krankheiten mehr sein, keine Medizin, kein Medikus, kein Kranker, und es wird aus sein mit den Dingen allen.»

Wie nun ist Paracelsus gestorben? Bevor wir uns den historisch erwiesenen Tatsachen der Umstände seines Todes zuwenden, befragen wir den Volksglauben, der sich seine eigenen Vorstellungen gebildet hat. Bei den meisten Legenden geht es um den Prozeß einer alchemistischen Wiedergeburt, der durch den «ungetreuen Famulus» vereitelt wird. Nachdem Paracelsus vergiftet wurde, läßt er sich fünf Tage lang einsperren und dem Diener befehlen, die Türe nicht eher zu öffnen. Er setzt Spinnen an, die das Gift aussaugen sollen, aber der Diener öffnet die Tür zu früh. Da läßt Paracelsus vor Schreck die Spinne fallen, so daß das Gift in seinem Körper bleibt. Daraufhin befiehlt er, seinen Körper zu zerstückeln, ihn in eine Truhe zu legen und Balsam darüberzustreuen. Die Truhe soll erst nach neun Monaten wieder geöffnet werden. Aber auch diesmal bringt es der Diener nicht über sich, die vorgeschriebene Zeit einzuhalten, und öffnet die Truhe schon nach sieben Monaten. Er entdeckt eine Siebenmonatsfrucht, die vor Kälte stirbt.
Nach einer anderen Sage wünscht Paracelsus, sieben Jahre, sieben Monate, sieben Wochen, sieben Tage, sieben Stunden, sieben Minuten und sieben Sekunden im Grabe zu liegen. Auch in dieser Version öffnet der Diener das Grab zu früh. Er sieht, wie Paracelsus eine Sekunde lang aufblüht wie eine Rose – und dann zu Staub zerfällt.
So hat sich im Volksglauben Paracelsus als Wunderdoktor und mächtiger Magier erhalten, dem nur durch seine mißgünstige Umgebung versagt blieb, die alchemistische Wiedergeburt zu erlangen, aber es gibt auch die Sage, wonach Paracelsus ein Kaiser war, der den Menschen wiedergeboren werde, wenn die Zeit dafür reif sei. Während er also von der Schulmedizin jahrhundertelang verschmäht und verteufelt wurde, blieb er für die einfachen Leute, bei denen er sich schon zu Lebzeiten wohlgefühlt hatte, auch nach seinem Tod ein Hoffnungsträger, ein «wahrer Monarch».

Historisch verbürgt ist, daß Paracelsus am 21. Sept. 1541 im Salzburger Gasthof «Zum weißen Roß», Kaigasse 8, auf einem Reisebett sitzend, dem Notar Hans Kalbsohr in Anwesenheit mehrerer Zeugen sein Testament diktierte. Es ist das letzte Zeugnis, das wir aus seinem Leben besitzen. Darin befiehlt er sein Leben und Sterben und seine arme Seele dem Schutz und Schirm Gottes, des Allmächtigen. Er ist der unbezweifelten Hoffnung, der ewig barmherzige Gott werde die Martern und das Leiden und Sterben unsres Heiligmachers Jesu Christi an ihm armseligen Menschen nicht unfruchtbar sein und verlorengehen lassen. Er wünscht, auf dem Friedhof «Sankt Bastian» begraben zu werden. In der Pfarrkirche soll man, einem alten Brauch folgend, ihn dreimal «besingen» und dabei jedesmal den Armen vor der Kirche einen Pfennig auf die Hand geben.

Er vergißt auch ein paar engere Freunde nicht: «Meister Hansen Rappelbader allhie hat er sechs Gulden verordnet. Ferner Meister Andreas Wendel, Burger und Balbierer zu Salzburg, hat er durchaus alle seine Arznei und Kunstbücher, desgleichen die Stichpflaster und anderes, was dann die Arznei ungefährlich berührt und zur Zeit seines Absterbens in seiner Gewaltsam gefunden und vorhanden sein wird, geordnet und verschafft, damit zu handeln, zu tun und zu lassen als mit seinem frei ledigen Gut.» Er bedachte auch noch seine nächsten Freunde und Verwandten in Einsiedeln mit zehn Gulden und die beiden Testamentsvollstrecker Georg Teyssenberger und Michael Setznagel mit je zwölf Gulden. Das beste Stück aus dem Nachlaß, einen silbernen Becher, erhielt ein Abgesandter des Klosters von Einsiedeln, ein altes Erbrecht, das sich daraus ableitete, daß er von einer «gotteshaushörigen Mutter» abstammte.

Für alles übrige «setzt und benennt er insgemein zu seinen Erben: arm, elend, dürftig Leut, die dann kein Pfründ noch andere Fürsehung haben». Auch was er seinen Verwandten in Einsiedeln vermacht hat, soll den Armen zufallen, wenn nicht innert Jahresfrist darum nachgesucht werde.

Drei Tage später, am 24. September, starb dieser eigenwillige, seltsame Mann, dem wir noch heute so viele Erkenntnisse verdanken, wie er uns Rätsel aufgibt. Daß er den größeren Teil seiner Güter den Armen vermachte, mag auch an seiner Einstellung zum Tod gelegen haben; er wollte seinen «siderischen Leib» nicht mit Habgier belastet auf die Reise schicken. Wir wünschen ihm, daß wenigstens sein «siderischer Leib» seine Ruhe gefunden und sich «still im Firmament verzehrt habe».

Seinem «elementischen Leib» war diese Ruhe noch lange nicht vergönnt. Im Jahre 1752 wurde die Leiche wegen baulicher Veränderungen des Friedhofs exhumiert und samt der Grabplatte und einem pyramidenförmigen Aufsatz in einer Mauernische geborgen. 1818 wollte man dem Gerücht nachgehen, er sei von neidischen Widersachern vergiftet oder erschlagen worden, und öffnete das Grab noch einmal. Eine Spalte im linken Schläfenbein gab neuen Anlaß zu wilden Spekulationen. Otto Zekert weiß zu berichten, daß die noch erhaltenen Knochen im Jahre 1912 in einer Kupferkassette untergebracht wurden, die während des Zweiten Weltkrieges herausgehoben und an verschiedenen Orten

verwahrt wurde. Ein amerikanischer Soldat soll sie auf der Veste Hohensalzburg gefunden und auf einen Kehrichthaufen geworfen haben, wo sie erst nach einer langen Suchaktion wieder gefunden werden konnte, um dann endlich im Jahre 1951 ins Grabmal am Sebastiansfriedhof zurückgebracht zu werden.
Der Skandal um diesen Mann hört sogar bei seinen sterblichen Resten nicht auf, und daß man ihm, der Ruf und Stellung dafür riskierte, sich in seiner Muttersprache auszudrücken, einen lateinischen Grabspruch verpaßte, zeugt auch nicht gerade von nekromantischem Feingefühl. Die Übersetzung lautet: «Hier liegt Philippus Theophrastus, der berühmte Doktor der Heilkunde, der fürchterliche Wunden, Lepra, Podagra, Wassersucht und andere unheilbare Krankheiten mit wunderbarer Kunst heilte und seine Güter zur Verteilung unter die Armen bestimmte. Im Jahre 1541, am 24. September, vertauschte er das Leben mit dem Tode. Friede den Lebenden, ewige Ruhe den Toten.»

Fazit

Einigen unermüdlichen Paracelsus-Forschern, allen voran den Herausgebern seiner gesammelten Werke, Huser, Sudhoff und Goldammer, haben wir es zu verdanken, daß der Hohenheimer uns nahe bleibt. Die Schweizerische und die Internationale Paracelsus-Gesellschaft bemühen sich durch regelmäßige Publikationen, den vielen Aspekten seines Erbes gerecht zu werden. Meinerseits habe ich versucht, möglichst viele der vorliegenden Forschungsergebnisse, auch wenn sie sich widersprechen, aufzugreifen und eigene Analysen nur dort zu riskieren, wo ich ein Vakuum vorfand.
Natürlich mußte bei diesem Versuch, einen Überblick über die innere und äußere Biographie des Theophrastus Bombastus Philippus Aureolus von Hohenheim, genannt Paracelsus, zu schaffen, schon aus Platzgründen vieles unberücksichtigt bleiben. Trotzdem scheint folgendes Fazit erlaubt: Paracelsus hat wie kaum einer vor ihm die Natur und das menschliche Leben vieler Länder erforscht und damit einen Erfahrungsschatz gesammelt, der seinesgleichen sucht. Außerdem war er einer der universal gebildetsten Gelehrten seiner Zeit. Den Vorläufern seines Weltbildes nachzugehen, mögliche Einflüsse seiner Zeitgenossen aufzuspüren, ist von großem geistesgeschichtlichen Interesse, und auch wir haben versucht, den Rahmen zu stecken, der Paracelsus gesetzt war. Dabei haben wir sogar ganz bewußt auch einige sehr verwegene Spekulationen nicht gescheut, etwa jene, wonach er vielleicht in Portugal mit Indianern und Indern zusammengekommen sein könnte.

Das erklärt indessen noch lange nicht, warum wir in seinem Werk so viel entdecken, Einsichten in die Struktur des Weltganzen etwa, die wir in ganz anderen Kulturkreisen wiedererkennen oder in viel frühere Zeiten zurückdatieren müssen. Noch weniger erklärt sich daraus der erstaunliche Befund, daß Paracelsus zum Vorläufer so vieler Schulen werden konnte, auch nicht, daß uns noch heute sein Anspruch, die Naturwissenschaft in einer religiösen Ethik zu verankern, utopisch erscheint.

Es verführt uns vielmehr zur Annahme, daß der Hohenheimer einer jener ursprünglichen Menschen war, für die jene sogenannten «ewigen Wahrheiten», die uns die religiöse und philosophische Tradition überliefert hat, keine banalen Behauptungen, sondern geistig erlebte Tatsachen sind. Nur so konnte er aus der Überlieferung neue Erkenntnisse schöpfen, deren Aktualität uns noch immer verblüfft.

Was ich genau damit meine, soll das folgende Beispiel zeigen. Der griechische Philosoph Anaximander, geboren im Jahre 610 vor Christus, hat zweitausend Jahre vor Paracelsus gelebt. Nach Hermann Diels stammt von ihm der älteste Satz der abendländischen Philosophie: «Woraus aber die Dinge ihre Entstehung haben, darein findet auch ihr Untergang statt, gemäß dem Notzwange.»

Nun ist gut möglich, daß Paracelsus dieser Satz einmal begegnet ist. Vielleicht hat er ihn aber auch aus einer unabhängigen eigenen Intuition heraus neu erfunden. Jedenfalls taucht er fast wörtlich bei ihm wieder auf. Aber eben nicht nur als abgehobenes Zitat, sondern inmitten seiner pragmatischen Schriften über die Pest. Dieser Satz ist für ihn keine Buchweisheit, er greift auf ihn zurück wie auf eine selbstverständliche geistige Tatsache, um damit einen bestimmten Aspekt der Pest zu erklären: «Jedes geschaffene Ding begehrt von Natur wieder das zu sein, was es vor seiner Schöpfung gewesen ist. Das ist der Grund unsrer ganzen Philosophie ...» Während uns von Anaximander nur das Fragment überliefert ist, können wir bei Paracelsus seitenlang weiterlesen, was ihm dieser Satz bedeutet. Er läßt ihn lebendig werden – im Zusammenhang mit seinen zeitbedingten alchemistischen Spekulationen.

Diesen Spekulationen vermögen wir heute nur noch schwer zu folgen, und sie für bare Münze zu nehmen, hieße vermutlich, sie nur als Buchweisheit zu begreifen. Nach Paracelsus hat aber jede Zeit ihre eigenen Krankheiten, also braucht sie auch neue Heilmethoden. Ihm wirklich gerecht zu werden, hieße demnach, nicht seine Ergebnisse nachzubeten, sondern sich auf seine Grunderfahrungen zu besinnen. Sie sind auch heute noch genauso innovativ und provokativ zu verstehen wie zu seiner Zeit.

II
Himmel und Erde machen den Menschen

Eine Auswahl aus dem Gesamtwerk

Robert Blasers Werkauswahl

Neugierig gemacht durch die Legenden, die sich um Paracelsus gebildet haben, greift so mancher zu seinen Werken, um so dem «wirklichen» Paracelsus auf die Spur zu kommen. Schon nach den ersten Seiten stellt sich für viele eine Ernüchterung ein. Statt der erwarteten magischen Weltformeln und Zaubersprüche trifft man auf wohldurchdachte wissenschaftliche Abhandlungen, und wo Paracelsus am ehesten seinem Ruf als Magier und Seher gerecht wird, in seinen Weissagungsschriften, bedarf es erst eines genauen historischen Studiums der Begleitumstände, unter denen diese Bücher entstanden sind, ehe sie sich erschließen.
Bis die Lektüre paracelsischer Originalschriften zum inspirierenden Vergnügen wird, ist also viel Arbeit zu leisten, die zudem dadurch erschwert wird, daß die Originaltexte trotz verschiedener editorischer Bemühungen noch immer schwer zugänglich sind. Das ist darauf zurückzuführen, daß die vorbildliche Ausgabe von Karl Sudhoff längst vergriffen ist, während andere Schriften erst jetzt zum ersten Mal im Druck erscheinen.
Wer sich eingehender mit Paracelsus auseinandersetzen will, muß sich trotz der erwähnten Widerstände früher oder später mit seinen Originalschriften beschäftigen. Gerade wenn es um Bedeutungsnuancen geht, ist das Studium der Originale unerläßlich. Vergleicht man die verschiedenen Versuche, Paracelsus ins Neudeutsche zu übertragen, wird man gleich einmal bemerken, daß es da die abenteuerlichsten Varianten gibt. Solche Übertragungen sind auch immer Interpretationen des jeweiligen Verfassers, oft sehr hilfreich und verdienstvoll, und im Vergleich löst sich so manches Rätsel, das uns der Originaltext aufgibt.
Um einen ersten Zugang zum Gesamtwerk des Paracelsus zu erschließen, hat es einige Versuche gegeben, aus seinen mehrere tausend Seiten umfassenden Schriften eine repräsentative Auswahl zu treffen. Auch dabei ist zu bemerken, daß es eine sogenannte «objektive» Paracelsus-Rezeption kaum geben wird. Auch wer sich noch so streng an eine historisch-wissenschaftliche Textvermittlung gebunden fühlt, wenn er sich tiefergreifend mit Paracelsus beschäftigt, wird

er offenbar so von ihm in Bann genommen, daß er gar nicht anders kann, als ihn aus einem persönlichen Verständnis heraus zu vermitteln. Das gilt wohl auch für die Auswahl Robert Blasers, die 1958 in Salzburg erschien und seither nicht wieder aufgelegt wurde. In dieser Konzentration gibt es nichts Besseres, und so ist es mir ein besonderes Anliegen, sie wieder zugänglich zu machen. Sie verschafft uns einen gültigen Überblick über das vielfältige Panorama der paracelsischen Wahrnehmungs- und Gedankenwelt. Der geistige Hintergrund des Hohenheimers wird genauso vermittelt wie seine Eigenständigkeit, und schon wenige Sätze machen deutlich, warum er inzwischen zu Recht als eine der universalsten und originellsten Persönlichkeiten des ausgehenden Mittelalters gilt.

Was Robert Blaser mit seiner Auswahl beabsichtigt hat und welche Kriterien ihn dabei geleitet haben, hat er in seinem Begleitwort am besten selbst formuliert:

«Die Paracelsus-Bibliographie der Gegenwart umfaßt weit über tausend Schriften von und über Theophrast von Hohenheim. Daraus erklärt sich, daß es fast kein Wissensgebiet gibt, das sich nicht zu ihm in Beziehung setzen ließe. Unsere Auswahl von Lesefrüchten aus dem Gesamtwerk des Paracelsus darf sich deshalb darauf beschränken, das Überzeitliche, das Übernationale und Unvergängliche aus der Ideenwelt des großen Naturforschers, Arztes und Philosophen zu vermitteln, und zwar in gemeinverständlicher Form. Maßgebend war indessen der Gedanke, möglichst solchen Aussprüchen den Vorzug zu geben, die auch ohne unmittelbare Kenntnis des Textzusammenhanges Wesentliches aussagen, wobei bewußt darauf verzichtet wurde, Paracelsus chronologisch zu Worte kommen zu lassen. Man wird also zu einem bestimmten Thema verschiedene Äußerungen nebeneinander finden können.

Die Gruppierung der Aphorismen nach den Gesichtspunkten ‹Mensch›, ‹Natur› und ‹Gott› ist weder zufällig noch willkürlich. Das Lehrsystem des Paracelsus – es ließe sich etwa mit Sebastian Francks ‹Qui vivit in natura vivit in Deo› überschreiben – weist in der Gesamtschau zwei Pole auf: der Mensch auf der einen und Gott auf der anderen Seite. Alles, was dazwischen liegt, ist Natur, ist Umwelt. Je inniger Paracelsus sie durchdringt – ‹Experimenta ac ratio› ist das Leitmotiv seines Strebens, der ehrliche Glaube an die unerschöpfliche Heilkraft der Natur sein steter Begleiter –, desto mehr nähert er sich Gott, desto tiefer erlebt er Ihn. Obwohl im 16. Jahrhundert wurzelnd, steht Paracelsus über den Reformatoren, außerhalb der Konfessionen und deren geistlichen Debatten. Sein religiöses Ziel gilt der Verwirklichung eines ‹Gottesreiches› in uns selbst durch Zusammenschluß der Menschheit zu einer apostolischen Gesinnungsgemeinschaft.

Das Vorbildliche seiner wissenschaftlichen Leistung – Paracelsus gilt heute unbestritten als Vater der eigentlichen Chemotherapie, Förderer der Biologie, der Chirurgie, der Gewerbehygiene und der Psychiatrie – liegt in der ihm eigentümlichen Verbindung von forschender, erfahrungsmäßiger und intuitiver Naturerkenntnis im weitesten Sinne. Ausgangspunkt und Ziel ist der Mensch; ihm will er helfen, ihn will er heilen. Im hohen sittlichen Ideal des Paracelsus – seiner ärztlichen Ethik – besteht vor allem seine menschliche Größe.»

Liest man Paracelsus auf dem Hintergrund der Philosophiegeschichte, so trifft man immer wieder auf «Urweisheiten» aus den Anfängen der Philosophie und der Weltreligionen, aber es sind nicht etwa abgehobene Zitate, sondern sie fügen sich bei Paracelsus ein, als hätte er sie selbst erfunden, und sie erhalten bei ihm in der Regel auch eine neue, erstaunlich eigenständige Bedeutung. Paracelsus hat wohl einerseits die «geistige Wahrheit» solcher Urformeln intuitiv erfaßt, sie andererseits aber nur dann gelten lassen, wenn sie sich in seiner Lebenserfahrung als «richtig» erwiesen. Unter Lebenserfahrung verstehen wir hier sowohl die konkrete Anschauung, die ihm seine ärztliche Tätigkeit verschaffte, als auch sein geistiges Erleben in seiner Auseinandersetzung mit religiösen und sozialen Fragen. Im Gegensatz zu Nicolaus von Cues, der so lange als der Begründer der deutschen Philosophie galt, hat sich Paracelsus kaum je in erhabenen Spekulationen verloren und sich von der Schönheit eines Gedankens blenden lassen. Wo der Cusaner Theoretiker blieb, war Paracelsus praktizierender Arzt. Diese Praxisbezogenheit, die relativierende Tat, mochte seiner stilistischen Brillanz vielleicht Abbruch tun, dafür aber verlieh sie seinen Gedanken eine bisher ungekannte, pragmatische Relevanz. So blieb ihm vorbehalten, das geistige Erbe der antiken Mysterien und des Urchristentums mit der «Sachlichkeit» eines modernen Denkens zu verbinden, das erst Jahrhunderte nach ihm zum Tragen kam. Statt also einen Vorläufer dieser oder jener philosophischen Richtung in ihm zu sehen, täten wir vielleicht besser daran, uns auf seine Eigenständigkeit zu besinnen. Ich bin nicht allein mit der Vermutung, daß seine eigentliche Wirkungsgeschichte im philosophischen Bereich erst noch bevorsteht.

Mensch

Wäre der Mensch nicht erschaffen, wer wüßte von der Weisheit Gottes?

Einfältig werden wir in diese Welt geboren, wir wissen und vermögen nichts und bringen nichts mit uns. Wir haben aber zwei Lehrmeister: Gott und den Menschen.

«Der Vater in mir und ich in Ihm.» – So müßte der Stamm eines Baumes sprechen: Wäre ich nicht kraft der Wurzel da, so könnte ich ihr keine Früchte bringen.

Der Mensch bedenke, wer er ist und was er noch werden soll und muß. Nur wer sich selbst recht erkennen lernt und weiß, woher er kommt und wer er ist, wird auch das Ewige besser verstehen.

So groß und edel ist der Mensch, daß er Gottes Bildnis trägt und ein Erbe ist des Reiches Gottes.

Der Himmel ist der Mensch, und der Mensch ist der Himmel, und alle Menschen sind zusammen der eine Himmel, und der Himmel ist nichts als ein Mensch.

Vom Menschen sollen wir wissen, daß er keinem Elemente hörig, sondern frei ist. Weder von der Erde, vom Wasser, vom Himmel, noch von der Luft allein ist er abhängig; von ihnen allen lebt er, in ihnen allen wandelt er, und alle Dinge sind seinetwegen erschaffen, ihm müssen sie gehorsam sein. Die Gnomen hingegen bleiben in der Erde, denn wie die Schermaus bedürfen sie der Luft, des Firmaments und des Wassers nicht. Die Nymphen leben allein im Wasser, wie der Hering, die Lemuren allein in der Luft, wie der Vogel. Der Mensch aber ist mit seinem Körper keinem Elemente verpflichtet, sondern er ist frei auf der Erde und nicht in der Erde, auf dem Wasser und nicht im Wasser, unter dem Himmel, nicht im Himmel, neben der Luft, nicht in der Luft, und doch ist er der Mittelpunkt von allen vieren.

Das Zentrum aller Dinge ist der Mensch. Er ist der Mittelpunkt von Himmel und Erde.

Nichts anderes findet der Philosoph im Himmel und auf Erden, als was er auch im Menschen findet: Und so findet der Arzt nichts im Menschen als das, was auch Himmel und Erde enthalten. Nichts aber unterscheidet diese beiden als allein die äußere Gestalt.

So wie Himmel und Erde zusammengehören, also auch Himmel und Mensch. Und weil der Mensch aus der Erde ist, soll er mit irdischen, weil er aus dem Himmel ist, auch mit himmlischen Mitteln erkannt werden. Also sind Menschen, Himmel und Erde, auch Luft und Wasser *ein* Ding. Das soll dem Arzt vor allem bewußt sein.

Die ganze Welt umgibt den Menschen, und er ist von ihr umschlossen, wie der Kreis seinen Mittelpunkt einschließt. Daraus folgt, daß alle Dinge auf diesen einen Punkt bezogen sind, so wie ein Apfelkern, der von der Frucht umgeben und erhalten wird, seine Nahrung aus ihr zieht. In diesem Sinne ist auch der Mensch ein Kern und die Welt sein Apfel, und was vom Kern im Apfel gilt, das gilt auch vom Menschen in der Welt, mit der er umgeben ist. Ein jedes Ding hat seinen eigenen Ursprung: Ein Teil entspringt aus dem Ewigen, ein Teil aus dem Vergänglichen. Und Weisheit, sei es die des Himmels oder die der Erde, kann nur durch die anziehende Kraft von Zentrum und Kreis erworben werden.

Himmel und Erde machen den Menschen, und der Mensch ist ihr Sohn, ihre Tochter, ihr Kind; vom Himmel hat er den Verstand, von der Erde den Leib.

Gott will den Mann als Mann und die Frau als Frau und will, daß beides zusammen ein Mensch sei.

Was ist der Mensch anderes als ein Samenkorn? Ein Samenkorn, aus dem ein neues hervorzugehen hofft...

Schon zur Stunde unserer Empfängnis und Geburt sind wir zum Tode bestimmt.

Der Frauen Blüte ist, wenn sie empfängt. In dieser Stunde ist das Blühen da, und auf die Blüte folgt die Frucht, d. h. das Kind. Ein jeder Baum, der blüht, wird durch die Frucht, die er hervorbringen soll, zur Blüte getrieben. Der Baum, der keine Frucht in sich trägt, blüht nicht. Soll eine Jungfrau jemals blühen, so muß sie auch Frucht geben. Denn so ist die Natur der Frau, daß sie sich verwandelt, sobald sie empfängt; alle Dinge sind in ihr dann wie ein Sommer, in dem kein Schnee, kein Reif und kein Winter ist, sondern lauter Freude und Lust.

Das Kind bedarf keines Gestirns oder Planeten. Seine Mutter ist ihm Planet und Stern.

Dir sollen deine Kinder anvertraut sein und nicht einem fremden Hirten; in deiner Hand sollst du sie behalten und erziehen und nicht fremder Zucht überantworten.

Eine Frau ist wie ein Baum, der seine Frucht trägt, der Mann wie die Frucht an diesem Baum. Es braucht viel, bis der Baum imstande ist, das zu geben, um dessentwillen er ist. Nun sehet aber, wieviel mehr Gebrechen den Baum befallen können als die Birnen, wieviel die Frau im Verhältnis zum Manne! Der Mann ist ihr gegenüber was eine Birne für den Baum – sie fällt ab, läßt aber den Baum stehen. Der Baum trägt weiter Sorge für andere Früchte und für sein weiteres Leben. Darum braucht er viel Sorge, muß viel leiden und tragen um seiner Früchte willen, damit sie wohl und glücklich gedeihen.

Die Frau ist dazu geschaffen, Kinder zu gebären, aber nicht in Unehre, sondern zur Ehre und in Ehre.

Wer kann einer Frau feind sein, sie sei, wie sie wolle? Mit ihren Früchten wird die Welt bevölkert, darum läßt Gott sie lange leben, auch wenn sie noch so garstig wäre.

Ist es nicht ein Zeichen höchster Güte und ein großes Wunder, daß Gott aus einem Bauernkind oder, sagen wir, aus einem Bettler ein Geschlecht von Fürsten, Königen oder Kaisern hervorgehen läßt? Denn so werden alle geboren, die später zur Macht gelangen. Jetzt tragen sie goldene Kleider, wenn sie aber an die Vergangenheit denken, so trugen ihre Ahnen Loden. Sie haben Zepter und Kronen aus Gold, wenn sie aber rückwärts schauen, so besaßen ihre Eltern Hirtenstecken und Filzhüte.

Einer ist unser Vater, der Himmel und Erde geschaffen hat; er ist uns Vater und Mutter. Er gibt uns Speise und Trank und tut alles für uns, indem er es denen gibt, die uns erziehen. Darum und deswegen ehren wir Vater und Mutter, weil wir von ihnen gezeugt worden sind und um der Liebe, Not und Angst willen, die sie unsertwegen gehabt haben. Wir können ihnen dafür keinen Lohn geben, es ist unmöglich; Gott allein kann es belohnen. Welcher Stand auf Erden könnte auch von Gott im Reiche Gottes einen größeren Lohn empfangen als die Eltern, die auf dieser Welt Kinder erzeugt haben? Dies ist die größte Belohnung. Vor Gott ist der eheliche Stand der höchste.

Wir können unseren Eltern nie genug danken, schon allein dafür, daß sie uns gezeugt und zu Menschen gemacht haben, daß sie uns dazu gebracht haben, Gottes Kinder zu sein. In Anbetracht dessen, daß es etwas Großes ist, wenn ein Mensch dazu kommen mag und darum geboren wird, hat Gott über das hinaus, was wir aus dem Licht der Natur erkennen, geboten, gegenüber Vater und Mutter noch mehr zu tun. Denn wie sehr wir uns auch bemühen, ihnen erkenntlich zu sein, wir können denen nie genug dankbar sein, von denen wir gezeugt worden sind, von denen wir Fleisch und Blut empfangen haben und wozu uns Gott die Seele gegeben hat. Nun siehe! Ist es nicht eine große Sache, daß wir mit Fleisch und Blut ins Leben, in die Welt gebracht wurden, um die Seele zu empfangen, so daß wir aus diesem Grunde durch göttliches Gebot verpflichtet sind, Vater und Mutter ohne Unterlaß zu ehren und nicht darauf Rücksicht zu nehmen, wer wir sind, ob Edle oder Unedle, Gute oder Böse, Fromme oder Unfromme, sondern allein darauf, daß wir zu Menschen geworden sind, gleichgültig auf welchem Wege. Wer kann das ausreichend vergelten und zu Ende bezahlen, daß er sagen darf: Ich bin Vater und Mutter nichts mehr schuldig, ich habe genug für das getan, was sie für mich getan haben? Das ist nie möglich und darf nicht sein.

Wenn ein Mann und eine Frau zusammenkommen, die zueinander gehören und füreinander bestimmt sind, so kommt es zu keinem Ehebruch, weil sie mit Leib und Seele eins sind. Finden sich die beiden aber nicht, so ist keine stetige Liebe da, sondern eine Liebe, die wie ein Rohr im Wasser schwankt. Einem buhlerischen Manne fehlt das rechte Eheweib zu seiner Ergänzung, wie einer buhlerischen Frau der rechte Mann. An jene, die nicht zusammenpassen, richtet sich das Gebot, die Ehe so zu halten, als gehörten sie zusammen. Denn es gibt zweierlei Ehen: Solche, die Gott zusammenfügt, und Ehen, die der Mensch selber schließt. Die ersteren halten sich ungezwungen an das Gebot, die anderen nicht; sie bindet nur das Gebot.

Was erhält die Ehe und was ist sie? Allein die Erkenntnis der Herzen, das ist ihr Anfang und Ende.

So wie es eine Liebe unter dem Vieh gibt, daß es sich paart und daß Weibchen und Männchen zusammenhalten, so ist auch unter den Menschen eine solche Liebe tierischer Art, die ein Erbe des Tieres ist. Daher kommt es auch, daß einer dem anderen hold oder feindlich, gut oder schlecht gesinnt ist, so wie die Tiere einander gram und zornig, neidisch und gehässig sind. Wie sich Schlangen und Kröten stets ihrer Natur gemäß verhalten, so auch der Mensch, und wie sich

Hund und Katze hassen, geraten auch die Länder widereinander. Das alles entspringt dem tierischen Wesen. Wenn Hunde miteinander uneins werden und einander beißen, so geschieht es aus Neid, aus Geiz, weil ein jeder alles für sich haben, alles allein fressen und dem anderen nichts lassen will; das ist viehische Art. Darin ist der Mensch ein Sohn der Hunde. Auch ihm haftet solcher Neid an, solche Untreue und Mißgunst, daß einer dem anderen nichts gönnen mag. Wie die Hunde sich um eine Hündin beißen, so ist auch des Menschen Buhlen hündischer Natur. Solches wird bei den Tieren gefunden, und wie in ihnen, so ist es auch im Menschen.

Die Tiere sind des Menschen Spiegel, darin er sich betrachten und erkennen soll, daß er ist wie sie und sie wie er.

Der Leib ist das Haus der Seele, die Seele aber eine Behausung der guten und bösen Geister, die im Menschen wohnen. Ein Beispiel: Es sitzt ein König im Rate und hat viele Ratgeber. Der eine Teil von ihnen ist gut, der andere bös. So wird ihm alles Gute und Böse geraten. Er selbst hat die Wahl, ob er das tun will, was der eine oder der andere Teil geraten hat. Bei ihm liegt die Freiheit, zu folgen, wem er will. So ist auch die Seele ein König im Menschen, mitten im Rat der Naturgesetze, nach welchen er sich richten soll.

Einer, der regieren will, muß Einblick haben in die Menschenherzen und dementsprechend handeln. Darum regiert er falsch und schlecht, wenn er die Herzen außer acht läßt und gereicht dem Lande zu Schande und Schaden.

An einem Menschen liegt so viel wie an einem anderen. Ein jeglicher besitzt seine besondere Gabe, Kunst, Weisheit, sein eigenes Recht. Wer aber über andere gesetzt ist, soll um so mehr ein Diener sein und ohne Neid und Falsch sich unterordnen.

Jeder Vogel offenbart sich durch seinen Gesang, jeder Baum durch seine Frucht. So wie wir diese beiden beachten, müssen wir auch die Merkmale der Menschen erkennen und ermitteln, zu welchem Baume sie gehören. Dann weiß man, was man von ihnen zu denken hat. Denn verderblich ist es, von Brunnen zu trinken oder von Bäumen zu essen, die man nicht kennt: Wie leicht ißt man sich den Tod!

Was wäre der Mensch, wenn keine Seele in ihm wäre? Erst die Seele macht ihn ganz. Was sollte die Erde, wenn sie keine Frucht trüge? Die Frucht ist ihre Erfüllung. Und was sollte die Frucht, die taub wäre? Nichts.

Ihr sollt wissen, daß nichts von uns zu Gott käme, wenn nicht ein Engel in uns wäre, der einen inneren himmlischen Botendienst zwischen uns und Gott leistete. Noch würde etwas von Gott zu uns gelangen ohne einen solchen Mittler, der schneller ist als alle Gedanken. Ehe uns ein Gedanke in den Sinn kommt, war er schon bei Gott und kam wieder zu uns zurück. Es ist das Amt der Seele, ein Engel zu sein, und die Bestimmung des Menschen, seinen Engel zu gebrauchen, ist dieser doch nichts anderes als das Unsterbliche im Menschen.

Die Seele ist es, die allezeit der Menschen Bürden und Freuden trägt. Ihr sind Vernunft, Voraussicht und Weisheit beigegeben. Diese drei sollen den Leib beherrschen und erziehen, damit der Seele kein zu schweres Joch auf den Nacken gelegt werde. Über diese drei ist außerdem der Geist gestellt, von welchem die Vernunft regiert wird, wie auch die Weisheit und Voraussicht. Daraus ergibt sich die Ordnung des Lebens, und so geht alles aus dem Lichte des Geistes hervor.

Der Geist ist nicht die Seele, sondern, wenn es möglich wäre, so wäre der Geist die Seele der Seele, wie die Seele der Geist des Leibes ist. Denn der Geist des Menschen ist nicht der Leib, ist nicht die Seele, sondern ein Drittes im Menschen.

Der Mensch ist wie das Bildnis der vier Elemente in einem Spiegel; zerfallen die vier Elemente, so geht auch der Mensch zugrunde. Steht das, was vor dem Spiegel ist, still, so ruht auch dessen Spiegelbild. Darum ist die Philosophie nichts anderes als allein das Wissen und die Erkenntnis dessen, was seinen Abglanz im Spiegel hat. Und gleicherweise, wie sich das Bild im Spiegel niemandem zu erkennen oder über sein Wesen Aufschluß zu geben vermag, sondern nur ein totes Bildnis ist, so auch der Mensch. Denn von ihm selbst wird nicht mehr erkannt, als jenes äußere Wesen, dessen Spiegelbild er ist.

Die Kunst ist das beständigste Gut, das ich habe, der beste Reichtum, den kein Dieb stehlen kann, kein Feuer, kein Wasser zerstören. Nähme mir einer das Leben, die Kunst würde ihm doch nicht zuteil, denn sie ist in mir verborgen und ein ungreifbares Gut.

Ist dir eine Gabe verliehen, so walte damit frei und froh wie die Sonne: Gib allem von deinem Glanz! Laß deine Gaben reifen, wie die Erde Baum und Garten im Frühling, und verschwende sie wie das Meer seine Fische; niemand, wer es auch sei, soll dich daran hindern.

Wir tragen göttliche Weisheit im sterblichen Leibe. In unseren Kräften haben wir Künste, die Gott allein gehören; sie werden uns gegeben in der Stunde der Empfängnis.

Die Weisheit des Menschen ist in keinen Dienst gestellt und ist niemandes Knecht, sie hat ihre Freiheit nicht hergegeben, noch aus der Hand gelassen.

Einem jeden wird der Geist zuteil, den er begehrt: Dem einen der Geist der Weisheit, dem andern der Geist des Wissens, dem der Geist des Glaubens, jenem der Geist des Gesundmachens, diesem der Geist der Macht, jenem der Geist der Weissagung und einem anderen wiederum der Geist der Rede.

Wer vermöchte zu sagen, was Recht sei, und wer unter uns sterblichen Menschen dürfte sich vermessen, ein Urteil abzugeben, das vor Gott bestehen könnte? Wie kann einer sich selbst preisen und den anderen verurteilen, wo doch niemand selbst weiß, wer er im Grunde ist?

Bedenket, daß wir unseren Bruder nicht einen Toren heißen sollen, wissen wir doch selber nicht, was wir sind. Gott allein ist Urteilssprecher und Erkenner der Dinge.

Wie kann der Mensch sagen: «ich bin gewiß», wo ihm so viel dazu fehlt? Wahr ist vielmehr, daß er um nichts weiß, um die Stunde seines Todes nicht und um keine seines Lebens, noch seiner Gesundheit.

Der Mensch ist so beschaffen, daß durch Geburt und Schöpfung sein Feind in seinem eigenen Leib eingeschlossen ist; aus diesem Grunde ist er von Krankheit und Tod umgeben. Und wenn er sich am gesundesten fühlt, so ist dies nur Täuschung, denn die Zerstörung ruht keinen Augenblick.

Da wird ein Kind geboren, welche Freud'! Da wird auch einer sterben, wieviel Leid! Und beides unter einem Dache...

Viel Not umgibt Gesundheit und Krankheit.

Wie jeder Tag seine eigenen Sorgen trägt, ist auch einem jeden Menschen sein Kreuz aufgebürdet. Unter dem Kreuz werden wir in das Himmelreich eingehen, kommt doch das Kreuz selber vom Himmel.

Viele meinen, ein Kreuz zu tragen, und tragen doch nur ihre eigenen Schwächen.

Wer in Dornen gehen will, wie kann der unzerrissen herauskommen? Der auf der Ebene wandelt, den macht kein Berg müde. Der sich vorsieht, wo er geht, der fällt nicht. Wie kann darum einer sagen, wenn er zu Fall kommt, ich habe Unglück, da er es sich selbst zufügt?

Es gibt angeborene und anerzogene Sitten. Wie wir erzogen werden, so ist unser Brauch. Ob diese Sitten Gott und dem Nächsten dienen oder nicht, ob wir in ihnen beständig sind oder nachgiebig wie ein Rohr im Winde, danach läßt sich der Mensch zur Genüge erkennen. Ihr sollt darum das Wesen des Menschen nach seinen sichtbaren, angeborenen, ihm zugeordneten Merkmalen zu beurteilen und ihn an seiner äußeren Erscheinung zu erkennen wissen, denn die äußeren Zeichen offenbaren, was im Innern ist.

So unzulänglich ist der Mensch, er ist eine so unbeständige Natur, daß auf ihn nicht viel Verlaß ist.

In der Not wird der Mensch erprobt, da zeigt es sich, was er ist. Denn in den Nöten erweisen sich die Dinge und treten hervor. Man sagt oft: Das ist ein aufrechter Mann, ein standhafter Mann, ein treuer Mann, man sieht es ihm an ... Der eine hat viel Zeichen der Treue und wenig Zeichen der Untreue, der eine mehr von dem, der andere mehr von jenem. Wie die Natur einen Menschen zeichnet, indem sie ihn so und nicht anders prägt, auf diese Zeichen soll man achthaben.

Kein Mensch auf Erden ist so schwach, daß seine Kraft nicht ausreichte, den Teufel zu überwinden.

Daß der Mensch Gott die liebste Kreatur ist, lieber noch als die Engel, das beweist Sein Tod, den er für den Menschen, nicht aber für Luzifer erlitten hat.

Die größte Wohltat, die uns Gott erweist, ist die, daß Er uns immer wieder mit hervorragenden Geistern versorgt, die uns anleiten, lehren und führen sollen zum ewigen, seligen Leben.

Der Treue gebührt die Treue, der Wahrheit die Wahrheit, der Gerechtigkeit die Gerechtigkeit und nicht Gerechtigkeit der Ungerechtigkeit.

Unser Anfang ist der Glaube. Er soll in unserem Herzen wohlversorgt wie ein Schatz in einem unbenützten Schrein verschlossen sein. Wenn ein Armer kommt, soll man ihn öffnen und ihm die Gabe schenken, die darin verborgen liegt: die Liebe. Haben wir die Liebe hervorgeholt, die in diesem Schatz liegt, und wandeln wir in ihr auf Erden, so mögen wir auch der dritten Tugend gewärtig sein: der Hoffnung auf die Ewigkeit. Wer aber nicht die Liebe aus jenem Schatz herauszuholen versteht, dessen Hoffnung ist leeres Stroh.

Versprechen, die wir einander geben, müssen wir halten, und sollte der Boden unter uns brechen. Ja, es wäre besser, der Boden stürzte mit uns ein und risse uns mit ins Verderben, als daß wir uns gegenüber unserem Nächsten eine Lüge zuschulden kommen ließen. Denn die Lüge zerreißt nur unsere eigene Brust. Aller Betrug entstammt der Lüge. Darum halte darauf, daß dein Wort beim Ja bleibe und kein Nein werde.

Brüder sind wir alle und nicht voneinander geschieden, sondern alle eins. Drum ist dein Trost aller Trost.

Es sind auf Erden vier Künste gegeben: der Landbau, die Handwerke, die Wissenschaften und die Regierung. Sie alle erhalten sich gegenseitig; jeder Teil unterstützt und erhält die drei anderen Teile und so weiter. Diese vier sind so eng miteinander verknüpft, daß kein Teil den anderen verächtlich machen und ohne ihn auskommen kann. Darum soll kein Teil zu den drei anderen sagen: Was geht ihr mich an?

Alle Menschen auf der Welt haben ihren Anteil an der Erde, und es wächst darauf genug, daß jedem sein Teil zukommen könnte. Daß es aber Teuerungen gibt, hat zwei Ursachen. Eine davon liegt in der Natur; Hungersnöte aber töten keinen Menschen. Denn was heuer nicht ist, gab's im vorigen Jahr. Es ist allemal genug da. Die andere Teuerung aber entsteht, wenn wir es einander vorenthalten und nicht geben wollen, sondern damit Wucher treiben. Nun sieh, wie gut und harmlos die erstgenannte Teuerung ist, sofern das Liebesgebot herrscht und der Reiche sich freut, den Armen zu helfen. Dann wäre und ist allemal genug da, daß niemand zu hungern brauchte! Und es wäre noch viel mehr da, wenn Wucher und Handel und Schatzung, wenn der Zehnte mit Zins und Zinseszins nicht wären! Bedenke aber, daß jedermann von der Jugend bis zum Tode genug hätte, wenn die Liebe bei uns wäre. Nun soll aber die Liebe besonders bei den Reichen sein, denen die Erde Nutzen bringt. Ist sie da, wie selig ist dann die Erde, die ein solches Volk trägt! Wo sie aber fehlt, da wachsen Diebe, Mörder und ihresgleichen, und ein jeder sinnt auf Selbstbereicherung. Solches Tun aber führt zur Schelmerei, zu Lug und Trug, und so werden die Kinder der Verdammnis geboren, die daraus entstehen, daß das Gebot der Nächstenliebe nicht befolgt wird. So wird der Reiche verdammt aus eigener Schuld, und mit ihm der Arme. Wie groß ist aber die Verdammnis des Reichen, der durch Mißachtung des Gebotes den Fluch auch auf seinen Nächsten lädt! Leben bedeutet Fechten und Kämpfen. Wer erschlagen wird und auf der Walstatt bleibt, der hat den Sieg errungen. Nur der Getroffene hat den Sieg, nur der hat bestanden.

Der getroffen werden soll und der treffen soll: beide sind gefährdet.

Wer seinen Feind mit Sanftmut überwindet, dessen ist der Ruhm.

Der Mensch ist nur ein Gast auf Erden. Denn welchen Rechtsanspruch hat er hier? Gar keinen, ebensowenig wie ein Gast in eines andern Haus. Hat er doch nichts mit sich gebracht und nichts gemacht, das sein wäre, kein Körnlein, kein Bäumlein, kein Gräslein; alles ist vielmehr schon vorher dagewesen, ehe er kam, und es gehört einem andern und nicht dem Menschen. Das allein ist unser, was wir nach dem Tod mit uns tragen und das uns nicht verlassen kann. Was uns der Tod nimmt, gehört uns nicht.

Wir sind auf Erden nichts anderes als Bauleute des Gelübdes, das wir in der Taufe empfangen haben und das unsere Berufung ist.

Wir Menschen auf Erden erfahren alles, was in den Bergen liegt, durch äußere Kennzeichen und Merkmale, ebenso alle Eigenschaften der Kräuter und alles, was den Steinen innewohnt, und nichts gibt es in den Tiefen des Meeres, nichts in den Höhen des Firmamentes, was der Mensch nicht zu erkennen vermöchte. Kein Berg, kein Fels ist so dicht, daß er dem Menschen verbergen oder verheimlichen könnte, was in ihm ist. Alles tritt durch sein bestimmtes Kennzeichen zutage. Denn eine jede Frucht ist ein Zeichen, woran erkannt wird, was in dem ist, von dem sie stammt. So kann es auch nichts im Menschen geben, was nicht in seinem Äußeren ein Merkmal hätte, wodurch zu erkennen wäre, was in jenem ist, der das Zeichen trägt.

Kein Geschöpf gibt es, an dem die Natur nicht in Zeichen offenbarte, was in ihm ist. Nehmt zum Beispiel den Menschen: nichts Natürliches ist in ihm, das nicht auch äußerlich an ihm wahrgenommen werden könnte, sei es an seinem Wesen, seinen Proportionen, sei es an seinen Gebärden, seiner Sprache, seinen Augen,

Ohren usw. ... Wer nun erfahren sein will in der Arznei und das ihm Zustehende erkennen will, der soll auch diese Kunst üben: nämlich in den äußeren Zeichen zu lesen, welche Bedeutung ihnen die Natur im Innern gibt. Denn alles, was den empfindlichen und unempfindlichen Geschöpfen innewohnt, trägt seine äußeren Zeichen, durch die das Innere ergründet werden kann.

Es braucht viel Erfahrung, Weisheit und Verstand – der wahrlich nicht genug geübt werden kann –, um all die vielfältigen Schattierungen in der besonderen Art und Eigenschaft jedes einzelnen der vielen hunderttausend Menschen auf Erden zu kennen und zu berücksichtigen.

Ich weiß, daß Gott noch viel Seltsames an den Tag bringen wird, das noch nie enthüllt und eröffnet worden ist und von dem keiner je gewußt hat. Wahrlich, nichts ist verborgen, das nicht einmal offenbar würde. Nach mir wird einer kommen, der das Wissen hat, und es eröffnen.

So triumphiert Gottes Geist unter den Menschen auf Erden.

Gott hat viele wundersame Geheimnisse in den Menschen gesät, die in ihm liegen wie die Samenkörner in der Erde. Und wie zur Sommerszeit die Samen aus der Erde sprießen, so sollen auch die Blumen und Früchte, die Gott in den Menschen gelegt hat, zur rechten Zeit hervorkommen. An allen Früchten der Erde, die rechtzeitig heranwachsen, hat Gott Sein Wohlgefallen, auch an den Früchten des Menschen, wenn sie erntereif sind, denn es freut Ihn, wenn Seine Geschöpfe nichts in sich zurückbehalten, sondern alles aus sich hervorbringen und Gott ihren Schöpfer durch ihre Werke loben.

Kann die Zeit Regen bringen, Rosen, Blumen und alle Dinge vom Anfang bis zu ihrem Ende gestalten, und niemand mag ihr das verwehren, so kann sie auch die Krankheit zum Ausbruch bringen nach ihrem Gefallen. Nie darf der Arzt vergessen, daß die Zeit solches vermag, sonst kann er das Mögliche und das Unmögliche nicht erkennen und nicht verstehen, was ihm trotzdem noch zu tun möglich ist, damit die Arzneikunst, die Gott geschaffen hat, in Ehren gehalten und die Krankheit nicht verschlimmert werde, was nicht in Gottes Absicht liegen kann. Die Zeit weht scharf, denn jede Stunde bringt etwas Neues. Wie die Gedanken der Menschen jede Stunde wechseln und zwölfmal im Tag andere sind, und keiner sie kennt, denn Einer allein, also ist es auch mit der Zeit. Immer wieder bringt sie Neues, wer aber kann ihren scharfen Hauch, ihr Geheimnis und ihre Absicht verstehen und ermessen? Darum soll sich der Arzt nicht zu sehr aufspielen; denn es ist ein Herr über ihm – die Zeit –, die mit ihm spielt wie die Katze mit der Maus.

Es ziemt sich nicht, Rosen vorzeitig brechen zu wollen, sondern erst dann, wenn sie erblüht sind.

Besser, ein langes Leben erstritten, als ein kurzes Leben und die Lust dieser Welt nicht gesehen haben!

Von Menschen, die ihre Gottesgaben verwirklichen und anderen dienstbar machen, ist Glück und Heil und eine Jüngerschar voll Ehrsamkeit und Frömmigkeit zu erhoffen.

Darum sei und bleibe, wozu dich Gott bestimmt hat.

Ein jeder bleibe wie ein Fels in seinem Wesen.

Wer will die Weisheit beschreiben in ihrer Vielfalt, als allein der, der sie besitzt? Wer aber kann sie besitzen? Der Mensch hat sein Wissen daher, daß er die Weisheit selbst ist, und weil sie in ihm ist, darum weiß er sie zu beschreiben.

Niemand soll schreiben außer dem, den Gott auf irgendeinem Gebiet dazu bestimmt hat. Der Phantasie aber und der Betrachtung ist keine Grenze gesetzt.

Wieviel tausend Bogen werden mit großer Mühe beschrieben, und doch ist am Ende alles Narretei! Wär's nicht klüger, sich zu sagen: «warte ab und laß es erst reif werden»? Was vor dem Brot in den Ofen fahren will, mißrät. Wer ernten will, wo keine Saat ist, der betrügt sich selbst.

Bemühe dich vor allen Dingen, alles, was du unternimmst und vollbringst, aus freien Stücken, mit Verstand und willigem Gemüt zu tun.

Wir sind zum Wachen geboren, nicht zum Schlafen!

Besser ist Ruhe denn Unruhe, nützlicher aber Unruhe denn Ruhe.

Gibt es Ruhe auf dieser Welt? Mitnichten! Dann hat man Ruhe, wenn man Gott sorgen läßt. Denn sein Joch ist leicht, seine Bürde sanft, aber das Joch unserer Weisheit ist schwer.

Was der Mensch erstrebt, wird ihm zuteil.

Strebst du danach, ein König zu werden, so ist es auch möglich, daß du dahin gelangst. Nur lerne erst, wie man König werden kann. Denn ist es einem anderen möglich, so wird es auch dir möglich sein.

Bist du ein Ritter, was willst du mit goldenen Halsketten, goldenen Sporen und Zäumen? Willst du ein Ritter sein und ein Streiter für die Seligkeit, dann sei ein Ritter im Freisinn und nicht im Blutvergießen!

Wohin man sieht, ist Unfrieden.

Wie groß wäre der Friede auf Erden, wenn keiner des andern Gut begehrte! Viel Krieg und Zank würden unterbleiben und niemand wüßte, was reich oder arm ist. Solche Gleichheit ist Seligkeit.

Im seligen Leben soll es keine Waffen geben, damit niemand durch sie Schaden leide.

Wo wird mehr gemordet als im Krieg, wo ungeheure Morde geschehen? Einer wartet auf den anderen, einer jagt den anderen, einer lauert dem anderen auf, sucht und will seinen Tod. So wird gekämpft und gemordet auf der einen wie auf der anderen Seite. Die beiden, die sich gegenüberstehen und verfolgen, sind beides Totschläger, von denen einer erschlagen, der andere aber überleben wird. Der Erschlagene hat ja nichts anderes begehrt, als daß der von ihm gewollte Totschlag nicht an ihm selbst vollzogen werde. Es ist einer, was der andere.

Was soll's dem Manne, der die ganze Welt erlangt, wenn seine Seele verdammt wird?

Gott hat uns alle erschaffen, und durch Seine Schöpfung hat Er sich selbst offensichtlich Unfrieden und Unruhe gestiftet. Wenn nun Gott selbst in Unfrieden lebt und Ihm kein Friede gehalten wird, so wisset, daß viel weniger der Mensch, Seine Kreatur, von Unfrieden und Unruhe verschont bleiben wird. Hat Er es Seinem eigenen Sohn nicht erlassen, daß er soviel Unfrieden erleben mußte, so wird Er uns allen das Kreuz auferlegen und es uns zuweisen nach Seinem Willen, sei nun der unsere, wie er wolle.

Entsteht ein Krieg, so geschieht es deswegen, weil Gott über ein Land eine Strafe schickt, damit durch eine solche Strafe die Welt erneuert werde. Der Feind braucht dann dasselbe Maß, womit die Menschen Gott im Himmel gemessen haben.

Nur eine Kriegsart bildet eine Ausnahme, dann nämlich, wenn du in Frieden lebst und der Feind kommt, der dir das Leben nehmen will; das sollst du beschützen, solange du vermagst, denn Gott schützt es dir auch.

Es gibt von Gott verhängte Plagen, die alle ausbleiben würden, wenn wir Gottes Geboten folgten, Ihn und den Nächsten liebten und dies mit vollkommener Liebe. Denn in solcher vollkommener Liebe müssen wir das ewige Leben erlangen. Ohne diese Liebe wird uns aber auch Gott keine Liebe zuteil werden lassen, sondern mit dem Maße messen, womit wir gemessen haben.

Obwohl uns das Sprechen verliehen ist, müssen wir es lernen. Beim Lernen aber wächst und grünt in uns die Gabe, wie das Gras aus der Erde.

In Werken und Taten und redlicher Arbeit offenbart sich das Gute; das Böse handelt nicht und redet viel. Drum darf man einen Menschen nicht nach dem Mundwerk beurteilen, sondern nur nach seinem Herzen. Das Herz spricht aus der Rede erst, wenn es die Werke beweisen.

Wie du redest, so ist dein Herz.

Die Rede liegt nicht in der Zunge, sondern im Herzen. Die Zunge ist allein das Instrument der Rede. Wenn einer stumm ist, so ist er im Herzen stumm und nicht in seiner Zunge. Darum soll, was die Zunge redet, aus dem Herzen gehen, denn in ihm liegt die Wahrheit, die Treue und die Liebe.

Die Meinung schafft das Wort, und die Meinung ist die Mutter der Rede.

Ein Wort ist rasch gehört, es dauert nur kurze Zeit, aber schwer gelangt es auf den Grund des Herzens.

Von der Jugend bis ins hohe Alter dauert die Erfahrung. Nicht zehn Stunden bleibt einer, ohne zu lernen.

Der an den letzten Dingen lernt, geht durch eine harte Schule.

Unmöglich ist es, alles aufzuzeichnen, was uns begegnen kann, bringt doch jede Zeit und Stunde etwas Unerhörtes hervor.

Kein Tag will übersprungen sein!

Niemand sieht, was in ihm verborgen ist, sondern nur, was seine Werke offenbaren. Darum sei der Mensch unaufhörlich tätig, auf daß er sich selbst erkennen lerne und wisse, was ihm Gott gegeben hat.

Wie der Mensch ist, so sind auch seine Tugenden und Kräfte.

Die Kleidung ist Arbeit von Menschenhand und nicht mit uns gewachsen. Der Mensch selbst stammt nicht von Menschenhand, nur sein Ornat.

Alles, was der Mensch tut oder handelt, lehrt oder lernen will, das muß sein Gleichmaß haben, es muß seiner Linie folgen und in seinem Kreise bleiben, damit nichts Ungleiches da sei, nichts Krummes und nichts, was über den Kreis hinausgehe.

Gott hat allen Dingen ihren Lauf gegeben und bestimmt, wie hoch und wie weit sie gehen dürfen, nicht darüber, nicht darunter.

Wir alle haben ein Erbe, das ist die Weisheit. Von ihr erben wir alle gleich viel. Einer aber wuchert mit seinem Erbe, der andere nicht, einer vergräbt es, läßt es liegen und geht darüber hinweg, der andere gewinnt damit, einer viel, der andere mehr. So wie wir das Erbe anlegen, üben und gebrauchen, haben wir viel oder wenig davon, und doch haben wir es alle, und es ist in uns.

Fasse Geduld und halte nicht schon jedes Korn für eine Ähre! Warte ab, die Stunde kommt, da alles aus dir heraustreten wird! Was aus dir geboren werden muß und was in dir ist, das kommt heraus, und du weißt nicht, wie oder von wo es kommt oder wohin es will.

Es ist zwecklos, die Dinge gleich für ewig festzulegen. Denn was vermag schon der Mensch auf Erden Ewiges zu leisten und aufzurichten? Ist er doch nicht sicher, ob das, was er am Morgen leistet, am Abend noch Bestand hat! In allem mußt du eben handeln und wandeln, wie die Zeit es gibt. Sie zieht dich nach, und du mußt ihr folgen.

Viel muß von einem Baum abgehauen werden, von seinen Zweigen und Ästen, bis er grad und schön und ohne Fehl dasteht. Wie viele Bücher sind schon geschrieben worden, bis endlich einige unsterbliche entstanden; dies sind dann die Äste, die den Baum in seiner Frucht und in seinem Obste zieren. Ein Schüler muß lernen und vieles vergeblich schreiben, bis er die Buchstaben beherrscht. Sollten aber darum die schlecht geschriebenen Buchstaben gelten und uns vor Augen stehen? Nein, sondern die letzten, die besten, die er schön geschrieben und wohl begriffen hat!

Alle Dinge werden dem Menschen mühelos in die Hand gelegt, sie wachsen ohne sein Zutun. Die Erze formen sich ohne des Menschen Hilfe und ebenso die Blumen. Will er sie jedoch benützen oder genießen, dann geht seine Arbeit an. Zwar ist Eisen Eisen, aber noch kein Pflug oder eine Zimmeraxt, Korn ist Brot, aber es ist noch nicht als Brot zu genießen. So ist es mit allen Erzeugnissen; Gott hat uns damit begabt, sie zu unserer Erhaltung zu gebrauchen.

Hat dir Gott Kenntnisse verliehen, durch die du reich und groß werden kannst vor der Welt, so hüte dich davor, dich mit fremdem Gut zu überladen, sondern brauche sie zu Gunsten deines Nächsten und übe darin Gerechtigkeit. Denn du hast sie nicht darum erhalten, daß sie dir allein nützen sollen, sondern darum, daß auch andere daraus Nutzen ziehen, und zwar mehr die anderen als du. Sei wie eine Mühle, die Tag für Tag mahlt; das, was sie mahlt, gehört anderen Leuten, nicht ihr. Laß dir das ein Beispiel sein. Denn nichts wird dir gegeben, daß es dein eigen sei, sondern daß es anderen gehöre. Wie ein Arzt, der die Heilkunst beherrscht, andere gesund macht, sich selber aber zuletzt. Denn darum ist ihm die Arznei gegeben, daß er anderen helfe und sich selbst am wenigsten. Gott gibt dem einen vom Erdreich, dem anderen vom Handwerk, dem dritten von der Wissenschaft, einem jeglichen gibt er, was dem anderen nützt.

Alle Dinge, die wir auf Erden gebrauchen, sollen wir zum Heil gebrauchen und nicht zum Unheil. Und nicht mehr und nicht anders als zu dem, wozu sie bestimmt sind. Nichts sollen wir hinzufügen und nichts wegnehmen, nichts verderben und auch nichts verbessern wollen.

Gleicherweise wie ein Fischer, der die Fische aus dem Wasser zieht, die Angelkunst am Wasser lernen muß und ein Steinmetz die seine am Stein, so muß ein jeder, der nach Erkenntnis strebt, sein Wissen unmittelbar aus der Natur seines Gegenstandes schöpfen, das Himmlische aus dem Himmel, das Irdische aus der

Erde, die Sonne aus der Sonne, die Krankheit aus der Krankheit, das Recht aus der Gerechtigkeit und das Feuer aus dem Feuer. Alles andere ist Phantasterei und eine Torheit dieser Welt. Denn von Gott und Seinem Wesen reden, kann nicht vom Teufel, vom ewigen Leben reden, kann nicht in der Hölle gelernt werden, sondern alles wird an sich selbst erfahren. Das ist die Schule, das Buch und der Meister des Wissens.

Das Buch, in dem die Buchstaben der Geheimnisse sichtbar, erkennbar, greifbar und ausdrücklich geschrieben stehen, so daß man alles, was man zu wissen begehrt, am besten gerade in diesem Buche durch den Finger Gottes eingezeichnet findet und demgegenüber, wenn es richtig gelesen wird, alle anderen Bücher nur toter Buchstabe bleiben, soll durch kein anderes erläutert und nirgends sonst gesucht werden, als allein im Menschen. Er ist das Buch, worin alle Geheimnisse geschrieben stehen; ausgelegt aber wird dieses Buch durch Gott.

Zuerst das Wissen, dann der Glaube und danach die Frucht: das ist der Boden, auf dem der Philosoph zu stehen hat.

Ein Philosoph soll über Anfang und Ende dessen Bescheid wissen, wovon er philosophiert.

Nicht der Anfang macht einen Philosophen, sondern das Ende macht den Meister. Bedenkt, daß ein Ding nur am Ende seines Wesens in vollkommener Natur gefunden wird.

Natur

Was in der Natur ist, das ist natürlich.

Alle Dinge, die in der Natur vorhanden sind, sind um des Menschen willen da. Und da sie seinetwegen geschaffen wurden und der Mensch es ist, der ihrer bedarf, so folgt daraus, daß er alles erforschen soll, was in der Natur verborgen liegt.

Nichts ist geschaffen, was nicht vom Menschen zu ergründen wäre. Und alles ist geschaffen, damit er nicht müßig gehe, sondern auf den Wegen Gottes wandle.

Wunderbar ist Gott in Seinen Werken, die zu ergründen Tag und Nacht nicht unterlassen werden soll. Wachen sollen wir und täglich in ihrer Erforschung Fleiß anwenden, denn das heißt auf Gottes Wegen wandeln.

Nichts ist so verborgen, daß es nicht durch seine Frucht offenbar würde.

Sehet euch die Kräuter an! Ihre Kräfte sind unsichtbar und dennoch werden sie in ihnen gefunden. Sehet euch die Tiere an, die weder reden noch deuten können, und doch ist nichts so verborgen in ihnen, daß es der Mensch nicht erführe. So werden alle Dinge, seien sie in der Erde oder im Meer, im Chaos oder im Firmament, zu ihrer Zeit offenbar werden.

Gott verlieh dem Menschen den Verstand, das von ihm Wahrgenommene auch beurteilen zu können. Wozu sollte diese Gabe sonst von Nutzen sein, als die Werke Gottes durch deren Erkenntnis zu beurteilen, um durch die eigene Anschauung zum vollkommenen Wissen dessen zu gelangen, wer, was und wie Gott ist?

Was ist das Glück anderes, als Ordnung zu halten nach der Weisheit der Natur? Und was ist Unglück, als der Ordnung der Natur zu widerstreben?

Das Vollkommene soll über das Unvollkommene herrschen.

Wie darf der Faule sagen, er habe kein Glück, dieweil er nichts tut, als hinter dem Ofen sitzen, in der Meinung, es gebe ein Glück, das komme über das Feld daher und er brauche nur darauf zu warten?

Wer anders ist der Feind der Natur, als der sich für klüger hält als sie, obwohl sie unser aller höchste Schule ist?

Das Buch der Arznei ist die Natur. In gleicher Weise, wie du dich selbst im Spiegel siehst, so mußt du auch in der Natur dein ganzes Wissen sehen, mit ebensolcher Sicherheit und mit ebensowenig Täuschung, wie du dich leibhaftig im Spiegel erblickst.

Die äußeren Dinge sind die Erkenntnis der inneren.

Dies ist die Bestimmung des Menschen, daß er lerne und erfahre, Gutes und Böses zu unterscheiden und das Gute in seinen Dienst zu stellen. Wissen wir nichts davon, so wissen wir auch nichts von Gott. Wie kann das aber ein Glück sein, wenn ein Mensch nichts weiß? Ein Wissender ist noch niemals einer Versuchung unterlegen und noch niemals dem Aberglauben verfallen. Wo denn herrscht Aberglaube? Bei jenen, die nichts wissen. Wo ist die Hoffart? Nur bei den Unerfahrenen. Und wo die Torheit? Bei jenen, die sich mit der eigenen Unwissenheit begnügen und nicht weiter in Gottes Weisheit eindringen.

Eine jegliche Arbeit, die in der Weisheit Gottes geschieht, erkennt Gott, je nachdem sie ist. Viel Arbeit gibt große Erkenntnis.

Der Mensch soll nichts von sich aus unternehmen oder dies oder jenes tun, es sei denn, er tue es im Geiste Gottes, auf daß er sich nicht eine Bürde auflade, der er nicht gewachsen ist. Denn wir sollen nicht nach unserem, sondern nach Gottes Sinn handeln und wandeln.

Besser wenig, aber gut, als viel und nicht gut.

Der Wille Gottes ist das Arcanum in den natürlichen Dingen.

Alles hängt von der Erfahrung, vom Lernen und vom Geschick ab. Dabei darf man aber nicht feiern, noch schlafen, nicht faul sein, nicht langsam, sondern emsig, fleißig und muß ohne Unterlaß dem gesteckten Ziele zustreben. Denn der Mensch ist mit solcher Vernunft begabt, daß er, wenn er sie übt und sich dazu schickt, nicht allein in vergänglichen Dingen erfolgreich ist, sondern auch in Weisheit, Vernunft und Phantasie. Der Verzagte aber bleibt verzagt. Wer soll ihm helfen oder wer kann ihm helfen?

Nicht im Faulsein, nicht in der Wollust, nicht im Reichtum, nicht im Schwatzen, nicht im Fressen beruht die Seligkeit. Sondern jeder muß die Gaben, die ihm Gott auf Erden verliehen hat, in Arbeit und Schweiß anwenden, sei es als Bauer auf dem Felde, als Arbeiter in der Schmiede, im Bergwerk, auf dem Wasser, in der Medizin oder als einer, der das Wort Gottes verkündet.

Solche Arbeit im Schweiße unseres Angesichtes hält den Teufel und seine Rotte von uns fern, weil keiner von ihnen bleiben kann, wo Arbeit ist.

Nicht der Wille allein, sondern Wille und Tat machen erst die Arbeit vollkommen.

Wie wunderbar ist doch der Mensch geschaffen und gestaltet, wenn man ihn in seinem wahren Wesen erkennt! Ist es nicht ein großer Gedanke, daß es nichts im Himmel noch auf Erden gibt, das nicht auch im Menschen wäre? In ihm ist Gott, der auch im Himmel ist, und alle himmlischen Kräfte wirken sich auch im Menschen aus. Wo anders wäre der Himmel, wenn nicht im Menschen? Da er aus uns wirkt, muß er auch in uns sein. Schön und groß, edel und gut hat Gott sich Seinen Himmel im Menschen erbaut. Denn Gott ist in Seinem Himmel, d. h. im Menschen; sagt Er doch selbst, Er sei in uns und wir seien Sein Tempel.

Die Natur gibt ein Licht, wodurch sie aus ihrem eigenen Schein erkannt werden kann. Aber im Menschen ist auch ein Licht außer jenem, das in der Natur geboren ist. Es ist das Licht, wodurch der Mensch übernatürliche Dinge erfährt, lernt und ergründet. Die im Lichte der Natur suchen, die reden von der Natur; die aber im Lichte des Menschen suchen, die reden von mehr, als in der Natur ist. Denn der Mensch ist mehr als die Natur. Er ist die Natur, aber er ist auch ein Geist, er ist auch ein Engel und hat alle Eigenschaften dieser drei. Wandelt er in der Natur, so dient er der Natur, wandelt er im Geiste, so dient er dem Geiste, wandelt er im Engel, so dient er als ein Engel. Das erste ist dem Leib gegeben, die anderen sind der Seele gegeben und sind ihr Kleinod.

In uns ist das Licht der Natur, und das Licht ist Gott.

In den ewigen Dingen macht der Glaube alle Werke sichtbar, in den leiblichen unsichtbaren Dingen macht das Licht der Natur alle Dinge sichtbar.

Alles, was der Mensch tut und zu tun hat, soll er aus dem Licht der Natur tun. Ist doch das Licht der Natur nichts anderes als die Vernunft selber.

Im Licht der Natur zeigt es sich, daß alle Dinge nicht das sind, wofür wir sie ansehen.

Nicht allein das Schauen obliegt den Augen, sondern auch das Empfinden.

Soll das Licht der Natur ein Licht sein, so muß es der Sicht dienen und es darf weder dunkel noch finster sein. Es muß uns ermöglichen, die Augen dazu zu gebrauchen, wozu wir sie brauchen sollen. Sie werden zwar nicht anders, als sie sind, sie müssen aber anders sehen als der Bauer, und dazu muß ihnen das Licht der Natur leuchten.

Das Licht der Natur wird vom Heiligen Geist angezündet.

Es gibt zweierlei Menschen: die einen brennen im Heiligen Geist, sie leben vom Heiligen Geist und bedürfen des Lichtes der Natur nicht; die anderen leben nicht im Heiligen Geist, sondern bauen auf das Licht der Natur. Für diese Ungläubigen hat Gott so wunderbare Werke geschaffen, um durch sie selbst den Schwergläubigsten zum Glauben zu bewegen. Denn je mehr der Ungläubige auf das Licht der Natur baut, desto mehr ist er in den Wunderwerken Gottes erfahren und erkennt, daß es einen wunderwirkenden Gott geben muß.

Das ist das Licht der Natur: Daß wir in ihm seien und unter seiner Führung friedlich wandern und lernen und erfahren die Kraft und Tugend der Natur und die Kunst der Welt. Alle Dinge hat Gott erschaffen; aber außerhalb der Natur und außerhalb der Lehre Christi lauert die Verdammnis.

Wir haben von Christus einen Auftrag erhalten, nach welchem wir uns alle richten müssen und an den wir uns zu halten haben. Seine Vorschriften und Lehren dienen nicht allein dem Ewigen, sondern auch dem Lichte der Natur. Sein Auftrag lautet: «suchet, so findet ihr.»

Das Licht der Natur soll der Fels sein, auf den wir bauen nach dem Naturgebot: «Du sollst Gott lieben und deinen Nächsten, wie dich selbst.»

Die Natur ist so sorgfältig und genau in ihren Dingen, daß man sie nicht ohne große Kunst verwenden kann, denn sie bringt nichts an den Tag, das für sich vollendet wäre, sondern der Mensch muß es vollenden. Diese Vollendung heißt Alchemie. Der also, der das, was in der Natur dem Menschen zunutze wächst, dahin bringt, wozu es von der Natur bestimmt wurde, der ist ein Alchemist.

Wisset, daß die Natur die Alchemie verlangt.

Alchemie ist Scheidekunst. Nichts ist ungeschieden wirksam; erst durch die Scheidung erschließt sich das Innere der Dinge. Wenn Sommer und Winter eins wären, würde nichts Neues geboren; wären Sonne und Mond eins, so wäre kein Licht auf Erden. Bedenkt auch, daß zu Anfang nur Wasser da war und darin keine Spur von Kräften; aber in der Scheidung, da erblühten erst die Kräfte.

Die Philosophie hat von jeher danach getrachtet, das Gute vom Bösen und das Reine vom Unreinen zu scheiden. Das heißt soviel wie: alle Dinge sollen sterben, nur die Seele soll ewig leben. Dieweil die Seele bestehen soll, während der Leib verwest, ist zu bedenken, daß ein Same verfaulen muß, wenn er Furcht bringen soll. Was heißt nun faulen? Nichts anderes, als daß der Leib verwest, während sein Wesen, das Gute, die Seele, bestehen bleibt. Das soll man vom Verwesen wissen. Und damit besitzt man die Perle, in der alle Tugenden liegen.

Das ist Alchemie: das Unvollendete zu seinem Ende bringen. Lerne deshalb erkennen, daß Alchemie nichts anderes ist als die Kunst, die das Unreine durch das Feuer zum Reinen läutert, das Unnütze vom Nützlichen zu scheiden weiß und es seiner letzten Bestimmung zuführt.

Wenn ihr die Alchemie nicht kennt, sind euch auch die Geheimnisse der Natur verschlossen.

Wer kann der Alchemie feind sein, wo sie keine Schuld trägt? Schuldig ist der allein, der sie nicht richtig anwendet.

Keine Kunst wird uns von Gott gegeben, die nicht in sich die Notwendigkeit ihrer Vollendung trüge.

Eine jegliche vollkommene Gabe ist von Gott, d. h., was der Mensch Ganzes zu leisten vermag, ist von Gott. Was aber nicht ganz ist und nicht vollkommen, das ist nicht von Gott, sondern Phantasterei des Menschen.

Die Magie ist die geheimste aller Künste und die größte Weisheit der übernatürlichen Dinge auf Erden.

Daß Gott die Magie zuließ, ist ein Zeichen dafür, daß wir imstande sind, sie zu gebrauchen, und zeigt uns auch, wer wir sind. Treibt aber einer falsche Magie, so versucht er Gott. Dann wehe seiner Seele!

Der falsche Glaube tötet.

Das Suchen nach verborgenen Dingen geschieht im Verborgenen, und weil in der Kunst das Wissen verborgen ist, erfährt der Suchende aus ihr das Wissen.

Die Träume, die Übernatürliches künden, sind Verheißungen und Botschaften, die unmittelbar von Gott zu uns gesandt sind. Sie sind nichts anderes als Engel und dienstbare Geister und erscheinen uns zumeist in großen Nöten, wie seinerzeit den drei Magiern widerfuhr, die das neugeborene Kindlein suchten ... Wem nun so geschieht, der soll sich erheben, aber seine Kammer nicht verlassen und mit niemandem reden, sondern so lange allein und nüchtern bleiben, bis ihm alles wieder einfällt und er sich seines Traumes wieder besinnt.

Große Dinge findet der Mensch im Bereiche des Zukünftigen und Verborgenen, das die Unwissenden verachten und verspotten, weil sie nicht bedenken, was die Natur alles durch ihren Geist vermag. Solcher Art sind die sogenannten «unsicheren» Künste, daß eine neue Generation kommen muß, voll von prophetischem oder sibyllischem Geist, durch die alsdann Hand und Künste erweckt und geleitet werden. Uralt sind diese Künste und standen bei den Alten, die sie geheim hielten und im Verborgenen lehrten, in mächtigem Ansehen. Denn jene haben der inneren Schau und dem Glauben ihre Zeit gewidmet und dadurch viel große Dinge erfahren und bewiesen. Jetzt ist jedoch eine solche Fähigkeit zur Imagination und zum Glauben nicht mehr unter den Menschen, deren Sinn allein danach trachtet, was Fleisch und Blut wohlgefällig ist; nur dem sinnt man nach und befolgt allein, was diese wollen und begehren. Darum gelten jene Künste weiterhin als unsicher, weil der Mensch in sich selber ungewiß ist. Denn einer, der seiner selbst nicht sicher ist, kann auch nicht sicher sein in seinem Handeln, wie auch ein Zweifler niemals etwas von Bestand schaffen, oder einer, der nur dem Leibe dient, etwas Tüchtiges im Geiste leisten kann.

Der Arzt soll in allen Zweigen der Philosophie, der Physik und Alchemie am besten, am gründlichsten, am tiefsten bewandert sein, und kein Wissen soll ihm in all diesen Gebieten mangeln. Was er ist, das soll auf festem Grund stehen, auf Wahrhaftigkeit und höchster Erfahrung. Denn von allen Menschen ist der Arzt der höchste im Erkennen und Lehren der Natur und ihres Lichts und darum ein Helfer der Kranken.

Nicht Titel und Beredsamkeit, nicht Sprachkenntnisse, nicht die Lektüre zahlreicher Bücher, wenn sie auch eine schöne Zierde sein mögen, sind Erfordernisse eines Arztes, sondern die tiefste Kenntnis der Naturdinge und Naturgeheimnisse, die einzig und allein alles andere aufwiegen.

Wo der Philosoph aufhört, da fängt der Arzt an.

Schlimm ist es um einen Arzt bestellt, der sich ein Arzt nennt und nichts versteht von der Philosophie.

Während der eine die Gabe der Heilkunst besitzt, hat der andere die Gabe der Weisheit.

Wiewohl es viele Namen gibt, sind die Künste nicht getrennt und ein Wissen ist nicht von dem anderen geschieden; das ist Wissenschaft: denn eines ist in allem.

Die Schule der Arznei ist nicht mit Ziegeln gedeckt, sondern mit dem ganzen Himmel.

Die rechte Tür der Arznei ist das Licht der Natur.

Die Medizin ist eine Kunst, die bleiben wird bis an den Jüngsten Tag. Und wenn auch alle Ärzte ausstürben, die Arznei würde fortbestehen, und stets entstünden wieder neue Ärzte. Daß es Einen gibt, der sie immer neu unterweist, ist wohl zu bedenken. Der die Arzneikunst erschaffen hat, dem gebührt zugleich der Ruhm, auch den Arzt geschaffen zu haben.

Ich wüßte nichts Liebenswerteres als die wahrhafte Kunst der Arznei.

Wer kennt eine Wahrheit ohne einen Meister? Niemand! Die Wahrheit der Seele haben wir von Gott, sonst wüßten wir sie nicht. Desgleichen haben wir die Wahrheiten der Philosophie aus der Natur; sie hat uns diese gelehrt ohne viel Wortmacherei. So wie Christus selber sich persönlich unseren Augen dargeboten hat, also besitzen wir auch in der Natur persönliche Lehrmeister. Durch Schauen und Durchschauen werden sie geboren und nicht durch das Nicht-Schauen. Denn Schauen und Tasten bezeugen die Wahrheit.

Je mehr ein Meister seinen Schüler lehrt, desto teurer ist er ihm.

Hab acht auf deinen inwendigen Garten und höre auf dich selbst, damit du auch das zu lernen vermagst, was dich niemand lehren kann, und worüber sich ein jeglicher verwundern muß.

Der Arzt kommt aus der Natur, sie ist sein Lehrmeister; nur der ist ein Arzt, der seine Erfahrung aus der Natur holt und nicht mit erklügelten Gedanken wider die Natur und ihre Eigenart schreibt, redet und handelt.

Aus der eigenen Phantasie läßt sich die Theorie der Medizin nicht erlernen, sondern allein aus dem, was die Augen sehen und was die Finger tasten.

Nicht aus der ersonnenen Theorie soll die Praxis fließen, sondern aus der Praxis die Theorie.

Theorie und Praxis sollen beide zusammen ein Werk bilden und sollen ungeteilt bleiben.

Die Augen, die an der Erfahrung ihre Lust haben, sind deine Meister. Eigenes Phantasieren und Spekulieren vermögen dich nicht dahin zu bringen, daß du dich rühmen könntest, ein Arzt zu sein.

Ich sage euch, mit eurem Spekulieren bis zum Jüngsten Tag, ohne Lernen, Sehen und gründliche Übung, ist keiner von euch einen Heller wert.

Was sich vor dem Urteil der Erfahrung bewährt oder nicht bewährt, das soll angenommen oder verworfen werden.

Verwegen ist es, das Alte zu verwerfen und Neues an seine Stelle zu setzen; doch warum sollte dies nicht geschehen, wenn es nötig ist?

Nehmet das Gute, bis ihr etwas Besseres findet, und auf der Suche nach einem Besseren lasset euch das Gute nicht entgleiten oder in Vergessenheit geraten. Lasset es in seinem Wert bestehen, und kommt etwas Besseres nach, so fällt jenes weg, kommt aber nichts Besseres nach, so bleibe das Alte.

Der Arzt ist nur der Diener der Natur und nicht ihr Herr. Darum gebührt es der Medizin, dem Willen der Natur zu folgen.

Die Ärzte sollen sich nicht wundern, daß die Natur mehr ist als ihre Kunst. Denn was kommt den Kräften der Natur gleich? Wer die nicht kennt, beherrscht auch nicht die Heilkunst. Liegt doch in einem Kraut mehr Tugend und Kraft als in allen Folianten, die auf den hohen Schulen gelesen werden.

Es ist notwendig, daß ein Arzt große Erfahrung besitze; nicht allein in dem, was in den Büchern steht, sondern die Kranken sollen sein Buch sein. Sie werden ihn nicht irreführen, und er kann von ihnen nicht betrogen werden.

Wie soll aus einem Ofenhocker ein guter Geograph oder Kosmograph werden? Gibt nicht erst das Gesehene den Augen den rechten Grund? Dieser muß bestätigt werden. Was kann schon einer, der hinter dem Ofen Birnen brät, erfahren? Was der Zimmermann, ohne durch seine Augen Kunde zu erhalten? Oder was gibt es, das ohne deren Hilfe bezeugt werden könnte? Die Krankheiten wandern kreuz und quer durch die weite Welt und bleiben nicht an einem Ort. Der viele Krankheiten erkennen will, muß wandern. Wandert er weit, so erfährt er mehr und lernt vieles kennen.

Der Winter ist die Ruhe aller natürlichen Dinge, weil sie nach der Darbringung ihrer Frucht ruhen sollen. Und doch ist es keine Ruhe, denn sie üben sich fort und fort und rüsten sich wieder für einen neuen Sommer, für eine neue Geburt und für die neue Gabe ihrer Frucht. Also feiert nichts in der Natur, alles ist an der Arbeit von Stunde zu Stunde, von Tag zu Tag, von Nacht zu Nacht. Nur der Mensch ruht zur Nacht und feiert den Sonntag um des Gebotes willen. Aber dieser Feiertag ist nicht dem Geiste befohlen, der darf nicht still und müßig stehen, sondern er ist nur gesetzt, damit der Leib raste. Der Geist soll stets an der Arbeit sein, so daß weder Schlaf noch Sonntag ihn stillegen.

So ist es bei allen Geschöpfen; wenn auch der Körper ruht, so steht ihr Geist nie still und wirkt täglich weiter fort.

Wenn der Körper arbeitet, so hält die Seele inne in ihrem Werk und ruht. Wenn die Seele arbeitet, soll der Leib stille stehen und ruhen am Sonntag.

Der hat ein vollkommenes Leben, der seine Nahrung in der Arbeit und nicht im Müßiggehen sucht.

Wer die Natur durchforschen will, der muß ihre Bücher mit den Füßen «lesen». Die Schrift wird durch ihre Buchstaben erforscht, die Natur aber von Land zu Land: wieviele Länder, soviele Blätter. So ist der Kodex der Natur, und so muß man ihre Blätter wenden.

Die Natur ist die Schöpferin der Gestalt; sie verleiht die Form, die zugleich das Wesen darstellt. Die Form zeigt das Wesen an.

Von dem, was unsichtbar ist, soll der Arzt reden. Was sichtbar ist, soll ihm bekannt sein, wie jeder Laie die Krankheiten an ihren Anzeichen erkennen kann. Darum ist er aber noch kein Arzt, sondern erst dann, wenn er das Unsichtbare weiß, das keinen Namen hat, ungreifbar und dennoch wirksam ist.

Vom Arzt kommt keine Krankheit, von ihm kommt auch keine Arznei. Gleichermaßen aber, wie er den Verlauf einer Krankheit zu verschlimmern vermag, so kann er ihn auch verbessern. Und welcher Lehrmeister wäre hierzu berufener als die Natur selbst? Diese besitzt das Wissen und bringt den Sinn aller Dinge augenscheinlich zutage; sie gibt dem Arzt Anschauungsunterricht. Wenn nun die Natur allein dieses Wissen besitzt, so muß auch sie es sein, die das Rezept zusammenstellt. Von ihr stammt die Kunst, nicht vom Arzte. Darum muß auch der Arzt mit offenen Sinnen aus der Natur hervorgehen.

Nur der ist weise, der vor den Werken Gottes keine Scheu hat. Wen aber vor der Medizin scheut, in dem sind weder Gott noch die Arznei. Denn wo die Weisheit Gottes fehlt, dort fehlt auch der, von dem sie ausgeht. Willst du also Arzt werden, so suche die Arznei dort, wo sie ist.

Darum, Mensch, lerne, lerne, frage, frage, und schäme dich dessen nicht. Denn dadurch magst du dir einen Namen machen, der in allen Ländern erschallt und nimmermehr vergessen wird.

Bittet, suchet, klopfet an im Namen Gottes, so wird euch alles, was ihr braucht, im Überfluß gegeben werden; denn in Seinem Namen und durch Ihn geschehen alle Dinge. Und befleißigt euch, in eurer Kunst vollkommen zu sein, denn Gott hat sie vollkommen gemacht, damit euer Werk Ihn lobe, ehre und preise.

Ein guter Arzt muß geboren werden. Darum soll sich niemand verwundern, daß die medizinische Fakultät von Schülern besetzt ist, die ihr nicht zum Segen, sondern zur Verachtung gereichen. Ein Baum, der einmal Frucht getragen hat, ist nicht zu verändern. Und ebensowenig wie ein Apfel in eine Birne verwandelt werden kann, werden solche Leute jemals zu wahren Ärzten werden. Das Amt, in welchem einer bleiben soll, wird mit ihm geboren.

Ein Arzt, der nicht kann, dessen er sich rühmt, sei er nun Doktor, Magister oder sonstwie genannt, schmückt seine Rede aus, spricht von der Heilung der Krankheiten und läßt sie in günstigem Licht erscheinen, um den Leuten das Geld herauszulocken. Vollbringt er das, dessen er sich anheischig macht, so ist er seines Lohnes würdig. Wenn nicht, so ist er kein Taglöhner, sondern ein Lügner, und die haben keinen Taglohn. Sagt er: «Wer hat ein Mittel gegen den Tod?» oder «Wer kann alle Welt gesund machen?», so ist er kein rechter Arzt. Denn die Heilkunst ist so rechtschaffen, daß sie nicht auf solchen Betrug gestellt zu werden braucht; darüber sollte sie billigerweise erhaben sein, und der Arzt sollte nicht auf Schleichwegen zu Geld gelangen. Auch in anderen Dingen müßt ihr wissen, daß wir den Leuten gegenüber immer so handeln sollen, daß wir ihnen Genüge tun. Das heißt: wenn wir ihnen nicht alles Gute vergelten, das sie uns getan, soweit es uns möglich ist, so machen wir uns des Diebstahls schuldig.

Also ist es mit uns auf Erden bestellt, daß wir, was auch immer geschehen mag, nicht fallen, nicht straucheln, nicht arm, nicht reich werden können, wenn wir dem nachgehen, dem wir nachgehen sollen. Darum ist es unsinnig, sich zu beklagen, geschieht es doch allein infolge unserer Ungeschicklichkeit oder, andererseits, infolge unserer Geschicklichkeit. Es liegt daran, wie wir uns zu etwas stellen und anschicken: wie wir's machen, so haben wir's.

Und wenn auch gesagt würde: wer heißt dich das tun, so frage ich dich: wer lehrt das Laub und das Gras wachsen?

Der Geist geistet, wo er will, nicht bei allen, nicht bei vielen, sondern dort, wo es ihn gelüstet. Viele meinen, sie hätten den Geist, aber er ist nie bei ihnen gewesen.

Mit der Arznei verhält es sich so: das wird aus ihr, was du aus ihr machst. Ist es möglich, aus Gutem Schlechtes zu machen, so ist es auch möglich, aus Bösem Gutes zu machen.

Hin ist hin! Neues muß her! Obgleich uns die Alten manches hinterlassen haben, was wir wissen und können sollten, so ist es doch nicht dergestalt auf uns gekommen, daß wir nun nichts mehr weiter lernen müßten als das allein, was von ihnen da ist, sondern wir sollen alle Dinge verbessern, wir sollen noch weiter forschen und lernen. Diese Schule und dieses Schulgebot währen bis an das Ende der Tage.

Obwohl unsere Vorfahren, wenn sie wieder zur Welt kämen, über unsere Arzneien sehr verwundert und befremdet wären, soll das unser kleinster Kummer sein. Wir wollen ihre Rezepte nicht verwerfen, sondern ihnen den guten Kern entnehmen.

Die gute Arznei ist vor tausend Jahren gleichviel wert gewesen, und die schlechte Arznei ebensowenig wie heute. Denn obwohl sie gleich alt ist wie die gute und in gleicher Weise bis auf uns gekommen, ist sie dadurch um nichts besser geworden.

Neu ist, was es jetzt an neuer Kunst, neuen Lehren, neuen Ärzten und neuen Gesetzen gibt und was es vordem nie gegeben hat. Das Alte war einst den Alten eigen; aus alten Schriften und sonstigen Überlieferungen haben wir es ererbt. So kommt uns Neues und Altes zugute. Die Gnadengabe, beides wissen, lernen und erfahren zu können, verdanken wir dem Himmel. Während wir uns das Alte erst durch Hören, Lesen und Erforschen mühsam aneignen müssen, verleiht uns Gott das Neue selbst und unmittelbar.

Alle Unberufenen, denen die Kunst der Arznei, der Gewalt, der Sprache und des Rates nicht gegeben ist und die sich dennoch solche Dinge anmaßen, werden irregeführt und sind völlig unwissend. Wem die Wahrheit nicht gegeben ist, vermag nicht zu lügen. Wer aber die Gabe der Arzneikunst besitzt, dem geht sie zum Wohle der Kranken glücklich von der Hand; dem Unbegabten aber geht sie fehl.

Es gibt keine Gabe Gottes, die uns nicht dazu verliehen wäre, sie allein im Hinblick auf die Seligkeit zu gebrauchen.

Die Medizin ist eine Kunst, die mit großer Gewissenhaftigkeit, großer Erfahrung und großer Gottesfurcht ausgeübt werden sollte. Denn wer Gott nicht fürchtet, der stiehlt und mordet für und für.

Der Arzt muß auf seine Hand achten, hält er doch darin den edelsten und wertvollsten Gegenstand, an welchem am meisten gelegen ist. Wenn er aber die Welt, die Elemente und das Firmament nicht kennt, wie sollte er dann das Wesen des Menschen erkennen, der doch alles dieses auch ist, was im Himmel und auf der Erde ist, ja, der selber Himmel und Erde, Luft und Wasser ist? Der all das geschaffen hat, der hat auch die beiden Naturbereiche, ihre Arzneien und ihren Arzt geschaffen.

Weil der Mensch aus der Erde kommt, aus dem Himmel usw., darum muß er leiden, was auch sie leiden müssen, darum muß er auch an sich ziehen, was ihnen innewohnt. Warum sonst begehrte der Mensch zu essen, als darum, weil er aus Erde ist – warum zu trinken? weil er aus Wasser ist – warum zu atmen? weil er aus Luft ist – warum Wärme? weil er aus Feuer ist. Aus diesem Wissen aber schöpft der Arzt seine Kunst.

Der Arzt suche in allen Dingen die Kraft; sie ist die ganze Arznei.

Alle Dinge sind Gift, nichts ist ohne Gift; allein die Dosis bewirkt, daß ein Ding kein Gift ist.

Das, was die Zähne kauen, ist nicht die Arznei. Diese ist für jedermann unsichtbar. Nicht auf den Leib, sondern auf die Kraft kommt es an.

Selig und aberselig der Arzt, der die lebendige Wirkung der Arzneien erkennt, der sie zu gewinnen versteht und weiß, daß sie nicht tot sind! Denn es gibt viele Arzneien auf der Welt, die bereits tot sind und solche, die absterben. Doch wird der Himmel das erneuern, was der Zukunft dienen soll. Und es werden dereinst die alten Arkanen der Medizin zu neuem Ansehen gelangen.

Viel schreiben gilt nichts in der Medizin. Kurz schreiben und großer Verstand, kleine Stücke, aber große Kraft, – das ist's, wonach ein jeglicher Arzt beurteilt wird. Je länger die Schrift, desto kleiner der Verstand; je länger die Rezepte, desto geringer die Tugend.

Wunderbare Kräfte liegen in den Arzneien. Es ist kaum zu glauben, daß in der Natur eine solche Kraft verborgen liegen soll. Nur ein guter Heilkünstler vermag sie zu finden, der nicht allein in den Büchern belesen sein soll, sondern auch große Geschicklichkeit und Handfertigkeit besitzen muß.

Gott, unser Vater, hat uns das Leben gegeben und die Heilkunst, es zu beschirmen und zu erhalten.

Wir sollen das Leben beschirmen, so gut wir können und vermögen, und uns selbst nicht darum bringen lassen, in Frieden und Ruhe zu leben. Wenn aber der Feind nicht ruhig bleiben will, so sollen die Waffen unsere Arznei sein.

Das Heilen ist die schönste Perle und der kostbarste Schatz. Er steht in der Medizin an erster Stelle und nichts ist auf Erden, das höher bewertet werden könnte, als das Heilen der Kranken. Es ist ein Gebot Gottes, daß du Ihn lieben sollst, und das ist das allerhöchste Gut, über welchem im Menschen nichts sein mag. Das nächste Gebot heißt: «Du sollst deinen Nächsten lieben wie dich selbst», und dieses kommt gleich nach dem ersten. Was gibt es nun auf Erden, wodurch dem Nächsten mehr Liebe erwiesen wird, als wenn ein Mensch aus rechter Liebe die Heilkraft der Arznei ergründet, um die großen Schmerzen, die Krankheiten und den drohenden Tod seiner Nächsten zu erkennen und sie abzuwenden?

Wer ist dein Nächster? Der ist's, dem du helfen kannst und der dir helfen kann. Es ist der, der deiner bedarf: er ist unbekleidet, hungrig, fremd, krank und was mehr solcher Nöte der Armen sind. Einem solchen sollst du helfen und nicht davon ablassen, noch ihm deine Barmherzigkeit entziehen und wenn du darüber selber zum Bettler wirst; denn in der Not prüft Gott dein Herz. Die Not nämlich, wenn dich hungert, wenn du alles verlierst, wenn du in Elend und Verachtung gerätst. Darin liegt die Prüfung deiner Barmherzigkeit.

Alle, die nicht nach dem Gesetz der Natur leben, sitzen auf dem Stuhl der Pestilenz. Sie haben Umgang und Gemeinschaft mit dem Bösen. Die Natur lehrt uns nämlich, einander zu lieben, weil wir alle aus *einer* Hand stammen und von *einem* Vater.

Ein Arzt unterscheidet sich von den übrigen Menschen dadurch, daß andere sich selbst die Nahrung reichen, der Arzt aber nicht sich selbst, sondern anderen. Das Amt des Arztes ist nichts, als gegenüber anderen Barmherzigkeit zu üben. Wozu ist ein Amt, das Gott verleiht, wenn nicht dazu, den Willen Gottes zu erfüllen und zu vollbringen?

Das Höchste, das wir Ärzte besitzen, ist die Kunst, dann folgt die Liebe, die ihr gleichzustellen ist. Alle beide aber beschließt die Hoffnung.

Es gibt niemanden, von dem größere Liebe des Herzens gefordert wird als vom Arzt.

Der höchste Sinn der Arznei ist die Liebe.

Was ist die Hilfe der Arznei anderes als Liebe?

Gott hat uns auf Erden Gaben verliehen samt der Erkenntnis ihrer Kräfte; ein jeglicher mag und soll sie verwenden, aber nicht für sich selbst, sondern für alle anderen außer sich selbst.

Der Arzt soll seine Kunst nicht zur Hoffart gebrauchen, sondern, wie Christus, allein zum Nutzen der Kranken. Also soll ein Arzt auch nicht mit seinem Können geizen: auch Christus hat das nicht getan!

Lehren und nicht tun, das ist klein. Lehren und tun, das ist groß und ganz ...

Ein Arzt ist ohne das Werk nichts, das Werk ist der Arzt.

Keine Lehre ist von Nutzen, sie komme denn vom Himmel, kein Gebot, keine Kunst, die nicht vom Himmel verliehen! Und so auch alles andere.

Denken und nichts tun, ist der ewige Tod; aber nach der Lehre Christi handeln, das ist das Leben.

Was soll's, daß einer reich ist an Besitz, aber Gott gab ihm den Verstand nicht, seinen Reichtum zum Guten anzuwenden? Desgleichen gibt es viele Ärzte, denen die Einsicht fehlt, den Armen helfen zu sollen und zu wollen.

Eigenschaften des berufenen Arztes:
Ein gutes Gewissen,
Lust zu lernen und Erfahrungen zu sammeln,
Froher Mut und Unverdrossenheit,
Ein guter Lebenswandel und Nüchternheit in allen Dingen.
Er schätzt die Ehre höher als das Geld
Und bedenkt den Nutzen der Kranken mehr als den eigenen.
Er soll kein entlaufener Mönch sein,
Keiner, der sich selbst etwas einbildet,
Er soll nicht ohne reifliche Überlegung handeln,
Nichts unverstanden übernehmen,
Keine Zufälle unterschätzen,
Sich ohne Erfahrung keiner Sache rühmen,
Sich niemals feilbieten oder loben
Und niemanden verachten.

Es gibt zweierlei Ärzte: solche, die aus Liebe, und solche, die aus Eigennutz handeln. An ihren Werken werden beide erkannt; die rechten Ärzte an ihrer Liebe und daran, daß sie sie an ihrem Nächsten beweisen. Die unrechten Ärzte handeln wider das Gebot; denn sie ernten, wo sie nicht gesät haben und sind wie die reißenden Wölfe, sie schneiden aus Lust, zur Vermehrung ihres Eigennutzes und verachten das Liebesgebot.

Lies, Leser und Arzt, damit du verständig werdest und deinen Kranken nützlich! Weiche nicht aus Abneigung gegen mich vom rechten Wege ab, wie so viele tun, indem sie einander zuleide Kranke verderben, töten und sterben lassen. So groß ist die Mißgunst unter den Ärzten, daß keiner dem andern Lob und Ehre gönnen mag, lieber läßt er den Kranken zugrundegehen. Solche aber sind Ärzte allein um des Geldes willen und nicht aus Liebe zum Kranken; die höchste Tugend des Arztes sollte aber die Liebe sein. Wo jedoch dem Geld nachgejagt wird, da ist allenthalben Neid und Haß, Hoffart und Übermut, – davor aber behüte Gott einen jeden!

Deine ärztliche Hand ist die Kunst, die dich ernähren soll; die Kranken sind dein Brot. Du sollst dich aber ihrer so bedienen, daß ihr eigener Broterwerb nicht darunter leidet, denn viele ernähren sich mit ihrer Hände Arbeit, die wieder dir und den Deinen das Leben ermöglicht. Dies alles geschehe aber, ohne daß sich einer am andern bereichert.

Ist Gott in dir, so wirkst du aus Gott. Ist aber der Teufel in dir, so wirkst du aus dem Teufel.

Den Sinn für Gut und Böse hat der Mensch im Paradies erworben.

Die Stunde naht, und die Zeit wird kommen, da wir alle Gut und Bös und beider Belohnung erkennen werden.

Böses mit Gutem vergelten, dämpft in uns Grimm und Zorn und erhält das Herz rein und lauter.

Gott kennt kein Ansehen der Person. Darum sollen auch wir uns an diesen Grundsatz halten, indem wir keine Rücksicht auf die Person des Einzelnen nehmen, sondern vielmehr jedermann helfen, raten, gleichermaßen geben und gleich behandeln. So wie Gott uns die Fußstapfen zeigt, so sollen wir ihnen folgen, auch auf Erden. Denn dies ist Sein Wille: niemand verachten, niemand mehr als den anderen lieben. Wir sind alle Brüder. Wenn wir den einen verachten und den anderen nicht, so sündigen wir. Wir sollen einander gegenseitig gleichermaßen lieben, niemand verleumden, Böses mit Gutem vergelten, dem Guten ebenso wie dem Bösen Gutes geben, wie dem einen so dem anderen. Tun wir solches nicht, so handeln wir gegen das höchste Gut, das Milde übt, den Guten und Bösen Regen und Sonne gibt. So sollen auch wir Seinen Fußstapfen folgen.

Viele wären hilfsbereit, die aber selbst nichts haben und vermögen. Selig sind darum die, denen Gott reichen Besitz oder die Kunst des Arztes verleiht, auf daß sie den Armen beistehen können.

Den Armen kann ohne die Reichen nichts Gutes erwiesen werden; sie sind wie mit Ketten aneinandergebunden. Diese Ketten sollt ihr Reichen wohl erkennen, denn wollt ihr einmal einen Ring zerbrechen, so brecht ihr nicht allein die Kette, sondern ihr selbst werdet hingeworfen wie die zerbrochenen Glieder. Wisset, daß alle eure Krankheiten auf Erden in ein einziges Spital gehören, ob ihr reich oder arm seid; und das ist das Spital Gottes. So müßt ihr euch merken, daß Tod und Krankheiten euch ebensowenig verschonen wie die Armen. Ihr seid alle des Spitals gleich bedürftig und müßt alle, ihr Herren und Fürsten, in diesem Spital liegen, sterben und genesen.

Was bist du, Edelmann? Was bist du, Bürger? Was bist du, Kaufmann? Stinkt dein Dreck nicht so übel wie der des Bauern? Was machst du denn aus dir selber, da du doch gleichen Blutes, Gebeines und Fleisches bist wie der Bauer, und ebenso den Würmern bestimmt bist, zu Staub und Asche und wieder zu Erde werden mußt? Wer wird dich denn im Beinhaus neben dem Bauern oder Bettler erkennen oder deine Gebeine edler schätzen? Niemand. Darum gehe in dich, tue nicht wie der reiche Mann im Purpur. So werdet ihr von eurem eigenen Gewissen gezwungen, den Nächsten zu lieben, mit euren armen Brüdern und Schwestern zu teilen, die Hungrigen zu speisen, die Durstigen zu tränken, den Nackten zu kleiden, das Waisenkind zu beherbergen.

Ein Arzt, dem Gott den Reichtum der Arznei verlieh und der sich einem Fürstenhof verdingt oder einer Stadt zum Dienst verpflichtet, verliert seinen freien Mut.

Der, den Gott mit Geist und Reichtum begabt hat, soll keines anderen Diener sein, sondern sein eigener Herr mit Herz und Verstand; dann kann er frei und gebefreudig schalten und walten!

Die Arzneikunst wurzelt im Herzen. Ist dein Herz falsch, dann ist auch der Arzt in dir falsch. Ist es gerecht, dann ist auch der Arzt gerecht.

Ja sei ja, nein sei nein und was du redest, komme aus einem schlichten und gerechten Herzen!

Wir Christen haben kein besseres Wort zur Bekräftigung unter uns und gegenüber anderen als ja und nein. Alles, was darüber hinausgeht, ist des Bösen, auch wenn es ein Eid oder Treuschwur wäre. Seht, welche Mängel den Eidschwüren anhaften! Keiner hält seinen Eid, wie er verpflichtet wäre; es ist nicht möglich, ihn zu halten, weil er gezwungen ist, unter dem Druck des Eides zu lügen.

Selig ist das Pfand, das seinen Herrn erlöst!

Wenn Christus geredet und gelehrt hat, dann sind allemal Worte und Werke beieinander gewesen. Also soll es auch in der Arznei sein.

Der Arzt soll rein und lauter sein und so vollkommen, daß sein Gemüt nach keiner Üppigkeit, keiner Hoffart, nach nichts Argem trachte.

Die Heilige Schrift sagt, der Glaube ohne Werke sei tot. Ist dann nicht auch der bloße Name ohne Werke tot? Ist dann nicht auch der Arzt tot ohne Arznei? Es müssen immer zwei Seiten in einem und miteinander verbunden sein; denn also hat es Gott verordnet: Glaube und Werk, Arzt und Arznei, Meister und Meisterschaft gehören zusammen. Keines kann für sich allein stehen, es muß alles beieinander sein. Darum heißt es: wehe dem, der allein ist! Denn fällt er, so ist niemand da, der ihm aufhilft.

Ein Mann ohne Frau ist nicht vollkommen, nur mit der Frau ist er ganz. Dieweil nun die Frau aus Erde geschaffen wurde und auch er aus Erde ist, so sind sie beide aus Erde und bilden zusammen ein Ganzes. So stammen auch Mensch und Arznei von demselben Stoff, und beide zusammen machen ein Ganzes, d. h. einen ganzen Menschen. Nun folgt daraus, daß die Krankheit ihre Frau, d. h. die Arznei begehrt. Ihre Zuordnung zu den Krankheiten muß vollzogen werden, eine Vereinigung beider zu einem einheitlichen Ganzen, so wie bei Mann und Weib. Wird dieses gefunden, dann ist der Arzt vollkommen.

Ein Arzt mag noch so viel wissen und können, plötzlich tritt, unvermutet wie ein weißer Rabe, ein Zufall ein und macht alle Bücher zuschanden, alle Erfahrung und alles, was man je am Patienten gelernt hat. Lernet deshalb täglich, suchet und beobachtet mit Fleiß, verachtet nichts, aber traut euch selbst nicht zuviel zu. Lernet auch von erfahrenen Leuten, denn wer kann alles? Wer kann überall sein und wissen, wo alle Dinge liegen? Darum wandert und geht den Dingen nach. Nehmt ohne Verachtung an, was euch unter die Hand kommt, und schämt euch nicht, daß ihr ein Doktor, ein Meister seid!

Wir müssen Vertrauen zu unserer Kunst haben und hoffen, daß sie nicht fehlgehen werde. Nur der hofft, der etwas kann: wer nichts kann, der hofft auch nicht, sondern zweifelt. Und wer etwas kann und hofft, der geht nicht fehl, der zweifelt auch nicht.

Nichts ist so schwarz, als daß es nicht auch Weißes enthielte, und nichts ist so weiß, als daß es nicht auch Schwarzes in sich hätte.

Wer das Gute haben will, der muß auch des Bösen gewärtig sein.

So gütig ist Gott, daß Er uns nicht verläßt. Wenn wir Seine Barmherzigkeit ergründen, finden wir so große Tugenden in der Arznei, daß diese Tugenden alle Gifte überwinden.

Wir sollen in der Medizin nie verzagen oder verzweifeln, denn der, der die Feinde geschaffen hat, hat auch Feinde gegen die Feinde geschaffen, und so gibt es keine Krankheit, die den Menschen töten müßte. Denn alle Krankheiten sind ohne Ausnahme heilbar. Nur indem wir es nicht recht verstehen, weil wir weder Leben noch Sterben in ihrem Wesen erfassen können, vermögen wir sie nicht abzuwehren.

So edel ist die Natur, daß sie jeglicher Krankheit ihre Arznei gibt zum Schutz gegen alle Zufälle.

Ist eine Krankheit da, so gibt es auch nur eine Arznei und nicht mehr dagegen.

Wo die Krankheiten entstehen, ist auch die Wurzel der Gesundheit zu suchen. Denn aus der gleichen Wurzel wie die Krankheit muß auch die Gesundheit hervorgehen, und wo die Gesundheit endet, muß auch die Krankheit enden.

Natur und Grad einer Krankheit müssen an ihrem Ursprung erforscht werden und nicht an ihren Anzeichen; wir sollen auch nicht den Rauch des Feuers löschen, sondern das Feuer selbst.

Es ist notwendig, darauf zu achten, in welchem Landstrich der Kranke lebt, d. h. wie die Natur dort ist und von welcher Eigenart. Denn ein Land ist anders als das andere; die Erde ist anders, das Gestein, der Wein, das Brot, das Fleisch und alles, was in dieser Region wächst und gedeiht. Jede Gegend hat neben der allgemeinen Beschaffenheit, die der ganzen Welt eigen ist, auch ihre besondere Eigenart. Das soll der Arzt wohl bedenken und wissen, und darum soll er auch Kosmograph und Geograph sein und sich darin bestens auskennen.

Jede Krankheit ist ein Fegefeuer. Dessen eingedenk, darf sich der Arzt kein Urteil über die Stunde der Genesung oder den Zeitpunkt der Wirkung seiner

Arzneien anmaßen. Denn dies steht in Gottes Hand. Will es die Vorsehung anders, als ihr Ärzte es euch denkt, so macht ihr den Kranken mit keiner Arznei gesund. Ist aber die Stunde der Vorsehung da, so wird euch die Heilung gelingen.

Wer gesund werden will, muß wissen, daß dies nicht ohne Schmerzen geschieht. Der Kranke gleicht einer schwangeren Frau, die nicht ohne große Schmerzen gebiert. Und wie wir in unserem Schweiße die Nahrung gewinnen, so ist es auch hier; in unserem Schweiß, mit Schmerzen werden wir von Krankheiten gesund.

Warum wird einer krank? Allein deshalb, weil Gott in ihm Seine Arznei und die ihr innewohnende Kraft offenbaren will. Deshalb tue ihm Gutes, bis Gott selbst Hand anlegt.

Wer kann sich selbst vor einem Schaden oder Unfall schützen, wenn er seinen Feind nicht kennt? Niemand. Darum ist es notwendig, denselben zu kennen, denn es gibt gar vielerlei Feinde, und es ist vonnöten, das Böse wie das Gute zu wissen. Wer könnte das Gute ohne das Schlechte erkennen? Niemand. Wer könnte also wissen, welch großer Reichtum Gesundheit ist, der niemals krank war? Wer könnte wissen, was Freude ist, der niemals traurig oder leidend war? Und wer könnte recht erkennen, was Gott ist, der nichts vom Teufel wüßte? So wie uns Gott den Feind unserer Seele, den Teufel, zu erkennen gibt, so gibt Er uns auch den Feind unseres Lebens, nämlich den Tod zu erkennen. Und weiter auch den Feind unseres Körpers, den Feind unserer Gesundheit, den Feind der Arznei und den Feind aller natürlichen Dinge. Er läßt uns auch erkennen, womit und wie er versöhnt werden soll. Denn wie es keine Krankheit gibt, gegen die nicht eine Arznei geschaffen ist und gefunden wird, um dieselbe zu kurieren und auszutreiben, also gibt es stets ein Mittel gegen das andere, ein Wasser gegen das andere, einen Stein gegen den anderen, ein Mineral gegen das andere, ein Gift gegen das andere, ein Metall gegen das andere, und so noch viele Dinge.

Meist gilt die Arznei für das höchste Gut, weil sie vielen hilft. Ist nicht aber derjenige mehr, der sie erschaffen hat um des kranken Leibes willen? Ist nun nicht auch derjenige mehr, der die Seele heilt, die doch mehr ist als der Leib? Das ist das höchste Gut und mehr als das, was dem Leib die Krankheit nimmt und ihn erhält.

Kunst, Wissenschaft und Geschicklichkeit sind nur dazu da, damit sie zur Freude, zum Frieden, zur Einigkeit, Reinheit und Ehrbarkeit gereichen, zur

Notdurft und zum Nutz des Nächsten. Das gilt auch für die Musik. Sie ist die Arznei aller, die mit Melancholie und Phantasie beladen sind, durch die sie zuletzt zu verzweifelten, einsamen Menschen werden. Musik vermag sie aber unter den Menschen und bei Sinnen zu erhalten, sie vertreibt den Geist der Hexen, Unholde und Zauberer.

Alle Arznei ist aus der Wurzel gewachsen, deren Frucht der Heilige Geist ist, der jedem Kranken, wie er auch beschaffen sein mag, gut und nütze ist, nicht für eine Krankheit allein, sondern für alle.

Dieweil Gott den Arzt geschaffen und ihn zum Nutzen der Allgemeinheit eingesetzt hat, damit er besondere Werke vollbringe, muß er sich bewußt sein, daß nichts anderes seine Aufgabe ist, als die Krankheit zu vertreiben. Ist das nun sein Amt, so muß er handeln gleich Gott, Seinem Herrn, der ihn eingesetzt hat. Gott hat die Krankheiten der «Großen Welt» hinweggenommen, darum wachsen alle Jahre die Blumen, fällt alle Jahre der Schnee und so fort. Diese Dinge stürben alle ab, wenn Gott nicht selbst ihr Arzt wäre und die Krankheit des Winters hinwegnähme. Die Krankheiten der «Kleinen Welt», die des Menschen, hinwegzunehmen, hat Er dem Arzt befohlen. Wenn so der Arzt gleichsam der Gott der «Kleinen Welt» ist, als Sein Stellvertreter eingesetzt, wovon soll er dann ausgehen und bei wem lernen, wenn nicht bei dem ältesten Arzte, bei Gott? Ihm soll er nachleben, Seinem Beispiel und Seinem Handeln folgen und sich nicht als selbsteigener Arzt, sondern nur als Schüler dieses höchsten Arztes betrachten.

Also ist der Mensch geschaffen in vielerlei Anfechtung und zu vielerlei Zerstörung, die wider ihn gerichtet ist – so daß er zu Recht «Mikrokosmos» genannt wird: denn alle Dinge der großen Welt sind in ihm eingeschlossen.

Wir müssen unseren Erfahrungsbereich erweitern und wissen, daß die Welt und alles, was wir in ihrem Umkreis sehen und greifen können, nur die eine Hälfte des Kosmos ausmacht. Was wir von ihr nicht sehen, ist nämlich der unseren gleich in Gewicht und Maß, in Wesen und Eigenschaft. Darum gibt es auch noch eine andere Hälfte des Menschen, in der diese unsichtbare Welt wirkt. Wenn wir nun von beiden Welten wissen, verstehen wir, daß erst die beiden Hälften den ganzen Menschen ausmachen, sind sie doch gleichsam wie zwei Menschen vereint in einem Leibe.

Gott allein erhält den Leib am Leben; Er will, daß wir ein langes Leben haben und versieht uns darum mit vielerlei Hilfe und Halt. Er zwingt sogar unsere Widersacher, unser Leben zu schonen. Glück und Heil soll von unseren Feinden ausgehen und von den Händen derer, die uns hassen. Von wo uns immer Hilfe kommt, stets stammt sie von Gott. Sehet die Distel unter den Dornen! Sie haßt uns so sehr, daß die Dornen es uns verwehren, zur Distel zu greifen. Rühren wir sie an, so sticht sie und setzt sich gegen uns zur Wehr, damit wir das Heilmittel, das in ihr verborgen liegt, nicht erlangen. Wer aber sollte deswegen der Distel zürnen, wo sie uns doch so viel Gutes bringt?

Wir müssen der festen Überzeugung sein, daß der Leib nicht unser ist, sondern Gottes, daß er nicht für uns, sondern für Gott gemacht ist, nicht uns, sondern Gott zunutze. Wenn nun der Leib so ist, so muß er auch all sein Wesen von Gott haben, da er von Ihm ist, und was er also hat, das ist alles dessen Leben, Krankheit, Weisheit, Gesicht, Gehör und Verstand.

Im Innern liegen die Wurzeln des Lebens, außen sind die Äste. Wie viel größer ist also der Schaden, wenn die Wurzel verletzt wird, als wenn die Äste beschädigt werden!

Was dem Leibe schadet, zerstört das Haus des Ewigen.

Es geschehe uns was wolle, immer ist Gott dessen Wurzel.

Gott ist der Herr, der die Krankheit heilt und die Sterne zählt. Er hat sie nach seiner Weisheit geordnet. Wer mag die ergründen?

Es gibt zweierlei Bereiche, die allen Krankheiten ausgesetzt und zugänglich sind. Der eine ist die Materie, der Leib. In ihm liegen alle Krankheiten verborgen und wohnen dort. Der andere Bereich ist nicht stofflich. Es ist der Geist des Leibes, der in diesem untastbar und unsichtbar lebt und der dieselben Krankheiten erleiden kann wie der Leib.

Kann die Sonne durch ein Glas scheinen und das Feuer durch den Ofen seine Warme ausstrahlen, obwohl beider Körper nicht hindurchgehen, so kann auch der Menschenleib mit seiner Kraft in die Ferne wirken und dabei still an seinem Orte bleiben, gleich der Sonne, die ihre Strahlen durch das Glas sendet, ohne es körperlich zu durchdringen. Darum darf dem Leibe selbst nichts zugeschrieben werden, sondern nur den Kräften, die von ihm ausgehen.

Der unsterbliche Leib lebt in uns unsichtbar wie die Seele, denn er hat die Natur und Art der Seele; die Seele besitzt nicht des Leibes Natur, sondern eine ganz andere, und doch sind beide menschlicher Natur.

Es sind zwei Kreaturen im Menschen, die sterbliche und die ewige. Darum ist es das Wesentliche, diese Geschöpfe recht zu erkennen.

Wer im Geiste der Natur handelt, kennt beide Gebiete der Philosophie, die des Himmels und auch die der Erde. Mit so großem Wissen ist er begabt, daß ihm weder Leben noch Tod, weder Gesundheit noch Krankheit verborgen sind.

Reich ist, wer Gott an Seinen Werken erkennt, seinen Glauben an Ihn daraus entnimmt und nicht wie ein Farbenblinder an ihnen vorübergeht. Denn Gott will, daß der Mensch Ihn ganz erkenne und nicht nur halb und ohne Klarheit.

Dieweil allein der Arzt Gott am höchsten preisen und loben kann, soll er auch am meisten wissen. Denn wer kann das Wesen des Menschen und seine ihm von Gott verliehene Größe besser erkennen, außer allein der Arzt?

Die Medizin soll so lauter und klar in der Sprache des Vaterlandes beschrieben werden, daß der Deutsche den Araber und der Grieche den Deutschen versteht; so soll es um ihre Kunst und ihre Weisheit bestellt sein, daß sie bei allen Gelehrten ein wunderbares Ansehen genieße und alle dieser hohen Kunst ihre Bewunderung zollen. Denn wen zeichnet der Himmel aus, wenn nicht den Arzt, der ihn erkennt? Und wen die Erde, wenn nicht ihren Philosophen?

Die Arznei ist ein Werk. Nun hat das Werk auch seinen Meister zu bewähren. Aus dem Ganzen jedoch nur läßt sich erkennen, wie ein jeglicher Teil zu beurteilen ist.

Das ist etwas Großes, das wohl zu beachten ist, etwas, das sich offensichtlich beweist und bewährt: Wer meiner Person nicht glauben will, der wird durch die Zeichen gezwungen, meinen Schriften zu glauben. Und wenn ihr nicht den Schriften glauben wollt, so betrachtet die Werke, und ihr habt den Beweis, daß nicht ich im Unrecht bin. Inmitten so vieler Feinde, die wider mich wirken in der Heilkunde, lobe ich Gott, daß meine Werke selbst sich bewähren und für mich zeugen.

Gott

Was ist die ganze Welt anderes als ein Zeichen, daß sie Gottes ist, und daß Gott sie geschaffen hat?

Gott soll in Seinen Werken erkannt werden.

Die zwei Berufungen: Gottes Wort zu künden und den Menschen zu heilen, sollen nicht voneinander getrennt werden. Dieweil der Leib das Haus der Seele ist, hängen beide zusammen, und der Weg zu dem einen führt durch das andere.

In Gottes Werken ist kein Falsch.

Wir vermögen nicht zwei Herren zu dienen, darum können wir nicht zwei Ordnungen haben, sondern nur eine allein, und die ist des Herrn.

Die Weisheit hat keinen anderen Feind als den, der nicht weise ist. So hat auch die Wahrheit keinen anderen Feind als die Lüge und also hat auch jener, der aus Gott lehrt und schreibt, keinen anderen Feind als den, der nicht aus Gott ist.

Was nicht gegen Gott ist, ist für Gott.

So Christus in uns ist und wir in ihm, steigen wir durch ihn in den Himmel.

Was suchst du Einlaß mit Gewalt, wo dir Gott die Schlüssel zum Himmelreich gegeben hat?

Wir sollen wissen, daß alles, was in uns ist, Gottes Kraft ist.

Die Kraft des Herzens ist die Liebe zu Christus.

Gott ist die höchste Wahrheit.

Wer Gott ansieht, bedarf der Dinge nicht.

Besser ist die Weisheit Christi als alle Weisheit der Natur.

Die ganze Welt ist eine Kirche.

«Viele sind berufen, wenige auserwählt ...» Die Einigkeit und *ein* Sinn sind allein bei den Auserwählten, die sich nicht sektieren.

Ein jedes Reich, das in seinem Innern geteilt ist, geht unter. Also geht kein Reich unter, ohne eigene Spaltung. Das Wichtigste für den Aufbau eines Hauses und den Bund eines Reiches ist, daß die Menschen einmütig wandeln und handeln.

Wer von Gott nicht auserwählt ist, durch den wird nichts ausgerichtet. Ein jeglicher wird zu dem gebraucht, wozu ihn Gott beruft.

Den Arzt hat Gott geschaffen und nicht der Mensch. Daher ist er um der Wahrheit und nicht um der Lüge willen da und vermag nur dem zu helfen, der die Gnade hat.

Der Kranke, der allein auf die Arznei hofft, ist kein Christ; wer aber auf Gott baut, der ist ein Christ.

Was ist in uns Sterblichen, das nicht von Gott käme? Der das Ewige lehrt, der lehrt uns auch das Vergängliche; denn beide entspringen aus demselben.

Das Salz wächst nicht aus der Erde, es wächst auch nicht das Licht aus dem Wachse, sondern aus dem Heiligen Geist.

Wer nichts weiß, der liebt nichts. Wer nichts kann, der versteht nichts. Wer zu nichts gut ist, der taugt nichts. Wer aber versteht, der liebt, der merkt, der sieht. Je mehr Erkenntnis in einem Dinge ist, desto mehr Liebe ist in ihm. Alles liegt in der Erkenntnis, und aus dieser keimen die Früchte. Die Erkenntnis gibt den Glauben; denn wer Gott erkennt, der glaubt an Ihn. Wer Ihn nicht kennt, der glaubt nicht an Ihn. Ein jeder glaubt, was er erkennt.

Wer hat die Propheten reden gelehrt? Gott allein. Wer hat die Künste gelehrt? Auch Gott allein. So nun alles aus Gott hervorgeht, wie könnte dann der Kunst unmöglich sein, was Gott möglich ist? Lernet also ohne Unterlaß, damit die Kunst in uns vollkommen werde.

Jede Krankheit hat ihre eigene Arznei. Gott hat geboten, daß du deinen Nächsten wie dich selbst, Gott aber vor allen Dingen lieben sollst. Willst du Gott lieben, so mußt du auch Seine Werke lieben. Willst du deinen Nächsten lieben, so darfst du nicht sagen, daß ihm nicht zu helfen sei, sondern du mußt eingestehen: «ich kann das nicht und verstehe es nicht.» Nur die Wahrhaftigkeit befreit dich von dem Fluch, der die Falschen trifft. Bedenke deshalb, daß so lange weitergeforscht werden muß, bis die Kunst gefunden wird, aus der die rechten Werke entstehen.

Gott will, daß Herz und Mund eins seien und nicht: ein Herz voll Falsch und ein Mund voll Heuchelei, denn was du mit Betrug erlangst, ist soviel wie nichts! Daraufhin wird dich Gott, der gründliche Kenner aller Herzen, prüfen!

Die Kunst geht keinem nach, wohl aber muß ihr nachgegangen werden. Wollen wir zu Gott, so müssen wir zu Ihm gehen, denn Er spricht: «kommet her zu mir alle!» Und weil dem so ist, müssen wir dem nachgehen, das wir erreichen wollen.

Selig und mehr denn selig ist, wer im rechten Maß wandelt, keiner menschlichen Stütze bedarf und den Weg geht, den ihm Gott gewiesen hat.

Wiewohl wir Menschen meinen, wir seien beständig, fromm, gerecht und vollkommen, und wir sind es auch zur Zeit und geben einander Zeugnis unserer Frömmigkeit, indem wir sagen: Dieser ist all sein Lebtag ein frommer Mann gewesen, so wisset doch: Es gibt keinen Menschen auf Erden, der nicht zu Fall käme, wenn etwas an ihn heranträte... Denn so fest ist keiner; die Versuchung geht ihm nach, der böse Feind trifft ihn dort, wo er schwach ist.

Keinen Winkel gibt's, wo der Teufel nicht wäre; kein Wort wird gesprochen, das er nicht weiß, kein Mensch bleibt von ihm unversucht. Wieviel weniger verschont er den Minderen, wo er doch Christus nicht verschont hat.

Das Schlimmste ist das, was auf die Versuchung folgt.

Es demütigt sich keiner von den Stolzen, ihre Hoffart ist größer als die des Satans, der, wenn er Mensch wäre, sich eher als sie alle demütigen würde.

Übe die Demut zuerst beim Menschen und dann erst vor Gott. Wer den Menschen verachtet, der hat auch keine Achtung vor Gott.

Wer sich selbst nicht traut, traut auch Gott nicht.

Christus ist unser Nutz und Heil allein, wir sind uns selber nichts.

Der Mensch lebt im Zuge der Zeit, nicht aber Gott. Darum bleiben Seine Gebote ewig, nicht aber die des Menschen.

Der Mensch ist wie alle Geschöpfe auf Erden Gott unterworfen. Er ist es, der Glück und Unglück über sie bringt. Auf daß ihr das recht versteht, mögt ihr euch merken, daß Er zweierlei Strafen verhängt: die eine im Leben, die andere nach dem Tod.

Was ist der Tod? Er ist es, der uns das Leben nimmt auf vielen Wegen. Darum sollen wir wachen und offenen Auges sein; denn er bittet uns vor ein Gericht, wo wir über unser Leben bis ins Kleinste Rechenschaft abzulegen haben. Er ist der Scherge, der Büttel, der vor den Richterstuhl ruft. Der Tod ist auch der, der uns auferweckt und uns das wiedergibt, was er uns genommen hat.

Wenn das Ziel erreicht ist, sollen wir den Tod erdulden und in Christus sterben, wie die Apostel in ihrem Endziel gestorben sind. So wie uns Gott Arzneien gegeben hat, womit wir sowohl den Tod als auch die todbringenden Krankheiten bekämpfen können, so gab Er uns gleichsam als Arznei die Waffe in die Hand, die den Feind, der uns nach dem Leben trachtet, so lange vertreiben soll, bis wir unser Endziel erreicht haben, das wir aber nicht zu überschreiten vermögen, wenn der rechte Todesaugenblick gekommen ist.

Da du ja doch nichts aus dieser Welt mit dir nehmen kannst, warum bereicherst du dich denn und begibst dich wegen eitel Geld und Gut in die Gewalt des Teufels?

Was wir sein sollen nach dem Tode, müssen wir im Leben erlangen, d. h. Heiligkeit und Seligkeit ... Hier auf Erden fängt das Reich Gottes an.

Niemand mag der Seligkeit nach seinem Tode gewiß sein, er sei denn schon auf Erden zur Seligkeit auserwählt und erzogen worden. Da aber der Mensch das, was er nach dem Tode sein will, schon auf Erden sein muß, ist es vonnöten, daß er sinne und trachte, schon in dieser Welt zu verwirklichen, was er in der jenseitigen sein möchte.

Nicht den Menschen wohlgefallen, sondern Gott wohlgefallen, nicht an irdischen Dingen reich sein, sondern an himmlischen, nicht irdisch, sondern göttlich gelehrt sein und unsere Religion verwirklichen, damit sie uns mit Freuden im ewigen Leib von dieser Welt in die ewige Welt nachfolge und wir vor Gott, dem Allmächtigen, frohgemut und unerschrocken bestehen mögen! Denn die Taten, die wir vollbracht haben aus von Gott verliehenen Gaben, werden uns zum Himmel nachfolgen. Alle anderen aber werden uns in die ewige Verdammnis führen!

Besser ist es, ohne Hände und Füße in den Himmel als mit allen Gliedern in die Hölle zu kommen.

Wer auf Erden verdammt ist, der erlangt nach seinem Tode nichts mehr … Wer hier nicht isset von dem Tische Christi, der ist dessen auch im Himmel beraubt.

Es gebührt einem Menschen nicht, daß er sich beklage, er habe kein Glück. Er versündigt sich vor Gott. Ein jeder muß das erwarten, was seinem Handeln und Wandeln entspricht. Er empfängt den verdienten Lohn.

Darum müssen sie nach dem Tode alle ihre Sünden auf dem Rücken tragen.

Kein Geld, Gold, Silber noch Edelstein vermag die Sünde zu tilgen, nur Reue, Leid und Buße.

Die sind die Schwachen, die ihre Sünde wohl betrachten, aber aus Eigennutz nicht davon lassen. Die Schlafenden aber sind die, die gar kein Gewissen haben, sondern sich wie der verzweifelte Judas verhalten, ohne alle Vergebung ihrer Sünde. Urteilten wir über uns selbst, folgten unserem Gewissen und ließen ab von den Sünden, wer wollte uns dann zum Bösen zwingen? Darum sind wir allein an uns schuldig, wie auch Judas an sich allein schuldig war.

Fortan ist alle Lehre nur auf die Liebe Gottes und des Nächsten anzuwenden, wie es der Glaube heischt; am Vorbild Gottes, unseres Erlösers, stärke sich unsere Hoffnung, daß sein Leiden und Sterben uns zum ewigen Leben erlösen werde.

Christus hat sich mit aller Kraft nach seinem Ostern gesehnt, denn es war für ihn die Zeit unserer Erlösung durch sein Leiden und seinen Tod.

Wahrlich, wer an die Leiden des Gottessohnes denkt, der sollte sich seine Auferstehung, die ein Gleichnis der unsrigen ist, mehr zu Herzen nehmen: Aus ihm und in ihm werden wir auferstehen wie die Rose und ihre edlen Blüten aus gleichem Samen und Stiel.

Schwer ist es aber einem Menschen, der wie ein Stallhengst oder wie ein Schwein lebt, das Leiden Christi von Herzen zu betrachten.

Von unserer Auferstehung müssen wir wissen, daß wir nicht in dem Fleische wiederkehren, in dem wir auf Erden wandelten, denn dieses ist irdisch und soll nicht zum Himmel gelangen. Dieser Leib begleitet uns auch nicht in die Herrlichkeit, denn er verbrennt und widersteht dem Feuer nicht.

Nur das ist echtes Gold, das geläutert aus dem Feuer hervorgeht, Blei- und Spießglanzproben bestanden und sich im Aquafort behauptet hat. Die Echtheitsproben des natürlichen Goldes geben uns ein Bild der Prüfungen, die auch unser Auferstehungsleib zu durchlaufen hat – weit mehr als Feuer, Blei, Spießglanz und Aquafort –, bis er schlackenrein, klar und lauter ist. Und zwar so, daß das Unlautere lauter würde oder Kot sich veredelte, denn unlauter bleibt unlauter, und Kot bleibt Kot, aber die köstliche Perle wird aus dem Unreinen, in dem sie bisher verborgen lag, ans Licht kommen. So wird bei der Auferstehung das Unreine vom Reinen geschieden und der neue Leib geboren, der, weil er klarer als die Sonne ist, der verklärte Leib geheißen wird.

Die Christenlehre ist das Gottesreich selbst. So wie im Himmel haben wir es auch auf Erden. Wenn es in uns verwirklicht ist, leben wir im höchsten Gut und sind den Engeln im Himmel gleich, und unsere Namen stehen im Buche des Lebens geschrieben. Wer in diesem Buche steht, der wohnt im Reiche Gottes, auf den können wir uns getrost verlassen. Aber sonst auf niemanden.

Auf Gott ist gut sich zu verlassen.

Dieselben Liebesbeweise, die uns Christus geschenkt hat, haben wir auch ihm zu erbringen. Sei es als Gemarterte, sei es einfältigen Herzens oder in stiller Andacht. Auf mancherlei Art ist dem Himmel zu danken, aber immer auf dem Wege der Liebe.

Wer viel liebt, dem wird viel gegeben. Erlösung wird allen zuteil, aber ungleich ist die Gabe, die der Liebe entspringt.

Kein Mensch kann sein Leben für das des andern verlieren, Christus aber vermochte es.

Die Taufe ist des Todes Anfang und Eingang, der Tod ist der Taufe Ausgang und Ende.

Darum soll das Gedächtnis in uns wirken, und so oft wir das Fest (des Abendmahls) begehen und uns ihm verbinden, von ihm nicht zu weichen, so soll das ein Beweis sein, daß wir den Tod Christi in uns tragen.

Geloben, glauben und vollenden sind eins, wie beim Bau eines Hauses der erste Bautag gleich dem letzten ist. Der erste wie der letzte trägt den Namen des Werkes, und das Ganze ist *ein* Werk.

Die Sonne scheint uns alle gleich an mit ihrem Glück. Der Sommer kommt zu uns allen gleich mit seinem Glück, und so auch der Winter und die Winde. Aber wir sehen die Sonne, die uns alle gleich ansieht, ungleich an. Gott hat uns erlöst, einen wie den anderen, aber der eine sieht Ihn nicht gleich an wie der andere. Er liebt uns alle und kennt kein Ansehen der Person. Wir aber haben ungleiche Liebe zu Ihm.

Wo Reue und Leid sind, da ist die rechte Liebe.

Wer anders als Gott hat Einblick in das Menschenherz?

Mit Geld und Gut kannst du Gott nicht gewinnen, aber mit deinem Herzen und deiner Dankbarkeit.

Gott ist wunderbar in Seinen Werken; ein reuiges, demütiges Herz nimmt Er allezeit an.

Über die Zeremonien sollt ihr wissen, daß sie überflüssig sind; denn sollen wir etwas von Gott erhalten, so sieht Er die Herzen an und nicht die Form.

Zeremonie ist, was ohne Notdurft geschieht und nur zur Hoffart der Tempel dient. Das ist keine Zeremonie, was eine Notdurft der Christen ist und Sakrament heißt und billigerweise ein notwendiges Ding ist, das ohne alle Zeremonie geschehen soll, allein der Notwendigkeit zu genügen.

Christus ist unser einziger Priester, und außer ihm keiner. Darum gibt es auch im Neuen Testament keinen Altar, keine Zeremonien, keinen Tempel weder außerhalb noch innerhalb unser. Christus ist ein neuer Priester; wie kein Priester in uns ist außer Christus, so ist auch außer ihm keiner, denn er opfert sich selbst. Das konnte kein Priester im Alten Testament, der mußte tun, was ihm befohlen war, und konnte nur fremde Dinge opfern.

Um des Glaubens willen sterben ist Seligkeit, aber um der Glaubenssätze willen sterben, ist ein Tod, der vom falschen Glauben kommt.

Wer weiß den Willen Gottes, als Er allein?

Was hat uns das Reich Gottes zu sagen? Daß wir einander verzeihen – dann verzeiht uns Gott auch; daß wir einander lieben – dann liebt uns Gott auch. Was ist seliger als das? Und ist dies einmal für uns die Seligkeit auf Erden, so ist auch das Reich Gottes bei uns.

Darum sollen wir die Wurzeln der Liebe in Christus grünen lassen, der Liebe, auf die der Heilige Geist gegründet wird, in dem wir alle Dinge verstehen und erkennen werden.

Ungeliebt wird uns auch Gott keine Liebe schenken, sondern mit dem Maße messen, womit auch wir gemessen haben.

Wer des Herrn Lehre und Gebote verwirft, der nimmt des Knechtes Lehre viel weniger an.

Wie ist es möglich, daß der, der seinen Nächsten nicht liebt, Gott liebe?

Wer Gott liebt, der liebt auch seinen Nächsten.

Gott will, daß Essen und Trinken nach Bedarf und mäßig geschehe; man soll nicht übermäßig essen und trinken. Was hat es für einen Sinn, daß einer so viel frißt und säuft, womit sonst drei oder vier ihren Bedarf stillen könnten?

Dein Nächster sei dir lieber als deine Lust, als Essen und Trinken.

Wenn der Mensch das Gebot der Nächstenliebe befolgt, ist er vollkommen. Können doch beide ohne einander nicht auskommen, beide sind eins und unzertrennlich. Der Reiche kann sich deshalb nicht auf das himmlische Reich vertrösten, wenn er die Barmherzigkeitspflicht nicht erfüllt.

Warum sollen wir auf Erden kein langes Leben begehren? Dies ist der Grund: Wollen wir auf Erden leben, so müssen wir den Reichen – auch den Fürsten und Herren, den Mönchen und Pfaffen – dienen, schmeicheln, nachgeben und nach ihrer Pfeife tanzen. Das sichert uns wohl ein langes Leben, aber auch die ewige Verdammnis. Wollen wir jedoch das ewige Leben haben, so sollen wir dies nicht tun, sondern bei der Wahrheit bleiben. Handeln wir solchermaßen, was folgt daraus? Daß wir uns Fürsten, Herren, Edle und Reiche zu Feinden machen; je mehr Wahrhaftigkeit wir gebrauchen, desto kürzer ist unser Leben, denn sie mögen uns nicht leiden. Was folgt weiter daraus? Daß Gott aus Barmherzigkeit und der Wahrheit zuliebe, für die wir auf Erden gelebt und von der wir nicht gewichen sind, die Gnade verleiht, das ewige Leben, und die Ehre, das heißt die Ehre der Heiligen.

Die im Himmel leuchten werden wie die Sterne und deren Name im Buche des Lebens geschrieben steht, sind die allein, die sich nicht freuen oder überheben, weil sie auf Erden Zeichen und Wunder taten, sondern sich einzig darüber freuen, daß ihr Name im Himmel neben dem der Geister verewigt ist. Das ist ihr Lohn dafür, daß sie auf Erden Amtsleute Christi waren, nicht aber dafür, daß sie strebten nach Entgelt, nach Zins oder Fülle des Bauches.

Wer den himmlischen Vater läßt sorgen über seine tägliche Arbeit und läßt ihn sorgen auf sein tägliches Gebet und Bitten hin, der wird ein seliges Brot essen.

Gott wird für uns sorgen, wie Er für die Vöglein sorgt; die fliegen allein um ihr Brot und jagen nicht dem Reichtum nach.

Unsere irdischen Bedürfnisse sind gering, und es braucht wenig, um zu leben. Denn Brot ist für alle Speise genug.

Selig und mehr denn selig ist der, dem Gott die Gnade der Armut gibt.

Wisset, daß die Armut nur dann beschwerlich ist, wenn sie euch zum Unrechttun verleitet.

Daß du arm bist, ist von Gott gewollt und kein unglücklicher Zufall.

Nicht im Reichtum ist Seligkeit, sondern in der Notdurft. Denn in der Notdurft ist die Liebe.

Willst du deine Kinder reich machen? Lasse sie selber sorgen!

Die Lehre vom vollkommenen Leben ist nichts für die Liebhaber des Reichtums, sie finden darin nichts für sich, sondern allein für die, denen die Armut eine Lust ist und die in der Gerechtigkeit wandeln, damit keiner den anderen in seiner Notdurft übertreffe und jeder mit dem anderen Leid trage, helfe, weine und sich freue. Sich freuen mit den Fröhlichen und trauern mit den Traurigen, das ist gut und gerecht.

Mit großem Aufwand wird ein prächtiges Rathaus gebaut, und die Stadt ist allzeit mit Gütern reich gesegnet, aber mit Sorgen beladen stehen die Häuser der Armen in Regen und Wind!

Kommen Arme zu dir, so schweige über ihre Armut! Heiße sie nicht Bettler! Gib nicht Almosen draußen vor der Tür! Gib dem Armen den Teil, der ihm gebührt, und beschimpfe und verachte ihn nicht! Denn die Erde ist sowohl sein als auch dein.

Solange es auf der Welt arme Menschen gibt, soll ihnen geholfen werden aus der Fülle des Vorhandenen.

Was nützte es dem Reichen, wenn er die ganze Welt erlangte, seine Seele aber litte Schaden dadurch?

Was bringt es dir Lob ein vor Gott, wenn du viel besitzest, viel gewinnst, vielen die Nahrung entziehst, große Schätze zusammenraffst und darüber vergissest, daß das Himmelreich den Armen gehört und nicht den Reichen, und daß nicht die Reichen den Weg zur Seligkeit kennen, sondern nur die Armen, nur die Gerechten?

Im Reichtum ist die Verdammnis, in der Armut die Seligkeit. Unser Reich ist nicht von dieser Welt, sondern von der ewigen.

Von uns Menschen auf Erden wurde keiner mehr als der andere von Gott begabt. Nicht mehr als ein Bauer brauchst du; nicht mehr als ein Bauer oder ein Bettler bringst du auf die Welt.

Die Güter der Welt sind von Gott für uns alle ohne Unterschied bereitgestellt, denn wir sind alle gleich in der Welt.

Alles, was Gott geschaffen hat, ist für die Allgemeinheit geschaffen, nicht für einen allein. Bist du aber der Finder eines Bodenschatzes, so danke Gott, daß er dich dazu kommen ließ, damit durch dich das gemeine Wohl gefördert und die Bedürfnisse der Menschen befriedigt und gestillt werden.

Es ist besser, daß der Hinkende, der Krüppel und der Lahme reitet, als du, daß du ihm die gute Speise gibst und die schlechtere für dich behältst, denn er ist krank, du aber gesund. Er bedarf ihrer, du nicht. So soll auch der Junge den Alten vertreten, er soll für ihn betteln gehen und ihn ernähren, und nicht den Alten für sich betteln und arbeiten lassen, er soll ihm Wein zu trinken geben und selber Wasser trinken. Im seligen Leben tun das alle. Sie liegen auf Bänken und überlassen ihre Betten den Armen, Bedürftigen und Kranken. Durch die Liebe, die du ihnen erweisest, werden sie deine Freunde. So schaffst du dir mit deinen Gottesgaben Freunde im Himmel.

Gottes Tisch hat keine Feinde außer den Satten.

Nicht dir zu Nutz, sondern allein der Armen wegen gibt es viel Korn und gute Jahre.

Bedächtest du, o Mensch, daß du nicht allein vom Brote lebst, sondern auch von Gottes Wort, so würden deine Hände nicht ständig nach Brot begehren. Nahrung ist leicht zu finden, und du würdest viel mehr Zeit haben für Gottes Wort.

Im Leid fremde Freude mitanzusehen, ist doppelte Pein.

Ich setze den Fall, ein Blinder werde geboren und sähe keinen Lichtschein noch Tag. Er wüßte nichts von allen Dingen und könnte nun klagen und hadern mit Gott, warum Er ihn des Augenlichts beraubt habe. So wisset, daß einem jeden, der in seinem Kreuze wandelt, weder Glück noch Unglück auferlegt ist, sondern daß es seine Bestimmung ist, also zu wandeln.

Das ist eines jeglichen Kreuz: gegen alle Feinde, Teufelsbündler und Widersacher, die Gott auf Erden hat, zu streiten! Das ist der Orden unter dem Kreuz: diesen Kampf nicht mit Waffen, Spießen, Geschütz und Sturm zu führen, sondern mit dem Wort Gottes.

Uns wurde Gottes Wort zuteil, um damit die Ungläubigen, denen es nicht verkündet wurde, zu bekehren. Aber nicht mit Spieß und Waffen, sondern mit dem Wort Gottes sollen sie bekehrt werden.

Was ist Vanitas? Geht an die Königshöfe, so seht ihr es, geht an die Fürstenhöfe, so zeigt man es euch, geht in die Ratshäuser, so seht ihr, was Habgier ist. Hier schindet man, da schabt man. Wer Geld hat, hat das Recht, wer nichts hat, wird nicht eingelassen.

Es gibt keinen höheren Orden noch Stand, als den Gott selbst verleiht.

So und nicht anders ist unser irdisches Leben, denn Gott selbst hat die Ämter und Stände bestimmt, die unsere Bedürfnisse auf Erden regeln sollen. Da ihre Zahl aber von Gott gesetzt ist, sollen wir sie halten und erfüllen. Gottes Ämter waren erstens Apostel, dann Doktoren, dann Schüler usw., wie sie sich nacheinander finden lassen.

Wie solltet ihr in einem Hause beieinander wohnen können, dieweil schon eure Tugenden einander widerstreiten?

Wird alles in der rechten Weise geübt und getan, wie sollte es dann damit im vollkommenen Leben übel bestellt sein, wenn wir die Apostel nach ihren Früchten, die Propheten nach der Wahrheit, die Doktoren nach dem Heiligen Geist und die Jünger nach der Lehre ihrer Meister beurteilen?

Unser Unterhalt soll unsere Arbeit sein, nicht die Arbeit eines anderen; wir sollen auch nichts von unserem Nächsten nehmen, es sei denn, wir vergüten es ihm mit ebensoviel Liebe. Sonst ist es nichts anderes als ein Diebstahl, der mit Lügen begangen wird.

Alle Arbeiter sollen sich auf den Sonntag freuen, auch die Gefangenen und Gefesselten, denn Gefangen- und Gebundensein ist auch eine Arbeit. Sie sollen den Sonntag genießen und an diesem Tag, von Banden und Gefängnis befreit, sich der Ruhe hingeben in Gott, zu dessen Lob und Ehr alle Dinge feiern sollen. Nur die Krankheiten feiern nicht; darum haben sie ihre von Gott geschaffene Arznei.

Gott liegen allein die Armen, Gefangenen am Herzen, nicht die Reichen, denn die haben keine Leiden. Wo keine Krankheit ist, kommt Gott nicht hin. Es ist mit Gott wie mit dem Arzte, der nichts gilt, wo es keine kranken Leute gibt.

Ist das nicht eine selige Freude, wenn einer wie sein Nächster lebt, in gleicher Armut, gleichem Reichtum, in gleicher Freude und gleichem Leid?

Es gibt auf der Welt drei Arten des Erwerbes: die des Kaisers, der vom Zins lebt, die des Untertanen, nämlich seine Berufsarbeit, und das Almosen, wie beim Blinden von Jericho.

Im Himmel gibt es kein Eigentum. Also soll es auch auf Erden sein. Das heißt: keiner hat im Himmel des anderen Gut inne, seinen Reichtum, seine Herrlichkeit oder seine Seligkeit. Ein jeglicher hat nur, was ihm selber zusteht und nichts darüber hinaus.

Dem Landesherrn gehört der Boden. Was aber darauf wächst, das gehört dem, der es erzeugt.

Eine gute Obrigkeit soll in allen Dingen Gottes Rat allein beherzigen.

Wenn wir nun alle Glieder Christi sein sollen, Christus aber das Haupt, so müssen wir uns auch gegenseitig verhalten, wie es sich für Brüder und Schwestern geziemt, und einander helfen. Dazu soll die Obrigkeit beitragen.

Die Guten schulden der Obrigkeit nichts, denn sie haben keine.

Merkt euch, was die Aufgabe der Regierung und der Obrigkeit ist. Ihr sollt es nicht anders betrachten, als wie es der zwölfjährige Christus in der Synagoge gesagt hat. Denn es gilt heute noch für alle Versammlungen und Ratssitzungen, die von der Obrigkeit und den Gottlosen abgehalten werden, um die Armen zu betrügen. Er sagt: ihr in den Konzilien und Konsistorien, in den geistlichen und weltlichen Ratshäusern, ihr sitzt da und beschließt zu eurem Vorteil, daß ihr reich werdet, stolz und hochmütig, und euch über alle Welt erhöht. Darum müssen die Armen, die Elenden, die Dürftigen immer unten liegen in Armut und Jammer. Ihr aber sollt dies nicht tun, sondern ihr sollt dem Armen Recht verschaffen, daß es dem Bedürftigen ergehe, wie es ihm von Rechts ergehen soll, und daß sein Wohl, nicht euer Wohl erwogen werde. Das heißt: als Hirten sollt ihr nicht die Schafe aus Eigennutz zu Tode schinden, vielmehr sollt ihr sie reicher machen und nicht ärmer.

Wir alle sollen in Gottes Angesicht wandeln und nicht in des Kaisers Antlitz. Vor Gott wird das letzte Urteil gesprochen, nicht vor dem Kaiser.

Strafen und Töten ist nicht christlich, denn jeder ist des anderen Bruder. Da wir alle Brüder sind, sollen wir nicht unsere eigenen Mörder und Henker sein. Denn das müßte ein schlechter Bruder sein, der einen henkt, statt brüderlich zu behandeln. Wir sollen den Nächsten lieben – und henken ihn! Wer ist denn der Nächste? Ist nicht dem Sünder die Obrigkeit der Nächste? Ja, denn der Sünder untersteht ihrer Hand und Strafe. Da sie nun aber sein Nächster sein soll, welche andere Aufgabe hätte sie denn, als die, ihn zum rechten Leben zu bekehren? Haben wir doch ein neues Gebot: «wir sollen einander lieben» usw. Darin ist nicht vom Töten die Rede, sondern vom Lieben.

Der Rechtsbrecher wird immer wieder nur von einem Rechtsbrecher getötet.

Vernehmt also, was die Gebote anbelangt: es wird dir keines erlassen. Drum hast du weder Fug noch Recht, einen Menschen mit oder ohne Urteil zu töten, indem du sagst, du seiest die Obrigkeit. Woher kommt denn deine Obrigkeit? Nämlich von Gott! So tue, was Er dich heißt! Was sagt Er im Alten Testament? «Du sollst nicht töten!» Das hat auch Christus im Neuen Testament gesagt, indem er sich (das mag euch Juristen Kopfzerbrechen bereiten!) klar und deutlich ausdrückt: «Ich will nicht den Tod des Sünders» usw. Bezieht sich das nicht auf die Praxis des Strafrechtes? Ihr aber henkt den Sünder, rädert und ertränkt ihn. Warum verurteilt ihr denn den Sünder? Wenn Christus in diesem Wort vom Töten des Sünders redet, so gilt dies auch für den Sünder, den ihr tötet. Nun wird aber kein Sünder getötet außer allein durch den Kaiser und die Obrigkeit. Weiter heißt es in der Schrift: «sondern ich will lieber, daß er lebe und bekehret werde.» Bedenket nun, ob es recht ist, den Sohn des Menschen zu verurteilen! Ihr könnt es nämlich gar nicht; was er auch immer begangen haben mag, ihr sollt ihn nicht töten! Woher kommt uns denn die Macht des Tötens? Von den Heiden kommt sie, deren Obrigkeit es als fromm und gerecht erachtete, das Böse zu bestrafen. Wir Christen aber wissen, daß wir kein Böses bestrafen können oder sollen, da die Strafe Sache Gottes ist.

Ist einer auf Erden, dem Gott die Macht verliehen hat, uns zu bestrafen, so tue er es mit Barmherzigkeit und nicht mit Hochmut.

Der Feind Christi soll überwunden werden, aber nicht mit Mord, sondern mit der Lehre.

Allein eine einzige Zahl gibt es, die unseren Erdenwandel bestimmen soll, und das ist die Eins. In dieser Zahl ist Ruhe und Friede und sonst in keiner anderen. Wo mehr ist, da ist Unruhe und Zank, Kampf des einen gegen den anderen. Wie viel fröhlicher und besser ist es, wenn wir in dieser Einheit wandeln, hat doch auch der Himmel seinen Lauf in dieser Zahl, die Erde und alles!

Alles ist um des Endes willen da. Wie und was aber das Ende sein wird, das weiß kein Mensch.

Glauben und Wirken, Wissen und Tun sind ein und dasselbe Ding, so daß Glaube Werk ist und Werk Glaube.

Denn wer den Namen Gottes besitzt, der hat Ihn mit Worten und Werken. Worte und Werke aber sind eins und mögen nicht voneinander getrennt werden.

Und so wird es bleiben bis zum Ende, bis zur großen Ernte, wenn alle Dinge Frucht tragen und zum Schneiden reif sein werden. Denn die Ernte ist das Ende allen Wachstums.

III
Die Entdeckung des Paracelsus

Vorträge, Essays, Betrachtungen

Paracelsus und seine Entdecker

«Einem Arzt wie Paracelsus, diesem Wunder ärztlicher Kunst, ist nächst Hippokrates niemand zu vergleichen [...] Paracelsus hat eine tiefere Kenntnis der Heilkunst gehabt als Galenus, Avicenna und alle Doktoren und derselben Anhänger, die sich lateinisch vernehmen lassen.» Diese Einschätzung des Hohenheimers stammt von Giordano Bruno (1548–1600), einem der bedeutendsten italienischen Naturphilosophen des 16. Jahrhunderts, dessen Grundgedanken maßgeblich von Paracelsus beeinflußt wurden. Sein Zeugnis ist ein Beleg dafür, daß Paracelsus schon sehr früh Anhänger gefunden hat, die ihn verstanden und seine Ideen weiterentwickeln konnten. Trotzdem geriet er für Jahrhunderte ins Abseits, bis er in der deutschen Romantik eine erste Wiederentdeckung erlebte. In seiner wahren Bedeutung wird er aber wohl erst in neuerer Zeit erkannt, und von Jahr zu Jahr erscheinen neue Publikationen über ihn, die ihn zu würdigen versuchen. Die folgenden Vorträge, Abhandlungen und Betrachtungen habe ich aus Hunderten von Arbeiten ausgewählt, um einen Eindruck davon zu vermitteln, welche Faszination gerade in der Neuzeit wieder von ihm ausgeht.

Die Auswahl hat mehrere Ziele. Einmal sollen solche Arbeiten berücksichtigt werden, die für die Rezeption des Paracelsus wegweisend waren und sich noch heute die unüberholbare Frische eines ersten, staunenden Entdeckens bewahrt haben, was für Schätze in den Schriften Hohenheims verborgen liegen. Es sind Arbeiten, denen teilweise auch eine historische Bedeutung zukommt. So hat etwa erst das kritische Paracelsus-Buch von Friedrich Gundolf dazu geführt, daß die Germanistik begonnen hat, sich mit Paracelsus zu beschäftigen. Ähnliches ist wohl auch in bezug auf die Philosophiegeschichte von Erwin Metzkes Arbeiten zu sagen; vor allem seinen Darstellungen der paracelsischen Gedankenwelt ist es zu verdanken, daß man inzwischen in Paracelsus den Vorläufer, wenn nicht sogar den Begründer der deutschen Philosophie zu sehen beginnt, zumindest wird ihm bereits in Karl Vorländers «Philosophie der Renaissance» diese Bedeutung eingeräumt, eine Zuordnung, die seither immer neue Bestätigung findet. Zu diesen bahnbrechenden Arbeiten der Paracelsus-Forschung gehören auch Schriften und Vorträge von Viktor von Weizsäcker, C. G. Jung, Rudolf Steiner, J. D. Achelis, Karl Sudhoff, Kurt Goldammer, Will-Erich Peuckert, Robert Blaser, Franz Hartmann, Erwin Jaeckle, Ferdinand Weinhandl, Franz Strunz, Karl-Heinz Weimann, Paul Diepgen, Sepp Domandl, J. Strebel, Otto Zekert, Ildefons Betschart, Walter Pagel, Heinrich Schipperges, Willem Daems, Lucien Braun, Joachim Telle, Katharina Biegger, Gunhild Pörksen u. a. m. Ich nenne diese Namen, um einen Eindruck zu vermitteln, aus welcher Vielfalt an Sekundärliteratur ich auszuwählen hatte. Dazu kamen noch jene Schriftsteller und Dichter, die sich in ihren Essays mit Paracelsus auseinandergesetzt und auf diese Weise sein Bild frappierend erweitert haben. Dazu gehören Fritz Usinger, Theodor Däubler, Peter Bamm, Reinhold Schneider und Stefan Zweig.

Bei meiner Auswahl ging es mir nicht darum, zu Kontroversen der Paracelsus-Forschung Stellung zu nehmen, sondern möglichst verschiedene Betrachtungsweisen und Wissensgebiete zu berücksichtigen, auch wenn dadurch so mancher Widerspruch zutage getreten sein mag. Ich habe versucht, eine möglichst repräsentative Dokumentation der Paracelsus-Forschung zusammenzustellen, mußte dabei aber auf vieles aus Platzgründen verzichten oder weil es eine thematische Wiederholung bedeutet hätte. Manche Arbeit, die mich persönlich faszinierte, mußte ich bei näherer Prüfung weglassen, da sie zu viele Vorkenntnisse erfordert hätte. Bevorzugt habe ich Untersuchungen, die sich nicht scheuen, aktuelle Bezüge herzustellen.

Einige Arbeiten erscheinen hier zum ersten Mal im Druck und vermitteln den neusten Stand der Paracelsus-Forschung. Dabei habe ich ganz bewußt gewisse Aspekte des paracelsischen Denkens von verschiedenen Autoren untersuchen lassen, um auch unterschiedlichen Interpretationen Raum zu geben.

Die Zweideutigkeit des Titels ist beabsichtigt: «Die Entdeckung des Paracelsus». Einerseits soll daran erinnert werden, was der Hohenheimer alles entdeckt hat, andrerseits aufgezeigt werden, daß es ihn selbst noch immer zu entdecken gilt, obwohl Goethe schon 1810 in seiner Farbenlehre schrieb: «Man ist gegen den Geist und die Talente dieses außerordentlichen Mannes in der neueren Zeit mehr als in einer früheren gerecht!»

Goethe hat sich vor allem in seinem größten wissenschaftlichen Werk, der Farbenlehre, direkt auf Paracelsus bezogen, und es ist wohl kein Zufall, daß immer wieder gerade jene Ärzte, Wissenschaftler und Schriftsteller auf Paracelsus zurückgegriffen und ihn als eine Art Kronzeugen angerufen haben, die selbst als geistige Erneuerer oder bahnbrechende Erfinder Geschichte gemacht haben.

So hat zum Beispiel auch Ferdinand Sauerbruch, dem auf dem Gebiet der chirurgischen Technologie wegweisende Neuerungen gelangen, sich 1944 in einem Vortrag auf Paracelsus berufen, als er nach Leitgedanken für ein Ethos der Technik suchte.
Also ist es nur konsequent, wenn wir unsere Auswahl der Sekundärliteratur mit Vorträgen von drei Wissenschaftlern beginnen, die jeder auf seine Weise eine neue Medizin begründet haben. So gilt Viktor von Weizsäcker als Begründer der allgemeinen anthropologischen Medizin, Rudolf Steiner als Initiant der anthroposophischen Medizin und C. G. Jung als ein Entdecker der Psychologie des Unterbewußten.
Den Arbeiten, die sich mit speziellen Themen beschäftigen, habe ich schließlich noch Beiträge folgen lassen, die mit paracelsischen Gedanken Zukunftsperspektiven suchen, wobei es mich besonders gefreut hat, einen Vertreter der modernen pharmazeutischen Industrie zu zitieren, der als Basis einer möglichen Zukunft Brüderlichkeit im Wirtschaftsleben fordert.

Der Arzt

VIKTOR VON WEIZSÄCKER

Hippokrates und Paracelsus

Paracelsus ist ein ganz großer Arzt gewesen. Er ist ein Riese in seinen Kräften, in seiner Lebenseile, seinem Lebensrhythmus; ein feuriger, leidenschaftlicher, ein sarkastischer, kühner und über alles ein gläubiger Mensch. Paracelsus wird heute wieder verstanden und geliebt, auch von den Besten unter uns Ärzten. Paracelsus ist ein so intelligenter, ein so schöpferischer, reicher, ein so phantasiekräftiger, unmittelbar sicherer Mensch, er ist ein Mann zum Bewundern, Sich-Begeistern, ein so höchstindividueller und seltener Mensch. Er ist so voll von deutscher Phantastik, Verworrenheit, unergründlicher Tiefheit, auch Grobheit, nüchtern, wild und schön. Er ist sein Lebtag umhergezogen, ja geirrt, hat

Feldzüge in ganz Europa mitgemacht; wo er aber auf die Kulturstätten, in die Hochburgen des Humanismus, der städtischen Gesittung stieß, da entsteht Konflikt über Konflikt, die Kielfedern der Ämter fliegen, und der Staub wirbelt über den Akten. Denn er schilt, schimpft, verhöhnt, bricht mit allem und erobert sich zugleich die Herzen. Dann verschwindet er auf unbekannte Zeiten, fast Jahre im Ungewissen; es scheint, man hört, er ziehe von Spelunke zu Spelunke, predigend, verbindend, medizinernd, dunkle Gerüchte wuchern über ihm auf. Eine Macht beginnt er erst vierzig Jahre nach seinem Tode zu werden.
Und doch, Paracelsus war zwei Jahre Ordinarius der Medizin an der Universität Basel. Eine Heilkur an einem ihrer ersten Humanisten, Frobenius, die Freundschaft ihres Rektors Auerbach und des Stadthaupts Oekolampadius, ja die wohlerwogene Beachtung des Erasmus trugen ihn für ein Kurzes. Aber die gesittete Kultur und die Explosionen des Arztsohnes und Naturburschen vertrugen sich nicht lange. Paracelsus entstammt ja dem schwäbischen ganz verarmten adligen Stamme der Bombaste von Hohenheim, ist im kleinen Einsiedeln in der Schweiz herangewachsen. Er ist Theophrast von Hohenheim, und der ihm aufgezwungene Humanistenname Paracelsus ist eine Ironie geblieben; er ist nie ein Humanist gewesen. Am wenigsten im geistigen Sinne. Er war der Professor in Basel, der zuerst deutsch las. Und er war der, welcher alles Unheil der verrotteten Medizin in ihrer antiken Überlieferung fand, der ihre Schriften nach dem Brauch der Zeit öffentlich ins Feuer warf.
Und hier kreuzt seine Sphäre die des Hippokrates. Und hier müssen wir auf die medizinischen Systeme mit kurzen Worten eingehen. Denn hier in Basel ist die historische Geburt einer Umwälzung, hier geschieht für die Medizin das, was für die Astronomie Kopernikus, für die Physik Galilei bedeutet. Hier ist der Keim auch für jene entzückende Satire, die wir alle so lieben, jene Stimmung, in der Molière 150 Jahre später schon den Beifall und das Echo seiner Hörer fand. Es sind die Verse, nach denen der Bachalaureus im «Eingebildeten Kranken» zu exerzieren hat:

Clysterium donare
Postea Seignare
Ensuita Purgare
Reseignare, repurgare, et reclysterizare.

Hier ist in drei Worten die Medizin des Galen, es ist die Erinnerung an das medizinische Lehrgebäude der Antike, wie es von Hippokrates aufgerichtet, vom Römer Galenus kodifiziert, vom Traditionalismus der Scholastik den Jüngern der Wissenschaft gelehrt ward – bis zu Paracelsus. Es ist, näher analysiert, die Medizin, welche in rationaler Form aus einer Theorie des menschlichen

Organismus, aus einer ganz bestimmten Physiologie des Menschen, hinter der aber eine ebenso bestimmte Idee vom Menschen steht, die notwendigen ärztlichen Eingriffe folgerecht ableitet. Es ist die Theorie des Hippokrates, nach der der gesunde Mensch gesund ist dank eines dynamischen Gleichgewichts seiner vier Kardinalsäfte: Blut, Schleim, schwarze Galle und Lymphe. Zwar bringt der Sommer das Blut zum Überwiegen, der Herbst die Galle, der Winter den Schleim. Aber im Rhythmus der Schwankung bestätigt sich doch nur das hohe Gesetz der Harmonie, die ewige Ordnung des Maßes. Und nichts anderes ist die Krankheit als die Störung der Harmonie; sei es, daß zuviel Blut, sei es, daß zuviel Lymphe da ist, daß man also zur Ader lassen muß – *seignare* – oder aber ein Fehlendes zuführen – *Clysterium donare*. Und nicht anders sind die geistig-leiblichen Individualitäten zu begreifen: die blutüberfüllten Sanguiniker, die galligen Melancholiker, die lymphatischen Choleriker, die schleimigen Phlegmatiker. So ist die Lehre des Hippokrates eine Harmonielehre der Gesundheit, eine Typenlehre der Temperamente und eine Pathologie der Krankheiten in einem.

Sie ist aber noch viel mehr als das. Und hier berühren wir die tiefere Frage: Woher stammt dieses System und diese Gesinnung? Denn diese Idee von der Krankheit ruht auf einer Idee vom Menschen, diese Idee vom Menschen auf einer Idee vom Leben, von der Natur, vom Kosmos. Versteht man sie, dann versteht man, was der Weg der Heilung, aber auch was für ein Mensch eigentlich der Arzt ist – der hippokratische Arzt und Hippokrates selbst.

Was kann der Arzt denn tun, was muß er sein? Er muß sein ein Wiederhersteller jener Harmonie der Säfte. Man muß wissen, wodurch die Säfte gestört werden. Nicht, meint Hippokrates, wie die alten naturphilosophischen Ärzte behaupten, ist der Mensch und die Krankheit aus einem einzigen Prinzip zu verstehen, denn er ist selbst nicht einheitlich, geht er doch nur aus der Vereinigung zweier verschiedener und ergänzungsbedürftiger Wesen, aus Mann und Weib hervor. So ist er ein vielfältiger und zwiespältiger, und immer lauert hinter der Harmonie und Eukrasie die Störung und die Dyskrasie. Zwei Gründe dieser Störung kommen in Betracht: eine falsche Lebensweise, verkehrte schädliche Gewohnheiten, vor allem im Essen und Trinken, in der Tageseinteilung und dann die Einatmung, das Pneuma. Die ersten Fehler sind individuell, aber wo das Pneuma, die Luft, verpestet ist, da entstehen die Seuchen, die Epidemien. So ist der Arzt berufen, die Lebensweise zu ordnen, die Diät zu regeln, durch Aderlaß und Schröpfkopf die Säfte ins Gleichgewicht zu bringen, er ist also ein Hygieniker, er ist ein Lebensführer, und seine Kuren müssen diätetische Kuren, Purgieren und Klystieren sein, und müssen klimatische Kuren sein: Ortswechsel, Seereisen wurden dem Griechen von seinem Arzte empfohlen. Zwar hören wir von Arznei, aber ihre Bedeutung ist eben nichts anderes, als eine Verschiebung der Säfteharmonie zu bewirken. Freilich, was sie nicht heilen kann, das muß das Messer heilen, und was das Messer nicht heilt, muß das Feuer heilen. – So war Hippokrates ein großer systematischer Physiologe, er war ein gewaltiger Forscher, Lehrer und Arzt, er war Höchstergebnis der griechischen Städtekultur; nur in Rudimenten kann man die Herkunft seines Standes aus der priesterlichen Kaste, aus den heiligen Korporationen der Asklepiaden und Pythagoreer erkennen, wiewohl doch auch hier die ärztliche Kunst aus den priesterlichen Händen hervorgegangen war.

Diese hippokratische Medizin ist also gegenüber dem kranken Menschen in der Rolle eines behutsam regulierenden Maschinisten, eines sorgsam lenkenden Steuermanns, dem nicht die Winde und nicht die Kräfte selbst in die Hand gegeben sind – er kann sie nur lenken und leise verschieben. Dies sanfte regulierende Spiel, dies kunstvolle Harmonisieren, von Fall zu Fall angepaßt und individualisierend, nach streng rationaler Überlegung und Einsicht, das ist die τέχνη des Hippokrates. Keine Spur von Kunst im deutschen Wort-Sinne, nirgends ein Lob der Intuition, überall ein Festhalten an der Vernunft, dem Verstand, der strengen Beobachtung, der Erfahrung; ein so ganz griechischer Rationalismus, ein völliges Fehlen des genialen Blicks, der geistreichen Intuition, der schöpferischen Phantasie im Repertoire des idealen Arztes. Es ist die zurückhaltende, die reine, die konservative Medizin *par excellence.* Man muß abwarten, zusehen, was wird; im rechten Moment eingreifen; man muß bescheiden sein; was die Götter senden, hinnehmen; nicht alles ist heilbar; vom unheilbar Kranken soll man die Hände lassen; man kommt sonst in schlechten Ruf, würde zum Schwindler werden, denn – eins ist so gewiß, wie nur einem Griechen die Existenz der Vernunft sein kann: die ärztliche Wissenschaft, die τέχνη existiert, sie ist kein leerer Wahn, daran ist nicht zu rütteln. Verrückt einfach sind die, welche behaupten, die Krankheiten, die die Ärzte heilen, heilten auch von selbst, die aber nicht von selbst heilten, könnten auch die Ärzte nicht heilen.

Denn der Arzt ist ein geistig durchgebildeter, ein wissender, ein nicht an Einzelheiten klebender, sondern das Ganze erwägender und kennender Mann. Und indem er dies Ganze der Einzelheiten erkennt (dies δλον), ist er im Sinn des Griechen des fünften Jahrhunderts eben unter allen Umständen der Überlegene. Totalität und Ganzheit seiner Bildung, Ganzheit seiner Weltanschauung sind es, was ihn über die Masse erhebt, wodurch er seinen Platz unter den ersten der πόλις hat; wie ein Botschafter, ein Diplomat, wird er auch bezahlt; er ist ein vornehmer Mann, d. h. einer, dem die Eigenschaften des Philosophen zukommen. Sein Aristokratsein besteht darin, daß er das, was er behauptet und was er denkt, auch verwirklicht und ist. Er teilt mit dem Philosophen der neuen, der damals modernen Art dies, daß er nicht etwa theoretisch philosophiert, sondern daß er die Wahrheit, die er erkannte, repräsentiert und verwirklicht im Leben. – Dies also ist der neue Begriff des griechischen Menschen, der mit Sokrates tief durch die Skepsis gegangen, tief an der Wissenschaft gezweifelt hat und verzweifelt ist, aber der nun im Gegenüber mit dem tätigen Leben, mit dem konkreten Dasein eine völlig neue, sublimere und ideale Kraft saugt, eine Kraft, aus der sich der herrlichste Aufschwung zur platonischen Idee, der Mittagshöhe des griechischen Geisteslebens alsbald entwickeln sollte. Wie Sokrates auf dem Markte zu philosophieren wieder anfing, so steht der große Arzt vor der erschütternden Wirklichkeit des Krankenbettes und besinnt sich hier neu auf das Wesen seines Erkennens und Könnens, seiner eigentlichen Wahrheit. Und so scheint es in der Tat, daß nächst Sokrates die Gestalt des Hippokrates es ist, welche am tiefsten auf Platon gewirkt und ihn vorbereitet hat. Denn nicht schwer wird man in der Harmonie seiner Sphären, in der tiefen Veredelung seiner Idee von einem Ganzen als eben zugleich dem Vollkommenen und Vollendeten und in den Bestimmungen seiner Philosophie und des Philosophen als eines Tätigen, des Tätigen als eines Philosophen die Elemente des Hippokrates nacherkennen. So entfaltet sich das Bild des harmonischen und darum ganzen, des gesunden und darum vollkommenen, guten und schönen Menschen zur Fülle der platonischen Idee der Welt. In dieser Verwandtschaft erfüllt sich auch das von Hippokrates durchaus nicht intellektuell, sondern rein ethisch gesprochene Wort: ἰατρὸς φιλόσοφος ἰσόθεος gottgleich der Arzt, der Philosoph ist. Hierin bewährt sich auch vielleicht der Sinn, den Schelling aus dem Wort σοφός herausgespürt, wonach nämlich der φιλόσοφος ein Liebhaber der Gesundheit oder Ganzheit sei – im Grunde also ein Arzt.

Denn ein begabter Arzt wird ja bei solcher Biologie und Physiologie doch offenbar der sein, der den Sinn für die Harmonie, den Sinn fürs Schöne, Ganze und Vollendete hat; um so feiner wird er ja fühlen, was not tut, was fehlt, je stärker seine Sehnsucht zum Schönen, Ganzen, je stärker seine Liebe zum Kranken eben aus seiner Liebe zum Gesunden hervorwächst. Diese ist das Grundgefühl, das ihn durchzieht, und völlig fremd ist ihm etwa ein Mitleid, eine Sympathie mit dem Kranken, dem häßlich Leidenden als solchem; völlig wendet er sich ja auch ab, wir sahen es schon, von dem, welchem doch nicht mehr zu helfen ist.

Diese mehrfach gegebene Vorschrift des Hippokrates beleuchtet blitzartig die Kluft, die hier gegen die christliche Idee des Arztes, gegen das christliche Gefühl klafft. Tieferen Aufschluß geben uns platonische Schriften, in welchen das Problem der ärztlichen Hilfsbereitschaft erörtert wird. Da hören wir denn, daß

in dem platonischen Idealstaat die wohl geduldet werden, welche von einer vorübergehenden Krankheit befallen sind, die man heilen und gesunden kann. Die aber, die von Natur unkräftig geboren sind, welche eine zarte, nervöse Konstitution mitgebracht haben, wir würden sagen die Psychopathen, die *dégénérés*, die Versagenden, die Neurotiker, an die soll der Arzt seine Zeit nicht verschwenden. Man soll sie verderben lassen und an der Fortpflanzung hindern. Zwar ist eine neumodische Art von Ärzten, die modernen, die sogenannten «feinen» Asklepiaden aufgekommen, welche diesen Neurotikern nachlaufen; aber was sie tun, ist nur die Vertiefung des Übels. Sie sind im Grunde die richtigen Erzieher zur Krankheit, die Krankheitszüchter, diese Nervenärzte und – «Psychoanalytiker»; diesen modernen Arzttypus lehnt Platon völlig ab, wie er in seinem Staate das Gesunde und Schöne allein dulden will, denn dieses ist auch das Wahre, das Gottgewollte. Aber der andere Arzt, der die Kranken wieder ganz und heil macht, er hat seine vorzügliche Stelle im Staat an der Seite des Gymnasten, mit dem er sich in die Sorge für das körperliche Leben teilt, das Negative reparierend, wie der Gymnast das Positive am Körper bildet. Auch die Seele soll er lenken, das Ganze des Menschen kennen, seinen Weg soll er ihm zeigen; denn in seiner besten Ausprägung redet der Arzt mit dem Kranken und verkehrt mit ihm fast wie ein Philosoph, ist er ein zum eigenen Weg den Kranken Überredender.
Das kann er nur, wenn er selbst teilhat an jener Kalokagathie, an jener geistig-leiblichen Bildung zur Vollkommenheit, in der ethischer Wert und Schönheit in Eines fließen, am pädagogischen Ideal des Griechen. Auch Hippokrates kennt diese Forderungen in Vorstufen zum Platonismus: sie haben bei ihm einen mehr bürgerlichen, vielleicht gesellschaftlichen Anstrich: gutes Exterieur, würdige Haltung, maßvolles Sprechen in Sentenzen, diskrete Kleidung, völlige Ruhe in aufregender Situation, Welt- und Lebenskenntnis, ich möchte sagen, eine «respectability» ist diese Vorstufe der Kalokagathie – ein Gentleman hat er zu sein.

Hier ist vielleicht auch einiges gezeichnet worden, was nicht in antiker, bester Überlieferung nachweisbar ist. Gewiß aber ist damit fast alles das gezeichnet, was dem deutschen Manne fehlt, so wie er zwei Jahrtausende später den Schauplatz des verworrenen, gärenden Deutschlands am Anfang des 16. Jahrhunderts betritt. Auch er hat die Welt gesehen, als Weltfahrer sich gefühlt, und er sagt einmal: «so seyn die Künst nicht alle verschlossen in eines Vaterland / sondern sie seyndt außgetheilt durch die ganze Welt.» «Die Dinge kommen nicht zu einem, darumb mußt du dahin ziehen, da sie sindt.» «Ist doch auch die Königin (Saba) vom End des Meeres kommen zum Salomon allein darumb, daß sie sein

Weisheit höret.» «Die Weisheit ist eine Gabe Gottes: da er sie hingibt, in demselbigen soll man sie suchen. Man soll noch Schuh und Hut verzehren, daß man nur dahin komme, wo die Weisheit ist.» «Gehet doch ein Buhler einen weiten Weg, daß er ein hübsch Frauenbild sehe. Wie viel mehr einer hübschen Kunst nach. Nicht allein bei Doktoren, sondern auch bei Scherern, Badern, Weibern, Schwartzkünstlern, Alchimisten, Klöstern, Edlen und Unedlen, Gescheiten und Einfeltigen. Auch sind die Engländischen Humores (kranken Säfte) nit Ungarisch, noch die Napolitanischen Preußisch. Und je mehr du sie dahin suchst und je mehr ihr erfahrst, je größer dein Verstand in deinem Vaterland. Denn nehmet ein Exempel. Wöllen wir zu Gott, so müssen wir zu ihme gehen, denn er spricht: kommt zu mir. Auch soll ein Arzt ein Astronom sein und ein Kosmographus und ein Philosophus.» So Paracelsus.

Aber Paracelsus führt kein glänzendes Leben und hat mehr in peinlicher Armut als im Besitz gelebt. Er pflegte ein Schwert zu tragen und hat auf seinen Fahrten in den obskuren Kneipen und auf den ungewissen Straßen den Landstreicher und Briganten nicht weniger zum Genossen gehabt als den Humanisten in Basel, die Künstler in Nürnberg. Als Schwindler, Trunkenbold, Marktschreier und Kastrat war er verschrien, als mit dem Teufel im Bunde und vom Teufel zuletzt von der Erde geholt galt er noch lange, und am Grabe dieses selben Mannes im Salzburger Kirchgang beteten die Menschen bis ins vorige Jahrhundert. So anders ist das Gegenbild des Griechen, so anders der große Revolutionär, der die Macht der griechischen Medizin vor anderen gebrochen hat. Nichts hier von dem Kultur und Sitte streng pflegenden, nichts aber auch von der durch Kultur und Sitte wohlbehüteten und geschützten Existenz des Griechen; sondern Faustrecht als Wissenschaft, Wissenschaft als Faustrecht brauchend, steht er vor uns, glühend kämpfend, dann jung verbraucht und verlöscht; er ist ein vulkanischer Durchbruch, eine blendende Stichflamme im Gefüge seiner Zeit, nicht umgeben von Schülern, sorgsam bildend und überliefernd, nein, einsam auf sich gestellt, unstet, meist verhöhnt und leidenschaftlich zugleich geliebt. Keine Brücke führt vom sogenannten Luther der Medizin zu diesem selbst. Im Gegenteil: Er spricht von «des Luthers und Zwinglers Fälscherey; die mit dem Deckmäntli des Evangelions auftreten; es ist einer wie der ander. Das sind die falschen Propheten die wollen den Papst vertreiben und lassen sich wol an wie ein warmer Wind; aber so sie abziehen, verlassen sie einen neuen Schnee samt dem alten. Jetzt ist das letzte böser dann das erste, das ist nun alles ein Winter.» Nirgends hören wir, daß die umschaffenden Kräfte, die umformenden Geister und großen Personen der Zeit sich mit ihm gefunden, er sich mit ihnen verbündet hätte; stets mußte seine eigene Glut den Krater erfüllen, den er in seiner Umwelt erzeugt hatte und der denn mit seinem Tode auch alsbald erkaltet, bis lange nachher die Welt des majestätischen Gebildes innewird, das seine Kräfte erzeugt haben.

Und es ist ein gewaltiges Gebilde. Freilich muß ich fast verzagen an der Aufgabe, dies Gebilde in kurzen Augenblicken hinstellen zu wollen. Nicht bloß, weil die Nachrichten über Paracelsus spärlich, seine Schriften zu großen Teilen nie gedruckt wurden, in Handschriften über Europa zerstreut sind. Nicht nur, weil vieles auch dem Geschulten dunkel bleibt. Auch nicht nur, und dies ist ein viel ernsteres Problem, weil der Leser des Paracelsus mit Erschütterung gewahr wird, in welchem Maße wir Deutschen heute nach vier Jahrhunderten von dem Mutterboden unserer alten Sprache abgelöst sind durch das veredelnde, ja, aber auch entfremdende Propfreis der klassizistischen, der humanistischen, der wissenschaftlichen Bildungskultur. Wie hoffnungslos fremd ist uns zuweilen schon das Wort Luthers, aber wie noch viel mehr das Wort des Paracelsus, des Jakob Böhme geworden, dies Wort, das in Goethe noch erklang, aber auch ausklang. Und dann ein weiteres, geschichts-metaphysisch noch Bedeutungsvolleres: diese Gestalt ist darum in kein Bild zu fassen, weil sie ihrem Wesen nach ebensosehr Gestalt wie Ungestalt, ebensosehr Form wie Unform, ebensosehr Gesetz wie Ungesetz, bloß seiende Substanz, nicht Dasein ist. Darum erträgt sie keine Abbreviatur, keine Formel, keine Konstruktion, keine historisch-kausale Ableitung und Erklärung. Ich möchte sagen: Hippokrates könnte vielleicht auch anders heißen, aber Paracelsus ist einer jener Menschen, in denen die subjektiven Substanzen des Nurpersönlichen so stark, so überwiegend entscheiden. Hier ist kein Vorbild, hier ist nicht nachbildende Wirkung, hier hat man immer nur um dieses eine Zentrum zu kreisen, da sind keine verbindenden Linien zu ziehen. Darum eben konnten die Griechen und immer wieder die Griechen eine Welt gestalten und nach sich formen, weil ein Übertragbares da ist; Paracelsus ist nicht in diesem Sinne übertragbar; er hat noch mehr revolutioniert als geformt. Und hierin ist zugleich seine Gottnähe ausgedrückt. Denn dies Zentrum ist sein Glaube. Dieser im Christentum mögliche Glaube, der nicht das Sichtbare gestaltet, der nicht durch Gestaltung gliedert, formt, umgreift, gebietet und ordnet, um zuletzt zu beherrschen – nein, der Glaube, der nur ansaugt, in sich hineinreißen kann, weg von den Dingen, weg von der Welt, weg vom Leben in sein transzendentes, sein übersinnliches und selbst übergeistiges, in sein nur geistliches Endziel bei Gott.

Wer an Gott glaubt, der will die Welt nicht erklären, nein, nur begreifen, erkennen als Gottes Werk. Die Welt ist für ihn ein Werk der Schöpfung, der Mensch ein Geschöpf, die Natur ist Kreatur. Und so kann seine Lehre kein solches harmonisches Gebilde sein, denn sie hat ja ihre Bedingungen nicht in sich selbst, sie hat sie ja vom Schöpfer empfangen – wie sollte sie jene Harmonie besitzen? Im Gegenteil, der Teufel ist in der Natur da, ja leibhaftig ist er da, und wie sollte, wer an Gott glaubt, nicht wissen, daß er nur da ist, weil Gott es ihm gestattet hat. – Hier fassen wir aber sogleich die wichtigste Bedingung von Paracelsus dem Arzte. Was ist denn ein Arzt? Doch offenbar ist das spezifische Wesen des Arztes nicht das, daß er helfen will – das will ja der Priester auch, das will im Grunde jeder, dem die nebenmenschliche Person am Herzen liegt; es kann auch ein Staatsmann oder es kann ein Künstler sein. Das Spezifische seiner Hilfe ist doch beschlossen im Wort «Natur»; der Natur will er helfen, und durch die Natur will er helfen: und so muß er sein ein Naturkundiger, ein der Natur Verbundener, ein in der Natur Mächtiger. So ist also die Natur des Paracelsus die Natur als Kreatur. Hier begegnet der gläubige Paracelsus dem Arzte Paracelsus, hier der Theologe dem Naturforscher. Hier im Rekurs auf die erste Person der Trinität, den Schöpfergott, den Gott des Alten Testamentes, ruhen die Quellen seiner Anschauungen. «Und wie der Teufel, so kommen auch alle Krankheiten von Gottvaters Schöpfung, und durch seine Schöpfung müssen sie wieder geheilt werden.» Nicht die Werke des Sohnes, nein, die des Vaters sind für den Arzt von höherer Bedeutung. So weit geht dieser Primat des Vaters für des Paracelsus Theologie, daß er ein Wort wie «liebet eure Feinde» von hier aus versteht: die Feinde sind wie der Teufel zugelassen und sind darum schließlich zu unserem Besten, denn dies begreifen und annehmen, das heißt glauben. Ich muß mir versagen, diesen Grundsatz seiner theistischen Theologie, in der ohne Zweifel das christologische Moment nicht stark, die Liebesethik als Theologie nicht entscheidend ist, zu verfolgen.

Sind aber die Krankheiten in der Schöpfung gebildet worden, so sind es auch die Mittel dagegen: es gibt Arznei! Hier also fassen wir es, das Entscheidende: die Natur bringt mit jeder Krankheit auch die Arznei dieser Krankheit hervor; durch Gottes Willen ist einem jeden Gift sein Gegengift erschaffen; sucht es nur, ihr werdet's finden, es ist da. Und damit stehen wir denn bei dem Umstürzer und Reformator Paracelsus, hier taucht er vor uns auf, wie er umherschweift bei Wurzelweibern, in die Bergwerke kriecht, in den Schmelzereien und den Apotheken, den alchimistischen Laboratorien und Küchen, botanisierend, kochend als Scheidekünstler und als der große Instinktmensch für das, was sich anzieht und abstößt, was in der Natur zueinander gehört und was sich feind ist; wir stehen beim Magier Paracelsus. Hier stößt er hart an das Haus der Galenisten und Hippokratiker: wehe ihrer grauen Theorie und ihrem starren System, wehe vor allem dem Doktrinarismus und dem Bücherwesen, wehe der Schule ihrer Unwirklichkeiten. «Denn das will ich bezeugen mit der Natur: der sie durchforschen will, der muß mit den Füßen die Bücher treten. Die Geschrift wird erforscht durch ihre Buchstaben, die Natur aber durch Land zu Land / als oft ein

Land ist als oft ein Blatt. Also ist *Codex Naturae,* also muß man ihre Blätter umkehren.»

Wehe dem System der feinen und untereinander stimmenden Gedanken, wehe der physiologischen Theorie, die vorgibt, hinter dem Sichtbaren, hinter dem Greifbaren die Wahrheit zu erblicken, wehe, wenn dies Sichtbare und Greifbare sich selbst dagegen erhebt. Wehe dem Denker, der sich anmaßte, dies Sichtbare und Greifbare zur bloßen Erscheinung, dem nicht eigentlich Wirklichen degradieren zu wollen, wenn die Tatsachen aufstehen und ihn erschlagen. Hier also packt sie uns, diese Kraft der Erneuerung, die man Renaissance genannt hat, die man moderne Naturforschung genannt hat, hier steht einer von ihnen vor uns, die uns gelehrt haben, daß man dort hingehen muß, wo die Dinge sind, daß man die Augen wieder brauchen soll, wie sie im Kopf sitzen; denn die Wirklichkeit kommt nicht von selbst zu uns, wo wir nicht gehen. Hier ist sie, die Kraft, welche auch das moderne Experiment erzeugt hat, jenes so viel bezeichnendere Charakteristikum dieser Neuwelt, als es die so gerühmten Naturgesetze sind.

Das also ist es: Die Erscheinungen sind etwas höchst Wirkliches. Und dies Licht beleuchtet auch den Menschen, wie er vor dem Arzte liegt. Dieser Mensch ist kein System von harmonisch-disharmonischen Kräften, ach nein, es ist der Mensch, der einen Anfang hat und ein Ende, geboren wird und stirbt und dazwischen seine Erdenstraße wandelt; nicht in Gestalt der Mächtigen und Reichen liebte er diese Menschen und sah er sie, «die da romanische Stuhlbesitzer sind, diese herodischen Mörder», sondern die «arm, elend, dürfftig Leuth mit Gebrechen und Nothdurft». Das ist der Mensch, mit dem Paracelsus zu schaffen hat, der, den er auf Erden gesehen hat. Die sieht er als seine Brüder, die hat er nicht nur kurieren wollen, er hat sie auch in seinen letzten Jahren als eine Bruderschaft der Gotteskinder mit sich vereinigen wollen, ein Gottesreich auf Erden sollten sie bilden im Zeichen der Gottesfreundschaft und -kindschaft.

Dies ist das Unerhörte: Die größte Naivität und Kraft des sinnlichen Realismus und die größte Nähe und Wirklichkeit des göttlichen Wirkens in Natur und Mensch sind hier einander verbunden: es ist ein und die gleiche Glaubenskraft und Lebenskraft, welche das mit Augen Sichtbare und das im Geiste Erschaute, welche die sinnliche wie die übersinnliche Welt bis in Greifnähe heranzieht. Wie dünn ist der philosophische Sensualismus der Engländer kurz später vor dieser Sinnlichkeit, wie abstrakt der kantische Idealismus vor dieser Geisterschau, wie ungebrochen diese Daseinskraft aus Demut vor den Winkelzügen der Denkenden aus dem Stolze der Vernunft. Wahr ist ein Leben aus dem Grunde der Religion vor einem Denken des Lebens aus den Gründen der Philosophien; heilsam die Arznei aus dieser Hand gegenüber der Diät aus den Vorschriften einer Heilordnung. Denn hier sehen wir ja nun endlich den Wesensunterschied zwischen Hippokrates und Paracelsus als den Ärzten. Es ist der Gegensatz von bloßer Diät und wahrer Arznei. Jener weist mit dem Finger, wo dieser die Hand reicht und kräftig emporzieht. Jener reguliert und purgiert, wo dieser den Feind sieht, greift und zur Strecke bringt. Denn die Krankheiten sind leibhaftige Wesen, wirkliche Dinge; ganz wie unsere Bakterien, diese Erfüllung jener Ahnung. Und so ist jene diätetische Heilstechnik in gleicher Weise die ausdrucksvolle Gebärde des griechischen Wegs zur Vollendung wie auch diese echte Arznei ein Abglanz der göttlichen Heilskraft, der Erlösung vom Übel. Beide sind aber groß genug, um immer zu wissen, wie klein sie sind vor dem Gesetze der Natur und des Todes. Und indem wir die Einschränkung und die Bescheidung der beiden uns vergegenwärtigen, wird ihr Gegensatz noch viel charakteristischer als in der Betrachtung ihrer Positivität und Kunstbejahung. Denn jener führende und regulierende, jener selbst das gesunde Leben noch erziehende und steigernde, jener hygienische hippokratische Arzt ist doch zugleich voll tiefster Entsagung, voll edler Resignation, er ist ja schließlich doch der Gefährte des tragischen Menschen. Die griechische Tragödie hat ihre letzte Weisheit auch für ihn gesprochen. Denn wie könnte ein Hippokrates unwissend darüber gewesen sein, daß diese Kunst das, was sie leisten sollte, zuletzt nicht leistet; viele kann sie retten, aber wie viele auch nicht. Und vor der schließlichen Macht des Todes hat auch sie nicht einen gerettet, so wenig wie den im mystischen Rausch vollendeten Philosophen. Gerade diese Stimmung der Resignation scheint Paracelsus nie zu kennen, denn er kennt in diesem Sinne keinen Heilsweg, der von Stufe zu Stufe der Vollendung näher brächte; denn ihm ist das Leben in jedem Augenblick gleich ferne und gleich nah bei Gott; keine Methode und keine Technik führt in der Krankenbehandlung zum Ziel, sondern die Kraft der Arznei, die Macht der Tat; und nicht anders kann es ja doch sein, da Gott gleich gewaltig ist in jedem Augenblick, der Mensch gleich entfernt selbst wahrhaft helfen und heilen zu können in jedem Augenblick. Unablässig bekämpft er ja die Selbstüberhebung, als ob der Arzt es wäre, der heile, und nicht die von Gott geschaffene, in Pflanzen und Mineralien verborgene Arznei. In ihr allein ist die Macht, und der Arzt selbst ist ja doch gar nichts als selbst ein Teil der Natur, ein Stück der Schöpfung, die durch ihn hindurch wirkt, nicht aus ihm selbst entsteht. So ist er nur ein Mikrokosmus der Natur, in seinem Wissen und Können hat diese Natur sich noch einmal im Miniaturbild gespiegelt und repetiert – weiter nichts. So also ist Gott in Paracelsus, und so ist seine Demut zugleich sein Selbstvertrauen, dies Selbst ist ja gar nicht er. So fern also liegt ihm Entsagung und Bescheidung; denn diese gläubige Demut ist ja der Feind des Verzagens, eine solche Resignation und Enthaltung wäre Unglaube, Anfechtung, im Grund Sünde. Und ein Arzt darf ja doch kein *déserteur du monde* sein;

Arzt sein, heißt ein Patriot der Welt zu sein. Er muß ein das Leben Bejahender sein oder nicht sein. So kann auch die Kunst der Prognose, die Blüte hippokratischen Rationalismus, für Paracelsus keine große Rolle spielen. Eine gewisse Vorhersage, was kommen wird, ist Sache des Arztes so wenig, wie seine Sache die Heilung selbst ist. Wo Paracelsus vom Zukünftigen redet, da erhebt er sich über die Prognose weg sogleich zur Prophetie selbst, zur seherischen Gabe, die ja nicht sagen will, was aus theoretischen Gründen, aus rationalen Forderungen eines Naturgesetzes geschehen wird, sondern die vielmehr, indem sie selbst eine Kraft geschichtlichen Hervorbringens ist, in den Lauf der Weltgeschichte wahrsagend eingreift. Von seiner Prophetie abgesehen aber möchte ich Paracelsus als einen Menschen der Gegenwart und des Augenblicks bezeichnen, nicht des inhaltleeren, flüchtigen, zufälligen Augenblicks, sondern des Augenblicks, der als die metaphysische Mitte Höchstrealität, Vergangenheit und Zukunft bindet und eint, indem er das Schicksal entscheidet. Die Heiligung der Gegenwart ist es, welche diesen Kämpfer und Tatmenschen aus der Reihe der geistigen Menschen heraushebt und ihn von allem zeitgewollten Verlaufsgesetz entbindet. Ein geistiger Mensch, kein Geistmensch ist er so, er kennt in der Substanz seines Seins keinen Fortschritt, aber auch keinen Niedergang und Untergang, er ist ein immerwährender Kämpfer, kein Zielmensch, sondern ein Jetztmensch, kein Asket und noch weniger ein Mensch der sinnlichen Abhängigkeiten; er ist ein Mensch, der die Willensstarrheit so wenig kennt wie die immer schwankende Motivation des Willens; sein Wille ist ein unablässiges Gebrochenwerden und wieder Gebundenwerden. Die Dynamik dieses Willens ist eben die Dynamik der Liebe. So geht die Ansicht des Hippokrates auf das All, das Ganze, die Idee des Menschen, die des Paracelsus aber auf sein natürliches Schicksal, Anfang und Ende, Lachen und Weinen, Geburt und Tod. Wo jener Wege zur Vollendung weisen will, da springt dieser herzu, wenn er ein Seufzen oder Klagen hört, verbindet und lindert, um nach getanem Dienst wieder zu verschwinden. Er löscht, wo es brennt, aber er fragt nicht, ob ein Palast oder eine Hütte brannte. Unvereinbar ist dieser sein Weg mit dem andern, heftig weiß Paracelsus, daß wir nicht geistig alles verbinden und überschauen können, denn so viel Augenblicke das Leben hat, so viele Entscheidungen fallen, und wir können in der Entscheidung nicht links *und* rechts, wir müssen links *oder* rechts gehen. So ist auch der Weg dieses wie jedes Christen gewesen, denn «und» vermögen wir im Geiste, in der psychologischen Attitüde zu sagen, aber nicht im Leben und nicht als Ärzte am Leben, wo wir mit dem Tode ringend nur zu Häupten *oder* zu Füßen des Kranken stehen, nicht zu seinen Häupten *und* zu seinen Füßen. Ein «und» nur, ein «alle» kannte Paracelsus, das waren die «Alle», die Gegenstand seiner ärztlichen Hilfe wurden; denn die Botschaft des göttlichen Arztes, die Botschaft

Christi gilt allen, und erst durch diese einem All, sie gilt den Menschen auf Erden. Und so diente des Paracelsus Macht den lebenden Menschen durch den Geist. Nicht dem Geiste durch Menschen.

So ist Paracelsus in der Tat einer, der die Geistleidenschaft zu beschwören vermocht hat, der dies Heidentum gewaltig bekämpft hat, der siegreich und heiter dies erste ernsteste Übel der nachmittelalterlichen Welt, ihre Geistvergötterung und -vergötzung, widerlegt hat. Denn er ist weit entfernt, etwa in die klassische Reihe der neuzeitlichen Männer der Intelligenz, der unerhörten geistigen Formeln, in die Reihe der Galilei, der Newton, der Kant und Helmholtz zu gehören. Er ist vielmehr einer der Instinktentdecker, der intuitiven Finder, in ihm arbeitet die Naturahnung und das Wunderleben eines Volkes, des Volkes, das das deutsche heißt. Er kennt ja nicht das Kausalgesetz, er kennt nicht das Verhalten, bei dem ein Atom *A* das Atom *B* stößt, er kennt nur das Verhältnis der Sympathie, der Bindung, durch die Magie des Lebens. Wo eine Krankheit ist, da ist ein feindliches Wesen, und wo dieses ist, da ist auch ein Gegengift und wird von der Krankheit angezogen, so wie der Magnet das Eisen anzieht, so wie die Sonne den Bettler, so wie das Weib den Mann anzieht. Denn wo der Mann liebt, da ist die Kraft ja nicht bei ihm, nein, beim Weibe ist sie, und wo ein Tier die Pflanze frißt, da ist die Kraft der Anziehung und der Ernährung bei der Pflanze – so ist die magische Welt, so wenig weiß sie vom Subjektivismus der Ichhaftigkeit, der aktivistischen, kausalistischen Zuspitzung der modernen Geisteswelt, so wundervoll bricht sie die Brutalität des modernen geistigen Ich eines Kant und Fichte, noch ehe sie geboren sind, so frei hält sie sich von dem Atheismus der Synthesis des Philosophen.

Gedenkt man dieses Grundwaltens der magischen Natur, der magischen Kraft, wie sie als Archaeus dem Organismus innewohnt, wie sie von Fall zu Fall spezifisch, von Ding zu Ding individuell ist, und vergleicht man diesen Gedanken der magischen Anziehung mit der immergleichen Anziehungskraft Newtons, der Gravitation, dann wird ja sogleich völlig klar, daß diese Natur des Renaissancephilosophen sich mit der Natur der neuen Physik nirgends berührt. Denn die magische Anziehung ist ja nur da, wo eine sichtbare mit einer unsichtbaren Natur verkehrt, sie ist dieser Verkehr selbst, in beiden Richtungen. Den Verkehr dieser Welten zu durchforschen, ihn immer und überall zu bemerken, in der Bewegung einer Hand, in der Heilkraft eines Pflänzchens, im Einfluß der Sterne und des Wetters auf unser Auge und unsere Seele, in jedem psychophysischen Kontakt von Außen und Innen, von Materie und Geist, da überall ist die eigentliche und entscheidende, die wahre Wirklichkeit des Lebens, und sie erlebt Paracelsus zugleich als das Wunder und den unerschöpflichen Ausdruck der Schöpfung. Dieses Leben, diese lebendige Natur ist wirklicher als irgendeine

Abstraktion der Wissenschaft, von denen ganz offenbar keine auf dieser Stufe der Erkenntnis den geringsten Vorzug vor der anderen hat.
So hat hier der Glaube den Menschen, so hat der Mensch eine Philosophie, eine theologische Naturphilosophie, eine Naturtheologie erzeugt. Philosoph sein, hieß für den Arzt Hippokrates vor allem soviel, wie Ethos haben, ethisch sein; für den Arzt Paracelsus aber soviel, wie in Besitz und Erkenntnis der übersinnlichen Natur sein. In beiden heißt Philosoph sein soviel, wie im Namen eines Geistigen Arzt sein, aber wo für den Griechen das Geistige unpersönliches Gestaltungsprinzip ist, da stehen für den Deutschen der Renaissance Geister, die geistigen Personen, persönliche Realitäten, Menschen, Dämonen, Basilisken, Hexen, Teufel und Engel. Mitten steht er als Kind des 16. Jahrhunderts schon in heftigem Kampf gegen abergläubischen Unfug, gegen Mißbrauch von Reliquien, Amuletten, Astrologie und Zauberei. Denn ein großer und reiner Glaube kennt sein ewiges Widerspiel, den Aberglauben, weiß, daß die größten Übel die falschen Götzen sind, heißen sie nun, wie sie wollen.
Vollkommen stark steht Paracelsus, in seiner Selbständigkeit sich stolz abgrenzend. Vollkommen originär bändigt er in sich zusammen die stilgebildete Kraft der Formen der Mittelmeervölker, wie er sie in den Studentenjahren in Italien empfangen, mit dem nordischen Geheimnis, die heidnisch-magische Welt mit der christlichen Glaubenswelt. Mächtige Spannungen entstehen in solcher Bändigung feindlicher Kräfte in der großen Person Hohenheims, und das Ergebnis ist nicht mit dem griechischen Worte der Harmonie, es ist nur mit den deutschen Worten Kampf und Liebe zu bezeichnen. So hat auch wieder und wieder die deutsche Seele zu Paracelsus hingefunden, an ihm haben Helmont und Böhme sich gebildet, und wer anders war es denn, der zu dem Bilde des Doktors Faust Modell gestanden hat als eben Paracelsus, der gläubige Arzt und der mächtige Arzt.
So scheint die vorbildliche Wirkung des Paracelsus nur negativ bestimmt werden zu können. Denn den Glauben kann man sich nicht zum Vorbild im strengsten Sinne machen, er ist nicht τέχνη, sondern Gabe, nicht Werk, sondern Gnade. Vorbild ist Paracelsus also im Negativen, ich möchte sagen, in seiner Kunst, seinem Willen, haltzumachen; nicht ins Unendliche zu schweifen, sondern stehend zu kämpfen. Nicht im «und, und, und», sondern im «entweder – oder» zu leben; die Kraft des Verharrens, da wo das Schreiten ins Verderben führt. Dieses Haltmachenkönnen bedeutet nicht Konservatismus, denn es ist kein Haltmachen vor der Zukunft, vor der Tat, kein Verweilen in der Vergangenheit: es ist das Haltmachen vor der Schöpfung, vor dem Schöpfer selbst. So ist sein Verhalten zum Tode eines der schönsten Beispiele dieses Haltmachenkönnens. Wie denkt der Arzt Paracelsus über den Tod? Lächerlicher Aber-

glaube sei es, zu behaupten, man könne in den Sternen die Todesstunde ablesen, wie die Astrologen vorgeben und doch immer irren. Denn im Menschen selbst, in seiner Struktur, ist das Gesetz seines Ablaufs gegeben. Gegen ihn, den Tod, ist der Arzt machtlos: er kann fürs Leben kämpfen, doch nicht gegen den Tod, den Gott mit der Stunde der Geburt bestimmt hat. Alle Menschen leben gleich lang, der Greis nicht länger als der, der als Säugling schon stirbt, denn jedes Leben ist ein ganzes, ein vollständiges. Es ist dies ein höchst merkwürdiges Beispiel des tiefen Sinnes dieses Mannes für die Grenze zwischen dem, was des Menschen ist, und dem, was Gottes ist und seines unerforschlichen Ratschlusses. Keine Dialektik und kein rationalistisches Kalkül braucht er, um die großartige Paradoxie mundgerecht zu machen, daß wir als Ärzte für das Leben zu kämpfen haben mit allen Kräften, obwohl doch die Todesstunde unabänderlich feststeht.

Dies ist es, was wir als sein Haltmachenkönnen vor dem Unerforschlichen bezeichnen können, dies die Bereitschaft seiner Seele, mit wachnüchternem Verstande begabt, doch das Wunder unablässig zu erleben, dies seine männliche Einseitigkeit und Entschiedenheit, dies das Geheimnis seiner Kindlichkeit und seiner unbegrenzten Natürlichkeit. Dies der Schlüssel, der ihm die Pforte aufschließt, über der geschrieben ist: «So ihr nicht werdet wie die Kinder.» Er wagt haltzumachen, er wagt, natürlich zu sein, er wagt, zurückzukehren in seine Kindheit.

So kommen wir in einer Kreisbewegung zurück auf die unter geselligem Aspekt gestellte Frage nach der Unendlichkeit des Geistes und der Begrenztheit des lebendigen Menschen. Diese Alternative ist gelöst am Beispiel des Paracelsus. Ferner bleibt uns Hippokrates, das ewige Vorbild, näher Paracelsus, der mächtige Freund, bildend wirkt jener noch immer fort, helfend dieser aber in der Stunde des Mangels, königlich jener, freundlicher dieser; im dynamischen Rhythmus der Geschichte folgt auf Bildung der Bruch und im Zerbrechen die Stunde der Not. Sie, die ewig letzte, bedarf – scheint mir – des väterlichen Freundes mehr.

Rudolf Steiner

Von Paracelsus zu Goethe

Wenn wir uns ein wenig dem Paracelsus-Leben nähern, so finden wir bei ihm – allerdings noch ganz mit dem Charakter des 15., 16. Jahrhunderts – auferstehen in seiner Seele eine tiefe Naturerkenntnis, die dann zur Arzneiwissenschaft und zur Philosophie wurde, zur Theosophie wurde. Eine tiefe Naturerkenntnis, die nicht meßbar ist mit demjenigen, was uns heute gegeben ist an äußerer Naturerkenntnis durch das Experiment und durch den Verstand und Intellekt, sondern die tieferen Seelenkräften entstammt, hellseherischen Seelenkräften, von deren wahrer Gestalt wir schon Andeutungen machen konnten in den bereits gehaltenen Vorträgen dieses Zyklus. Was aber in Paracelsus diese tieferen Kräfte der Seele geweckt hat und ihm möglich machte, innerhalb der Natur hinter dasjenige zu schauen, was nur der äußere Sinn und der äußere Verstand erkennen können, das war tatsächlich bewirkt durch das innige Verwachsensein mit der Natur, durch das Sichverwandtfühlen aller seiner Seelenkräfte mit dem, was keimt und blüht und sproßt in der Natur. Auch als der neunjährige Knabe dann mit seinem Vater nach Kärnten zog und in eine ähnlich sprossende Natur versetzt wurde, konnte er sich verwandt fühlen mit all dem, was als Geist in der Natur lebt. Und Paracelsus war, indem er so heranwuchs, immer weiter und weiter gekommen gerade in einer individuellen, in einer ganz eigenartigen und persönlichen Naturanschauung. Wie könnte das auch anders sein! Es war ja alles, was sich in seinem Geist festsetzte, innig zusammenhängend mit den ihm eigentümlichen Kräften und Fähigkeiten, mit der Art, wie er zu den Dingen stand, wie sie zu ihm sprachen. Daher legte er auch zeit seines Lebens ganz besonderen Wert darauf, so innig mit der Natur verwachsen zu sein. Und wenn er gegenüber denen, die seine Feinde wurden, betonen wollte, wie sein Inneres verwandt mit der Natur ist, so wies er wohl später noch oft darauf hin. So sind seine Worte: «Merket auf, wie ich mich verantworte: Von der Natur bin ich nicht subtil gesponnen, ist auch nicht meines Landes Art, daß man etwas mit Seidenspinnen erlangt. Wir werden auch nicht mit Feigen erzogen, noch mit Met, noch mit Weizenbrot; aber mit Käs, Milch und Haberbrot, das kann nicht subtile Gesellen machen. Diejenigen in weichen Kleidern und die, so in der Frauen Zimmern erzogen werden, und wir, die wir in Tannzapfen erwachsen, verstehen einander nicht wohl. Darum kann sogar der als grob geurteilt werden, der sich selbst gar subtil und holdselig zu sein vermeint. Also geschieht mir auch, was ich für Seiden achte, heißen die andern Zwillich und Trillich.» – Er sei so geartet, meint er, wie die Menschen, die nicht ihr ganzes Wesen getrennt haben von dem Mutterboden des natürlichen Daseins, sondern die mit diesem Mutterboden innig zusammenhängen, und aus diesem Zusammenhange schöpft er seine Kraft und seine Weisheit. Daher konnte es sein Wahlspruch dann zeit seines Lebens werden: «Eines andern Knecht soll niemand sein, der für sich selbst kann bleiben allein.» Das durchdrang seine ganze Art und Weise, das zeigt uns seelisch-plastisch diesen Mann. Wir können es daher begreifen, daß – als er später an die Universität kam – er sich durchaus nicht hineinfinden konnte in die Art und Weise, wie nun gelehrt fortgesetzt werden sollte, was er wie natürlich, nur angeregt durch die Sprache mit der Natur und durch die Gespräche mit seinem Vater, über die Arzneiwissenschaft wußte. Er konnte das zunächst wirklich nicht verdauen.

Um einzusehen, was er da zu überstehen hatte, müssen wir einen Blick tun in die Art und Weise, wie damals Medizin getrieben worden ist. Da war vor allen Dingen maßgebend, was in den alten Überlieferungen und Urkunden der alten Mediziner Galen, Avicenna usw. stand; und die Vortragenden beschäftigten sich vorzugsweise damit, dasjenige, was in den Büchern stand, zu kommentieren, auszulegen. Das war dem jungen Theophrastus Bombastus von Hohenheim tief in der Seele zuwider; und er fand wohl vor allen Dingen, daß ein weiter Abstand ist zwischen dem unmittelbar aus der Natur heraus intuitiv zu erkennenden geistigen Wirken und Schaffen – und dem, was sich davon so entfernt hat als gelehrtes Wesen, als bloße Verstandesbegriffe und Ideen. Daher wollte er eine andere Schule durchmachen. Und diese andere Schule hat er gründlich auch durchgemacht! Wir sehen Paracelsus bald alles Hochschulwesen verlassen und sehen ihn in allen Ländern Europas umherwandern; nicht nur durch alle deutschen und österreichischen Lande, Siebenbürgen, Polen, Ungarn, Italien, Spanien und Portugal, sondern auch durch Frankreich, England, Holland, Preußen, Litauen, nach Dänemark, Norwegen und Schweden hin ... mit der Absicht, überall dort etwas erkennen zu lernen – um mit Goethe zu sprechen – von der Art und Weise, wie «Natur im Schaffen lebt», denn was ihm eigentlich vorschwebte, war der Gedanke: Die ganze Natur ist zwar ein Einheitliches, aber sie spricht viele Arten von Sprachen; und gerade dadurch, daß man erkennen lernt, wie ein und dasselbe in den verschiedensten Gebieten, in den verschiedensten Umgebungen die Gestalt ändert, verschieden gestaltet wird, dringt man vor zu dem Wesen der inneren Einheit, zu dem, was gegenüber allem nur sinnlich Wahrnehmbaren das zugrundeliegende Geistige ist.

Aber nicht nur wollte er kennen lernen, wie ein jedes Erz, jedes Metall unmittelbar nach der Konfiguration des Gebirges und je nachdem, wo sein Fundort ist, herausspringt aus seiner Umgebung, um so sich ein Bild zu verschaffen, wie Natur im Schaffen lebt; nicht nur wollte er kennen lernen, wie die Pflanzen andere Formen annehmen je nach dem Klima und der Umgebung, sondern ihm war auch noch etwas anderes vorschwebend. Er sagte sich: Mit dem, was seine Umgebung ist, hängt der ganze menschliche Organismus zusammen. Was der Mensch ist – leiblich und seelisch –, das ist nicht überall als dasselbe Wesen zu fassen; wenigstens erkennt man den Menschen nicht, wenn man ihn nur an *einem* Orte betrachtet. Deshalb durchwanderte er die verschiedenen Gegenden der Erde, die ihm zugänglich waren, um überall mit seinem tief ins Geistige dringenden Blick zu erkennen, wie der Mensch verwandt ist mit der Natur, je nachdem er die Einflüsse der verschiedensten Verhältnisse in Klima und Landlage auf sich wirken läßt; und erst wenn man dieses überall Andere durchmißt, kommt man zu dem, was Aufklärung gibt über das gesunde und kranke Wesen im Sinne des Paracelsus. Daher war er niemals befriedigt, irgendeine Krankheitsform nur an *einem* Orte kennenzulernen, sondern er sagte sich: Es sind doch die feinen Substanzen, die den menschlichen Organismus zusammensetzen, verschieden, ob der Mensch zum Beispiel in Ungarn, in Spanien oder in Italien lebt, und niemand erkennt den Menschen, der nicht die feineren Substanzen mit dem in die Tiefen der Sache eindringenden Blick verfolgen kann. Und als man ihm vorwarf, was er seine «hohe Schule» nannte – was die anderen seine Landstreicherei nannten, da berief er sich darauf, daß die Gottheit nicht zu dem komme, der sich auf die Ofenbank setze. Er war sich klar, daß der Mensch dort hingehen müsse, wo in den verschiedensten Gestalten der göttliche Geist in den Formen der Natur webt und wirkt. So bildet sich ihm heraus ein Wissen, das im höchsten und schönsten Sinne wirklich hellseherisch-individuell zu nennen ist, das er allein durch sein Verwachsensein mit der Natur haben konnte.

Aber er fühlte auch, daß dieses Wissen innig verwachsen ist mit dem, was sein eigenes inneres Seelenwesen ausmacht, so daß er sich immer bewußter wurde, daß eigentlich nur durch eine intime Art und Weise des Aussprechens klargemacht werden kann, was er unmittelbar auf der hohen Schule der Natur gelernt hatte. Er nannte die Natur sein «Buch» und die verschiedensten Gegenden der Erde die «einzelnen Blätter» dieses Buches, die man, indem man auf sie tritt, durchliest. Und voller Verachtung wurde er nach und nach gegen diejenigen, welche nur den alten Galen, Avicenna usw. studierten und sich entfernten durch die Bücher der Menschen von dem Buch, das in seinen verschiedensten Seiten ausgebreitet als das «Buch der Natur» vor ihm lag. Er fühlte aber auch, daß das, was er so lernen konnte in dieser seiner hohen Schule, nur intim in Worte gekleidet werden kann. Daher hatte er das Bedürfnis, nicht in einer Sprache sich auszudrücken, die eigentlich dem unmittelbaren Seelenleben fremd geworden war ... in der lateinischen Sprache, in der dazumal alles vorgetragen wurde, was eben in der Art an Universitäten getrieben wurde, wie es eben angedeutet worden ist; nicht hatte er das Bedürfnis, in dieser Sprache sich auszudrücken, die der menschlichen Seele so fremd war, wie andererseits diese Gelehrsamkeit, welche sich dieser Sprache bediente, fremd war der unmittelbaren Natur. Denn da glaubt er, es könnte ihm nicht gelingen, die Worte so zu biegen und zu formulieren, daß sie unmittelbar das ausdrücken konnten, was herausströmte aus allem Sein. Deshalb hatte er das tiefe Bedürfnis, in seiner Muttersprache das auszudrücken, was er ausdrücken wollte. Diese Dinge brachten ein Doppeltes mit sich. Einmal, daß er – nicht aus Renommiersucht oder aus Hochmut – ein hohes Selbstbewußtsein über den Wert dessen hatte, was er wissen konnte ... denn er war im Grunde genommen eine demütige Natur in bezug auf das, was in seiner Seele sich auferweckte aus der großen Natur. So kam es, daß er sagte, weil das, was aus der Natur sprach, ihm in der Seele aufging wie in einem Spiegel: Man könne eigentlich aus allen andern Betrieben der Arzneiwissenschaft nichts lernen, sondern man müsse in der Erneuerung der Arzneiwissenschaft sich wieder unmittelbar der Natur nähern. Daher seine stolzen Worte: Wer der Wahrheit nach will, der muß in meine Monarchey. «Mir nach, ich nicht euch nach, Ihr mir nach. Mir nach, Avicenna, Galene, Rhasis, Montagnana, Mesue etc. Mir nach, und nit ich euch nach, ihr von Pariß, ihr von Montpelier, ihr von Schwaben, ihr von Meissen, ihr von Cöln, ihr von Wien, und was an der Thonau und Rheinstrom liegt, ihr Insulen im Meer: du Italia, du Dalmatia, du Sarmatia, du Athenis, du Griech, du Arabs, du Israelita, Mir nach, und ich nit euch nach. Ich wirdt Monarcha, und mein wird die Monarchey sein, und ich fuere die Monarchey, und gürte euch eure länden!»

Nicht aus Übermut oder Hochmut, sondern aus dem Bewußtsein heraus, wie die Natur aus ihm selber spricht, sagte er: «Mein ist die Monarchey!» Er meinte damit die Monarchey des naturwissenschaftlichen und arzneilichen Wissens seiner Zeit. Und das andere, was daraus folgte, war, daß er bald durch eine solche Gesinnung und ein solches Wissen in einen Gegensatz kam zu denen, die damals die offiziellen Vertreter seines Faches waren. Erstens konnten sie gar nicht leiden, daß er in deutscher Sprache sich ausdrückte, was sie nur in lateinischer Sprache auszudrücken für möglich hielten. Er war darin ein völliger Neuerer. Und weiter konnten sie nicht begreifen, daß er durch die Länder zog und lernen wollte. Vor allem konnten sie eines nicht fassen: daß der, welcher wie er verwachsen ist mit dem ganzen Wesen und Weben der Natur, auch eine lebendige Empfindung dafür hatte, wie der Mensch – wo man auch hinkomme – in seiner Seelenentwicklung, auch in der Blüte seiner Leibesentwicklung, überall eine Blüte, eine Frucht des natürlichen Daseins in der betreffenden Gegend ist, und daß man nicht nur sehen muß, wie die Pflanzen blühen, wie die Tiere gedeihen, sondern wie in den Menschen, die unmittelbar verwoben und verwachsen sind mit der Natur, in der Seele sich ausdrückt, was hereinspielt aus dem ganzen übrigen Dasein. Daher gab Paracelsus etwas auf Leute, die als Bauern, als Schäfer, ja selbst als Abdecker usw. mehr in der und mit der Natur hantierten. Und von dem, was sich in ihr einfaches Wissen hineindrängte, davon war er überzeugt, daß darin etwas von einem wirklichen Wissen von der Natur enthalten sei, von dem er etwas lernen könne; so daß er gleichsam als Landstreicher von den Landstreichern lernte. Daher sagt er von sich: «Ich bin der Kunst nachgegangen mit Gefahr meines Lebens und habe mich nicht geschämt, von Landfahrern, Nachrichtern und Scherern zu lernen. Meine Lehre ward probiert schärfer denn das Silber, in Armut, Ängsten, Kriegen und Nöten.» Das konnte man ihm nicht verzeihen. Und als er später an die Universität Basel berufen wurde – gleichsam wie durch einen Irrtum der Vertreter seines Faches –, da bemerkte einer der Zunftgelehrten mit Schrecken, daß Paracelsus auf der Straße ginge nicht in der Art und Tracht der Professoren, wie es für diese üblich wäre, sondern wie die Landstreicher, wie ein Fuhrmann wäre er über die Straße gegangen! Das konnte nicht angehen; das schändete das Ansehen des ganzen Standes.

So kam es denn, daß er da, wo er anwenden wollte, was er aus dem großen Buch der Natur gelernt hatte, auf den Widerspruch seiner Fachgenossen stieß und durchmachte, was diejenigen durchzumachen haben, die den Neid und den Widerstand am ärgsten erleben müssen. Was man ihm aber am wenigsten verzeihen konnte, war, daß er durch seine tiefen Einblicke in die Natur dort Erfolg hatte, wo die andern nicht an Erfolg denken konnten, oder wo sie alles, was in ihrer Macht stand, angewendet hatten und nichts machen konnten. Es ist ja wahr: er sparte nicht damit, wenn man ihm da oder dort Widerstand leistete, daß die herbsten Worte aus seinem stolzen Bewußtsein tauchten; aber wenn man die Verhältnisse bedenkt, unter denen er wirkte, so weiß man, daß es hinlänglich verdient war. Wo er gedrängt war, mit diesen oder jenen Amtsgenossen über die eine oder andere medizinische Frage zu diskutieren, da ging es bunt zu: da redeten zum Beispiel die andern in lateinischer Sprache, die er recht gut verstand; dann schrie er ihnen in deutscher Sprache das entgegen, was er für Beweise, sie aber für Torheiten hielten. Und solches ist ein Bild für die ganze Art und Weise, wie er mit seiner Zeitgenossenschaft zusammenstieß.

Was er gewonnen hat in Einsicht, das können wir, wenn wir es kurz andeuten wollen, in folgender Weise darstellen. Er sagte: Der Mensch, wie er vor uns steht als gesundes und krankes Wesen, ist nicht ein einzelnes Wesen, eine einzelne Art; sondern er ist hineingestellt in die ganze große Natur. Und was im Menschen geschieht als gesunde oder kranke Erscheinung, das kann man in einer gewissen Hinsicht nur beurteilen, wenn man alle die Einwirkungen kennt, die von der großen Welt, vom Makrokosmos ausgehen, um den Menschen in ihre Kreise zu ziehen. – So erschien ihm der Mensch zunächst wie ein einzelnes Wesen in der ganzen großen Welt, im Makrokosmos. Das war die eine Richtung, wie er den Menschen betrachtete. Und er sagte sich nun weiter: Wer beurteilen will, wie alle die Erscheinungen, die sonst draußen in Wind und Wetter, im Auf- und Untergehen der Sterne usw. sich abspielen, gleichsam die menschliche Natur durchströmen, in sie hereinspielen, der muß sich eine intime Erkenntnis verschaffen von alledem, was in der großen Natur draußen vorgeht. Weil Paracelsus sich nicht auf das spezielle Wissen vom Menschen beschränkte, sondern den hellseherisch erkennenden Blick schweifen ließ über den ganzen Makrokosmos, auf Physik, Astronomie, Chemie – und alles zusammennahm, dessen er habhaft werden konnte, deshalb war für ihn der Mensch ein Teil des Makrokosmos.

Daneben aber erschien ihm der Mensch als ein im hohen Grade selbständiges Wesen, indem er die Substanzen des Makrokosmos verarbeitet und durch die Art, wie er sie verarbeitet, entweder im Zusammenhange oder im Gegensatze mit dem Makrokosmos lebt. Insofern der Mensch ein Teil des Makrokosmos ist, betrachtet Paracelsus diesen Menschen als den untersten, primitivsten, rein physisch-leiblichen Menschen. Aber insofern der Mensch doch eine gewisse Summe, einen gewissen Kreislauf von Substanzen und Kräften in seine Organisation herein empfängt und selbständig sich entwickelt, selbständig sich in ihnen betätigt, insofern sah Paracelsus in dem Menschen wie eingespannt etwas, was er den «Archaeus» nennt, was ihm wie ein innerer Werk- und Baumeister war, was er auch nannte den «inneren Alchymisten». Und er macht darauf aufmerksam (was man vielleicht heute nicht mehr als besonders bedeutsam empfindet, was er aber als tief geheimnisvoll und aufklärend erkannte), wie dieser innere Baumeister, dieser innere Alchymist, das umändert, was äußere Stoffe sind, die gar keine Ähnlichkeit haben mit dem, was der Mensch als Stoff im Innern braucht, wie er umändert Milch und Brot in Fleisch und Blut. Das erschien ihm als großes Rätsel. Darin sprach sich aus, was er als den inneren Alchymisten arbeiten sah, der sich entweder harmonisch einfügt in das Weltall, oder sich in einen Gegensatz dazu stellt. Das war ihm der Mensch in einer zweiten Richtung, der einen solchen inneren Alchymisten in sich haben kann, der die Substanzen entweder zu Giften werden läßt, die den Organismus zerstören, oder zu jenen Mitteln, die den Organismus in entsprechender Weise entwickeln und zur Entfaltung bringen.

Dann unterschied er ein drittes: das, was der Mensch ist, abgesehen von aller äußeren Welt. Da fand Paracelsus etwas, worauf auch schon hier hingedeutet werden konnte: daß der Mensch in seiner ganzen Organisation so beschaffen ist, daß in dem Zusammenwirken der Kräfte und Organe eine kleine Welt, ein Mikrokosmos, ein *Abbild der großen Welt* vorhanden ist. Wohl gemerkt: Das ist etwas anderes für Paracelsus als der erste Gesichtspunkt. Nach dem ersten Gesichtspunkt ist der Mensch, insofern die Ströme der Natur durch ihn hindurchgehen, ein Teil der Natur. Insofern bei seinem dritten Gesichtspunkt die einzelnen Teile der Natur zusammenwirken, findet er in dem, was Blut- und Herzsystem ist, was Nerven- und Gehirnsystem, was Wechselwirkung zwischen Blut und Herz und zwischen Nerven und Gehirnsystem ist, ein Abbild dessen, was draußen in der Natur wie bildlich dargestellt wird in dem gegenseitigen Verhältnis von Sonne und Mond. Und in den andern Organen findet er ein inneres Himmelreich, ein inneres Weltgebäude. Und das äußere Weltgebäude ist ihm wie ein großes Symbolum, das sich im Menschen wie eine kleine Welt wiederholt. Und in einer Unordnung, die in dieser kleinen Welt auftreten kann, sieht er eine dritte Art und Weise, wie der Mensch krank werden kann, das heißt mit Krankheiten befallen werden kann. Einen vierten Gesichtspunkt sah er in dem, was vorhanden ist in Leidenschaften, Seelenregungen, Begierden, Trieben, die über eine gewisse Art hinausgehen, zum Beispiel in Zorn und Wut, was dann wieder zurückwirkt auf die körperliche Organisation. Und endlich sah er noch einen fünften Gesichtspunkt, der heute schon gar nicht zugegeben wird, in der Art und Weise, wie der Mensch eingegliedert ist in den Verlauf der Welt und wie ihm aus dem ganzen Laufe der geistigen Entwicklung die Krankheitsursachen kommen können.

So entwickelte Paracelsus fünf Gesichtspunkte, die sich ihm nicht dadurch ergaben, daß er theoretisch vorging, sondern aus dem, was er über die Natur des Menschen sah, was ihm aus der unmittelbaren Anschauung des Verhältnisses des Menschen zur Natur aufging. Dadurch daß er auf der einen Seite den Blick darauf richtete, wie der Mensch in die Natur hineingestellt ist, und die Art und Weise, wie die einzelnen Glieder zusammenwirken, nicht verstandesmäßig, sondern mit dem hellseherischen Blick auf sich wirken ließ, dadurch konnte sich Paracelsus in einer ganz besonderen Weise zu dem kranken Menschen stellen. Das war ja das eigentümliche bei ihm, daß er sich nicht mit *einer*, sondern mit allen Seelenkräften in ein Verhältnis setzte zur ganzen Welt. Daher sein schöner Ausspruch: «Durch das *Gemüt* lernen wir den Gott-Vater in der Welt kennen; durch den *Glauben* lernen wir Christus, den Sohn, erkennen; und durch die *Imagination* lernen wir den Geist erkennen.»

Wie die Erkenntnis des gesunden und kranken Menschen aus diesen drei Richtungen hervorgeht, so wollte er den Menschen vor seine Seele hinstellen. Aber er wollte nicht nur auf den Menschen sehen, sondern er wollte darauf sehen, wie die einzelnen Dinge in der Natur untereinander und wieder mit dem Menschen verwandt sind. Dadurch konnte sich ihm das Eigentümliche ergeben: Wenn er einem kranken Menschen gegenüberstand, so sah er, wie unter den eben angeführten Gesichtspunkten die Natur wirkte; seinem aus der Tiefe der Seele aufsteigenden intuitiven Blick ergab sich das Unregelmäßige der Substanzen, das Unregelmäßige der Organe: den *ganzen* Menschen hatte er vor sich. Er konnte nicht in abstrakte Worte kleiden, was da vor ihm aufstieg; was er erlebte vor dem kranken Menschen, konnte er nicht in eine Formel bringen, aber er lebte sich hinein in den Andern, in den kranken Menschen. Er brauchte nicht einen Namen für die Krankheit; sondern indem er wie untertauchte in die Krankheit, ging seinem Blick etwas ganz Neues auf: wie er die Substanzen verbinden sollte, wie er die Stoffe, die er in der Natur kannte, zusammenfügen mußte, damit er ein Mittel gegen die Krankheit finden konnte. Es war aber auch nicht nur das Seelische, in das er untertauchte, sondern auch in das Moralische und Intellektuelle und Geistige tauchte er unter. Man nenne ihn, wenn man will, einen Landstreicher, wie man das, was er getan hat, vielleicht als scharlatanhaft ansehen mag; man betone das alles ... wie er aller Mittel entblößt war, wie er Schulden machen mußte usw. – man vergesse aber dann nicht, wie er auch die Selbstlosigkeit hatte, ganz eins werden zu können mit der Krankheit, der er gegenüberstand. Er konnte daher sagen: Wenn er auch alles, was die Natur ihm gab, für den Kranken verwendete: das wichtigste Heilmittel bestünde in der *Liebe.* Nicht die Stoffe heilen, sagte er, die Liebe heile. Und die Liebe wirkte auch von ihm auf den Kranken hinüber, denn er sieht sich ganz und gar hinüberversetzt in die Natur des andern Menschen.

Das zweite, was ihm entspringen mußte durch sein besonders intimes Verhältnis zur Natur, war, daß er in einem jeden einzelnen Falle die Mittel wirksam sah, die er anwandte: er sah sie ihre Kräfte im menschlichen Organismus entfalten. Daraus kam ihm das zweite: die zuversichtliche *Hoffnung.* Liebe und Hoffnung nennt er seine besten Heilkräfte, und er ging auch nie ohne Liebe und Hoffnung an seine Arbeit. Es war der Mann, der als Landstreicher herumging, von der selbstlosesten Liebe ganz und gar durchdrungen. Dabei machte er allerdings oft sonderbare Erfahrungen. Seine Liebe ging so weit, daß er im reichsten Maße diejenigen umsonst heilte, die kein Geld hatten. Er mußte aber auch leben: manche Leute prellten ihn oft um das Honorar ... nun, dann ging er weiter – dann machte er sich auch nichts daraus. Dann kam es aber auch wohl zu Zusammenstößen mit der Umgebung. So war ihm zum Beispiel auch das folgende passiert. Als er in Basel war (denn er wurde später – auch wie durch eine Art Irrtum – als Stadtarzt nach Basel berufen), hatte er manche berühmte

Kur ausgeführt. Da wurde er einmal zu einem Kanonikus Lichtenfels gerufen, der eine Krankheit hatte, die niemand heilen konnte. Paracelsus hatte sich ein Honorar von hundert Talern ausbedungen, wenn er ihn heilen würde; der Kanonikus war damit einverstanden. Paracelsus gab ihm dann das betreffende Heilmittel, und nach drei, vier Malen war die Krankheit geheilt. Da meinte der Kanonikus: Wenn das so leicht gegangen sei, dann bezahle er auch nicht die hundert Taler, und Paracelsus hatte das Nachsehen. Er verklagte sogar, um ein Exempel zu statuieren, den Kanonikus, bekam aber von dem Basler Gericht Unrecht: er solle seine Taxe einhalten. Darauf hatte er dann, wie es hieß, böse Zettel verteilen lassen gegen das Gericht und gegen den Kanonikus besonders. Das machte böses Blut, und daraufhin machte ihn ein Freund dann aufmerksam, daß sein Aufenthalt in Basel ein unsicherer sei ... Und nun floh er bei Nacht und Nebel aus Basel: Wäre er eine halbe Stunde später aus den Toren der Stadt hinausgegangen, so wäre er ins Gefängnis gekommen.

Wer das eigenartige Leben dieses Menschen kennt, der begreift den tief ins Herz dringenden Eindruck, der ausgeht von dem Bilde, das aus Paracelsus' letzten Lebensjahren stammt: ein Bild, das uns ein Antlitz zeigt, wodurch viel Geistiges zum Ausdruck gekommen ist. Da ist viel gelebt und ist viel erfahren worden; aber zugleich hat das Leben dieser Seele und diesem Leibe arg mitgespielt. An dem leidenden, an dem verhältnismäßig jungen Manne mit den alten Zügen und den Runzeln und der Kahlköpfigkeit ist es auf der einen Seite anzumerken, welches Ringen und Streben, welcher Extrakt der ganzen Zeitevolution in Paracelsus lag, und auf der andern Seite, wie er das Tragische eines Menschen durchmachen mußte, der sich so seiner Zeit gegenüberstellte. Und wenn es auch nur eine Legende ist, wenn auch nicht wörtlich zu nehmen ist, was in Salzburg passiert sein soll: daß die Salzburger Ärzte einmal beschlossen hätten, einen seiner Diener anzustiften, Paracelsus von einer Höhe hinunterzustürzen – der in der Tat durch einen Sturz seinen Tod fand und dann in sein Haus getragen wurde –, wenn es auch nicht wahr ist, so muß man doch sagen: Das Leben Paracelsus' war schon so, daß man ihm gar nicht den Schädel zu zerspalten brauchte; man hat ihm das Leben so sauer, so bitter gemacht, daß wir seinen frühen Tod durchaus begreifen.

Ein solcher Mann ... wollten wir ihn noch plastischer vor uns haben, müßte noch in vielen Zügen und Einzelheiten geschildert werden, ein solcher Mann wie Paracelsus hat auf alle, die in der folgenden Zeit den Weg in die geistigen Welten suchten, einen tiefen Eindruck gemacht. Und wer das Goethe-Leben kennt, der empfindet, daß auch auf Goethe Paracelsus, mit dem er sich früh bekannt machte, einen großen Eindruck hinterließ. Lag doch in Goethe etwas, was man nennen kann, wie bei Paracelsus, ein Verwachsensein mit der umliegenden Natur. Bei anderer Gelegenheit wurde schon von mir betont, wie Goethe als siebenjähriger Knabe sein Verwobensein mit der Natur darin zeigte, daß er – von sich weisend alles, was er an religiösen Erklärungen über die Natur aus seiner Umgebung hat – sich einen eigenen Altar baut. Da nimmt er ein Notenpult seines Vaters, legt Steine aus seines Vaters Sammlung und Pflanzen darauf; diesen Naturaltar hat er nun, wartet die am Morgen aufgehende Sonne ab, sammelt die Strahlen der Sonne mit einem Brennglas, hat ein Räucherkerzchen oben drauf gesteckt und entzündet dasselbe mit dem Brennglas, um ein Opferfeuer zu entzünden, das an der Natur selbst entfacht ist, um so dem Gotte der großen Natur ein Opfer darzubringen. Dieses Verwachsensein mit der Natur tritt bei Goethe so früh auf und entfaltet sich später derart, daß durch das Aroma der Natur ihm die großen, auch hellseherischen Ideen über die Natur entsprangen. Und wir sehen in dem Goethe, der schon in Weimar ist, wie diese Denkweise weiter in ihm gewirkt hat in dem Prosahymnus «An die Natur»: «Natur! Wir sind von ihr umgeben und umschlungen – unvermögend, aus ihr herauszutreten, und unvermögend, tiefer in sie hineinzukommen. Ungebeten und ungewarnt nimmt sie uns in den Kreislauf ihres Tanzes auf und treibt uns mit sich fort, bis wir ermüdet sind und ihrem Arme entfallen.»

Auch in anderer Weise sehen wir viel Ähnlichkeit zwischen Goethe und Paracelsus. So sehen wir, wie er ein rechter Schüler der Natur in der Botanik und Zoologie wird. Aber wir können ihn auch beobachten auf seiner italienischen Reise, wie er das Wesen der Naturobjekte dadurch geistig zu erkennen trachtet, indem er beobachtet, wie sich das Einzelne in seiner Mannigfaltigkeit zeigt. Wie schön ist es da, als er sieht, wie der unschuldige Huflattich, den er von Deutschland her kennt, sich umgeändert zeigt. Da lernt er, wie die äußeren Formen in der verschiedensten Weise dasselbe Wesen zum Ausdruck bringen können. So sehen wir, wie er – überall die Einheit in der Vielheit suchend – das Einheitliche als den Geist erkennen wollte. Und bedeutsam ist der Ausspruch, den Goethe von Sizilien aus am 18. August 1787 an Knebel in Weimar gerichtet hat: «Nach dem, was ich bei Neapel, in Sizilien von Pflanzen und Fischen gesehen habe, würde ich, wenn ich zehn Jahre jünger wäre, sehr versucht sein, eine Reise nach Indien zu machen, nicht um Neues zu entdecken, sondern um das Entdeckte nach meiner Art anzusehen.» Was sich in der Sinneswelt ausbreitet, in der rechten Weise intuitiv geistig erschauen, das will er. Auf den Geist in der Natur ging Paracelsus aus – auf den Geist ging Goethe aus.

Kein Wunder daher, daß er Bekanntschaft macht mit dem Leben des Paracelsus, daß dieses Paracelsus-Leben neben dem Faust-Leben lebendig in Goethes Seele auftauchte. Und wenn wir Goethes Leben besonders auf uns wirken lassen, dann steht sein Faust vor uns da – nicht nur als der Faust des 16. Jahrhunderts, der ja in einer gewissen Beziehung eine Art Zeitgenosse des Paracelsus ist, sondern es steht da Paracelsus selber vor uns, so wie er auf Goethe gewirkt hat. Wir haben in der Faust-Figur etwas, an dem Paracelsus mitgewirkt hat. Nehmen wir nur einmal die Antwort auf die Frage: Warum ist Goethe gerade auf den Faust verfallen? – Es wird uns in der Legende von Faust erzählt, daß er die Bibel eine Weile hinter die Bank legte, ein Doktor der Medizin wurde und die Naturkräfte studieren wollte. Bei Paracelsus sehen wir nun zwar, daß er der Bibel treu geblieben ist und sogar ein Bibelkundiger war, sehen aber bei ihm doch, wie er die alten medizinischen Autoritäten, Galen, Avicenna usw. «hinter die Bank legte», sogar einmal verbrannte – und unmittelbar auf das große Buch der Natur ging. Das war ein Zug, der einen großen Eindruck auf Goethe gemacht hat. Und weiter: Sehen wir nicht einen ähnlichen Zug, wenn Faust die Bibel in sein «geliebtes Deutsch» übersetzt, damit das, was aus derselben stammen kann, ihm unmittelbar in die Seele strömen kann? – Und wenn Paracelsus das, was für ihn die Naturwissenschaft ist, in sein geliebtes Deutsch überträgt? Und manche andern Züge könnten wir anführen, die zeigen würden, wie in Goethe etwas lebte von dem wiedererstandenen Paracelsus, da er die Faust-Figur schuf. Ja, man möchte sagen: man sieht im Faust (Goethe hat es nur ins Ideelle umgesetzt), was sich zwischen Paracelsus und seinem biederen Vater oft abgespielt hat, wenn sie zusammen hinausgegangen sind, da wo er erzählt, wie er Umgang mit seinem Vater gepflogen hat. Kurz, es kann uns Paracelsus vor Augen treten, wenn der Faust als Gestalt des Goetheschen Schaffens, der Goetheschen Kunst auf uns wirkt.

Indem wir so die beiden Gestalten neben uns haben, tritt uns etwas entgegen, was in nicht minder eigentümlicher Art zeigt, wie Goethe etwas ganz anderes machen konnte sowohl aus der Faust-Figur wie aus der Paracelsus-Figur des 16. Jahrhunderts. Betrachten wir den Goetheschen Faust: er ist unbefriedigt über das, was ihm die verschiedenen Wissenschaften, Medizin, Theologie usw. geben können. Goethe kann aber diesen Faust doch nicht so darstellen, daß jenes unmittelbare Sich-Hineinleben in die Natur vor uns steht. Nicht daß es Goethe nicht vermocht hätte, sondern es mußte für ihn etwas geben, warum er es nicht tat. Warum tat er es nicht?

Da ist zunächst auffällig – was nicht bloß ein äußerer Umstand, eine äußere Tatsache ist –, daß Paracelsus ungefähr in den Jahren stirbt, mit einer innerlich harmonischen und mit dem Geist der Natur verwachsenen Seele in jenen Jahren stirbt, in denen wir uns Faust vorstellen können, als er die Worte sagt: «Habe nun, ach, Philosophie, Juristerei und Medizin und leider auch Theologie durchaus studiert mit heißem Bemühn.» Und was nun Faust weiter erlebt, das erlebt er in einem Lebensalter, das Paracelsus in der physischen Welt gar nicht

erreicht hat. So führt uns Goethe gleichsam eine Art Paracelsus vor – von dem Lebensalter an, in welchem Paracelsus gestorben ist; aber einen Paracelsus, der *nicht* hat hineinwachsen können in den lebendigen Geist der Natur.
Und wie führt er uns denselben vor? Trotzdem er zeigt, daß Faust ein tiefes Verständnis der Natur gefunden hat, auch eine Art Sichverwandtfühlen mit der Natur, trotzdem Goethe dies zeigt, ist es anders, als es bei Paracelsus war. Das fühlen wir, da Faust zu dem Geist in der Natur die Worte spricht:

«Erhabner Geist, du gabst mir, gabst mir alles,
Worum ich bat. Du hast mir nicht umsonst
Dein Angesicht im Feuer zugewendet
Gabst mir die herrliche Natur zum Königreich,
Kraft, sie zu fühlen, zu genießen. Nicht
Kalt staunenden Besuch erlaubst du nur,
Vergönnest mir, in ihre tiefe Brust
Wie in den Busen eines Freund's zu schaun.
Du führst die Reiche der Lebendigen
Vor mir vorbei, und lehrst mich meine Brüder
Im stillen Busch, in Luft und Wasser kennen.»

Faust wächst in einer gewissen Weise, da er vorher von der Natur getrennt war, mit ihr zusammen. Aber es kann nicht gezeigt werden, daß so lebendig in die Einzelheiten der Natur, in die unmittelbaren Darlegungen der Natur Faust eindringt, wie Paracelsus eingedrungen ist; es kann nicht gezeigt werden, daß das auch unmittelbar eintritt, indem er so zu dem erhabenen Geist der Natur spricht. Goethe kann uns nicht zeigen, wie Faust verwachsen würde mit der Natur, sondern er muß uns eine rein innere Seelenentwicklung zeigen: Faust muß eine bloß seelisch-geistige Entwicklung durchmachen, um dadurch zu den Tiefen des Natur- und Weltenschaffens zu kommen. So sehen wir bei diesem Weg des Faust – trotzdem er vielfach an Paracelsus erinnert –, daß alles, was Faust erlebt, im Moralischen, im Intellektuellen, im Leben der Gemütsbewegungen durchgemacht wird, und nicht wie bei Paracelsus, bei dem gleichsam die Fühlfäden unmittelbar hinausreichen in die Natur. Und so weit muß es kommen, daß Faust bis zu der Selbstlosigkeit, der innigen Liebe zu dem Geistigen aufsteigen kann am Schluß des zweiten Teiles – nicht indem er zusammenwächst mit der Natur, sondern sich gleichsam noch weiter von ihr entfernt. Goethe läßt den Faust erblinden:

«Die Nacht scheint tiefer tief hereinzudringen,
Allein im Innern leuchtet helles Licht!»

Faust wird Mystiker, wird zu einer Persönlichkeit, welche die Seele nach allen Seiten entwickelt, welche in den Mephisto-Kräften sich entgegengesetzt sieht allen Widerständen der Seele. Kurz: Faust muß sich entwickeln rein im Innern der Seele, muß den Geist in seiner Seele auferwecken. Denn, wenn dieser Geist im *Innern* – nicht wie bei Paracelsus im unmittelbaren Verkehr mit der Natur – auferweckt ist, dann wird sogar bei Faust das Sinnenfällige dadurch vernichtet, daß er erblindet, daß er nicht mehr physisch sehen kann, «allein im Innern leuchtet helles Licht». Faust wird gewahr (das erkennen wir aus dem Schluß der Dichtung), daß, wenn der Mensch seine inneren Seelenkräfte entfaltet, der Geist, der in der Natur waltet, auch die inneren Seelenkräfte herauftreibt. Und wenn dieser Geist genügend entfaltet ist, dann gelangt der Mensch unmittelbar an das, was als Geistiges Mensch und Natur durchzieht. So Faust am Ende.

So läßt Goethe, um seinen Faust zu demselben Ziel kommen zu lassen, zu welchem Paracelsus kommt, Faust einen innerlich seelischen Weg durchmachen. Wenn man darüber nachdenkt, was die Veranlassung dazu ist, so kommt man zu der Bedeutung, wie die Mächte der Zeit, die aufeinanderfolgenden Entwicklungsepochen, das geschichtliche Leben bedingen. Da kommt man dahin zu erkennen, wie es eine Bedeutung hat, daß Paracelsus' Todesjahr etwas vor jener großen Umwälzung liegt, die für die äußere Naturwissenschaft durch das Werk des Kopernikus hervorgerufen worden ist. Paracelsus' Leben fällt noch in die Zeit, in welcher es als richtig galt, daß die Erde stille stehe in der Welt, daß die Sonne um sie herumgehe usw.; das wirkte auch noch aus Paracelsus heraus. Erst nach seinem Tode trat die ganz andere Art der Anschauung des Sonnen- und Weltensystems ein. Der Boden wurde den Menschen förmlich unter den Füßen weggezogen: Wer heute das kopernikanische Weltsystem als etwas Selbstverständliches hinnimmt, der erhält gar keinen Begriff von jenem Sturm, der losging, als die Erde «in Bewegung gebracht wurde». Man kann sagen: Der Boden unter den Füßen wankte den Menschen buchstäblich. Das bewirkte aber auch, daß der Geist nicht mehr, wenn der Mensch auf der Höhe der Bildung stand, in seiner unmittelbaren Weise wie ein Aroma in die Seele einströmte, wie bei Paracelsus. Wäre Kopernikus beschränkt geblieben auf das, was die Sinne sehen, so hätte er nie sein Weltsystem aufgestellt; dadurch daß er den Sinnen nicht glaubte, konnte er sein Weltsystem aufstellen, indem er durch Intellekt und Vernunft über den Sinnenschein hinausging. So war der Gang der Entwicklung. Der Mensch mußte unmittelbar seinen Geist und seine Vernunft entwickeln. Und die Jahrhunderte seit dem 16. Jahrhundert herauf sind nicht ohne Bedeutung vorübergegangen.

Indem Goethe seinen Faust heraufheben mußte aus einer Paracelsus-Figur des 16. Jahrhunderts in eine Faust-Figur des 18. Jahrhunderts, mußte er dem Rechnung tragen, daß der Mensch nicht mehr in einer solchen unmittelbaren und primitiven Weise wie Paracelsus mit der Natur zusammenhängen kann. Daher wurde der Faust eine Gestalt, welche die Kräfte des Daseins, den Sinn des Seins nicht durch das unmittelbare Verwachsensein mit der Natur entdecken konnte, sondern durch die verborgenen Kräfte aus den Tiefen der Seele. Aber zu gleicher Zeit zeigt sich uns das Wesentliche, daß an dem Menschen der Strom des Daseins nicht bedeutungslos vorbeigeht. Paracelsus ist als eine große, überragende Gestalt ein Sohn seiner Zeit. Und Goethe hat im Faust ein Bild, eine Figur dichterisch geschaffen, die er nach einer gewissen Richtung hin zum Sohne seiner Zeit machte, die an der Naturwissenschaft seiner Zeit Vernunft und Intellekt gebrauchen lernt und die auch das Mystische herausarbeiten konnte. Daher muß gesagt werden: Darin, daß sich Goethe gedrängt fühlte, nicht eine Paracelsus-Figur, sondern eine andere Figur hinzustellen, zeigt sich der ganze Einschnitt, der vom 16. bis zum 18. Jahrhundert herauf in der Entwicklung der europäischen Menschheit gemacht worden ist. Das Bedeutungsvolle eines solchen Einschnittes zeigt sich selbst an den größten Genien, und darin liegt der Unterschied zwischen diesen beiden Gestalten. Und für den, der Goethe kennenlernen will, ist es im höchsten Grade interessant, sein Schaffen an der Faust-Figur zu betrachten; denn sein Faust klärt uns mehr über ihn auf als irgendeine andere seiner Gestalten.

Wenn wir von diesen Beobachtungen aus die Geisteswissenschaft oder Anthroposophie betrachten, kann sie sich innig verwandt fühlen mit Goethe – aber in einer andern Art auch wieder innig verwandt fühlen mit Paracelsus. Und wie mit Paracelsus? Paracelsus konnte die tiefsten Einblicke erhalten in die Natur aus den entwickelten Kräften der Seele durch unmittelbaren Umgang mit der Natur, aber die Zeit, in welcher derjenige, der mit der Entwicklung fortschreitet, so zu den Gründen des Daseins kommen kann wie Paracelsus, diese Zeit ist seit Kopernikus, Galilei, Giordano Bruno und Kepler vorbei. Eine andere Zeit ist angebrochen – und Goethe hat den Typus dieser Zeit im «Faust» gezeigt –, die Zeit, in welcher gearbeitet werden muß mit den verborgenen Kräften der Seele, so daß aus den Tiefen der Seele heraus *höhere Sinneskräfte* erwachsen. Wie die Augen die Farben sehen, wie die Ohren die Töne hören, so werden diese höheren Sinne das wahrnehmen, was als Geist in der Umgebung ist und was mit den gewöhnlichen Sinnen nicht als Geist geschaut werden kann. So muß also der moderne Mensch nicht durch ein Verwachsensein mit der Natur wie bei Paracelsus, sondern mit Hinwegwendung von der Natur die tieferen Seelenkräfte erleben. Wenn er aber dazu kommt, daß er die tieferen Kräfte aus seiner Seele heraufholt, daß er ein Verständnis entwickeln kann auch für das, was als Geistiges und Übersinnliches unsichtbar hinter dem Sichtbaren, hinter dem

Sinnlichen der Natur lebt und webt, wenn der Mensch das Faustische aus sich herausarbeitet, dann wird das Faustische zuletzt so, daß es zum hellseherischen Einblick in die Natur wird. Und in einer gewissen Weise kann bei Entfaltung des inneren Geistes jeder Mensch erleben (er braucht ja darum nicht zu erblinden), daß er – wenn er auch nicht die Rätsel der Welt gelöst glauben kann durch das, was ihm Augen und äußere Sinne lehren – dennoch sagen kann: «Im Innern leuchtet helles Licht!» Und das ist etwas, was uns dem Geist, der in allem waltet, naheführen kann.

So ist der Weg von Paracelsus zu Goethe im höchsten Grade interessant, wenn man in der Faust-Figur aufleben sieht aus Goethes Seele heraus, was für Paracelsus – was auch für Faust das Wesentliche ist: daß der Mensch in die Tiefen der Welt und in die Gesetze, mit denen der ewige unsterbliche Geist des Menschen verwandt ist, nicht eindringen kann durch die äußeren Sinne, sondern nur durch ein unmittelbares Verwachsensein mit der Natur, wie bei Paracelsus, oder durch eine Entfaltung der höheren Sinne, wie es Goethe – wenn auch nur dichterisch – andeutete in der Fortführung der Faust-Figur des 16. Jahrhunderts. So wurde ja auch immer mehr und mehr für Paracelsus dasjenige Grundsatz, was dann Goethe für seinen Faust mit den Worten betont:

> «Geheimnisvoll am lichten Tag
> Läßt sich Natur des Schleiers nicht berauben,
> Und was sie deinem Geist nicht offenbaren mag,
> Das zwingst du ihr nicht ab mit Hebeln und mit Schrauben.«

Nicht ist damit gemeint – nicht im Paracelsus'schen, nicht im Goetheschen Sinne –, daß man den Geist der Natur nicht erforschen könnte; sondern daß sich der Geist in der Natur zwar dem in der Seele erweckten *Geist* offenbare, nicht aber den Instrumenten, die wir im Laboratorium formen, nicht den «Hebeln und den Schrauben». Daher sagt Goethe: «Was sie deinem *Geist* nicht offenbaren mag, das zwingst du ihr nicht ab mit Hebeln und mit Schrauben.» Dem Geist aber kann sie es offenbaren. Das ist die richtige Interpretation dieses Goetheschen Wortes. Denn Goethe war, indem er einen Abglanz des Paracelsus im «Faust» geschaffen hat, mit Paracelsus völlig einverstanden, und Paracelsus müßte mit Goethe als gültig das geistvolle Wort hingenommen haben:

> «Wer will was Lebendig's erkennen und beschreiben,
> Sucht erst den Geist herauszutreiben,
> Dann hat er die Teile in seiner Hand,
> Fehlt, leider! nur das geistige Band.»

Und Goethe fügt hinzu – und zwar als er den «Faust» zuerst konzipiert hat, da er selber noch jugendlich übermütig war und auch nicht im Sinne des Paracelsus zu den «Katzenreinen und Superfeinen» gehörte:

«Encheiresin naturae nennts die Chemie,
Bohrt sich selbst einen Esel, und weiß nicht wie.»

Das hat er dann später umgeändert in:

«Spottet ihrer selbst, und weiß nicht wie,»

wie wir es jetzt im Faust finden. Das will aber sagen, daß niemand, der ohne die entwickelten höheren Erkenntniskräfte an die Natur herangehen will, die Gründe der Natur erkennen kann, und auch nicht erkennen kann, wie der unsterbliche Geist des Menschen mit der Natur zusammenhängt, wie er ihm ähnelt oder – mit Jakob Böhme gesprochen: wo er «urständet».
Wenn man den Weg von Paracelsus zu Goethe durchmißt, wie wir ihn mit ein paar Strichen heute zu zeichnen versucht haben, dann findet man, daß Paracelsus und Goethe lebendige Bekenner des andern Grundsatzes sind, nicht des Grundsatzes derjenigen Natur- und Weltanschauungen, die sie treffen wollten mit dem Goetheschen Spruch:

«Wer will was Lebendig's erkennen und beschreiben,
Sucht erst den Geist herauszutreiben,
Dann hat er die Teile in seiner Hand,
Fehlt, leider! nur das geistige Band –»

Nein! Paracelsus und Goethe gehen so an die Natur, gehen so an die Menschenwesenheit heran, daß ihnen gilt:

Wer will was Lebendig's erkennen und begründen,
Sucht in Wesenstiefen das Geisteslicht zu finden.
Er hat dann die Teile in seiner Hand,
Und nimmer vermag er zu verkennen
Der Dinge Wahrheit im geistigen Band!

Carl Gustav Jung

Paracelsus

Der seltsame Mann Philippus Aureolus Bombast von Hohenheim, genannt Theophrastus Paracelsus, wurde im Jahre 1493 am 10. November geboren. Sein mittelalterlicher und doch so freisinniger Geist wird es uns nicht verdenken, wenn wir in höflicher Erinnerung an die Gepflogenheiten seiner Zeit zunächst einen kurzen Blick auf die Sonne, die seiner Geburt zu Gevatter stand, werfen. Seine Sonne stand im Zeichen des *Skorpions*, nach alter Tradition ein Zeichen gut für Ärzte, für Meister der Gifte und der Heilung. Des Skorpions Herr ist der stolze und streitbare *Mars*, der dem Starken kriegerischen Mut und dem Schwachen Händelsucht und Galligkeit verleiht. Und des Paracelsus späteres Leben hat diese Nativität wahrlich nicht verleugnet.

Indem wir nun vom Himmel auf die Erde seiner Geburt blicken, so sehen wir sein elterliches Haus eingebettet in ein tiefes, einsames, waldschattiges Tal, umgeben von düsteren überragenden Bergen, die rings die moorigen Hügel- und Talflächen der melancholischen Einsiedelei umschließen. In ahnungsvoller Nähe erheben sich die größeren Höhen der Alpen, die Macht der Erde überwiegt sichtbarlich die Willkür des Menschen, und bedrohlich lebendig hält sie ihn in ihrer Höhlung und zwingt ihm ihren Willen auf. Hier, wo die Natur größer ist als der Mensch, entgeht ihr keiner; die Kälte des Wassers, die Starrheit des Felsens, die Knorrigkeit und Zähigkeit der Waldwurzeln und die Schroffheit der Hänge bilden etwas in die Seele des dort Geborenen hinein, das unausrottbar lebendig wirkt; und es verleiht dem Schweizer Eigensinn, Standhaftigkeit, Schwerfälligkeit und Naturstolz, den man schon auf vielerlei Weise, günstig und ungünstig, ausgelegt hat als Unabhängigkeit oder als Trotzigkeit.

Vater Sonne und Mutter Erde scheinen die wahreren Eltern seines Charakters gewesen zu sein als des Paracelsus Erzeuger im Blut. Paracelsus war ja, wenigstens väterlicherseits, kein Schweizer, sondern ein Schwabe, ein Sohn des Wilhelm Bombast, des unehelichen Nachkömmlings des Georg Bombast von Hohenheim, Großmeister des Johanniterordens. Aber geboren im Bannkreis der Alpen, im Schoße einer mächtigen Erde, die ihn, ungeachtet seines Blutes, sich zu eigen gemacht hat, nach dem Gesetz des «x der örtlichen Disposition», ist Paracelsus dem Charakter nach als Schweizer zur Welt gekommen.

Seine Mutter stammte von Einsiedeln, und ihre Einflüsse sind unbekannt. Sein Vater hingegen war eine problematische Natur. Als Arzt war er eingewandert und hatte sich in jenem Tobel, wo Füchse und Hasen einander gute Nacht sagen, an der Pilgerstraße niedergelassen. Was berechtigte ihn, den unehelich Geborenen, den adeligen Vaternamen zu führen? Man ahnt die seelische Tragödie des Unehelichen: ein düsterer, einsamer Unberechtigter, der in der Abgeschlossenheit des Waldtales sich mit Ressentiment seiner Heimat enthält und doch mit nicht eingestandener Sucht durch Pilger Kunde von der Welt draußen, in die er nicht zurückkehren wird, empfängt. Adeliges Leben und weite Welt lagen ihm im Blut und blieben dort begraben. Nichts wirkt seelisch stärker auf die menschliche Umgebung, besonders auf die Kinder, als das ungelebte Leben der Eltern. Von diesem Vater dürfen wir stärkste Gegensatzwirkung auf den jungen Paracelsus erwarten.

Eine große, ja einzige Liebe verbindet ihn dem Vater. Dieser ist der einzige Mensch, dessen er in Liebe gedenkt. Ein solch treuer Sohn wird die Schuld des Vaters begleichen. All der Verzicht des Vaters wird sich im Sohn in ehrgeizigen Anspruch verwandeln. Das Ressentiment und das unvermeidliche Minderwertigkeitsgefühl des Vaters werden den Sohn zum Rächer der Unbill des Vaters machen. Er wird sein Schwert gegen alle Autorität führen, und er wird alles, was auf die potestas patris Anspruch macht, als Widersacher des eigenen Vaters bekämpfen. Was der Vater verlor, oder worauf er verzichtete, Erfolg und Ruhm des Namens, Leben und Unabhängigkeit in der weiten Welt, muß er wieder gewinnen, und nach tragischem Gesetz muß er sich auch mit seinen Freunden überwerfen, als unvermeidliche Folge der schicksalsmäßigen Bindung an den einzigen Freund, den Vater, denn auf seelischer Endogamie stehen schwere Schicksalsstrafen.

Wie dies nicht selten der Fall ist, hat ihn die Natur zur Rächerrolle ausgerechnet schlecht ausgerüstet, denn statt einer heldischen Aufrührergestalt gab sie ihm eine Körperlänge von nur etwa 150 cm, ein kränkliches Aussehen, eine zu kurze Oberlippe, welche die Zähne nicht ganz bedeckte (ein Kennzeichen, nicht selten bei nervösen Leuten) und, wie es scheint, ein Becken, dessen Weiblichkeit auffiel, als man im 19. Jahrhundert seine Gebeine in Salzburg exhumierte. Es ging sogar die Sage, daß er ein Eunuch gewesen sei, wofür aber meines Wissens keine weiteren Bestätigungen vorliegen. Allerdings scheint die Liebe nie ihre Rosen in sein irdisches Dasein geflochten zu haben, und ihre bekannten Dornen waren ihm überflüssig, da sein Charakter sowieso stachlich war.

Kaum war er alt genug, um Waffen zu tragen, so zog der kleine Mann auch schon ein um so größeres Schwert an, von dem er sich nur noch selten trennte, und dies um so weniger, als er im kugelförmigen Schwertknauf seine Laudanumpillen, sein eigentliches arcanum, barg. So gerüstet, zog er, eine der Komik nicht ganz entbehrende Figur, früh in die weite Welt auf unerhörte, abenteuerliche Reisen, die ihn durch Deutschland, Frankreich, Italien, die Niederlande, Dänemark, Schweden und Rußland führten. Als ein wunderlicher Wundertäter, fast wie ein zweiter Apollonius von Tyana, soll er nach der Legende auch Afrika und Asien bereist haben, wo er der Geheimnisse größte entdeckte. Nie machte er regelmäßige Studien, denn die Unterordnung unter Autorität war tabu. Er war ein selfmade man, der sich bezeichnenderweise die Devise zulegte: «Alterius non sit, qui suus esse potest», eine echte und rechte Schweizerdevise. Was dem Paracelsus auf seinen Reisen alles zugestoßen ist, bleibt auf immer dunkle Ahnung, wahrscheinlich immer wieder etwas Ähnliches wie das, was ihm in Basel passierte. 1525 wurde er als berühmter Arzt nach Basel vom Rat berufen; letzterer offenbar in einem jener historischen Anfälle von Unvoreingenommenheit handelnd, die im Laufe der Jahrhunderte sich gelegentlich wiederholten, wie die Berufung des Jünglings Nietzsche beweist. Die Berufung hatte einen etwas peinlichen Hintergrund, da damals Europa unter einer beispiellosen syphilitischen Verseuchung litt, die nach dem Neapeler Feldzug ausgebrochen war. Paracelsus bekleidete die Stellung eines Stadtarztes, aber er fügte sich in die Würde nicht nach Geschmack der Universität noch eines löblichen Publikums. Erstere skandalisierte er dadurch, daß er Kollegien in der Sprache der Knechte und Mägde, nämlich deutsch las, und letzteres dadurch, daß er, statt in Amtstracht, im Laborantenkittel sich auf der Straße zeigte. Für seine Kollegen war er der bestgehaßte Mann, und an seinen medizinischen Schriften wurde kein gutes Haar gelassen. Man beschimpfte ihn als «tollen Stierkopf» und als «Waldesel von Einsiedeln». Und er gab solches und ähnliches in einer ausgesucht unflätigen Sprache zurück, ein keineswegs erbauliches Schauspiel.

In Basel nun ereilte ihn ein unvermeidliches Schicksal, das tief in sein Leben eingriff: er verlor nämlich seinen Freund und Lieblingsschüler, den Humanisten Johannes Oporinus, der ihn recht eigentlich verriet und seinen Gegnern die kräftigsten Waffen lieferte. Oporin selber bereute nachmals seine Untreue, aber es war zu spät. Der Schaden war nicht mehr gutzumachen. Nichts aber vermochte das händelsüchtige, anmaßliche und querulantenhafte Benehmen des Paracelsus zu dämpfen, im Gegenteil, dieser Verrat steigerte es noch. Bald begab er sich wieder auf Reisen, meistens arm, öfters bis zur Bettelhaftigkeit heruntergekommen.

Mit achtunddreißig Jahren tritt in seinen Schriften eine charakteristische Änderung ein: neben dem Medizinischen tritt das Philosophische hervor. «Philosophisch» ist allerdings keine ganz richtige Bezeichnung für seine geistige Manifestation. Man sollte diese wohl eher «gnostisch» nennen. Nach Überschreitung der Lebensmitte nämlich tritt jene merkwürdige seelische Veränderung ein, die man wohl als eine Umkehrung der seelischen Lebensrichtung bezeichnen könnte. Nur bei wenigen tritt diese subtile Veränderung klar als Umkehrung an die Oberfläche. Bei den meisten verläuft sie, wie alle anderen Hauptsachen des Lebens, unter der Schwelle des Bewußtseins. Bei bedeutenden Geistern zeigt sich die Veränderung in Form einer Verwandlung des Intellektes in eine Art von spekulativer oder intuitiver Geistigkeit, wie wir dies zum Beispiel bei Newton, Swedenborg und Nietzsche, um drei große Namen zu nennen, sehen. Bei Paracelsus ist die Spannweite zwischen den Gegensätzen nicht so groß, aber doch immerhin bemerkenswert.

Damit gelangen wir nun, nach all der Äußerlichkeit und Unzulänglichkeit des persönlichen Lebens, zum geistigen Menschen Paracelsus, und damit treten wir in eine Ideenwelt ein, die dem heutigen Menschen, wenn er nicht gerade sehr spezielle Kenntnisse der spätmittelalterlichen Geisteslage hat, ungemein dunkel und verworren vorkommen muß. Vor allem – trotz seiner Schätzung Luthers – ist Paracelsus als guter Katholik gestorben, in wunderlichstem Gegensatz zu seiner heidnischen Philosophie. Man kann wohl kaum annehmen, daß der Katholizismus ihm einfach Lebensstil bedeutete. Er war ihm eine so selbstverständliche und schlechthin unverstehbare Gegebenheit, daß er ihm nicht einmal Gegenstand des Nachdenkens wurde, sonst wäre es zu einer gefährlichen Auseinandersetzung mit der Kirche und mit seinem eigenen Gemüt gekommen. Paracelsus gehörte offenbar zu jenen Menschen, die den Intellekt in der einen und das Gemüt in der andern Schublade haben, so daß sie mit dem Intellekt fröhlich drauflos denken können, ohne je Gefahr zu laufen, mit ihrem Gefühlsglauben zusammenzustoßen. Es ist ja schließlich eine begreifliche Erleichterung, die eine Hand nicht wissen zu lassen, was die andere tut. Es wäre müßige Neugierde, wissen zu wollen, was es dann gegeben hätte, wenn die beiden doch zusammengestoßen wären. Sie stießen damals vorzugsweise nicht zusammen, das ist das Kennzeichen jener sonderlichen Zeit, genauso rätselhaft wie der Geisteszustand eines Alexander VI. und des ganzen höheren Klerus des Cinquecento. Und wie sich unter der Schwelle der Kirche lachendes Heidentum der Kunst wieder hervordrängte, so belebte sich hinter dem Vorhang scholastischer Philosophie antikes Heidentum des Geistes in einer Wiedergeburt des Neuplatonismus und der Naturphilosophie. Unter den Vertretern dieser Bewegung war es besonders der Humanist Marsilius Ficinus, dessen Neuplatonismus den Paracelsus, wie so viele aufstrebende und «moderne» Geister jener Tage, beeinflußt hat. Nichts kennzeichnet die explosive, aufrührerische und zukunftverheißende Geistesstimmung jener Zeit, die, den Protestantismus weit überholend, das 19. Jahrhundert vorwegnahm, wie das Motto zu Agrippa von Nettesheims Buch «De incertitudine et vanitate scientiarum» (1527): «Nullis hic parcet Agrippa, contemnit, scit, nescit, flet, ridet, irascitur, insectatur, carpit omnia, ipse philosophus, daemon, heros, deus et omnia.» («Dieser Agrippa verschont keinen; er verachtet, weiß, weiß nicht, weint, lacht, zürnt, schmäht, zerzaust alles; er seinerseits ist Philosoph, Dämon, Held, Gott und alles.»)

Eine neue Zeit war angebrochen, der Umsturz der Autorität der christlichen Kirche rückte in bedrohliche Nähe, und damit schwand die metaphysische Sicherheit des gotischen Menschen. Und wie in den lateinischen Ländern die Antike in jeglicher Form wieder hervorbrach, so drängte sich in den barbarischen, germanischen Ländern an Stelle der fehlenden antiken Vorstufe das primitive Erlebnis des unmittelbaren Geistes vor, in vielerlei individuellen Formen und Stufen geschieden und verkörpert durch große und wunderliche Denker und Dichter, wie Meister Eckhart, Agrippa, Paracelsus, Angelus Silesius und Jakob Böhme. Ihre barbarische, aber urtümlich kraftvolle Eigenart bekunden sie alle durch eine der Tradition entwachsene, der Autorität entratende, gewaltsam eigenwillige Sprache. Neben Böhme war wohl Paracelsus in dieser Beziehung der schlimmste Rebell. Seine philosophische Terminologie ist so individuell arbiträr, daß sie sogar die gnostischen «Worte der Macht» an Absonderlichkeit und Dunkelkeit um ein Vielfaches übertrifft.

Das oberste kosmogonische Prinzip, sein gnostischer «Demiurg», war der Yliaster oder Hyaster, eine hybride Wortneubildung aus hyle (Materie) und astrum (Gestirn). Man könnte diesen Begriff als «kosmischer Stoff» übersetzen. Es ist etwas wie das hen des Pythagoras und Empedokles oder wie die heimarmene der Stoiker, eine primitive Urstoff- und Urkraftanschauung. Die griechisch-lateinische Prägung bedeutet wohl nicht mehr als zeitgemäßen Ausdrucksstil, ein kultürliches Mäntelchen für eine primitive Uridee, welche auch die Vorsokratiker in Atem gehalten hat, ohne daß Paracelsus sie notwendigerweise von ihnen geerbt hätte. Diese urtümlichen Bilder nämlich gehören der Menschheit überhaupt und können autochthon in jedem Kopfe wieder entstehen, unbekümmert um Zeit und Ort. Es bedarf nur der günstigen Umstände für deren Wiedererwachen. Der passende Moment hierfür ist immer, wenn eine Weltanschauung zusammenbricht und alle jene Formen und Gestalten, die einstmals als endgültige Antwort auf die großen Rätsel von Leben und Welt galten, mit sich reißt. Es ist sogar der psychologischen Regel völlig entsprechend, wenn alle entwurzelten Götter auf den Menschen zurückfallen und er deshalb ausruft: «Ipse philosophus, daemon, heros, deus et omnia», und, wenn eine den Geist verherrlichende Religion zu schwinden beginnt, dafür ein Urbild des schöpferischen Stoffes im innern Erlebnis bewußt wird.

In strengstem Gegensatz zu christlicher Weltanschauung ist des Paracelsus oberstes Prinzip eine durchaus materialistische Anschauung. Erst an zweiter Stelle kommt bei ihm etwas Geistiges, nämlich die aus dem Stoff hervorgehende

Krieger im Feldlager,
wie Paracelsus sie auf seiner Wanderschaft erlebte.
Holzschnitt aus seiner «Grossen Wundarznei» (Ausgabe von 1566)

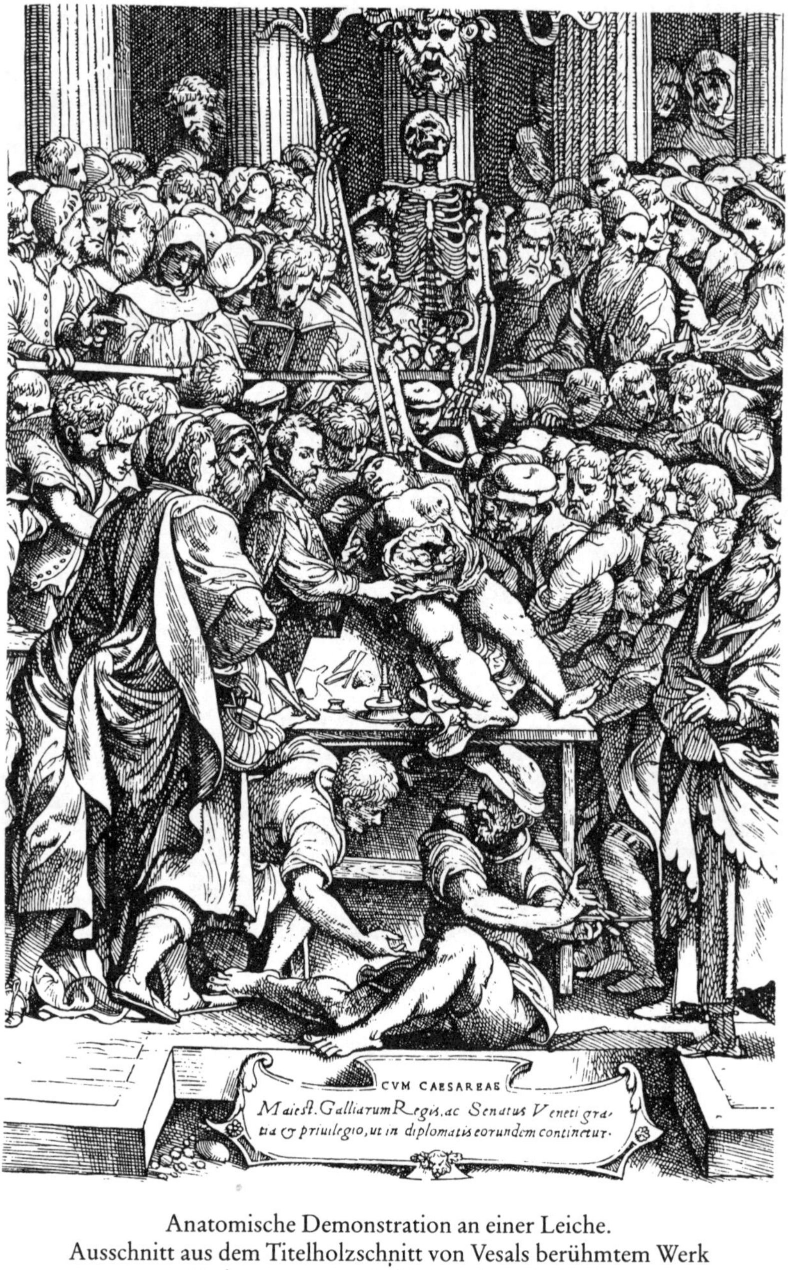

Anatomische Demonstration an einer Leiche.
Ausschnitt aus dem Titelholzschnitt von Vesals berühmtem Werk
«De humani corporis fabrica» (Basel, 1555)

Szene aus einer mittelalterlichen Badestube.
Titelholzschnitt zu Paracelsus' «Baderbüchlein», Frankfurt 1565

Sieche und Krüppel.
Holzschnitt aus der «Grossen Wundarznei»

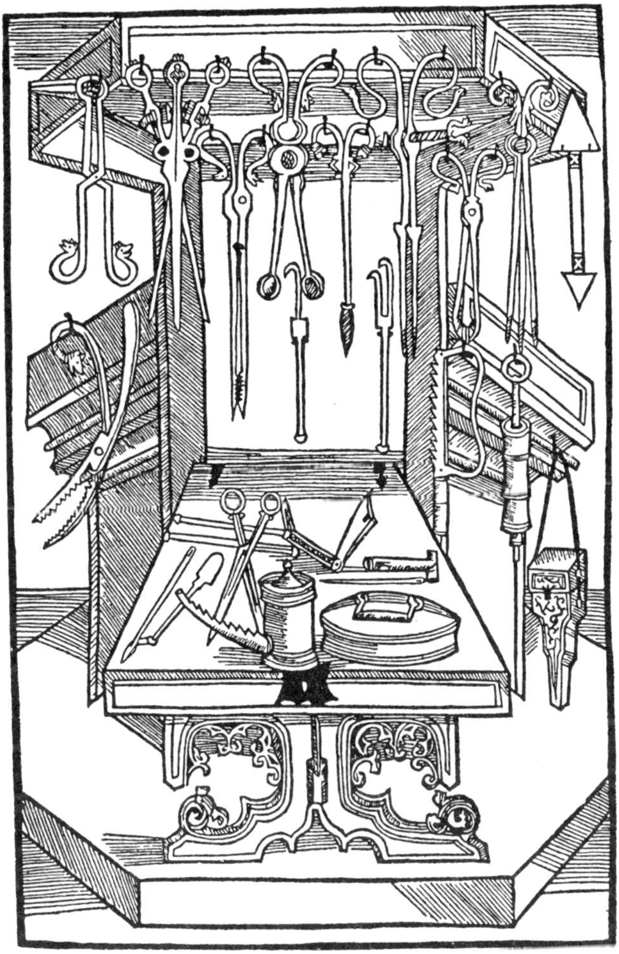

Chirurgisches Instrumentarium der Paracelsus-Zeit.
Holzschnitt aus der «Grossen Wundarznei»

Herstellung von Arzneien in der Paracelsus-Zeit:
Substanzen werden im Wasserbad gelöst.
Aus Hieronymus Brunschwigs «Destillierbuch» von 1512

Krankheit als Geißel Gottes.
Ein Pestkranker, der von einem bösen Dämon gepeitscht wird

Blick in eine Krankenstube.
Holzschnitt aus der «Grossen Wundarznei»

Alchemistisches Labor mit Ofen,
Destillierapparat und Werkzeugen

anima mundi, der ideos oder ides, das mysterium magnum oder «*Limbus major*, ein spiritualistisch Wesen, ein unsichtbar und unbegreiflich Ding». Darin ist ihm alles in Form von platonischen Ideen, als Archetypen, enthalten, ein Korn, das wohl von Marsilius Ficinus stammen dürfte. Limbus ist ein Kreis. Die animistisch belebte Welt ist der größere Kreis, der Mensch ist der limbus minor, der kleinere Kreis. Er ist der Mikrokosmos. Daher ist alles innen wie außen, unten wie oben. Zwischen allen Dingen im größern und kleinern Kreis herrscht *Entsprechung*, correspondentia, eine Anschauung, die dann in Swedenborgs Idee vom homo maximus in eine gigantische Anthropomorphisierung des Universums ausläuft. In der primitiveren Anschauung des Paracelsus fehlt aber die Anthropomorphisierung. Mensch ist ihm wie Welt ein belebtes Stoffaggregat, eine Anschauung, die der wissenschaftlichen Betrachtungsweise des ausgehenden 19. Jahrhunderts konsanguin ist, mit dem einzigen Unterschied, daß Paracelsus noch nicht tödlich chemisch-mechanistisch denkt, sondern noch primitiv animistisch. Seine Natur wimmelt noch von Hexen, Inkuben, Sukkuben, Teufeln, Sylphiden und Undinen. Das Belebte der seelischen Erfahrung ist ihm noch zugleich ein Belebtes der Natur. Noch hat ihn der seelische Tod des wissenschaftlichen Materialismus nicht erreicht, aber er bereitet den Weg zu diesem Ende vor. Er ist *noch* ein Animist, entsprechend der Primitivität seines Geistes, und doch *schon* ein Materialist. Der Stoff als das im Raum absolut Zerteilte ist der natürlichste Feind jener Konzentration des Lebendigen, welche Seele bedeutet. Bald wird die Welt der Undinen und Sylphiden ihr Ende erreichen, und erst im Zeitalter der Seele werden sie wieder ihre Auferstehung feiern, wo man sich alsdann wundern wird, wieso man so alte Wahrheiten je vergessen konnte. Aber es ist natürlich viel einfacher, wenn man annimmt, daß das, was man nicht versteht, gar nicht existiere.

Die Welt des Paracelsus im Großen wie im Kleinen besteht aus belebten Partikeln, aus *entia*. Krankheiten sogar sind für ihn entia, so wie es ein ens astrorum, veneni, naturale, spirituale und deale gibt. Die damalige große Pestepidemie erklärte er in einem Brief an den Kaiser als die Wirkung von in Hurenhäusern erzeugten Sukkuben. Das ens ist ebenfalls ein «spiritualistisch Wesen», daher sagt er im «Buch Paragranum»: «Die Krankheiten sind nit corpora, drum Geist gegen Geist soll gebraucht werden.» Womit Paracelsus meint, daß nach der Lehre der correspondentia jeglichem ens morbi ein «arcanum» der Natur entspreche, zum Beispiel eine Pflanze oder ein Mineral, das ein Spezifikum gegen die entsprechende Krankheit sei. Daher bezeichnete er auch die Krankheiten nicht klinisch oder anatomisch, sondern nach ihren spezifischen Heilmitteln, zum Beispiel gab es «tartarische» Krankheiten, nämlich solche, die durch ihr entsprechendes arcanum, in diesem Falle tartarus, geheilt wurden. Deshalb hielt er auch viel von der Lehre der *Signaturen*, welche eines der Hauptprinzipien der damaligen Volksmedizin (das heißt der Hebammen, Feldscherer, Hexen, Quacksalber und Henker) gewesen zu sein scheint. Nach dieser Lehre ist zum Beispiel eine Pflanze, deren Blätter handähnlich sind, gut für Krankheiten der Hände usw.

Die Krankheit ist ihm «ein natürliches Wachstum, ein Geistiges, Lebendiges, ein Samen». Wir können wohl sagen, daß für Paracelsus die Krankheit ein notwendig Mitlebendes, ein eigentliches constituens des menschlichen Lebens war und nicht ein hassenswertes corpus alienum, das sie uns bedeutet. Darum ist die Krankheit auch verschwägert mit den in der Natur vorhandenen und diese konstituierenden arcana, welche ebenso naturnotwendig und naturzugehörig sind wie die Krankheiten zum Menschen. Der allermodernste Arzt würde hier dem Paracelsus die Hand schütteln und ihm sagen: «Ich mein's zwar nicht ganz so, aber doch ziemlich ähnlich.» Trefflich für seine Art meint er, daß die ganze Welt eine Apotheke und Gott der höchste Apotheker sei.

Paracelsus ist ein Geist, wie er typisch ist für eine große Übergangszeit. Sein suchender und ringender Intellekt erst hat sich befreit aus einer spiritualistischen Weltanschauung, an der sein Gemüt noch hängt. Extra ecclesiam nulla salus – dieser Satz gilt im höchsten Maße für die geistige Wandlung, die den befällt, der den Legendenkreis althergebrachter heiliger Bilder, die als letzte Wahrheiten seinen Horizont abschließen, überschreitet: Er büßt alle beruhigenden und heilsamen Vorurteile ein, eben ist ihm eine Welt eingestürzt, und noch ist nichts gewußt über eine andere Ordnung der Dinge. Er ist ganz arm geworden, ganz unwissend wie ein kleines Kind, das noch nichts von der neuen Welt weiß und sich nur mühsam und dunkel daran erinnern kann, was urälteste Menschheitserfahrung zu ihm aus seinem Blute spricht. Alle Autorität ist ihm gefallen, und er muß eine neue Welt aus eigenen Erfahrungsmitteln aufbauen. Auf weiten Reisen, auch die trübsten Quellen nicht verschmähend, hat Paracelsus seine Erfahrung geschöpft, ein Pragmatiker sondergleichen. Und wie er ohne Vorurteil den Urstoff äußerer Erfahrung an sich zog, so schöpfte er auch aus den primitiven Dunkelheiten seiner Seele die philosophischen Grundideen seines Werkes. Uralt-Heidnisches, schlimmsten Aberglauben des untersten Volkes vortäuschend, brachte er herauf. Der christliche Spiritualismus verwandelte sich in seine prähistorische Vorstufe, in den Animismus des Primitiven, und die scholastische Geistesbildung des Paracelsus erzeugte daraus eine Philosophie, die sich keinem christlichen Vorbild, sondern vielmehr dem Denken der bestgehaßten Feinde der Kirche, der Gnostiker, annäherte. Wie jedem rücksichtslosen Neuerer, der Autorität und Tradition verwirft, drohte auch ihm der Rückschritt zu dem, was einstmals verworfen wurde, und damit der tödliche und rein destruktive Stillstand. Wohl durch die Tatsache aber, daß, während sein Intellekt ins Weiteste schweifte und auf fernste Vergangenheit zurückgriff, sein Gemüt an den überkommenen Gütern festhielt, ist die völlige Verwirklichung des Rückschrittes verhindert worden. Und wohl dank diesem unleidlichen Widerspruch verwandelte sich Regression in Progression. Er verleugnete nicht den Geist, an den sein Gemüt glaubte, sondern errichtete neben ihm das Gegenprinzip des Stoffes: Erde gegenüber dem Himmel, Natur gegenüber dem Geist. Dadurch ist er kein blinder Zerstörer, kein halb schwindelhaftes Genie wie ein Agrippa geworden, sondern ein Vater der Naturwissenschaft, ein Pionier des neuen Geistes, als den ihn unsere Zeit mit Recht verehrt. Allerdings würde er wohl zu dem, wofür ihn gewisse seiner modernen Verehrer besonders bewundern, aus dem Jenseits den Kopf schütteln. Sein Panpsychismus war nicht seine heißerrungene Entdeckung – vielmehr hing ihm dieser noch an als Rest primitiver participation mystique mit der Natur –, sondern: *der Stoff und seine Eigenschaften.* Die Bewußtseinslage seiner Zeit und der damalige Entwicklungsgrad des Erkennens erlaubten ihm gar nicht, den Menschen außerhalb des Naturganzen zu sehen. Dieser Höhepunkt war dem 19. Jahrhundert vorbehalten. Die unauflösbare und unbewußte Verbundenheit von Mensch und Welt war ihm noch eine absolute Gegebenheit, mit der sein Geist mit den Waffen wissenschaftlicher Empirie zu ringen begann. Die moderne Medizin, welche die Seele nicht mehr als ein bloßes Anhängsel des Körpers verstehen kann und daher den sogenannten «psychischen Faktor» mehr und mehr in Betracht zu ziehen beginnt, nähert sich in gewissem Sinne wieder der paracelsischen Vorstellung des seelisch belebten Stoffes, wodurch auch die ganze geistige Erscheinung des Paracelsus selber in ein neues Licht tritt. Wie Paracelsus einst ein Bahnbrecher der medizinischen Wissenschaft war, so wird er uns heute, wie es scheint, zum Symbol einer wichtigen Veränderung unserer Anschauung vom Wesen der Krankheit sowohl wie vom Wesen des Lebendigen überhaupt.

HEINZ SCHOTT

Die Bedeutung des Paracelsus für die Geschichte der Medizin

Wenn wir versuchen, die Leistung des Paracelsus auf dem Hintergrund der Wissenschaftsgeschichte einzuordnen, lautet die Gretchenfrage: Vertritt Paracelsus das Mittelalter oder die Neuzeit? Ist er Magier oder Naturwissenschaftler, Naturarzt oder Chemiker? Repräsentiert er den wissenschaftlichen Rückschritt oder Fortschritt? Der traditionelle «Streit um Paracelsus» geht weiter. Anstatt auf die falsche Alternativfrage, die «Gretchenfrage», eine Antwort zu suchen, wollen wir zunächst einen Blick auf die historische Landschaft der Renaissance werfen, in der sich Paracelsus bewegt. Wir können schnell bemerken, daß es in dieser Landschaft nicht um ein Entweder-Oder, sondern um ein Sowohl-Als-auch, nicht um ein Vorwärts oder Rückwärts, sondern um ein Ineinander und Auseinander geht. Das überraschende Resultat der Naturforschung in der Renaissance besteht in einer Art *Verdoppelung der Natur* in einem Universum, das Geist und Materie in einem darstellt.

Signaturenlehre: Natur als Spiegelschrift

In der Renaissance gewinnt die Ansicht der Natur eine neue Dimension. Der Blick des Forschers entdeckt bislang verborgene Räume. Im Zentrum steht der Mensch. Dieser lernt, seinen sichtbaren Körper zu sezieren, Schicht für Schicht deckt er ihn im anatomischen «Theater» auf. Zugleich werden Arzneimittel aus Natursubstanzen destilliert und alchemistisch zubereitet, deren Heilkraft als eine gereinigte geistige Potenz erscheint. Mensch und Welt werden ineinander verschränkt und zugleich in doppelter Perspektive gesehen: als anatomisches Kunstwerk und als lebendiges geistiges Wesen. In der Mikrokosmos-Makrokosmos-Vorstellung wird der Ausblick auf die Himmelskörper zugleich zum Einblick in den Organismus, der inneren Anatomie entspricht die äußere, der Planet wirkt im Körperorgan. Himmel und Erde, Geist und Leib, Oben und Unten verkehren sich ineinander.

Die «Lesbarkeit der Welt» wird in der Renaissance als Arbeitsprogramm totalisiert. Die Kunst, im Buch der Natur auch zwischen den Zeilen zu lesen, breitet sich aus. Wenn der holländische Naturforscher Jan Swammerdam (1637–1680)

Mitte des 17. Jahrhunderts in der «Bibel der Natur» mit dem Mikroskop nachschaut und u. a. die roten Blutkörperchen sieht, hat er damit den längst eingeschlagenen Forschungsweg nur konsequent weiterverfolgt. Alle Dinge bekommen eine Bedeutung für den Menschen, sie sagen etwas oder wollen etwas sagen. Das Problem ist, daß der Mensch die Zeichen (Signaturen) lesen lernen, ihnen nachstellen, sie hervorlocken oder herausziehen muß, um sie zu verstehen. An allen Fronten setzt dieses Bemühen ein: Kolumbus, Kopernikus, Leonardo, Paracelsus werden zu Leitfiguren der neuen Epoche. Nichts bleibt mehr, wie es einmal war. Die Doppelperspektive löst die Eindeutigkeit des Standorts auf dem Festland auf: Westindien als Amerika, Sonne als Zentralkörper, Sterne als Wegweiser für Seefahrer und Ärzte. Die Suche nach dem Verborgenen, inneren Wesenskern, der Heilquelle, setzt an der genauen Beobachtung und Beschreibung der Oberfläche an. So soll die «Signatur» einer Heilpflanze, die Gestalt ihrer Blätter und Wurzeln, ihren jeweiligen geheimen Wirkstoff verraten, wie es insbesondere von dem italienischen Naturphilosophen und Mathematiker Giambattista della Porta (1535–1615) und dem deutschen Paracelsisten Oswald Croll (1580–1609) ausführlich dargelegt wurde. So ist mit der Betonung der unsichtbaren Welt die Eroberung und Vermessung der sichtbaren angesagt.
Die Heilkraft der verborgenen Natur offenbart sich in den verschiedenartigsten Gegenständen und Eingebungen: Sternbildern, Blattformen, Träumen, Prophezeiungen. Die *Metapher der «Geheimschrift»*, der *«Hieroglyphensprache»* bezeichnet 250 Jahre später – zur Zeit der Romantik – jene Botschaft der Natur, die in der *Signaturenlehre* der frühen Neuzeit entziffert werden soll. «Wie außen, also auch innen» heißt der Paracelsische Grundsatz, den Wolfgang Schneider folgendermaßen erläutert: «Ein Mittel, das äußerlich, also als Wundarznei, eine bestimmte Wirkung hat, entfaltet diese auch im Innern. Damit fallen die Schranken zwischen Wundarznei und Leibarznei.»
Die Signaturenlehre wurde vor allem in der Zeit nach Paracelsus zum beherrschenden System der Arzneimittellehre. Die Signatur der Heilpflanzen, Mineralien und Chemikalien, insbesondere ihre Farbe und Form, wurde mit bestimmten Körperteilen und Organen therapeutisch in Beziehung gesetzt.
«Das gebrannte Calcanth wird in solchem Brennen rot und hält das Blut, so aus den Adern des Hirns und aus der Brust herausdringt, gewaltig auf.» Oder: «Von den Strumosis oder Kröpfen. Das Ungarische oder Siebenbürgische Salz hat viele kropfförmige Knollen in sich. Wird deswegen, wie auch das Steinsalz, von Paracelsus in dieser Krankheit fleißig zu gebrauchen befohlen.«
Unzählige Deutungsmethoden zur Entschlüsselung der verschiedenartigsten Signaturen spielten innerhalb wie außerhalb der Medizingeschichte von Anfang an eine zentrale Rolle. Hier sei nur an die *Mantik* oder Weissagekunst der Alten,

das Handlesen, die Eingeweideschau, die Leberschau, den Vogelflug, die Traumdeutung erinnert, quasi wissenschaftliche Methoden, die auch für die praktische Heilkunde bedeutsam waren.

Magia naturalis: das Erzeugen natürlicher Resonanzen

Die herkömmlichen Heilpraktiken, welche vor allem auf der Humoralpathologie aufbauten, wie z. B. Aderlaß oder Diätvorschriften, verloren in der Renaissance ihre Bodenständigkeit als mehr oder weniger direkt gegenläufige Manipulationen am menschlichen Körper. Sie werden nun mit dem Aufleben des neuplatonischen Weltbildes und seiner astrologischen Implikationen wesentlich von den Himmelskörpern determiniert. Die traditionellen Heilmethoden erhalten somit im Rahmen der «Iatroastrologie» durch das Vorzeichen der Magie ihre Tiefen- bzw. Höhendimension. Es geht nicht mehr nur um gegensteuernde Qualitäten, um die Gegensatz-Therapie, sondern um die gleichsinnigen Wechselwirkungen zwischen Heilmittel und erkrankter Körperstelle, wie sie in der traditionellen Volksmedizin z. B. bei der Krankheitsüberpflanzung («Transplantatio morbi») schon immer eine Rolle gespielt hat («Sympathiezauber»). Die geistigen Potenzen der stofflichen Naturdinge werden nun mit stärkstem Ehrgeiz erforscht, so etwa die Korrespondenzen zwischen Heilmitteln und erkrankten Organen, geheime Sympathien, die sich jedoch nur dem Adepten, dem eingeweihten Wissenschaftler, dem «Philosophen», wie Paracelsus ihn nennt, erschließen.

Die magische Übertragung der Heilkraft von einer Quellsubstanz auf eine kranke Körperstelle impliziert die Annahme einer subtilen sympathetischen Wechselwirkung zwischen bestimmten Körpern in der Natur, die durch spezifische Techniken miteinander in Korrespondenz gebracht werden können. In der Medizingeschichte finden wir eine reichhaltige Metaphorik, um diese magische Wechselwirkung als Eigenschaft der Natur zu veranschaulichen, wobei der Magnet von Paracelsus ins Zentrum gerückt wird. So wird der «Magnetismus» zur metaphorischen Leitschiene für die neuzeitliche Übersetzung der Magia naturalis. Hierbei markiert der «animalische Magnetismus» Franz Anton Mesmers in der Epoche der Französischen Revolution nur *eine* historisch bestimmte Station dieser Übersetzung.

Die magische Übertragung der Heilkraft wird in der Renaissance wohl am sinnfälligsten durch Wundärzte des 16. Jahrhunderts in Szene gesetzt, welche mit der «Waffensalbe» Stich- und Schnittwunden heilen wollen. So wird die «Sympathetische Salbe Agricolae» (unguentum sympatheticum Agricolae) bei Verletzungen durch Messer und Degen empfohlen: «Sie besteht aus ½ Pfd.

Bärenfett vom Männchen, 1 ½ Unzen Regenwürmern, Moos vom Schädel eines Verurtheilten 2 Unzen, Blutstein 3 Unzen, roth Sandelholz, Schwarzwurz, pulverisirt, von jedem 3 Quentchen, und etwas Wein.» Allerdings wurde damit nicht die Wunde, sondern die *Waffe* behandelt: «Hat man die Waffe geschmiert und verbunden, so soll man sie an einen reinen, weder zu kalten, noch zu warmen Ort legen; auch darf kein Wind oder Staub daran kommen, sonst fühlt's der Kranke gleich in der Wunde. Die Waffe muß anfangs alle Tage, später alle 2–3 Tage verbunden werden, als wäre es der Kranke selbst ... so heilt die Wunde ohne Geschwulst und Schmerzen, wenn auch der Verwundete 40 Meilen von dem, der die Waffe verbindet, wäre.»

Zur Erklärung der Fernwirkung solcher Waffensalben wird u. a. die Metapher einer Art Luftbrücke, nämlich der Übertragung von «effluvia» oder kleiner Teilchen durch die Luft herangezogen. Die Salbe an der Waffe heile das daran klebende Blut, das nun rückwirkend die Wunde selbst fernheilen könne: die sympathetischen Kuren können «nicht anders geschehen, als es müssen die effluvia des Blutes an dem verwundenden Instrument durch die Luft so lange fort geführet werden, biß sie zu denjenigen Cörper wieder kommen, welcher verwundet worden, daselbsten, wiel sie sonst nirgend eindringen können, sich niederlassen und zu der Heilung verhelffen.»

Der Wirkungsmechanismus magischer Heilpraktiken besteht grundsätzlich aus drei Elementen: einer Quelle, welche eine substantiell gedachte Heilkraft abstrahlt, einem Körper oder einem Organ, das diese ausgesandte Kraft («effluvia») aufnimmt, und einem Medium («Mittelkörper»), welches zwischen Sender und Empfänger zu durchlaufen ist. Die ärztliche Kunst besteht in einer naturgemäßen Abstimmung dieser drei Elemente aufeinander, so daß sie in eine optimale Wechselwirkung treten.

Diesem Modell magischer Therapie folgt auch Paracelsus. So finden wir in seiner Schrift «Herbarius» ein Beispiel, das er vermutlich aus der Volksmedizin aufgenommen hat. Er beschreibt dort die Anwendung des Flöhlkrautes, der Persicaria. Wie der Magnet «wunderbarlich das Eisen an sich zieht», so «ist die Persicaria gegenüber dem Fleisch, das verletzt wurde». «Damit ihr den Gebrauch des Krautes versteht, so sollt ihr wissen, daß es dergestalt gebraucht wird, nämlich man nimmt das Kraut und ziehts durch einen frischen Bach, darnach legt mans auf dasselbe, das man heilen will, so lange, wie einer ein halb Ei ißt. Darnach vergräbt mans an einen feuchten Ort, damit es faul werde, so wird der Schaden in der selben Zeit gesund. [...] daß etliche ein Kreuz über die Schäden machen, etliche beten dazu, gehört nit dazu, denn es ist ein natürliches Wirken all da, das es natürlich tut, nit abergläubisch und zauberisch.»

Mit seiner Betonung des «natürlichen Wirkens» vertritt Paracelsus die entscheidende Position der magischen Heilkunde seiner Zeit, die sich insofern als reine Naturheilkunde versteht.

Seelenkräfte und Dämonen: zwei Realitäten

In Fortsetzung der antiken Tradition bestehen auch im Mittelalter Dämonologie und Humoralpathologie als Erklärungsmuster der «religiösen» bzw. «rationalen» Heilkunde nebeneinander, ohne daß eine der beiden Strömungen jemals die andere wesentlich verdrängt hätte. So ist z. B. Hildegard von Bingen (1098–1179) wie andere Heilkundige ihrer Zeit in beiden Konzepten zu Hause. Die Körpersäfte und ihre Qualitäten sind so real wie der Teufel und seine krankmachenden Heerscharen. Aderlaß und Exorzismus haben deshalb gleichermaßen ihre Berechtigung.

In der Renaissance verschränken sich nun beide Realitäten. Denn die Naturforscher machen den Versuch, beide miteinander in Deckung zu bringen. Die Naturphilosophie und die von ihr bestimmte Heilkunde bestehen generell darin, die Materie zu «begeistern» und den «Geist», den Paracelsus immer wieder mit der Formel «Licht der Natur» hervorhebt, im direkten Wortsinne zu ver-körpern. Dieses Weltbild hat Pagel eindrucksvoll ideengeschichtlich analysiert. Die Dämonen werden tendenziell als natürliche Kräfte ernst genommen, d. h. als der Materie innewohnende Eigenschaften, als «Elementargeister», wie Paracelsus sagt.

In dieser Perspektive werden die Dämonen auch tendenziell als der Seele innewohnende Kräfte verstanden, sie werden zum Gegenstand psychologischer Betrachtungen. Sie flattern nicht mehr wie böse Schattenvögel draußen umher, um plötzlich in die schwächste Körperöffnung des Menschen einzufahren. Sie können nun gleichsam auch von drinnen kommen, werden erzeugt durch die Einbildungskraft des Menschen selbst, die Paracelsus als «imaginatio» bezeichnet. So wird die Besessenheit tendenziell zur Selbstbesessenheit. Scheinbare Dämonen sind keine Fremdkörper mehr, keine übernatürlichen oder außernatürlichen Unwesen, sondern werden als Produkte der Natur aufgefaßt.

Äußere und innere Natur des Menschen reagieren aufeinander, die Außenbewegung ist zugleich eine Innenbewegung. Die Natur wird dämonisiert, die Dämonen werden naturalisiert. Aber noch längere Zeit treibt der Teufel weiterhin sein Spiel. Je stärker die Magia naturalis, die weiße Magie, desto stärker wird auch die Angst vor der schwarzen Magie des Teufels. Mit den Kräften des Guten wächst zugleich die Gefahr des Bösen. Wir können hier von einer Verdoppelung des Dämonischen sprechen: Naturforscher und Inquisitor als komplementäre Experten. Die natürliche Magie der positiven Kräfte und die übernatürliche

Magie der negativen Kräfte machen die Doppelbödigkeit der Psychologie in der Renaissance aus, in der der Hexenwahn zur Explosion gelangt. Der Mensch wird aus natürlichen Ursachen krank, aber er kann auch Opfer eines Teufelswerkes werden. Es bleibt für lange Zeit – bis ins 18. Jahrhundert hinein – unsicher, ob hinter einer Krankheit oder einem auffälligen Verhalten die eigene Seelenkraft («imaginatio») oder aber fremde, teuflische Einflüsterungen («suggestiones») stecken. Die Problematik von Besessenheit und Hexerei konnte nur allmählich «medikalisiert» werden, wobei Ärzten im Kampf gegen den Hexenwahn eine große Bedeutung zukommt, wie das Beispiel des am Niederrhein wirkenden Arztes Johann Weyer (1515–1588) belegt.

Himmel und Erde: die zwei Leiber des Menschen

Nach Paracelsus sollen die Erkenntnisse der Medizin aus der Natur selber entspringen, wie er nachdrücklich in seiner Schrift «Paragranum» fordert. «Aus der Natur kommt die Krankheit, aus der Natur kommt die Arznei und aus dem Arzt nit.» Die Naturtätigkeit selber ist für Paracelsus «Philosophie», diese ist «nit aus dem Menschen, sondern aus Himmel und Erde, Luft und Wasser». Der Naturkundige hat diese Philosophie der Natur nachzuvollziehen und zu vollenden, nur insofern ist er ein «philosophus». Hier begegnen wir einer zentralen Denkfigur des Paracelsus, die in verschiedener Abwandlung immer wiederkehrt: Der Arzt kann nur zum Arzt werden, wenn er im *Einklang mit der Natur* handelt: wenn seine (äußere) Tätigkeit mit der (inneren) Naturtätigkeit übereinstimmt. Im Lichte der Natur werden alle Geheimnisse offenbar, nicht im Lichte der scholastischen Medizin, wie sie «Spekulierärzte» und «Humoristen» (d. h. die Anhänger der antiken Säftelehre) vorbringen. «Nichts ist im Leib, das dir nit auswendig genügend aufgezeigt werde.» Die Forschungsrichtung ist damit vorgegeben: vom «äußeren Menschen» ist auf den «inneren» zu schließen.

Im Lichte der Natur handelt der Arzt, wenn er *Innen und Außen des Menschen ineinander verkehren, «wenden» kann.* Wenn er den «äußeren Menschen» erkannt und erfahren hat, soll er «den äußeren in den inneren wenden und den inneren im äußeren erkennen». Neben der inneren und äußeren Natur gibt es auch eine «obere» und «untere Sphäre». Der «philosophus» wächst also «in zween Wegen»: «einer ist im Himmel, der andere in der Erde, das ist aus jedweder Sphäre einer, und ist eine jegliche Sphäre ein halber Anfang, beide ein ganzer Anfang». So ist der «astronomus» nur der komplementäre «philosophus». Beide Bereiche verschränken sich: «Denn der Saturn ist nicht allein im Himmel, sondern auch im Untersten des Meeres und im Hohlsten der Erde». Die «astra im Leibe» des Menschen soll der Arzt erkennen, die Anatomie der

Sterne im Menschen wissen. Zwei Voraussetzungen müssen erfüllt sein, daß der Himmel im Menschen wirken kann: Es muß ein «Fenster» geben, durch das das Gestirn in den menschlichen Körper eingehen kann, und «es muß etwas im Leibe sein, das die Gestirne annimmt, wenn sie in den Leib wirken». Aus der Anatomie des Himmels die des menschlichen Körpers erschließen: so lautet das Forschungsprogramm. Der Mensch hat die anziehende Kraft des Himmels in sich. «Ist dieses Anziehen vom Himmel aus gesund, ist es gut, wo nicht, ist es Gift.» «Sein sind die arcana.» «Denn da liegen alle operationes und alle Tugenden der Arznei in der Führung des Himmels, je nach dem er sie concordiert und coniugiert» und der die Arznei «in dem so, in dem so vollbringt».

Das Menschenbild des Paracelsus kreist um den Begriff des Mikrokosmos. Der *Blick nach draußen* in den Makrokosmos, das Lesen seiner Zeichen, ist die Methode der Erkenntnis. Die offenbare Natur soll die verborgene, okkulte zutage fördern. Dies setzt voraus, daß das Äußere und das Innere «*ein* Ding» sind. Der Makrokosmos ist der Same, der limbus parentum, aus dem der Mensch entspringt. An ersterem hat der «philosophus» anzusetzen, um zu letzterem vorzustoßen. Entsprechend hat auch seine Heilkunst die «oberen Gestirne» zu beachten: diese sollen die Arznei führen. Die arcana sind «Tugenden und Kräfte [...] sind volatilia oder Flüchtige und haben keine corpora, und sind chaos und sind clarum, das ist Helle, und sind durchsichtig und sind in der Gewalt des Gestirns».

Vor allem in seiner «Philosophia sagax» legt Paracelsus die Doppelnatur des Menschen dar. Er hat «zween Leib», den elementischen und den astralischen. Ersterer entspringe der Erde und sei «viehisch», letzterer entspringe dem Himmel und sei «englisch» oder «geistig». Der Mensch ist somit Vieh und Engel in einer Person, ein Medium, ein Vermittler zwischen der unsichtbaren und sichtbaren Welt. Verliert er das «Licht der Natur» aus den Augen und wendet sich von der unsichtbaren Welt ab, so wird er zum Vieh: zum Wolf, Fuchs oder zur Natter.

Auch die Ärzte der Romantik betonen im Kontext ihrer psychologischen Forschungen die Mittelstellung des Menschen zwischen «Tier» und «Engel», wobei der Somnambulismus (vor allem von jungen Frauen) als exzentrische Erhöhung oder Erniedrigung der moralischen Qualitäten erfahren wird. Justinus Kerners «Seherin von Prevorst» wird z. B. als engelhaftes Wesen, als eine Art Heilige, stilisiert. Schließlich entwirft auch Sigmund Freud mit seinem Begriff des Unbewußten – besonders deutlich in seiner «Traumdeutung» in der Anfangszeit der Psychoanalyse – eine Art psychologische Zwei-Welten-Lehre: das Unbewußte als triebhaft-blinde und schöpferisch-sehende Naturkraft in einem.

Alchemie: der «inwändige» und der «auswändige» Arzt

Der sog. Okkultismus machte es sich zur Aufgabe, die Kräfte der verborgenen Natur freizusetzen. Am bedeutsamsten für die Entwicklung der neuzeitlichen Medizin und Pharmazie wurde die Alchemie: die praktische Kunstfertigkeit des erfahrenen Apotheker-Arztes, mit der er die Naturtätigkeit nicht nur nachahmen, sondern vielmehr vollenden sollte. Die Grundidee war die Potenzierung der Naturheilkraft zu ihrer höchsten Reinheit und Wirksamkeit, vergleichbar mit dem inneren Verdauungsvorgang, wie ihn der «archeus» verrichtet, oder der häuslichen Kochkunst. «Alchimia ist eine Kunst, vulcanus ist der Künstler in ihr», lesen wir im «Labyrinthus medicorum errantium». Dieser solle die Natur vollenden und die Naturkörper von ihren Schlacken befreien. «So ists auch mit der Arznei; die ist geschaffen von Gott, aber nichts bis zum Ende bereitet, sondern in Schlacken verborgen. jetzt ists dem vulcanus befohlen, die Schlacke von der Arznei zu tun.»

Als Beispiel sei hier auf die alchemistische Bearbeitung der Schwarzen Nieswurz zum Arzneimittel verwiesen: «Nun, damit das Kraut in einen Balsam gebracht werde, ist es nötig, daß es in seinem eigenen Wasser putreficiert und gefäult werde, in therma fimi, wohl verschlossen und versiegelt; demnach werde von einander geschieden das humidum oder die Flüssigkeit und das putrefactum oder das Gefäulte, nachfolgend das putrefactum geschieden von den faeces, den Schlacken, und in einem besonderen corpus reserviert oder aufbewahrt. Also ist nun der Balsam mit zweien Graden im humido, und mit zweiundzwanzig Graden im putrefacto.»

So wurde die ärztliche Behandlung analog gefaßt wie die Scheidekunst des Alchemisten und des Apothekers: sie war eingebettet in einen übergreifenden Naturprozeß, indem sie nur in einer bestimmten Phase sinnvoll, d. h. naturgemäß eingesetzt werden konnte: als Helfer und Vollender der inneren Natur.

In seiner Schrift «Labyrinthus medicorum errantium» verdeutlicht Paracelsus mit dem «Exempel vom Brot» den *Prozeß* der Alchemie. Die (makrokosmische) Natur mache die «prima materia» bis zur Ernte, die alchimia «schneidets, mahlts, bäckts, bis zum Maul» (media materia). Dann setze die «alchimia microcosmi» ein, die das Brot zunächst im Munde hat (prima materia zweiter Ordnung), dann im Magen (media materia), bis es schließlich zu Blut und Fleisch werde (ultima materia). Entsprechend diesem Vollendungsprozeß ist der Apotheker der *Vermittler* zwischen äußerer und innerer Natur. Er entnimmt die Heilpflanze der äußeren Natur (der «Apotheke Gottes»), bearbeitet sie, reinigt sie von Schlacken und stellt sie somit für den Kranken (dessen «archeus») bereit.

Aber auch der Arzt ist Vermittler zwischen Außen und Innen beim Heilungsprozeß: er entnimmt der äußeren Natur die Erkenntnis der Krankheit und die Anweisung zu ihrer Behandlung. Entscheidend jedoch ist hier die Metapher vom *«inneren»* oder *«inwändigen Arzt»*, die auf den Begriff der «physis» in der antiken hippokratischen Medizin zurückgeht. Vor allem Paracelsus führte die Metapher vom «inneren» oder «inwändigen Arzt» emphatisch ins Feld.
«Der Mensch ist zum Umfallen geboren. Nun hat er zween im Licht der Natur, die ihn aufheben: der inwändige Arzt mit der inwändigen Arznei, die werden mit ihm in der Empfängnis geboren und gegeben ... Aber der Arzt, der auswändig ist, fängt erst an, wenn der angeborene erliegt, abgezappelt, ermüdet ist, dann befiehlt er sein Amt dem äußeren.»
Der «Wille Gottes ist das arcanum, das in den natürlichen Dingen ist», lesen wir in der Schrift «Vom Sankt Johanniskraut». «So viele Gebrechen dem Menschen zugeteilt sind, so viele arcana gibt es dagegen [...] den Willen Gottes, den Gott in die Natur gelegt hat, den soll der Arzt herausnehmen und ihn dahin tun, wo es nottut – dann ist das arcanum offenbart.» Die Heilkraft eines natürlichen Dings wird auch seine «Tugend» genannt. So sind die angestrebten Produkte des alchemistischen Scheidungs- und Reinigungsprozesses die «Tugenden und Kräfte» der natürlichen Dinge, die gegen die jeweilige Krankheit ins Feld geführt werden. Somit ist der therapeutische Leitsatz: *das für die spezifische Krankheit eines Menschen wirksame arcanum aus den natürlichen Dingen herauszuziehen*, eine bestimmte geistige («himmlische») Heilkraft freizusetzen.
Der Begriff der Tugend bezieht sich bei Paracelsus nicht nur auf die Arznei (das Heilmittel), sondern auch auf die Person des Arztes. Die Idee von der «Droge Arzt», die im Kontext der modernen (psychosomatischen) Medizin populär geworden ist, liegt bei Paracelsus greifbar vor Augen. Der Arzt soll «sich rein und keusch halten» heißt es bei Paracelsus. Hier ist weniger ein moralischer Verhaltenskodex angesprochen als vielmehr die Idee der Heilkraft, die den gereinigten natürlichen Mitteln zukommt. Wie das «arcanum» das Ergebnis des alchemistischen Reifeprozesses darstellt, so ist der tugendhafte Arzt Ergebnis eines Erziehungsprozesses: nur dann kann er – wie ein arcanum – wirksam heilen. Aus heutiger Sicht spielt in der Geschichte der Ethnomedizin bzw. «Paramedizin» der Zusammenhang zwischen Lebenswandel des Heilers (gerade in sexueller Hinsicht) und dessen Heilkraft eine wichtige Rolle.

Psychosomatik: die «imaginatio» als Werkmeister

Wie wir im folgenden ersehen, kann die neuzeitliche Psychosomatik in Paracelsus einen vehementen Wegbereiter erblicken. Vor allem in seiner Schrift «De causis morborum invisibilium» (Von den unsichtbaren Krankheiten) entfaltet er die grundlegende Idee von einem Zusammenspiel von Leib und Seele. Hier begegnen wir jenen Grundvorstellungen, die in allen späteren Konzepten der Psychosomatik wieder auftauchen: (1) Die Vorstellung von einem ganzen Menschen, bestehend aus einer seelischen und einer körperlichen Hälfte, (2) die Vorstellung vom «Glauben» als einer bergeversetzenden Kraft und (3) die Vorstellung einer Einbildung, die sich im körperlichen Bereich ausdrückt («imaginatio»).

Paracelsus spricht von «zween Menschen in einem Leibe», «der Mensch (ist) in zween Teile gesetzt – sichtig und unsichtig [...] Der sichtige Körper hat seine Wirkung in allen Dingen und aller seiner Bewegung, und was er tut, das sieht der Mensch. Es ist aber nur die halbe Arbeit, das man sieht; die andere halbe Arbeit sieht niemand, die tut der unsichtbare Körper. Wie zum Beispiel ein Zimmermann, der baut mit zwei Körpern ein Haus, in dem unsichtbaren, da baut ers in der Bildnis, das ist in der Vorstellung, im sichtbaren, da baut ers augenscheinlich. So sollt ihr auch hierin verstehen, wie der Leib Gewalt hat zu bauen und zu machen und aufzurichten, was das Bildnis weist. So ist auch dem unsichtbaren Körper möglich, auch dergleichen zu bauen und zu handeln. ein jeglicher Körper nachdem, was seine Schöpfung innehält.» Diese *Metapher vom unsichtbaren Körper,* welche die Seele als unsichtbare Hälfte des ganzen Menschen ausweisen will, taucht in zahlreichen psychosomatischen bzw. parapsychologischen Spekulationen jenseits der wissenschaftlichen Medizin auf, vom «Astralleib» der Anthroposophen bis hin zur «Aura», die auf der Kirlianfotografie angeblich erscheint.

Paracelsus vertritt nun eine radikale Auffassung von der Macht des Geistes (der Seele) über den Körper. Der Glaube sei «wie eines Werkmanns Instrument», das zu guten wie zu bösen Zwecken eingesetzt werden könne. «Der selbige Werkmann schmiedet ein Messer, mit dem er seinen Nächsten schlage und ihm seinen Leib verletzte, daß da alle natürlichen Hilfen [gegen Krankheiten] verloren sind; dazu bringt es die Waffe, die der Glaube schmiedet. Und so ein jeglich Ding, das in der irdischen Natur wächst, das vermag die Stärke des Glaubens auch hervorzubringen, so vermag auch der Glaube, alle Krankheiten zu machen.»

Der Glaube ist somit eine Art Waffenschmiede bei Paracelsus: Die Waffen können zu verschiedenen Zwecken eingesetzt werden. Krankheit wird dort erzeugt, wo die Waffe gegen ihren Urheber selber gerichtet ist. Im Gleichnis vom Mann mit der Büchse wird dies besonders anschaulich. «In vielen Stücken wirkt der Glaube das, das sonst nicht geschähe; wir machen uns viel elende Krankheit und Jammer, und bringen uns in unseren Krankheiten dahin, daß wir gleicherweise einem Mann werden, der mit allen seinen Waffen und Gewehren wohl versorgt ist. Und wenn er ein Männlein sieht, das mit einer angezündeten Büchse gegen ihm steht, und der große Mann fürchtet seine Schußwaffe, läßt sich durch dieselbe erschrecken – so ist es hier an dem Orte auch. [...] wenn wir aber in die Schwäche fallen, so geht die Stärke des Glaubens wie eine Büchse gegen uns, und wir müssen erdulden und leiden, was wir auf einander werfen.» Der Glaube ist eine zweischneidige Waffe: «Denn wie die Arznei, die zur Gesundheit dient, auch zum Tode gebraucht werden kann, so wisset auch hierin, daß ihr den Glauben in seinen Werken auch gleicherweise verstehen sollt.»

Die *Metapher vom Glauben als Instrument und Waffe* impliziert ein energetisches Modell des Zusammenhanges von Leib und Seele. Der Glaube als psychische Macht kann den Leib schützen und stärken, er kann ihn aber auch vergiften und schwächen: dann nämlich, wenn die Büchse nach hinten losgeht. Paracelsus verwandte hier den Begriff *Verzweiflung*, um die selbstzerstörerische Rückwendung der Glaubenskraft zu kennzeichnen. So sei die größte Ursache der Pestilenz, «daß das Volk in die Verzweiflung fällt, es müsse sein, [...] sie sind auch so stark in ihrem Glauben, daß sie den Himmel vergiften, daß er etliche Pestilenz gibt, je nachdem ihr Glaube ist». Die Verzweiflung ist somit die negative Stoßrichtung des Glaubens: sie ist pathogen, während der positive Glauben gesundmachend wirkt.

Am handgreiflichsten wird der Zusammenhang zwischen Leib und Seele bei der *Einbildung*, der *«imaginatio»*: «Die Imagination ist ein Werkmeister aus sich selbst, und hat die Kunst und alles Werkzeug, alles was sie denken kann zu machen, es sei Küferei, Malerei, Schlosserei, Weberei usw.; [...] was geht ihr nun ab? Nichts als allein die Kugel, auf der sie es mache, das ist die Wand, auf die sie malt, was sie haben will.» Die Einbildung der schwangeren Frau drückt sich körperlich am Kinde im Mutterleibe aus: «Die Frau mit ihrer Einbildung ist der Werkmeister und das Kind ist die Wand, an der das Werk vollbracht wird. Die Hand (der Einbildung) ist unsichtbar, auch das Werkzeug, und beide sind doch für und für beieinander. Und wie der Baumann sich eine Statt auswählt, die er mit Bejahung des Bauherrn angeht, so merkt er auch, daß die Einbildung mit ihrer Hand ein Knecht ist und daß der Leib der Herr, nicht in der Kunst, als spräche der Leib, da mache es nur hin, daß ichs da stets vor Augen habe und mit dem selbigen Geheiß ginge die Hand in die selbige Statt, da ers haben will, und deutet hin auf die selbige Statt: da solls sein. Alsdann wirds am selbigen Ort von der Einbildung gemacht, wie es die Einbildung gefaßt hat.»

Die *imaginatio als Methapher* der Ein-Bildung, womit das «Versehen» der Schwangeren erklärt werden soll, impliziert die geistige Introjektion eines äußeren Objektes, wobei im Leibe dieses Objekt nachgebaut wird. Was die Frau sehe oder wovon sie phantasiere, schlage sich auf ihre eigene Frucht im Leibe nieder. Die radikale Formel des Paracelsus lautet, daß sich die imaginatio als Werkmeister ein körperliches Bauwerk errichtet. Der psychische Schöpfungsakt verkörpert sich am Leibe des Kindes. Er schafft sich dort gleichsam sein «Denkmal», ein «Muttermal».

Paracelsus und die neuzeitliche Entwicklung

Im Laufe der Neuzeit wird mit dem Zusammenhang von Mikrokosmos und Makrokosmos auch die Einheit von Innen und Außen endgültig zerrissen. Die Perspektiven verselbständigen sich, der Einzelorganismus wird immer eindeutiger isoliert. Der Maschinen-Mensch hat kein «inneres Gestirn» mehr. Wie der Makrokosmos zunehmend als chemisch-physikalisches Universum anorganischer Materie erscheint, wird auch der Mikrokosmos zu einer mechanischen Körpermaschine, die allenfalls noch über ein bestimmtes «Seelenorgan», wie Zirbeldrüse oder Hirnhöhle, als Brennpunkt des Nervensystems mit der Welt der geistigen Kräfte verbunden ist.
Mit dem Mesmerismus blüht gegen Ende des 18. Jahrhunderts noch einmal der Mikrokosmos-Makrokosmos-Gedanke auf, entsteht mit der Mesmerschen Fluidum-Theorie, dem «thierischen Magnetismus», noch einmal ein Analogon zum Paracelsischen Arcanum-Gedanken. Doch die kosmologische Begründung dieses Heilsystems im Fahrwasser des «elektrischen Zeitalters» der Aufklärung wird bald wieder zugunsten einer «romantischen» Interpretation des «Somnambulismus» verworfen. Zwar steht auch hierbei die Enträtselung der «Hieroglyphensprache» der Natur auf dem Programm, aber der Zusammenhalt von Innen und Außen, Oben und Unten, wird zunehmend an die verschiedenen Wissenschaften und ihre Experten delegiert. So ist die romantische Naturphilosophie mit ihrem Einheitsgedanken ein letztes Aufbäumen gegen den Siegeszug der «naturwissenschaftlichen Medizin», die sich von nun an auf die analytischen Grundlagen der Physik, Chemie und Biologie bezieht.
In der modernen medizinischen Psychologie, insbesondere der Psychoanalyse, haben gewisse Reminiszenzen an die vergessene Tradition ihre Heimstatt gefunden: Die verborgene Natur erscheint als unbewußtes Seelenleben, die Alchemie als Aufdeckung des Unbewußten in der Übertragung. Gleichwohl argumentiert auch die medizinische Psychologie im Geiste der naturwissenschaftlichen Medizin und ordnet sich ihren neurophysiologischen und biologischen Grundsätzen

unter. Insofern ist sie wie die übrige moderne Medizin mit Paracelsus inkommensurabel. Makrokosmos ist eben nicht «Umwelt», die himmlische Einwirkung ist kein «Risikofaktor», der «Placebo-Effekt» (Droge Arzt) ist noch keine «Tugend», die pharmazeutische Industrie bedeutet noch keine Vollendung der Natur im Sinne der Alchemie. Wenn heute von «Ganzheitsmedizin» (der Mensch als somato-psycho-soziales Additionswesen) gesprochen wird, so ist damit noch lange nicht vom *einen*, ganzen Menschen im Sinne des Paracelsus die Rede.

Abschließende Arbeitshypothesen

1. Naturheilkunde ist im Lichte der Paracelsischen Lehre neu auf dem historischen Hintergrund der Naturphilosophie zu befragen. Der modische Titel «Naturheilkunde» schützt nicht vor jenen reduktionistischen Fehlern, die man der Schulmedizin gerne unterstellt. Eine Naturheilkunde, die sich auf Paracelsus berufen will, hat die Natur als geheime und verborgene Welt im Menschen immer wieder ernsthaft und mit höchstem wissenschaftlichem Anspruch und Können zu suchen. Paracelsus betonte die Notwendigkeit von Theorie und Sprache für die Medizin ebenso wie die Notwendigkeit von Erfahrung und Experiment. Einseitige Theoretiker können sich ebensowenig auf ihn berufen wie einseitige Praktiker.
2. Die sog. Organmedizin bzw. naturwissenschaftliche Medizin sollte die Frage nach der Heilkraft der Natur von neuem aufwerfen. Für den modernen klinischen Forscher kann die Konfrontation mit der Alchemie mehr sein als nur ein exotisches Leseerlebnis. Denn die Idee, daß wir mit unseren naturwissenschaftlich-technischen Methoden die Natur nachzuahmen und zu vollenden haben, daß unser Handeln immer eingebettet ist in eine übergreifende Naturtätigkeit, kann den modernen Medizinforscher ebenso wie den praktizierenden Arzt für seine Aufgabe sensibilisieren.
3. Schließlich führt die Psychosomatik des Paracelsus, sein Begriff der «imaginatio», mitten in die Hauptproblematik der modernen medizinischen Psychologie. Ohne Zweifel können wir heute der Suggestion einen entscheidenden Einfluß auf Gesundheit und Krankheit zubilligen. Gerade die sog. Organmediziner, nicht zuletzt die Onkologen, wissen heute mehr denn je, wie stark körperliche Funktionen von geistig-seelischen Prozessen abhängen und umgekehrt.
4. Die Gleichzeitigkeit von heterogenen Weltbildern, Konzepten und Forschungsperspektiven in der Renaissance erscheint mir höchst faszinierend. Die historische Auseinandersetzung mit ihnen lenkt unser Denken in wider-

sprüchliche Bahnen, zwingt uns, eindimensionale Erklärungsmuster zu relativieren, und kann uns dabei helfen, in Widersprüchen produktiv denken zu lernen. Vielleicht sind wir Ende des 20. Jahrhunderts an einem Punkt angelangt, wo wir aus voller Distanz bei Paracelsus in die Schule gehen sollten. Mit einem abschließenden Zitat von Paracelsus sei ein verbreitetes Mißverständnis zurückgewiesen, wonach Naturphilosophie und Magie der Medizin lediglich sanfte Zaubertricks beschert hätten. Paracelsus unterstrich zeit seines Lebens vielmehr die Härte und Eindringlichkeit, mit der ein «philosophus», ein Arzt «im Lichte der Natur» zu handwerken hat. «Denn magica ist anatomia medicinae, gleicherweise wie ein Metzger einen Ochsen zerlegt, und man sieht alles, das in ihm ist und wie er ist, das durch die Haut nit gesehen werden kann. So zerlegt die magica alle corpora der Arznei, in denen die remedia sind, (und sieht,) was in demselbigen corpus ist.»

STEFAN ZWEIG

Paracelsus und die romantische Medizin

Genau wie vor Tausenden von Jahren blickt heute der primitive, der noch nicht genug «gebildete» Mensch die Krankheit als etwas Übernatürliches ehrfürchtig an, noch immer setzt er ihr den seelischen Akt des Hoffens, Fürchtens, des Betens und Gelobens entgegen, noch immer ist sein erster verbindender Gedanke nicht Infektion oder Arterienverkalkung, sondern Gott. Kein Lesebuch und kein Schullehrer werden ihn jemals überreden können, daß Krankheit auf «natürlichem» Wege, also völlig sinnlos und unverschuldet entstehe; und darum mißtraut er von vornherein jeder Praxis, die auf nüchternem, technischem, auf kaltem – das ist: seelenlosem – Wege Krankheit zu beseitigen verspricht. Die Ablehnung des gelernten Hochschularztes durch das Volk entspringt zutiefst dem Verlangen – einem Erbmasseninstinkt – nach dem universal verbundenen, Tier und Pflanzen verschwisterten, geheimniskundigen «Naturarzt», der aus seiner Natur heraus, nicht durch Staatsexamina Arzt und Autorität geworden ist; das Volk will noch immer statt des Fachmannes, der ein Wissen von den Krankheiten, den «medizinischen Menschen», der «Macht» hat über die Krankheit. Mag auch längst der Hexen- und Teufelswahn sich im elektrischen Licht verflüchtigt haben, der Glaube an diesen wunderhältigen, zaubermächtigen Menschen ist viel weiter, als man sich öffentlich zugibt, lebendig geblieben. Und dieselbe erschütterte Ehrfurcht, die wir dem Genie, dem unbegreiflich schaffenden Menschen in einem Beethoven, einem Balzac, einem Van Gogh entgegenbringen, sie konzentriert noch heute das Volk auf jeden, in dem es höhere Heilkräfte als die normalen zu fühlen vermeint – noch immer begehrt es statt des kalten Mittels den warmblütigen lebenden Menschen, von dem «Macht ausgeht», als Mittler. Kräuterfrau, Schäfer, Besprecher und Magnetiseur, eben weil sie nicht als Wissenschaft, sondern als Kunst und überdies als verbotene Schwarzkunst ihr Heilamt ausüben, reizen stärker sein Vertrauen als der pensionsberechtigte wohlstudierte Gemeindearzt im Dorfe. Im gleichen Grade wie die Medizin technischer, vernunfthafter, lokalisierender wird, wehrt sich um so heftiger gegen sie der Instinkt der breiten Masse: dunkel und unterirdisch geht in den Tiefen des Volks seit Jahrhunderten diese Strömung gegen die akademische Medizin trotz aller Volksschulbildung weiter und weiter.

Diesen Widerstand spürt die Wissenschaft seit langem und bekämpft ihn, aber vergeblich. Es hat nichts geholfen, daß sie sich sogar der Staatsmacht verbündete und ein Gesetz gegen Kurpfuscher und Naturheiler erzwang: Bewegungen, die im untersten Grunde religiös sind, lassen sich niemals durch Paragraphen gänzlich ersticken. Im Schatten des Gesetzes wirken heute wie in mittelalterlichen Zeiten unzählige ungraduierte, im staatlichen Sinne also unrechtmäßige Heilhelfer weiter, unablässig plänkelt der Guerillakrieg zwischen Naturheilverfahren, religiösen Heilungen und der wissenschaftlichen Therapie. Ihre eigentlich gefährlichen Gegner aber sind der akademischen Wissenschaft nicht aus den Bauernstuben und Zigeunerlagern erwachsen, sondern aus ihren eigenen Reihen; wie die Französische Revolution und jede andere ihre Führer nicht aus dem Volke nahm, sondern die Herrschaft des Adels eigentlich erschüttert wurde durch die Adeligen, die gegen ihn Partei nahmen, so sind auch in der großen Revolte gegen den übersteigerten Spezialismus der Schulmedizin immer einzelne unabhängige Ärzte die entscheidenden Wortführer gewesen.

Der erste, der gegen die Entseelung, gegen die Entschleierung des Heilwunders kämpft, ist Paracelsus. Mit dem Morgenstern seiner bäurischen Grobheit geht er gegen die «Doctores» los und schuldigt ihr papierenes Buchwissen an, den Mikrokosmos im Menschen wie eine künstliche Uhr zerlegen und wieder zusammenstückeln zu wollen. Er bekämpft den Hochmut, das dogmatisch Autoritative einer Wissenschaft, die jeden Zusammenhang mit der hohen Magie der natura naturans verloren habe, die Elementarkräfte weder ahne noch achte und das Strömende nicht spüre, das von der Einzelseele wie von der Weltseele ausgehe. Und so dubios auch seine eigenen Rezepturen heute anmuten, der geistige Einfluß dieses Mannes wächst gleichsam unter der Haut der Zeit weiter und bricht dann zu Anfang des neunzehnten Jahrhunderts in der sogenannten «romantischen» Medizin vor, die, eine Seitengruppe der philosophisch-dichterischen Bewegung, wieder einer höheren Vereinheitlichung des Körperlich-Seelischen zustrebt. In ihrem unbedingten Glauben an das Universal-Beseelte der Natur verficht sie die Überzeugung, die Natur selbst sei die weiseste Heilerin und benötige den Menschen höchstens als Beihelfer. Wie das Blut gegen jedes Gift, von keinem Chemikus belehrt, sich Antitoxine schaffe, so wisse der sich selbst erhaltende und sich selbst umgestaltende Organismus meist völlig allein mit seiner Krankheit fertig zu werden. Hauptsinn aller Menschenmedizin müsse darum werden, den Gang der Natur nicht eigenwillig zu über kreuzen, sondern nur den innen allezeit bereitliegenden Gesundheitswillen im Krankheitsfalle zu verstärken. Dieser Impuls könne aber auf seelischem, auf geistigem, auf religiösem Wege oftmals ebenso eindringlich bewirkt werden wie durch grobe Apparatur und das chemische Mittel; die eigentliche Leistung geschehe in Wahrheit doch immer nur von innen, nie von außen. Die Natur selbst sei der «innere Arzt», den jeder seit seiner Geburt in sich trage und der darum mehr von den Krankheiten wisse als der Spezialist, der nur von außen den Symptomen nachtastet – zum erstenmal sind Krankheit, der Organismus und das Heilproblem durch die romantische Medizin wieder als Einheit gesehen.

Sigmund Freud

Paracelsus und die Psychoanalyse

Freud selbst erzählte einmal seinem Freund Theodor Reik, daß der Naturwissenschaftler und Philosoph Paracelsus im 16. Jahrhundert eine Theorie der Neurosentherapie aufgestellt habe, die der Psychoanalyse sehr ähnelte und in der eine Stärkung des Ichs als Kontrapunkt zu den Instinktkräften gesehen wurde. «Was er selbst genau darunter verstand, weiß ich nicht», gestand Freud, «aber daran, daß er recht hatte, besteht kein Zweifel!»

Die universale Erscheinung

Friedrich Gundolf

Die Sprache des Paracelsus – eine kritische Annäherung

Zunächst erinnern wir, daß er kein beruflicher Bücherschreiber, kein geborener Lehrer oder Prediger war, kein stiller Stubengelehrter und kein öffentlicher Sprecher, kurzum kein Mann, dessen Wesen und Wissen von vornherein der wirkenden oder gepflegten Rede und Schrift bedurft hätte, um zu erscheinen: sondern ein tätiger Arzt, bestimmt, Kranke zu heilen auf Grund einer neuen Einsicht in die Natur und seines christlichen Glaubens. Die berühmten Reformatoren und Humanisten – gotterfüllte Seelen, gebildete Geister oder belesene Sammler – lebten sich im gesprochenen und geschriebenen Wort recht eigentlich heraus und sind uns gegenwärtig durch ihre Bücher, mögen auch ihre besten Bücher mehr sein als Literatur. Paracelsus ist in der Literatur nur zu Gast. Auch wenn wir nur die Berichte über seinen Wandel und seine Lehre hätten, würde er als eine eigene und mächtige Gestalt deutschen Geistes dauern. Seine Schriften erlauben uns nur, diese Berichte zu verdeutlichen, zu bestätigen oder zu bessern, und wollen eher als Lebenszeugnisse denn als Schriftwerke bewertet werden, sie sind eben die Erweiterung einer gewaltigen Praxis über die ärztliche Gegenwart hinaus und gehen uns an, weil sie auch ohne streng literarische Ansprüche wortgewaltiger, wenn auch nicht immer redekundiger Ausdruck eines tiefen Menschen sind in einer meist mehr stofflichen als geistigen Literatur. Paracelsus hatte, wie alle prophetischen Naturen, ein ursprüngliches Verhältnis zum Wort und das Verlangen, sein neues Wittern und Schauen unmittelbar zu künden, weniger um sich bekennerisch auszudrücken, als um den Mißbrauch der Galenisten zu zerstören, weniger um sein einsames Herz zu entladen, als um seinen Weg zu bahnen durch die Hecken von Wust und Wahn. Die Eigenheit und Neuheit seiner Erkenntnis erzwang ihm die deutsche Sprache, weil er das statische Latein unzulänglich fand zur Bezeichnung seiner Wachstums- und Kräftesichten. Doch auch der Wunsch nach Öffentlichkeit wirkte dabei mit, der schon Luther und Hutten veranlaßt, dem Volke zu zeigen, «um welche Braut

der Tanz gehe», nach einem Wort Huttens. Wir kennen die Hemmnisse, die Paracelsus, als ein Arzt, bei diesem Unternehmen überwinden mußte, größere als der Theolog Luther und als der Bildungspolitiker Hutten oder die Geschichtsschreiber Franck und Aventinus, um nur Bahnbrecher deutscher Prosa zu erwähnen: all diese fanden – natürliche Redegabe vorausgesetzt, und Luther mindestens war ein größerer Redegenius als Paracelsus – Stoffgebiete, bei denen eine längere Schriftüberlieferung schon gepflegt war oder aus den lateinischen Vorlagen wenigstens der Vorstellungskreis sich übernehmen und in deutschen Sprachvorrat verwandeln ließ. Luther hatte das äußerst regsame und schmiegsame Deutsch der Mystiker vor sich, Hutten, Franck, Aventinus hatten Luthers Deutsch vor sich für alle sittlichen, häuslichen, gemeindlichen Inhalte und brachten keine andren Inhalte, wozu nicht die Sprache des Cicero und des Erasmus ihnen völlige Entsprechungen bot: sie durften schon als gebildete Übersetzer zu einer reichen deutschen Rede ihres Sagegebietes gelangen.
Solche Vorgaben konnte Paracelsus nicht benutzen: die lateinischen Codices der Medizin waren ihm ein Abscheu, und wie hätte er aus ihnen seine Begriffe und Vorstellungen lernen sollen! In seinen theologischen Schriften freilich, in seiner Philosophia magna kommen auch ihm die Vorarbeiten der Mystiker und Luthers zugut: hier redet nicht das mühselige Ringen um den Ausdruck des Ungesagten, sondern eine grüblerische Umständlichkeit, die sich selber und andern klarmachen will, was die Offenbarung in gedrängten und erhabenen Bildern wirkt. Paracelsus' Stil gleicht in diesen Schriften weder dem der Mystiker, die aus einer geheimnisvollen Tiefe heraus gelassen ihre Einsichten ausbreiten, bald als einsame Beter und Unterredner der gegenwärtigen Gottheit, bald als weltüberlegene Lehrer, der andächtigen Menge entrückt in einer Aura inneren Lichtes, noch der Predigt Luthers mit ihrem markigen Gang vom festen Bibelgrund zum deutlichen Ziel der Zerstörung oder der Erhebung: sondern scheint, wie der Stil der durchschnittlichen Schwarmgeister, selbst der des sprachbegabten Sebastian Franck, ein Gemisch aus stiller Betrachtung und lehrhaftem Traktat; viel ärmer als der seiner naturwissenschaftlichen Schriften an kräftiger Sinnendichte und volkstümlichem Bildervorrat, wenn schon nicht ganz entleert davon. Besonders: Paracelsus redet hier nicht als ein Führer und Bahnbrecher, sondern als ein Privatmann, dem die Glaubensfragen der Zeit wie all den vielen Tausenden andren nahgehen und der sich als ein eigener Kopf, unbefriedigt von den Lehren der Kirchenhäupter und der Sektenhäupter eine eigne Meinung gebildet; die will er seinen suchenden Brüdern nicht vorenthalten, doch fehlt ihm dabei die herrische Zuversicht des Alleinwissenden und der ungeduldige Bekehrungseifer des Besserwissenden. Er spricht selbst einmal mit dem Ton wehmütigen Verzichts, dem Achselzucken des «Wenn nicht, dann

nicht» von diesen Versuchen. Seine bittren Enttäuschungen als Mediziner haben ihm niemals einen solchen Ton entlockt in seinen naturwissenschaftlichen Schriften: Da bleibt er immer siegesgewiß, und seine Einsamkeit macht ihn nur stolzer und gröber. Gewiß waren ihm auch seine Erbauungstraktätlein durchaus ernst, wie ihm sein Beten und sein Bibellesen ernst waren, doch nicht als einem Reformator, sondern als einem «Stillen im Lande». Und weniger als in seiner Naturkunde schöpft er hier als Schriftsteller aus seinem eigensten Bereich, der makrokosmischen Sinnenerfahrung mit ihren Glaubensgründen, sondern aus dem Nachdenken über die Bibel. Er ist hier zwar selbständig und eigenbrötlerisch, aber keineswegs so ursprünglich und schöpferisch wie als Naturforscher, und seine theologischen Traktate gehören zu den privaten Tatsachen seines Lebenslaufs, nicht zu den geistesgeschichtlichen Taten, wodurch er Wandel geschaffen hat. Er schreibt dann vielfach gewandter als in seinen naturforscherlichen Büchern, eben weil er sich in einer schon geebneten Bahn, in der theologischen Prosaüberlieferung bewegt; und den sonoren Unterton seines mächtigen Herzens vernimmt man auch hier – papiernes Geschwätz, ölige Predigersalbung und blechernes Schellen, wie es den glaubenslosen Pfaffen verrät, gibt es bei ihm nirgends. Aber auch der unmittelbare Stoß, Griff, Schwung fehlt hier, der die Nachbarschaft des Chaos anzeigt, das Ringen des nackten Geistes mit dem verhüllten Engel.

Jedes Sprachschöpfertum kommt aus neuem Glauben, mag es um des Wissens, um des Tuns oder um des Bildes willen geübt werden: doch das Pneuma, das den neuen Glauben anfacht, der erweckende Odem kann aus verschiedenen Richtungen wehen, und des Paracelsus Glauben kam nicht von seiner privaten Gottesdeutung, sondern von seiner überprivaten Naturschau her. Der erste makrokosmische Kräfteforscher mußte auch die deutsche Sprache erringen für seine neue und deutsche Naturerfahrung, wie die deutschen Mystiker, die «Philosophi Teutonici» und Martin Luther für die neue Gotteserfahrung ... Welches waren nun die Elemente, die Paracelsus zu seiner deutschen Naturlehre nutzen konnte, die fremden Muster, aus denen er seine Vorstellungen und Begriffe entnahm, um sie einzudeutschen wie Luther die Bibel, die Kirchenväter, die Klassiker, Meister Eckart die Bibel und die Scholastiker, vermöge des volkstümlichen Gesprächsschatzes? Wir können freilich das Entstehen eines Stils nicht aus dem Vokabelschatz und den Vokabelschatz nicht aus Entlehnungen nachweisen. Sprachschöpfung, selbst Wortfindung ist ein Zeugungsakt, und so wenig einzelne Glieder und Funktionen ein Leib sind, so wenig ist ein Lexikon samt Grammatik die Sprache, so wenig erklärt ein Glossar einen Stil. Wir wollen hier nur die sprachliche Aufgabe des Paracelsus innerhalb seines geistesgeschichtlichen Merkbereichs kennzeichnen, und seine Art, sie zu lösen

mit Hilfe des scholastischen Begriffsschatzes, seines persönlichen Anschauungsschatzes und des deutschen Gesprächsschatzes, der durch Luthers Schriften, vor allem durch die Bibelübersetzung wieder in Fluß geraten war. Das sind drei sehr heterogene Stoffschichten, die zu einem eigenen Stilgewächs zu gliedern, wüchsig zu durchdringen dem Paracelsus nicht gelang. Es hätte eines größeren eigentlichen Sprachmeisters, eines Predigerpropheten wie Luther oder eines Dichterpropheten wie Dante oder eines Dichterbildners wie Goethe bedurft, um die fachwissenschaftlichen terminologischen Schlacken einzuschmelzen und zusammenzuschmelzen mit den wirklichen Sichtworten und den Seelentönen. Paracelsus war weniger sprachbegabt als diese, und seine Sachen und Begriffsgeräte lagen vom sprachschöpferischen Herzen viel weiter entfernt als die ihren. Gott-, Volk-, Gemeindesachen waren leichter mit dem Glaubensfeuer zu bewältigen, konnten leichter durchseeltes Menschenwort werden als die zahllosen Krankheitsnamen, Arzneinamen und das außermenschliche Dinggewimmel, womit Paracelsus zu tun hatte. Und Paracelsus hatte wiederum noch nicht so wie die neueren Naturwissenschafter oder Technologen und leider auch viele Geist- und Gesellschaftsforscher darauf verzichtet, seine Kunde in einer menschengültigen, das heißt menschenwürdigen Sprache als Erkenntnis und Bekenntnis zugleich zu bringen. Ein terminologisches, abgezogenes, ausgelaugtes Kauderwelsch als puren Träger gegenständlich entseelter und entkörperter, also entmenschlichter Inhalte konnte gerade er nicht wollen, weil er nicht die Sachen suchte, sondern die Kräfte. Hier lag sein eigentliches Stilproblem, das Stilproblem jedes Gelehrten, der nicht nur außermenschlichen Stoff geordnet benennen, sondern menschliches Wesen durch sein wissenshaltiges Wort bilden will. Das Problem wiegt für die Naturwissenschaft vielleicht noch schwerer als für die Geisteswissenschaft, weil die Naturwissenschafter schon durch ihren Gegenstand immer weiter weggeraten vom Menschen, weil sie selbst das Leben nur als Dingmasse behandeln. Sprache ist menschlicher Seelenausdruck, und wer sich gewöhnt, nur Dinge zu sehen, zu nennen, zu zeigen, verliert leicht die Gabe, Menschliches auszudrücken.
Die Geisteswissenschaften haben im 19. Jahrhundert mit den Naturwissenschaften gewetteifert im Zug zur Verdinglichung aller Menschtümer, und dem dafür schmählich bezeichnenden «Krankenmaterial» der heutigen Ärzte haben die Pädagogen das nicht minder schmähliche «Schülermaterial» entgegenzusetzen. In ihren Ursprüngen ist alle Wissenschaft, auch die von den Sachen, menschlich und darum auch im menschlichen Seelenwort kündbar, und jeder schöpferische, das heißt von einem Ursprung aus wirkende, echt lebendige Forscher will, wie weit er auch in das Sachenreich hineingreift, dennoch einen Kosmos fassen, und ein Kosmos läßt sich nur vom Menschen, niemals vom Ding

aus fassen. Das Zeichen, daß ein solcher Kosmos dem Forschergeiste eingebildet war, ist immer der Drang zum Stil, über das bloße Nennen und Sammeln hinaus. Damit dieser Drang Erfolg habe und Herr werde über die tote Sachenmenge, bedarf es freilich noch einer spezifischen Redekraft, die nicht immer dem ursprünglichen Kosmos-Sehen und Menschtumseifer mitgeboren wird: Aristoteles hatte sie und Galilei, Bacon und Buffon, Humboldt, Ritter und Fechner und selbstverständlich der größte Forscher unter den Dichtern und der größte Dichter unter den Forschern, Goethe. Andere rangen mit den Sachen bald erfolgreich, bald vergeblich um menschlichen Ausdruck: Leonardo, Dürer, Kepler, Haller. Zu ihnen gehört auch Paracelsus. Und wiederum er war unter den genannten am wenigsten günstig gestellt: Die deutsche Sprache war zur Umfassung von vielen Einzelinhalten noch nicht so reif wie die italienische zur Zeit Leonardos, an sich schon dumpfer und schwerfälliger; Kepler schrieb lateinisch, Haller hatte zwei Jahrhunderte reger rationaler und internationaler Schmeidigung hinter sich.

Paracelsus fand drei große Sprachbehälter vor: die medizinischen Lehrbücher der Galenisten, mit zahllosen lateinischen, griechischen, arabischen Fachworten und Wendungen, die er nur widerwillig lernte, weil sie ihm nicht im Grund der Erscheinungen zu beruhen schienen. Er konnte sie aber doch nicht ganz entbehren, weil sie eingebürgert waren und er nicht alle Dinge umnennen durfte, in Gefahr völliger Unverständlichkeit, auch bedurfte er ihrer mindestens als Polemiker zur Abgrenzung seiner neuen Funde. Der zweite große Sprachbehälter, woraus er schöpfen konnte und den er am ergiebigsten benutzte, besonders in seinen Schmähreden, ist das lebendige Gespräch der deutschen Stände, die Ernte seiner langen Wanderjahre und seiner vertrauten Kenntnis aller Schichten ... der dritte, mit dem zweiten manchmal gleichen Inhalts, ist die durch Luther gehobene geistlichweltliche Schriftsprache, nicht reines Gesprächsgut mehr, sondern schon an dem Humanismus erzogene Kunst und Stilrede.

Der weitaus größte Teil der rein medizinischen und chemischen Schriften des Paracelsus gehört zum ersten Bereich und enthält für die deutsche Geistesgeschichte und Stilgeschichte nicht mehr Stoff als etwa ein medizinisches oder technologisches Handbuch. Es sind Rezepte und Winke aus einem Gemenge von lateinischen, griechischen, arabischen Fremdwörtern und einigen deutschen Wendungen dazwischen – Merkworte lediglich zum praktischen Gebrauch, kaum ausgeführte Lehre oder gar seelischer Ausdruck –, abgesehen immer von den eingestreuten Schmähreden wider die falschen Ärzte. Auch die Vorlesungen des Paracelsus scheinen nach dem erhaltenen Kollegheft ein solches Kauderwelsch gewesen zu sein und beleuchten uns das eigentliche Motiv seines Deutschredens und die Grenze seines Deutsch. Er wollte das akademische Gehege durchbrechen und zum Volk sprechen, er hatte neue Dinge wahrgenommen und mußte sie auf seine neue Weise sagen: Aber er wollte um jeden Preis den Hörern verständlich sein und war darum genötigt, sich auf die schon geprägten Fachworte zu beziehen, die alle aus anderen Sprachen stammten. Auch der einsamste, eigenwütigste Neutöner muß schließlich, mit allen Ballungen, Steilungen, Knallungen und Heulungen, sich der Elemente einer schon bekannten Sprache bedienen – noch die Urschreisucher haben wenigstens an den Kleinkinderlärm überlieferungsgetreu angeknüpft. Und Paracelsus war kein originalitätssüchtiger Hanswurst, der Neuheit um der Neuheit willen gemimt hätte, vielmehr ein unwillkürlicher Bahnbrecher, der sich redlich abmühte, seine unerhörten Erfahrungen so hörbar und mundgerecht als möglich zu machen. Man meint noch die Qual zu merken, die ihm das Mitteilen bereitet, die Fessel der fremden Dinge um das eigene Wissen, das beständige Ringen um die Verdeutlichung von Einsichten, die ihm ganz klar vor dem Geist stehen, aber für die er die eigenen Zeichen noch nicht gefunden. Was man ihm als Schwulst, Umschweife und Verworrenheit, ja wohl gar als absichtliches Abrakadabra nachgesagt, ist der unzulängliche Versuch, ein Fach- und Geheimwissen, das nun doch einer eigenen Fachsprache nicht entraten kann, der ungelehrten Menge beizubringen durch Umschreibungen und Wiederholungen, Verdeutlichungsmittel, die aber zugleich Stilhemmnisse sind. Dieser Versuch mußte mißraten, so viel volkstümliches Heilkennen und -können auch in des Paracelsus Arzneikunde eingegangen war. Was einem Stil großen Zug, klare Einfalt oder lautres Gefüge gibt, das ist die «Darstellung des Gleichen» ... das Zeigen des Eigentlichen. Das ist kein Vorwurf, denn Paracelsus wollte nicht guten Stil schreiben, sondern seine Kenntnisse möglichst eindringlich mitteilen. Und wir würden uns um seinen Stil nicht kümmern, wenn er nicht auch als ärztlicher Lehrer eine so vollwichtige Seele wäre, daß seine Ausdrucksform über seinen Fachbereich hinaus gilt, und wenn nicht die Frage nach der Entstehung eines wissenschaftlichen Stils aus einem solchen Gesamtmenschentum der Geistesgeschichte diente.

Weniger als sonst die Prosaisten seit Niklas Wyle, die sich um eine Verdeutschung bisher fremdsprachiger oder lateinrediger Bildungsgüter bemühten, hat Paracelsus seinen Stil beobachtet. Bewußte Erörterungen wie Luthers Sendbrief vom Dolmetschen oder Aventins Vorreden finden sich bei ihm kaum: die Tatsache, warum er deutsch rede, begründet er aus sachlichem Erfordernis, nicht aus stilistischem. Nur am Schluß seiner zehn Bücher über «die Franzosen», seiner umfangreichsten Monographie, hat er sich in einem Nachwort grundsätzlich auch über seine Schreibart geäußert, bezeichnenderweise negativ: auf das Wissen und das Können komme es ihm an, nicht auf das Reden: «Wie sich nun enden die zehen büchern von franzosen, will ich ein jeglichen ermanet haben in mein hochredende art kein acht zu geben, die dann hie gar nicht gebraucht wird. Es ist euch allen in gutem wissen, das bei eim jeglichen arzet die theoric und practic sol angesehen werden, wie er in diesen zweien experienzen stand. Dan vil schwezen bei einem arzet ist ein kerder (Köder) den seckel auszuleren. Darauf nun, dieweil die arznei in wolreden nicht gesezt ist, allein in die erfarenheit der experimenten, wie sie dan die philosophei gibt, hab ich also den stilum hinaus gefürt in der theoric und practic on ander inzüg. Ob ich aber etwan eim zu kurz were, mag wol eine lengere suppen daraus machen, welchem zu lang, mag das, so uber sein verstand ist, wol faren lassen, welchem es zu seltsam ist, der lern das im das wunder vergang.»

Es kam ihm hauptsächlich auf drei Dinge an: die Krankheitsgründe, das Krankheitsbild, die Heilmittel. Das erste fordert Theorie und Begriffe, das zweite Beschreibung und Sichtrede auf Grund reichen Lehrvorrats, das dritte Verfahrenswinke und Nomenklatur, wie die Rezepte. Die letzte Gruppe hat am wenigsten mit den Aufgaben des Schriftstellers zu schaffen, sie gehört zum bloßen Handwerk, das den seelischen und geistigen Vorgängen folgt, zum Beruf des praktischen Arztes. Ich gebe ein deutliches Beispiel: ein Wundrezept aus den Archidoxis: «So nun ein solche Artznei soll gemacht werden, die auss irer natur zusamen setzt und zeucht einer jeglichen wunden zu baiden seitten die lappen, das sie aneinander standen, gleich wie der leim zwai bretter zusammenhefft, so muss das geschehen auss einer grossen trückne stiptizitet, die da allein auff das fleisch dient, ist also: Nimb Samech wol gebrendt und auf das weißest calcinirt, thu darein Circulatum minus, lass es herab destilliren zu eim trucknen Capite mortuo, als fast du magst, dass das glass durchglüe, darnach schitt ein ander drein, thu ihm aber wie vor, und das so lang bis der minus Circulatum gantz süss bleib, wie er an ihm selber ist, darnach resolvirs, dasselbig ist remedium in vulnus, das ein Balsam in vulnus intitulirt mag werden, aus ursachen unsers teutschen vatterlands Balsam, als bald zamen, und nit nach den lateinischen. Wiewol wir der artzney tugenden nit viel hie melden, sonder mit eim lassen stehn auff all wunden, haben wir vilhundert wunden gehailt, allain mit ainer ablution mehr dann der natur müglich ist zuglauben, wie wirs dann haben angezaigt.»

Vergleichen wir dies Rezept mit einem aus der modernen Medizin, so fällt zunächst das lockere Verhältnis zwischen den persönlichen und sachlichen Inhalten auf. Noch keine Spur von der Unterdrückung des ärztlichen Ich, das heute selbstverständlich wäre, kein Wille zur unpersönlichen Chiffrierung nach dem Muster der Mathematik, die bis tief in die Geisteswissenschaften hin, gewiß aber in den Naturwissenschaften das erstrebte Ziel ist. Vielmehr steht hinter dem Mittel sein Finder, Hersteller, Kenner, Verschreiber, und seine persönliche Ansicht bricht durch etwa in dem anschaulichen Gleichnis von den zwei Brettern oder in den Hinweisen auf die Heilwirkung oder in den lehrerlichen Umschreibungen, die den Hörsaal oder das Laboratorium oder das Spittel vergegenwärtigen. Selbst ein etymologischer Witz wie die Deutung des Wortes Balsam als Bald zamen, und der Ausfall gegen die Lateinrede der Mediziner verrät den mündlichen, lebendigen Ursprung seiner Rezepte mehr, als es heutigem Gebrauch gestattet wäre. Die sprachliche Tendenz des Paracelsus sogar in seinen Rezepten, also seinen noch sachlichsten Handwerkssätzen, geht, umgekehrt wie die moderne, nicht auf eine möglichste Entichung, ja Dingverformelung, sondern auf möglichste Seelennähe: die unumgänglichen Arznei- oder Verfahrensfremdworte sind nicht Vorboten einer neuen Fachsprache, sondern Reste einer alten, ohne die er eben nicht auskommen konnte. Die Durchdeutschung, das heißt die Durchseelung, die Entformelung und Entdinglichung ist sein Hang, wenngleich nicht überall seine bewußte Absicht und sein Vermögen, und freilich kam es bei seinen Rezepten nicht auf eine geckische Neuerung in den Worten an, wo der alte Gebrauch ausreichte, sondern nur auf Wandel von Geist und Sache, der manchmal auch die Ausdrucksweise beeinflußte. Auch die lateinischen Rezepte jener Zeit sind ausführlicher als die heutigen, und von Paracelsus gibt es kürzere: wir haben dies nur angeführt als Zeugnis des Geistes, in welchem er überhaupt verschrieb, und als ein frühes Muster deutschen Rezeptstils, seine *Möglichkeit* ist das geistesgeschichtlich Wichtige dabei.

Wenn nun Paracelsus schon bei Rezepten seine Lebhaftigkeit und seine Augenfrische nicht ganz unterdrücken konnte, wo es nur auf therapeutische Winke ankam, so ist er erst recht mit seinem ganzen Sinnen bei der Sache, wo es gilt zu beschreiben und zu begründen. Er dachte mit dem ganzen Leib, nicht nur mit dem Kopf, und es entsprach ja seiner Lehre selbst, wenn er im weitesten Sinn seine Wahrnehmung, das makrokosmische Gefühl oder Meinen mitsprechen ließ. Auch hier einer Richtung genau entgegenlaufend, der, wodurch die heutige Wissenschaft Erfolge erringt: heute eine möglichst scharfe Abgrenzung der Zeichen und der Vorgänge, bei Paracelsus ein ungeduldiges Zusammenschauen der Zeichen mit den Gründen: Er pflückt gleichsam immer die einzelne Blüte mit ihrem ganzen Stock und Erdreich und mit der ganzen Gewalt seines Arms. Wie er die Zerlegungskünste der Anatomen verspottete, so versagte er sich auch die Zerlegungsgeräte des wissenschaftlichen Verstandes, und wenn er an scharfer, runder, tiefer Beobachtung, an wissenschaftlicher Sinnlichkeit es mit jedem Modernen aufnehmen kann, so kann er sie doch schwer brauchbar für Moderne äußern, weil er sie einbettet in einen ungängigen makrokosmischen Glauben, unlösbar von dem Gesamt seines Weltgefühls.

Der Herausgeber seiner Werke, Karl Sudhoff, Arzt und Forscher, rühmt seinen Schriften über die Syphilis «eine klinische Erfahrung und einen krankheitsphilologischen Weitblick» in der Kenntnis dieses proteischen Übels nach, «wie ihn kein Forscher mehr bis zur Mitte des 19. Jahrhunderts nach ihm erreichte». Sehen wir aber nun, wie Paracelsus seine Kenntnis darlegt, wie es ihm gelingt, seine Krankheitsbilder zu malen! Was seine forscherliche Größe und seine menschliche Fülle ausmacht, die Einheit von Wahrnehmung und Deutung, das verwirrt seinen Stil, da er noch nicht die ausgebildete Sprache hat, um die sinnlichen und die gedanklichen, die emotionalen und die rationalen Antriebe seines Wissens zu gliedern, wie dies seit dem 17. Jahrhundert auch den Lebensdenkern möglich war. Es handelt sich dabei nicht, wie man mißverstehen könnte, um den heute so unnütz beredeten Gegensatz zwischen synthetischer und analytischer Wissenschaft, sondern lediglich um die stilistische Gliederung eines Wahrnehmungsganzen, um das Vor- und Zurücktreten des jeweils Entscheidenden, um die scharfe Abgrenzung des Gesehenen vom Gedachten, um die Lösung der einzelnen Wahrnehmungsinhalte vom Wahrnehmungsakt, um die Säuberung des einen Gesichtseindrucks von Bestandteilen eines andren, um geistige Perspektive. All das kennt Paracelsus noch kaum: er steht stilistisch noch auf der Stufe der gotischen Maler mit ihrem Nebeneinander ohne Perspektive. Wir mögen die Seelenfülle, die Ausdruckstiefe, die Lebenslauterkeit, kurzum den Gehalt solcher Maler den Virtuosenstücken der späteren vorziehen: das ändert nichts an der *technischen* Überlegenheit auch flacherer Nachfahren. So fehlt es Paracelsus an technischer Fertigkeit des Wahrnehmens.

Zum Beispiel ein Stück über offne Schäden im Gesicht: «So im angesicht offen scheden würden, es were in der region der nasen oder lefzen, backen, soweit der martialisch teil begriffen wird, in der massen dass ein ofner schaden erkennet wird, so heisst diese krankheit ferrugo und nimpt iren namen aus dem, dass sie gleich dem rost an eim metall hineinwerz frisst und nit von unden auf, sonder am ersten sein materiam durch die poros austreibt, alsdann operirt es wider hineinwerz. Diser offen schaden wachst allein in dem martialischen teil, das ist im angesicht; und in den andern, als in der hüle der henden und fersen, wachst er nicht. Das ursachend die adern, so durch das angesicht gend, welche dermassen in henden und solen nit sind.

Die ursach solchs ofnen schadens ist ein verfügung zweier wesen. Eins das kompt aus dem mineralischen liquor und ist sal sanguinis, das andere ist aus dem liquor des martialischen teils und ist sal martis. Von disen zweien salibus entspringt diser offen schaden, in dem so ein vereinigung geschicht. Und nimpt sein anfang also: so die nasen vil blutens überkem oder die bülder treflich schweißtent oder so vil bluts im haupt leg, wan dasselbig stet und aufhört, so geht es in den teil martis, oder so die adern brechen in demselbigen martialischen teil, so sezt sich der ursprung des ofnen schadens am selben ort an, da diser bruch der adern beschehen ist. Ein anderer ursprung ist, so warzen im angesicht stünden, an der nasen oder lefzen, wan dieselbigen hinweg geezt würden oder geschnitten etc, so die wurzel in die adern eingewurzlet hat, so wachst hernach der centrum dises ofnen schadens. Darumb is zu merken, das unterscheid in solchem ist. Kompt es aus der region der nasen und greift die nasen an, so heisst es der nasenkrebs. Ist es aber ein ader, die in dem backen wesentlich liegt, so heisst es die fistel. Wo es aber den oren zugieng, also dass es neher bei den oren auf brech dann bei dem mund, so heisst es die sirei. Aber alle mal so gehet es den lefzen zu und der nasen, dann da sind die locusten der adern, so diesen ofnen schaden ursachent.»

Das Kennzeichen dieses Krankheitsbildes ist das Ineinander von Beobachtung, Benennung, Begründung. Der sinnliche Befund und die Deutung vermischen sich noch, und die Namen dienen bald der Kennzeichnung des Vorgangs, bald der einfachen Feststellung. Es hängt tief mit des Paracelsus Naturansicht zusammen, daß er ein Erscheinendes nur zugleich als Gewirktes und Wirkendes wahrnehmen konnte, aber da seine Ursachen bald phantastische Beziehungen waren, wie die astrogonische, die das Gesicht dem Planeten Mars unterstellt, bald wirkliche Vorgänge wie der Gang der Giftstoffe durch die Adern, so kommen seine sehr anschaulichen Merkmale nicht zur Geltung, und sein Sagen bleibt hinter seinem Sehen zurück. Vielleicht aber sind all seine Sätze nur wie Begleitworte zu einem klinischen Vortrag vor dem besonderen Krankheitsfall zu nehmen, als ein erster Versuch in deutscher Sprache, ein sinnliches Wirken von der Erscheinung aus zu vergegenwärtigen. Paracelsus will klar, vor allem anschaulich sein, doch denkt er zugleich in dem sichtbaren Raum des gegenwärtig kranken Körpers mit seinen Symptomen und in der unsichtbaren Zeit der Ursachen und Vorgänge, woraus die Krankheit entstanden. Konkretes Nebeneinander und abstraktes Nacheinander vermengt er. Und wie schwerfällig und umständlich sind die logischen Beziehungen gefaßt: das Weil, das Warum, das Wenn, andere kennt er noch kaum. Man fühlt, wie das Subordinieren ihn noch anstrengt. Er denkt in Hauptsätzen, wie die deutschen Sprecher seiner Zeit, bedarf aber als ein medizinischer Ätiologe Ableitungen, Begründungen, Einschränkungen, die ihn nötigen, ein wahrgenommenes Nebeneinander als ein gedeutetes Nacheinander oder Wegeneinander zu sagen, auf einem Gebiet, wo schon das Sichtbare neu und fremd war, geschweige die Begründung. Möglichst drückt er deshalb auch Kausalitäten in mehreren gleichgeordneten Sätzen aus: z. B. «Die ursach solchs ofnen schadens ist ein verfügung zweier wesen: eins kompt aus dem mineralischen liquor» usw. Oder eine andre Form: «Und nimpt

sein anfang also: so die nasen vil blutens uberkem» usw. Oder: «dieser schaden wachst im angesicht und in den henden und füssen wachst er nicht: das ursachent die adern.» Sehr oft setzt er statt eines Weil oder Denn, nach der hauptsächlichen Aussage, ein «ursach» oder «ursachen» und fügt dann die Begründung als Hauptsatz an. In diesen Fällen würden wir heute das Abhängigkeitsverhältnis, das er bezeichnen will, auch in der grammatischen Funktion ausdrücken.
Aus derselben Unfähigkeit, bereits logisch zu abstrahieren, stammen die Wiederholungen von Hauptwörtern und Verben. Er sagt nicht «der Schaden wächst hier und nicht dort», sondern «er wächst hier, und dort wächst er nicht»: das Geschehen muß er auch als Wort nochmals vergegenwärtigen. Wo er ja einmal statt des meist wiederholten Hauptworts ein Pronomen wählt, genügt ihm nicht das rein logisch-abstrakte «es» oder «er», sondern nur das mit sinnlichem Nachdruck noch mehr gefüllte «derselbige». «So die adern brechen in demselbigen martialischen teil, so setzt sich der ursprung des offnen schadens am selben ort an, da diser bruch der adern beschehen ist.» Das ist nicht nur Wille zur Klarheit, sondern auch Schwäche des logischen Abstraktionsvermögens aus einer Fülle der Anschauung, die aber doch nicht mehr rein räumlich, sondern schon zeitlich bedingt ist und die Ansätze der Abstraktion enthält, eh die Sagekraft noch nachgekommen ist.
Diese Schwierigkeit gilt nur für die Stoffwelt, woran Paracelsus zuerst Kausalität in deutscher Sprache klarmachen wollte, an der Natura naturans und naturata. Denn seelische Beziehungen waren seit Meister Eckhart und seit Luther in unsrer Sprache ausdrucksreif geworden: die deutsche Seele war viel früher rationalisiert – das heißt denkbar, geistbezüglich, kausalisiert – als die deutschen Sinne. Als die deutschen Sinne noch lange nur ein Wo und Wie kannten, da hatte die deutsche Seele schon ihr geistiges Weil, Daß, Wenn, Damit, Obgleich, also *geistige* Beziehungen. Aus Raum- und Zeitbeziehungen, aus sinnlichen Wahrnehmungen des Neben- und Nacheinander sind all diese geistigen Beziehungen der Seele und ihr Sprachschatz entnommen, die Begründung, die Bedingung, die Absicht, die Konzession, alle sind Vergeistigungen von sinnlichen Erfahrungen, wie denn alle Sprache aus Gesicht, Getast, Gehör erwachsen oder geschaffen ist bis in die verstiegenste Abstraktion hinein, es gibt ja kein schlechthin unsinnliches Wort. Aber es kommt hier nicht auf den Ursprung aller geistigen Beziehungen an, auf denen ja die Entstehung von Nebensätzen, die Fähigkeit der kausalen, hypothetischen, finalen, konsekutiven, konzessiven Subordination erst beruht, alle geistigen Beziehungen stammen aus der Sinnenwelt, aber auf die eigentliche Körperwelt sind sie in der deutschen Prosa später angewandt, wieder zurückgewandt worden als auf das Seelenreich: die Körperwelt war den Sinnen noch immer selbstgenügsam in

ihren eigenen Wahrnehmungen faßbar, sagbar, als die Seelenwelt, Bewußtsein erzeugend und vom Bewußtsein beleuchtet, sich eine Sprache suchte, die notwendig anderswoher entnommen werden mußte. Schon hier lag ein Problem, das Beziehungen schuf, wie sie die bloße naive Wahrnehmung des Nebeneinander noch nicht schaffen konnte. Den Übergang von der naiven Raumwahrnehmung zur problematischen Geistbeziehung bildet die Wahrnehmung der *Zeit*, des Nacheinander, aus dem dann die weitaus wichtigsten und folgenreichsten geistigen Beziehungen entstanden sind: die Kausalität, in die Vergangenheit deutend, und die Finalität, in die Zukunft zielend. Als schon längst Gründe und Zwecke der Seele durch die Gottessuche und Seelenkunde auf deutsch sagbar geworden – ich beschränke mich hier auf das Deutsche –, versuchte Paracelsus sie erst an Naturvorgängen, vermöge sinnlicher Beobachtung, zu zeigen, kam aber dabei nur schwer von dem zähen Körper-Nebeneinander los. Er konnte nur mühselig naive Wahrnehmung in geistigen Beziehungen ausdrücken. Sobald er von seinen persönlichen Verhältnissen spricht, wird er beredt und hat teil an den geistigen Beziehungen, die Luther sprachreif gemacht: Ich erinnere nur nochmals an sein «Weil ich deutsch bin, weil ich neu bin, weil ich allein bin». Hier kennt er ein klares «weil», nichts von dem unbehiflichen «ursach» und der verlegenen Aufreihung wie in den naturwissenschaftlichen Ätiologien.

Den vollen Redegeist des Paracelsus finden wir weniger in seinen mühseligen Forschungsschriften, wo er mit dem spröden Stoff ringt, als in seinen Bekenntnis- und Schutzschriften, wo der Glaube und der Zorn ihm Seele und Zunge löst. Der Glaube und der Zorn hat ihn beredt gemacht, wenn auch niemals zu einem Redner, wie es die großen Prediger waren: mit einem Berthold, Geiler, Eckhart, Luther und Sebastian Franck läßt sich sein Lehrvortrag, unterrichtend oder bekennerisch, nicht vergleichen. Diese hatten, so jäh ihnen das Wort aus der frischen Seele brechen oder strömen mochte, doch schon eine Form, eine Gattung im Geist, die ihren Gehalt lenkte, und eine strenge Schulung des Sagens durch Patristik, Scholastik oder Humanismus. Sie waren von Kind auf in vertrautem Umgang mit beredten lateinischen Büchern und als künftige Prediger auch beruflich geschult – einerlei wieviel sie von ihrer Schulung behalten wollten, nachdem ihr Herz erwacht war. Paracelsus hatte von Kind auf mehr mit stummen Dingen als mit redenden zu tun gehabt und auch seine Medizinbücher mehr auf Sachen als auf Sätze und Worte gesiebt. Seine Beredsamkeit ist die gelegentliche, mehr durch den jeweiligen Affekt als durch den langen Willen erregte des Laien. Wir kennen den gemeinen Mann auf der Straße, vor einem Haufen andrer gestikulierend, den Reisenden oder den Förster, der am Wirtstisch Geschichten erzählt – sie wissen nichts von Redekunst, aber sie haben etwas erfahren, sie haben sich geärgert, wie fließen ihnen die Wendungen zu, was fällt ihnen alles ein, sobald sie klatschen oder schelten, so unfähig sie sonst vielleicht sind, einen ganzen Satz zu bilden oder gar einen Redezusammenhang, wie ein Schulmeister, ein Pfarrer oder ein Rechtsanwalt! Sie werden ihren Bericht oder Ausbruch beleben durch häufige eingeschobene «also» oder «gebt acht» oder «wie gesagt», durch rhetorische Fragen und Rufe, Naturformen des lebhaften Redens, die nachher zu Kunstformen geworden sind. Denken wir nun statt wackrer Spießbürger einen genialen Mann von dem Anschauungsumfang und der Seelenfülle des Paracelsus, so haben wir die Naturform seiner bekennerischen Beredsamkeit. Sie ist von seiner Unterrichtsprosa der Herkunft nach verschieden, stammt aus einer andern Schicht seines Wesens, teilt aber mit ihr die Maß- und Grenzlosigkeit: Er will weniger Erscheinungen sagen, die er gesehen hat, als Gefühle loswerden, die ihn bedrängen, wobei freilich Vorstellungen aus seiner Erfahrung sich beständig zudrängen, vorab die scharlachbehängten, ringbesteckten Ärzte mit ihren aufgeputzten Weibern, die geschundenen Kranken, die bücherdummen Nachläufer, doch überhaupt die ganzen Stände- und Handwerkszeichen und der weite Bereich der Natur. Luther hat keine größere Fülle anschaulicher Gleichnisse. Die Gleichnisse, deren Menge und Weite wir nachzählen können, und die Herzensfrische des Tons, den man nicht nachmessen kann: das sind die beiden uns heute noch unmittelbar berührenden Stilwerte seiner Schriften, seine außerordentliche Sinnenkraft, im Raum wahrnehmbar als Anschauungsbreite, und seine Seelengewalt, in der Zeit wahrnehmbar als Rhythmik. Seine Inhalte sind nur dem geschichtlichen Nachdenken zugänglich, und die grammatischen Merkmale seines Stils, die Worthäufung, die Umschweife, die Wiederholungen, Fragen, Ausrufe, Anreden gehören mehr seiner Lage als seinem Charakter an.

Sein Charakter ist es denn auch, seine reichgespannte, feurig-dunkle Faustseele, die uns bis in seine geschichtliche Stellung, seine wissenschaftliche Leistung, seinen persönlichen Ausdruck hinein beschäftigt ... Ja, dieser heftige Seeleneinbruch und -durchbruch selbst in die spröden Ding- und Fachgehege ist schon eine geistesgeschichtliche Tat, so wichtig wie seine neuen Heilmittel und -wege, seine pharmakologischen, biologischen, chemischen, therapeutischen Einzelfunde, die Begründung des Vitalismus oder sonst einer wissenschaftlichen Lehre. Wichtiger als alle Lehren, Methoden und Sachen bleibt der Mensch, in welchem das Was und das Wie sich nicht trennt in sachliche Ergebnisse und persönliches Verfahren (wie wir auch nachträglich spalten mögen), sondern Leistung und Wesen, Gesichte und Sehart, Sprache und Worte nur erscheinen als Ausdruck, als Stil derselben Wirkkraft.

Christian Feldmann

«Was oben ist, wird unten sein»
Hermes Trismegistos und Paracelsus

«Quod est inferius, est sicut quod est superius», verrät die «Tabula Smaragdina», ein uralter, angeblich aus dem Grab des Hermes stammender Text, den die Araber nach Europa brachten und die Alchimisten des Mittelalters über alles schätzten: «Was unten ist, ist wie das oben, und das obere wie das untere, damit sie vereint ein Ding voller Wunder hervorbringen [...] Steige von der Erde in den Himmel und steige wieder herunter auf die Erde und bringe die Kraft der oberen und der unteren Geschöpfe zusammen, so wirst du die Herrlichkeit der ganzen Welt besitzen.»

Den Entsprechungen und Abhängigkeiten zwischen oberer und unterer Welt, Makrokosmos Schöpfung und Mikrokosmos Mensch, jagt Paracelsus sein Leben lang wie ein Besessener nach. Er weiß: «Die Welt hat ein Loch und durch dieses Loch greift die Hand Gottes aus dem Himmel in die Welt hinein und macht in ihr, was er will.» Der Pionier einer vernünftigen Medizin, der antiseptischen Wundbehandlung und eines psychosomatischen Krankheitsbegriffs war alles andere als ein platter Aufklärer. «Warum ist das Herz des Menschen so weit und das Leben so eng?» fragte er in einer Mischung aus glücklicher Sehnsucht und hilfloser Verzweiflung.

Paracelsus hat selbstbewußte Loblieder auf das «Licht der Natur» gesungen, das in jedem Menschen wohnt und zur Erkenntnis der Naturphänomene befähigt. Aber er blieb sich stets der Begrenztheit allen menschlichen Erkennens bewußt; das Licht der Natur müsse vom Heiligen Geist «angezündet» werden. Bei aller Liebe zur Materie, ohne die sich das Gaukelspiel des ewigen Werdens und Vergehens nicht erklären läßt, gilt Paracelsus' Hauptinteresse immer der nicht faß- und meßbaren Welt *hinter* den Dingen; denn «das Leben eines jeden Dings ist ein spiritualisch Wesen, ein unsichtbars und unbegreiflichs Ding und ein Geist und ein geistlichs Ding».

Schon bei der Schöpfung ist das so gewesen: Die Elemente der Welt sind bloß Sachen, wichtig ist die geistige Kraft, das *Vivum*, das sie treibt und lebendig macht. Und der Mensch vereinigt als konzentriertes Abbild der ganzen Welt nicht etwa die bloß äußere Substanz der Elemente in sich, sondern diesen Geist, der in ihnen wirkt. Der Mensch, die Quintessenz des Geistes in allen Dingen.

Solche Ideen erinnern nicht nur an Plato und seine Interpretation materieller Dinge als letztlich geistiger Wesenheiten, sie deuten darüber hinaus auf die Gnosis und speziell auf die hermetische Tradition hin, zu deren Grundvoraussetzungen der Verkehr zwischen den beiden Welten – der oberen, geistigen, und der unteren, materiellen – gehört.

Gnosis und Corpus Hermeticum

Von der Gnosis wird heute wieder viel geredet. In modisch-esoterischen Weltbildern und diffuser New-Age-Spiritualität erlebt man Neuauflagen der alten gnostischen Lehre. Die aufregende Aktualisierung geht freilich auf Kosten der klaren Begriffe. Gnosis ist nicht irgendein Trend, der irgendwie in sämtlichen gerade gefragten kosmischen und mystischen Gedankenspielen steckt. Gnosis ist aber auch nicht eine zeitlich, örtlich, kulturell exakt zu fixierende «Konfession» wie der keltische Druidenkult oder der Calvinismus.

Die Gnosis ist eine vorchristliche Weltreligion, die – erste Schwierigkeit – in mehreren unterschiedlichen Schulen und Entwürfen verbreitet war, später – zweite Schwierigkeit – ein stark hellenistisches und christliches Gepräge angenommen hat, in dem sie uns (entsprechend einseitig) überliefert ist. Die dritte Schwierigkeit besteht darin, daß wir die Gnosis lange Zeit nur durch die Brille ihrer wütenden Gegner, der «orthodoxen» Kirchenväter, betrachten konnten, bis jüngste Ausgrabungen eine Beurteilung auf Grund authentischer Selbstzeugnisse möglich machten.

In aller gebotenen Vorsicht läßt sich heute das Bild von einer extrem dualistischen Religion zeichnen, die den Menschen als armseligen Fremdling in dieser Welt sieht, aus dem göttlichen Reich des Geistes vertrieben, gefangen in seinem irdischen Sein, aber fähig, sich durch Einsicht aus diesem Kerker zu befreien, die verschüttete Bindung an das geistige Reich zu reaktivieren, sich vergöttlichen zu lassen. Ähnlich wie in heutigen Erlösungsmodellen spielt dabei das für Auserwählte reservierte Offenbarungswissen eine entscheidende Rolle. Der Unterschied liegt darin, daß der Gnostiker nicht an die Möglichkeit einer Selbsterlösung durch irgendwelche Denkleistungen glaubt; der Erlöser muß von außen kommen.

Er wird die schlafende Seele wecken, den in ihr verborgenen «göttlichen Funken» wieder entzünden, den Menschen aus der Finsternis in das Lichtreich führen. «Noch immer schlaft ihr, indem ihr träumt», so lautet der Ruf des Erlösers im 1946 entdeckten koptisch-gnostischen *Nag-Hammadi-Kodex.* «Wacht auf, kehrt um, kostet und eßt die wahre Speise!»

Die so vielgestaltige Gnosis weist Verwandtschaften mit dem Neuplatonismus auf, aber auch mit der sogenannten hermetischen Literatur. Was die Wissenschaft *Corpus Hermeticum* nennt, eine im zweiten und dritten nachchristlichen Jahrhundert wahrscheinlich in Ägypten (Alexandria?) entstandene Sammlung griechischer Texte, ist nämlich – schon wieder ein Problem – nur zum Teil gnostischen Charakters. Die achtzehn Traktate des «Corpus», typische Produkte des griechisch-orientalischen Synkretismus der römischen Kaiserzeit, sind vielleicht aus ägyptischen Mysteriengemeinden hervorgegangen, sie geben sich als Offenbarung des *Hermes Trismegistos* («dreimalgrößter Hermes») aus, der als Künder himmlischer Weisheit galt, wenn er nicht überhaupt dem ägyptischen Weisheitsgott *Thot* gleichgesetzt wurde.

Auch dieser Schriftensammlung geht es um Erlösung aus dem «Gehäuse» der Welt, um Gottesschau und «Vergottung» des Menschen. Ihn ruft der Erlöser aus dem Schlaf – «Werdet nüchtern, hört auf, trunken und vom Schlaf der Unvernunft betört zu sein [...] Warum, ihr erdgeborenen Männer, habt ihr euch dem Tod ausgeliefert, die ihr die Macht habt, an der Unsterblichkeit teilzuhaben?» – und hilft ihm, das «Gewebe der Unwissenheit» zu zerreißen. Besonders deutlich wird diese Botschaft im – rein gnostischen – Eröffnungstraktat «Poimandres» («Menschenhirt»), nach dem die ganze Sammlung oft genug benannt worden ist.

Schriften dieser Art prägten die Geistigkeit des Mittelalters und der frühen Neuzeit. Daß Paracelsus aber ausdrücklich als Hermetiker verehrt oder auch verketzert wurde, hat spezielle Gründe. Auf dem Umweg über den ebenso belesenen wie unkritischen Abt Trithemius von Sponheim und den Florentiner Humanisten Marsilius Ficinus hat er die «Philosophia adepta» mit ihren neuplatonisch-hermetischen Lehren kennengelernt – ganz zu schweigen von der Alchimistenliteratur, in der Hermes eine wichtige Rolle spielte.

Spekulationen wollen von regelrechten «hermetischen Bünden» wissen, die sich in Alchimistenküchen bei Schmelzhütten und Bergwerken versammelten; und was der junge Paracelsus alles in den Bergwerken um Villach gelernt hat, ist ja bekannt. Er zitiert Hermes offen in seinen Schriften, und es leuchtet ein, daß er gern bei diesen Adepten in die Schule ging, die in die Tiefen der Natur einzudringen suchten und in ihrer kosmischen Weltschau Naturforschung, Metaphysik und Glauben zusammenbrachten.

Hermetische Tradition bei Paracelsus

Um die Entsprechungen zwischen planetarischer Ordnung und menschlicher Physiologie, geistiger Welt und irdischer Materie ging es Paracelsus wie den Hermetikern. Mit einer damals schon altmodischen Akribie spürte er in Mineralien, Blumen und Bäumen den «Signaturen» nach, die auf ihre innere Bestimmung schließen lassen. Eindeutig hermetisch eingefärbt ist seine Kosmogonie (die außerdem hellenistisches und jüdisches Kolorit trägt): Der Mensch als Mikrokosmos, als eine kleine Welt für sich, birgt alle himmlischen und irdischen Kräfte, Materie und Geist, vor allem aber die geistige Substanz der vom Logos bewegten Elemente, ihre «Kräfte und Tugenden».

Daß Paracelsus den materiellen Urgrund des Menschen (Mikrokosmos) wie auch der Welt überhaupt (Makrokosmos) mit dem Wasser gleichsetzt, ist für uns heute nicht mehr so leicht nachvollziehbar, entspricht aber ebenfalls hermetischer Tradition. Neben dem von Gott als Mutter aller Minerale und Metalle erschaffenen Wasser kennt er außerdem den viel umfassenderen Begriff der Urmaterie *(Prima Materia).* Diese bezeichnet einmal die in Gott vorhandene, im Logos fleischgewordene Urform der Welt, zum andern die von Gott geschaffenen Urmodelle der Dinge, ihre «Samen», in die er *Archei* oder *Vulcani* hineingelegt hat, vitale Urkräfte, welche die Dinge ins Leben rufen und sich entfalten lassen.

Als «Sämann», der im Himmel Unsterblichkeit, auf der Erde Verwandlung, im ganzen Kosmos Leben und Bewegung sät, schildert auch der hermetische *Poimandres* den Schöpfergott. Wenn Hermes und Paracelsus aber von den Archei, Dämonen und Zauberwesen sprechen, durch die der Logos oder die Natur in den Dingen wirken, meinen sie kein märchenhaftes Geistervölkchen, sondern wollen die Rückbindung der Schöpfung an die Welt des Geistes ausdrücken, die Verbindung der sichtbaren Dinge mit den Ideen und Urbildern.

Nichts anderes besagt auch Paracelsus' – wieder von Hermes entlehnte – verführerische Rede vom «Astralleib», der Körper und Seele aneinander bindet und das Medium bildet, durch das die Sterne dem Menschen Vernunft, Gefühle, Träume und Visionen schenken. Die hermetischen Schriften sprechen von einem feinkörperlichen «Seelenhaus», Paracelsus vom «siderischen» Astralleib, der dem Menschen die natürliche Weisheit vermittelt: «Denn weder Hände noch Füße machen den Menschen aus, sondern nur die natürliche Weisheit [...] Denn was den Leib anbetrifft, das ist viehisch. Sondern er soll das für sich nehmen, das im Leib unsichtbar und nicht zu greifen ist, das ist das Licht der Natur, die natürliche Weisheit, die Gott in das *sidus* gegeben hat und vom *sidus* in den Menschen.»

Solche Gedanken sind auch in Paracelsus' Krankheitslehre eingeflossen. Wie der hermetische *Poimandres* nämlich von der Abwärtsbewegung der Elemente spricht, die den ihnen einwohnenden Logos dabei verloren haben, so sieht auch Paracelsus die gottgeschaffene Einheit der Materie in zahllose vergängliche und wandelbare Phänomene zersplittert. Der Anfang der Dinge sei rein und gut gewesen, doch dann habe «die Zeit die gute Art zerbrochen» und die Welt mit den Samen der Krankheiten infiziert. Krankheit erscheint bei Paracelsus als Verlust der organischen Ganzheit, als Verselbständigung einzelner Prozesse auf Kosten des Ganzen – ein ungeheuer moderner Krankheitsbegriff. Zumal Paracelsus hier auch noch ausgesprochen psychosomatisch denkt: Krankmachende Veränderungen und pathologische Prozesse haben mit schlechten Gedanken, entarteten Affekten, einem fehlgeleiteten Willen zu tun.
Das Bemühen, die Materie transparent zu machen, die geistigen Urbilder hinter den körperlichen Phänomenen zu enthüllen, aber auch die Gedankenwelt zu verleiblichen, zeigt sich auch in der unorthodoxen, Formeln und Buchstaben so abholden Theologie des Paracelsus: Seine Abendmahlslehre etwa lebt von dieser starken Verkörperlichung religiöser Ideen. Die Sehnsucht nach Vergeistigung des Kults wiederum verbindet ihn mit der Gnosis, aber auch mit dem Protestantismus. Paracelsus: «Im Geist besteht die wahre Kirche, die Feiern der Mauerkirchen aber in Tanz, Pauken und Turnieren des Teufels [...] In jedem einzelnen Menschen erhebe sich eine heilige Kirche wie ein mächtiger Bau gen Himmel, im Herzen und im Geist, im Gewissen. Hier soll man ins Gericht gehen, hier beten und beichten.»

Paracelsus auf Distanz zu den Hermetikern

Ein so quecksilbriger Geist wie Paracelsus konnte es sich leisten, Traditionen, Denkschemata, Bilder aufzunehmen, ohne seine Originalität einzubüßen. Bei aller Abhängigkeit von neuplatonischen und hermetischen Vorstellungen hat er diesen doch sein individuelles Muster aufgeprägt. Deutlich zum Beispiel seine Tendenz zur Entzauberung der Dämonenwelt; er stuft die bedrohlich-mächtigen Zwischenwesen der traditionellen Magie zu schlichten Elementargeistern herunter, die mehr oder weniger bloß noch als Träger geistiger Ideen fungieren. Ins Auge fällt auch seine eigenständige Vorstellung von Schöpfung und Schöpfer: Während bei den Neuplatonikern und Hermetikern die Dinge ständig emanativ aus ihrem Ursprung hervortreten und wieder zum Ursprung zurückkehren, sieht Paracelsus die Welt mit Gottes Schöpfungsakt fertig gebildet. Gott, «die anima und das Leben der Naturen und ein lebendiger spiritus und anima», ist für ihn eben kein pantheistisch-verschwommenes Allgemeinwesen, sondern ein persönlicher Gott, der sich geoffenbart hat: «Wir sind Gottes Geschöpf und darum in seiner Hand gefangen.»

Deutlich auf Distanz geht Paracelsus schließlich zu den Weltverachtungstendenzen der Neuplatoniker und Hermetiker: Für den hermetischen Dualismus kann die Welt nur Illusion und Betrug sein, ein lästiges Gefängnis, aus dem der Mensch ausbrechen muß, um sein wahres, geistiges Ich wiederzufinden und vergöttlicht zu werden. «Wenn du nicht zuerst deinen Körper haßt, mein Kind», sagt Hermes Trismegistos im sogenannten «Krater-Traktat», «kannst du dich selbst nicht lieben.»

Natürlich finden sich bei einem so schwierigen, skeptischen Charakter wie Paracelsus pessimistische Äußerungen genug, etwa die immer wiederkehrende Klage über die Vergänglichkeit der menschlichen Existenz: «Daß unser Leben kurz sei, mag niemand leugnen», stellt er traurig fest, «denn wir sind ein Staub und Schatten, der jeden Tag zergeht, und ein Blatt auf dem Wasser [...] Der Mensch bleibt nicht, hat den kürzesten Termin und keine bestimmte Stunde.»

Betrachtet man Paracelsus' Werk aber als Ganzes, dann fällt doch eine von messerscharfer Beobachtung und wachem Interesse geleitete Weltbejahung auf – ein realistischer Optimismus im Umgang mit Mensch und Schöpfung, der letztlich in seiner Überzeugung von der Würde des Menschen wurzelt:

«Denn wunderbarlich ist der Mensch geschaffen und geordnet, wenn man erst in sein rechtes Wesen kommt, was er ist, und wenn man ihn ausspekuliert in allen Dingen [...] Denn Gott, der im Himmel ist, der ist auch im Menschen. Denn wo ist der Himmel als im Menschen? Wenn wir ihn brauchen sollen, so muß er in uns sein. Darum weiß Gott von Mund zu Mund, was wir wollen, denn er ist näher bei unseren Herzen als die Zunge oder unsere Gedanken. Gott hat im Menschen seinen Himmel groß und schön gemacht, edel und wohl. Denn Gott ist in dem Himmel, das ist im Menschen. Denn er spricht selbst, er sei in uns, und daß wir sein Tempel seien.»

Katharina Biegger

Weder papistisch noch lutherisch noch zwinglianisch – die Eigenständigkeit des Laientheologen Paracelsus

«Nicht aber, daß ich es hier an diesem Ort mit den Pfaffen, Mönchen und angeblichen Geistlichen halte, auch mit keiner anderen Sekte; auch will ich mich niemandem anschließen: Ich lasse jeden das Seine verantworten, ich will das Meine auch verantworten.» *(«Von Fasten und Casteyen»)*

Paracelsus war bekanntlich weder ausgebildeter Theologe noch Geistlicher von Beruf, doch sind von ihm rund hundert größere und kleinere Schriften zu Themen der Glaubenslehre, der Frömmigkeit und des richtigen christlichen Lebens handschriftlich überliefert – kein systematisches theologisches Bauwerk, sondern eine Fülle von predigtartigen, oft streitbaren oder belehrenden Schöpfungen. In den aufgewühlten frühen Jahren der Reformationsbewegungen haben auch zahlreiche andere Laien intensiv über Glaubensfragen debattiert und sich, zum Beispiel als Verfasser von Flugschriften, zu Wort gemeldet. Hohenheims Beschäftigung mit dem Religiösen ist aber wohl nicht allein als Reaktion auf den Anstoß durch die Reformation zu sehen, sondern auch als Ergebnis eines in seiner Wesensart begründeten genuinen Impulses, vertieft durch eigene Erfahrung und eigenes Grübeln. Sie steht zudem in Zusammenhang mit seinem Wirken als Arzt und «philosophus», als Erforscher also von Natur, Mensch und Kosmos, von «kleiner Welt» und «großer Welt» und ihren wechselseitigen Beziehungen.

Persönlich gefärbte Äußerungen lassen vermuten, daß Paracelsus durch die Begegnung mit dem Mysterium des Todes seine Gedanken schon früh dem Ewigen zuzuwenden begann und davon sein Leben lang nicht mehr abließ. Doch nicht etwa, daß er aus Todesangst oder düsterer Diesseitsverachtung alles Irdische entwertet hätte. Nein, diese Erde ist ihm, als Schöpfung und Geschenk Gottvaters, der Ort, wo der Mensch mit göttlichen Kräften in Berührung kommt. Um Gott und die ewigen Glaubenswahrheiten zu erkennen, bedarf es nicht der Ausbildung an theologischen Fakultäten oder der Vermittlung durch Geistliche – es genügt, begierig und achtsam die «Bücher» Gottes zu erforschen: das «Buch der Natur» und die Heilige Schrift.

Eine fundamentale Rolle kommt der Bibel zu. Wer im Evangelium lernt, wird von Gott selbst gelehrt. Das höchste Gelübde, das der Mensch vor Gott ablegen kann, liegt nach Paracelsus im Versprechen, zu «lernen Gottes Wort, es glauben und lieben und seine Früchte befördern; uns in keine Sekte werfen, die anders ist, als das Evangelium zuläßt; das Evangelium täglich hören und aufnehmen [«fassen»]. Wir haben zwei Leiber. Darum muß der innere ebenso gespeist werden, nämlich durch das Wort Gottes. Denn der Mensch lebt nicht vom Brot allein, sondern auch durch die Speise, die aus dem Evangelium kommt und durch das Wort gegeben wird. Und nicht nur hören und glauben, sondern stets auch ihre Frucht betrachten.» («De re templi ecclesiastica»)

Hören, lernen und glauben allein reichen nicht aus: Die göttliche Botschaft ist in lebendiger Frömmigkeit tätig umzusetzen, damit sie Früchte tragen kann. Als treibende Kraft für manche theologischen Abhandlungen Hohenheims erscheinen eine stark ethische Veranlagung und ein ausgeprägter Sinn für soziale Fragen, wobei er die Richtlinien wahrhaft christlichen Handelns, individuell wie gesellschaftlich-politisch, aus der impulsiven und treuen, über historische Distanz und Entfremdung sich hinwegsetzenden Auslegung der Lehren Christi (insbesondere der Bergpredigt) zu ziehen sucht. Ein überwiegender Bestandteil seines theologischen Werkes besteht in der Exegese zusammenhängender biblischer Passagen und Bücher (Psalter, Propheten, Matthäusevangelium) oder thematisch ausgewählter Einzelstellen (beispielsweise zu Abendmahl, Ehe, Taufe).

Paracelsus' Vertrauen in die Bibel mündet in der Überzeugung, daß alle Christen, auch Laien und ungebildete Leute, sie verstehen können, wenn sie nur mit der richtigen Haltung, das heißt mit der gebührenden Demut, sich ihr nähern und vom Heiligen Geist Erleuchtung erbitten. Paracelsus ging in diesem Punkt der Emanzipierung des Laien über Luther oder Zwingli hinaus, da er beispielsweise nicht allein die Notwendigkeit eines priesterlichen Heilsvermittlers, sondern auch den Bedarf an spezialisierten Predigern in Abrede stellte:

«Dinge dir keinen Pfaffen für das Wort Gottes! In dir muß es liegen [...] Was soll es, daß er [sc. ein Priester oder Pfarrer] dir das Wort Gottes sagt? Das tut jeder, der lesen kann. [...] Denn der Glaube ist klar und so leicht zu verstehen, daß es keinen Studenten [«baccalarius»] braucht, geschweige denn einen Meister oder Doktor.»

Paracelsus unterscheidet zwischen der Predigt für die bereits Gläubigen, die er hier wie auch an anderen Stellen für unnötig erklärt, und der Verkündigung des Gotteswortes zur Bekehrung der Ungläubigen. Letzteres hält er für ein wichtiges, hohes Amt, zu dem nur einige Wenige (wie die Apostel) berufen sind, die sich durch besondere Zeichen ausweisen.

Hohenheims immer wiederholte und beständige Berufung auf die Bibel gleicht in manchem dem Prinzip des «sola scriptura» der konfessionsbegründenden Reformatoren. Ungewöhnlicher und eigenwilliger ist seine Überzeugung, daß auch die Erfahrung im Licht der Natur zur Gotteserkenntnis führe, ja daß sie zur richtigen Auslegung der Heiligen Schrift erst recht befähige oder mindestens helfe. Aus dieser Gewißheit heraus entwickelte Paracelsus als Interpret der Heiligen Schrift im Laufe der Jahre gegenüber der akademisch ausgebildeten, berufsmäßig formierten Geistlichkeit, ob katholisch, reformiert oder protestantisch, in einem erstaunlichen Maße Selbstbewußtsein und Originalität. Einen Traktat über Fragen der Askese von etwa 1532–1534 eröffnete er mit folgenden Worten:

«Damit ihr mich aber nicht etwa für parteiisch haltet oder meint, ich hänge einer Sekte – welcher auch immer es sei – an oder sei einer gleich, möchte ich euch auffordern, dieses hier folgende Buch fleißig und mit gutem Verstand durchzulesen, eifrigen Herzens aufzunehmen und zu bewahren [«in euer gemüet fassen und einschließen»]. Dann werdet ihr mich für einen eifrigen Christen und nicht für einen Ketzer halten und erkennen, daß mich meine Widersacher, die vermeintlichen Theologen, aus bloßem Unverstand beschuldigen. Denn nicht allein bin ich in der Heiligen Schrift ebenso gut und besser als sie erfahren, sondern ich habe auch vom Licht der Natur und von den beiden Philosophien, der göttlichen wie der natürlichen, vollkommene Erkenntnis, so daß ich das Falsche und den Betrug und das Gerechte wohl unterscheiden kann. Darum will ich hier nichts schreiben, als was der Heiligen Schrift gemäß, dem Licht der Natur nicht entgegen und aus göttlicher wie natürlicher Philosophie wohl begründet ist.» («Von Fasten und Casteyen»)

Das Selbstverständnis, das sich in einer Passage wie dieser ausspricht, ist bemerkenswert und wahrscheinlich – manche Aussagen Hohenheims deuten darauf hin – nicht ohne Widerstände errungen und aufrechterhalten. Sein Sprachgestus (abrupt, repetitiv, fragmentarisch, emotional) legt die Vermutung nahe, daß er unter heftigem Äußerungsdruck stand. Er sah die reine, die ursprüngliche Botschaft Christi verdunkelt und verfälscht und wollte dem Evangelium wieder zu Gehör und Recht verhelfen. (Ähnlich übrigens in seinen medizinischen Schriften: Auch da erklärte er es zu seinem Ziel, die Heilkunst von den Verunstaltungen durch jahrhundertelange Menschenlehre zu reinigen und das Licht der Natur wieder unmittelbar und frisch leuchten zu lassen.) Es trieben ihn, vor allem gegen Ende seines Lebens, endzeitlich gefärbte Sorge und Zorn; die Unruhen, Spaltungen und Kämpfe seiner Epoche deutete er als Signal des nahenden Untergangs. Immer wieder verwies er auf das Auftreten der vielen «falschen Propheten» (nach Matth. 24,11) – eine Klage, die sich leitmotivisch durch sein ganzes Werk zieht. Der Streit, der in der römischen Kirche mit den

Abgrenzungsbewegungen der Reformatoren aufgebrochen war, zeigte an, daß das ganze kirchliche Reich nicht himmlisch und folglich zum Untergang bestimmt war. Wie andere religiöse Außenseiter seiner Zeit (und schon des Mittelalters) kritisierte Paracelsus aus asketisch-spiritualistischer Sicht die «Mauerkirche», die sich durch ihre Verstrickung in weltliche Händel, ihre Teilhabe an ungerechten sozialen und wirtschaftlichen Machenschaften korrumpiert hatte – die wahre Kirche dagegen ist eine geistliche Größe.

So schreibt er in dem polemischen Traktat «De septem punctis idolatriae christianae»: «Die Kirche ist [...] der Geist aller gerechten Gläubigen und ihre Wohnung und ihre Versammlung, und sie ist im Heiligen Geist, also daß sie alle im Glauben sind. [...] Ecclesia aber [die irdische Kirche] ist eine Mauer. [...] Da hat der Heilige Geist keine Wohnung, denn das Gemäuer gibt keinen Glauben und beherbergt ihn auch nicht.»

Mit der Ablehnung des «Menschenwerkes», das im Laufe der Jahrhunderte die reine Lehre umrankt und überwuchert hatte, richtete sich Paracelsus, und diese Haltung charakterisierte ihn schon seit seinen frühen theologischen Äußerungen um 1525, zum Teil überaus deutlich gegen Lehrtradition, Riten und Brauchtum der katholischen Kirche. (Dennoch blieb er formal ein Glied der katholischen Kirche und wurde 1541 in Salzburg nach katholischem Ritus begraben.) Paracelsus stieß sich unter anderem an der Veräußerlichung des Gottesdienstes, an aufwendigen Heiligenfeiern und Wallfahrten, an scheinheiliger Fastenpraxis, Ablaß, Gelübden, Zeremonien, Ordenswesen, am römischen Kirchenapparat und den pflichtvergessenen Geistlichen. Die Kritik an den genannten Erscheinungen war typisch auch für die großen reformatorischen Bewegungen, und Hohenheim mag anfangs selbst einige Hoffnung auf die Erneuerung der Religion durch Luther und Zwingli gesetzt haben und ihrem Unternehmen wohlwollend zugetan gewesen sein. Ein bedeutendes medizinisches Werk widmete er jedenfalls dem Sankt Galler Stadtarzt und Reformator Joachim von Watt (Vadianus), und der Widmungsbrief eines 1531 in Zürich gedruckten Kometenbüchleins äußerte sich anerkennend über Zwingli. Doch die Evangelischen blieben je länger je weniger von Paracelsus' harscher Kritik verschont; in dem späten, rundum bissigen und polemischen Traktat «In Incantatores Sermo Secundus» meinte er, die Kirche des Papstes durch Luther oder Zwingli retten zu wollen, hieße, den Teufel mit Beelzebub auszutreiben. Aber auch für die Täufer und «schwermer», die ebenso wie die Vertreter der Papstkirche oder die Führer der reformierten Parteien behaupteten, sie als einzige seien im Besitz der Wahrheit, fand Paracelsus harte Worte.

«Es werden falsche Propheten auferstehen, und jeder wird sagen: ‹Ich verkünde das Evangelium, ich verkünde die gründliche Wahrheit, ich verkünde das Wort

Gottes, ich lehre das Wort Gottes›. Glaubt es nicht! [...] Diejenigen, die das sagen, diese selben sind die falschen Propheten, die Verführer des Volks!»
«Sie beten im Tempel, und ihr Gebet ist Gott nicht angenehm, denn es taugt nichts, und in Summa, sie sind Papisten, Lutherische, Täuferische, Zwinglische, so sind sie allemal, die sich berühmen des Heiligen Geistes, und daß sie gerecht sind im Evangelio...»
Wie Paracelsus selbst stolz ankündigte, richtete er sich nicht nach anderen, sondern suchte und prüfte, was dem Evangelium gemäß sei. So mischen sich in seinen Lehren Züge verschiedener religiöser Gruppierungen und Traditionen mit charakteristischen eigenen Gedanken. Einen derart bezeichnenden, zentralen Bereich von Hohenheims Theologie stellen seine Soteriologie und, damit eng verknüpft, seine Abendmahlslehre dar. In zahlreichen Einzelschriften grübelte er dem Geheimnis der Eucharistie nach (wobei er sich, wie es scheint, erstaunlich wenig um den reformatorischen Abendmahlsstreit gekümmert hat). Gottes Gnade hat die Menschen nach der Vertreibung aus dem Paradies nicht endgültig der Sterblichkeit und Verdammnis überantwortet: Er schickte seinen Sohn Jesus Christus, der die Gläubigen mit einem von sämtlichen irdischen Schlacken befreiten, himmlischen Leib versieht, in dem sie auferstehen werden (denn die Seele kann ohne Körper nicht sein). Die Entstehung des zweiten, inneren Körpers vollzieht sich noch während des Erdendaseins. Das Christenleben beginnt mit der Taufe, wo der Heilige Geist im Täufling «Wohnung nimmt», sich inkarniert. Sobald der junge Mensch bei genügendem Verstand ist, muß er sich selbstverantwortlich bemühen, das Taufgelübde zu erfüllen: glauben und erkennen, Reue tragen über seine Verfehlungen, Buße leisten und Gott um Vergebung bitten. Dann wird im Gläubigen durch das Sakrament des Abendmahls in einem gewissermaßen magischen Akt ein neuer, unverweslicher Geistleib aufgebaut, gespeist und getränkt aus Christi Fleisch und Blut. In Paracelsus' Bemühen, diesen Auferstehungsleib zu bestimmen, finden sich zahlreiche Querverbindungen zu seiner medizinisch-naturphilosophischen Anthropologie, ebenso auch heterodoxe Spekulationen über Abkunft und Beschaffenheit des «himmlischen Fleisches», geistig und materiell-körperlich zugleich, aus dem nicht nur Christus, sondern auch seine Mutter Maria beschaffen sind.
Voraussetzung zur Erlösung des Gläubigen ist jedoch stets ein Erdenleben nach dem Gebot der Liebe und im Kampf gegen die kreatürlich-irdischen Mängel des eigenen «alten Adam». Wer nach dem «höchsten und ewigen Gut» strebt, dem wird schließlich beschieden sein, im Himmel «ohn End ewig zu sein und in dem Angesicht Gottes zu wandlen, unter welchem kein Args, kein Übels ist, kein Winter, noch rauhe, aquilonische [nördliche] Luft, sondern alle Milde, die niemand kann aussprechen». («Liber de summo et aeterno bono»)

KARL BITTEL

Ein Sozialprogramm bei Paracelsus

Paracelsus hatte eine für seine Zeit und seinen Stand ungewöhnlich stark betonte soziale Einstellung. Nicht nur die harte und arme Jugend, viel Unglück und Not im Leben und bittere Erfahrungen sind die Ursache, es ist auch die in ihm entzündete christliche Leidenschaft, eine fanatische Wahrheits- und Gerechtigkeitsliebe sowie seine innerliche brüderliche Verbundenheit mit aller leidenden menschlichen Kreatur. So zieht sich durch Hohenheims Leben und Schrifttum der rote Faden einer tätigen opferbereiten Nächstenliebe: «Was ist unser wiz, vernunft, fürsittlichkeit, weisheit, als alein, das wir *dem nechsten darmit zu nuz* erschießen in seinen nöten. Schwezen, süß reden, blandiren ist des mauls ampt, helfen aber, nuz sein, erschießlich, ist des herzen ampt.» Sein medizinisches Schrifttum ist beherrscht von der Hilfe für die Armen und Notleidenden. Man erinnere sich an das frühe Spitalbuch, worin das schöne Paracelsuswort von der Liebe als dem tiefsten Grund aller ärztlichen Kunst geschrieben steht, wo er die Lieblosigkeit an den verlassenen Armen in den Spitälern schildert: «und lassent den armen liegen under der streu, daß ihm die hunde mehr liebe beweisen, dann *wir*»; wir Christenmenschen, wie er ausdrücklich zufügt. Denn wir erzeigten uns in der Hilfe für die Notdürftigen ärger als die Heiden, obwohl «uns zwingt das gebot Christi, ja auch die heidnische *natürliche liebe*». Nicht nur Gottesgesetz ist für Hohenheim jede soziale Hilfe, sondern ein ganz allgemeines Naturgesetz.

Es ist bisher wenig beachtet worden, daß auch bei seiner Erneuerung der Medizin Hohenheim den sozialen Gedanken weit in den Vordergrund stellte. Er zog sich ja gerade damit, daß er die Heilkunde volkstümlich machen wollte – eine wirkliche Volks-Heilkunde –, den erbittertsten Widerstand der privilegierten Ärztezunft seiner Zeit zu. Daß er damals in Basel einen Teil seiner Vorlesungen «in teutscher Sprache für jederman» hielt, war ein offener Angriff auf das Bildungs- und Standesmonopol der gelehrten Ärzte, worauf diese besonders empfindlich reagierten: «lassen sich auch vermerken» – heißt es in seiner Eingabe an den Basler Rat im Jahre 1527 – «daß mein lesen und ofenbarung meiner kunst und der artzney nie in gebrauch gewesen, also *jederman zu unterrichten;* zu besorgen, es möchte ihnen hienach an ihrer narung und leibs unterhaltung großen nachteil und abbruch bringen». Ob die neue Lehre materielle Vor- oder Nachteile für ihren Säckel bringe, das war damals also mit die entscheidende

Frage für die Gegnerschaft der Kollegen gewesen. Deshalb machten sie ihm die unsäglichen Schwierigkeiten bei der Lehre seiner Volksheilkunde, die auch dem ärmsten Volksgenossen die natürlichen Arzneimittel und das Verständnis für die Gesundheitslehren bringen wollte. Noch ganz am Ende seines Lebens, in der nachgetragenen Beschlußrede zum «Labyrinthus medicorum» (1538), wo er die zeitgenössische Ärzteschaft beschuldigt, sein Leben lang das Erscheinen seiner Schriften verhindert zu haben, nennt er als Grund dafür außer der Angst vor ihrer Entlarvung, «daß sie weder wöllen noch leiden können, daß die arznei in erkantnus des *gmainen manns* komme, sondern bei jnen ein aigner nuz bleibe». Auch sein nimmermüder Kampf gegen die Apotheker gehört in dieses Kapitel uneigennütziger sozialer Arzneikunst, als er ihre überhöhten Taxen brandmarkt, weil «doctor und apteker pact und geding miteinander machen, der apteker dem doctor pens (Prozente) von seinen recepten gibt». Der folgenschwerste Zusammenstoß ergab sich jedoch aus seinem unerschrockenen Angriff auf den Guajakholz-Import der Fugger. Nachdem er den Holztrank bei der Syphilis für unheilvoll erkannt hatte, wandte er sich öffentlich gegen die Ärzte, welche «in Fuggers laden» liefen und hülfen ihm «jr holz abladen jnen selbs zu jrem nuz und wußtent, daß in seinem lant heuser und gassen voll kranken lagen, die das holz verderbt hatte». Bald nach diesem Zusammenstoß mit der größten Kapitalmacht der Zeit erfolgte im März 1530 jenes für ihn so verhängnisvolle Nürnberger Zensurverbot, wodurch ihm zeitlebens jede weitere medizinische Bucherscheinung verunmöglicht worden ist, bis auf die einzige Ausnahme der «Großen Wundarznei».

Daß hinter all diesen sozialen Problemen, die ihn als Arzt beschäftigten, eine grundsätzliche religiös-soziale Weltanschauung bei Hohenheim stand, erweisen verschiedene handschriftliche Fragmente, die sich mit sozialpolitischen Fragen beschäftigen. Darunter gibt es das besagte sozialpolitische Programm X «wie ain ordnung soll gehalten werden in allen weltlichen stenden» («Liber de ordine doni»). Den Inhalt dieser im Original offenbar verlorengegangenen Handschrift von der Ordnung der Gaben, was im paracelsischen Sprachgebrauch etwa von der Organisation der Berufe oder Stände bedeutet, das heißt einer gottgewollten weltlichen Ordnung oder Herrschaft, können wir heute nur noch bruchstückweise aus verschiedenen Abschriften entnehmen. Die von Hohenheim darin erörterten Fragen gehören zu dem großen akuten Thema der Zeit des Bauernkrieges, zu jenen Ideen, welche aus dem Evangelium heraus das gesamte irdische Leben gestalten wollten. Man denke nur an Hubmayer in Waldshut oder an die Zwölf Artikel in Süddeutschland mit ihrer Fülle von Bibelzitaten. In nächster Nähe dürfte sich Hohenheim in seinen Anschauungen und Forderungen wohl von Thomas Müntzer befunden haben.

Der Gedankengang von Hohenheims «De ordine Doni» läßt sich kurz folgendermaßen rekonstruieren: Gottes Gebot ist die Nächstenliebe, aber der Satan treibt zum Eigennutz, so daß «der gmain nuz zerstört wird und zertrinet an reichtumb, hoffart, lesterung, spilen, huren usw.» Damit aber «der aygen nuz in vita beata nit eintringen möge, folgt also ein ordnung der gaben eines jeclichen gegen dem nechsten ... darumb ist hie *ain ordnung, daß ein jeder mensch zu leben und zu zeren hab,* welliche ordnung in allen dingen, so die narung belangt, zu machen ist, denn aus gebresten der narung entspringen die argen und falschen, denn armut ist nit einem jeden leidenlich». Unter seiner Ordnung der Gaben versteht Hohenheim also eine wohlgeordnete Wirtschafts- und Sozialordnung gemeinnützigen Charakters, welche «das gewinnen der narung», also die menschliche Lebensnotdurft sichere. Der Gesellschaftsaufbau wird in vier Stände gegliedert, die er als «vier monarchias» bezeichnet: «darumben seind vier gaben auf erden, als eine der *feltpau,* ein ander die *hantwerk,* die drit der *freien künst,* die viert der *obrikait,* die alle erhalten sich gegeneinander und ein jeder teil nuzet und erhält die anderen drei teil et econtra.» Dabei treibe jeder nach «Gottes willen sein ampt, das jm Gott auf erden geben hat».
So fügt sich also die Vorstellung Hohenheims von der Ordnung der menschlichen Gesellschaft in sein gesamtes Weltbild von höchster Einheit, beherrscht von der alles umspannenden gottgewollten «Ordo» des Mittelalters. Der große Makrokosmos des Weltalls, der Sozialkosmos des menschlichen Gemeinschaftslebens und der Mikrokosmos des Menschen selbst. Die wirtschaftliche und staatliche Ordnung ruht auf den drei produktiven Ständen der Hand- und Kopfarbeit (Landwirtschaft, Handwerk und freie Künste), darüber die regelnde Obrigkeit. Neben diesem Aufbau der Gesellschaft wird in eindrucksvoller Weise der Gemeinnutz als alleiniger Sinn und Zweck alles Wirtschaftslebens erörtert. Hier seine Ordnung der Landwirtschaft: «So ein region würde sein, zehn meilen weit, so sollen die hausväter und alles volk des landes fürgenommen werden und die erden ausgeteilt in dieselbigen teil, daß gleich und gleich ausgang. So nun derselbig hauf sich über jar meren würd von aufgewachsen kinden, aber mer teil machen; so sie sich mindern würden, aber minder teil machen. Und nit eim man zustellen, da 100 mangeln müßten. Denn derselbig reich man ist des teufels und verdamt; dazu ursacht jn ein oberkait, die jm solch fremd gut nit sol lassen zusten, ob ers schon gleich kauft hätt, so ist es doch nit sein. So mag auch keiner sein teil erden verkaufen.» Außer diesem Gemeinbesitz an Grund und Boden fordert Hohenheim die genossenschaftliche Solidarität der Arbeit, dabei eine höchst bemerkenswerte Preislehre entwickelnd. «Als ein exempel: es sind 1000 bauern mit jren knechten, nun ist der schade, daß an eim ort der schnee erfrieren läßt, am andern aber nit, item der reif, kälte, item an dem

ort erschlägts der hagel und was der erden sonst zustet. An einem ort ist die fülle, am andern armut worden. Nun erfordert die libe ein ordnung, daß ein teil dem andern teil sein kreuz helf tragen und mitleidig sei [...] also würd ein gut ordnung zu machen sein. Den der hagel geschlagen hat sei, als den er nit geschlagen hab. Nit allein korn, haber, sondern auch wein, gras, hüner, vieh und gleich alles, was die erde an dem ort trägt, also je ein teil den andern zu erfreuen hab [...] Dazu soll die obrikait helfen, auf daß die lib des nächsten einwurzele und nit ein jeglicher tue, was er wöll, lib oder nit.» Ein anderes Beispiel: «So der wein im faß liegt, werd er aller taxiert über die kosten so im ganzen land aufgelaufen, über den der wol geraten und übel geraten ist. Mit derselbigen summa der kosten werde der wein gesetzt. Nit daß der wolgeraten den seinigen allein teuer gibt auf sein eigen nuz, sondern in die libe gegen den nächsten treten, daß sein gewinn des beschädigten gewinn auch sei. Also wird keiner reicher denn der ander und keiner hat kein schatz vor dem andern. Also auch mit dem korn und getreid zu versten, allen kosten des ganzen landes so darauf gangen *gesummiert* und das malter auf denselben tax geschätzt.» Für die Geschichte der Volkswirtschaft wird es eine interessante Entdeckung sein, hier bei Paracelsus eine objektive Wertlehre anzutreffen, welche als Maßstab die gesellschaftlich aufgewendeten durchschnittlichen Kosten «alle kosten gesummiert» für die Preisbildung zugrunde legt. Noch deutlicher kommt dies an anderen Beispielen zum Ausdruck, etwa bei der Bruderschaft der Handwerker. So sollen von den Schustern die Schuhe «alle in ein haufen zusamen gerechnet und daruf alle kosten und narung und auf die schuh verteilt, und die schuh darnach verkauft werden [...] Wiewohl auch das ist, daß sein gewinn nit soll so groß sein, sondern gebürlich und niemands übernemmen.» Es würde hier zu weit führen, weitere Einzelheiten zu erörtern. Lediglich zum Lohnproblem sei noch bemerkt, daß «die knecht nit auf viechische weis sollen gehalten werden», sondern wie die Meister «auch in den teil» von Bekleidung, Essen, Trinken usw. kommen.

Beherrschend ist die Einstellung Hohenheims zum Gewinn, auch auf die bestehenden wirtschaftlichen Verhältnisse übertragen. «So einer ist ein wucherer, ein großer schazsammler, einer der da gewinnt, es hätten 10, 20 oder 30 gnug daran – und wenn auch alles gerecht zugehet – und andere müssen gepresten darinnen tragen, daß einer, der alles alein gewinnt und an sich ziet, so müssen die armen darumb armut leiden, betteln usw. Das ist eines andern guts begert, denn es ist den armen gleich sowohl als den reichen von Gott rechtlich geben. Denn so wir den grund besehen, wer wir alle sind, und was wir sind, so mag keiner mer besizen als der ander.» Natürlich wird auch der Zins als arbeitsloses Einkommen verworfen: »nit zins und gült, sondern mit eigner arbeit sich selbs erhalten.»

Aus den wirtschaftlichen Anschauungen des Mittelalters heraus wendet sich Hohenheim auch grundsätzlich gegen den Handel treibenden Kaufmann. Während die produktive Tätigkeit der drei Stände necessitas ist, erscheint die der Händler und Geldleiher als cupiditas. Sie zerstörten den gemeinen Nutz und brächten Unordnung in die gesellschaftliche Ordnung. Gegen diese Störenfriede richtet er eine maßlose Philippika, wie er früher schon gegen den «betrug der kaufleuten, kremern, vorkäufern usw.» gewettert hatte. «Außerhalb diser monarchia seindt etlich rotten mit eingewurzlet, die außerhalb der vier jr besondere narung haben, aber im weg der unselikeit, als die kauffleut, tuchleut, zynnsmacher, geltleyer, fürkäuffer, grympler, merzler und dergleichen vil andere mer.» Es gibt keine Schandtat, welche er ihnen nicht zuschiebt. Soweit es sich um den Handel mit landwirtschaftlichen Produkten und Handwerkswaren handelt, weist er diesen den Produzenten zu. Für den Importhandel jedoch sieht er staatlich besoldete Beamten vor, wie es etwa zeitgenössisch auch der bedeutende Bauernkriegsführer Michel Gaismair in seiner Landesordnung (1526) gefordert hatte. «Bedürft jr eins andern und fremden guts aus fremden landen, beschikts aus dem seckel (der Staatskasse), sezt einen landsdiener, der euch das für seinen lon in andern fremden ländern fertige, nit verhängt den wucherern, räubern, grümplern», sagt Hohenheim.

Im Mittelpunkt der paracelsischen Gesellschaftsordnung steht das Grundgesetz der Arbeit. Er nennt dieses Thema die «ersam uffrecht narung», worin sich nocheinmal seine gesamten sozialwirtschaftlichen Anschauungen spiegeln. «So nun der selig weg der narung alein in der arbeit – labores manuum tuarum – stet und nit in müßig geen oder finantzerey, sonder zur arbeit erkent, so werden hierinen all die narung, so nit mit arbeit gewunnen werden, verworfen und entsezt. Was ist nun die arbeit, so us den henden gewunnen wird? Die ist's, daß sie gewunnen werd dem nechsten zu nuz und on sein schaden, wie dir selbs. Das ist die narung darinnen kein reichtumb ist, allein die notdurft.» Im einzelnen werden dann die verschiedenen Stände angesprochen, um diese Thesen praktisch zu erläutern. Jeder treibe nicht mehr, als er zum Lebensbedarf notwendig habe, wobei er sich auch gegen die Erbschaft wendet. «So soll kein vatter sein kinden reichtumb verlassen zum müssig gang, am letzten werden dein kind müssig geer, edelleuten und junker.» Man soll seine Kinder so erziehen, daß «sie freid haben in der arbeit».

In dieser Weise werden noch eine ganze Reihe von Fragen des Wirtschaftslebens, der sozialen Gemeinschaft, der Hilfe gegenüber den Armen und Kranken abgehandelt, ausklingend in das schöne Bekenntnis, wie es uns ähnlich auch anderwärts in paracelsischen Schriften begegnet: «Dan nit in rue, nit in wollust, nit in reichtumb, nit im maul, nit im bauch stet die selikeit, sonder in arbeit und schweiß ein jeglicher sein gab verbring.» Von letzter Konsequenz ist seine Forderung, daß, wer nicht arbeitet, auch nicht essen soll: «unser arbeit soll gewunnen sein, je eins dem andern, und dem so nit arbeitet, dem sol auch genomen werden was er hat, uff daß er arbeite.»

Damit haben wir in kurzen Strichen die soziale Lehre und das soziale Programm des großen Revolutionärs der Medizin vor mehr als 400 Jahren, an einer gewaltigen Wende der Zeiten, kennengelernt. Daß er für sich selbst aus dieser sozialen Weltanschauung alle persönlichen Konsequenzen gezogen hat, ist bei der kategorischen Strenge, die er all seinen Handlungen zugrunde legt, selbstverständlich. Sein soziales Arzttum ist bekannt. Daß seine Volksheilkunde stark sozial bestimmt war, ist in der Paracelsusbiographie schon weniger deutlich gewesen. Aber daß dem allem so tiefbewußte soziale Überzeugung und Gesinnung zugrunde lag, und sich bis in wirtschaftliche und staatliche Forderungen gesteigert hat, bringt uns einen guten Gewinn für die allmähliche Erhellung seines historischen Lebensbildes. Nur ganz allmählich, Stück um Stück, läß sich heute die totale geistige Erscheinung dieser seiner Zeit unbekannten und von seinen Zeitgenossen völlig verkannten universellen Gestalt erfassen. Wie sehr erstaunt war schon 1618 Johann Staricius: «Wenn ein gescheuter Mensch dem ein wenig nachsinnet, der muß ja über diesen hocherleuchteten Mann Theophrastus sich verwundern, daß er so große, unmögliche scientias und artes zu meditieren gewußt habe.»

Kurt Goldammer

Friedensidee und Toleranzgedanke bei Paracelsus

Der Gedankenkreis von Friede und Duldsamkeit steht nicht isoliert im Werk und in der Persönlichkeitsentwicklung des Theophrastus von Hohenheim. Er hat seine Voraussetzungen und seine eng dazugehörigen Nebenerscheinungen. Ihnen wollen wir uns zunächst zuwenden.

Die Mannigfaltigkeit der Aspekte im Grundansatz

Wo liegen die Wurzeln der paracelsischen Friedens- und Toleranzidee? An geschichtlichen Voraussetzungen wird man – abgesehen vom allgemeinen christlichen und theologischen Traditionsgut – sektiererisch-spiritualistisches Erbe, teilweise eschatologisch-apokalyptischer Art, in Betracht ziehen müssen, das ihm irgendwie zugeflossen ist, mit dem er jedenfalls bekannt war und das sich gleichzeitig bei Täufern und Spiritualisten manifestiert, ohne daß man an unmittelbare Beziehungen dieser Träger verwandter Ideale zu Paracelsus zu denken hätte. Wir haben es hier mit außenseiterischen Tendenzen von Gruppen zu tun, die sich schon auf Grund ihrer soziologischen Sonderstellung derartige für die Allgemeinauffassung der Zeit paradoxe Postulate erlauben konnten. Ähnliches finden wir bei Einzelpersönlichkeiten der Zeit und bei den von ihnen beeinflußten besonderen Kreisen, wie bei Erasmus von Rotterdam und den Erasmianern. Mindestens ebensolches Gewicht kommt aber gewissen breiteren Strömungen der Zeitstimmung mit ihrer Friedenssehnsucht und mit ihrer unionistischen Toleranzbereitschaft zu. Die kirchlichen Unionsbestrebungen des 15. Jahrhunderts innerhalb des Abendlandes, die ja zugleich Friedensbestrebungen waren, und zwischen Abendland und Morgenland, der neue, unter schmerzlichen Begleitumständen vollzogene Kontakt mit dem christlichen Osten seit 1453 und schließlich die Beschäftigung mit dem Islam sind charakteristisch dafür. Nicolaus von Cues, Verfasser der erstaunlichen Schrift «De pace fidei», wurde zum Ausdruck solcher Wünsche.

Nicht minder bedeutsam ist die politische Apokalyptik, die schon seit dem 13. Jahrhundert wirksam ist, mit ihren Hoffnungen auf Idealkaiser, Engelspapst und Friedensreich, wie sie besonders in franziskanisch-spirituellen Kreisen genährt wurde. Mit ihr sollte sich Hohenheim später mehrfach beschäftigen.

Ebenso wichtig aber sind die inneren Wurzeln im denkerischen Werk des Paracelsus. Es wäre dabei zunächst auf Gedanken des Arztes zu verweisen, auf *das Biologische* seiner Vorstellungswelt. Denn eine Art von Biologismus liegt hier zweifellos vor, eine Anschauung vom hohen Werte des ganzheitlichen Lebens, eine wissenschaftliche Würdigung der Lebensvorgänge. Die Erhaltung des Leibes, oder besser: des leib-seelischen Ganzen, ist höchste Pflicht für den Arzt. Und das bedeutet: Kampf gegen den Tod und Eintreten für das Nichtschädigen, dessen Pathos manchmal an buddhistische Lehren gemahnt, obwohl die Fundamente deutlich in der christlichen Ethik liegen. Derartige Ideen durchziehen das gesamte Werk des ärztlichen Naturphilosophen, auch seine theologischen Schriften, in denen solche Motive sich häufig besonders kräftig hervorheben, in einer für die Zeit ungewöhnlichen Weise.

Die Lebenszugewandtheit führt ihn zu einer Ablehnung des Selbstmordes sowohl wie der Todesstrafe und daher in logischer Folgerichtigkeit auch des Krieges. Alles Gewaltsame ist dem biologisch denkenden und pazifistischen Mediziner fremd und verhaßt. Fast könnte man von einem *Vitalismus* auf christlich-eschatologischer Basis sprechen, der ihn trägt. Züge einer resignierenden Passivität fehlen dabei nicht.

Ein weiteres Motiv ist eine neue Konzeption des altchristlichen *Missionsgedankens* in Verbindung mit einer strikten Ablehnung des Glaubenskrieges: Ausbreitung des Christentums ist vornehmste Pflicht der Kirche, aber in rein geistig-geistlicher Weise unter Verzicht auf alle Gewaltmaßnahmen. Der Missionsgedanke führt zu einer völlig neuartigen Sicht der Aufgaben der Christenheit in Verbindung mit einer neuen Deutung des geistlichen Amtes und seiner Struktur. Neu wird damit auch das Verhältnis zu den Nichtchristen bestimmt, denen bei aller Anerkennung ihrer Bekehrungsbedürftigkeit doch teilweise ein hohes Maß von Achtung entgegengebracht wird.

Eine andere Seite der Paracelsischen Ideenwelt, die für das Verständnis der uns interessierenden Gedanken wichtig ist, ist die *Sozialkritik* und das Streben nach *politischer Reform.* Dabei wird ein grundlegender Wechsel der bestehenden politischen Verhältnisse als erstrebenswert bezeichnet. Vor allem werden alle Arten von Obrigkeit, deren Autorität in Zweifel gezogen wird, häufig angegriffen und heftig befehdet. Mit der Kritik der politischen Autorität, die fast durchweg als schlecht und erneuerungsbedürftig gilt, ist natürlich auch eine Ablehnung «ihrer» Kriege verbunden. Denn der Krieg, der Unfriede, die Unzulänglichkeit der Verhältnisse und die Unzufriedenheit der Menschen damit sind ja eines der kennzeichnenden Merkmale aller bestehenden Staats- und Regierungsformen. Der Krieg ist Ausdruck des Unnormalen, Unnatürlichen, des Ungesunden und Widergöttlichen, des Sündigen, das diesen politischen und sozialen Ordnungen anhaftet, die deshalb dem – zur Zeit noch verhaltenen – Zorne Gottes preisgegeben sind. So wie im Bereich des Biologischen und Medizinischen ist ihm auch hier im Grunde alles Gewaltsame zutiefst zuwider. Das gilt auch für die Stellung zur Rechtsprechung. Von den Juristen wird Achtung vor der Würde des Menschen verlangt, der «nit ein sau» ist, «sonder ein edlere creatur». Und im Strafvollzug soll den Gefangenen und Gebundenen eine menschenwürdige Behandlung zuteil werden.

Paracelsus bewegt sich ferner von Anfang an in der *Rolle des Außenseiters,* als menschliche Persönlichkeit sowohl wie als bahnbrechender Entdecker von neuen Methoden und Erkenntnissen in Naturforschung und Heilkunde. Bald kommen religiöse und politische Extravaganzen hinzu, die ihn 1524/1525 in Salzburg in eine unglückliche Beteiligung am Bauernaufstand drängen und in

ein ungünstiges Licht setzen. Von da an findet er sich nicht selten in der Situation des «Ketzers», vor allem unter seinen medizinischen Fachgenossen (die er allerdings selbst gern als «Apostaten» und «Ketzer» abwehrt), mehr und mehr aber auch hineingezogen in den Strudel der politisch-religiösen Ereignisse. Derartige psychologisch und entwicklungsgeschichtlich bedeutsame Momente in der Biographie des Hohenheimers dürfen nicht übersehen werden. Hier sind seelische Traumata entstanden, vielleicht auch gewisse Inferioritätskomplexe.
Diese innere Lage disponiert ihn zum Verständnis für andere «Ketzer», Andersgläubige und Künder außenseiterischer und neuartiger Ideen. Er muß ihnen – wenn er auch nicht mit ihnen übereinstimmt – zumindest Raum zubilligen, so wie er für sich selbst Raum fordert. Die Zeitverhältnisse zeigen ihm, wie töricht es ist, sowohl Andersgläubige zu verfolgen wie auch seine eigene Überzeugung fanatisch mit der Waffe in der Hand zu verteidigen oder zu verbreiten. Seine persönlichen Erfahrungen und Anschauungen von Ketzerverfolgung und Glaubenskrieg haben ihn zur Duldsamkeit auf breitester Grundlage geführt.
Wenn wir noch tiefer graben unter den inneren Wurzeln einer solchen neuartigen Haltung, stoßen wir auf eine Schicht, in der sich die für diese Zeit charakteristische, auch sonst häufig zum Vorschein kommende *allgemeine Relativierung des Standpunktes*, eine gewisse *Unsicherheit des Lebens- und Normgefühles* abzeichnet (obwohl der Glaube an bestimmte unerschütterliche transzendente Normen durchaus vorhanden ist). Es fehlen objektive Maßstäbe, und soweit sie vorhanden sind, werden sie nicht voll zur Geltung gebracht. Das heißt, es werden vor allem die bestehenden innerweltlichen Normen, Maßstäbe und Konventionen in Frage gestellt. Der im Gange befindlichen Skepsis gegenüber dem Vorhandenen und Bestehenden, vorgetragen mit methodisch bohrendem Zweifel von einigen sich weit vorwagenden Geistern, schließt sich auch Paracelsus in seiner Weise an, obwohl für ihn die obersten Normen des göttlichen Gesetzes, des Evangeliums, unverrückbar feststehen. Aber gerade diese Normen fordern ja die Kritik an dem Geltenden und Gewohnheitsmäßigen der Zeit an einigen ethisch schwachen Punkten heraus. Wir sehen das etwa an seiner schroff ablehnenden Stellung zu weltlicher und geistlicher Obrigkeit, die er manchmal in fast anarchistischer Weise negiert, an seiner Kritik zahlreicher sozialer Gepflogenheiten und an seiner Ablehnung der überkommenen Kirchlichkeit. Sebastian Franck hat ihn deshalb prägnant und völlig richtig – und in seinem eigenen Sinne auch positiv als einen Geistesverwandten – in seiner «Chronica» gekennzeichnet: «ein seltzam wunderbarlich mann. Der fast all Doctores und Scribenten in Medicinis verlacht ... und allein schier wieder all Medicos ist ... und vil widersinns mit vilen helt. Des practick schier wider all ist / gleichsam ein ander Lucianus.»

Todesstrafe und Krieg

In allgemeinster Form drückt sich diese skeptische Haltung Hohenheims in seiner kritischen Betrachtung der *Todesstrafe* aus, die ja im Bereiche der Justiz und der sie ausübenden Gesellschaft bzw. des Staates als eine gesetzlich erlaubte und sogar gebotene Form des Tötens eine ähnliche Stelle einnimmt wie im zwischenstaatlichen Leben der Krieg: sie ist eine letzte Möglichkeit, der absolute Ernstfall.

Dergestalt wird sie auch von Paracelsus bejaht in seinem Sermon «Ob der weltliche gewalt am leibe zu strafen habe». Danach hat die Obrigkeit, weil von Gott, die Gewalt über den Leib, während die über die Seele nur Gott zusteht. Allerdings kommt die Todesstrafe nur für die «in böser natur» in Frage, bei denen keine Besserung zu erhoffen ist. Als Rehabilitierung des Verbrechers und als Grundlage seiner Wiederherstellung wird diese Strafe in «De sanguine ultra mortem» in echt mittelalterlicher Weise angesehen. Dem steht gegenüber eine radikale Ablehnung in anderen theologischen Schriften. Christen haben diese dem Heidentum zugehörende Strafart nicht nötig, weil Gott selbst straft und sich das Recht über alles Leben vorbehält, und weil der Sünder Gelegenheit zur Buße haben soll. Das Heidentum und seine harten Strafgesetze werden dabei relativ anerkannt: «als heiden haben sie recht gehandelt». Auch im Alten Testament mag die Todesstrafe zu Recht bestanden haben. Aber die Gefahr des Heidentums und seiner Justiz ist die autonome Vernunft des Menschen. Christen müssen anders verfahren!

Diese letztgenannte radikalere Haltung ist wohl durch die spätere, verbindlichere ermäßigt worden, wie sie oben aufgezeigt wurde, da man annehmen kann, daß die Schriften, in denen sie auftritt, älter sind und aus der scharf kritischen Periode im Anfang der dreißiger Jahre stammen. Die Datierung dieser Schriften wird in der kritischen Gesamtausgabe der theologischen Werke dargelegt werden. Einen Mittelweg sucht die politisch-kritische Schrift «De magnificis et superbis» aufzuweisen. Hier wird die Leibesstrafe auf Strafmaßnahmen an den Gliedern eingeschränkt (die ja dem Mittelalter aus seinem Analogiedenken heraus geläufig waren). Es geht also auch hier um die Erhaltung des Lebens und gegen die übermäßige Strenge in der Anwendung der Strafe am Leben, wie sie sich durchgesetzt hatte. Vermutlich sind die radikal verneinenden Äußerungen zur Todesstrafe aus Paracelsischen Erwägungen im Zusammenhang mit der Carolina entstanden, die 1532 zum Reichsgesetz erhoben worden war und an der sich der Mann des «Widersinns» rieb, weil er sie als obrigkeitliche Anmaßung und Willkür empfunden haben mochte.

Paracelsus ist damit wohl der erste grundsätzliche Gegner der Todesstrafe im abendländischen Kulturbereich. Der mittelalterlichen Kirche wirft er in diesem Punkte, obwohl sie sich theoretisch und theologisch im allgemeinen zurückhaltend und mäßigend gezeigt hatte, eine falsche Deutung der Heiligen Schrift vor. Die neue Rezeption des römischen Rechtes wirkte ja auf diesem Gebiete bekanntlich nicht mildernd, daher sein Eingehen auf die «Heiden» (Antike). Mag sein, daß er eine ähnliche Stimmung in den verfolgten Täuferkreisen und in ihren konkreten Nöten vorgefunden hatte. Für diese so hart an Leib, Leben und Gut gestraften Menschen lag dieses Empfinden nahe.

Ähnlich nun wie der Kampf gegen die Todesstrafe beruhen die Äußerungen gegen den *Krieg* auf seiner Anschauung vom Wert und Wachstum des unverkürzbaren Lebens, das gemäß dem Evangelium bestehen und von der Obrigkeit geleitet werden soll. Diesen politischen und staatsethischen Ernstfall verneint Paracelsus völlig, abgesehen vielleicht vom Verteidigungskrieg. Er ist damit *einer der Vorläufer des modernen Pazifismus* und steht hier manchen anderen bedeutenden Geistern, wie Nicolaus von Cues und Erasmus von Rotterdam, nahe. Hohenheim bemerkt das Machtproblem und die Machtgier hinter der Kriegsführung. Als «ethischer Idealist», wie ihn Heinrich Bornkamm treffend genannt hat, denkt er nicht über geschichtsphilosophische Fragen nach, etwa wie und warum bisher immer wieder Kriege entstanden seien, oder ob sie etwa der Ausdruck einer geschichtlichen und naturhaften Gesetzmäßigkeit und in der menschlichen Existenz und Geschöpflichkeit begründet sein könnten. Ihm schwebt vielmehr nur das große und leuchtende Ziel eines eschatologischen Friedens- und Heilsreiches vor, in dem sich die Fäden politischer Apokalyptik und urchristlich-chiliastischer Endzeiterwartung zusammen mit der paracelsischen Ehrfurcht vor dem Leben in seltsamer Weise verschlingen. «Wo secht ir ein krieg als allein bei solchen gotlosen leuten [näml. den Reichen und Mächtigen]? die denken tag und nacht auf solche hendel, wie sie den andern oder den nechsten überstreiten, überkriegen, auf daß sie ihn umb das sein bringen.»

Der Krieg ist vollständig abzulehnen. Höchstens zur Verteidigung des eigenen Lebens darf man die Waffe ergreifen, also auch hier wieder, um den von Gott gesetzten Wert des Lebens zu schützen. Wiederum sieht er nicht den sich aus dem als eine Art von Notwehrmaßnahme zugestandenen Verteidigungsrecht ergebenden Konflikt ethischer Pflichten. Der Friede ist ihm auch wichtiger als territoriale Ansprüche, wie er etwa am Türkenkrieg um Ungarn exemplifiziert. Lieber soll nachgegeben werden um des Friedens willen. Er geht dabei vor allem von den innerdeutschen und innereuropäischen Verhältnissen aus. Man wird an die persönlichen Erfahrungen Hohenheims mit dem Kriege auf allen möglichen Schlachtfeldern Europas denken müssen, die aus seinen sehr anschaulichen Schilderungen hervortreten: Eine Kriegspartei ist so wenig wert wie die andere!

Vor allem weist er in der Dekalogexegese darauf hin, daß die Verbindung des Mordens mit anderen Verbrechen und Sünden das Verbrechen des Krieges noch verschlimmere.

Von einer anderen Seite her, nämlich der der unrechtmäßigen Bereicherung, faßt er die Frage in «De honestis utrisque divitiis» an. Hier scheidet er zwei Arten des Tötens, das aus Affekt und das zum Zwecke des Gewinns. Das letztere zerfällt in Raubmord und Kriegsdienst. Der Kriegsdienst wiederum kann normal und ordnungsgemäß sein oder unrechtmäßig (wenn er Plünderung und Stillung böser Begierden zur Folge hat). Letzteres wäre Morden mit dem Ziele der Übertretung des Siebenten Gebotes, also zugleich Diebstahl, was schlechterdings unstatthaft ist.

Paracelsus erkennt hier das Berufssoldatentum in den Formen seiner Zeit wohl an, wenn es ein sich mit dem Lohn bescheidendes Söldnertum ist, also sich an das Evangelium Jesu hält, faßt aber doch auch seine großen und fast zwangsläufig vorhandenen Gefahren ins Auge. Denn es ist eben irgendwie «Töten um Gewinn», auch wenn dieser nur im Sold besteht, und es schließt die Möglichkeit unrechtmäßigen Tuns um des Reichtums willen in sich. Dieser Standpunkt ist vermittelnd. Am liebsten aber sähe Paracelsus es wohl, wenn es überhaupt kein soldmäßiges Töten gäbe und damit der Menschheit Kriege erspart blieben.

Wieder anders beleuchtet, ist der Krieg leidvolle Schickung des Himmels: Der «Himmel» als kosmisch-metaphysische Macht «reizt» die Kriegsleute, und nur Kriegsführung in Übereinstimmung mit der bei Gott zu findenden «Vernunft» kann die Tücken des «Himmels» überwinden.

Es ist charakteristisch, daß all dies vorwiegend im Zusammenhang mit dem Fünften Gebot und mit der Todesstrafe behandelt wird. Am Jüngsten Tage «werden auch rach schreien alle die, so in kriegsleufen unschuldig erschlagen sind, ermort und umbracht. dan dieweil got geboten hat, du solt niemants töten; dieweil was getöt ist worden, das selbig (was unschuldig ist) blut schreit zu got.» Auch der Krieg ist Mord! Würden wir Christus und den Weisungen des Evangeliums folgen, «so haben wir frid, rue und einigkeit», «so entstehn keine totschläg, kein krieg, sondern bleibt frid. dann diß gebott muß bei den christen gehalten werden.» Naturordnung, offenbartes Glaubensgesetz und elementares menschliches Bedürfnis treffen so zusammen.

Die Wurzel des Krieges liegt nach Paracelsus bereits in dem hoffärtigen Aufrüsten der reichen Machthaber und der menschlichen Gemeinschaften, in dem falschen Bedürfnis nach Sicherheit, das Gottes vergißt. Unser Bauen und Hüten ist umsonst, führt er im Anschluß an Psalm 126 (127), 1 b («Nisi dominus custodierit civitatem, frustra vigilat qui custodit eam») aus. Und Gott behütet nur, was er selbst erbaut hat ... rinkmauer, bollwerk, pulfer, geschutz, spieß ...

ist deren hofnung, die solches bauen und machen, und ist ir got und ir jaherr [= Schmeichler, Abgott].» Dieser falsche Gott lohnt ihnen mit der Zerstörung ihrer Städte, ihres Leibes und am Ende ihrer Seele. Denn der wahre Gott schickt keine Statthalter für Menschenwerk. Seine rechten Vertreter, die Propheten, lehren uns, «daß unser ding nichts ist». Ähnlich wendet sich Paracelsus auch gelegentlich an anderer Stelle gegen die Kriegsrüstung.

Neben diesen Fundamenten bewegt ihn dann der Endzustand der *einen,* übernationalen Menschheit als das eschatologische Hochziel seiner Bestrebungen. Er preist einmal die Welt der Auferstehung, «da wir mit feurigen zungen werden einander verstehn aus allen nationen, land und sprachen». Im Reich des ewigen Vaters, beim himmlischen Mahl, werden wir sein «wie die apostel auf erden, wunderbarlich mit allen zungen reden und voll sein des heiligen geistes». Überhaupt ist im Paracelsischen religiös-ethischen Schrifttum der *Bruderschaftsgedanke* wichtig, der allerdings einen ganz anderen Akzent trägt als die spätere revolutionäre Proklamation der fraternité, und der nicht jene eudämonistisch-philanthrope Note hat. Hohenheim liest aus dem Psalter, wie David zu erkennen gibt, «daß keiner besser ist dann der ander, sunder wir sollen alle bruder sein». Auch das ist menschheitlich gedacht.

Solche Gedanken schließen jedoch nicht einen reichen allegorisch-metaphorischen Komplex aus, der das *Kampf- und Kriegserlebnis spiritualisierend* auf die geistliche Situation des Christen überträgt. Christ sein heißt in geistlicher Weise Krieg führen, Soldatendienst tun. Hier nahm Paracelsus – wohl unbewußt – alte Gedanken des Neuen Testaments und der Kirchenväter auf, wie sie z. B. in der Vorstellung vom Gotteskrieger in der Regula S. Benedicti einen bedeutsamen Ausdruck gefunden hatten. So schildert es besonders die Schrift «Vom tauff der christen». Hier wird dargelegt, wie die Taufe eine Weihe zum Kampf gegen den Teufel ist. «und ist also auch ein zeichen. wer darein kombt, der wird geschriben in das *feltbuech Christi,* do rechnung zu geben am jungsten tag umb sein ritterschaft und missetat.» Die militia Christi taucht hier – im ausgehenden Mittelalter – in der Form der christlichen Ritterschaft wieder auf. An ernsthaften Krieg ist dabei natürlich nicht gedacht, etwa an den Krieg zum Schutze des Glaubens, wie wir noch sehen werden.

So wie er das Kriegführen ablehnt bzw. geistlich umdeutet, so ist ihm auch die darauf aufgebaute politisch-sozial-theologische Symbolik des geistlichen und weltlichen Schwertes zuwider. Diese Doppelheit einer theoretisch und ethisch begründeten äußeren Macht, die die Möglichkeit des Kriegeführens einschließt und voraussetzt und sich dazu von Gott autorisiert glaubt, wird vergehen, weil sie «in eigen nutz» dient. Die politische Gewalt muß zum Gemeinnutz der Kirche Christi den Weg finden.

Christenheit und Heidentum

Man darf annehmen, daß diese Gedankengänge in jenen Kreisen nachgewirkt haben, als deren Patron Paracelsus später laut oder leise bezeichnet wurde. Und das war im ganzen eine recht breit verzweigte Gemeinde verschiedener Menschen, deren Einflüsse teilweise sehr weit reichten. Sie erstreckten sich vor allem bis hinein ins 18. Jahrhundert, dessen Philosophie in grundlegenden Konzeptionen mehr auf Spiritualismus und Theosophie fußen dürfte, als man bisher angenommen hat. Das gilt auch von den verschiedenen Aspekten des Toleranzgedankens. Die vorliegende Untersuchung soll eine Vorbereitung und Grundlage für Einzelnachweise sein. Die Bindeglieder dürften im «Paracelsismus» und Rosenkreuzertum des 17. Jahrhunderts liegen.

Hier ist zunächst zu bemerken eine *Umwandlung des Verhältnisses zu den nichtchristlichen Religionen.* Ein neues tolerantes oder doch zum Verstehen und Ertragen bereites Sich-Mühen um die Fremdreligionen setzt ein, nachdem bisher die ultima ratio der geistig-religiösen Auseinandersetzung zumeist der Glaubenskrieg gewesen war, bzw. die Schwertmission. Glaubenskrieg und Schwertmission aber werden von Paracelsus eindeutig abgelehnt. Es gibt keinen heiligen Krieg. Der angebliche Krieg für das Wort Gottes wird als Mord verworfen. Paracelsus selbst hatte in seiner Jugend in Kärnten und Steiermark noch die Spuren der grausamen Verwüstung des Landes durch die Türken kennengelernt, von der sich jene Gegenden nur sehr langsam erholten. Er ist in der Umgebung von Männern aufgewachsen, die unmittelbar unter den Folgen des Religionskrieges mit dem Islam zu leiden hatten und vor der mühsamen Aufgabe standen, ein vom Glaubenskampf zerstörtes Gebiet wiederaufzubauen.

Auch hier wieder geben die Ausführungen zum Fünften Gebot in der Dekalogexegese Auskunft, wo der Glaubenskrieg im Zusammenhang mit der Verurteilung der Todesstrafe und des Kriegsführens überhaupt genannt wird. Ja, die Ablehnung des Glaubens- oder Religionskrieges ist ein ganz wesentlicher und ursprünglicher Bestandteil seiner pazifistischen Polemik gegen den Krieg. Die Feinde des Christentums sollen durch Mission überwunden werden. Gott hat nicht wie Cäsar, Nebukadnezar, Alexander Weltreiche gegründet, sondern sein Reich durch die Jünger gesandt. Auch in den Religionskriegen wird Mord und Totschlag begangen. Wenn man «orden mit landsknechten» gegen die Türken verwendet, so ist das «vermessenliche mörderei». Die Feinde Christi sollen nicht erwürgt werden, um Ablaß zu erhalten, sondern mit der Lehre Christi überwunden werden, «dann got hat nit gemördet zum glauben»! Wenn Christus geboten hat, «durch sein wort die unglaubigen glaubig zu machen, so seindt die orden mörder». Würden die trägen Priester usw. den Glauben verkünden «mit solchem ernst, als wie sie den wein aussaufen und der huren warten, es wer lang kein Türk mehr». So aber treiben sie arme Leute, wider den Türken zu ziehen, und wollen sie mit dem Schwert Eroberungen machen. Die geistliche Ritterschaft ist «nichts dann mörderei». Wenn wir nicht mit aufrichtigem Herzen und mit Gottes Wort die Ungläubigen bekehren, werden wir von ihnen geschlagen werden. Darum ist Rhodos verloren und Konstantinopel eingenommen worden. Kreuzzüge «mit leuten, die im gebott gottes nit gelebt haben», helfen nichts. Die Seinen vor den Türken «zu beschirmben», ist wohl «göttlich». Aber: «Christus will nit, daß einer den andern zwing zu ihm. er will einen freien, ledigen menschen haben, ein ungezwungnen, und will nit, daß also krieg werden von seinet wegen [...] der mensch, der sich undtersteet den glauben zu mehren mit dem schwert, der ist vom teufel.» Glaubensverbreitung «soll mit dem euangelion geschehen». Gemeint sind bei dieser wütenden Polemik im wesentlichen die geistlichen Ritterorden. Vielleicht darf man annehmen, daß Ressentiments persönlichster Art des illegitimen Sprossen gegen den Großvater, der ja vermutlich Offizier des Johanniterordens war, dabei eine Rolle spielen.

Der ganze Problemkomplex ist verknüpft mit Hohenheims Anschauungen von der *Missionspflicht* der Christenheit. Der Kampf gegen die Religionskriege geht aus von der positiven Konzeption einer Umgestaltung des geistlichen Amtes und von der Forderung einer echten Missionstätigkeit der Kirche. Die wahren Amtsträger des Christentums, die Glieder der wahren Hierarchie bzw. jenes «Priestertums», das die derzeitige schlechte Hierarchie ablösen soll, sind Missionare, und zwar solche, die sich nicht auf Schwertgewalt und politische Mächte stützen, sondern die friedlich, im totalen Einsatz ihrer ganzen Person, die Lehre Christi hinaustragen in die Heidenwelt, statt es sich daheim bequem zu machen. Er fordert einen echten Apostolat des geistlichen Amtes. Das bedingt eine völlige Umkehr der Kirche und ihrer Diener, die u. a. auf die Ehe und auf alle Vorzüge des bürgerlichen Lebens und natürlich auch auf alle weltlichen Güter und Machtstellungen verzichten müssen, womit er sich sowohl gegen die römische wie gegen die reformatorisch gesonnene Geistlichkeit wendet. Der Anklang an Franz von Assisi – Paracelsus nicht bewußt – legt sich nahe. Kirchliches Amt ist grundsätzlich apostolisches Missionarsamt und hat im Kerngebiet des Christentums nur einige Derivate von geringem Wert, Amtsabarten, welche der Leitung und Belehrung der bereits zur Kirche gehörigen Christen dienen. Bei Paracelsus bricht zum ersten Male in dieser Zeit der Missionsgedanke auf, und zwar in breiter Ausführung und mit grundsätzlicher theologischer Untermauerung, wenn er auch nicht absolut neu für das Zeitalter und gelegentlich schon früher angerührt ist.

Daß dieses urchristlich-apostolische Amt gewaltlos verfahren soll, versteht sich von selbst. Steht es doch unter dem Gesetz der Nachfolge Christi. Im Sermon «Ob der glaub zu strafen sei» sagt er ausdrücklich, daß der Kaiser niemanden zum Glauben zwingen solle, «dann genöttigt ding ist nicht nutze». Auch die Türken usw. sollen nicht gezwungen, sondern wirklich missioniert werden. «Aber zum verkünden soll man zwingen», nämlich die Geistlichen, das heißt der Kaiser soll für Mission sorgen, indem er die Verantwortlichen dazu anhält. Diese tolerante Methode steht dem inneren Absolutheits- und Totalitätsanspruch des Christentums nicht entgegen. Aber auch hier haben wir es mit eigentümlichen Erweichungen zu tun. Der christliche Absolutheitsanspruch bei Paracelsus ist nur mehr noch ein «limitierter» oder «inklusiver», der übergreift auf das in den nichtchristlichen Religionen enthaltene Gute, und damit halbwegs deren Anerkennung bzw. Respektierung ausspricht.

Der Toleranzgedanke bei Hohenheim hinsichtlich des Heidentums nährt sich nicht nur aus der *Ablehnung der Gewaltmission,* sondern auch aus einem *christlichen Offenbarungsuniversalismus,* der bei ihm in kräftigen Ansätzen vorhanden ist, und vermöge dessen er das Nichtchristliche in gewissem Umfange anerkennt und – bei aller objektiven Notwendigkeit der Heidenmission – doch auch schon recht stark eine nur relative Bekehrungsbedürftigkeit des Heidentums bemerkt. Das kann so weit gehen, daß er behauptet, «aus der ordnung gottes seindt *vil weg zu got*» (nämlich Heiden, Juden, Christen). Den Heiden wird allerlei Gutes zugeschrieben, besonders wenn sie im Alten Testament – nach der Meinung des Paracelsus – als «gentes» typologisch für das schlichte, unverbildete Christentum gegenüber der schlechten gesetzlichen Priesterkaste figurieren. Sie sind die, «so got im glauben zu Christo bringt», «sie ruefen gottes namen an und eren seinen namen». Auch Platon und Aristoteles waren «von oben herab» geboren, wenn ihnen auch noch der Heilige Geist fehlte. Paracelsus nähert sich hier der weitherzigen humanistischen Haltung Zwinglis zum Heidentum, der im Bereiche der Reformation derartige Gedanken vertritt, und mit dem Hohenheim hier wohl in Beziehung gesetzt werden muß, zumal da er den Zürcher Reformator kannte. Die Heiden halten das Naturgebot und sind den Christen nahe, obwohl weniger selig als letztere. Der Wille Gottes bestimmt es so. Aber sie werden doch, wenn sie Gott lieben, auch seinen Sohn annehmen. Ihre Vernunft läßt sie das wahre Wesen Gottes erkennen, und auch noch in ihren Götterbildern schimmert die Erfahrung von Gottes andersartigem übermenschlichem Sein hindurch. Ja, er kann sich sogar so weit steigern, daß er sagt, Türken und Christen würden «gleich sein in der liebe» vor Gott und müßten beide, da sie noch blind sind, zu Christus geführt werden, wie die beiden Söhne, die das Gebot des Vaters nach Jesu Gleichnis verschieden ausführten (Matth. 21, 28–32). Das Evangelium muß den Heiden wohl verkündigt werden, aber auch außerhalb dieser Verkündigung gibt es für diejenigen Seligkeit, die Christus nicht kennen, wenn sie nur im Gebot der Natur bleiben, das ihr «Felsen» ist.

Im Herzen der Heiden leuchtet also das «Licht der Natur» mit dem Doppelgebot der Liebe. Im übrigen ist freilich ihr Glaube Abgötterei. Damit zeigt sich die andere Seite der Paracelsischen Haltung zur nichtchristlichen Religiosität, die nicht nur die Not der Heiden sieht und an ihre schließliche Aufnahme zu Gott glaubt, sondern die auch intolerant aus zentraler christlicher Schau die absolute Forderung des Christentums auf Geltung hervorstellt. Der objektiv wahren und realen Welt des christlichen Glaubens können die Fremdreligionen als Produkt der schöpferischen menschlichen Phantasie gegenübergestellt werden. Die natürliche Gerechtigung der Heiden, Türken und Tataren (meint wohl Antike, Islam und primitiven «Götzenkult») ist im Grunde «ein laster, von ihnen selbs zu einem recht gemacht», – womit er sich der Stellung der lutherischen Reformation nähert. So kann es zu verständnisloser Ablehnung des gesamten heidnischen Götterwesens kommen, weil es vom Doppelgebot der Liebe abgefallen ist, welches an sich der natürlichen Religion ins Herz gegeben wurde, obwohl damit ja eine geistig-sittliche Grundlage der natürlichen Religiosität zugestanden wird. Aber Mohammeds Religion ist menschlicher Betrug, und Juden und Türken werden beim Jüngsten Gericht mit Mördern, Dieben und Meineidigen verdammt werden. «daß darumb die Türken sagen wöllen: ich bin so gut als ein christ, got gibt mir sovil brot als ihnen – das ist nit, ob er ihn's wol gibet, er gibt's auch den bösen.» («De virtute humana»)

Der Heiden Götter, die Erscheinungen des Teufels sind, werden als nichtig vergehen und mit ihren «Machern» sterben, während der christliche Gott ewig bleibt. Kein Wunder, da ja die menschliche Vernunft von Natur aus untüchtig ist (sonst wäre «unser glauben umbsonst»). Nur im Christentum gibt es Sündenvergebung, anderes «hat im himel kein gwalt». So gelangt er vor allem in seinen Spätwerken zu dem Resultat, daß alle Religionen «im anfang irrig gefunden worden» sind und wachsenden Irrtum erzeugt haben. Er fordert deshalb eine «christliche Philosophie».

Die Stellung zu den nichtchristlichen Religionen unterliegt also *starken Schwankungen,* die auf ein Hin- und Hergerissensein durch widerstrebende Gefühle deuten lassen, wie sie besonders durch das immer aktuelle Türkenproblem hervorgerufen sein mochten. Denn die Türkengefahr und die Verheerungen durch die Türkenkriege waren natürlich auch eine innere Bedrohung des Toleranzgedankens. Wir haben ein *Wechselspiel* zwischen freundlicher, resignierter und ablehnender Einstellung, das zeitlich schwer fixierbar ist. Diese

Haltungen sind von der inneren Entwicklung Hohenheims abhängig. In den Frühschriften dürfte er dem Heidentum gegenüber freundlicher sein (bis ca. 1530). Dann setzt eine Verengung der religionsgeschichtlichen und religionsphilosophischen Sicht – analog der des Offenbarungsbegriffes – ein in den Jahren der theologischen Hauptproduktion (1532–1534), obwohl sie auch dort nicht einheitlich ist. Später scheint die Spannung zugunsten einer größeren Weitherzigkeit nachzulassen. Die Propagierung des Missionsgedankens ist damit eng verbunden. Dieses Dilemma bei Paracelsus ist bekanntlich nichts Neues. Die Zwiespältigkeit in der Würdigung der Heiden begleitet die gesamte christliche Theologie von ihren Anfängen an. Zwei altchristliche Traditionsströme kreuzen sich bei Paracelsus, eine weitherzige und eine engere Haltung. Immerhin tritt die Toleranzidee in bemerkenswerter Weise hervor, und es ist von Bedeutung, daß diese Gedanken damals ausgesprochen wurden, als sie nicht sehr populär waren. Die altchristliche Überlieferung des «inklusiven Absolutheitsbewußtseins» drängt wieder an den Tag.

Kirche, Staat und Ketzer

Auch im innerchristlichen Bereich macht sich ein neues Verhalten bemerkbar. Hier lagen ja die Dinge in seiner Zeit als brennendes praktisches Problem noch mehr auf der Hand. Die Tatsache, daß nach der großen, schon Jahrhunderte dauernden, Kirchenspaltung zwischen Rom und Byzanz nunmehr auch das Abendland keine innere Glaubenseinheit darstellte, war im Grunde eine bereits längst vollzogene, obwohl sie den Menschen der Zeit noch nicht bewußt war und auch nur schwer Eingang ins Bewußtsein dieser Menschen fand. Die Umrisse der kommenden großen «Konfessionen» waren gegeben, und neben den Großkirchen schoß eine Fülle von kirchenartigen Miniaturgebilden auf.

Unterdrückte Minoritäten pflegen die ersten zu sein, die für sich Toleranz reklamieren, obwohl sie selbst nicht unbedingt bereit sind, solche Toleranz ihrerseits im umgekehrten Falle zu gewähren. Auch die Sektierer forderten Schonung und Duldung: Schonung ihres reichsrechtlich verwirkten Lebens, Duldung ihrer Lehren und ihrer Gemeinschafts- und Kultpflege, ihrer Observanzen. Paracelsus schließt sich diesem Chorus an. Ja, er begründet theoretisierend und räsonierend, mehr als es bis dahin jemals einer getan hatte. Man kann kaum sagen, daß er den Taufsekten nahestand. Aber er war mit ihnen in Berührung gekommen und hatte die Probleme des Außenseiters und der Ausgestoßenen am eigenen Leibe erfahren. Auch ihm war – wohl seit Salzburg 1525 – gelegentlich Ketzerei, wissenschaftlich, sozial und religiös, vorgeworfen worden. So macht er sich methodisch und prinzipiell zum *Fürsprecher der Duldung extravaganter, heterodoxer Anschauungen.* Für sie beansprucht er Duldung mit dem gleichen Eifer, mit dem er die Tolerierung seiner eigenen Ansichten verlangt. Er ist ein guter Anwalt, weil es ihm dabei vorwiegend nicht um das Eigene, sondern um die anderen geht. Aber er hat eigenes Schicksal exemplarisch erfahren.

Es spricht vieles dafür, daß Paracelsus zu seiner bereits dargelegten *Ablehnung der Todesstrafe von der Betrachtung des Ketzergerichtes und seiner Fragwürdigkeiten aus* gekommen ist. Ebenso wie man annehmen kann, daß es in erster Linie die Abscheu gegen den Glaubenskrieg war, die ihn schließlich zur Verdammung des Krieges überhaupt geführt hat. Die Minoritätenvertreter bzw. Einzelgänger werden zur Verallgemeinerung und Verbreiterung der von ihnen für sich selbst geforderten Toleranz angeleitet, obwohl ihnen der Duldsamkeitsgedanke ursprünglich ebensowenig eignet wie ihren Widersachern. Als die Unterlegenen und unter dem Zwang der Verhältnisse werden sie auch theoretisch tolerant.

a) Auch hier liegt eine *Umkehrung der Werte* vor, eine Haltung des *Paradoxon* im Sinne Sebastian Francks, die sich die ironisch-kritische Frage stellt, ob denn nicht etwa die formal Orthodoxen, die untadeligen eifrigen Hüter und Verteidiger des Glaubens und Beschützer der Kirche, die wahren Ketzer sein könnten, sei es formaliter durch ketzerische Lehren oder materialiter durch eine unchristliche Haltung und Lebensweise. Und ob umgekehrt nicht die scheinbaren Ketzer bzw. die von Kirche und Gesellschaft Verketzerten die wahren Gläubigen und dem Herzen Christi am nächsten Stehenden sein könnten.

Man darf die Möglichkeit und Stärke einer solchen Argumentation bei Paracelsus nicht verkennen, der eben das Paradoxe, Hyperbolische, Zugespitzte in seiner Aussage liebt, den «Widersinn», wie der große Donauwörther. Er schließt sich auch hier dem ironisierenden, wenn auch gutgemeinten, kritischen Paradoxismus der Traditionslinie von Cusanus und Agrippa von Nettesheim her an. Das schließt nicht aus, daß Paracelsus selbst die Ketzer ablehnt. Er ist kein Freund der Sektierer, denen er meist ebenso heftige Vorwürfe macht wie den Rechtgläubigen und Machthabern.

b) Eine weitere Voraussetzung des Toleranzgedankens ist bei ihm eine *psychologisierende Betrachtung der Bekenntnishaltung* und der glaubenskämpferischen Bereitschaft der Heterodoxen. Im Zusammenhang mit dem Problem des Kriegertums nimmt Paracelsus an einer Stelle eine relativierende motivkritische Analyse der Glaubensverteidiger mit dem Schwert vor, die ihn zur sorgsamen Unterscheidung zwischen den wenigen zum Martyrium Berufenen und der großen Zahl derer führt, die ohne inneres Recht zur Waffe greifen.

In einem wichtigen Fragment zu den Komplexionenbüchern hat er als Mediziner die *pathologischen Ursachen des Glaubenskrieges*, wie er sie sieht, und damit der Unduldsamkeit in einem sich mit der Pathologie des Soldaten ganz allgemein beschäftigenden Abschnitt psychologisch geschickt beschrieben. Die colera als Ursache des Zornes sei auch die Ursache des Krieges. Durch Mars nimmt der Zorn «von oben herab» die Vernunft hinweg. «also wird er zum krieg bewegt eußerlich, er mags innerlich annemen oder nit.» Dann muß er in den Krieg, muß «martialische instrument» haben, man muß ihm hofieren. Nichts als Unglück kommt dabei heraus. Der Kriegsmann vermeint, «er hab recht», weil es ihn die «colera» lehrt. Aber auch der wiedertäuferische Glaubenskrieg ist nicht göttlich: «Ob man sagen wurd, ich stirb uf das euangelium: warum stirbst? hast doch nit befelch wie auch nit der kriegsmann. wer heißt ihn in krieg ziehen? die geschrift nit; sein mars treibt ihn. Der auf das wort gottes sterben will, der muß nit das wort haben wie den buchstaben, *sunder er muß den geist haben;* der hat kein melancoliam noch coleram nit [...] Pretiosa mors sanctorum, die on melancolia und colera ist.»

Diese Schrift, die also offenbar aus der Zeit der Kämpfe mit dem Täufertum stammen muß, das heißt aus den zwanziger Jahren bzw. aus den Jahren 1525 bis 1530 (oder vielleicht auch Bezug nimmt auf die Glaubenskriege in der Schweiz und schließlich auf den Tod Zwinglis «auf das wort gottes» bei Kappel 1531?), nimmt zweifellos an, daß die Zahl der zum Martyrium bzw. zum kämpferischen Einsatz für das Glaubensbekenntnis auch mit der Waffe Berufenen sehr klein ist. Nur selten treibt der Heilige Geist zum Kampf für den Glauben. Meist sind die Ursachen pathologisch-astrologisch zu erklären, nicht bekenntnismäßig. Das Martyrium, eine indirekte oder passive Form des Glaubenskampfes, wird wohl respektiert. Es ist eine Folgeerscheinung der Intoleranz, die an sich wertvoll und eine positive Kraftentfaltung ist. Aber es darf nicht leichtfertig herbeigeführt werden als eine Art von ungerechtfertigtem und provoziertem Scheinkampf für den Glauben auf Grund einer Autorität des toten, gesetzlich verstandenen Bibelbuchstabens. Noch an einer anderen Stelle im zweiten Paramirumkreis spricht Paracelsus sich sehr nachdrücklich gegen das forcierte Martyrium, besonders des «tollen glaubens» der Wiedertäufer aus: «dan in das feur gon nach götlichem willen, muß umb ander ursach willen geschehen, denn von zwei oder dreimal taufens wegen. disen paß zuerhalten hat got niemants darumb geheißen sterben. *der von seins worts wegen sterben will,* der muß gewaltig im heiligen geist uberfließen, derselbig stirbt seliglich.» («Von den unsichtbaren Krankheiten»)

Die Schlußfolgerung daraus ist einleuchtend, insbesondere auch für das Toleranzproblem. Paracelsus will den Menschen das Gewissen und die Verantwortung in den Fragen des Glaubensbekenntnisses und der Folgen aus dem Bekenntnisstandpunkt schärfen. Genaueste Prüfung der Motive ist notwendig.

Das meiste ist vom ärztlichen Standpunkt aus zu betrachten. Der Arzt will nicht strafen, sondern verstehen und heilen.

c) Der wichtigste und quantitativ größte Komplex in der Paracelsischen Beschäftigung mit diesen Fragen und einer der Ausgangspunkte seiner Räsonnements aber ist die Feststellung, daß die sogenannten Ketzer gar nicht die wahren Ketzer sind.

Sondern *die eigentlichen Ketzer sind die glaubensstolzen Machthaber*, die vermeintlich Rechtgläubigen, u. a. Kaiser und Papst. Welches Recht hätten sie also, andere zu Ketzern zu deklarieren?

Für Paracelsus ist der Kaiser ein «falsch christ», was in seiner Sprache nichts anderes als «Ketzer» bedeutet. In seiner Verbindung mit dem ihm nicht weniger ketzerisch erscheinenden Papsttum sieht Paracelsus das Kaisertum dem Untergang preisgegeben. Er sieht das nicht mit Freude, sondern mit Schrecken. Kein Wunder, daß sich da der freiheitlich denkende Einzelgänger, der Spiritualist und Enthusiast gegen jedwedes Vorrecht des Kaisers und des Papstes empören muß. Deshalb ist dem Kaisertum, den Reichen und der gesamten herrschenden Schicht das Ende nahe, und die Armen, die einst Rache nehmen werden an ihnen, sollen sich nicht an die geistlichen Führer halten, die ebenso «falsch christen und lugner vor got und vor den propheten» sind.

Zum Glück und Frieden der neuen Welt, die Paracelsus verkündet, wird es gehören, daß Abgott, Antichrist, Kaiser, Könige, Fürsten und Herren zu Boden fallen werden und ein Triumph aller Armen vor Gott stattfinden wird. Nicht mehr ihnen, die falsch gepredigt und den Armen mancherlei Beschwer auferlegt haben, wird man dann folgen müssen, sondern Gott. Das ist aber deutlich ein Vorgang der Zukunft, den man nicht ohne weiteres künstlich herbeiführen kann, sondern dem geschichtlichen Werden und Wachsen und Reifen überlassen muß. Auch hier hat Paracelsus jedenfalls den ketzerischen Charakter der bestehenden Mächte im Auge. Vom endzeitlichen Idealzustand des neuen Jerusalem sagt er geradezu: «wir werden ir bucher nit haben, ir auslegen nit, ir predig nit, dann uns wird got vor den falschen christen behueten durch sein segen. und wo ein *ketzer* aufstundt, ein mammon, ein gleisner, so wird ihn der herr gen boden schlahen [...] darumb so wird auch niemants platz haben, wider das wort zu reden, dann *die kunig solcher ketzer* und die fursten solcher priester werden nit do sein.» (Psalmenkommentar)

Daß Paracelsus solcher ketzerischen Obrigkeit beider Schwerter, des geistlichen wie des weltlichen, den Gehorsam aufkündigt, ist nicht verwunderlich, obwohl er weiß, daß dies nicht «ohn verlierung des leibs» abgeht. Er erwägt sogar Gewaltanwendung bis hin zum Tyrannenmord, zum Töten der schlechten geistlichen und weltlichen Machthaber. Die getretenen Christen sind in Gefahr, gegen die ketzerischen Herren die Waffen zu erheben, und dies ist ganz verständlich. Es ist ihr menschlich begreifliches Recht, wenn es Hohenheim auch nicht ganz unproblematisch ist.

Abgesehen von solchen vereinzelt sich ergebenden radikalen Gewaltlösungen kommt Paracelsus nun doch – und das ist das Interessante – auch zur *Anwendung seines Duldungsprinzips auf die «Ketzer von oben her»*. Ein Zeugnis dafür ist seine leider nur fragmentarisch erhaltene und schlecht und relativ spät überlieferte kleine Schrift «De magnificis et superbis». Hier wird die fast uneingeschränkte Toleranz der rechtgläubigen Verfolgten und Kritiker gegen die ketzerischen Machthaber befürwortet, mit nur wenigen Vorbehalten bezüglich des Widerstandsrechtes. Im allgemeinen wird beim Zusammenstoß die Auswanderung als Ausweg empfohlen, wenn keine andere Lösung möglich ist. Sonst ist aber ein Gehorsam und eine Zusammenarbeit in gewissen Grenzen erlaubt. Man darf nur der ungläubigen, teuflischbösen Obrigkeit nicht glauben. Es ist Gottes verborgener Wille, daß man die böse Obrigkeit toleriert. Intoleranz ist ja gerade eines der Kennzeichen ihrer Bosheit, genauso wie die Todesstrafe und das Kriegführen. Positive Predigt des Evangeliums und reines Leben seiner Verkündiger allein führen vorwärts. «ine seligen leben soll kein waffen sein, damit niemand damit beschedigt werde. hat ers aber – hinweg mit ihm, damit die gemein rein bleibe!» Nur wegen der falschen Obrigkeit entstehen viele Sekten. «drumb müssen spieße, büchsen, mauern sein. denn gott wil fur uns nicht wachen, vergebens ist das unser.» So schließt resigniert das fragmentarische Büchlein.

Eine ähnlich mild-resignierende Haltung, die sich von dem radikaleren Psalmenkommentar unterscheidet, findet sich auch in anderen Schriften, so in der Auslegung der Zehn Gebote: «was aber auf dich kombt, du armer, das trag mit geduld, gedenk an die lehr Christi.» Man soll dem, der den Mantel fordert, auch den Rock lassen, womit Christus uns zu verstehen gibt, «daß wir uns nit sollen widersetzen». Die starken Machthaber bekommen ja doch Recht. Deshalb sollen wir gar nicht erst mit ihnen rechten. Man soll, wie Christus, ein «lamb» werden und sogar sein Leben hingeben. Wie die «Stäbler» es vertraten, soll man also die schlechte Obrigkeit mit ihren Forderungen ertragen, nicht offen bekämpfen.

d) Aber Paracelsus fordert nicht nur von den Schwächeren die ja an sich billige Duldung der ketzerischen Starken, der Obrigkeit und Gewalthaber. Sein Bild von der Duldsamkeit geht weiter. Der Mann, der selbst auf medizinischem Gebiet als Häresiarch, als «Lutherus medicorum» verschrien wurde, verlangt nun auch in Umkehrung der eben ausgeführten Gedankengänge und in Vollendung seines Paradoxismus *Toleranz für die scheinbaren Ketzer* – so wie sein sich viel prononcierter aussprechender Zeitgenosse Sebastian Franck: das heißt also für die Sektierer und alle möglichen religiös Eigenwilligen, Extremisten und Außenseiter. Er wendet sich damit gegen jegliche staatliche Bekehrung, gegen die Ketzerbestreitung von oben her, gegen das religiöse Territorialprinzip.

«auf solchs sollen wir wissen, daß wir kein oberhand, kein gewalt, kein zwang von niemants haben sollen in dem, was do antrifft gegen der forcht des herrn und sein weisheit. dann so ein oberhand alle menschen der ganzen welt brecht in ein glauben mit zwang, so wer es ein vermeinter gloub und nicht ein geliebter glaub. auf das wer es besser, ein ieglicher wer in seim alten [sc. Glauben] als in disem. dann niemants kompt zum sun, allein der vatter ziech ihn zu ihm. so es der vatter tun soll, warumb understet sich dann die oberkeit solcher? [...] wie kann ein oberkeit gute frucht machen us einem boum, der nichts soll? oder wie kann sie den glouben furhalten und ein darein zwingen, so er [sc. der Glaube] doch nit ir ist? sollt es gezwungen zugohn, so must es durch got beschehen, dann bei den menschen ists nit muglich. aber *als wenig als Christus gezwungen hat, also wenig bei uns auch.*»

Der Mensch darf die «mancherlei wonung», die Gott in seinem Reich hat, nicht zerstören, mindern oder mehren. Man soll auf seinem «Herzen» bleiben. «mag euch die predig, die lehr, das wort etc. nit abwendig machen, nit bekern, nit anderst in euch erfunden werden, – so bleiben in euer gewißne [= Gewissen] und lassen euch kein gewalt, kein oberhand darzu dringen.» (Psalmenkommentar)

Im übrigen hält er zweifellos die meisten Sektierer für Narren, für «Tolle». Aber der große Arzt weiß, daß Narrheit weder strafbar noch mit Gewaltmethoden kurierbar ist. Die Sekten seiner Zeit sind ihm keineswegs sympathisch. Aber sie wollen als Phänomen für sich genommen werden. Staat und Kirche, so meint er, haben keinen Anlaß, ihnen nachzustellen, wenn sie ihr eigenes Haus noch nicht in Ordnung gebracht haben und selbst als Sektierer betrachtet werden müssen, und weil dieser Weg der äußeren Bekämpfung grundsätzlich verfehlt ist.

Die Obrigkeit hat also hiernach weder Vollmacht noch Fähigkeit, in die Gewissensentscheidung des einzelnen einzugreifen. Sie verfügt nicht über den Menschen, und all ihre diesbezüglichen Versuche sind unbefugtes Einbrechen in den Hoheitsbereich Gottes. Paracelsus kommt hier dann wieder zu der Schlußfolgerung eines Widerstandsrechtes gegen die intolerante Obrigkeit, den gottfeindlichen «leipherrn», der ja doch der Seele nichts anhaben kann. Wir haben nur Gott zu fürchten, der uns in sein Haus bringen wird, *in dem es viele Wohnungen gibt* (Joh. 14,2). Letztere Wendung ist besonders interessant, weil in ihr sich jener tolerante Relativismus leise andeutet, der an die vielen möglichen Wege zum Heil denkt. Diese Äußerungen sind deshalb so bedeutsam, weil wir hier einen der wenigen Fälle vor uns haben, daß eine Persönlichkeit der Zeit, die an sich durchaus ins öffentliche Leben und zur Repräsentanz der Kultur und Gesellschaft gehört, in halb privaten, jedenfalls nicht unbedingt für die Publizierung gedachten Mitteilungen Stellung zu äußerst heiklen Fragen nimmt, die in dieser Form kaum je berührt worden waren, zumindest nicht im nördlichen Europa. Neuartig ist auch die Zuspitzung, in der Paracelsus solche Gedanken vorträgt.

Bemerkenswert ist, daß der Mann, der auf diese Weise die Staatsreligion und das «cuius regio eius religio»-Prinzip ablehnt, der für die Ketzer, Verfolgten, Minoritäten und Einzelgänger eintritt, trotz seiner sehr betont und autoritativ vorgetragenen Ansichten und trotz seiner scharf profilierten Ideologie und Weltanschauung das Wort «Ketzer» verhältnismäßig selten verwendet. Meist kommt es bei Hohenheim im Zusammenhang medizinischer Polemik vor und bezeichnet die schlechten Ärzte mit ihren falschen Vorstellungen und veralteten Methoden. Dabei kann er wirklich intolerant werden! Oder er zitiert mit diesem Wort Anschuldigungen, die gegen ihn selbst – den «Ketzer» Paracelsus – erhoben wurden. Religiös-theologisch bilden die «Sermones» eine gewisse Ausnahme, in denen die Ketzerpolemik gegen die römische Kirche und gegen andere häufig im Tone des allgemeinen Schimpfens auf die Antichristen, falschen Propheten, Pfaffen und Ketzer entfaltet wird (z. B. «Sermones in similitudines evangeliorum»).

e) Der Ausgangspunkt für diese bedeutsamen Gedankengänge, die hier – um 1530 – neben Sebastian Franck geisteswissenschaftlich noch ziemlich vereinsamt dastehen, ist wiederum etwas Besonderes, mit seinem biologischen Denken Zusammenhängendes: der schon gestreifte *Glaube an die Gleichheit und Bruderschaft aller Menschen,* der sowohl etwas Ursprüngliches, Urstands- und Schöpfungsmäßiges aussagt, wie er andererseits auch hinweist auf den Zustand der Vollendung, auf die «neue Geburt» im neuen Reich. Hier kündigen sich aufklärerische Naturrechtsforderungen im Gewande einer noch totalen christlichen Gläubigkeit an. Es kann wohl nicht bezweifelt werden, daß dieser Bruderschaftsgedanke eine der Hauptwurzeln bildet für die Hohenheimsche, in sich so widersprüchliche und dialektisch «inkonsequente» Toleranzforderung. Das gemeinsame, von Gott stammende Humanum verlangt, daß wir einander lieben, verstehen und vertragen, und begründet das Gemeinsame unseres letzten Heilsstrebens.

Die *Ablehnung der Ketzerverfolgung und des Glaubenszwanges* unter den verschiedenen Richtungen und Gruppen der Christenheit liegt für Paracelsus in der gleichen Linie wie die *Ablehnung des Glaubenskrieges, der Schwertmission und aller gewaltsamen Art von Bekehrung* zum Christentum. Die Ideen von Mission und gewaltloser Heidenbekehrung einerseits und von Werbung und rein geistiger Propaganda der Gruppen innerhalb des Christentums andererseits entsprechen sich aufs genaueste. In beiden Fällen ist die friedliche und liebevolle Gewaltlosigkeit das Ideal und die Regel und gilt die Gewaltanwendung nur gelegentlich als Not- und Abwehrmaßnahme. Es bedarf einer neuen Einstellung zum Mitchristen.

Neben den vom *Religiösen, Glaubens- und Erlebnismäßigen* her bestimmten Motiven für diese Haltung, die rein im *Christlichen* verwurzelt ist, haben wir zweifellos eine *humanitäre Grundstimmung* auf rationaler Basis als Triebfeder des Toleranzgedankens und der Friedensidee zu verzeichnen. Das Humanum als eine der Menschheit gemeinsame und alle verpflichtende Größe wird bewußt. Man sieht den Wert des Menschen und die Würde des menschlichen Lebens, die eo ipso, auch ohne die besondere theologische Beziehung, zur Achtung und Duldsamkeit auffordern. Hier ist es also etwas mehr *Rationales,* das sich zum Emotionalen gesellt. Dieser Unterschied ist Paracelsus natürlich nicht deutlich, wie sich überhaupt das letztgenannte Motiv nicht im Stadium des klaren Wachseins gebildet hat.

f) Daneben fehlen nicht die *negativen Reaktionen* bzw. Schlußfolgerungen aus diesem neuartigen Denken heraus. Es ist dies die *Neigung zur Standpunktlosigkeit, zum Indifferentismus.* Auch hier deutet sich – merkwürdigerweise bei einer so starken und charaktervollen Persönlichkeit wie Paracelsus! – etwas Modernes an, das bei ihm gewiß noch anders zu verstehen ist als im 18. Jahrhundert, das allmählich aber für die Religion bedrohlich werden sollte. Aus seiner spezifischen Situation zwischen den Fronten der großen religiös-weltanschaulichen Mächte und Gruppen heraus sucht Hohenheim den Entscheidungen auszuweichen. Er tut dies, indem er die Unterschiede bagatellisiert. «Ketzer, Wiedertäufer, Sakramentierer» sind die falschen Propheten, die, obwohl sie den Papst vertreiben wollen, schlimmer noch als er sind. Mit Unrecht berühmen sich «Papisten, Lutherische, Täuferische, Zwinglische» des Heiligen Geistes. Alle sind sie intolerant und gehören nicht zu der «ewigen kirchen». Und «selig ist, der von ihnen ausgeworfen wird». Die verschiedenen Sekten sind für ihn im Grunde Hosen von einem gleichen Tuch – ein Vergleich, den er gelegentlich, vielleicht in Aufnahme einer berühmten, aus der hochmittelalterlichen Aufklärung und freigeistigen Kritik stammenden Redewendung von den tres impostores, anwendet. Ganz besonders aber hören wir ihn immer wieder einmal den Eifer der verschiedenen Sektierer gegeneinander tadeln, ihr Gezänk und ihre Lieblosigkeit. Sie blasen sich anmaßend auf und sind in Wirklichkeit alle nichts wert. Oft klingt es auf, daß sie «einer wie der ander» sind: selbst Antichristen, Ketzer.

Diese Redeweisen des Paracelsus sind nun zweifellos nicht indifferentistisch gemeint. Sie sind vielleicht mehr *Ausdruck einer gewissen Verlegenheit um das entstandene Gesamtproblem* der Vielzahl von mehr oder weniger anerkannten oder stabilisierten Glaubensbekenntnissen und Weltanschauungen als einer Vergleichgültigung der Wahrheitsfrage und eines allgemeinen Relativismus. Das, was darin gemeint ist, zielt letztlich ab auf eine echte Toleranz, auf ein Sich-Vertragen inmitten der Verstrickung in religiös-weltanschauliche Kontroversen. Es ist vielleicht der letzte theoretische Versuch eines Zusammenhaltes des innerlich auseinanderfallenden Abendlandes auf der Grundlage einer möglichen Duldung.

WILL-ERICH PEUCKERT

Paracelsische Zauberei

Der Zauberer Paracelsus muß aus seinem, für ihn gültigen Denksystem verstanden werden. Ich gehe, um dieses zu ermitteln, von der folgenden Überlegung aus: was von den paracelsischen Schriften heute verunechtet worden ist, sind alchymistische Texte: «De tinctura physicorum»; «Thesaurus alchemistarum»; «Coelum philosophorum»; «Manuale de lapide philosophico medicinali»; und «Ratio extrahendi ... mercurium»; daneben stehen magische und astrologische: «Archidoxa magica»; «Liber principiorum»; «De occulta philosophia» und mehrere Prognostica, und auch die beiden nächsten, den «Liber Azoth» und «De Pestilitate» wird man eher zu den magischen als den medizinischen Schriften rechnen müssen.
Man kann mir leicht entgegnen: unechte oder zweifelhafte Schriften! Ich würde darauf bemerken: Erstens, wenn ein Mensch beachtet wird, ahmt man ihn nach. Fälscht man auf seinen Namen und sein Name muß die Fälschung decken. Zweitens: man schiebt ihm solche Bücher unter, um deren Themen willen er beachtet worden ist. Anders gesagt: den medizinischen Krämern gegen Ende des 16. Jahrhunderts war der Name Paracelsus nicht sehr interessant; sie fälschten wenig oder nichts auf seinen Namen, denn es rentierte nicht. Sein Medizinieren galt nicht viel. Den Alchymisten und den Magiern aber war er wichtig. Und denen galt er. Denn man sah seine Magie als die richtige und vollkommene an. Was aber war nun seine Magie? Ich greife nach dem «Liber de imaginibus» (den

man in seiner zeitlichen Stellung nicht recht hat fixieren können). Er scheidet zwischen magia naturalis und illicita (cap. 2.11). Magia illicita oder Nigromantia ist zu fliehen, «dan Virgilius und seine nachfolger», die sie trieben, «haben durch große und gewaltige coniurationes» Wunderbarliches «zu wegen gebracht und die teufel und bösen geister» zu beschwören gewußt; die andere aber, die natürliche, handelte nur durch Glauben und Imagination. «Dan es wil sich bei keinem christen gebürn, anderst zu hantlen, dan was der glaub und die imagination vermag. und wider den glauben sol kein christ hantlen» (cap. 11).
Und um die Frage an einem Beispiel zu erläutern: es ist dem Menschen möglich, «allein durch glauben und starke imagination [...] ein stimm oder antwort aus den lüften zu haben, als oft wir wollen oder begeren. und bedarf keiner berufung oder beschwerung, wie die groben unverstendigen nigromantici und teufelsbeschwerer sagen: wan man ein geist oder alein ein stimm aus den lüften haben wil, müß man gewaltige coniurationes tun gegen allen vier enden der welt, mit laut rufender stimm, und darzu gehören noch vil ceremoniae, circul machen, rauchwerk, casteien, auch reine heilige kleidung Salomonis und seine sigilla», aber das ist ein teufelsbündnerisches Unterfangen; «darumb hüten euch alle, die da christen sein», davor. «Wie wir im aber tun sollen, das wir ein stimm oder antwort auf unser frag uberkomen, ist durch ein solch exempel in den weg zu verstehn. gleich als wan ich zu einem saget, gang hin an das ort bei der nacht, stehe under dem himel und merk fleißig auf umb die zeit, wan die glock so vil schlegt, wirstu ein stimm aus den lüften hören, die wird dir sagen und antworten, was du begerst. nun der selbig glaubet kreftig meinen worten und gieng hin und wartet auf die stimm, und sein glaub und sein imagination were so stark in im, das er an gar nichts anderst könnte oder möchte gedenken, dan das er alein der stunt und der stimm wartet, die im alein in seinem sinn lege: iezt würde nun one zweifel der selbig ein stimm hören, wie eins menschen stimm, aber nichts leibliches sehen» (cap. 11). Wir würden aus den Materialien unseres Denksystems erklären, es handle sich hier um eine autosuggestive Wahrnehmung oder Täuschung. An etwas Ähnliches denkt auch Paracelsus; aber zunächst hat er zwei andere Möglichkeiten der Erklärung: «Solche stimmen seind nicht alle mal von ascendenten sonder auch vil mal von engeln und dienstbaren geistern, darvon die epistel zun Ebreern sagt.» Den teuflischen Helfern und Dämonen stehen hier also himmlische gegenüber, einer magia illicita die coelestis, die man später als die «weiße» bezeichnen wird.
Daneben, und das ist mir in diesem Augenblick wichtiger, steht magia naturalis. Von dieser magia naturalis hat der Hohenheimer einiges beschrieben: sie hat sehr viel mit Bildern und Figuren zu tun (cap. 1), und diese Bilder und Figuren bieten eine ganze Reihe Möglichkeiten. So haben die Chaldäer und Assyrer

«bilder gemacht, die sich bewegt, geret und zeichen getan haben» (cap. 2), also eine Art von Automaten. Daneben «ist müglich alle ding zu lernen, propheceien und weissagen, von vergangnen, gegenwertigen und zukünftigen dingen, alein durch bilder und figuren. also mag man auch alle künst lernen und anzeigen durch bilder, als wol als durch schriften und bücher. wie dan Petrus de Abano sein kunst magiam und nigromantiam durch bilder und figuren zu Padua hinder im verlassen hat» (cap. 2). Bilder sind also eine Art von Schrift; wer sie zu lesen weiß, der weiß, was einst geschah und was die Zukunft bringen wird; in Bildern schrieb Gott ja auch Weltgeschehen und -werden auf. Bilder sind ferner eine magische und verborgene Schrift, durch welche man ein Geheimnis aufschreibt und es doch verbirgt – man wird an die ägyptischen Hieroglyphen und die Meinung über diese denken müssen. Entsprechendes sagt das folgende Kapitel: «Sehet an die heiligen propheten, fürnemlich aber Esaiam und Ezechiel und Sant Johannem, disen ist das geheimnus des reichs gottes alein durch bilder und figurn, so sie im schlaf oder geist gesehen, erofnet worden. sehet auch an die alten wunderbarlichen bilder und figurn, so zu Nürmberg im Cartheusercloster sind gefunden worden, was sie für eine große, wunderbarliche bedeutung haben aus der magica uber das ganze pabstumb», die joachitischen Papstweissagungen, und «sehet auch an Hermetem, Geberum und andere philosophos vil mer, haben sie nicht auch ire kunst alchimiam und spagiricam merer teils durch bilder und figuren aus der magica angezeigt?» (cap. 3). Magie ist also ein Wissen um Geheimnisse, das man durch Bilder und Figuren auszusagen wagte.

Es handelt sich aber nicht nur um Geheimnisse und Erkenntnisse, die in das menschliche Leben und die Zukunft langen. Auch die von Gott ausgehenden Emanationen oder «Tugenden» können so verrätselt werden. Das Lesen der Bilder nennt er Chiromantie. «Und das solt ihr wissen, das der chiromantiae vilerlei sind, und nit alein die, so in henden der menschen zustehen, darnach den menschen zu urteilen, warzu er geneigt sei und was im begegnen und guts und bös widerfahren werde, sonder es seiend der chiromantien noch mer, ein chiromantia der kreuter, ein chiromantia des laubs an den beumen, ein chiromantia des holz, ein chiromantia der felsen und bergwerk, ein chiromantia der lantschaften durch die straßen und wasserflüß.» (cap. 8). Gott also hat seine «Aussagen» in die Kräuter und die Berge, die Landschaft, in der die Flüsse und Straßen die «Buchstaben» sind, und schließlich in Sterne und Tiere und die Menschen eingeschrieben; das ist das von der Pansophie beschriebene und gepriesene «Buch der Natur», in dem man seinen Autor, Gott selbst finden und begreifen kann. Die Chiromantia kennt und liest die «Signatur» der Dinge. «Durch die kunst chiromantiam, physionomiam und magiam ist müglich, gleich von stunt an dem eußerlichen ansehen nach eines jeden krauts und wurzeln eigenschaft und tugent zu erkennen an seinen signatis, an seiner gestalt, form und farben, [...] dan got hat im anfang alle dise ding fleißig underscheiden und keinem wie dem andern ein gestalt und form geben, sonder einem ieden ein schellen angehenkt» (cap. 9). Und um nun gleich von einer solchen Schellen noch ein Wort zu sagen: «Secht an die wurzel satyrion, ists sie nicht gestalt wie eines mans scham? niemant kan anderst sagen, darumb sie durch die magicam anzeigt und durch die magica ist erfunden worden, das sie den mannen ir verlorne mannheit und unkeuschheit wider bringt. also die distel, stechen ir bletter nicht wie die nadeln? dis zeiches halben ist durch magiam erfunden worden, das kein besser kraut ist für den inwendigen stechen» (cap. 9). Magie kennt also die «Tugenden» der Gewächse; ich darf ergänzend bemerken: alle heimlichen Tugenden der Gewächse, oder noch besser: die in den Kräutern wirkende Emanation des Höchsten.

Die hier erörterte paracelsische Magie ist keine illicita, sie ist magia naturalis, ein Fragen nach den vom Schöpfer in die Schöpfung gelegten Geheimnissen, Tugenden und Bedeutsamkeiten. Gott gibt auf dieses Fragen selbst die Antwort: in Signaturen, Bildern und Figuren. Den durch den Schöpfer gegebenen Zeichen treten nun andere, sozusagen nur halb göttliche, nachgebildete an die Seite: «Die characteres [...] sind nicht ungleich den bildern. dan dardurch kan man auch ein ding anzeigen, und vil dardurch zuwegen bringen, als durch ein kreftigs wort oder namen, und sind doch weder wort noch namen. seind aber doch so vil, dan sie seind der wörter und namen bilder und figuren» (cap. 10), also eine Art Abbreviatur und Wiederholung jener Wörter. Als eine «Wiederholung» können sie neben die Namen treten und deren Macht und Kraft dadurch verstärken: «So aber die wörter und namen darzu komen und auch darbei sind, die sie uns bedeuten und durch die magia anzeigen, sind sie so vil dester kreftiger und doppelt in irer kraft und tugent.»

Als irgendwie fixierte und bekannte Zeichen sind sie dem einen freilich ebenso zugängig wie dem andern, dem Bösen wie dem Guten und dem Teufelsbündler wie dem «weißen» Zauberer: «Es ist zu beklagen, das die ausgelofnen und kein nuze losen freihartsbuben, die man vor jarn fahrende schüler hat genant, die characteres und wörter also über die maß in verachtung gebracht durch ir frevenlich erlogen fürgeben und selbs erdichte falsche character, wörter und namen. nemlich das sie den nerrischen einfeltigen leuten auf papir und pergament character und wörter geben für dise oder jene krankheit, für den teufel, für böse geister, für zauberei, hexerei, für gespenst, für ertrinken, für verbrennen, für feint, für waffen etc., so man die bei sich trag. also etlich so mans in eim haus hab, mögs nit verbrent werden oder weder hagel noch schauer darein schlagen. wiewol ich zulaß, das solches alles den charactern und wörtern möglich ist; ich sag aber den gerechten und nit den falschen. dan ir sehet ein exempel an der planeten character, so die selbige recht gemacht werden, in irer eignen influenz, was sie wirken und vermögen. als der character solis erhöhet den menschen in ehr und gut, der character martis macht sighaft wider alle feint, der character veneris macht lieb und angenehm den leuten ... » (cap. 10).

Den Bildern, um uns zu diesen wiederum zurückzuwenden, gehört natürlich auch das wächserne Menschennachbild an, das er als Menschlein oder kleiner Mensch, Homunculus, bezeichnet hat. (Homunculus ist also nicht das Menschenkind in der Phiole, das Goethe im «Faust» erscheinen läßt, es ist ein Menschenbild aus Wachs, das man in Deutschland auch als «Atzelmann» bezeichnet hat). «Darumb werden dise bilder homunculi genant, das sie sollen alle gestalt und glitmaß haben wie ein mensch, iedoch nicht als groß als ein mensch, sonder als klein mans machen kan. in denen werden volkomenlich volbracht alle operationes der menschen, alle kreften der menschen und willen der menschen» (cap. 12). Sie gleichen dem Menschen – ebenso im Aussehen wie in seinem Denken. Sie gleichen im Aussehen nämlich einem ganz bestimmten Menschen; sie gleichen im Namen, denn man tauft sie auf des Menschen Namen; sie gleichen im Geiste: «Die homunculi und bilder müssen nun gemacht werden nach den influenzen und nach dem innern wesen des menschen. die selbigen influenzen müssen aus dem innern wesen gehn in das eußer wesen, das ist aus dem menschen in ein homunculum» (cap. 12).

Was ist dies innere Wesen, um das doch noch kurz zu streifen? «Der mensch hat in im auch die astra und das gestirn, gleich als wol als das ober firmament. die selbigen astra und sternen ligen nun verborgen in dem mente, das ist in des menschen gemüt» (ebd.). Es ist des Menschen geistiges oder firmamentisches Wesen. Das Firmamentische im Menschen – hier erscheint die paracelsische Anthropologie, die eine Entsprechung seines kosmologischen Systems gewesen ist, und die dem Menschen eine Seele, seinen göttlichen Anteil, gab, daneben den Körper, den sie aus dem Limus kommen ließ und endlich das geistige Wesen, das dem «Firmament» entstammt. Ich möchte heute diese seine Lehre nicht im einzelnen erörtern; ich wollte nur zeigen, daß das Richtunggebende seines magischen Systems in seinem soeben angedeuteten philosophisch-anthropologischen Entwurfe lagen.

Ein dem soeben Vorgetragenen Entsprechendes bietet auch die «Sagax» dar. Ihr ist Magie Erkennen, Denken, Urteilen und Verstehen, das heißt ein Üben der dem firmamentischen Menschen eigentümlichen Kräfte. «Ein arzt weiß und kent alle kreft, die in den kreutern seind; solchs weiß auch der magus, was das in sternen ist.» Und ebenso: «Dan nicht anderst ist die magica zu verstehen, dan als eine hohe arznei, die da alein hantlet aus dem firmament und im firmament.» –

Ich deutete die für Paracelsus gültige Anthropologie schon an: Der Mensch besteht aus Leib und Seele, aus dem tödlichen und untödlichen Leibe. Der Leib hinwiederum ist ein sichtbarer und ein unsichtbarer, der sichtbare von den Elementen und der unsichtbare vom Gestirn. Der sichtbare ist der Körper mit den körperlichen Äußerungen, mit Essen und Trinken, Schlafen und Wachen, Arbeiten und Feiern. Der unsichtbare oder gestirnte oder firmamentische Leib ist der, von dem Verstand und Denken, Liebe, Stolz und Ehrgeiz kommen. Nun merket, «das der recht mensch das gestirn ist. dan weder hent noch füß geben kein menschen, alein die natürliche weisheit und die natürlichen künst geben den menschen.»

Natürliche Künst, das sind die firmamentischen. Die aus dem Gestirn. Und ist das Nutzbarmachen der Einwirkungen des gestirnten, firmamentischen Seins, das Nutzbarmachen der dem «Himmel» eigentümlichen verborgenen Kräfte. «Der arzt zeucht die kraft aus den kreutern und heißt das selbig ein remedium; das selbig ist klein in seim gewicht und hat vil wisen und matten in seiner faust. das ist, wisen und matten seind nicht die arznei, alein der auszug ist die arznei. also mag auch der magus vil wisen im himel in ein kleines steinlein bringen und das heißen ein gamaheu oder ein imaginem oder einem characterem, dan die ding seind büchsen, in die der magus behelt dise siderisch kreft und tugent.»

Mit diesem seinem «Ausziehen» und Verbringen der Kräfte in die Steine, die Gemmen und Talismane werden, macht er Gott, den Schöpfer, nach, der seine Kräfte emanierte und sie in der Schöpfung niederlegte. Er macht Gott nach und er vollendet gleichsam Gottes Werk, wie er – erkennend – dem allweisen Gotte nahe und ähnlich wird. Denn Gott will ja erkannt werden und begriffen sein aus seinem Werk. «Darauf wissent, das Got zu eröfnen die heimlikeit im gestirn ein solche lieb darzu tregt, das er von wegen der selbigen den microcosmus (also den Menschen) geschaffen hat, – nicht alein in dem gestirn, das heimlich zu offenbaren durch des Menschenwerk, sondern auch alle natürliche mysteria der elementen zu offenbaren».

Und so wird denn der Magus naturalis ein Beauftragter des Höchsten, ein Gottes, des Schöpfers Werk Vollziehender: «Dan es seind heiligen in Got zur seligkeit, heißen sancti, seind auch heiligen in Got zu natürlichen kreften, heißen magi. Got ist wunderbarlich in seinen heiligen, beide im reich Gottes und in der natur; das andern nicht müglich ist zu tun als alein die, denen es in sonderheit geben wird. also ist die underscheit zwischen sanctum und magum, das der sanctus aus Gott, der magus aus der natur wirket.» Er ist ein Heiliger, weil er ein Gebotenes tut. Geboten ist aber, Gottes Geheimnisse zu entdecken und zu brauchen. Wenn Paracelsus in der «Philosophia sagax» einmal sagt: «Philosophia adepta zeigt an alle heimlichkeit der natur in allen iren mysteriis», so braucht er mit «philosophus adeptus» nur einen andern Namen für den Mann, den er bisher als Magus bezeichnet hatte und beschrieb. «Die kreuter, wurzen, samen, beum, frücht etc. und alle edelgestein, das auf erden ist und in den vier Elementen, die seind nicht anderst dan als buchstaben, die etwas in inen haben und vermögen; niemants weiß aber nit, was die selbigen buchstaben in inen begreifen. Nun können die kreuter und samen mit uns nicht reden, also das sie selbst sagen, das und das ist in mir [...] Wie sol man nun erfaren, was doch in inen sei? dan der mensch sols und muß wissen [...] Nun aber zu erforschen, was in kreutern ist, darzu gehört philosophia adepta, die selbig weiß alle verborgene ding, alle heimlikeit, alle arcana der natur, was in einem ieglichen kraut, samen, wurzen etc. befunden ist. Wöllen wir nun lernen und erfahren, was himlisch, das ist firmamentisch in den irdischen corporibus, oder was elementisch in inen ist, so müssen wir das lernen von dem philosopho adepto.»

Magie ist also bei Paracelsus keine Narrheit und kein Gauklertum. Magie hat mit dem allem, was wir heute Magie heißen, nichts zu tun. Sie spielt bei ihm nicht aus der Tasche und sie ist kein Hexenwerk, sie läßt in keinem albertinischen Wintergarten Früchte reifen, sie fährt nicht auf dem Mantel oder in den Auerbachschen Keller, sie ist Erkennen der firmamentischen Kräfte in den elementischen Dingen, Erkennen der Emanationen Gottes in der Schöpfung und ihr Brauchen.

Und diese Anschauung reicht hinüber bis in seine Kärntner Jahre. Die stehen im Zeichen und im Ergreifen des adeptischen Erkennens. Im Zeichen der philosophia, welche er von seinem Vater einstmals lernte, dem in den Hütten vor Einsiedeln medizinierenden adeptus. In seiner «Großen Wundarznei» hatte er sich schon einmal auf ihn berufen und in der «Sagax», wie ich ja soeben zeigen konnte, wie er sich in der Kärntner Schrift vom Tartarus auf die beinahe vergessene beruft; im «Labyrinthus» zieht er sie und die Magie von neuem an als die, durch welche man die Tugenden in Gras und Kraut entdecken könne. «Nit das die glider der hölzer, der kreuter, der rüben gesehen werden (scil. in der Anatomia der Kunst Medizin), wie sie inwendig sind, sonder da werden gesehen die kreft und tugent.» Und weiter: die Krankheiten sind im Menschen verborgen und es ist not sie zu entdecken, «das muß durch den sidereum corpus beschehen, derselbig sicht in die natur wie die sonn durch ein glas [...] Also sind in den kreutern auch glider. das ist ein herz, das ist ein leber, das ist ein milz etc. nach inhalt des menschen.» Daß da wirklich ein Herz, eine Leber sei, «ist nicht, sonder es ist ein kraft und ein tugent dem herzen gleich.» Nicht sichtbar sind sie darin, «sonder in spiritu. dan in spiritu ligt die erznei und nit im leib», das heißt nicht in dem Corpus des Krautes. «Dieweil nun die hilf der kranken dermaßen ein spiritus ist, und ligt verborgen vor dem elementischen leib und alein dem siderischen offenbar, ietzt folgt nun das magica zu leren hat, und nit der

Avicenna, noch Galenos, und alein die magica ist praeceptor.» Und viel, so heißt es am Beschlusse des eben angedeuteten Gedankenganges, «hab ich gedacht und gemelt der magica, und noch oftermals der erfindung der heimlikeit der natur in disen büchern, auch in andern». Er, der philosophus adeptus Theophrastus Paracelsus, hat also der magica gemeldet und gedacht, und hat in diesen Büchern wie in andern die großen Geheimnisse der Natur beschrieben und erforscht, er ist ein Magus. Und was seine Bücher an Geheimnissen enthalten, das sind Erkenntnisse und sind wesentliche Dinge der Magie.

Ich sagte soeben, daß der Magus die Geheimnisse der Natur beschreibe – das nämliche behauptete Paracelsus vom philosophus adeptus. Die oft dafür zitierte Stelle aus der «Großen Wundarznei» erklärt: «Die philosophi haben langem leben nachgedacht und das lang leben für ein großen schaz gehalten, darin sie in kriegen und blutvergießen nit geschickt warent noch begirig. haben also großen fleiß gehabt, wie sie das leben aufenthielten. soliches hat sie getriben in die künst der natur, die selbigen kreft zu erfaren, als dan vilfeltig bei inen geschehen, und zusamen gesamlet, was zur gesuntheit gedient hat. domit habent sie sich geeußert von denen, die der weisen feint gewesen sind, und sich zusamen gehalten. darauf haben sie in der bereitung der dingen und kreften kein gerechten ganzen grunt gehabt, aber denselbigen bei den alchimisten gesucht und bei inen anzeigung gefunden; da ist auferstanden der arznei bereitung. do haben die philosophi und die alchimisten zusamen gehaufet.» In diesem Satz wird erstens ein uns schon Bekanntes festgestellt: daß die philosophi adepti nach den «Kräften» in den Dingen forschten. Dann aber erfahren wir noch ein zweites: daß sie zwar die Kräfte der Natur erkannten, in deren Bereitung – und der ganze Kontext läßt erkennen, daß mit «Bereitung» die Herausarbeitung aus einer sie umhüllenden Materie, die Zubereitung der Arznei gemeint sei – nicht recht vorangekommen seien. Sie fanden und erkannten die Kräfte, aber wußten sie nicht recht zu präparieren. Sie waren, wenn man so sagen darf, die theoretischen Erkenner, die Praxis jedoch, die Ausarbeitung, überließen sie den Alchymisten (wobei man nicht so an die Goldköche und die Schwindler denken darf, als an die Männer, welche die «Tinkturen» zu bereiten wußten). Es liegt mir hier aber weniger daran, dieser Frage nachzugehen, als festzustellen, daß die philosophi adepti oder magi zumeist dem «Theoretischen», dem philosophischen Grunde nachgetrachtet haben. Sie waren philosophi, und wenn man diesen terminus genauer zu bestimmen sucht, Erkenner der Heimlichkeiten, der geheimen Kräfte der Natur. Deswegen ja auch Erkenner der Arzneien, denn wisset, «das im anfang ehe und die arznei anfing, do sind die ersten arzten, die magi geheißen werden, erstanden.» («De characteribus»)

Magie, das heißt aus einem erkennenden, systematischen Grunde denken. Wenn er in seinem Traktat «De virtute imaginativa» davon handelt, daß viele anscheinend wunderbare Dinge durch Imagination geschehen, dann sucht er die Imagination aus seinem Systeme zu erklären. «Also muß man den menschen teilen in zwen leib, in den, den wir sehent, und in den, den wir nicht sehen [...] Wie der mensch, der durch den leib sein werk volbringt, geben sind sein notturft, instrumenten und zeug, dorzu er geordnet ist. also auch ist der selbigen gedanken geist geben das jenig, so er die verwilligung hat, das selbige auch zu bauen [...] Der mensch hat sein gute werkstat, die ist nit not für zu legen. nun aber vom unsichtbaren der gedanken, wie die selbigen werken merken. die sonn hat ein schein, der ist nit greiflich, und aber er brent heuser ab, macht feur, kolen, eschen. nun was ist imaginatio anderst, als ein sonn im menschen, die dermaßen wirket in sein globum, das ist, do hin sie scheint? als die sonn scheint do auf den boden; nun der mensch imaginirt auf den boden. nun zu gleicher weis, wie die sonn am selbigen ort irn gewalt hat, also auch am selbigen ort die imaginatio, so sie dermaßen volent wird, das in den effectum komen mag wie die sonn.» Auf diese, wie ich soeben bemerkte, systematische Behauptungen folgt dann ein Dutzend und mehr Fälle: «Als ein exempel: es wer einer, der het sein imagination dermaßen gefertiget, das er ein andern begert zu erstechen, und in der imagination wird der erstochen, das ist» und es folgt eine weitere Erörterung, oder «das ist war, der so scharf fantasirt und im ein grunt fürnimpt zu weissagen, und er mißt hin und her die ding, der bringt sein geist dahin, das er zur weissagung kompt, das ist, auf den grunt zukünftiger dingen. also auch geschicht solches, das die frauen in traum in der fantasei etc. dahin gefürt werden, imaginirt ein solches und sie tunts etc., so geschichts. vil die nichts darumb wissen, darumb das sies nicht wissen, darumb imaginiren sies nit. darauf auch folgt, das man die frauen nit sol alein lassen, nit melancolisiren, sonder frölich behalten, und bein leuten lassen wonen, nichts seltsams sagen, fürbilden, sonder gar in einfalt ziehen und nit aus der weichen lassen. dan so heftig sind ir imaginationes.» Aus diesem Texte läßt sich, meine ich, zweierlei erheben. Zuerst: die von dem Hohenheimer besprochenen «magischen» Phänomene erscheinen in seinem und werden aus seinem philosophischen System erklärt. Er nennt sie nicht nur und gibt nicht nur die notwendigen Rezepte an, wie man sie machen und verursachen könne, sondern sie sind ihm «Belege», das Sichtbarmachen und die Verifikationen seines Denkgebäudes. Das zweite: entgegen der Bemerkung, die Karl Sudhoff ausgesprochen hat: befremdlich am «Liber de Imaginibus» sei «die Behauptung, daß der Weg zur Praktik über Theoretik und Spekulation gehe, ‹es muß erstlich alles erspekuliert werden›, während doch nach Hohenheim die Theorika aus der Praktika fließen muß», ich sage: entgegen dieser Behauptung sind die meisten paracelsischen Schriften so gebaut, daß er zunächst den Grundriß seines philosophischen Gebäudes gibt, dem dann die «Fälle» und beweisenden Experimente folgen.

Doch wieder zur paracelsischen Magie! Philosophia adepta hat er sie genannt und sie ist auch, wie langsam sichtbar wurde, richtige Philosophie, die auf die Praxis sich beziehenden Angaben nur ein Nebenbei. Das lehrt auch ein entsprechendes Beispiel aus dem «Liber de characteribus»: «Dieweil nun der teufel, die unreinen geister, dermaßen ein liecht der natur haben, das sie wörter für kreuter brauchen und der gleichen namen. warumb wolten wir dan nit das selbig auch nemen als ein natürlich kraft? hat nit got den wörtern mer kraft geben im bethaus, das wir erhört werden, das mer ist, dan das ander alles? wiewol er uns nit wörter in der arznei hat geben, noch segen für hauen und stechen, noch blutstellung [...] Doruf merken nun, die geister und himlischen kreften können uns nicht anderst helfen, dan durch die namen und wörter. so wir sie haben, so haben wir den garten ir arznei. nun wissen also, das natürlich arznei ist, der nam wie ein kraut, das kraut wie ein nam, alein underschiden in der sichtigen und unsichtigen natur und beid im natürlichen liecht. wie sie aber an uns langen, das wissen, das im anfang ehe und die arznei anfing, do sind die ersten arzten die magi geheißen werden, erstanden.» Es scheint mir übrig, weitere Belege und Beweisstücke anzuführen; die eben zitierten lehren bereits, daß Paracelsus ein System geschaffen, Magie als Wissen und Erkennen aus dem «Lichte der Natur» verstanden hat.

Von hier aus ist es nun lockend, seine zaubrischen Schriften anzusehen. Ich nenne «zaubrisch», was als praktisches Rezept geboten worden ist, und «magisch», was aus seinem hier nur angedeuteten Systeme gilt. Die zaubrischen Schriften Paracelsi aber sind gar keine paracelsischen Schriften, es sind ihm zugeschriebene; unbekannte Hände schufen sie. Ich greife aus ihnen die bekannten «Archidoxis magicae libri VII» heraus. Dort heißt es im «Liber sextus: De compositione metallorum»: «Es ist nicht minder, das die compositionen der metallen große ding wirken in den ubernatürlichen dingen, das in vil und mancherlei weg zu beweisen ist, wie hernach weiter angezeigt, dan würdest du alle siben metallen nach rechter ordnung zusammen sezen und mit einander schmelzen in ein metall, so wirstu haben ein solches metall, darinnen alle die tugenden der siben metallen stecken und verborgen ligen. die hast du hie in disem einigen metall alein, welchs wir hie electrum nennen», und aus einigen Seiten, die von seinen Wunderwirkungen handeln, folgendes: «Damit wir auf die practik unsers electri komen, so wir vornen angefangen haben meldung zu tun, welchs nach himlischen lauf und nach den coniunctionen der siben planeten componirt und zusamen vereinigt muß werden, und ist der proceß seiner practica also: Erstlich hab acht auf ein coniunction saturni mit mercurio und wan nun die gleich vorhanden und angehen wil, so verordne dir zuvor alle ding, das feur, ein tigel, fein blei klein geschroten oder gekörnet und den mercurium vivum, darmit du mit nichten verhindert werdest, und wenn die coniunctio gleich angehet, so laß das blei gar kalt fließen, damit so der mercurius darein geschütt wird, das er nicht ausspringe oder ausrieche. und im ersten puncten, wan die coniunctio angehet, nimb den tiegel mit dem geflossenen blei aus dem feur und schütt den mercurium darein und laß es dan mit einander erkalten. darnach hab des gleichen acht auf ein coniunction iovis mit saturno oder mit mercurio. so verordne widerumb alle ding wir vor.» Die Tugenden des Elektrum aufzuzählen braucht es mehr als eine Seite: es widersteht dem Gift und zeigt das Gift an im Getränk, als Ring am Finger getragen hindert es den Krampf, die Lähme, es macht verborgene Krankheiten deutlich, macht die Waffen fest, mit einer Glocke aus Elektrum kann man die Dämonen rufen.

Die Inhaltsangabe dieses ganzen «Liber sextus» also läßt erkennen, daß hier nicht viel mehr als ein zaubrisches Rezept erscheint – von einer begründeten Reflexion erfahren wir wenig: «dan in unserm electro ligt verborgen ein große wunderliche sympathia, die es mit den menschen hat durch mithilf und mitwirkung der 7 planeten und obern gestirn, also, das er vor großem mitleiden und engsten schwitzet und maculirt wird, so balt es der mensch in seiner hende nimpt», und ein paar Sätze weiter: «Kan nun das gestirn im menschen sein und durch den olympischen geist gefürt und hingetragen werden in ein andern, so kan solches auch in den metallen sein und darein ir impression geben, also das es dadurch vil höher gebracht kan werden.» Die beiden Sätze scheinen auf paracelsische Wendungen hinzudeuten; es sind in Wahrheit Wendungen eines hermetisch-astrologischen Systems; «dan alle mal muß das under dem obern nachfolgen» stammt aus jenem Texte, der bei den mittelalterlichen Astrologen und den Alchymisten galt: des Hermes Trismegistos dogmatische Sätze auf der smaragdinenen Tafel. Doch was mir wichtiger noch als diese Herkunftsfrage scheinen will: die beiden zitierten mitsamt einem dritten wenig klaren Satze sind alles, was unser Buch an «theoretischen» Überlegungen enthält. Es steht mithin, wenn ich die oben gegebene Unterscheidung brauchen darf, viel stärker in zauberischen als in magisch-philosophischen Zusammenhängen. Und es steht an der Schwelle einer längeren Entwicklungsreihe, die bei Johannes Staricius in dessen «Heldenschatz» beginnt und in der zweifelnden Bemerkung des «Eröffneten Wunderbuches», das von dem «Mährischen Albertus Magnus Andreas Glorez, Klostergeistlicher und Naturkundiger» verfaßt ward, endet.

Es ist begreiflich, daß die Menschen eines zaubrischen Verlangens viel seltener und nur sehr ungern nach der paracelsischen Magie, viel lieber nach pseudoparacelsischen, die Rezepte bietenden Texten greifen. Wo also im Verlauf der kommenden Jahrhunderte des Paracelsus Name als der des Magiers und der zaubrischen Autorität erscheint, ist zu vermuten, daß die Pseudoschriften eine Rolle spielen. Und mehr oder minder sichtbar spielen sie auch stets eine Rolle. So wurde dem «Liber Principiorum» etwa dieses Krebsrezept entnommen: «Also wißt auch von der feltmaus, daß sie auch ein groß mysterium ist wider die schwintsucht. desgleichen auch mit eim krebs, vilen am krebs ist geholfen worden, und nemlich auf dise weis. sie haben im die scheren verbunden und uber das ort auch gebunden, da sich der cancer hat angerötet. haben in auch darauf sterben lassen, so ist zu gleicher weise der ander auch gestorben und vergangen.» In den Erweiterungen des «Heldenschatzes» des Staricius begegnen wir in einem Mitte des 17. Jahrhunderts zugefügten sechsten Teile: «Den Krebs zu vertreiben», einer solchen Kur. «Man soll einem lebendigen Krebs die vordern Scheren verbinden, also daß er nicht kneipen könne, alsdann denselben über den Krebs eines Menschen, der noch nicht offen, aufbinden und ihn darauf so lange, bis er stirbt, liegen lassen, so soll er den innern auch tödten, und machen, daß er von selbst wiederum vergeht und verschwindet.» Das gleiche Rezept bringt dann der «Thüringische Theophrastus Paracelsus» von Valentino Kräutermann.
Und um aus vielen Belegen nur noch zwei bekanntere auszuwählen – gegen den Hexenschuß findet sich in «De occulta philosophia» folgendes Rezept: «Wie aber solchem allem fürzukommen sei, auf das es gar keiner schneidung, brennung oder anderer schmerzlicher eröfnung bedörf, und glücklich gar on alle sorg, mühe und on allen schmerzen des menschen heraus gezogen und hinweg getriben werde. ist zu merken, das es muß geschehen mit den magneten, welche alle zauberei und hexerei zu und an sich ziehen, als da ist das eichenlaub, chelidonia, azoth, pulverisierte corallen, so die ein iedes per se nach rechter ordnung uber das centrum wird gebunden, in vier und zwenzig stunden zeuchts ein iede hinein geschossene materiam heraus, das mans darbei ligen fint.» Im 45. Kapitel des ersten Buches seiner «Magia naturalis» (vgl. Wolffgangi Hildebrands «Neuvermehrt / vortrefflich / außerlesen curieuses Kunst- und Wunderbuch». Franckfurt am Mayn / In Henning Grossens Buchladen / Gedruckt im Jahr 1704, 84) rät Hildebrand: «Wieder der Hexen Geschoß / als wenn sie einen Menschen versehren / oder krümmen / mit dem / daß sie ihm Aschen / Haar / Faden / Säuborsten / Fischgräten / und dergleichen mehr viel seltzamer Dinge in einen Fuß / oder sonsten inzaubern / ohne Eröffnung der Haut. Dawieder schreibet der hochberühmte und wunderbarliche Philosophus, Philip. Theophr. Paracels. lib. Philos. occult [...] Rez. Eichenlaub / Chelidonia,

Azoth / pulverisirte Corallen / und so da ein jedes nach rechter Ordnung über das Centrum wird gebunden / in 24. Stunden zeuchts eine jede hinein geschossene Materiam heraus / daß mans darbey liegen findet.» Es fällt als erstes auf, daß Paracelsi systematisierender Terminus «es muß geschehen mit den magneten», und zugleich der innere Grund weswegen man eben diese Mittel brauchen müsse, weggefallen ist, und daß, da auch die einleitende Bemerkung fortgelassen wurde, aus Paracelsi Erörterung wieder nur noch ein Rezept geworden ist.
Nicht anders ein drittes Mal. In «De natura rerum» heißt es gegen Ende des dritten Buches: «Des kes conservatif ist das kraut hypericon oder perforata, das ein ieglichen kes vor den würmern behalt und bewaret; dan wo es zu einem kes gelegt wird, wachset kein wurm nit darin; so aber schon würm vorhanden und darin gewachsen weren, dieselbigen alle sterben und heraus faulen». Das steht in einer Untersuchung «de conservationibus rerum naturalium». Bei Hildebrand nun heißt es im 18. Kapitel seines zweiten Buches: «Aureolus Theophrastus Paracels. lib. 3 de nat. rer. in fine schreibt / man sol zu den Käsen das Kraut Hypericum, oder Perforatam, (man nennets auch S. Johanniskraut) legen / denn das habe eine wunderbarliche Kraft die Käse vor allen Würmen zu bewahren / wenn man es also neben oder auff die Käse legt / daß es dieselbe nur anrühret / so sol kein Wurm darinnen wachsen / da aber allbereits Würmer darinnen gewachsen wären und wohneten /, so müssen sie doch alle sterben und heraus fallen.» («Kunst- und Wunderbuch»).
Von den soeben zitierten zaubrischen Rezepten wird man aber sagen, daß ihnen in dem vorhin erörterten Sinne alle weltanschaulichen, auf systematische Ordnung und Begründung zielenden Aussagen fehlen; es sind allein Rezepte und zwar einfach anzuwendende Rezepte, die lange als Ratschläge und als «Hausmittel» umgegangen sind. Verschieden von ihnen ist eine andere, nicht so oft bezeugte Gruppe, die zwar auch aus den pseudoparacelsischen Schriften stammt, für die jedoch der ungelehrte Zauberer meist kein Interesse zeigte. Ich darf es vielleicht am Beispiel der resuscitatio erörtern. Sie wird im sechsten Buche von «De natura rerum» abgehandelt. Sudhoff hat dieses Buch nicht ganz verunechtet, sondern echte Teile angenommen, vielleicht weil eine systematische philosophische Haltung dahintersteht. «Was seines natürlichen tots stirbt und was die natur tötet, darüber hat der mensch kein gewalt, dasselbig zu resuscitiren [...] das aber was getötet wird, mag auch wider lebendig gemacht werden.» Er unterscheidet also zwischen Sterben, dem Auslaufen und Ausgehen eines Lebens, und Töten, einem schroffen Abschneiden des noch vollen Lebenslaufes. Wenn ein getöteter Leib in seine Fäulnis oder Putrefaction gelangt, verwandelt er sich in seine prima materia, oder erstes Sein. «Also sehent ir an einer schlangen, so dieselbig zu stücken gehauen, zerschnitten und gar

getötet wird und solch stück der getöteten schlangen in ein cucurbit (Kolben) getan und in ventre equino (gärenden Pferdemist) putreficirt, so wirts in dem glas alles lebendig zu würmlin gleich dem leich.» Der Körper zersetzt sich durch die Fäulnis, es entsteht ein Schleim, der dem, aus welchem er geboren wurde, völlig gleicht; die Lebenskraft ist im Getöteten noch nicht ausgebrannt und aufgezehrt, sie kann aus dem in seine Substanzen zerlegten Stoffe wiederum den Leib formieren. «Und also nach disem proceß haben sich beide, Hermes und Virgilius, understanden mit hülf der nigromantia nach irem tot widerumb zu renoviren und resuscitiren und wider zu einem kint neu geboren werden; ist inen aber nach irem fürnemen nicht geraten sonder ubel mislungen.» Wie Tiere und Menschen und Metalle kann man auch die Kräuter wiederbringen. In «De occulta philosophorum» ist dafür kein Beispiel angegeben worden, aber «die resuscitation und restauration des holzes» reicht wohl aus, um an das Faktum und die Art, wie Paracelsus es versuchte, zu denken.

Die Wiederbringung der Kräuter hat im nächsten Jahrhundert viele interessiert, vor allem Gelehrte, die der magischen Weltauffassung nahestanden. Johannes Praetorius erörtert sie in seinem «Anthropodemus plutonicus»: «Es bezeuget Josephus Quercetanus, das er einen Polen gekannt habe / nehmlich einen Arzt zu Crackau / der auß den Pflantzen und etlichen Kräutern / durch eine sonderliche Kunst / subtile Asche zubereitet / und solche in eintzelne Gläser geschüttet habe / die hernach auffs festeste zugebunden worden: Nehmlich in einem Glase hat er Asche von Rosen / in einem andern Asche von Moon / und noch in einem andern Asche von einem andern Kraute geschüttet: Hernach hat er ein geringes Feuer / nehmlich eine Leuchte darzu gesetzet / da waren auß der Asche allerhand Specis gleichsam hervor gequollen / nach dem Vermögen der Asche: Und hatten nicht alleine ihre bloße lineamenten gehabt / sondern sie waren gantz vollkommen gewesen an allen Stücken / es hatte auch ein jedwedes Theil seine eigentliche und natürliche Farbe gehabt / was Blätter / Stiele und Blumen betrifft: das es auß der massen schön anzusehen gewesen. Aber so bald die Wärme war hinweg gekommen / so geschwinde war es auch in einander gefallen. Und solches schreibet der Autor, habe er wohl an dreyßigerleyen gesehen: welchen du hievon mit Verwunderung nachlesen kanst: Drinnen du nicht allein ein herrlich Bild der Auferstehung / sondern auch eine Schutzschrift / wider einen Verleumder der Hermetischen Medicin antreffen wirst. c. 23. Biß hieher D. Calixtus in tract. de immortalitate animae c. 18. p. m. 92. 93. Conf. D. Unzerum de Sale, da eben dasselbige stehet. Und Harsdörffern in Erquickstunden Tom. 3. part. 9. p. m. 520 etc. Philiop. Carol PP in Soloec. Polit. p. m. 72 etc. D. Conring. in Hermet. Medic. c. 20. p. 270. Der dieses aber verläugnet / und den Quercetanum lügen straffet» (1, 162 f.). Die deutsche Übersetzung der

«Magia naturalis» des Gianbaptista Porta 1715 kennt auch das Rezept, «im Glase einen Garten wachsen zu machen», und Eberhardt Heinrich Fischer, Königl. Preuß. Förster in der Grafschaft Mannsfeld, wußte in seinem «Albertus Magnus der Andere und Wahre» 1790 einen Baum im Glase wie einen Kosmos ebenfalls im Glase herzurichten. Man sieht, das möglicherweise echte paracelsische Stück, das aus dem zweiten und sechsten Buche von «De natura rerum» kommt, wirkte lange nach. Es wirkte dort nach, wo man an kosmologischen und pansophischen Problemen, an deren Bestätigung durch magische Experimente, Freude hatte.

Es ist hier nicht der Ort, dies magisch-philosophische Weiterleben Paracelsi, das bis zu Welling und ins 18. Jahrhundert reicht, zu zeigen; ich werde in einem zweiten Teile meiner «Pansophie» darüber handeln. Hier wollte ich nur den Ansatz und die mögliche Richtung sichtbar machen, um wieder zu dem jetzt stärker Interessierenden, zu dem «Zauberer», zu kommen.

Der Zauberer Paracelsus, also der, von dem man zaubrische Rezepte haben will, den man befragt, um wunderbare Dinge tun zu können, wie er uns in den pseudoparacelsischen Texten sichtbar werden wollte, so zeigen ihn noch deutlicher jene «Kunst- und Wunderbücher», die man als «magische Hausväter-Literatur» bezeichnet hat. Hausväterbücher heißen die Anweisungen und Kompendien von der Art des Coler, die von den Pflichten und den Rechten des Hausvaters handeln, vom Amt und Tun der Hausfrau, von den Arbeiten des Gesindes, vom Ackerbau, vom Garten und den nützlichen Gewächsen samt dem Weine, vom Stall und von den Eigenheiten und den Krankheiten des Viehes, daneben wohl auch von manchen kuriosen Fragen oder Scherzen. Es waren das alles sehr ernsthafte Ratgeber für den Anbau und die Hauswirtschaft. An ihre Seite stellte sich im 16. Jahrhundert eine Gruppe Schriften, in der von den natürlichen Geheimnissen die Rede war, das heißt von denen, die man der magia naturalis zugemessen hat: Die Haare wachsen zu machen, eine Schlange ohne Schaden anzugreifen, ein gut Gedächtnis kriegen, einen Traurigen wieder froh zu machen, daß ein Weib schwanger werde, eine Jungfrau zu erkennen, ein Confortativum ad membrum virile, die Hände in heißes Blei zu tauchen, und was dergleichen seltsame und verborgene Wissenschaften weiter sind. Weil es sich hier um heimliche Künste handelt, die dem «Hause» dienen sollen, pflegt man von einer «magischen Hausväter-Literatur» zu sprechen. Sie lebt aus älteren Werken; ihre wichtigsten Sammler aber sind: Antonius Mizaldus mit seinen verschiedenen Kunst- und Wunderschriften, Alessio Pedemontanus, der 1555 «De secretis» schrieb, Michael Bapst von Rochlitz mit dem «Arztney Kunst und Wunderbuch» 1592, vor allem Wolfgang Hildebrands «Magia naturalis», Darmstadt 1610, und des Johannes Staricius «Sympathetischer Heldenschatz» von 1616; die wichtigsten jüngeren Schriften habe ich in den «Egyptischen Geheimnissen» (1954 im Bande 10 der Zeitschrift «Arv» in Uppsala) hervorgeholt. In diesen einst häufig aufgelegten und sehr weit verbreiteten Wunderbüchern, die, wie ich in dem soeben zitierten Aufsatze zeigte, nicht allein bei uns, sondern die in recht starkem Maße auch in Skandinavien wirksam waren, ist Paracelsus als der große Zauberer geboren worden. Denn sie berufen sich auf ihn, den «hocherfahrenen» und «fürtrefflichen»; den magischen Kenner nennt ihn etwa Wolfgang Hildebrand. Von «Theophrastus» sprechen die «Hundert acht und dreyßig ... Geheimnisse» 1729, als reiche es aus, ihn nur mit seinem Vornamen zu benennen. Des «Theophrasti magisches Glöcklein» aus Elektrum ist das 131. Stück, von dem «Metall des Theophrasti» werden magische Spiegel hergestellt (130. Stück), das 39. handelt vom Senechton Theophrasti; ich will die namentlich benannten und die den Autor verschweigenden (wie beispielsweise das 44. Stück mit dem dem Kranken aufgebundenen Krebs), nicht zusammensuchen, sondern nur noch zwei sehr besondere erwähnen: das 47. Stück «von der Magnetischen Cur derer Mercurialischen Kranckheiten» zitiert den Hohenheimer als Autorität: «wie Theophrastus erfordert»; das 122. «von denen Olympischen Geistern des Theophrasti» macht ihn zu einem Nigromanten, Teufelsbündler oder großen Zaubermeister: «Des Theophrasti Buch von denen Olympischen Geistern ist ein pur Nigromantisches Werck / in welchem gelehret wird / wie man allerhand Geister beschwören solle; jeder Geist hat seine Signatur und gewisses Metall / worauf die Figur eingegraben werden. Die Characteres halten insgeheim in sich den verborgenen Pact mit dem Satan / und die verpfändung der Seele / mit solchen wunderlichen Beschwörungen / und so seltsamen Nahmen derer Geister / daß man die Teuffels-Possen mit Händen fassen kan. Die Erscheinung derer Geister bedeutet auch nichts gutes. Der eine erscheinet auf einem Bocke / der andere auf einem Schweine / der dritte auf einem Affen / und so fortan; welches alles Zeichen / daß keine guten Geister / sondern nur die schwartzen Engel erscheinen / die dem Menschen den Gefallen nicht thun / ihme zu dienen / und sich sehen zu lassen / es sey dann auf den Raub seiner Seelen; wie dann die Exempel vorhanden sind [...] Dienet also einem jeden zu einer Warnung / von dergleichen der Seele höchst nachtheiligen Wercken / die schnur-gerade wider Gott und sein Wort sind / abzustehen / und die guten untermischten Gebether / die nur den Menschen zu blenden dazu kommen / sich nicht verführen lassen.» Hier wird der Hohenheimer also ganz zum Teufelspartner und Verführer.

Sieht man von hier zurück, dann will es einem langsam scheinen, als sei der Magus und Philosophus adeptus ein Zauberer gewesen. Als sei vergessen worden, was ihm wirklich die Magie gewesen ist, ich meine magia naturalis, die des firmamentischen und gestirnten Geistes. Denn auch der andere Weg, die magischen Experimente der gelehrten Männer, bei denen ein wenig seines Denkens oder seiner Absichten nachzuklingen scheint, er führt am Ende doch nur zu dem einen Urteil: Zauberer. Da ich das sage, darf ich im Vorübergehen einmal bemerken, daß ich in meiner «Pansophie» darum bemüht war nachzuweisen, daß eine Schule Paracelsus für den «weißen Magier» hielt, bis Dr. Johannes Faust, der schwarze Magier, alles Interesse auf sich zog. Dem 17. Jahrhundert aber wurde Paracelsus in den Wunderbüchern zu einem andern schwarzen, einem zweiten Faust.

Wenn ich nun dieses Ergebnis einem früheren an die Seite rücke – ich habe in meiner «Pansophie» von Paracelsus als dem Zauberer gehandelt, indem ich die über ihn umgehenden Meinungen dort zusammentrug –, dann freut es mich, daß beide Versuche zu dem nämlichen Ergebnis kommen. Ob Colberg im Jahre 1710 behauptet hat, er, Paracelsus habe in Basel auf der Hohen Schule die Magie gelehrt, oder ob Joseph Webers «Urgrund des Hexen- und Geisterglaubens» 1797 schrieb: «Im 16. Jahrhundert machte sich Bombast von Hohenheim Paracelsus als Zauberer einen Namen», stets zählte man ihn den «Zauberern», Teufelsbündlern und Schwarzkünstlern zu, wie ihn die «magischen Hausvater-Schriften» einen Teufelsbündler werden ließen. Die heute aufgewiesenen Fakten rechtfertigten sicher jenen Schluß, zu dem die Colberg, Weber und das ganze 19. Jahrhundert kamen.

Aber ist dieses wissenschaftsgeschichtliche Ergebnis wohl so wichtig, daß zwei sich um das gleiche Problem bemühende Untersuchungen unternommen wurden? Gewiß ist wichtig, jenes «magische Hausväter»-Schrifttum einmal anzugehen, an das – von meinen «Egyptischen Geheimnissen» abgesehen – sich noch niemand traute und das allein den Schlüssel zu den Volksvorstellungen gibt, die über Hexerei und Segnen und die Kräuterweibel-Weisheit existieren. Das «Volk», sowohl das schweizerische wie das deutsche wie das skandinavische, das österreichische wie französische, schöpfte diese Vorstellungen aus den Büchern, und es hat ihnen sicher auch sein «Doktor Phrastes»-Bild entlehnt. Von dem Zustandekommen dieser Vorstellungen zu handeln und ihre Entwicklung Schritt um Schritt zu zeigen, war schon recht.

Doch etwas anderes halte ich für noch wichtiger. Was bei Hildebrand zu finden ist, und was Staricius wie jene «Hundertachtunddreißig Geheimnisse» geben, sind Rezepte. Rezepte jedoch sind nichts als starre Fakten und Notizen. Was aber von Paracelsus über die Magie geschrieben worden ist, ist ein System, ein geistiges Gefüge, ist ein ganzer Bau.

Und weiter: Rezepte sind Chiffren irgendwelcher (chemischer) Summen; sie sagen, was man zusammenfügen müsse, also a + a + a + a. Was Paracelsus gibt, ist ein in sich gerundetes und geschlossenes Denksystem. Ist eine Einheit. Ist das a in einer eigentümlichen Potenz.

Und noch ein Schritt! Rezepte erscheinen immer in der «Ruhelage». Sie machen so einen statischen Eindruck. Sie fixieren einen Zustand. Die paracelsischen Termini und das, was diese Termini bedeuten, sind stets dynamische Äußerungen (etwa «firmamentische Kraft», «gestirnter Geist» und «Tugend»). Die Krankheiten heißen nach den «Kräften» oder «Tugenden», die sie heilen. Und diese Beobachtung, die nicht nur charakterisieren möchte, die jenseits der Zitate ein Entscheidendes, Wesentliches fassen will, sie deutet auf eine im letzten tragische Entwicklung hin. Ein einmal Lebendes, ein in heißem Ringen in die Welt Geborenes – und wer hat sein Erkennen jemals so errungen wie der Hohenheimer? – erstarrt, wie eine in den Raum geschleuderte Lava nur erstarrt. «Einer der da wil von künsten der weisheit schreiben», beginnt der «Liber de fundamento scientiarum sapientiaeque», «der muß erstlich am aller ersten dem leser fürhalten und fürlegen der kunst und weisheit ursprung.» Das war sein Weg. Der aber diesen Weg und seine Frucht verdarb, indem er den Kosmos Paracelsi und sein geistiges Gefüge aufgegeben hat, indem er aus ihm Rezepte holte, das war der Gevatter Schreiber, der einen großen Wurf zu Lappenwerk zerschnitzte und zusammennähte.

WILLEM F. DAEMS

«Alles Essen und Trinken ist Menschenfleisch in Mysterio» (Paracelsus, 1531)

«Essen und Trinken in früheren Jahrhunderten» – in diesem Themenbereich fehlen anscheinend die Fragestellungen: Weshalb muß eigentlich der Mensch essen und trinken? Was soll er essen und trinken? Was geschieht mit der Nahrung? Das mag daran liegen, daß die moderne Ernährungsforschung Natur und Mensch und ihre Beziehungen aus dem Auge verloren hat.

In der Zeit der Renaissance-Medizin, da Paracelsus wirkte, lebte nur noch die galenisch-hippokratische Ernährungslehre der vier Küchen (Magen, Leber,

Herz und Gliedmaßen), in denen jeweils das Reine (Edle, Sympathische) vom Unreinen (Unedlen, Antipathischen) getrennt wird und die veredelten Stoffe schließlich die wirkliche Nahrung bilden. Diese Anschauung liegt sogar in mittelniederländischer Übersetzung des Traktates «De Nutrimento et Nutribili» des Albertus Magnus (1193–1280) vor.

Als im Jahre 1847 Helmholtz, Dubois-Reymond, Brücke und Ludwig in Berlin der Physiologie eine rein physikalisch-chemische Basis gaben, wurde der Jahrtausende lang gültigen spirituellen Weisheit, welche den Menschen traumhaft-instinktiv bei seiner Nahrung leitete, ein Ende bereitet. Die Sicherheit über die makro-mikrokosmischen Zusammenhänge von Mensch und Natur ging erbarmungslos unter in der absoluten Verunsicherung durch die ständig wechselnden, kontroversen Anschauungen und Theorien der modernen Ernährungsforschung. Aus der qualitativen Betrachtung der Lebensmittel – das sind immerhin Stoffe, die dem Leben dienen sollen – wurde eine rein quantitative Maschinerie von Brennstoffen, die als Energieerzeuger nach ihren Wärmemengen kalorisch gemessen werden. Seitdem «leben» wir von Kalorien!

So konnte dann der Philosoph Ludwig Feuerbach (1804–1872) das Wort prägen: «Der Mensch ist, was er ißt» – das war 1850, und bereits 25 Jahre vorher hatte der französische Schriftsteller Anthelme Brillat-Savarin (1755–1826), der Autor der «Philosophie du goût», formuliert: «Dis-moi ce que tu manges, je te dirai ce que tu es.» Diese Aussage wird heute vielfach zitiert und falsch interpretiert. Ist es nicht eher umgekehrt, muß man sich doch fragen: «Der Mensch ist nicht, was er ißt.» Nicht auszudenken, daß Feuerbach recht gehabt haben soll. Versuchen wir uns das Problem an zwei, drei Beispielen klarzumachen. Nehmen wir an, ein Mensch konsumiert jeden Morgen, jahrein, jahraus zum Frühstück ein Ei – oder gar die zwei Eier, die ihm die Ernährungsforschung wegen der angeblich notwendigen 20 mg Zink pro Tag empfiehlt: Wann fängt er zu gackern an, oder wird er gar zum Huhn? Oder: Weshalb wird der ewige Kalbssteakesser nicht zum Kalb? Oder – machen wir das Experiment: wenn wir zum Abendessen Forelle bekommen, und ich teile meine Portion mit meiner Tischdame (um die naturwissenschaftlich vergleichbaren Voraussetzungen zu schaffen) – weshalb wird dann aus meinem Teil Daems-Eiweiß, aus dem Teil meiner Tischdame Jansen-Sieben-Eiweiß? Eben: dieses mysterium magnum, das ist es und war es, was Paracelsus so sehr bewegte.

Mit modernen Worten des deutschen Chirurgen Carl Ludwig Schleich (1859–1922) ausgedrückt: «Die Ernährung ist nicht vollständig zu verstehen als die Bilanz von Aufnahme von Wärme und Umsatz in Arbeit, sondern, daß neben diesen betriebstechnischen Vorgängen noch ein Prozeß einherläuft, welcher das Rätsel des Lebens in sich schließt und darum mysteriös und wundervoll ist.»

Dieses große Wunder spricht auch – um ein Beispiel zu bringen – aus den Versen des Johannes Scheffler (1624–1677), der als Angelus Silesius in seinem «Cherubinischen Wandersmann» unter dem Titel «Der Mensch lebt nicht vom Brot allein», paracelsisch dichtete:

Das Brot ernährt dich nicht
Was dich im Brote speist,
Ist Gottes ewges Wort,
ist Leben und ist Geist.

Das sind Verszeilen im paracelsischen Geist, «denn nicht allein vom brot lebt der mensch, sondern auch von einem jeglichen wort, das ausgeht von dem mund Gottes. Und obgleichwohl das brot aus der erde wächst, so ist es doch des menschen speis nit zum leben noch zur gesundheit, es ist nur brot. Die kraft, die im brot ist, dieselbe ist das wort Gottes; vom selbigen ist unser leben hie auf erden, im tödlichen [Sterblichen] und im untödlichen [Unsterblichen]» («Philosophia sagax»).

«Himmel und Erde machen den Menschen», formulierte Paracelsus die aus der Schöpfungsgeschichte stammende urewige Weisheit, womit er zum Ausdruck bringen wollte, daß der Mensch ein Wesen ist, das in einem polaren Spannungsfeld lebt – wie übrigens auch das Tier und die Pflanze. Erst Goethe brachte uns den Begriff von Polarität und gesteigerter Mitte als Urphänomen zum Bewußtsein und die Konsequenzen dieser Anschauung zur vollen Wirkung.
Auf unser Thema angewandt: Die Polarität von Aufbau und Abbau, Leben und Sterben, Auflösen und Verdichten (der alte alchymische Grundsatz «solve et coagula»), Diastole und Systole, Entzündung und Sklerose usw. usf. ist die Grundlage für das Verständnis des Verdauungsvorganges.
Ununterbrochen, tagtäglich, jahrein-jahraus, geht ein Strom von mineralischen, pflanzlichen und tierischen Stoffen als Nahrung durch den menschlichen Körper, damit seine vom Geist geschaffene Form erhalten bleibe, immer wieder mit Materie ausgestopft werde. Diese Form verschwindet erst mit dem Tod, der Inhalt ist keinen Moment konstant. Auch wenn nun die substanzielle Nahrung aus der Natur «von Natur» den Menschen zugeneigt ist, so besteht sie dennoch aus lauter Fremdkörpern, nach Paracelsus' Auffassung also aus lauter Gift. Wir klammern für diese Betrachtung selbstverständlich die Nahrungsmittelzusätze der chemischen Industrie als Un-Natur und Unternatur aus, es gab sie im 16. Jahrhundert nicht.
So gibt sich die Natur dem Menschen hin, damit er sich entwickeln kann. Dabei muß sie ihre Fremdkörperlichkeit total ablegen, um zur menscheneigenen,

individuellen Substanz werden zu können. Radikale Zerstörung steht am Anfang dessen, was Verdauung heißt, legitime Naturzerstörung zur Erhaltung des menschlichen Lebens, im Gegensatz zu der von Menschen systematisch verursachten Naturverwüstung und damit auf Dauer seiner selbst. Nochmals sei Schleich zitiert: «Leben kann nur bestehen, wenn es Leben vernichtet.»

Der totale Abbau der Fremdsubstanz endet mit ihrer Verflüssigung – verdauen heißt ja schließlich ver-tau-en, zum Tau, zum Tropfen werden. Aus den übrigbleibenden elementaren Teilen, aus reiner physischer Materie, wird dann sukzessive die belebte, beseelte und von Geist geprägte Menschensubstanz individualisiert, wieder aufgebaut.

Wie einfach drückte Paracelsus sich über dieses Phänomen aus: «Und ein ietlichs simplex, wie das selbig ist an ihm selbst, das wird durch die kunst in vilfeltig wesen gebracht in aller gestalt und form, wie ein speis die auf einem tisch stehet. isset sie der mensch, so wird menschenfleisch daraus, durch einen hunt, huntsfleisch, durch ein kaz, kazenfleisch.»

Diese Assimilation können wir mit analytisch-chemischen Mitteln gerade nur ein kleines Stückchen verfolgen. Nach den Gründen, daß aus Kuhmilch kindliche Organe werden, daß aus der gleichen Milch im Katzenmagen eine Katze wächst, fragen wir nicht. Aber gerade dort setzt Paracelsus an: Für ihn stehen am Anfang der Ernährung zwei Gestalten – Mensch und Tier oder Pflanze –, am Ende ist es eine, nur der Mensch, der das Tier oder die Pflanze in sich aufgenommen und in seine individuelle, einmalige Form gebracht hat.

Versuchen wir nun dem Verdauungsvorgang, wie Paracelsus ihn verstanden haben wollte, zu folgen. Dabei sollten wir erst noch einen wichtigen Grundsatz seiner Weltanschauung kennenlernen, nämlich den, welcher besagt, daß der Mensch als Zusammenfassung der Natur, die Natur als ein in unendlichen Weiten ergossener Mensch aufgefaßt wird. Wörtlich: «denn alle creata seind buchstaben und bücher des menschen herkommen zu beschreiben; die creata seind buchstaben in denen gelesen wird, wer der mensch ist.» In einer neuhochdeutschen Zusammenfassung sämtlicher Paracelsus-Textquellen: «Ich habe alle Wesen betrachtet: Steine, Pflanzen, Tiere, und sie sind mir wie zerstreute Buchstaben erschienen, zu denen im Vergleich der Mensch das vollständige, lebendige Wort bildet.»

«Alles das so wir essen und trinken, das hat ein sack, darein es erstmals felt und kompt.» Und in diesem Magen – den er selbstverständlich meint – herrscht der Vulcanus als Alchemist, präziser gesagt «die natur in vulcano» und «die sei unser lermeister». Mittels dieser Feuerkraft «durchkocht» der Magen die aufgenommenen Speisen besser, als mit dem liebevollsten Vorkochen in der Küche erreicht werden kann. Hier werden wir an das antike Bild der «pepsis» erinnert:

der Magen als Kochtopf – im erwähnten Albertus-Traktat (mnl.) keuken genannt –, der auf der Leber als Kochherd steht.
Der Alchemist in uns macht genau das, was auch der Alchemist im Bergwerk tut: Der Bergmann scheidet das Metall aus dem Erz ab und dann ist *das Metall die Essentia,* und *der Rest,* die Schlacke ist *stercus metallorum.* Der «Künstler an statt des magens» scheidet die aufgenommene Speise in das, was «in die narung gehet», das ist die essentia und das, was als Schlacke, d. h. unbrauchbares stercus ausgeschieden wird. Und so spricht Paracelsus für die Speise von stercus intestinorum, d. h. Stuhl, und für den Trank von stercus vesicae, d. i. der Harn.
Aber auch für Paracelsus gilt das Wort: *prima digestio fit in ore:* Im Munde unterliegen die Speisen einer besonderen Digestion, die zwar nicht – wie im Magen – stercora liefert, dennoch aber die Stoffe so umsetzt, daß man sie als «letzte materia» schmeckt. Sicher meint er damit die Wahrnehmung des aus den Polysacchariden entstandenen löslichen Zuckers. Und vom Munde an ist der Weg voller virtutis digestivae.
Nachdrücklich weist er darauf hin, daß die digestio capitis – wie er die Mundverdauung bezeichnet – nicht wie die im Magen verläuft. Dort sind es die emunctoria (Auswürfe) des Magens, die das stercus intestinorum gebären, im Mund ist es ein excrementum des Speichels, das die Scheidung vollbringt.
Das stercus intestinorum verläßt den Körper, die essentia aber geht in die Leber und «ist noch nicht bereitet und das selbige, so es in die lebern komt, da gehet an erstlich eine austeilung, so weit und so vil der digestiones im leib seind, deren seind wunderbarlich vil. nemlich ein jedes hauptglid hat seine besondere digestion und in der lebern was im zugehört, und wirt gefürt in sein magen.» Das Neuartige ist hier also, daß der Verdauungsprozeß des Magens auf alle wichtigen Organe übertragen wird: «die hauptglider haben ein ietlichs seinen sonderen magen und ihre sondere excrementen.» «So seind sondere megen in augen, oren, dan [denn] die oren haben gleich so wol iren eignen magen, als die andern glider. nun ist ir stercus das orenschmalz, also haben die augen auch iren eignen magen und ire excrementen sind die lacrimae, die sich nach dem schlaf in augen erzeigen, und was also weiter augenflüsse sind.»

Soweit die Vorstellungen über den Stoffwechsel des Menschen – gewissermaßen die Vorstufe für eine moderne Ernährungsphysiologie. Das Brot wächst aus der Erde, der Trank auch aus der Erde und alle seine Nahrung, und die große Welt muß die kleine Welt speisen und führen. Der Mensch ist jedoch nicht nur ein *physischer Körper,* dessen Substanzverlust mit Nahrungsstoffen ausgeglichen wird. Der Mensch ist ein *beseeltes Lebewesen* und hat obendrein noch eine *Geistorganisation,* die wir das Ich nennen, und diese wird von Speis und Trank

genau so genährt. «Speis und Trank sind Fleisch und Blut, das Brot ist Blut, wer sieht es, es ist Schmer, wer sieht es, wer greift es? Es ist Speck, niemand greifts, noch siehts, es wirds aber: so gut ist der meister im Magen», eben der Vulcanus, der Alchemist.
Vom Brot allein können wir deshalb nicht leben – hier kommt die Quelle für den bereits zitierten Spruch des Angelus Silesius zum Vorschein – «der Mensch lebt nicht vom Brot allein, sondern auch von einem jeglichen wort, das ausgeht von dem mund Gottes», «darum ist das brot für sich selbst brot und das wort im brot ist auch ein brot, nicht beckenbrot, sondern göttliches brot, das Gott selber bäckt».
«So müssen wir philosophiam adeptam coelestem erkennen.»
Nun, Paracelsus *ist* ein Adept, ein rosenkreuzerischer Eingeweihter. Über seine Einweihung wissen wir nichts. Liegt dieser Moment vielleicht in der St.-Galler-Periode, 1531–1533? Jedenfalls steigert er da seine laientheologische Aktivität, und von da an offenbart er auch in den späteren medizinischen Schriften die neue esoterische Christologie.
Für unser Thema heißt dies, daß er das Menschwerden aus der materiellen Sphäre in die des Abendmahles Christi erhebt.

In der Schrift «Das Mahl des Herren» betont der Laientheologe Paracelsus, daß Christus nicht wider die Natur gehandelt hat in seinem Werk, sondern die Werke der Natur erst vollendet. Was sonst die Natur wirkt, hat er mit seinem Wort gewirkt. Im Lichte der Natur wird sichtbar, daß alle Dinge das nicht sind, wofür wir sie ansehen. Denn unseren Augen ist das *Wesen der Dinge* verborgen. So enthält alles, was wir essen und trinken, unser Fleisch und Blut, aber wir sehen das nicht. Darum sollen wir dem, was wir sehen, nicht glauben. So sehen wir den Weizen für Mehl an, und er ist doch Fleisch und Blut. Ochsenfleisch ist wohl Fleisch, aber offenbar nicht Menschenfleisch. Und also auch Gemüse und alle anderen Dinge, sie sind alle «Menschenfleisch in Mysterio». Denn alle äußerlichen Dinge sind nichts anderes als der Leib des Menschen. Also soll sich niemand verwundern, wie Brot und Wein Leib und Blut Christi seien. Denn, wie gesagt, eine jede Speise und jeder Trank sind unser Leib und Blut, und der Mensch könnte von einer jeden Speise und jedem Trank sagen: Das ist mein Leib und Blut, mein Mark usw. Dies ist offenbar keine Lüge, denn es erweist sich so in der Natur, obwohl unsere Augen es nicht sehen. Denn Gott der Vater hat uns nur mit unsichtbarer Leibesspeise speisen wollen, auf verschiedene Weise, und *sie* allein wird in unserem Magen *zu einem einzigen Leibe* verarbeitet.
Und weil die Summe der Naturobjekte der Mensch ist, «also wachsen aus dem Menschen [hier ist der makrokosmische Mensch als Geist der Natur gemeint]

die Menschen: das ist, die Nahrung *ist* der Mensch und gibt wieder den Menschen, das ist, Bildnus desselbigen – Also essen wir uns selbst!»
Und deshalb ist «alles essen und trinken menschenfleisch in mysterio».
Uns Menschen von heute möge diese Auffassung des Paracelsus zum Nachdenken anregen und uns lehren, der Natur, unserem wahren Ernährer, mit Ehrfurcht und Respekt gegenüberzutreten.

Erwin Metzke

Paracelsus' Lehre von der Zeit

Seitdem Parmenides aus Elea in der Frühe des griechischen Denkens das Sein als das Nichtentstehende und Nichtvergehende, das keinem Werden und keiner Veränderung unterliegt, zum Thema philosophischen Besinnens erhoben hat, ist es eine Grundüberzeugung der abendländischen Metaphysik, daß das Wesen der Dinge, das, was ihr eigentliches Sein ausmacht, der Zeit entrückt ist. Daß mit der christlichen Verkündigung von Gottes Kommen in die Zeit Ansatzpunkte für ein neues Verhältnis zu Zeit und Geschichte gegeben sind, kam philosophisch nicht zur Geltung, sondern wurde durch das Fortwirken spätantiker Denktradition überdeckt. Die moderne, am Vorbild der Mathematik orientierte Philosophie aber hat im Streben nach allgemein gültiger Erkenntnis zunächst den Primat des Zeitlosen nur befestigt. Die Zeit als das immer Entschwindende erschien ihr als unwesentlich; innerhalb der philosophischen Systematik verwies man sie unter die Probleme minderen Ranges.
Inzwischen ist die Selbstverständlichkeit dieser Überzeugungen mit der Krise der Metaphysik, wie sie bei Kierkegaard, bei Marx und bei Nietzsche sichtbar wird, ins Wanken gekommen. Dilthey und Yorck von Wartenburg schärften das Bewußtsein der Geschichtlichkeit der menschlichen Existenz. Auch die Naturwissenschaft lenkte seit der Jahrhundertwende die Aufmerksamkeit mehr und mehr auf das Problem der Zeit. Schließlich wurde durch die wiederaufgenommene Seinsfrage die gewohnte Weltauffassung tief umgepflügt. Als Martin Heidegger in seinem 1927 erschienenen Grundwerk «Sein und Zeit» von der Zeit als dem «Horizont des Seinsverständnisses» sprach und das Buch mit der

Frage schloß: «Führt ein Weg von der ursprünglichen Zeit zum Sinn des Seins? Offenbart sich die Zeit selbst als Horizont des Seins?», war die veränderte Wertung der Zeit philosophisch unüberhörbar ausgesprochen.

Gleichzeitig erinnerte man sich, daß bereits Augustinus in seinen «Confessiones» dem Zusammenhang zwischen Leben und Zeit nachgegangen war und die später durch Bergson und Heidegger in das Zentrum der Diskussion gerückte Realität der subjektiven Zeit der Seele (gegenüber der sogenannten objektiven Naturzeit der gleichmäßig sich wiederholenden «Bewegungen der Sonne, des Mondes und der Sterne») schon hervorgehoben hatte. Nicht weniger wichtig war, daß auch die grundlegende Bedeutung erkannt wurde, die das Problem der Zeit für Kants «Kritik der reinen Vernunft» besitzt – was freilich, nicht zuletzt wegen der Dunkelheit der entscheidenden Kantischen Aussagen, von den Interpreten lange nicht gesehen oder doch nicht in seinem Gewicht erfaßt worden war.

Unbeachtet blieb, daß noch ein anderer Denker aus unmittelbarer Wirklichkeits«erfahrnis» ein eigentümliches Zeitverständnis gewonnen hat: Theophrast von Hohenheim, genannt Paracelsus – und dies, obgleich sich seit einigen Jahren ein wachsendes Interesse diesem lange verkannten, ungewöhnlichen Mann zugewandt hat. Paracelsus selbst hat oft genug nachdrücklich darauf hingewiesen, welche Bedeutung er der «zeit» und «zeitigung» für Praxis und Theorie im Gegensatz zu den überkommenen Lehren der Philosophie und Heilkunst zumaß, denen er als einen Grundmangel vorwarf, daß sie der Zeit «bisher nie gedacht haben». Er war sich klar, daß er ungewohnte Wege ging.

Daß auch heute noch von der paracelsischen Zeitlehre kaum etwas gewußt wird, hat mancherlei Gründe. Die Bedeutung des Paracelsus gerade für die Philosophie ist lange überhaupt unterschätzt worden. Selbst Dilthey und Troeltsch, deren Arbeit doch gerade dem 16. Jahrhundert galt, haben ihn übergangen. Und als man die bei Paracelsus ans Licht drängenden Gedanken in ihrer beunruhigenden Gewalt zu spüren begann, suchte man sie allzu eilfertig wieder in vorgegebene systematische und geistesgeschichtliche Schemata einzufügen. So verschüttete man selbst die Zugänge zu dem philosophischen Gehalt der paracelsischen Welterfahrung.

Vor allem war es die immer wieder versuchte Eingliederung des Paracelsus in die neuplatonische Tradition, die den Blick für das Eigene verstellte und die seine Erkenntnis von der Wirklichkeit der Zeit nicht sichtbar werden ließ. Daß sich an Paracelsus, ähnlich wie an Luther, der neuplatonische Strom, der das 16. Jahrhundert durchzieht, gerade bricht und daß die Unterscheidung zwischen Paracelsus und dem «Paracelsismus» oder richtiger «Pseudoparacelsismus» von der Art eines Gerhard Dorn, der durch sein «Dictionarium Paracelsi» von 1584 besonders bekannt wurde, für das angemessene Verständnis des Hohenheimers Grundbedingung ist, das geht der herkömmlichen Meinung schwer ein, auch heute noch.

Des Paracelsus Lehre von der Zeit hat systematisch ihre Stelle in der Astronomia, die eine «grundsäule» seiner Weltauffassung und Heilkunst bildet und nach der sein großes zusammenfassendes Spätwerk seinen Namen bekommen hat: «Astronomia magna». Der Arzt hat astronomus zu sein, weil er «die zeit bedenken» soll und wissen muß, «was die zeit gebe, nehme, ganz mache, oder zerbreche». Astronomia ist für Paracelsus also nicht Lehre von den der Zeit und der Veränderung entrückten Gesetzen des Weltalls, aber auch nicht von den sich wiederholenden kosmischen Kreisläufen, was der Tradition entsprochen hätte, sondern sie ist in einem neuen und eigenen Sinne Lehre vom «himmel» und als solche Lehre von der Zeit. Wie ist das gemeint?
Um einen Zugang zu den paracelsischen Gedanken vom «himmel» und von hier aus zu seiner Lehre von der Zeit zu gewinnen, geht man am besten von den Frühaufzeichnungen (um 1520) des Hohenheimers aus, den «Elf traktat von ursprung, ursache, zeichen und kur einzelner krankheiten». Schon sie sprechen davon, daß die Erde nicht sei ohne des «himmels impression». Durch den «himmel» «grünet sie und gibt frucht», er ist «ihr leben, krankheit und gesundheit». Diese «impressiones» des «himmels» sind nichts Okkultes. Sie sind auch nicht im Sinne der Astrologie gemeint, der gegenüber Paracelsus, obgleich ihm ihre Vorstellungen vertraut waren, immer kritisch blieb. Sie sind vielmehr «sichtig als regen, tau, reif und dergleichen», ohne die die Erde «tot» ist. Die Rede vom «himmel» zielt hier nicht wie der mittelalterliche Seins- und Wertdualismus von Himmel und Erde auf etwas Supranaturales, auf einen höheren erdenfernen Seinsbereich, sondern auf natürlich gegebene Einwirkungen, denen alles Werden und Wachsen auf der Erde ständig ausgesetzt ist, und zwar so, daß das Leben konkret von ihnen abhängt, auch das menschliche Leben. Wenn Paracelsus in bezug auf den Menschen auch von «unsichtigen impressiones» spricht, so sind sie doch ebenfalls «natürlich» zu verstehen, wie das Wirken des Magneten oder das Wehen des Windes, das, an sich unsichtig, nur durch die Wirkungen sichtbar wird. Der «himmel» ist die «luft», die uns ständig umgibt und ohne die wir nicht einen Augenblick existieren können, und es ist damit nicht nur die Luft gemeint, die wir mit unseren Lungen einatmen, sondern alles das, dessen wir wie der Luft zum Leben bedürfen.
Eigentümlich und beunruhigend am Wirken des Himmels ist, daß es nicht von gleichbleibender Art ist, sondern «jetzt also, dann also, unbestet, ungleich [...] wie ein wein einen fröhlich macht zu einer zeit, zur andern traurig, also ist der

lauf des himmels». Freilich gibt es Wiederkehrendes, periodisch sich Wiederholendes; so wissen wir, daß nun der Sommer kommt und dann wieder der Winter, aber wie er jeweils sein wird, das vermögen wir nicht zu wissen. In dem Unerwarteten, das die einen beschenkt und die andern enttäuscht, begegnet uns die Wirklichkeit des Himmels in der alltäglichen Erfahrung jedes Lebens. Es ist seine «gewalt», daß er «heute das macht und morgen ein anderes». Wie in den Frühaufzeichnungen, so heißt es nicht anders später: «alle punkte und augenblicke übet sich der himmel in solchen dingen»: wie wir «sehen einen lauteren schönen himmel, in dem kein gewölk ist; gleich in einem augenblick so erhebt sich ein kleines wölklein, das wächst auf und nimmt zu, daß in einer stunde ein großer regen, hagel, schauer daraus wird». Ein «exempel» dieses wechselvollen Wirkens geben die Früchte, «die nicht alle jahre wohlgeraten, jetzt zu klein, jetzt zu groß, jetzt zu feucht, jetzt zu trocken, jetzt zur fäulnis». Auch das gehört zu der unberechenbaren Art des Himmels, daß er oft, wenn der Mensch meint, nun sei es vorbei, etwa ein Ungewitter, wieder und wieder kommt.

Eine Veränderung des Gesamtverhaltens zur Wirklichkeit vollzieht sich bei Paracelsus mit diesen Erfahrungen. Diese muß man beachten, wenn man die Voraussetzungen seines Zeitverständnisses in den Blick bekommen will. Während sich Antike und Mittelalter an den zeitlosen Ordnungsformen orientierten, richtet Paracelsus die Aufmerksamkeit auf das ungleiche, wechselnde Geschehen, wie es uns unmittelbar in der Natur selbst, also nicht etwa nur im Bereich des Menschlich-Subjektiven, höchst konkret begegnet. Er hat der beunruhigenden Erfahrung der Unbeständigkeit ihr Realgewicht zurückgegeben, das sie unter der Herrschaft der Meinung, es komme nur auf die Erkenntnis des zeitlos Gleichbleibenden an, eingebüßt hatte. Er hat diese Erfahrung noch eindringlicher gemacht durch den Hinweis auf die Ungesichertheit alles Lebens auf der Erde. Denn «nichts ist, das nicht ein ungewitter erleiden müßte», und «eine stund mag geben, das ein ganzes jahr verderbt; die stund ist uns verborgen». Und wenn wir schon etwas aus unserer «täglichen erfahrenheit» wissen, «so ist es doch im ernst nichts». So ist uns die Wirkung des Blitzes oder Hagels bekannt, «wir wissen aber nicht, wohin er treffen will, wann, wie oder was»: «also da fällts, da triffts». Der Gang der Welt ist ein «ungewisser lauf», den «keine philosophie ergründen mag» und auch kein «engel vor gott». Wenn die Astrologie mit ihren Voraussagen sich des Kommenden vergewissern möchte, so verkennt sie sowohl das Wesen des Menschen wie das Wesen des Himmels, dessen wechselndes Wirken unvorhersehbar bleibt.

Diese Erfahrungen einer Unbeständigkeit, die nichts auch nur einen Tag «stehen» läßt, «wie es den andern gewesen ist», verlangen vom Arzt wie vom Philosophen ein gründliches Umlernen. Mit allgemeinen und allgemeinsten

Prinzipien kommt man nicht aus. Das Verhältnis zur Wirklichkeit hat seine Stabilität verloren. Selbst das «licht der natur» gibt entgegen der herkömmlichen Lehre vom lumen naturae keine gleichbleibende Weisung. Es gehört zu den «wunderwerken gottes», das «licht der natur zu ändern [...] zwischen dem anfang und ende der welt, welches vielfältig übersehen ist worden». Diese Gedanken bekommen ihr besonderes Gewicht dadurch, daß sie nicht lediglich spekulative Theorie sind, sondern eine Grunderfahrung der menschlichen Praxis. Das Handeln, für Paracelsus selbst seine Heilkunst, seine «arznei ist gerichtet in die welt gleich einem schiff auf dem meer, das keine bleibende statt hat, sondern durch den schiffmann geführt wird nach dem, was ihm begegnet, nicht nach dem gestrigen wind, sondern nach dem jetzigen».

In der rätselvollen Erfahrung der unaufhaltsamen, «veränderlichkeit», der kein natürliches Sein entzogen ist und die jeweils die Beachtung der «jetzigen kraft des lichts der natur fordert», rücken für Paracelsus «himmel» und «zeit» zu einer Einheit zusammen. Es ist die Zeit, «die alle dinge verändert» und unaufhörlich und zugleich nie sicher vorausschaubar «neu gewölk» aufsteigen läßt. Was der Samen und was jedes Wachstum als «himmel» erfährt, ist die Wirklichkeit der Zeit. Umgekehrt gilt: «ein jeglich ding, das in der zeit steht», das steht im «himmel», d. h. unter dem Einwirken ständiger, nicht berechenbarer Veränderungen, so daß «dasselbig mag kein mal kommen wie das ander mal».
Beide Begriffe, der des «himmels» wie der der «zeit» füllen sich gegenseitig mit neuem Inhalt, den sie allein nicht besaßen. Die Zeit erhält ein Wirklichkeitsgewicht, das ihr vorher in dieser Weise noch nie zuerkannt worden ist. «wie einen nackten mann die zeit angreift, jetzt mit dem winter und erfriert ihn, jetzt mit dem sommer und verbrennt ihn, also auch gibt jetzt die zeit regen, dann schnee, jetzt naß, dann trocken, jetzt wind, dann stillestand.» Es hilft auch kein «versperren»; die Zeit «verbringt» ihre «wirkung», wie es Sommer und Winter tun. Wiederum drängt sich Paracelsus – nur zu begreiflich angesichts des überkommenen Primats des Zeitlos-Universalen – zunächst das rätselvoll Dynamische des Zeitflusses auf, das nichts «fix beständig» läßt, alles in Werden, Vergehen und Neuwerden verwandelt und gerade dadurch seine Mächtigkeit gegenüber allem menschlichen Planen und Festlegen erweist. «die zeit ist scharf, denn die zeit gibt alle stunde etwas neues. in gleicher weise wie des menschen gedanken sind, die alle stunde anders und anders sind, zwölf stunden im tag umgewendet, niemand mags wissen, denn einer allein. also ist's auch mit der zeit, bringt neues. wer kann nur ihre schärfe, ihre heimlichkeit und ihr fürnehmen verstehen und erkennen? darum soll sich der arzt nicht zu viel austun; denn es ist ein herr über ihm, ist die zeit, die mit dem arzt spielt wie eine katz mit den mäusen.»

Aber Paracelsus bleibt bei dieser Sicht, die die in seinem Arztsein bedrängend erfahrene Augenblickhaftigkeit der Zeit, ihre je und je einmalige, immer neue und zugleich immer wieder entschwindende Gegenwärtigkeit wechselnder Jetztpunkte erfaßt, nicht stehen. Er dringt tiefer. Zeit erweist sich zugleich als das, was in aller Augenblickhaftigkeit einen Zusammenhang begründet.
Die Zeit wird von Paracelsus in den Dingen, ihrem Werden und Vergehen, als beständig waltende Ordnung erfahren, mit der ich nicht nur rechnen muß, sondern mit der ich auch rechnen kann, so paradox sich dies zunächst anhören mag. Sie ist keineswegs nur das immer Entschwindende und zum Verschwinden Bringende, sie läßt auch bewahrend das Werdende zu seinem Sein gelangen. Denn Gott hat «die zeit geschaffen, daß eine ernte im korn, ein herbst im obst» sei, «also, daß alle dinge in ihrer zeit ihre ernte und ihren herbst haben». Es gibt «vor der zeit keine frucht, es muß alles mit der zeit gehen». Zeit ist das, was Dauer und Wandlung erst ermöglicht und dem Werden seine Maße setzt. «es ist ein schön ding um eine rose, aber sie muß ein ganzes jahr haben, bis sie zum gestäud kommt, zur dolde, zur blume, also auch alle anderen dinge.» Die Zeit ist nichts Sekundäres, Äußerliches, das den inneren Kern nicht betrifft, sondern gehört zur Wesensentfaltung des Lebens selbst. Wesen und zeitliches Werden sind einander nicht fremd oder entgegengesetzt. Alles natürliche Dasein gewinnt und vollzieht sein Sein nur durch die Zeit. Es bedarf der Zeit, um zu sein, was es ist: «eine birne, die vom mai anfängt zu wachsen und wächst bis in den herbst hinein, so ist sie zeitig; was davor ist, ist noch nicht zeitig und ist noch keine birne». Die Zeit ist deshalb auch nicht lediglich ein indifferentes Medium, in dem sich das Wachsen und Reifen vollzieht, ohne daß sie selbst mit diesen Prozessen etwas zu tun hätte, sondern es ist die «wachsende zeit» selbst, die die Reifung und Vollendung bewirkt, die Rosen und Früchte «bringt» – «und das mag der zeit niemand wehren». Deshalb spricht Paracelsus ausdrücklich von der «zeitigung der früchte» und kann geradezu sagen: «darum wisset, daß diese zeit die gewächse selber sind und ist ihr mutter».

Indem Paracelsus in der Erfahrung der Zeit das Kontinuitäts- und Ordnungsmoment aufdeckt, also das, wodurch die Zeit in sehr realer Weise dem unaufhörlichen Anderssein Zusammenhalt gibt und im Wechsel der vorübergehenden Augenblicke einen Zusammenhang stiftet, der von niemand beliebig zu verrükken ist, hat er zugleich die Gefahr gebannt, der einst Augustinus erlegen ist, als er die Zeit in ihrer Erlebnisrealität für die Philosophie entdeckte, und der auch neuere existenz-philosophische Deutungen nicht entgangen sind: die Zeit subjektivistisch zu verflüchtigen.
Für Augustinus waren Vergangenheit und Zukunft zu subjektiven Modi des

Gegenwartsbewußtseins der Seele geworden: die Vergangenheit in der Weise der Erinnerung, die Zukunft in der Weise der Erwartung. Es ist, als ob Paracelsus über die Jahrhunderte hinweg Augustin antworten wollte, wenn er sagt: «maturatio», also der objektive, stete Zusammenhang des realen Reifungsprozesses – «das ist erwartung der zeit». Die Punktualität des jeweiligen Zeiterlebens ist damit aufgehoben. Die Zeit ruft den Menschen aus seiner Subjektivität heraus, indem sie wie der Sommer und Winter «den menschen zwingt, auf sie zu achten und nicht auf sich selbst».

Die Wendung des Denkens, die sich bei Paracelsus durch die Orientierung an Zeit und Zeitlichkeit vollzieht, führt also nicht zu einer Auflösung aller Halt gebenden Zusammenhänge, sondern in der Zeit selbst stößt der Mensch auf eine Ordnung, die unverrückbar ist. Selbst der einzelne, punkthafte Augenblick wird nun als der rechte Zeitpunkt, als der «terminus», dessen Verfehlen alles verderben kann, seiner entschwindenden Flüchtigkeit entrissen. Denn jeder «punkt der zeit» hat im Realzusammenhang seine unersetzbare Stelle und Seinsbedeutung. «ein jedes düpflein oder punkten (der zeit) bringt mit ihm seine kraft und macht, so diesem zugehört.» Alle Werdeprozesse sind auf bestimmte «punkte» hin «prädestiniert», in denen sie sich vollenden. Deshalb wird die Frage, ob etwas «zeitig» oder «unzeitig» sei, für Paracelsus zur Fundamentalfrage. Daß es ein zu Früh und zu Spät gibt, das tödlich wirkt, hat er als Arzt erfahren. Daß «alle unsere krankheiten geheilt sollen werden in der stunde der zeit und nicht unseres begehrens und willens», ist die kritische Zentralerkenntnis, die ihn zu seinem immer erneuten Appell treibt, die Zeit nicht «in die luft zu schlagen». Mag der Arzt so tüchtig sein, wie er wolle, mag auch die «stunde der kunst» da sein, sie vermag nichts zu wirken, wenn nicht die «stunde der zeit» da ist, die in Gottes Hand ist. Gerade die Bindung an den rechten Augenblick, der, einmal verpaßt, unwiderruflich dahin ist, läß den Menschen die ihn «umgebenden» Weltzusammenhänge erfahren, in die er durch die Zeit «eingestrickt» ist und die niemand, auch kein «heiliger, er sei wie fromm», zu übergehen oder zu «überhupfen» vermag.

Wie konkret und unlöslich Paracelsus die Verbundenheit von Zeit und Leben sieht, zeigt sich nicht nur darin, daß es für ihn kein natürliches Dasein gibt, das der Zeit entzogen wäre, sondern ebenso sehr darin, daß es für ihn auch so etwas wie eine überall gleiche, neutrale Zeit, die wie ein leerer Behälter alles in sich aufnimmt, nicht gibt. Jedes Seiende hat seine Zeit, ist auf seinen «punkt praedestiniert», und «dieser punkt ist die zeit». Es ließe sich einwenden, daß Paracelsus damit die Dynamik und Vielfalt der in der Zeit verlaufenden Realprozesse mit der Zeit als solcher vermenge und verwechsle. Aber eine derartige Unterscheidung ist in des Paracelsus Augen bereits eine künstliche Abstraktion. «zeit ist ungleich, nicht gleich in einer jeglichen prima materia wie in der andern.» Gäbe es «ein gleiches wesen der zeit, so wüchsen alle gewächse einen weg wie den andern». In Wahrheit hat die Zeit nicht lediglich einen Weg, sondern «viel tausend wege». Das soll heißen: jedes Leben hat seine eigene Zeit der Reife und Vollendung, seinen eigenen Frühling und seinen eigenen Herbst, seine eigenen Zeitmaße und jeweils entscheidenden Zeitpunkte des Werdens. Dem einen gibt Gott eine «frühere ernte, dem noch eine frühere, dem eine spätere und später. also auch mit allen gewächsen: etliche seien im märz da, etliche im april, etliche im mai, und also auch unter den menschen». Das eine Leben läuft schneller, das andere langsamer ab.

So ist für Paracelsus auch das Jahr nicht eine starre, immer gleiche Einheit. In der Entwicklung der Erde ist das Jahr eine andere reale Zeitspanne als im Dasein eines kurzlebigen Lebewesens. Das ist nicht nur Auffassungssache, sondern hat seinen Grund in der Wirklichkeit. Wenn Paracelsus von Jahren spricht, so muß man es also recht verstehen. Es ist nicht «ein jahr, als gerechnet wird nach unserem jahr», also nach Gestirnumläufen, sondern es ist eine jeweils andere und eigene Einheit der Lebenszeit. Denn «das ist ein jahr, das da von einem anfang bis auf sein exaltieren kommt». Und «solcher jahre sind mancherlei». Diese Jahre und Zeiten aber greifen in ihrer Verschiedenheit ineinander und bilden den konkreten Seinszusammenhang der natürlichen Wirklichkeit, die also die Zeit nicht lediglich zum «Horizont» ihres Verständnisses durch den Menschen hat, sondern seinshaft durch und durch zeitlich ist, und zwar im Sinne einer gefügten, «geordneten Zeit», die allem Relativismus, allem Belieben feste Grenzen und Maße setzt. Diese Grenzen und Maße bestehen nicht jenseits der Zeit, sondern in der Zeit selbst: «darum die alter wohl sollen betrachtet werden, der stund, der zeit, der menschen, der welt, der krankheit.»

Wenn Paracelsus dem Verhältnis des Menschen zu der Zeit besondere Beachtung schenkt, so ist auch dies nicht im Sinne eines Zurückgehens auf eine letztlich doch anthropozentrische Sicht der Zeit zu verstehen. Es geht ihm vielmehr darum, den Menschen in Zusammenhänge einzufügen, die unabhängig vom menschlichen Erleben sind und allem subjektiven Belieben sich entgegenstellen. Diese Zeitgebundenheit des Menschen gilt nicht nur für sein leibhaftes Dasein, sondern ebenso für alles das, was «im sinn, im verstand, in den hirnen soll grünen und wachsen». So wenig «vor dem maien die blüte ausschlägt, vor der ernte das korn zeitig wird, vor dem herbst der wein, also wenig mögen diese zeit gebrochen werden in einem jeglichen erfahrnis». Erfahrung hat geradezu zur Grundbedingung die Zeit. Durch sie allein bildet sich erst das Weltverhältnis des Menschen. Das ist gegen die aus der Scholastik kommende Tendenz gesagt, etwas auf Grund einer metaphysisch vorausgesetzten Zuordnung von Denken und Sein zu «präsupponieren», also etwas aus dem bloßen Denken heraus vorweg anzunehmen. Keine Erkenntnis, kein geistiges Geschehen ist beliebig in gleicher Weise und zu gleicher Zeit möglich. Bestimmte Gedanken waren früher noch nicht möglich, andere sind es heute nicht mehr: «die eine zeit anders denn die andere». Daß «ein jegliches in seiner zeit an das licht gebracht werde», gilt auch für die Philosophie selbst. «viele haben gemeint und gewähnt, sie hätten den weizen der philosophie geschnitten, es war aber ein tumbes korn, eine hülse ohne einen kern, eine leere spreu, kleie, da kein mehl in war»; denn «zu früh schneiden gibt kein brot ins haus».

In dieser Bedingtheit sieht Paracelsus nicht eine bedauerliche Schranke, jenseits derer erst das wahre Reich des Geistes beginnt. Vielmehr ist es die Zeit, die erst bestimmte geistige Möglichkeiten eröffnet. Paracelsus spricht von der «zeitigung des geistes und der seele». Denn «nicht auf einmal legt gott alle dinge für, sondern mit der zeit» – wie die verschiedenen Handwerksarten und Künste nicht auf einmal «beieinander sind», sondern der Zeit bedürfen und wesenhaft im zeitlichen Nacheinander, «je eins dem andern nach», sich entwickeln. Die Zeit, die der Grund des Auseinanderseins, der Ungleichzeitigkeit der Dinge ist, erweist sich so erneut als das Band, das das faktische Auseinandersein real verknüpft – «eins in das ander gehängt» – und so in einen zeitlich geschichtlichen Zusammenhang verwandelt: «also hat gott ausgeteilt die handwerk in der welt von einem zum andern [...] so lang, bis sie zusammen sind kommen und die ding in ein concordanz gebracht.» Auch die schöpferischen Leistungen des Geistes, und sie erst recht, haben ihre Zeit und können nicht gelingen, wenn ihre Zeit noch nicht gekommen ist. Auch hier gibt es den Winter, der keine Frucht bringt. Auch hier gilt es, warten zu lernen, bis Gott wieder einen «sommer zuschickt» und die Zeit der Frucht und Ernte da ist. Ist sie aber da, so «brichts heraus», und es wird «heraus müssen wie ein kind von dem bauch seiner mutter; was also heraus geht, das ist fruchtbar und gut».

Mit der Erkenntnis, daß es den menschlichen Geist nicht zeitlos und an sich gibt, sondern nur in der Zeit als konkret sich bildende Wirklichkeit, ist zugleich gesagt, daß er auch insofern der Zeitlichkeit unterliegt, als er vergänglich, «tötlich und zergänglich» ist. Aber diese Vergänglichkeit gibt gleichzeitig dem Werden und Neuwerden Raum. Es geht je und je die Zeit für das eine zu Ende, für das andere bricht sie an. Die Zeit ist nicht lediglich das, was das Gewordene verzehrt, sie bringt auch erst das geistige Leben zur Seinsentfaltung. Wissenschaft und Weisheit sind nie ein für allemal und nie einem einzelnen Menschen allein gegeben, wie Gott auch nicht «allein einen arzt gemacht hat, allein einen juristen, allein einen philosophen, sondern viele»; er «läßt absterben, läßt andere kommen». Das ist offenkundig nicht im Sinne eines nicht abreißenden bloßen Kreislaufs von Sterben und Werden gemeint. Die Zeit öffnet sich vielmehr nach vorn; sie ist nicht lediglich Wiederkehr des Gleichen, sondern Freiwerden für ein Zukünftiges, das so noch nicht da war, für ein schlechthin Neues.

Wer diese Zeitlichkeit des Geistes begriffen hat, der weiß, daß sich kein Mensch «zu fest auf die alten artes etc. verlassen» darf; und niemand könne es «befremden», wie Paracelsus auf Grund seiner bitteren Erfahrungen im Kampf mit den erstarrten Autoritäten wieder und wieder betont, daß «einer nicht ist wie der andere und der neue dem alten nicht folgt». Es gibt Lehren, die ein für allemal vergangen sind. Diese Kritik an der Tradition ist nicht so gemeint, als solle damit einer schrankenlosen Neuerungssucht der Weg freigegeben werden. Es ist die Wirklichkeit selbst, die «nicht auf einer leier bleibt». Die neuen Lehren entspringen nicht menschlicher Willkür, sondern sind notwendig «von wegen der gegenwürf, so aus der zeit entspringen». Diese «gegenwürf» sind es, die uns begegnen lassen, «das vor nie gewesen», Krankheiten, «deren nie gedacht ist worden», Gewächse, «so noch nicht im wissen sind» und die deshalb vom Menschen fordern, immer wieder umzulernen und neu zu lernen.

Paracelsus sucht in der Zeit und in ihren Veränderungen selbst den Gegenhalt gegen die aufziehende Gefahr eines relativierenden Subjektivismus zu finden. Dieser Gefahr war Paracelsus in seinem Denken um so mehr ausgesetzt, als er glaubte, einen unmittelbaren Zusammenhang zwischen dem zeitlichen Werden und dem Wesen des Menschen feststellen zu müssen. Denn die Zeit verändert nach seiner Überzeugung nicht nur die äußeren Verhältnisse, sondern den Menschen selbst. «die menschen verwandeln sich mit der zeit in anderes und anderes leben.» Das gibt der Wandlung von Brauch, Sitte, Gesetz ihre Notwendigkeit. Denn «wie sich dieselbigen (die menschen) verwandeln, also müssen sich auch wandeln recht und ordnung». Keine von Menschen gegebenen Gebote und «praecepta», auch nicht die des höchsten Machthabers, des Kaisers selbst, können und dürfen mit absolutem Anspruch auftreten. Denn «sie gehen aus der zeit und niemand ist über die zeit, sondern nur unter ihr».

Man wird nicht abschwächen dürfen, was damit ausgesprochen ist: dieselbe Zeit, von der Paracelsus sagt, daß wir ihr alle «nach müssen» und daß sie von uns verlangt, auf das hinzuhorchen, was sie von uns «heischt» und «erfordert», enthüllt zugleich alles das, was aus ihr kommt, in seiner Relativität. Aber sie trifft mit dieser Relativierung, die nicht mißverstanden oder wider ihren Grundsinn selbst absolut gesetzt werden darf, nur das, was in dieser endlich-zeitlichen Welt fälschlich absolut gesetzt wird. Sie trifft die, die «der zeit notdurft» ignorieren und alles auf *ein* Prinzip, auf «einen weg» bringen wollen. Sie trifft vor allem die angemaßten Ansprüche menschlicher Selbstmächtigkeit, die ihre eigenen Setzungen für ewig hält, wie es bei den von Paracelsus wegen ihres Subjektivismus immer bekämpften Schwärmern geschah, die «ihren geist für den heiligen geist setzen». Aber «welcher mensch vermag ewiges machen auf erden oder aufrichten»? Ist er doch «seines aufrichtens, das er morgen tut, nicht gewiß». Dieses Besinnen auf die Zeitlichkeit aller menschlichen «praecepta» ist also nicht so zu verstehen, als werde mit ihm der Unverbindlichkeit Tür und Tor geöffnet. Es ist vielmehr das genaue Gegenteil jeder Entgrenzung, so befreiend es auch gegenüber allem Vergötzen des Endlich-Zeitlichen wirkt. Von früh an bis zu den spätesten Schriften war es des Paracelsus Anliegen, gegenüber einer Seinsauffassung, für die die logisch-ideelle Ordnung eines Reiches reiner Formen verbindlich war, die Eigenordnung der zeitlich-räumlichen Realzusammenhänge sichtbar zu machen, durch die Seiendes, das begrifflich und systematisch weit auseinanderfällt, konkret und unmittelbar «eins in das andere gehängt und zusammen gebunden» wird. Im Zuge dieser Neuorientierung ist für ihn das Problem brennend geworden, wieweit der Mensch in der Zeitlichkeit selbst auf ein Nichtbeliebiges stößt, das zwar nicht in ein Absolutum verwandelt, aber auch nicht in seinem Forderungscharakter nivelliert werden darf, sondern das ihn in drängender Weise vor die Frage stellt, ob Zeit und Zeitlichkeit in ihrer Bedeutung für den Menschen und sein Weltverständnis bisher überhaupt recht bedacht worden sind.

Paracelsus hat die mit dieser Frage sich stellenden Probleme, in deren Dunkel sich wenige Denker hineingewagt haben, gewiß nicht bewältigt. Er hat mit seinen Gedanken das Rätselhafte der Zeit eher nur noch spürbarer werden lassen, und dies um so mehr, als sein Versuch, die Erfahrung der Zeit in das Welt- und Lebensverständnis zentral einzubeziehen, sich in die gewohnte Auffassung vom Übergang des mittelalterlichen Denkens in das der Neuzeit nicht einfügt. Denn so weit Paracelsus von der überkommenen Tradition der scholastischen Ordnungsphilosophie und ihrer Lehre von den Wesenheiten fortgeführt worden ist, so wenig wollte er andererseits dem Subjektivismus die Bahn brechen. Dagegen stand gerade dieselbe Erfahrung, die ihn an den Prinzipien einer zeitlosen Seinssystematik zweifeln ließ: daß die Zeit selbst, die alle endlichen Positionen relativiert und die doch in jedem Hier und Jetzt mit ihrem vollen Gewicht dem Menschen entgegentritt, die Subjektivität am unmittelbarsten und zwingendsten aus ihrer ständigen Ichsucht herausruft und dem öffnet, was nicht im eigenen Belieben steht. Die Erfahrung der Zeitlichkeit bringt dem Menschen zum Bewußtsein, welches sein Platz als Geschöpf in der Welt ist. Sie erinnert ihn an seine Grenzen und befreit ihn von illusionären Zielsetzungen. Sie schärft ihm den Sinn für das, was nicht «aus ihm selbst» und nicht Sache seines «erdenkens» ist. Sie läßt ihn in jedem Augenblick erfahren, daß nicht er oder seine Logik das Maß der Dinge ist, sondern Gott, der «allein die zeit regiert» und der allein «praecepta» geben kann, die «nicht zu verrücken» sind; denn «die zeit zieht den menschen, aber gott nicht». Paracelsus weicht damit nicht ins Zeitlose aus, sondern er stellt den Menschen mitsamt seiner Vernunft gerade in der Zeit Gott gegenüber. Denn nur dann hat der Mensch sein eigenes Verhältnis zur Zeit, das ihn zu einer Umkehr seines gewohnten Denkens zwingt, recht begriffen, wenn er erkennt: «nun kann der mensch die dinge in ihm selbst nicht ermessen, er muß es allein von gott haben.»

Alois M. Haas

Sterben und Todesverständnis bei Paracelsus

In einer Vorrede zum «Paragranum» aus den Jahren 1529/30 bezeugt Paracelsus in ein paar Sätzen ein Selbstbewußtsein gegenüber seinen Gegnern in Basel, das bloß mit dem Hinweis auf das neu gestärkte Selbstwertgefühl der Renaissance nicht erklärt werden kann. Er sagt: «ich bin nit Lutherus, ich bin Theophrastus, und bin der Theophrastus, den ir zu Basel Cacophrastum hießen. Dan S. und D. pflegen sich solchs. meint ir, ich sei allein Lutherus? dieweil ich uber das, so eim Christen zustat, sonderlich mit mererm ampt dan ein Apostel begabt (das ist mit der arznei, philosophei, astronomei, alchimei) und sol nur Lutherus sein? ich wird im und euch zu arbeiten geben! du weißt wol, ich laß Lutherum sein ding verantworten; ich wil das mein selbst verantworten; dan er sol mir nicht ein rinken auftun in meinen schuhen. warumb tunt irs? darumb, ir verhoffent, Lutherus werd verbrennt und Theophrastus sol auch verbrennt werden. und habent damit euer einfalt angezeigt, das ir nicht verstent, was tots Theophrastus sterben sol oder wohin Theophrastus praedestinirt ist: nit zum feuer, nit in euern willen, nit nach euerm begeren, sonder er wird sterben des tots, den er im auserwelet hat. also wird Theophrastus sterben; dan selig sind die die auserwelen iren tot.» Weit über eine Trotzhaltung gegenüber dem Tod hinaus – wie sie beispielsweise in Dürers Meisterstich von 1513 über Ritter, Tod und Teufel sinnbildhaft deutlich wird – statuiert hier Paracelsus polemisch die Möglichkeit, sich seinen eigenen Tod zu wählen, indem er sich den Klischees des Sterbens, die seine Feinde für ihn bereithalten, kategorisch entzieht. Gewiß hält er sich bei dieser stolzen Selbstbehauptung bis in den Tod an Vorstellungen, die er bei dem Florentiner Humanisten und Neuplatoniker Marsilio Ficino (†1499) finden konnte und die er selber in seinem Traktat «Liber de longa vita» von 1526/27 aus dessen «De triplici vita» (1489) bezog.

Man darf aber mit gutem Recht behaupten, daß Paracelsus seine provokante Feststellung: «do ist kein Terminus Mortis gesetzt / auff welchen Tag wir sterben sollen / sondern wir haben das in vnserm gewalt» nicht bloß übernimmt, sondern sie im Kontext einer medizinischen und philosophischen Wahrheit weiterdenkt. Er weiß genau um die Feindschaft sowohl der Krankheit wie der ärztlichen Heilmittel gegen den Tod; er weiß auch um die ursprüngliche adamische Fähigkeit, «zu leben biß auff die Renouatz der Welt», d. h. um das ewige Leben. Faktisch und empirisch aber ist dem Menschen im Tod ein Ziel gesetzt, auch und gerade dann, wenn er ihn sich selbst bestimmt.

In seiner Schrift «Von dem seligen Leben» sagt er es deutlich genug: Der Mensch «hat ein zil zum dot und der dot ist der schniter der ern des menschen, ist sein weinber im weingarten, sein obs abklauber etc.» Der Tod hat für den Menschen etwas nahezu Natürliches, da Gott mit der Zeit zusammenarbeitet, die er dem Menschen gegeben hat: «dan got gibt vor der zeit keine frucht, es muß alles mit der zeit gon.» Es gibt dabei – und hierin korrigiert Paracelsus seine stolze Selbstbestimmung im Tode – durchaus die Möglichkeit der Selbsttäuschung, so daß der Mensch bloße Dornen als Früchte seines Lebens mißdeutet. So ging es ihm mit der Alchemie: «ich gedenk, das ich plumen sach in der alchimia, vermeint das obs wer auch do. aber do war nichts. do aber die zeit kam, do war die frucht auch do. vil fligent habe ich verloren in der geometri, bis ich kam in den aquaeductum, der lang komen ist. nachdem und ich vil fligent verloren het, ich meint, ich ernt mir, morgen was nichts. also auch mit anderen dingen, die im sinn, im verstand, in dem hirnen sollen grünen und wachsen, mit fligenden geisten betrogen werden und verfürt.» Enttäuschungen aber sind da, damit erkannt wird, daß im Menschen ein göttlich grundgelegtes Lebensgesetz wirksam ist, das zur Zeitigung, zur Ernte drängt: «was sein muß us dir, und ist in dir, das get herus, und du weißt nit wie oder von wanen es kompt, oder wo es hin wil. und am lezten so fintstus darinen, das du nie gelernt hast, nie gesehen hast.» Es ist das Menschenleben unter eine Berufung oder Sendung gestellt, die Paracelsus als Prädestination von Gott her empfindet: «Darumb ir alle, diweil allein der beruef gilt, so wir zu einem ding hont, so get es hinaus, ist es predestinirt, wo nit, so wer es schat, sünt und übel, das wir etwas machten oder schriben. niemants sezt das angezunt licht under den malter, sonder ein ieglicher stellts herfür. nun, ist ein licht in uns, so hats got in uns geton, unser irdischer schulmeister nit. so

nun got das licht in uns gestellt hat, so wird ers auch fürhin tun, das man darbei sehe, so die komen und do seind, die darbei sehen sollen.»
Schon in diesen wenigen Hinweisen auf des Paracelsus Thanatologie zeigt sich, daß er auf verschiedenen Ebenen argumentiert: hier sicherlich gleichzeitig medizinisch, philosophisch und religiös christlich. Natürliches und Übernatürliches sind für Paracelsus nicht zwei Bereiche, die er schlechterdings als Gegensätze empfindet, sondern die er in ihrer gegenseitigen Bezüglichkeit erkennt: Die geschaffenen Dinge in ihrer Objektivität sind «natürlich», die in ihnen wirkenden Kräfte sind göttlich, daher ungeschaffen, d. h. übernatürlich. In seinem Traktat «De vera influentia rerum» fragt sich Paracelsus: «wie kan ... got natürlich sein?» Mit andern Worten: Wie kann Übernatürliches, Göttliches überhaupt Natur werden? Diese Frage ist eine philosophisch-theologische Grundfrage bei Paracelsus, die ihn bei all seinen denkerischen Bemühungen leitet. Auf den Tod bezogen ist damit die Problematik eines möglichen Zusammenfalls zwischen natürlich zeitigem und übernatürlich angesetztem, eine menschliche Sendung beendendem Sterben eines Menschen angesprochen.
Natur ist für Paracelsus der Anfangspunkt seines Nachdenkens, sie ist aber nicht der Endpunkt: «ob gleich wol mit der natur angefangen wird, so folgt doch nicht aus dem das in der natur sol aufgehört werden und in ir bleiben, sonder weiter suchen und enden in dem ewigen, das ist im götlichen wesen und wandel. dan natürlichen seind wir menschen beschaffen worden, auch natürlich geboren; das aber aus dem folge, das wir in den selben solen sterben, in dem und aus dem wir geschaffen und geboren seind, das sei weit von uns, sondern von uns sol das selbig kleit hingetan werden und der selbig alt sauerteig von uns, und da ein neues anlegen, von der alten geburt in die neue treten» («Astronomia Magna» 1537/38).
Wenn wir Theophrasts Denken über den menschlichen Tod und das Sterben angemessen wahrnehmen wollen, so drängen sich zwei Problembereiche auf: der natürliche und der übernatürliche, die beide ontologisch und erkenntnismäßig dynamisch aufeinander bezogen bleiben. Ich will im folgenden in aller sich aufdrängenden Vorläufigkeit diese beiden seinshaft und denkerisch unterscheidbaren Horizonte, sofern sie seine Thanatologie betreffen, skizzieren.

I

Um die allgemein herrschende Ansicht über den Tod im 16. Jahrhundert angemessen zu beschreiben, ist etwas auszuholen. Das späte Mittelalter – worunter ich vor allem das 14. und 15. Jahrhundert verstehe – ist charakterisiert durch ein starkes, auf den Tod konzentriertes Kollektivempfinden, das sich in mancherlei Manifestationen äußert. Ich nenne nur ein paar dieser im gesellschaftlichen Leben sichtbar werdenden Manifestationen des Todes.* In der Mitte des 14. Jahrhunderts wird der Tod zur allegorischen Person in den Darstellungen von dessen «Triumph» (Petrarca, ikonographische Darstellungen). Das alte Thema von den drei Toten und den drei Lebenden gibt Anlaß, ein durchaus kollektiv sichtbar werdendes Gefühl aus Entsetzen, Furcht und Abscheu, aber auch Faszination über die Hinfälligkeit und Eitelkeit *(vanitas)* des menschlichen Lebens zu entwickeln. An sich geht es in dieser Geschichte, nach der drei stolze Edelleute drei Totengerippen begegnen und sich sagen lassen müssen: «Was ihr seid, das waren wir, was wir sind, das werdet ihr», um ein schlichtes Memento mori. Aber das Geschehen wird nun mit einem Ekelgefühl ausgestaltet, das in der körperlichen Zersetzung das jämmerliche Los des menschlichen Körpers betont und so das Makabre als einen seltsam ambivalenten Gefühlswert entdeckt. Die Gestalt des Todes wird zu einem «Wesen in Menschen- und Leichengestalt zugleich, ein widerliches und unaustilgbares Gegenbild des lebendigen Körpers, bildlicher Ausdruck eines nunmehr feststehenden Empfindens.»** «Der Tod war ein neues Wesen in der Welt des traditionellen Empfindens.»*** Wenn wir heute geneigt sind, die spätmittelalterlichen Vergegenständlichungen und Allegorisierungen des Todes als Ausfluß christlicher Memento-mori-Strategien zu deuten, dann täuschen wir uns. Wie uns gerade die Totentanzdarstellungen deutlich machen können, hat diese ganze spätmittelalterliche Mythologie des Todes mit Christentum überhaupt nichts zu tun, auch wenn die Kirche aus verständlichen Gründen sie für ihre christliche Botschaft fruchtbar zu machen versuchte. Der Tod in den Totentanzdarstellungen dokumentiert im Grunde nichts anderes als das «Eingeständnis der Hinfälligkeit von Körper und Gütern»

* Ich halte mich im folgenden an die immer noch gültigen Darlegungen bei R. Romano/A. Tenenti, Die Grundlegung der modernen Welt. Spätmittelalter, Renaissance, Reformation, Frankfurt a. M. 1967 (= Fischer Weltgeschichte, Band 12), 116–124.

** W. Rotzler, Die Begegnung der drei Lebenden und der drei Toten. Ein Beitrag zur Forschung über die mittelalterlichen Vergänglichkeitsdarstellungen, Winterthur 1961.

*** J. Bialostocki, Kunst und Vanitas, in: ders., Stil und Ikonographie, Dresden 1966, 187 ff.; F. Bächtiger, Vanitas – Schicksalsdeutung in der deutschen Renaissancegraphik, Diss. München, Zürich 1970.

und das Staunen hierüber. Daraus entspringt die Ironie, die sich in der Gegensätzlichkeit von Lebenden und Tod darstellt: Das sich schaukelnde, verrenkende und hohnlachende Gebaren des Todes kontrastiert wirksam mit der Tölpelhaftigkeit dessen, der vom Tod hinweggetanzt wird. Zu deuten ist das Ganze als profanes Bedauern über die kurze Dauer des prachtvollen menschlichen Lebens.

Auch eine andere Erscheinung des spätmittelalterlichen Todesdenkens müssen wir als eine Äußerung einer immer stärker sich bemerkbar machenden Profankultur deuten: die schriftlichen Anweisungen der «Artes moriendi». Zwar stellt die «Kunst des Sterbens» in ihrer schrifttümlichen Form ein beliebtes Genre der Erbauungsliteratur des 15. Jahrhunderts dar, erscheint uns also in einem kirchlichen Kontext. Als Anleitungen zu einem guten Sterben sind sie aber nicht wie bei Heinrich Seuse ein Weg, über das Angedenken an den Tod einen Weg zum inneren Leben zu finden, sondern Gebrauchsanweisungen für den letzten Augenblick im Leben eines Bürgers, der gelernt hat, diesen als den entscheidenden christlichen Moment in seinem Leben zu deuten. In der Konzentration aller christlichen Gehalte auf den Moment der Agonie dispensiert sich der Christ aber von der Anstrengung, während seines Lebens verinnerlicht christlich zu leben. Das Memento mori wird zur bürgerlichen Strategie, sich fürs Jenseits jener Sicherheiten habhaft zu machen, die den Besitz des Paradieses garantieren. Ein Verdienstglaube zeichnet sich ab, der auf die Quantität, vor allem aber auf deren Berechenbarkeit abzielt – auch das Signal einer mitten im Christentum sich deutlich abzeichnenden Profankultur, die ihre Ängste und Unsicherheiten letztlich nicht mehr in einer wahrhaft christlichen Lebenspraxis aufgehoben sieht.

Man hat versucht, die Thanatologie des 16. Jahrhunderts als einen Übergang vom «gezähmten» zu einem «verwilderten» oder zu einem «öffentlichen» Tod zu verstehen. Der Tod wäre dann vollends ambivalent geworden, zugleich vertraut und schreckenerregend, zugleich nah und fern. Ich glaube nicht, daß solche Typologisierungen sehr viel weiter helfen. Immerhin kann für den Umbruch, der im 16. Jahrhundert mit der Reformation erfolgte, folgendes gesagt werden: Das Spätmittelalter vermittelte eine Eschatologie, in der der Schatten des Endgerichts über den Menschen drohte, gemäßigt nur durch die Vorstellung des Fegefeuers, das den rechnerischen Ambitionen des Menschen – als ein dritter Ort neben Himmel und Hölle mit der Möglichkeit der Wiedergutmachung von Versäumnissen und Sünden auf Zeit – eine gewisse Erleichterung bot, die er sich im Ablaßwesen auszugestalten wußte. Die zwischen 1450 und 1650 herrschende «Todesreligion» konnte aber auf die Dauer ihren profanen Hintergrund – ein religiös nicht mehr geborgenes, dem Tod als dem Zerstörer schlechthin ausgeliefertes Leben mit nurmehr äußeren, auf weltliche Güter und Geld abstellenden Sicherungsmöglichkeiten für ein drohendes Jenseits gewiß nicht verbergen.

Die letztlich nicht mehr religiös begründete Dramatisierung des Todes wurde in der Reformationszeit zurückgenommen durch eine schärfere Konzentration des Blicks auf das Leben. Die ethische Neutralisierung des Lebens durch das gebannte Hinblicken auf den letzten Augenblick erfuhr eine Relativierung: Seit 1530 verschwinden die «Artes moriendi» aus der Erbauungsliteratur. Ein Wandel im Todesgedanken zeichnet sich ab, der schon in Dürers Meisterstich von 1513 sichtbar wurde: «Der Tod ist vor dem Menschen zum kraftlosen Reiter und machtlosen König geworden. Das Zusammentreffen mit ihm, das unvermeidbar bleibt, führt nicht in grauenerfüllte Flucht oder angsterfüllte Auslieferung, sondern der Mensch trotzt mit einer Zuversicht, welche die diesseitige Welt würdigt und bejaht. Die Schrecken des Todes werden überwunden, nicht indem – als ars-moriendi – der Tod zum Auftrag wird, sondern das Leben. In dessen Erfüllung verdient der Tod keine Beachtung, oder richtiger: erst seine Gegenwärtigkeit führt zur Erfüllung des Lebens.»* Sicherlich ist es Martin Luther, der eine allgemeine Umwertung des Todesdenkens befördert hat. Es ist hier nicht der Ort, Luthers Theologie des Todes darzustellen. Nur ein paar Hinweise sollen gegeben werden. Bei Luther verliert der Tod das Faszinosum des Makabren. Im Gegensatz zur spätmittelalterlichen Tendenz, den christlichen Entscheid für Gott aufs Sterbebett zu verlegen, verlangt er vom Christen eine lebenslange gute Vorbereitung aufs Sterben. Er versteht das Leben als einen einzigen Kampf gegen Hölle, Sünde und Tod. Diese drei Anfechtungsbilder sind auszutreiben: «Die Kunst ists, ganz und gar sie (die Anfechtungsbilder von Tod, Sünde, Hölle) fallenlassen und nichts mit ihnen handeln. Wie geht aber das zu? Es geht also zu: Du mußt den Tod in dem Leben, die Sünde in der Gnaden, die Hölle im Himmel ansehen und dich von dem Ansehen oder Blick nicht lassen treiben, wann dirs gleich alle Engel, alle Kreatur – ja wenns auch dich dünkt Gott selbst – anders vorlegen, was sie doch nicht tun, aber der böse Geist macht einen solchen Schein.» Der Mensch ist mit diesem Kampf auf sich gestellt; jeder stirbt für sich: «keyner (wirt) für den andern sterben. Sonder ein yglicher in eygner person für sich mit dem todt kempffen.» Wichtig aber ist nicht die dem Menschen im Tode bevorstehende Bedrohung, sondern die im Glauben wahrgenommene Überwindung des Todes durch das Leben, das Jesus Christus für Luther ist. Luther liebt es, diese Glaubenswahrheit möglichst massiv und antithetisch zu benennen: «Einen Einzigen gibt es, Christus genannt, er ist der

* H. Theissing, Dürers Ritter, Tod und Teufel. Sinnbild und Bildsinn, Berlin 1978.

Teufel der Teufel, der höllischste der Höllischen, er tötet für mich das Gesetz, den Teufel, den Tod.» Das Leben Christi lebt in mir; aber dieses neue Leben ist für mich nur unter dem Schein seines Gegenteils, des Todes, wahrnehmbar. Hieß es im Mittelalter allenthalben: «Media in vita in morte sumus», so kehrt Luther den Satz um: «Media in morte in vita sumus.» Damit ist etwas Grundsätzliches geschehen: Die Perspektive ist offen auf die Selbstverantwortlichkeit der Person und auf ihre Würde, vor allem aber entfällt alle Todes- angesichts einer Lebensmöglichkeit, die in allem Tod das Leben erblickt.

II

Es ist nun die Frage, ob Paracelsus sich in seinem Todesdenken ähnliche Perspektiven offen hält. In jedem Fall – die einleitenden Zitate haben es gezeigt – ist nach Paracelsus der Tod eine Angelegenheit der Person, die bis zu einem erstaunlich anmutenden Ausmaß über dessen Zeitpunkt verfügen kann, bis dahin, daß es diese Person selbst ist, die das Sterben sich verfügt. Das hat zu tun mit der natürlichen Dimension des Todes, die sich Paracelsus dem Arzt aufdrängt.

Paracelsus ist am 24. September 1541 in Salzburg verstorben. Es scheint mir sinnvoll, wenn wir bei den Überlegungen ansetzen, die sich der so jung mit 48 Lebensjahren Verstorbene über seinen eigenen Tod gemacht hat. Einer, der so bewußt Arzt gewesen ist, wie er, einer, der so intensiv wie er behauptet hat: «allein der beruef gilt, so wir zu einem ding hont», und der diesen Beruf als eine von Gott eingegossene Sache versteht, der müßte eigentlich, wenn er vom seligen Leben zu schreiben beginnt, sich am Ende seiner Berufung fühlen. Und in der Tat steht im «Liber Prologi in vitam beatam» eine bewegende persönliche Aussage über den Anlaß zu diesem Buch. Es heißt da: «Dise zeit meines schreibens ist zeitig, dan ich darf des nichts verschonen, das ich verderbt hab. es ist noch nit geflogen worden: die werk zeigen an, das die arbeit us ist und zeitig ist. als so ein ganz haus do stet und gemacht ist, so ist es ein zeichen, das zeitig gsein ist im sein meister. also auch hie. die zeit der geometri ist zum end gangen, die zeit der artisterei ist zum end gangen, die zeit der philosophei ist zum end gangen, der schne meines ellents ist zum end gangen; der im wachsen ist, ist us. die zeit des sumers ist hie. von wanen er kompt, das weiß ich nit, wohin es komt, das weiß ich nit: es ist da!» Paracelsus benennt hier einen Zeitpunkt in seinem Leben, wo er erkennt, daß – um in seinem Bild zu bleiben – das Haus seines Lebens fertiggestellt, sein Herumwandern und seine Wissenschaft, ja sein ganzes belastetes Leben in der Fremde zu einem Endpunkt gekommen ist und daß er darum sich um das selige Leben zu bemühen hat. Das Wachstum hat ein Ende, auch und gerade im Menschenleben. Wenn er es mit dem Wachsen der Frucht oder dem Erstellen eines Hauses vergleicht, so entwickelt er ein genaues Empfinden für den unrückführbaren Ablauf der Zeit. Und dieses Empfinden erwächst ihm aus seiner *meditatio mortis*, der er sowohl als Arzt wie auch als Philosoph zeitlebens verpflichtet ist.

Zunächst ist für Paracelsus der Tod eine Art Ungeheuer, ein «Scherge und Büttel», unsichtbar und so bedrohlich, daß die Natur vor ihm zurückscheut und alles Gottgegebene in Anschlag bringt, ihn zu vertreiben: «also größlich scheut sie ab dem grausamen tot und ab dem bittern tot der ir erschröklich vor augen stet, den unsere augen nicht sehen noch unsere hende greifen. aber sie sicht in und greift in und kent in. darumb so nimpt sie al himlische kreft und irdische an sich, dem erschreklichen zuwider stehen; dan erschreklich ist er, greulich und streng. so in der entsessen hat, der in gemacht hat, Christus am Oelberg, das im blutigen schweiß austriben hat, der sein vatern bat im den hinweg zunemen; billich ist es, das die natur darin ein entsetzen hab. dan ie größer die erkantnus des tots ie größer die warnung, behütung und zuflucht der arznei, die dan der weis man sucht.» Bezeichnend aber schon hier, daß Paracelsus, wenn er wie irgendein mittelalterlicher Schriftsteller die *acerbitas mortis* beschreibt, gleich auch schon die Natur mobilisiert, ihm bis an den Rand ihrer Möglichkeiten zu widerstehen.

Aber es gibt den Zeitpunkt, da die Krankheiten als Vorläuferinnen des Todes auch durch die besten Arzneien nicht mehr in ihrem Vorlaufen auf den Tod gestoppt werden können. Alles hat seine Zeit, was nicht heißt, daß Krankheit und Tod einander in die Hände arbeiten. Der Tod bringt keine Krankheit, auch die Krankheit nicht den Tod: «ob sie schon bey einander weren / so stehendt sie gleich zusammen / wie Fewr vnnd Wasser: Also wenig ist ihnen die Vereinigung. Dann Natürliche Kranckheit hasset den Todt / vndd fleucht jhn / kein Glidt im Leibe liebet jhn: Also ein sonderlichs Wesen ist der Todt / gescheiden von der kranckheit.» Gleichwohl gilt, was Paracelsus gewissermaßen zähneknirschend eingesteht: «dieweil nun der tot das ende ist, so sind seine vorgeher die krankheiten.» Das heißt, die Zeit bringt das an und für sich gegenseitig sich Widerstrebende in eine Abfolge, deren Ziel das Ende ist. Der Begriff «Zeitigung», den Paracelsus für den Vorgang, «wie eins nach dem andern pflegt auf zu steigen und ab zu fallen», benützt, macht die Vergleichsebene, die hier angewendet wird, anschaulich: Es ist das Wachstum der Pflanzen, das – wie prächtig immer zu seinem Höhepunkt – letztlich in Fäule übergeht. Die Zeit ist «scharf» *(Tempus autem acutum!)*; sie spielt mit dem Arzt, der genau über sie Bescheid wissen müßte, wie die Katze mit den Mäusen. Der Tod ist es, «der alle ding verzert und wider macht aus einem ieglichen, das es vor was; nichts was es vor, nichts was es darnach. also beschließen sich alle ding in nichts, dan nichts was es vor auch.» Alles Lebendige, selbst die Elemente, tragen den Tod in sich «gleich als ein kint, das den tot mit dem leben bringet», wie Paracelsus mit einer langen christlichen Tradition feststellt. Alles «gêt in die consumation, in welcher alle geschöpfe beschließen und ir ende nemen, und nach der natur art ist widerumb ein neu gewechs do». Der Zeitpunkt des Todes ist aber dem Arzt und dem Kranken unbekannt, es gibt für Paracelsus keine «totzeichen», wie noch die Sterbebüchlein behauptet haben; «der tot sagt keim arzt, wan er kompt, schickt kein boten voraushin, sonder wie der stral vom himel also plazt er darein».

Im Menschen und in allem Geschaffenen ist eine Zerbrechlichkeit gegenwärtig, die auf ein Ende zuläuft; in einer bewegenden Rede im «Opus paramirum» findet sich gewissermaßen eine Zusammenfassung dessen, was Paracelsus über den Tod zu sagen hat: «alle ding haben ir zeit wie lang sie stehen sollen, es sei zun guten oder zum bösen. nemlich die heiligen haben ir zeit, in der zeit sie aufhören müssen auf erden ir leben zufüren. also haben auch ir zeit die bösen. alle ding werden von got auf sein termin gesezt, und den mag kein heilig ubergehn, er sei wie from, gerecht oder wie nuz dem volk er wolle oder müge; so die zeit kompt, so wird nichts angesehen dan auf und darvon. diser zeit endung ist der tot, der sizt neben uns und wartet auf unser bella intestina, wo er müge einbrechen. dan er selbst weiß nicht die stund, wan er sol angreifen oder wan er sol töten; geflissen ist er aber einzufallen mit fleiß und ernst, damit er kein minuten übersech und gehorsam sei seim herrn got im himel. darum so er von im selbst nit weiß die Stund und minuten unsers ents, so laßt er sich treiben von der arznei hinweg und aber tringt so genau hinzu, das er sich selbst darfür acht, die zeit sei hie, er sol anplatschen und angreifen, so im dan oftmals felet und irgehet, hinzu und darvon.» Alles Schöne und Gute in der Welt ist wie ein Schatz in der Kiste; aber auch er wird von einem Dieb in der Nacht entwendet; und dieser Dieb ist der Tod. «was ist der tot? der ist er, der uns das leben nimpt in vil weg. selig ist der, den er von diser welt nimpt mit dem herzen Johannis babtistae, der propheten und der aposteln.» Von der Natur her wächst alles in seinen Tod hinein; dessen Zeitpunkt steht zwar nicht in der Verfügung des Todes selbst, dabei haben der Mensch und vor allem natürlich Gott Entscheidendes mitzureden; aber der Tod ist auf der Lauer; er ist die dem Menschen und der Natur «eingeborene Widerwärtigkeit». Alles wächst in seinen Tod hinein, dieser ist letztlich bloß zu erleiden. Natur ist für Paracelsus ein Stirb und Werde; in ihr sind Leben und Tod miteinander aufs innigste verhängt. Aber es bleibt der Kampf des Arztes, der Menschen überhaupt gegen den Tod, der gleichzeitig natürlich und unnatürlich ist.

Natürlich definiert Paracelsus den Tod folgendermaßen: «der tot aber des menschen ist gewisslich nichts anderes als ein ende des tagwerks, ein hinnemung des lufts, ein verschwindung des balsams und ein ableschung des natürlichen liechts und ein grosse separation der dreien substanzen, leib, sêl und geists und ein hingehung widerumb in seiner muter leib. dan dieweil der irdische und natürliche mensch von der erden ist, so ist auch die erden sein muter, darein er widerumb muss und darinnen das irdische natürlich fleisch verlieren und also am jüngsten tag in einem neuen himlischen und clasificirten fleisch zum anderen mal geboren werden, wie Christus zu Nicodemo sagt, da er zu ihm kam bei der nacht» («De natura rerum»). Der großen Separation der drei Substanzen Leib, Seele und Geist entspricht und korrespondiert «die Trennung und Vernichtung der drei Substanzen» «der drei das Leibesleben konstituierenden Substanzen *(sulphur, mercurius, sal)*» (nach dem «Paramirum»). Tod – so sehr er natürlich begründet werden mag – ist letztlich doch etwas Widernatürliches, weil er Trennung, *separatio*, und damit Schmerzliches ist. «der tot, da ein ietlichs ding zerteilt und zerlegt (wird) besonder wie ein ietlichs sein sol», gehört in die Mannigfaltigkeit möglicher Zerstörungsvorgänge; es gibt «vilerlei töt», bis dahin, daß sogar die Toten und Leichname von verschiedenem Wert sind: Ein gewaltsam getöteter Leib wird zu «Balsam», «eine köstliche mumia, die magisch-medizinisch wertvoll ist», während «ein nach natürlicher Prädestination gestorbener Mensch, der seinen *terminus* erreicht hat, zerfällt und wieder zu Erde» wird.

III

Die Tatsache, daß Paracelsus das menschliche Sterben im großen Zusammenhang der Naturvorgänge sieht, heißt noch lange nicht, daß er damit die christlichen Deutungskomponenten von seinem Todesverständnis fernhält. Zwar distanziert er sich dezidiert von der «unwissend grobheit der theologen», deren «vil beschiß» in ihrer «groß auslegung» des christlichen Heils er als allzu sehr an menschlicher Vernunft orientiert kritisiert, sieht aber durchaus in der Konzentration des ärztlichen Blicks auf die *mysteria naturae* die Möglichkeit, erkenntnis- und erfahrungsmäßig zu Gott zu gelangen. Im Verzicht auf die «ungewis red» der Theologen will er «gedenken die mysteria der natur zu suchen, do das end zeiget den grunt der warheit, und das nit alein den grunt angibt, sonder die mysteria dei und die höchst lieb in den menschen erfüllet und tut». Denn: «was dem menschen am nüzlichsten und am edelsten ist, (ist) alein zu wissen die mysteria naturae, daraus betrachtet wird, was got ist, was der mensch, was ir beider übung seind, himlischen in der gotheit, irdischen in der zerbrechlichkeit. daraus dan entspringt, was theologia ist, was ius ist, was (rhetorica) ist, wie alein

die mysteria der natur das leben des menschen ist, zuwissen und denen nachzufolgen, dadurch got und das ewige gut mag erkennet werden und erlanget. dan wiewol wunder in der arznei ist und in den mysterien, noch vil mer nach dem leben ein mysterium ist das ewig, darvon wir keinen grunt haben, wie es sei, dan was uns durch in geoffenbaret ist worden.»
Die Reichweite der Naturwissenschaft erstreckt sich weit in die Theologie hinein, da sie in der Ermittlung ihrer Gründe auf Gott trifft und dessen Geheimnisse ertastet. Für den Tod heißt das, daß seine naturwissenschaftliche Bestimmung als Separation und als Terminus aufgebrochen wird auf einen Horizont hin, der mit rein natürlichen Gesichtspunkten nicht erreichbar ist. Dieser Horizont ist das in der christlichen Offenbarung gegebene Glaubenswissen. So überlagert sich für Paracelsus bisweilen eine mit der Natur und ihren Bedürfnissen operierende Argumentation mit Hinweisen und Erklärungen, die dem Offenbarungswissen entnommen sind. Gewiß, der Tod bedeutet für alles ein natürliches Ende, aber er ist auch der Sünde wegen dem Menschen «aufgesezt»; gewiß, der Tod bedeutet Zerstörung und Substanzenseparation, aber der Geist ist nicht in der Erde verblieben, sondern zum Herrn gefahren, und es ist die Frage, was am Jüngsten Tage, von dem der Christ Paracelsus natürlich weiß, mit den geschiedenen Substanzen geschehen wird. Wie Kurt Goldammer gezeigt hat, «konstatiert Paracelsus das Fortleben des Menschen auf Grund einer physisch-metaphysischen Theorie, die zu seiner Drei-Substanzen-Lehre gehört. Das *erst leben* oder auch *mittel leben* im *mittel corpus* muß zerbrechen, wenn es zu seiner Eigentlichkeit kommen soll, so wie auch die Dinge und Lebewesen in der Welt zerstört werden müssen, wenn sie die Wirkung ihrer Arkane erlangen wollen, etwa als Medikamente oder als Speise. So soll auch der Arzt es als seine höchste Aufgabe betrachten, das *mittel corpus*, d. h. die gegenwärtige Existenz und Lebenseinheit, die aus der prima materia hervorgegangen ist, in das *neu leben* überzuführen, in die *ultima materia*, die dem Tod nicht unterworfen ist.» Hier kann dann auch die paracelsische Vorstellung vom «geistlichen Leib» ansetzen, der seinen Ursprung nicht in der Erde hat, sondern «aus dem einblasen von got» und der mit dem unsichtbaren Auferstehungsleib identisch sein dürfte. Das Unerhörte und naturwissenschaftlich nicht Ableitbare der Auferstehung besteht darin, daß zwar der irdische, d. h. elementische Leib des Menschen in die Elemente und der siderische Leib zu den Gestirnen zurückkehren, der Geist dagegen in der Auferstehung seine Identität mit dem *spiraculum vitae* und dem «unsichtbar leib im menschen» als Vorgang der «clarificirung» offenbar wird.
Damit sind wir nun schon tief im Bereich einer christlichen Eschatologie und deren Lehre von den vier letzten Dingen, wo dem Arzt die Möglichkeiten der Erklärung verborgen und verboten sind. Paracelsus aber gestattet sich gleich-

wohl, als Arzt aus dem Glauben zu sprechen, und er entwickelt eine eigentliche Teleologie und Eschatologie der Schöpfung aus christlichem Geist.

Es ist mit Recht darauf hingewiesen worden, daß die paracelsische «Kosmologie und Teleologie ... mit einem Fragezeichen» endet. «Die Elementarwelt löst sich als ein scheinbar Sinnloses und Ergebnisloses auf ... Hohenheims Kosmologie ist also an sich pessimistisch bei aller Reserviertheit, genau so wie seine naturkundlich anthropologisch-individuelle Teleologie.» (Goldammer) Aber wie gesagt, die christliche Glaubensdimension gibt ihm dort Auskunft, wo seine Deutung der physikalischen Geschehensabläufe in Fragezeichen mündet. Wenn er an einer Stelle, die ich zitiert habe, meint, wir Menschen hätten mit dem Herzen Johannes des Täufers, der Apostel und der Propheten auf den Tod zu reagieren, der uns «in vil weg» das Leben nimmt, so gibt es für ihn auf das Naturgeschehen als letzte Antwort nur die Übernatur, die in der Natur sichtbar werden soll. An der genannten Stelle nämlich fährt er fort, indem er weiterhin den Tod und das mit ihm gegebene Geschehen im Blick hat: «darunb so sollen wir wachen und ein aufsehen auf in haben; dan er fordert uns auf ein gericht, da rechnung zugeben umb unser zeit vom meristen bis zum wenigisten quadranten. er ist der scherg, der büttel, der fürbeut zum gericht gottes und in seim fürbitten, so sich scheit sel und leib von einander, was ist sein fürbot? als alein gehet zum gericht für das angesicht gottes mit benemter stunt und tag, nemlich den tag des elents, in dem sich himel und erden erbidmen werden und erheben auf den tag, da die hörner werden aufwecken den fürgebotenen toten und gestorbnen. er ist auch der der uns aufwekt, der uns das widergibt das er uns genomen hat; im selbigen leben werden wir mit den schergen fur das gericht gestelt. sein gefengnus und sein turn ist die erden; dan wir al auf erden sterben in sünden, darumb so müssen wir der gefengnus zugehen und dorin behalten werden, so lang bis das gericht anget, wie dan ein ietlicher gefangener man erwarten muss. nun aber in unserem fürbiten fart der geist zum herren, der leib zu der erden; dan die erden ist kein turn des geistes, alein des leibs. also bleiben sie beid ein ietlichs in seiner stat, bis sie wider zusammen kumen; so werden die drei substanz widerumb sein in irem geblüt und in irem wesen. was aber weiter daraus wird das stet bei dem, der leib und sel gemacht hat, kein medicus, kein kranker und wird aus sein mit den dingen allen. aber wie obstet müssen wir uns die zeit erhalten und in die scientias sezen, damit wir in userm beruf rechti rechenschaft geben mügen.»

Entsprechend seinem teleologischen Denken im Bereich der Natur ist für Paracelsus im Religiösen die tragende Kategorie das Eschatologische: sie komplettiert, was an der Teleologie offen bleiben mußte, nämlich die letzte Zielrichtung alles Lebendigen und seiner natürlichen Entwicklung. Mag in den naturwissenschaftlichen Schriften eine Art Aversion gegen den Feind des Lebens, den Tod, zugunsten des Lebens dominieren, so verschwinden in den stärker geistlich orientierten Schriften diese renaissancehaften Töne zugunsten spätmittelalterlicher, d. h. eher pessimistischer, auf die vier letzten Dinge furchtsam ausgerichteter Töne. Paracelsus ist durchaus der in der beginnenden Neuzeit stark artikulierten eschatologischen Stimmung verfallen. Nach dem Gericht und der in seiner Folge sich präsentierenden Alternative von Himmel und Hölle findet Paracelsus allerdings wieder zu positiven Ansichten, wenn es um die «Umwandlung des psychophysischen Ganzen in den neuen Leib der Auferstehungswelt» geht. Es ist bezeichnend für Paracelsus, daß er die neue Leiblichkeit nach der Auferstehung «ganz im Analogieverhältnis zur Natur» denkt. Schon im gegenwärtigen Leben im Sakrament des Abendmahls genährt, keimt der Same einer neuen Leiblichkeit als deren Urstoff, als *limbus aeternus*, aus dem dann der «glorifizierte» oder «clarificierte» Leib erstehen wird, in einer neuen Geburt, in der der Auferstehungsleib des Christen und der sakramentale Leib Christi identisch werden.

Damit komme ich zum Schluß: Paracelsus' Ansichten über Sterben und Tod des Menschen präsentieren sich in zwei Darstellungsmodi mit je verschiedenen Lösungen. In natürlicher Hinsicht zeichnet sich in der Orientiertheit alles Lebendigen auf den Tod ein teleologisches Prinzip ab, das keinerlei Raum für zyklische Zeitvorstellungen läßt, hingegen allem eine Zielvorgabe gibt, deren «Zeitigung» allerdings dann nicht mehr natürlich erklärt werden kann, sondern in übernatürlichen Kategorien, d. h. mit den christlichen vier letzten Dingen, erläutert wird. Das Denk- und Deutungsmuster ist und bleibt letztlich ein christliches, das mit spätmittelalterlichen Vorstellungen angereichert ist; das Fazit ist eine außerordentlich starke Jenseitssehnsucht, die sich kurz und prägnant so ausdrückt: «gedenk, das hie uf erden kein freud sol sein ohn schweiß, angst und not. aber so wir von hinnen scheiden, so komen wir in den ewigen leib. derselbig wird rue und freid non, freud über freud, ewikeit in ewikeit.»*

* Zu Paracelsus' Lehre vom Tod vgl. K. Goldammer, Paracelsus. Natur und Offenbarung, Hannover-Kirchrode 1953, 79 ff.; ders., Paracelsische Eschatologie I und II, in: ders., Paracelsus in neuen Horizonten. Gesammelte Aufsätze. Wien 1986 (= Salzburger Beiträge zur Paracelsusforschung 24), 87–152; ders. (Hg.), Paracelsus, Vom Licht der Natur und des Geistes, Stuttgart 1984, 155 f.; H. Schipperges, Paracelsus, Der Mensch im Licht der Natur, Stuttgart 1974, 143–150.

PIRMIN MEIER

«Es ist noch nicht geflogen worden.» Paracelsische Prophetie, die Spielleute und das Fahrende Volk

Kaum eine Stadt oder Landschaft, wo er gewirkt hat, die sein Andenken nicht in die Sage aufgenommen hätte. Immer unhistorisch, aber nie ohne Wahrheit. Der Paracelsi, wie er am Etzel vertraulich und beinahe zärtlich genannt wird, lebt im Gedächtnis des Volkes weiter wie kaum ein zweiter großer Wissenschaftler der Geschichte. Der Doktor Faust, sein Zeitgenosse, dessen sämtliche Werke verloren und von dem nicht einmal der Vorname gesichert ist, scheint dagegen Schall und Rauch bei einer unbegrenzten Substanz, die erst später Dichter gestaltet haben. «Vielleicht ein paracelsisch überlegener Geist» wird er im Nachwort zur Reclam-Ausgabe der «Historia von D. Johann Fausten», dem bekannten Volksbuch, genannt. Der wirkliche Paracelsus steht für ein unauslotbares Vermächtnis von vielen tausend Seiten. Erst im nächsten Jahrtausend werden wir es, wenn überhaupt, voll überblicken.

Wo indes, wie im Fall einer kaum möglichen Biographie des Paracelsus, hinreichende Informationen fehlen, aber Betroffenheit da ist, Interesse, Faszination, vermischt mit dem Spurenelement Angst, da wuchern die Geschichten. Damit das Volk die Gestalt nicht verliert. Damit es sich selber nicht verliert, seine eigene traumhafte Unmittelbarkeit zu Gott, oder, mehr wissenschaftlich gesprochen, die Identität, wie sie im Sagenschatz zum Ausdruck kommt.

Geschichten dieser Art sind auch in der Stadt Sankt Gallen überliefert, wo er eine Zeitlang gelebt hat, ohne daß wir sagen können, wann er angekommen und wann er wieder gegangen wäre. Desgleichen in Baden an der Limmat, Ober-Baden, für dessen warme Quellen (ihre Heilkraft soll der Pflanze Beifuß entsprechen) er mäßig schmeichelhafte Worte gefunden hat. Den Frauen nütze es nicht, schade aber auch nicht, meint er in seinem «Baderbüchlein».

Von einer eigenartigen Badenfahrt berichtet die Sankt Galler Sage, nicht ohne auftrumpfend vorauszuschicken, das sei nun wirklich die merkwürdigste Geschichte um den wunderbaren Arzt und Zauberer, der viele geheilt habe. Die Handlung vollzieht sich an einem Tag, da die Gesandten der hochwohllöblichen Dreizehn Orte der alten Eidgenossenschaft sich zu ihrer Tagsatzung in Baden versammelt haben. Im Herrengarten feiern sie ihr Bankett.

In der Gallusstadt schlendert zur gleichen Stunde der Steucheler oder Stücheli, ein unbemittelter Spielmann, heiter in seiner Kunst, durch die Gassen. Beim Multertor trifft er den Doktor Paracelsus im Kreise vornehm gekleideter Herren aus der Stadt, beisammen im Gespräch. Sie politisieren. Der Stücheli mischt sich ungeniert ein: In Baden sollte man sein heute, wo die Herren Gesandten bei gutem Essen und Trinken es sich wohl sein lassen. Da wollte er ihnen gerne aufspielen und sich dabei ein gutes Trinkgeld verdienen.
«Das sollte doch möglich sein», sagt der Paracelsus ohne aufzublicken.
Der Stücheli macht große Augen. Baden ist zwanzig Stunden weit weg von hier. Der Doktor heißt den Stücheli heimgehen. Er soll das Sonntagsgewand anziehen und mit der Flöte zurückkommen. Ein Pferd werde dann hier sein, das ihn schnell nach Baden bringe. So könne er den Herren noch zeitig genug aufspielen. Gesagt, getan. Vor dem Tor steht der Gaul, gesattelt und gezäumt. Halte dich fest, Stücheli, sonst könntest du dir den Hals brechen. Gute Reise, und bewahre die Diskretion.
Beim Aufbruch staunt der Stücheli nicht schlecht, wie sich sein Pferd in die Lüfte erhebt und wie ein Wolkenschiff über die Stadt hinwegbraust. Zwanzig Minuten später landet der Musikant nicht in Moskau, wo der Paracelsus auch gearztet haben soll, sondern auf der Schloßhalde zu Baden im Aargau.
Im Herrengarten tritt er auf die Bühne unter die anderen Spielleute, bläst so vergnügt und selig, daß alle sich an seinen Tönen ergötzen. Plötzlich aber erschrickt ein Sankt Galler Standesherr, reibt sich verwundert die Augen und ruft aus:
«Stücheli, bist du's oder bist du's nicht? Welcher Teufel hat dich hergetragen?»
«Ich bin's wohl, Junker», gibt der Künstler zur Antwort, «hergeritten auf dem leibhaftigen Teufel, so wahr mir Gott helfe. So einen Schimmel reite ich meiner Lebtag nicht mehr, wenn es auch schön war, die Welt von oben zu besehen.»
Soweit die Sage, im 17. Jahrhundert erstmals überliefert in Bartholomäus Anhorns «Magiologia» und in Weichard Valvasors «Die Ehre des Herzogtums Crain», Laybach 1689. Slowenien ist, wie die Ostschweiz, Schwyz, Basel, das Elsaß, der obere Donauraum, Böhmen und Salzburg eine paracelsische Landschaft. In gleichem Maß, wie man Hohenheim zu Lebzeiten Schwierigkeiten bereitet hat, wird er, besonders in der Zeit des Barock, des Pietismus und der Romantik, durch allerlei Geschichten verherrlicht, traut man ihm das Unmögliche jederzeit zu.
Was ist möglich, was ist unmöglich? – Das Dementi der Sankt Galler Sage ist in den sicher überlieferten Schriften, wenngleich in einem anderen Zusammenhang, mit einzigartiger Präzision formuliert: «Es ist noch nicht geflogen worden. die werk sein ein zeugnus meiner arbeit.» («Prologus in vitam beatam»)

«Unmöglich» hat Paracelsus nicht gesagt, aber «noch nicht», lehrt er realistisch, hoffnungsfroh und zukunftsweisend. Er hat während bedeutender Jahre seines Lebens Schweizer Luft, SWISS AIR, geatmet. Die Luftsubstanz überhaupt, den Äther, bezeichnet er in seinem bekannten Buch «De longa vita» als Wohnstätte für ein langes Leben. Diese ist ihm wichtiger als die Utopie des Fliegens, die für ihn, durchaus in der Tradition des Hexenglaubens, teilweise den Charakter einer satanischen Versuchung hat. Dies hängt zusammen mit der Hybris, dem Zu-hoch-Hinauswollen, während die Kunst nicht fliegt, sondern beim Arzte bleibt. Beeindruckend die Warnung im «Buch von der Gebärung» vor den erfahrungslosen «blinden Rednern, die aus der Klugheit ihrer fliegenden Geister reden». Nach der Auffassung Hohenheims gibt es im Bereich von Traum und Träumern nur eine «meinung» zu äußern, keinen sicheren Bescheid.
Hohenheims Warnung vor der Klugheit der fliegenden Geister ist, aus dem Kontext des Gesamtwerks, vor allem als Distanzierung von den Intellektuellen und ihrer Superklugheit zu deuten. Andererseits gibt es nicht wenige Belege, bei denen er sich zu einfachen Leuten bekennt, über seinen trotzigen Stolz auf die Herkunft aus dem Finsteren Wald hinaus. Dabei ist nicht nur an die Marktleute von Antwerpen zu denken oder die Dorf- oder Stadthexe Lena, von der er in Basel einen Buchstabenzauber gegen die Lähme der männlichen Geschlechtsorgane beifällig zitiert. Auch für die Spielleute, wie Stücheli einer ist (von dem in den paracelsischen Werken natürlich nie die Rede ist), hat er erstaunlicherweise viel übrig. «Ich höre pfeifen und aus meiner natur bin ich gern bei pfeifen, iezt hab ich im herzen ein freud darob.» Bei allen Tönen des Zorns, die oft zitiert werden, vergesse man nicht, daß Hohenheim zu den vielleicht eindrucksvollsten Repräsentanten der Lebensfreude im Zeitalter der Renaissance gehört. Der Mann, der in Salzburg «die Wahrheit in den Tavernen und Krügen jenseits vom unnützen Kirchengehen» verkündet, ist bekanntlich mit der Gnade der Trinkfestigkeit ausgestattet, wiewohl Oporinus und andere seinen Ruf in dieser Sache übertrieben haben. Daß Traminer und alter Elsasser prima schmecken, weiß er, ebenso gut ist ihm die damals miserable Qualität der Ostschweizer Sorten und des Kelheimer Weins bekannt. Dabei dringt er durchaus auf die Tugend des Maßes, es sei keines Arztes Lob, so er sein Gut vertrinke.
Wie auch immer, in den Kneipen der Freien Reichsstadt Sankt Gallen, wo Hohenheim in den Jahren 1531 bis 1533 kein Unbekannter ist, sind Begegnungen mit Spielleuten wie dem Stücheli nicht ausgeschlossen. In diesen Jahren hat sich der Doktor Theophrastus ja auch mit Wesen und Unwesen der Wiedertäufer auseinandergesetzt, diversen Spielarten religiösen Wahnsinns, wovon Johannes Kessler in seiner Chronik «Sabbatha» berichtet. In diesem Zusammenhang schrieb Paracelsus im Hinblick auf seine Anschauungen betreffend die

Psychosomatik so interessante Bücher wie «Von den unsichtbaren Krankheiten» und «De Religione Perpetua». Die letztere Studie enthält kostbare Ausführungen zu Künstlertum, Musik und Musiktherapie. Im Gegensatz zur strengreformatorischen Ablehnung der Musik als Bestandteil des Gottesdienstes, wozu Hohenheim in seinen theologischen Schriften durchaus neigt, finden wir hier ein Bekenntnis zur Musik im Rahmen einer Ethik für die Welt, vor allem auch im Zusammenhang mit Gesundheit und Krankheit. Es sind dies Gedanken, die wohl von den Vorstellungen des späteren Paracelsisten Franz Anton Mesmer, seines Zeichens Magnetiseur, zur Hauptsache aber ein sanfter Psychiater mit viel Sinn für die Glasharmonika als Bestandteil einer Musik-Therapie, nicht allzu weit entfernt sind, wenn auch noch mehr spirituell orientiert.

Dabei ist die Musik-Therapie gemäß «De Religione Perpetua» wie die Heilung mit Steinen, ein Arcanum gegen Gebresten der Augen, wie auch die Heilung mit Worten und Buchstaben, eine magische Behandlungsweise. Magische Arznei ist ein Teil, «die do muss sein zum seligen leben under dem volk». In dem Sinne gehören die genannten Therapieformen sowie die Alchemie und die Beschwörung der Pflanzengeister zur «religion der arznei», Religion in einem umfassenden, auch alles Weltliche und Natürliche betreffenden Sinn gemeint. Sinngemäß führt Hohenheim in der gleichen Schrift eine Art Spielmanns-Ethik aus.

Die Spielleute hätten ihre Kunst in allen Arten von Saitenspiel, Pfeifen und Singen. Nicht um der Unterhaltung willen sei die Kunst den Menschen gegeben worden, der Künstler solle seine Geschicklichkeit sehen und hören lassen, damit die Kunst verstanden werde, nicht um Üppigkeit zu produzieren. Keineswegs den einfachen Menschen Luxus vorgaukeln! Die Künstler sollen wissen, daß Kunst, Gelehrsamkeit, Geschicklichkeit da sind für alle, zur Förderung der Freuden, des Friedens, der Einigkeit, Reinheit und Ehrbarkeit. Die Künste gebrauchen zur Notdurft, zum Nutzen des Nächsten. In dem Sinn ist Musik eine Arznei für diejenigen Menschen, die mit Melancholie und Phantasterei beladen sind, so daß die Melancholiker zuletzt verzweifelte, abgesonderte Leute werden. Dank Musik, so Hohenheim, werden derlei Menschen gesellig behalten und bei Sinnen. Dazu vertreibt Musik den Hexengeist Pytho, dem Unholde und Zauberer verfallen sein sollen. Desgleichen nehme Musik hinweg den Geist Afernoch, der die Sektierer und Wiedertäufer in den religiösen Wahn hineintreibe, so daß sie glauben, sie sähen den Himmel und Gott mittendrin. Religiöser Wahn ist nach paracelsischer Lehre eine Krankheit des Gehirns und der Vernunft, und wie in einem Garten Kräuter wachsen, entsprechende Krankheiten zu vertreiben, so ist die Musik ein Garten der Gesundheit gegen solche Phantastereien, zerrüttete Gehirne und Gemüter, die zum Aberwitz neigen, der Krankheit der sogenannten Besessenen.

Dabei sollen zur Musik hinzu noch viele Künste nachgelesen werden und gelernt, wie zum Beispiel Alchemie «und was dergleichen belustiget»(!). Und obwohl der Ton der Saiten mit dem Greifen hinweggehe und der Gewinn der Alchemie mit den Kohlen hinschwinde, so gebe es doch Künste zur Erfreuung des Gemüts in Gestalt einer Arznei, die man essen kann, trinken, geistig genießen oder die auch sonstwie ein fröhlich Herz macht wie Wein, Frauen, Gesang und Spiel.

Die Stellen aus «De Religione Perpetua» gehören zu den frohgelauntesten im gesamten Paracelsus-Werk. Selten ist das Christentum des Arztes und Propheten Hohenheim in so strahlender Weise eine Predigt der Freude und eines weltfrohen medizinischen Optimismus geworden. Als Hintergrund ist, wiewohl nicht mit letzter Gewißheit, das gute Aufgehobensein bei den Sankt Galler Freunden Bartlome Schowinger, Hieronymus Schowinger, Christian Studer, dem kranken Bürgermeister und dessen Gattin Helena, geb. Zili, zu denken.

Zum weiteren Sankt Galler Bekanntenkreis Hohenheims ist auch der Tagebuchverfasser Johannes Rütiner zu zählen, dessen kurz nach der Abreise Hohenheims niedergeschriebene Aufzeichnungen zu den interessantesten Hintergrund-Dokumenten zur Lebensgeschichte gehören. Dabei darf jedoch nicht von absoluter Zuverlässigkeit gesprochen werden. Nicht selten gibt Rütiner einfach den Stadtklatsch wieder, immerhin nach mehr als 450 Jahren ein kulturgeschichtliches Dokument.

Bei Rütiner ist, wie bei seinem Schwiegervater Johannes Kessler, von einem Stadtpfeifer namens Steucheler oder Stücheli nichts nachzulesen, um so mehr jedoch von einem Bereich der gesellschaftlichen Außenseiterszene, mit welchen man Hohenheim tatsächlich immer wieder in Verbindung bringen will. Wenn in Frank Geerks dreiaktigem Paracelsus-Schauspiel der Südtiroler Mediziner Oswald Bär in Basel dem neuen Stadtarzt «Zigeunerweisheit» vorwirft, entspricht dies historisch zwar nicht dem Basler, aber doch dem Sankt Galler Befund, schließlich auch dem eigenen (abwehrenden) Bekenntnis des Paracelsus in der Vorrede zur «Astronomia magna» von 1537.

Von Hohenheim bzw. Paracelsus ist bei Rütiner zwischen 1534 und 1537 die Rede, wobei die Aussagen jeweils über Gewährspersonen vermittelt werden. Eine solche ist der Magister Simon, ein gelernter Chirurg, womöglich einer von denen, die beim berühmten Sankt Galler Regenwurmprozeß als «Arschkratzer» beschimpft worden sind. Dieser Magister Simon, welcher gemäß Rütiner seine Ausbildung in Straßburg absolviert hat, könnte Hohenheim bereits im Elsaß begegnet sein, wo dieser ja am 5. Dezember 1526 sich zu Straßburg in die entsprechende Gilde eingekauft hat. Die bei Rütiner gemachte Notiz gehört zu den frühesten Aussagen über den Charakter Hohenheims, dessen Fleiß und

merkwürdigen Schlafgewohnheiten, über die sich später auch Oporinus ausgelassen hat. Im Hinblick auf den Vorwurf der Zigeunerweisheit ist die folgende Passage interessant: «Auch war Theophrastus so versessen auf die Wissenschaft, daß er ganz Europa durchwanderte. Fünf Jahre lang war er Zigeuner (zeginer), damit er auch deren Kenntnisse verstehen könne. In den geheimen Wissenschaften hat man ihm die Palme überreicht, weil er Quecksilber im Feuer zu sublimieren und fix zu machen verstand.»
Diese Stelle liegt mit dem Lob des Quecksilbersublimats im Rahmen der wenigen positiven Urteile über Paracelsus aus dieser frühen Zeit, insofern scheint die Mitteilung seriös zu sein. Daß nun aber Theophrastus fünf Jahre lang Zigeuner gewesen sein soll, wirkt aus der Sicht von all dem, was wir über den Lebenslauf des merkwürdigen Arztes wissen können, eher wie ein lächerliches Gerücht. Als ideologische Funktion einer solchen Behauptung scheinen Bemühungen naheliegend, den vom Stadtarzt Vadian wohl von Anfang an abgelehnten Medizinreformer in Mißkredit zu bringen. Sicher ist, daß es in Jugend, Bildungsgang, Wander- und Schriftstellerleben des Leibeigenen aus Einsiedeln nirgends einen freien Zeitraum für diese fünf Jahre bei den Zigeunern geben kann.
Der Quellenwert von Rütiners Notiz liegt einerseits in ihrem frühen Datum, andererseits in ihrem Dokumentationsgehalt für die Nachrede, die Hohenheim schon zu Lebzeiten nachgegangen ist. Er selbst mußte sich, drei Jahre nach Rütiners Notiz, in der «Astronomia Magna» dagegen wehren: «Daß ich in disem buche kein zauberer, kein heid, kein zigeuner wil geheissen sein und wil mich durch mein schreiben christlich bezeugen und die falschen christen mit irem falschen sauerteig schwezen lassen.» Dieser Rückweisung steht immerhin ein Lob der Zigeunerarznei gegenüber, welches 1536 sogar gedruckt worden ist, in der «Großen Wundarznei»: «Ich hab auch in Crabaten (Karpaten) gesehen von einem Zigeiner, der nam ein saft von einem kraut, gab ihn auch zu trinken ein mal; was leibstich warent in die tiefe, die warent von einem trinken geheilt...» Im damals noch nicht veröffentlichten «Liber de Imaginibus» werden die Zigeuner zusammen mit analphabetischen groben Bauern als Meister des Buchstabenzaubers gewürdigt, «in Aegypten noch eine gemeine, wolbekannte kunst und bei allen zigeinern in gutem wissen».
In der Schweiz ist aus der Sicht Hohenheims das abgelegene luzernische Bergtal Entlebuch die Zigeunerhochburg. Die Kunst der «Zigeiner» scheint auch dort parallel zu gehen mit Bauernweisheit. Im Entlebuch und im Muothatal entspreche diese der Weisheit Salomons, mindestens sei dies nicht auszuschließen. Salomon, dies darf in diesem Zusammenhang nicht vergessen werden, ist mythologisch der Fürst der Dschinnen, Genien, ein großer Meister und Gebieter im Geisterreich, wie Sergius Golowin dargetan hat.

Eine merkwürdige Stelle aus der Wunderarznei «Bertheonea», im Anschluß an eine Tirade gegen betrügerische, oft jüdische Ärzte, die mit Ruten aus Deutschland ins Welsche und umgekehrt vertrieben würden, ergibt sich aus einem Vergleich, der typisch ist für Hohenheims assoziativen Stil. Die vertriebenen Ärzte mahnten ihn «an die zigeuner, die bringen ir kunst aus Aegypten und wachsen deren vil im Entlibuch, dörfen nicht heim vor siben jaren, wie deren brauch ist, die man mit ruten ausschlägt».
Schon in der ersten Hälfte des 15. Jahrhunderts berichten die Chroniken vom Durchzug der Zigeuner, «hässlichen Menschen, sonnenverbrannt»; die Abneigung gegen die dunkelhäutigen Menschen erinnert etwas an die Stimmung gegen die Tamilen in unserer Zeit. Diese Asylbewerber des Spätmittelalters, angetan mit großen Turbanen und Ohrringen, angeführt von «Grafen», «Herzögen» oder «Königen», gaben sich als ägyptische Wallfahrer aus, welche als religiös Verfolgte zu sieben Jahren Wanderschaft verurteilt worden seien. Dabei zeigten sie in ihrer Echtheit stark umstrittene Geleitbriefe vor, von Kaiser Sigismund oder gar vom Papst, in denen ihnen Straffreiheit beziehungsweise Exemtion von der lokalen Gerichtsbarkeit zugesagt wird. Als eine der ersten Behörden Europas erläßt Luzern 1471 ein Dekret gegen die Zigeuner, was vor allem als Indiz für deren starke Präsenz auf luzernischem Hoheitsgebiet gelten kann. Die pogromartigen Übergriffe liegen auf der Linie des Reichstages von Augsburg im Jahre 1550: «Wer Zigeuner schädigt, frevelt nicht.»
Wie weit solche Übergriffe noch zur Zeit der Wanderschaft Hohenheims durch den Alpenraum vorkommen, ist fraglich. Zigeunergeschichten gehören im Entlebuch eher zur Sagentradition als zu dem, worüber wir genauere Quellenkenntnis hätten. Erstaunlicherweise lassen sich verschiedene einheimische Geschlechter noch heute Zigeunerblut nachsagen. Das wilde Entlebuch, im Mittelalter bekannt für seine Bären und Wölfe, Goldvorkommen, geheimnisvollen Einsiedler, merkwürdigen Wanderergeschichten und vor allem einen rebellischen Bauerngeist, zählt für Hohenheim zu den europäischen Landschaften, mit deren Kenntnis er seine Weitgereistheit bezeugt.
Die Bemerkung Rütiners über Hohenheim als Zigeuner oder wenigstens Zigeunerfreund bleibt, grob gesehen, kaum einfach aus der Luft gegriffen. Ohne die biographische Wahrheit wirklich zu treffen, bezeugt sie aufgrund naheliegender Indizien die allgemeine Einschätzung, «das Image» des Wanderarztes bei seinen Zeitgenossen. Im Sankt Galler Zusammenhang hat es einen «Zigeunerkönig» zur Zeit Rütiners und Hohenheims tatsächlich gegeben. Dieser, vorübergehend bei Lömmenschwil einquartiert, beherrschte als Kesselflicker beziehungsweise Vergolder Künste, die im weiteren Sinne zur Alchimia Metallica gehören.
Mit zu den klassischen Nachreden der Zigeunerkunst gehört die Wahrsagerei,

die ein wichtiger Bestandteil des Broterwerbs beim Fahrenden Volk war. Bezeichnenderweise schreibt Rütiner auch darüber, ohne jedoch Hohenheim und die Zigeuner in direkten Zusammenhang zu bringen.
Von einem Handwerker namens Andreas Pinguis läßt sich der Leinwandherr Johann Rütiner berichten, der Arzt Theophrastus habe sich auf der Burg Hohentwiel aufgehalten, dort dem Herzog Ulrich von Württemberg gegen Honorar die Wiedereinsetzung in seine Würden vorausgesagt. Dieser Ulrich von Württemberg, gemäß dem Hutten-Biograph Franz Rueb einer der Schurken des Reformationszeitalters, wurde wegen seines schändlichen Verhaltens von Rittern wie Franz von Sickingen und Ulrich von Hutten 1519 vertrieben, verstand es jedoch, dank geschickter Religionspolitik und dem Umschwung des Schmalkaldischen Krieges, ab 1534 wieder als Herzog zu amtieren, wobei er gute Beziehungen zu den reformierten Stadt-Sankt-Gallern pflegte. Daß Hohenheim ihm zwischen 1531 und 1533 wohl irgendwann seinen künftigen politischen Erfolg vorausgesagt hat, scheint bei dessen ausgeprägtem Spürsinn für politische Entwicklungen, wie beim Zweiten Kappeler Krieg gezeigt, kein exzellentes Kunststück der Wahrsagerei zu sein. Im Gegensatz zu dem bedeutenden Engagement des Paracelsus in seinen Schriften über den Kometen, das Erdbeben und den Regenbogen von 1531 scheint es sich hier jedoch eher um konventionelle Astrologie gehandelt zu haben. Dies ist in Anbetracht der wenigen Werke, die zu Lebzeiten publiziert werden konnten, naheliegend. Man denke an Druckerzeugnisse wie die Kalenderschrift «Practica gemacht auf Europen», die sich nicht weit weg von dem bewegt, was zum Beispiel der Zürcher Stadtarzt Christoph Clauser als Astrologe zum besten gibt.
Dabei ist konventionelle Astrologie, auch damals, ein im Prinzip ehrlicher, dem Bedürfnis nach Beratung dienender Broterwerb. Von Johann Spiess wissen wir, daß sich der Doktor Faust vor allem davon ernährt hat. Hohenheim und der historische Faust stehen sich in dem Punkt am nächsten, unweit von Nostradamus, der aber dann als genialer Vollprofi der Astrologie und Prophetie in die Geschichte eintritt.
Immerhin stehen die Grundsätze der hier so genannten konventionellen Astrologie bei Hohenheim in einem höheren philosophisch-kosmologischen Zusammenhang. Es geht beim berufsmäßigen Prognostizieren wie bei der ärztlichen Diagnose um das Gespür für die Vorboten: «Es folgt alles mit Vorboten, und je mehr der Mensch Zukünftiges wirken wird, um so mehr werden diese praesagia besser. Will es eine Stadt sein, so werden sie deutlicher als von einem Dorf, ein Land deutlicher als eine Stadt, große Herren, Fürsten mehr als der gemeine Mann, Kaiser, Könige wieder mehr.» Das heißt schlicht, daß der stärkere Einbezug von Strukturen und Personen bei politischen Entwicklungen das

Prophezeien erleichtert. Institutionen, Ämter, in die Geschichte eingebundene Persönlichkeiten scheinen leichter berechenbar. Sowohl die Prognostikationen für Herzog Ulrich wie auch diejenigen über die Lage der Schweizerischen Eidgenossenschaft 1531 sind zunächst nichts anderes als der Ausdruck der natürlichen Fähigkeit, eine Entwicklung zu analysieren und von daher, ohne Unfehlbarkeitsanspruch, eine künftige Perspektive aufzuzeigen.

Daß indes Rütiner Hohenheim lediglich als Astrologen würdigen kann, belegt das Verkennen der religiös-politischen Ambitionen, welche in den bedeutenden, bis jetzt noch nicht hinreichend gewürdigten Sankt Galler Schriften zum Vorschein kommen. Innige Liebe zu seiner ersten Heimat, der Schweizerischen Eidgenossenschaft, war es, was Hohenheim die fliegende Feder führte zu seiner Kometenschrift, die er «Sampstag nach Bartholomei» (26. August), dem Datum des Widmungsschreibens an Leo Jud und Ulrich Zwingli, fertiggestellt hat. Dabei tritt die Sankt Galler Szene plötzlich in den Hintergrund, und es begegnen sich in gespenstischer Stille, in den Nächten des Haarsterns, der hochgelehrte Herr Paracelsus und der hocherfahrene Meister Ulrich Zwingli. In keinem Buch über Zwingli, an keiner Zwingli-Gedenkfeier hat man dieser merkwürdigen Konstellation gedacht, da Hohenheim sechs Wochen vor dem Untergang des Zürcher Reformators diesem bis in die Details zutreffend seinen Untergang voraussagte.

Dabei verfehlt die Volksmeinung das Wesen des Prophetischen, wenn angenommen wird, dieses entfalte sich in erster Linie in Voraussagen. Der Akzent liegt vielmehr, wie bei dem von Hohenheim bevorzugten Propheten Johannes dem Täufer, auf dem engagierten Aufruf zum Umdenken in vorgerückter Stunde. Dies geschieht in bemerkenswerter Weise von einem über den Parteien stehenden Standpunkt aus. In dieser Hinsicht scheint ein Vergleich mit dem Schweizer Nationalheiligen Nikolaus von Flüe, dessen Charisma fünfzig Jahre zuvor geschichtlich mächtig geworden ist, nicht abwegig.

Der Unterschied ist, trotz des souveränen Über-der-Sache-Stehens der beiden berühmtesten Innerschweizer, mit Händen zu greifen. Bruder Klaus gilt zur Zeit des Stanser Verkommnisses (1481) dank dem Ruf seines wundersamen Fastens als unvergleichliche Autorität, als «lebender Heiliger», wie ihn auch ausländische Gäste bezeichnet haben. Demgegenüber ist, trotz tiefschürfender Analysen und Appelle, Theophrastus von Hohenheim, der Arzt und prophetische Schriftsteller, eine Stimme und sonst nichts, vox et praeterea nihil. Seine erasmischen Warnungen, den Krieg unter Christen doch bleiben zu lassen, verliefen im Sand, desgleichen der prophetische Aufruf, die Taufe, den Heiligen Geist, über das Schweizer Kreuz zu stellen. Die Stelle wörtlich: «Also soll der tauf sein, [...] dann es ist nit von eines zeichens wegen allein ze tun oder

dergleichen poleten (Stempel) oder passport oder für ein Schweizer Kreuz, sonder von wegen des heiligen geists. do mussen wir aufsehen haben und demselbigen nachgon und denselbigen suechen.»
Nicht dem Schweizer Kreuz wie einem Fetisch nachfolgen, sondern dem Heiligen Geist, ihn suchen und ihm sein Leben weihen. Das sind, in der Krise der Eidgenossenschaft und in der Krise des abermaligen persönlichen Scheiterns in Sankt Gallen, die Trostperspektiven des Theophrastus von Hohenheim.
Wir lernen ihn, den Arzt und Propheten, als einen Humanisten eines besonderen Typus kennen. Erasmus von Rotterdam, sein Patient in Basel, steht für den philologischen Humanismus, eine neu errungene Humanität auf der Grundlage lateinischer und griechischer Bildung. Ulrich von Hutten, der medizinische Dilettant auf Hohenheims Spezialgebiet, der Syphilis, verkörpert den politisch unmittelbar engagierten journalistischen Humanisten, deutsch, mit sehr klarem und konkretem Feindbild. Paracelsus ist der Name eines eschatologischen Humanisten, dem es gegeben ist, die Zeichen der Natur und die Zeichen der Zeit zu deuten. In der Geschichte der Schweiz ist er der Mann mit der Fähigkeit, die Dinge zu sehen mit einem Abstand wie aus vielen hundert Jahren, mittendrin in seiner Zeit, wenn auch unter der Treppe liegend wie ein armer Hund.

Sergius Golowin

Paracelsus und die europäische Gegenwart

Theophrastus von Hohenheim, genannt Paracelsus, wurde 1493, also ziemlich genau am Ende des eigentlichen Mittelalters, im Umkreis der Eidgenossenschaft geboren: Er stammte aus einer der berühmtesten Familien des germanisch-römischen Reichs, das damals Sinn und geistigen Gehalt verlor. Viele Vertreter solcher Geschlechter zogen sich in das nach den Burgunderkriegen vielgerühmte «freie Hirtenland» zurück, weil dort noch sehr viel von der großen Überlieferung überlebte – als Sage im Volke, in der schriftlichen Gelehrsamkeit einiger Klöster, in den Chroniken der unabhängigen Städte und Ritterburgen. Die Eltern des Hohenheim waren arm, und er wurde, trotz der ihm von der Sage zugeschriebenen Fähigkeit des Goldmachens, sein Dasein lang als elender Vagabund, heimatloser Fahrender beschimpft.

Theosophen erkannten später die eigenartigen Übereinstimmungen seiner Wissenschaft mit den zeitlosen Weisheiten Indiens, sie vermuteten, er sei bei seinen märchenhaften Wanderungen bis weit in den Osten vorgestoßen: Wir dürfen übrigens nicht vergessen, daß das Machtgebiet der aus dem Innern Asiens vorgedrungenen Tatarenstämme damals bis ans Schwarze Meer, die Tore Moskaus, bis nach Polen hinein reichte. Van Halmont bezeugt auf alle Fälle von ihm, daß er Rußland bereiste, sich bei den Tataren der Krim, diesem wichtigen Verbindungsort zwischen Europa und Indien, aufhielt: Es ist also ganz sicher, daß er die von ihm neugestalteten europäischen Überlieferungen mit fahrenden Rittern, Gelehrten, Händlern aus andern Kulturkreisen vergleichen und noch besser wiederherstellen konnte.

Der indische Kulturkreis kennt Dattatreya, eine der ewigen Verkörperungen des Gottes aller Welten, Maha-Vishnu: Er ist ein großer Fahrender, «der Schöpfer der magischen Wissenschaften, der Tantra-Lehren und der magischen Bräuche.» Er beschützt die Menschen vor allen üblen Einflüssen und erschuf «die Soma-Pflanze», aus der nach indischen Sagen der Trank der Unsterblichkeit und der göttlichen Weisheit entsteht – also ein Stoff, ähnlich dem Lebenselixier in den dunklen Büchern der europäischen Paracelsisten, Alchimisten, Rosenkreuzer. Er liebt die Lieder und die Musikinstrumente und treibt sich darum gern mit allerlei fahrenden Spielleuten herum. Er liebt die Sinnesfreuden, berauscht sich gern und ist trotz (oder gerade wegen) solcher «unwürdigen» Gewohnheiten der Retter aller göttlichen Geschöpfe vor den üblen Ränken der teuflischen Dämonen.

Wäre Paracelsus tatsächlich über die Osteuropa und Indien verbindenden «Tatarenreiche» bis nach Asien vorgestoßen, möglicherweise hätte man ihn dort für die Verkörperung dieses lebenslustigen und abenteuerlichen Retters der Menschheit angesehen ...

Immerhin: Für die Rosenkreuzer, diese gelehrten Wahrheitssucher des 17.–18. Jahrhunderts, war er offenbar ein geheimer «Monarch» des zerfallenden Reichs, also der eigentliche Kaiser über alle geistigen Bereiche seiner Zeit.

Kolumbus erforschte damals einen Erdteil – doch Paracelsus die endlosen Weiten unseres Bewußtseins.

Dr. Franz Hartmann (1832–1912) war ein Freund der deutsch-russischen Aristokratin Helena Blavatsky und von deren eigenartigem Versuch, im 19. Jahrhundert die Einheit der paracelsistischen Geheimwissenschaften Europas mit den Überlieferungen des Himalaya-Raums zu verschmelzen. Er begründete für die große Dame die deutsche Theosophische Gesellschaft und auch allerlei zeitgemäße Gemeinschaften der erneuten Rosenkreuzer: Ein guter Teil der

Gebildeten unseres Erdteils, die zu Beginn unseres Jahrhunderts bedeutenden Einfluß auf ihre Völker ausübten, haben zumindest vorübergehend aus diesen Gründungen entscheidende Anregungen erhalten.

Frau Blavatsky war bekanntlich auf die Tatsache stolz, daß ihr Gesicht «stark kalmückisch aussah». Sie glaubte also an ihre enge, zumindest geistige Wesensverwandtschaft mit einem nomadisierenden Hirtenvolk ihrer Heimat, das, trotzdem es sich im europäischen Rußland niederließ und seine Häuptlingsgeschlechter enge Verbindungen mit russischen Adelsfamilien eingingen, bis ins 19. Jahrhundert unmittelbare Beziehungen mit den tibetanisch-indischen Gelehrtenschulen besaß und bis heute den Buddhismus vertritt.

Für seine deutschen, englischen und nordamerikanischen Jünger stellte Hartmann neben die große eurasische Abenteurerin ein Leitbild aus der Vergangenheit und Vorläufer all der Wahrheitssucher seiner Zeit: Eben Theophrastus Paracelsus von Einsiedeln, dessen Lehren gerade nach Hartmanns Behauptungen bereits nahe Beziehungen zum indischen Kulturkreis aufwiesen.

Paracelsistische Einflüsse sind sehr leicht im ganzen Werk Hartmanns, dieses häufig vergessenen oder bewußt verdrängten Kultur-Vermittlers der europäischen Gebildeten, festzustellen. In seinem Roman «Ein Abenteurer bei den Rosenkreuzern» (1887) schildert er eine mystische Gemeinschaft in den Alpen, in der man, unbeeinflußt vom Verfall und den Machtkämpfen der damaligen Gegenwart, die wahre Weisheit der Menschheit pflegt, um sie der Zukunft weiterzuschenken.

Der Theosoph und Paracelsist Hartmann war, wie man heute genau weiß, nicht nur der Träumer der ewigen eurasischen Überlieferung: Er war 1889 in der Schweiz bei der Gründung einer Aktiengesellschaft beteiligt, die sich zum Ziel setzte, in der Nähe von Ascona ganz im Sinn und Geist seiner Ideen eine zeitlose «Internationale Akademie» für die Pflege der «magischen» Wissenschaften zu begründen. Der schweizerische Hauptvertreter dieses großzügigen Plans war übrigens der Historiker und Nationalrat Alfredo Pioda von Locarno (1848–1909).

Hier ist ein Hauptgrund, daß, während anderswo Weltkriege und Umwälzungen jede einigermaßen ruhige Pflege der Überlieferungen fast ganz verunmöglichten, in der ersten Hälfte des 20. Jahrhunderts in den Alpentälern Inseln der Anziehung für Wahrheitssucher aller Richtungen entstanden: Sie trafen sich hier, erlebten ihre Liebesromane, fanden gedruckte Quellen zu sonst fast zerstörten Lehren, wohnten im engen Raum beieinander und vermittelten sich gegenseitig schöpferische Gedanken.

Die Überlieferung des Paracelsus über die Urkräfte, die die Natur «beseelen», blieb im Alpenraum im Volk erhalten – genau wie die wunderbaren Sagen über

Paracelsus. Albert Minder (1879–1965), der Herkunft nach einer aus dem Fahrenden Volke und Freund vieler Flüchtlinge vor und während der Weltkriege, hat uns viel darüber erzählt.
Auf abenteuerlichen Wanderungen in Bergwäldern und Hochmooren, die damals noch einigermaßen erhalten waren, träumten sich damals die zukunftsgläubigen Menschen in die Welt der Urkraft: «die, nach der Lehre der alten Okkultisten, auch das sogenannte Anorganische, die Elementarsphäre Erde, nebst Luft, Wasser und Feuer, und natürlich auch die anderen Planeten, beseelt.» (A. Minder, «Der Sohn des Heimatlosen», 1925).
Lenin, der spätere eurasische Revolutionär von 1917, tanzte bei Ascona Reigen, zusammen mit den Theosophen, Neu-Buddhisten, Morgenlandfahrern jeder Richtung. Hermann Hesse sammelte unter ihnen die Ideen und vereinigte sie in seinem Werk – nach 1966 erreichten seine Bücher im Umkreis der mitteleuropäischen Jugendbewegungen Millionenauflagen.
Für die Vertreter dieser Kreise von philosophischen Flüchtlingen vor der Gleichschaltung des freien Geistes unter den totalitären Staaten blieb also im 19. und 20. Jahrhundert Paracelsus das Sinnbild des ewigen Wissens, des unabhängigen Forschens um das Wesen der Welt.

«Im 1. Weltkrieg wird die Schweiz zum subkulturellen Dorado» (R. Schwendter, «Theorie der Subkultur», 1971): Vielleicht genau wie im ausgehenden Mittelalter des Paracelsus überlebte hier, ich erwähne neben den Tälern des Tessin nur noch die anthroposophischen Geheimwissenschaftler um Dornach oder die Dadaisten von Zürich, viel der Überlieferung – die sonst in Mitteleuropa bestimmt vergessen oder gar unterdrückt wurde.
«Der Weg zu den Wurzeln der Kultur» konnte auch im Tiefgang nach der Kriegszeit 1939–1945 nur in diesem Umkreis gesucht werden: Dies war auf alle Fälle die Überzeugung des Kreises um den Wiener Dichter H. C. Artmann, in dem mancher Vertreter an die Fahrenden Scholaren aller Zeiten erinnerte. Man prüfte hier Bausteine für einen Neuanfang, von den Mythen der Schamanen und Magier aller Zeiten bis zu den Grundlagen der Sprache der großen barocken Poeten.
Damals, genau aus dieser gemeinsamen Suche nach den eigenen Wurzeln für eine eigene Kultur, entstand mein Büchlein «Paracelsus im Märchenland» über den ekstatischen Seher und gleichzeitig sachlichen Wissenschaftler Theophrastus Paracelsus: Der große Mann erschien uns Anfang der sechziger Jahre als Sinnbild des Menschen, der es auch in einem Jahrhundert des scheinbar ausweglosen Niedergangs nicht aufgibt, der die Wahrheit und Weisheit sucht – und dessen Werk darum zu einem Wegweiser für ganze Jahrhunderte wird.

Als dann 1966, «im Jahr der Hippies», verwandte Ideen aus Nordamerika zurückströmten, sehen die entsprechenden Gruppen und Bewegungen des deutschsprachigen Gebiets «eine neue Morgenröte». Sie feierten: «Die Hippies als Nachfolger von Volkskulturen (Zigeuner, Fahrende, Indianer) und Ketzerbewegungen» (R. Schwendter). Sie sahen also in den Bestrebungen der Jugend, «der neuen Morgenlandfahrer», die Auferstehung der besten Grundkräfte, aus denen in der Vergangenheit alles Schöpferische in unserer Kultur erwuchs.
Neugierig wandten sich die jungen Gebildeten der sechziger Jahre, in ihrer Wahrheitssuche nach den Grundlagen, «tibetanischen, theosophischen, aber auch keltischen Kulten, dazu den Hexen-Kulten Europas und den Geheimsymbolen der Katharer und Alchimisten» zu (Polemos, 13, 1970). Ziemlich hoffnungslos versuchten damals die Zeitungen, noch vollständig durchdrungen von den damaligen Ideologien des Kalten Krieges und des vergötzten «Wirtschaftswachstum», diese Abenteurer eines Neubeginns zu deuten: «So wollen sie beweisen, daß die gegenwärtige Versklavung der Menschheit durch die Industrie aufgehoben werden kann» («National-Zeitung»). «Die Gesellschaftskritik dieser Texte zeigte sich ebenso nichtssagend wie absurd.» («Die Weltwoche»)
Diese Zitate beziehen sich übrigens alle auf ein denkwürdiges Jugendtreffen im Mai 1969 in Basel, mit einem Maskenspiel auf dem Barfüsserplatz: «Am Nachmittag wurde ein künstlicher [...] Paracelsus verbrannt, um dann am Abend den damals genauso verfemten echten Untergrund-Wissenschaftler Paracelsus zu feiern» (U. Gwerder). Man feierte «die fahrenden Schüler von heute als die Verkörperung des ewig unsterblichen Paracelsus, lebendig in der Neugier und der Sehnsucht der Jugend». «Paracelsus steht näher den ersten heutigen Suchern eines zeitgemäßen Lebensstils, als die noch um die Mode-Götzen von gestern kreisenden Massen» (T. Leary, umstrittener Philosoph der Hippie-Bewegung).
Bezeichnenderweise traf man dann viele der Menschen, die bei diesem Basler Fest mittaten, bei den zahllosen, neuartigen Lebensversuchen der siebziger Jahre: bei der Entstehung von genossenschaftlichen Wohngemeinschaften, dem Experiment einer gesunden Ernährungsweise und der Besiedlung verlassener Alpentäler, der Gründung von Arbeitsgruppen für zeitgemäße Wissenschaften.
So ist Paracelsus, der Sammler und Seher des Wissens des ausgehenden Mittelalters, eine der Gestalten unserer Geschichte, die am deutlichsten in kommende Zeiten weist: Auf den endlosen Weg des Menschen durch die Sternenweiten zu Höhen des Geistes, von Erkenntnis zu Erkenntnis.

Weitere Aussichten

Thomas Lehner

Signaturen und mystischer Glaube

Die Vorstellung, daß alles Wissen, das in der Wissenschaft ist, also auch in der Medizin, durch Experimente und logisches Denken gewonnen wurde, möchte ich ablegen wie ein zu lange getragenes Kleid. Seit ich sah, wie ein Oglala-Medizinmann auf dem Schwarzwald in tausend Metern Höhe bei Schramberg die traditionelle Schwitzhütte der Sioux erbaute – nach dem Schema unserer Kathedralen –, will ich diese Vorstellung ablegen wie einen Mantel, der mich zwar lange gegen die Unbilden der Witterung geschützt, aber zugleich auch unempfindlich gegen Wind und Wetter gemacht hat, womit ich sagen will: unempfindlich gegen die Erde als sprituelles Wesen und unempfindlich gegen mich selbst als Teil dieser Erde. Wie aber wahrnehmen?

Die Signaturlehre des Paracelsus, in jedem besseren Kräuterbuch zitiert, auch in der sogenannten okkulten Literatur häufig erwähnt, ist die Lehre von der Zeichenhaftigkeit, aus der eine Grammatik der Symbolsprache abgeleitet werden könnte. In den Büchern der Natur, meint Paracelsus, kann lesen, wer ihre Signatur zu entziffern vermag. Weil aber die Natur – wie der Mensch, der ihr zugehört – von elementischem und spirituellem Wesen ist, muß sie elementisch und spirituell entziffert werden. Nur das eine oder das andere zu tun, wäre einseitig und führte – wie wir am Beispiel der modernen Naturwissenschaft feststellen – zu teilweiser Blindheit, mithin zu einer falschen Arznei in Paracelsus' Sinn.

Was bedeutet Signatur? Signatur wäre, wenn die Schwarzwälder ihre schönen Bauernhäuser eigentlich aus dem Grund so und nicht anders gebaut hätten, weil sie sich mit der Haut des mächtigen Waldes, der sie umgab, zu bedecken gedachten, gleich wie der Prärie-Indianer in sein Zelt aus Haut vom mächtigen Büffel schlüpfte.

Hätten die Schwarzwälder und die Prärie-Indianer erst lange nach dem Darwinschen Trial-and-error-Muster experimentiert, wären sie längst erfroren oder vom Regen fortgespült worden, bevor sie noch die richtige Form für ihre Behausungen gefunden hätten.

Nein, sie haben die Signatur gesehen und ihre Botschaft beherzigt, die elementisch und spirituell ist.

Die Entwicklungsgeschichte auf das Prinzip von Versuch und Irrtum zu verkürzen, ist einäugig. Die Darwinisten haben quasi gerade einen Farbtupfer auf einem impressionistischen Bild beschrieben und gemeint, sie hätten das ganze Gemälde der Schöpfung betrachtet. Es fehlte ihnen die Demut, mit der wir uns in Gottes weitem Reich behutsam tastend voranbewegen sollten, gleichsam wie Blinde, die sich, ihrer Blindheit wohl bewußt, über jede Empfindung freuen, die ihnen so etwas wie ein Bild vor Augen führt.

Wie müßte gelernt werden? Naturforscher der Moderne, die bescheiden geworden sind, haben die Schöpfung, den Kosmos, mit einem einzigen großen Gedanken verglichen. Mir scheint, daß sich dieser Gedanke um eine einzige, große Frage dreht, nämlich die nach dem Ursprung: «Auf solches hab ich gedacht: Wie, wenn kein Buch auf Erden und gar kein Arzt, wie müßte gelernt werden?» Diese Frage hat Paracelsus gemäß dem Scheideweg seiner Epoche zwischen magischem und rationalem Weltbild doppelt beantwortet. Magisch, indem er die Signaturlehre betonte, die es immer gegeben hatte, rational, indem er die praktische Anwendung der Signaturlehre durch Erfahrung und Beobachtung zu prüfen suchte. Er hat also mit zweierlei Methoden gearbeitet:

Indem er die Kräuter und Krankheiten zu «sehen» versuchte und indem er durch praktische Erprobung der Erkenntnisse, die er aus diesem «Sehen» gewann, das «Sehen» schärfte und sich dadurch vor dem Ver-Sehen schützte.

Paracelsus konnte nicht Millionen Ratten töten, um seine Erkenntnis «Allein die Dosis macht, was nit Gift ist» abzusichern. Er hatte keinen Computer, um statistisch vorzugehen. Auf sich selbst und seine menschliche Sinnesausstattung beschränkt, blieb ihm nur der Weg der Intuition, d. h. der künstlerische Weg. Nicht von ungefähr nennt er seine Medizin nicht Wissenschaft, sondern eine Kunst, welche aus der Philosophie, der Astronomie, der Alchemie etc. bestünde. Damit gab er die Hilfskünste an, die auf den Pfad der Mystik führen. Die Mystik nämlich versucht in diesem Sinn Wege zu ergründen, auf denen zum Ursprung zu gehen wäre. Die Mystik sucht eine Antwort auf die Frage «Wie, wenn kein Buch auf Erden, wie müßte gelernt werden?»

Indem sich die Mystik der – laut Paracelsus – natürlichen Bücher bedient, des Lichts der Natur, des Firmaments, der Elemente etc. kommt sie dem Ursprung nahe. Das schöne alte Wort Ur-Sprung besagt viel mehr als jene Urknall-Theorien, die uns suggerieren, wir kennten den Anbeginn. Doch wir kennen ihn nicht, sonst vermöchten wir, was die Segenssprüche in der Kalevala vermögen:

Wunden zu heilen, die das Eisen geschlagen hat und aus denen das Blut quillt, indem wir den Ursprung des Eisens und des Blutes beschwören und damit zeigen, daß wir wissen, aus welchem Grunde oder wenigstens: wie sie in die Schöpfung gekommen sind.

Paracelsus war überzeugt, daß nur der ein Arzt aus dem wahren Grunde sei, der den Ursprung sucht. Darüber spricht er im «Labyrintho medicorum»: «Nicht, daß alle Dinge durch das Alphabet den Ursprung nehmen, sondern da ist gar kein Ursprung. Dasjenige, das das Alphabet einbegreift, kommt in das Alphabet von außen hinein [...] Ein Baum, der da steht, der hat ohne das Alphabet den Namen Baum und bedarf zu seiner Notdurft keines Alphabets und er selbst zeigt durch sein Sich-Zeigen an, was er ist, was er gibt, was in ihm ist, wozu er ist, und das ohne Papier, Tinte und Feder. So wie der Baum sich selbst beschreibt und uns selbst lehrt, wie er ist, so ist das Buch des Firmaments auch. Von dem kommt der Ursprung in das Alphabet.» In diesem Zitat steckt des Paracelsus Wissenschaftstheorie. Er unterscheidet kritisch zwischen dem Gegenstand und seinem Symbol. Es ist dies eine Kritik der Kabbala, eines Modells der Welt, das die Kabbalisten für die Welt selbst halten ebenso wie die modernen Naturwissenschaftler ihr Modell der Welt für die Welt selbst halten, obwohl sie nur eine von vielen Beschreibungen der Welt liefern.

Weil Paracelsus diese fundamentale erkenntnistheoretische Gedankenleistung vollbrachte, die erst mit Nils Bohrs Complementaritäts-Idee wieder in den modernen Diskurs eingeführt wurde, stößt er auf die Beziehung, die zwischen dem Beobachter und dem Gegenstand der Beobachtung besteht, den Glauben. Der Glaube, sagt Paracelsus in der «Magia naturalis» – und zeigt, daß er über die Placebo-Wirkung von Arzneien Bescheid wußte –, sei der Klebstoff zwischen dem Symbol und dem Gegenstand, den es beschreibt. Der Glaube erzeuge die Wirkung des Rituals, des Kults, der Zeremonie, «denn der Glaub macht alles kräftig, bestätiget alles, erhält alles, vermag alles». Ein Beispiel: Bevor Kolumbus die Neue Welt entdecken konnte, mußte er daran glauben, daß das Modell von der Erde als Kugel die Erde selbst war. Auch die moderne Weltraumfahrt wäre ohne diese Identifikation von Vorstellung und Realität nicht denkbar. Das mag lächerlich klingen, weil wir allesamt fest davon überzeugt sind, daß die Erde Kugelgestalt hat, und unsere Instrumente dies zu bestätigen scheinen. Erinnern wir uns aber, daß es auch andere Modelle von der Erde gab, die als ebenso unumstößlich real galten.

Wo ist der Ursprung? Die Beschreibung – heute: Messung, bei Paracelsus: Alphabet – der Welt enthält nicht ihren Ursprung, denn dieser liegt außerhalb des Alphabets, nämlich im Firmament, in Gott. Der Glaube an Gott, nicht an ein beliebiges Weltbild, ermöglicht es, die wahre Gestalt der Welt zu erkennen, so wie sie Gott sieht. Der Weg zu dieser Identifikation mit Gott wird Mystik genannt. Die Mystiker haben diesen Weg beschritten, auch die Alchemisten, wie wir sehen werden.

Der Glaube versetzt Berge, wie es heißt. Warum? Er taucht die Welt in natürliches und göttliches Licht, so daß sie in ihrer elementischen und spirituellen Wesenheit vollkommen zu sehen ist: Zwischen dem Berg und seiner Beschreibung, zwischen dem Symbol und seinem Berg ist kein Unterschied mehr. Die Identifikation ist umfassend und vollständig.

Diesen Weg beschreitet das Zen, beschreitet der steinzeitliche Jägerkult, der Schamane, der asiatische Schwertfechter. Dieser setzt sich vollständig mit seinem Gegner gleich, jener schlüpft in die Haut des Tieres, ersterer ist Bogen, Pfeil und Ziel zugleich. Die Zeit ist aufgehoben, die Nullwelt wird betreten. In dieser Nullwelt fallen Schein und Sein zusammen. Das ist der Inhalt der Lehre von der Signatur des Paracelsus. Es ist die Lehre von der Harmonie der großen und der kleinen Welt: «Also ist ein jedes Kraut ein irdischer Stern und stehet über sich gegen dem (sic!) Himmel zu. Und ein jeder Stern ist ein himmlisch Kraut spiritualischerweise in der Form, in nichten geschieden von den Kräutern so bei uns auf der Erden sind, allein soviel die Materie betrifft ausgenommen. – Darum zeigen auch die Sternen an alle Krankheiten zukünftig durch die Exkrementen und Sternengeschoß. Allein, es heißt lernen, lernen, lernen, selbst lernen und erfahren, so wird keiner betrogen. Also stehen die himmlischen Kräuter unter sich gegen dem (sic!) Erdboden, gegen ihren Kräutern, die sie geboren haben. Wüßtet ihr nun den Grund, so würdet ihr sagen, dieser Stern heißt stella rosmarini, dieser heißt stella absinthii und hat die Kraft absinthi; also würdet ihr für doctores angesehen, also würdet ihr den rechten herbarium, welcher edler ist dann Gold, Silber und Edelgestein wäre, zuwegebringen und würdet bedenken, wie ihr sehet in der Fasten die Trellenblumen, Schmergeln, Schneegallen unter dem Schnee herfürkommen. Da würdet ihr die Konstellation der Kräuter selbst wissen.»

Sterne wachsen bei Paracelsus und Kräuter treten in Konstellationen auf, alles aber trifft zusammen zur Signatur, welche die Sprache des Schöpfers ist, in der er gesprochen hat, die er alles Geschaffene auszudrücken gelehrt hat. Diese Sprache zu erlernen empfiehlt Paracelsus einem jeden, der dem Geheimnis, das der Kosmos spiegelt, auf die Spur kommen will. Man wird mich schwer davon überzeugen, daß dies nicht die Schöpfungsformel sei:

Auf dieses hab ich gedacht: Wie, wenn kein Buch auf Erden wäre, gar kein Arzt, wie müßte gelernt werden?

Und der Dichter fragt: Wie, wenn kein Gedicht auf Erden, gar kein Dichter, wie müßte Dichten gelernt werden?

Und der Maler: Wie, wenn kein Bild auf Erden ...
Und der Musiker: Wie, wenn keine Musik ...
Und der Sänger: Wie, wenn kein Lied ...
Und der Erlöser: Wie, wenn keine Liebe auf Erden, wie müßte geliebt werden?
Welchen Weg wählen? Der schelmische Witz irischer Sagen oder das Gelächter dörflicher Eingeborener, wenn weiße Ethnologen kommen, oder der Blick eines besitzlosen Mannes auf einer Parkbank in die unruhigen Augen vorüberhastender Bürger, das sind Zeichen, die wir allzulang übersehen haben, Zeichen, die mehr besagen als viele Bücher, die darüber geschrieben wurden. Sonst wären wir nicht so zielstrebig in die falsche Richtung gelaufen.
Jetzt, da wir's merken, sind wir zu stolz umzukehren und spähen nach einer Abkürzung, die uns den langen Rückweg erspart. Aber nach welchen Wegmarken gilt es da Ausschau zu halten, welche Signatur verrät den Schleichpfad? Das wäre die Kunst, von der Paracelsus redet! Aus Gott oder dem Firmament oder den Elementen ersehen, was nottut.
Natürlich beherrscht sie keiner von uns. Niemand nennt den wahren Grund, wenn wir krank sind, sondern man spricht vom Virus, vom Blutdruck und dergleichen. Dabei liegt es an anderem. Vielleicht nämlich, daß unsere Seele auf dem mystischen Pfad ins Straucheln geriet und nicht weiter weiß, weil wir die Wegzeichen nicht sahen. Der mystische Pfad ist keine Phantasmagorie, wie man uns gern glauben macht. Auf seinem Grunde sind die Kathedralen erbaut, ist das Gewebe der Märchen gesponnen, ruhen die Religionen. Der mystische Pfad ist der Weg, den Parzival ging, Christus und manch anderer Held unseres Bewußtseins. Auf ihm legt ein jeder von uns einige Schritte zurück, obschon er's nicht weiß oder nicht wahrhaben will. Es ist der Pfad der Läuterung der Seele, gleichbedeutend mit den langwierigen Prozeduren der Alchemisten, die eine spekulative und eine operative Seite haben.
Paracelsus hat diesen Weg nah der Heimat seines Vaters, in Hirsau, erstmals beschritten und ist ihn in Straßburg, wo der mystische Lehrpfad in die Kathedrale eingemeißelt ist, weitergegangen. Er wußte, daß die Kunst des Arztes, der dem wahren Grund nachstrebt, darin besteht, zu sehen, an welcher Stelle des mystischen Pfades der Mensch sich befindet. Erst, wenn er das weiß, fällt ihm die rechte Arznei zu, nämlich die, welche mit der Himmelsrichtung, der Farbe, der Jahreszeit, der Zahl, dem Ton, dem Beruf und dem Märchen, dem Baum, Kraut und Tier, dem Edelstein, dem Engel und dem Elementarteilchen jenes Wegabschnittes übereinstimmt.
Was tut der Alchemist? Die Alchemie bei Paracelsus ist eine Weltschau und eine Technik der Weltschau, welche analogisch verfährt, also in Entsprechungen denkt, nicht in Kausalitäten, und nichts gering achtet, sondern alle Phänomene

der Schöpfung eines geistigen Hintergrunds für wert hält. Dem Alchemisten gilt nichts für unmöglich, weil er von der Allgewalt des Schöpfers überzeugt ist. Die Alchemie ist der Versuch, die Schöpfung aus der Perspektive Gottes zu betrachten und seine Methode des Schaffens nachzuahmen, um den Stein der Weisen herzustellen, der ein Paradox ist: überall und nirgends, verborgen und doch offenbar.

Als Versuch der Nachschöpfung der Welt muß sich das alchemistische Procedere mit allen denkbaren Gegensätzen herumschlagen: Aufstand und Hingabe, Hoffahrt und Demut, Hochhaus gegen Zelt, Jetflug gegen Pilgerreise, Hi-Fi gegen Dudelsack, System gegen Intuition.

In der gegenwärtigen Epoche verschmelzen die Polaritäten zur ungeheuren Verwirrung, die ungeheuerliche Irrtümer hervorbringt, die Entschlackung mit Endlösung verwechselt, das ewige Leben mit dem Perpetuum mobile, die Himmelsmechanik mit dem göttlichen Gesetz, den genetischen Code mit dem Schöpfungswort.

Bei Paracelsus waren solche Gegensätze noch geschwisterlich vereint in einer Sippschaft von Ideen und dazugehörigen Erfahrungen. Wir leben heute in dem Bewußtsein, die Welt vollständig geordnet zu haben. Das Chaos steht draußen vor der Tür wie der böse Wolf, oder man versucht es gar in einer Theorie zu domestizieren. Für Paracelsus steht diese Tür noch weit offen. Er steht auf der Schwelle und lauscht. Sein Ohr gleicht einem göttlichen Organ. Es ist ein absolutes Gehör, das jedem Geräusch, das die Welt erzeugt, seinen festen Platz zuweist, ob im schwarzen Sumpf der Prima materia oder beim schlackenlosen Lapis philosophorum.

Der Beweggrund solchen Lauschens aber ist die Liebe. Aus Liebe zur Weisheit (dieselbe, die Salomo beschreibt) unterwirft der Alchemist das Metall seiner Seele allen Prozeduren, bis es rein wie Gold, Seelengold geworden ist.

Aus Liebe zur Welt unterwirft Gott seine Schöpfung (und sich selbst) allen Prozeduren des Schöpfungsvorgangs, wird als Gott Mensch und als Mensch Gott, verwandelt nichts in etwas und etwas in nichts, schafft Tod, wo Leben ist und Leben, wo Tod war, Meer, wo Wüste war und Wüste, wo Meer ist etc.

Dieses Prinzip der Wandlung und Verwandlung hat Paracelsus der Natur abgeschaut und wendet es als Alchemist selber an. Hinter sich aber fühlt er den größten Alchemisten, der die ganze Welt coaguliert, putrefiziert und solviert, damit sie am Ende dem Schöpfungswort gleich sei.

Geschrieben 1982–92
Gewidmet dem Freund und Meister Peter Hellmich, der mir die enge Verwandtschaft zwischen dem mystischen Lehrpfad und dem alchemistischen Weg erhellt hat.

DONALD BRINKMANN

Paracelsus und die moderne Technik

Die Frage lautet: Lassen sich im Menschenbild des Paracelsus zutiefst verwandte Wesenszüge aufdecken, die uns beim technischen Menschen der Neuzeit wieder begegnen, bei jenem Menschen also, dem wir die Umwälzung des modernen Lebens in Krieg und Frieden verdanken?
Daß hier wirklich Zusammenhänge bestehen, geht aus zwei Diskussionen hervor, die im Laufe des Jahres 1944 einiges Aufsehen erregten. Im Februar hielt der Chirurg Ferdinand Sauerbruch in Bern, auf Einladung der Freistudenten, einen Vortrag über das Thema «Mensch und Technik». Zehn Tage später sprach er am gleichen Ort über «Paracelsus». In seinem ersten Vortrag forderte Sauerbruch, daß die rationalen und irrationalen Kräfte ins richtige Verhältnis gebracht werden müßten, damit wir die Technik richtig würdigen können, daß das Ethos der Arbeit wieder kommen müsse mit Leistung, Haltung und menschlicher Würde und daß die Technik in unserer Zeit ihre zerstörende Kraft entfalte, weil die Menschen sich nicht richtig zu ihr eingestellt, sie nicht sittlich beherrscht haben. Diese Gedanken suchte er in seinem zweiten Vortrag an der Gestalt des Paracelsus zu veranschaulichen und zu vertiefen. In der Tat ist es nicht schwer, diesen Problemkreis mit Zitaten aus den Werken des Paracelsus zu belegen: An einer Stelle im Buch «Paragranum» läßt er die drei Säulen der Arznei (Philosophie, Astronomie und Alchemie) auf dem Grund der «Virtus», der sittlichen Haltung des Arztes, ruhen. In der Schrift «Von den podagrischen Krankheiten« stellt er die Frage: «Was ist die Hülfe der Arznei anders als die Liebe?» Das technische Arbeitsethos findet seinen Ausdruck an einer Stelle in dem theologischen Traktat «De honestis utrisque divitiis»: «Man soll auch nit Zins, Gült, Zehnten, Rente machen, kaufen, dabei einer nur Müßiggang erreicht. Die Dinge alle sind Wege, in denen Gott nit wandelt, noch heißt er uns darinnen zu wandeln. Wer nur so handelt, der ist auf dem Abwege, der da geht zur Höllen. Denn nit in Ruhe, nit in Wollust, nit in Reichtum, nit im Maul, nit im Bauch steht die Seligkeit, sondern daß in Arbeit und Schweiß ein jeglicher seine Gabe darbringe, die ihm Gott auf Erden gegeben hat, es sei der Bauer auf dem Felde, es sei der Schmiede, es sei der im Bergwerk, es sei der auf dem Wasser, es sei der in der Arznei, es sei der im Wort-Gottes-verkünden.»
Sauerbruch hatte insofern recht, als er seine Forderung nach einem neuen Ethos der Technik durch den Hinweis auf Paracelsus zu stützen versuchte.

Das Juniheft der «Schweizer Rundschau» brachte einen Aufsatz von Friedrich Dessauer, Physiker und Kulturphilosoph an der Universität Freiburg, unter dem Titel «Technik als Sinn und Bestimmung». Im Anschluß an diesen gehaltvollen Beitrag zur Philosophie der Technik entspann sich eine lebhafte Kontroverse, die in einem Schlußwort Dessauers im Oktoberheft derselben Zeitschrift ihren vorläufigen Abschluß fand. Dessauer formuliert seinen Grundgedanken folgendermaßen: «Technik ist ein Sein aus Ideen, mit vorbestimmter Weise und Macht [...] Gott schafft weiter, entfaltet, bereichert seine Schöpfung durch den menschlichen Geist hindurch, den er nach seinem Ebenbild und Gleichnis geformt hat. Der Mensch findet, Gott erschafft. Er gibt die Macht. Das ist ihr Geheimnis.» Wenn Dessauer auch nicht ausdrücklich darauf Bezug nimmt, so lassen sich doch leicht gleichlautende Gedanken im Werk des Paracelsus finden. Wir erinnern nur an jene bekannte Stelle aus der «Philosophia sagax»: «Gott macht ein Haus; das vermag der Mensch auch. Gott hat Hände und Füße im Wort, der Mensch hat sie in seinen Gliedmaßen. Der Mensch vermag den Menschen durch Arznei zu heilen, das muß er vermittelst seines Körpers ins Werk setzen; Gott tut es mit einem einzigen Wort [...] Gott will, daß aus dem Erdreich Bäume wachsen, Birnen und anderes Obst und allerlei Geschöpfe [...] Und so will Er, daß in derselben Art auch alle Künste, Musik, Handwerke, Wissenschaften und Glaubenslehren wirklich werden, die, von Ihm geschaffen, im ‹Firmamente› ruhen ... Und das muß durch den Menschen geschehen, so wie die Birnen durch den Baum zum Reifen gebracht werden. Denn das ‹Firmament› braucht einen Mittler, durch den es wirkt, und dieses ist allein der Mensch. Darum ist er in solcher Art erschaffen worden, daß durch ihn die Wunderwerke der Natur sichtbar gemacht werden und Gestalt erhalten.»

Dessauer greift mit seiner These vom technischen Menschen als Mittler und Vollender der Schöpfung, ohne sich dessen bewußt zu sein, auf uraltes alchemistisches Gedankengut zurück. Er bekennt sich zu demselben Menschenbild, wie es Paracelsus im Anschluß an die hermetische Tradition der Adepten lehrt und verkörpert: Der Mensch als homo factivus, artifex oder operator der natürlichen Schöpfungsordnung.

Unsere Behauptung eines inneren Zusammenhangs zwischen der Alchemie und dem technischen Menschentum der Neuzeit verliert viel von ihrer Fremdartigkeit, wenn man sich an Leibniz und seine Lehre vom Menschen erinnert. Leibniz steht nämlich an jenem Wendepunkt, wo die alchemistische in die naturwissenschaftlich-technische Spielart des homo factivus übergeht. Einerseits blieb er, seit seinen Studienjahren in Nürnberg, der alchemistisch-rosenkreuzerischen Tradition in viel höherem Grade verpflichtet, als das aus den philosophiegeschichtlichen Darstellungen hervorgeht. Auf der anderen Seite

eröffnete er mit seinem lebhaften Interesse für Technik und Manufaktur, seinen Erfindungen und Konstruktionen, und nicht zuletzt auch durch seine metaphysische Lehre, das Zeitalter der modernen Technik.
Besonders deutlich zeigt sich diese überraschende Geistesverwandtschaft in einem Paragraphen der Abhandlung über «Die in der Vernunft begründeten Prinzipien der Natur und Gnade». Dort heißt es in bezug auf den Menschen: «Indem der Geist (die menschliche Seele) die Wissenschaften entdeckt, denen gemäß Gott die Dinge geregelt hat, ahmt er pondere, mensura, numero etc. in seinem Bereiche und in seiner kleinen Welt, in der ihm die Ausübung seiner Fähigkeiten gestattet ist, das nach, was Gott in der großen schafft.»

Wer in der Technik eine angewandte Naturwissenschaft sieht, läßt das Wesentliche unbeachtet, jene irrationale seelische Triebkraft, die sich in allen Konstruktionen und Erfindungen, mögen sie noch so rational und zweckmäßig aussehen, zugleich verbirgt und kundgibt. Diesen entscheidenden seelischen Antrieb der Technik kennzeichnet Liebig an einer Stelle in den «Chemischen Briefen» unübertrefflich: «Es war nötig, daß Tausende von Männern, mit allem Wissen ihrer Zeit ausgerüstet, von einer unbezwinglichen, in ihrer Heftigkeit an Raserei grenzenden Leidenschaft erfüllt, ihr Leben und Vermögen und alle ihre Kräfte daran setzten, um die Erde nach allen Richtungen zu durchwühlen, daß sie, ohne müde zu werden und zu erlahmen, alle bekannten Körper und Materien, organische und unorganische, auf die verschiedenartigste und mannigfaltigste Weise miteinander in Berührung brachten.»
Um den Einwand zu entkräften, als ob dieses Verhältnis zwischen theoretischer Erkenntnis und technischem Gestalten nur für die Frühzeit der Technik, nicht aber für die Gegenwart zutreffe, wollen wir noch einen Zeugen aus jüngster Vergangenheit anhören. Bergius, der berühmte Erfinder der Kohleverflüssigung, bekannte sich, bei der Überreichung des Nobelpreises im Jahre 1931, vor der Schwedischen Akademie der Wissenschaften, zu derselben Auffassung: «Nachdem ich diesen Verrat an der reinen Wissenschaft einmal begangen habe, war eine Umkehr unmöglich. Denn die einmal angefaßten Probleme reißen den, der von ihnen besessen ist, immer weiter fort, immer tiefer hinein und verstrikken ihn in ihre Bande und in ihren Dienst mit Leib und Seele, mit Hab und Gut, bis die Probleme gelöst sind oder ihr Adept besiegt am Boden liegt.»
Offenbar ist die Technik etwas anderes als angewandte Naturwissenschaft. Sie wendet zwar naturwissenschaftliche Erkenntnisse an. Diese stehen aber nicht am Anfang des technischen Konstruierens und Erfindens, sondern dienen bloß einer nachträglichen Kontrolle der ursprünglichen Gestaltungsabsicht. Das technische Gestalten greift damit weit über den jeweiligen Stand der naturwis-

senschaftlichen Erkenntnis hinaus. Es begnügt sich anderseits oft, selbst dann, wenn die Naturgesetze bekannt sind, mit einer Formel und rechnet mit Sicherheitsfaktoren, die den Naturforscher niemals zufriedenstellen können.
Vergleicht man diese Zeugnisse mit den eingangs erwähnten Stellen aus Paracelsus, so ergibt sich ein weiterer Gesichtspunkt, der eine hintergründige Beziehung ahnen läßt, die die alchemistische Praxis mit den Konstruktionen der modernen Technik verbindet.
Welches sind nun aber die Kennzeichen dieses technischen Menschentums? Bei Äußerlichkeiten dürfen wir uns nicht aufhalten. Wir wollen unmittelbar ins Zentrum vordringen, um die verborgenen seelischen Antriebe technischen Gestaltens bloßzulegen. Zunächst stoßen wir da auf das Bewußtsein kreatürlicher Beschränkung, Unvollkommenheit und Erlösungsbedürftigkeit, wie es für die Existenz des abendländischen Menschen seit dem ausgehenden Altertum zutrifft. Mit dieser Grundüberzeugung verbindet sich nun beim technischen Menschen eine bestimmte Glaubenssehnsucht, die Erlösung durch werktätiges Gestalten der Wirklichkeit (facere, operari, fabrecare) herbeizuführen, ja zu erzwingen, ohne auf irgendeinen Gnadenakt Gottes angewiesen zu bleiben. Aus diesem prometheisch-faustischen Ethos lassen sich drei Maximen oder Postulate technischer Arbeit ableiten: Überwinde die natürlichen Schranken von Raum und Zeit! Überwinde die natürlichen Schranken der Kausalität! Überwinde die natürlichen Schranken der Substantialität! Alle Apparate und Maschinen, die dem Verkehr dienen, die Arbeits- und Kraftmaschinen, die Apparate zur chemischen Umwandlung der Naturstoffe usw. lassen sich zwanglos unter eine dieser Kategorien einreihen. Dem Heraustreten des Menschen aus der Naturwirklichkeit entspricht auf der anderen Seite, daß er sich immer lückenloser in eine künstliche Welt technischer Gebilde einfügen muß. Diese Welt der Apparate verspricht dem Menschen ein sekuritäres Dasein, das schließlich nur noch durch Versager und Unfälle – der Krieg erscheint unter technischem Aspekt nicht anders – mit dem elementaren Hintergrund der Naturwirklichkeit in Verbindung steht. Der Mensch kapselt sich immer mehr ab. Er spinnt sich ein in ein Gehäuse technischer Hilfsmittel und unterwirft sich technischen Zielsetzungen. An die Stelle unmittelbaren Einwirkens mit Hilfe der Werkzeuge tritt das Steuern und Lenken von Apparaten und Maschinen. Aber gerade dadurch gerät der Mensch, im selben Maße wie seine Wirkungsmöglichkeiten wachsen, in immer verhängnisvollere Abhängigkeit zu den Gebilden, die er selbst hervorgebracht hat. Das Telefon bietet jedem von uns täglich ein eindrückliches Beispiel für die universale Herrschaft des Apparates, die sich zwangsläufig mit der Überwindung von Raum und Zeit einstellt. Der Telefonapparat nimmt sich das Recht heraus, unangemeldet jederzeit anzurufen und uns solange hartnäckig

zu bearbeiten, bis wir seiner Aufforderung Folge leisten und den Hörer abheben. Würde jemand persönlich mit derselben Hartnäckigkeit an unsere Türe pochen, die Antwort wäre in vielen Fällen eine andere als diejenige am Telefon. Dieser Zwang ist bekannt, wird aber von den meisten Menschen als unabänderliche Tatsache hingenommen.

Der christliche Erlösungsglaube wird vom technischen Menschen in eine Sehnsucht nach Selbsterlösung umgebogen. Damit sind wir zum Kernproblem unserer Betrachtungen vorgestoßen. Bei allem technischen Gestalten handelt es sich zutiefst um ein religiöses Anliegen, selbst dann, wenn das dem einzelnen technischen Menschen gar nicht ausdrücklich bewußt wird.

Wir behaupten, daß erst in dem Augenblick, wo die Verankerung des Glaubens an eine transzendente Welt in der Offenbarung nicht mehr genügt, wo der Säkularisationsprozeß in ein akutes Stadium tritt und sich die Glaubensenergie auf das technische Gestalten in der diesseitigen Welt richtet, die unerhörte Entfaltung der modernen Technik einsetzt. Im werktätigen Gestalten gibt sich dann eine spezifische Glaubenssehnsucht kund, eben die prometheisch-faustische Sehnsucht nach Erlösung des Menschen durch sich selbst. Diese Glaubenssehnsucht ist die Hauptsache. Alles Wissen bleibt nur Mittel, Mittel zum Zweck, ein zwar wirkungsvolles, aber keineswegs unentbehrliches Instrument der Glaubensenergie. Wissen um seiner selbst willen, sogenannte graue Theorie, achtet der technische Mensch gering. Die vita contemplativa soll in den Dienst der vita activa treten, eine Wandlung des abendländischen Geistes, die sich in der Philosophie von Thomas von Aquino über Petrus Peregrinus und Dante, Duns Scotus, Wilhelm von Occam, Marsilio Ficino, Francis Bacon, Kant und seine Nachfolger bis in die Gegenwart verfolgen läßt.

Dieselben ethisch-weltanschaulichen Motive liegen auch der Alchemie zugrunde. Goethe schreibt darüber in seinen «Materialien zur Geschichte der Farbenlehre»: «Hat man jene drei erhabenen unter einander in innigstem Bezug stehenden Ideen, Gott, Tugend und Unsterblichkeit, die höchsten Forderungen der Vernunft genannt, so gibt es offenbar drei ihnen entsprechende Forderungen der höheren Sinnlichkeit, Gold, Gesundheit und langes Leben. Gold ist so unbedingt mächtig auf der Erde, wie wir uns Gott im Weltall denken. Gesundheit und Tauglichkeit fallen zusammen. Wir wünschen den gesunden Geist in einem gesunden Körper. Und das lange Leben tritt an die Stelle der Unsterblichkeit. Wenn es nun edel ist, jene drei hohen Ideen in sich zu erregen und für die Ewigkeit zu kultivieren, so wäre es doch auch gar zu wünschenswert, sich ihrer irdischen Repräsentanten für die Zeit zu bemächtigen. Ja diese Wünsche müssen leidenschaftlich in der menschlichen Natur gleichsam wüten und können nur durch die höchste Bildung ins Gleichgewicht gebracht werden.»

Bei Paracelsus begegnen wir dem alchemistisch-technischen Glaubensbekenntnis immer wieder. Auch er faßt den Menschen als «operator» auf. Bei ihm verbirgt sich allerdings das Motiv faustischer Selbsterlösung, ähnlich wie bei Dessauer, hinter der Überzeugung, daß der Mensch die unvollkommene Wirklichkeit im Auftrage Gottes der Vollendung entgegenführe. Man wird aber die Gefahr einer solchen Auffassung, in reine Erlösung des Menschen durch sich selbst auszuarten, nicht übersehen dürfen. Das werktätige Gestalten bleibt bei Paracelsus zwar ein Werk der Liebe und des Vertrauens in die göttliche Harmonie der kosmischen Schöpfungsordnung. Paracelsus sieht im Menschen einen «operator», aber keinen selbstherrlichen, sondern einen dienenden, barmherzigen Mitarbeiter Gottes. So soll der Arzt seine Kunst in den Dienst Gottes stellen und in einer menschlichen Werkgemeinschaft leben, deren oberster Meister Gott ist. Alle Menschen, die arbeiten, stehen im Dienste Gottes. Alles in dieser Welt ist Werk. Der Mensch ist dazu bestimmt, der göttlichen Werktätigkeit nachzuspüren und sie zu vollenden. Denn Gott tut nicht alles, er will, daß der Mensch selbst schaffe. Wenn alles in der Welt ein Wirken und Schaffen ist, so darf der Mensch nicht untätig bleiben. Die Natur als Werk Gottes fordert die Tätigkeit des Menschen. Sie ist eine große Werkstatt, in der Material und Werkzeuge bereit liegen, die nur auf den «operator» warten, der damit umzugehen versteht. Gott und Mensch arbeiten zusammen. Alles, was der Mensch schafft, geschieht «Deo concedente». Der Mensch hat den Auftrag, die unsichtbaren Werke Gottes zu offenbaren. So spricht etwa der irdische Arzt: «Dein Arbeit hab ich vollbracht, nit mein Arbeit, aus Dir, nit aus mir.» Der Arzt als wirkender und heilender Mensch steht in einer unmittelbaren Beziehung zu Gott, er ist ein «Knecht der Natur», Gott aber ist der «Herr der Natur». Die Bestimmung des Menschen läßt ihn mit der Natur anfangen, aber nicht mit der Natur aufhören.

Schon bei Paracelsus wird aber die Gefahr des Abgleitens in eine autonom-herrschsüchtige Haltung bemerkbar. Nur allzu leicht geht die alchemistische Formel des «Deo concedente» in ein «Deo accedente» über. Die transzendente Bindung löst sich auf in eine akzidentielle, wesenlose Beziehung, die der werktätigen Selbsterlösung schließlich gestattet, sich völlig autonom zu gebärden, ein Verhängnis, dem dann die Nachfolger des Paracelsus erlegen sind.

Es bleibt nun noch die Aufgabe, zum Schluß die Summe der Gedankenentwicklung zu ziehen und den Blick auf einige Grundfragen der Technik in der gegenwärtigen Situation zu richten. Wir versuchten zu zeigen, wie die moderne Technik im Grunde dasselbe Programm durchführt, das schon den alten Alchemisten vorschwebte. Hinter allen technischen Erfindungen und Konstruktionen steckt, trotz ihrer äußeren Rationalität, eine irrationale Sehnsucht des Menschen, ein Streben nach Selbsterlösung. Die Sehnsucht nach Selbsterlösung treibt den «homo factivus» zur werktätigen Gestaltung der Wirklichkeit. Seit dem Beginn der älteren Neuzeit bedient er sich in zunehmendem Maße naturwissenschaftlicher Erkenntnisse. In der Erlösungssehnsucht selbst sehen wir eine Abwandlung des ursprünglichen christlichen Erlösungsglaubens. Diesem Ethos verdanken wir die grandiosen Leistungen der modernen Technik. In ihm wurzeln aber auch all die verheerenden Konsequenzen, die vor unseren Augen im totalen Krieg, in nie gesehener Schrecklichkeit, gezogen wurden. Die Technik bestimmt das Schicksal des Abendlandes. Weder Maschinenstürmerei und romantische Flucht in Vergangenheit und Ferne, noch Verherrlichung des technischen Fortschrittes können uns aus der gegenwärtigen Krise heraushelfen, am wenigsten aber ein gedankenloses Treibenlassen. Die heutige Situation verlangt gebieterisch eine philosophische Durchdringung des Problems «Mensch und Technik» in seiner ganzen Tiefe und in seinem ganzen Umfang. Einen Beitrag dazu soll das Studium des *anthropologischen Ursprunges* der neuzeitlichen Entwicklung liefern. Unter diesem Gesichtspunkt gewinnt die Gestalt des Paracelsus ungeahnte Aktualität. Vor allem müssen wir uns davor hüten, die Verantwortung auf irgend eine Instanz abzuwälzen. Hinter allen technischen Konstruktionen, wirtschaftspolitischen Programmen und wissenschaftlichen Erkenntnissystemen steht der Mensch, und zwar der Mensch nicht als Glied eines anonymen Kollektivs, sondern als Vertreter eines bestimmten Menschentypus. Technik, Politik, Wirtschaft und Wissenschaft wandeln ihren Charakter entsprechend dem Menschentum, das sich in ihnen kundgibt.

Ferdinand Sauerbruch ließ seinen Vortrag über Mensch und Technik in die rhetorische Frage ausklingen: «Wer will da einzelne verantwortlich machen?» Gewiß, es kann sich niemals darum handeln, diese Schicksalsfrage der Technik zu lösen, indem man die Verantwortung auf einige Sündenböcke abwälzt. Auf der anderen Seite führt aber jede Behauptung einer kollektiven Verantwortung zur Flucht in die Unverantwortlichkeit, zu einer Flucht des einzelnen in ein anonymes und nivelliertes Kollektiv mit beschränkter Haftung. Statt dieser Ausflüchte bleibt nur das Wagnis persönlicher Tat, das jeder einzelne als einzelner auf sich zu nehmen hat.

Abschließend wollen wir daher der rhetorischen Frage Sauerbruchs mit dem Bekenntnis entgegentreten: «Nicht nur derjenige, welcher die Apparate und Maschinen konstruiert, trägt eine Verantwortung, sondern jeder einzelne von uns, der technische Konstruktionen bedient und gebraucht.»

Die wichtigste Aufgabe einer künftigen Philosophie der Technik besteht darin, hinter allen Erfindungen und Konstruktionen das technische Menschentum aufzudecken und die verhängnisvolle Sehnsucht des prometheisch-faustischen Menschen nach Selbsterlösung zu durchschauen. Aus dem Eingeständnis der Notlage heraus kann dann in aller Bescheidenheit der Boden für ein echt menschliches Handeln und Erkennen vorbereitet werden, das sich nicht mehr vom utopischen Größenwahn des «homo factivus» verführen läßt.

Heinz Sucker

Wie finden wir einen Weg zu einer neuen Chemie und Pharmazie?

War noch für Paracelsus die Qualität eine geistige Kraft – der Arznei wohnte eine Tugend, das Arcanum, das heilige Geheimnis, inne, und Heilung vollzog sich in der Wechselwirkung zwischen Arcanum und Krankheit –, so erfaßt der moderne Qualitätsbegriff die Summe von Quantitäten, nämlich die der meßbaren Eigenschaften. Was nicht meßbar oder wenigstens dokumentierbar ist, trägt nicht zur Qualität bei: Quality is the fitness for use, Qualität ist die Gebrauchsfähigkeit. Die erlebte exponentielle Beschleunigung des wissenschaftlichen Fortschritts war nur möglich, weil der Gegensatz von Qualität und Quantität zugunsten der Quantität aufgelöst wurde. Dies gestattet, die Vielfalt dieser Welt mit 7 Basisgrößen, als m, kg, s, A, °K, mol und cd zu beschreiben. All dies steht völlig im Einklang mit der Auflösung des Gegensatzpaares Geist und Materie in der modernen Naturwissenschaft zugunsten der Materie. Wissenschaftliche Medizin ist ein naturwissenschaftliches Fach geworden. Der Mensch und seine Krankheit werden nicht nur chemisch-physikalisch beschrieben, sondern auch mechanisch erklärt.

Eine Folge dieser Quantifizierung sind Berechnungen und Modellbildungen, die sich der menschliche Geist nicht mehr vorstellen kann. Mittels Computerberechnungen im vieldimensionalen Raum – wir können nur in drei Dimensionen denken – können wir heute Dinge tun, die wir uns nicht mehr vorstellen können und wir fühlen uns in der moralischen Verantwortung überfordert. Der Club of Rome formulierte das 1979 in Salzburg so: Die Menschheit kann nur überleben, wenn sie es lernt, krisenhafte Veränderungen in der Welt vorweg zu begreifen und zu steuern.

Der Mensch müsse neu lernen, mit den geistigen und materiellen Wirklichkeiten dieser Welt zu leben, wenn er die Probleme in den Griff bekommen wolle. Viele vom Menschen ursprünglich berechnete und geplante Entwicklungen hätten inzwischen eine nicht voraussehbare Eigendynamik erreicht; sie drohten außer Kontrolle zu geraten. Eine Handlungsanweisung gibt der Club aber nicht.

Diese Gedanken wurden in Frankfurt-Bergen-Enkheim bei einem Vortrag bei der Arbeitsgemeinschaft für Pharmazeutische Verfahrenstechnik über «Die industrielle Arzneimittelentwicklung im beginnenden 3. Jahrtausend» fortgeführt: Die Zukunftsforscher haben sieben mögliche Szenarien entwickelt, die mit dem Begriffspaar Qualität und Quantität als Dualismus und Monismus betrachtet wurden:

- *Computopia,* ein allseits vernetztes, computerisiertes Kommunikations- und Produktionssystem
- *Raumkolonie,* die Industrialisierung des Weltraums
- *Chinatown,* die Vision der Multi-Millionen-Metropolen als Schmelztiegel der Rassen und Völker und
- *Dallas,* das Szenario einer linearen Weiterentwicklung unserer marktorientierten, gewinnmaximierten und wachstumsüberzeugten Wettbewerbsgesellschaft

sind Zukunftsvisionen eines quantitativen Denkens. Krankheit wird in ihnen weiterhin als eine stoffliche Störung und Therapie als Förderung, Hemmung, Ersatz oder Verdrängung vom Rezeptor von biogenen Molekülen durch pharmazeutische Wirkstoffe verstanden werden.

- *Oekotopia,* die ökologische Utopie einer naturgemäßen und umweltverträglichen Lebens- und Produktionsform
- *Findhorn,* eine neue ökologische Kultur durch Spiritualismus, innere Entwicklung und psychisches Wachstum und
- *Gaia,* die wissenschaftliche Konzeption eines lebendigen Erdorganismus als eindeutige Antithese zur Entropie

sind dagegen, wenn auch auf unterschiedlichem Niveau, nur denkbar, wenn Qualität als eigenständige Größe zum Primat des Handelns wird. In diesem Verhältnis muß dann Medizin und Pharmazie mehr sein als Naturwissenschaft und muß ergänzt werden durch Erkenntnismöglichkeiten der Geisteswissenschaften.

Wir sind es, die für die Zukunft verantwortlich sind: Wir ändern die Zeiten und wir ändern uns in ihnen. Das Erkennen der Grenzen unseres bisherigen Tuns darf nicht zur Resignation und Verweigerung führen. Kulturoptimismus tut not. Wollen wir das Kommende nicht verpassen, dürfen wir nicht zu fachspezifisch und eindimensional denken. Meist kommt das Neue nicht auf allzu geordneten Bahnen daher. Die Französische Revolution als Keimzelle unserer neuzeitlichen demokratischen Staatsform ist der Beweis. Ich komme später nochmals auf sie zurück.

Freiheit, Gleichheit, Brüderlichkeit

In meiner Einleitung wollte ich zeigen, daß Chemie und Pharmazie nicht isoliert zu betrachtende Wissenschaften sind, sondern Teilbereiche unseres Lebens, die trotz ihrer scheinbaren Universalität in unserem heutigen Leben in den allgemeinen menschlichen Entwicklungsgang eingebettet sind. So wird es keine neue Chemie und keine neue Pharmazie geben, ohne eine neue Geisteswissenschaft, ohne eine neue Naturwissenschaft, ohne eine neue Medizin, ohne neue Volks- und Betriebswirtschaft und last but not least: auch die Theologie kann nicht unverändert bleiben, und neu darf nicht heißen zurück. Es wäre ein Irrglaube zu hoffen, durch den Bann von ein oder zwei Syntheserohstoffen wie Phosgen, dem Dichlorid der Kohlensäure, einem im Prinzip zwar giftigen aber recht naturnahen Zwischenprodukt, oder durch den Bau von Feuerlöschteichen gewaltigen Ausmaßes irgend etwas Wesentliches zu verbessern. Ebenso wirkungslos bleiben eine «seid lieb zu den Bäumen»- und andere Ausstiegs- und Verweigerungsmentalitäten; denn sie versuchen Symptome zu kurieren und bleiben an der Peripherie. Es kann nicht darum gehen, gewisse Handlungsweisen zu gebieten oder zu verbieten, sondern zu den geistigen Wurzeln dieser Handlungsweisen vorzustoßen.

Von Rudolf Steiner stammt ein Hinweis, der meines Erachtens allein schon genügen sollte, sich seiner stets zu erinnern. Der Schlüsselsatz der Französischen Revolution «Freiheit, Gleichheit, Brüderlichkeit» wurde in der Folgezeit nicht konkret genug mit der Natur des Menschen in Verbindung gebracht und deshalb auch nicht wirklich realisiert:

- Aus den Kräften der Freiheit soll das Geistesleben realisiert werden.
- Aus den Kräften der Gleichheit sollen die Menschen ihre gegenseitigen Rechte und Pflichten regeln.
- Aus den Kräften der Brüderlichkeit heraus soll das Wirtschaftsleben der Menschheit gestaltet werden.

Lebt man mit diesem Gedanken, so erfährt man ein tiefes Verständnis für politische Möglichkeiten und deren Schwierigkeiten. Das Gleichheitsprinzip in Rechtsfragen ist heute allgemein anerkannt. Überträgt man es aber auf das

Geistesleben, so kommen all die Probleme, z.B. des Schulkampfs um die Gemeinschaftsschule auf. Bürokratisierung, Nivellierung, Entfremdung sind die Folge.
In weiten Bereichen wird die Freiheit des Geisteslebens wenigstens prinzipiell anerkannt. Darüber hinaus aber hat das freiheitliche Gedankengut auch das Wirtschaftsleben ergriffen. Offenkundig ist dies in der freien Marktwirtschaft, die damit zu einem «antibrüderlichen» System geworden ist. Individualegoismus ist die Triebfeder des Wettbewerbs und der Wachstumsphilosophie – denn nur sie kann den ansonsten unvermeidlichen ruinösen Verdrängungswettbewerb verhindern. Es ist eben nicht, wie M. Möninger glaubt, daß der fundamentalste Grundsatz der Ethik, die haltbarste Form des Zusammenlebens immer noch der wechselseitige Egoismus sei: Gleichgültig, ob man es soziale Selbstregulation oder schlicht Kuhhandel nenne, wo jeder auf seinen Vorteil bedacht sei, komme niemand zu kurz. Dies gilt nur für gleich starke Persönlichkeiten.
Aber auch das alternative kommunistische Wirtschaftssystem ist nicht von brüderlichem Geiste, sondern der Individualegoismus versteckt sich hinter einem Kollektivegoismus. Ich möchte daher im folgenden der Frage nachgehen, ob der Gedanke der Brüderlichkeit der Französischen Revolution – bisher politisch nie erfolgreich – eine Lösung sein könnte, auch einen Weg zu einer neuen Chemie und Pharmazie zu finden. Überraschenderweise ist ja der Kernspruch der Französischen Revolution nie voll ausgelotet worden. Die Gründer des deutschen Nationalstaates von 1848 konnten bereits mit der Brüderlichkeit nicht viel anfangen und sangen Einigkeit und Recht und Freiheit.

Die altruistische Wirtschaftsform

Brüderlichkeit im Wirtschaftsleben bedeutet dabei nicht Kungelei in Kartellen, um einen bestimmten Geschäftszweig als eine Art Familienclan frei von Mitbewerbern zu halten. Es bedeutet auch nicht staatliche oder zunftähnliche Preisbindung, um auch dem technisch Rückständigen und Leistungsunwilligen ein wirtschaftliches Überleben zu ermöglichen. Brüderlichkeit im Wirtschaftsleben meint dagegen, anstelle des Egoismus den Altruismus zu verwirklichen suchen. Der Freiburger Nationalökonom Folkert Wilken zeigt sehr anschaulich auf, daß das wahre letzte Ziel der auf Kapital basierenden Marktwirtschaft nicht die menschliche Bedarfsdeckung und die gerechte Verteilung, sondern alleinig der Gewinn sei. Das eigentliche menschliche Ziel wird zum Mittel degradiert. Brüderlichkeit im Wirtschaftsleben sollte dagegen die gegenseitige Hilfeleistung, die Deckung des Bedarfs und die gerechte Verteilung der Güter als treibendes Motiv haben und dem Kapital die Rolle des Mittels zuweisen. Ein menschenwürdiger Wettbewerb ist das Wetteifern um die qualitativ beste Leistung.

Für die Herstellung von Arzneimitteln wäre damit die Heilung oder Linderung von Krankheiten das Ziel der geistigen und körperlichen Bemühungen und die aus dem Verkauf erzielten Gewinne das Mittel zur Zielerreichung und nicht umgekehrt. Dies ist nicht nur ein semantischer Unterschied, sondern ein moralischer, der fundamental in die Wirtschaftspraxis eingreift und sie verändern kann, denn das altruistische Handeln verlangt ein verändertes Bewußtsein. Die gemeinsame, gleichsam immer kleiner werdende Erde verlangt eine gemeinsame Pflege und Weiterentwicklung und dafür moralische Kräfte, die uns fehlen. Es hat keinen Zweck, mit Protestverhalten, verbalen Anklagen, Aussteigermentalität das Problem losen zu wollen, es hat nur Sinn, die Hintergründe des derzeitigen So-seins aufzuspüren und sich bewußt zu machen, um daraus Kräfte für eine Zukunftsbewältigung zu entwickeln.

Ebenso wie der nach rückwärts gerichtete Blick des bloßen Protestierers uns nicht weiterhilft, so ist es ebenso müßig, Wirtschaftssysteme entwickeln zu wollen, die im Endzustand das wiedererlangte Paradies auf Erden verheißen, die aber nur durch «alles oder nichts» zu erreichen sind. Was wir brauchen, ist ein evolutionäres Herausführen aus der egoistischen Wirtschaftsform.

- Wesentlich dazu erscheint mir einmal mit dem Vorurteil aufzuräumen, daß sich Wirtschaft nur durchführen läßt, wenn sie einem fortwährenden Wachstum unterworfen ist. Der Wettlauf um solche Innovationen, die den Menschen nichts bringen, nur um im Konkurrenzkampf anderen zuvorzukommen, ist schädlich. Erinnert sei an die Überproduktion in der industrialisierten Landwirtschaft. Die europäischen Überschüsse sind nicht nur ein EG-Problem, das billige Ausschleusen hindert die Entwicklungsländer am Aufbau einer eigenen rentablen Landwirtschaft. Die Milchströme der überzüchteten schweizerischen Kühe sind bereits für die Käseverarbeitung minderwertig – nur ein Beispiel für die Folgen minderwertiger Qualität – und die Böden und das Trinkwasser sind mit Bioziden und durch Überdüngung verseucht.
- Wir müssen lernen, unsere Erde als einen Organismus zu begreifen. Alle Teile leben in einem gesunden Organismus im Fließgleichgewicht. Kein Organ wächst auf Kosten eines anderen. Trotz des ständigen Entstehens und Vergehens findet eine gegenseitige Selbstregulation statt. Wächst eine Zelle oder ein Zellverband auf Kosten der anderen ins Grenzenlose, so ist das der Tumor, und der ist für den Organismus tödlich. Unsere Bewußtseinskräfte und unsere Moral sind aufgerufen, den Wirtschaftsorganismus und den Erdorganismus vor diesem Schicksal zu bewahren.

Die akademische Lehre

Für mich als Wissenschaftler und zugleich als politischen Bürger ist es besonders erstaunlich, daß die Volks- und Betriebswirtschaft seit dem Anbruch des Liberalismus in der zweiten Hälfte des vorigen Jahrhunderts keine wirklich neuen Leitbilder entwickelt oder Ansätze dazu in der etablierten Wissenschaft nicht genügend gefördert hat. Wenn die Ergebnisse der Naturwissenschaften in theoretischer und Nuklearphysik oder auch in der Gentechnologie unser begriffliches Fassungsvermögen und unsere moralischen Fähigkeiten einerseits überfordern, so haben wir andererseits immer noch eine Wirtschaftstheorie, die aus dem Ende der Postkutschenzeit herrührt. War der Markt im feudalen Mittelalter der Platz der Begegnung der Bürger, so ist der Markt zum bloßen Funktionsbegriff geworden und mündet in die anonyme Vermarktung einer Sache um des Gewinnes willen. Ludwig Erhardt, der Begründer der modernen mitteleuropäischen sozialen Marktwirtschaft hat diese Schwäche gesehen. Sein Motto war: Es soll die Bedeutung des Ertragsstrebens der privaten Wirtschaft zwar nicht verkannt werden, dieses Streben darf aber nicht ausschließlich zum Lenkungsmittel für den volkswirtschaftlichen Kapital- und Arbeitseinsatz werden. Ludwig Erhardt hat unter sozialer Marktwirtschaft etwas gründlich anderes verstanden, als was man heute darunter versteht. Er war von seinem Wesen her ein Mensch des fränkischen Barocks, sah die Gefahren des von ihm initiierten Wirtschaftswunders, versuchte mit der von ihm geschaffenen Formel von der «Formierten Gesellschaft» die Gefahr einer Vermachtung der Gesellschaft durch Interessenverbände zu bannen; denn eine gesellschaftliche Macht ohne ökonomische Vernunft war für ihn fast gleichbedeutend mit Korruption – und er scheiterte, weil er diese seine formierte Gesellschaft mehr aus seinem Gefühl als aus dem Bewußtsein und der Erkenntnis vortrug.

Ebenso überraschend wie die Eintönigkeit des Argumentenaustauschs zwischen Anhängern der freien Marktwirtschaft und der sozialistischen Planwirtschaft ist der Mangel an unterschiedlichen Lehrinhalten in den Managementschulen; überall die gleichen Themen, dieselben Fallstudien. Der Unterschied liegt nur im Preis und in der Menge Papier, die pro Zeiteinheit gelesen werden soll. Wundert es da, wenn individuelles Denken gar nicht aufkommen kann und für Vor- und Querdenker kein Platz bleibt? Ganz analog wird der freie kreative Unternehmer immer stärker zum anonymen, jederzeit austauschbaren Manager. Der ständige Wachstumsdruck, um im Konkurrenzkampf anderen zuvorzukommen, ihn gegebenenfalls zu verdrängen, bedingt immer größere multinationale Betriebe und weitere Diversifizierung. Das ganze Unternehmen erweist sich als ein kapitalbestimmtes Machtzentrum und verdrängt damit das individuell schöpferische Wesen. L. Caspar formuliert das so: Jede Investition, deren Nutzen nicht klar kalkulierbar ist, steht in Gefahr, gekürzt zu werden. Das gilt sowohl für Sachinvestitionen als auch für die Forschung. Seit die Buchhalter das Sagen haben, muß Forschung ihre Existenzberechtigung beweisen. Die Folge ist, daß Gelder viel leichter in bereits bestehende Produkte fließen, die nur noch verbessert werden müssen, als in neue Produkte. Eine zweite Konsequenz ist die Verstärkung des kurzfristigen Denkens. Der Erfolg eines Unternehmens in den USA bemißt sich nicht mehr nach dem Jahresabschluß, heute muß der Ertrag jedes Quartal stimmen.

Qualitatives Management und Verantwortung

Eine neue altruistische Wirtschaftsordnung muß daher vor allem mit einem qualitativen Management beginnen. Vordringlich ist hier ein sorgfältiges Abschätzen der möglichen Risiken und Folgen für die Um- und Mitwelt bei der Einführung eines neuen Produktes. Klassische Beispiele der Vergangenheit waren die Einführung der biologisch nicht abbaubaren Waschmittel, oder besonders gravierend, das einseitige Vorantreiben der Kerntechnologie im Kraftwerksbau, ohne im gleichen Maße und zu gleicher Zeit die Wiederaufbereitung und die Endlagerung zu fördern. Die Hoffnung, zuerst Geld zu verdienen und dann einen Teil für die Entsorgung abzuzweigen, ist nicht nur den beteiligten Firmen, sondern allen Menschen qualitativ und quantitativ teuer zu stehen gekommen.

Management ist Entwicklung und Durchsetzung von Strategie und Taktik. Jeder gute Schachspieler weiß, daß ein allzu kurzfristig auf Erfolg angelegtes Spiel den sicheren Verlust der Partie bedeutet. So müssen auch in der industriellen Planung rasche Gewinnmitnahmen suspekt sein und die Folgen für die Zukunft sowie die Gesamtverantwortung für die menschliche Gesellschaft bedacht werden. Dies gilt z. B. in der Landwirtschaft für gentechnologisch hergestellte Wachstumshormone oder für in ihrer Erbsubstanz veränderte Pflanzen und Tiere. Wie rasch kann Lebensqualität zur Überlebensqualität werden!

Qualitatives Management schafft auch keine Scheinbedürfnisse durch desinformierende Werbung. Der Duft der großen Welt oder die unendliche Freiheit beim Genuß einer bestimmten Zigarettenmarke gehören hierher, aber ebenso auch manche bunte Reklame für bestimmte Chemieprodukte, z. B. Waschmittel und mit der gleichen Mentalität vermarktete Arzneimittel.

Qualitatives Management fühlt sich verantwortlich. Auf der Basler Tagung

Chemie 87 antwortete ein Forschungsleiter, der angesprochen war auf die Problematik der Ethik des Wissenschaftlers und die ethischen Grenzen der Forschung: die Gesellschaft könne nicht die ganze Verantwortung an die Wissenschaft delegieren. Er irrt! Nur der Wissenschaftler und die Erzeugerfirma kennen ihr Produkt und können die möglichen Folgen erkennen.
Dies ist überhaupt das Neue: Wurden in den früheren Zeiten, als unsere Phantasie größer war als unsere Handlungsfähigkeit, Revolutionen von unten her getragen, von den leibeigenen Bauern, dem machtlosen Proletariat der Städte, so ist es heute, wo unsere Phantasie und unsere Moral gegenüber unserem Handlungsspielraum zurückgeblieben sind, die volle Verantwortung der Gebildeten – oder muß es heißen, der Ausgebildeten – und derer, die etwas bewirken können, auch tatsächlich etwas umzuwälzen, zu evolutionieren, zu bewegen. Der Paradigmawechsel vom Egoismus zum Altruismus kann nur bewußt erfolgen, setzt Willen aus Erkenntnis und nicht Willen aus Ohnmacht, aus blinder Wut, voraus.
Noch einmal: die Verantwortung für Produkte, Produktionsprozesse, Vermarktungsstrategien können nicht der Gesellschaft, dem Staat aufgebürdet werden. Sätze, wie «Wenn wir es nicht produzieren, produzieren es andere, denn es ist nicht verboten», müssen undenkbar und unsprechbar werden. Dies kann nicht durch das Schaffen neuer philosophisch-naturwissenschaftlicher Disziplinen wie der Bioethik geschehen. Auch das neue Schwerpunktprogramm der Deutschen Forschungsgemeinschaft «Philosophische Ethik – Interdisziplinärer Ethikdiskurs» kann nur das Problem darlegen, aber nicht lösen, und ebenso wird die in der Bundesrepublik Deutschland diskutierte Kommission zur vorausschauenden Abschätzung technischer Neuerungen, das sog. Technology Assessment, Stückwerk bleiben, wenn sich nicht der handelnde Mensch ändern will.

Die Bedeutung des Geldes

Zu einer altruistischen Wirtschaftsordnung gehört auch eine besondere Behandlung des Geldes. Selbstverständlich kann kein Betrieb überleben, der nicht Gewinne erzielt. Solange Geld nur das Äquivalent von produzierter Ware oder von Dienstleistungen ist, scheint mir Geld problemlos. Sobald es aber selbst zu einer handelbaren Ware wird, ist besondere moralische Sorgfalt nötig. Ist es so schwer zu erkennen, daß immer jemand ärmer werden muß, wenn sich ein anderer ohne echte Gegenleistung bereichert? Die Auslandsschulden der Entwicklungsländer betrugen 1986 1095 Milliarden Dollar. Seit 1984 zahlen die

Entwicklungsländer mehr Geld als Zinsen und zur Schuldentilgung zurück, als sie von den reichen Ländern und deren Institutionen erhalten. War dies nicht voraussehbar? Nach Ansicht des Generaldirektors der Schweizerischen Kreditanstalt droht darüber hinaus die Gefahr eines «Big Bang» durch Spekulationsexzesse, hervorgerufen durch den Abstieg der produktiven Aktivitäten. F. Drucker schildert die New Yorker Börse als «Sinnbild für Fehlentwicklungen in Amerikas Wirtschaft, die Kurzzeitperspektive schadet den US-Firmen und der US-Wirtschaft gleichermaßen».
Die Betrachtung zeigt, daß es unterschiedliche Arten von Gewinnen gibt: sinnvolle, qualitativ wertvolle Gewinne und wertlose, für die menschliche Gemeinschaft schädliche. Geld stinkt also doch! Wiederum wird es eines qualitativen Managements bedürfen, auch diese Fragen anzugehen. Staatliche und internationale Verhaltensregeln und Verbote werden nur vermehrt mißgeleitete Intelligenzkräfte aktivieren, nach Lücken und Umgehungsmöglichkeiten zu suchen. Darüber hinaus können auch der Staat und die staatstragenden Parteien keine Hilfe sein, wenn der Ausruf «er will ja einen anderen Staat, eine andere Wirtschaftspolitik, eine Systemveränderung», ungeprüft des Inhalts, allein als Tatsache schon eine Disqualifizierung bedeutet. Dann bleibt nur der hilflose Wahlslogan «Weiter so».

Mitarbeiterführung

Altruistische Wirtschaftsform und qualitatives Management verändern natürlich auch die Mitarbeiterführung. Im allgemeinen wird versucht, mit einer sog. Firmenkultur die Ziele des Unternehmens auch zu den Zielen des Mitarbeiters zu machen. Eine Form der menschlichen Manipulation, denn aus den Vorstandsetagen ist nur selten etwas vom Dienen der Gesellschaft, dafür öfter vom Verdienen in einer Dienstleistungsgesellschaft zu spüren. Aber ist das «to make money for the company» selbst bei guter Bezahlung als Ziel des Mitarbeiters ausreichend? Denkt ein Pharmakologe beim Test einer neuen Substanz zunächst an ein neues Arzneimittel oder an dessen Umsatz? Von Walter Böckmann gibt es ein neues Buch über Menschenführung in Wirtschaft und Gesellschaft mit dem aufschlußreichen Titel «Wer Leistung fordert, muß Sinn bieten» und er führt aus, daß das Streben nach Sinnerfüllung als Werteverwirklichung die primäre menschliche Motivation ist. «In Gang» kommt erst dann etwas, wenn die individuellen Erwartungen der Mitarbeiter erfüllt werden, sonst wird zwar auch gearbeitet, aber nichts geleistet. Dabei können diese individuellen Erwartungen durchaus idealistisch, und gar nicht immer so materialistisch sein, wie dies gern unterstellt wird. Es gelte daher die Durchführung von Unternehmenszielen für die Mitarbeiter so sinnorientiert zu gestalten, daß nicht deren Ziele, wohl aber deren Sinnerwartungen erfüllt werden. Deshalb gründet sich eine sinnorientierte Unternehmensführung nicht auf Ziel-Koordination von Unternehmen und Mitarbeiter, sondern auf Sinn-Realisation.

Die chemische und pharmazeutische Industrie

Wie bereits erwähnt, gibt es keine andere Chemie, Wasser hat immer die Zusammensetzung $(H_2O)_x$, der Kohlenstoff ist vierwertig und chemische Reaktionen benötigen auch weiterhin reaktionsfähige Gruppen. Chemische Umsetzungen, die Stoffe und die Laborluft waren zu Paracelsus' Zeiten sicher gefährlicher als in einem modernen Chemiebetrieb. Die chemische Umsetzung in einer sog. sanften Reaktion kann toxikologisch bedenklichere Nebenprodukte liefern, als eine Reaktion unter hohem Druck und hohen Temperaturen mit einem gefährlichen Agens. In der derzeitigen Hysteriewelle, die auch durch «gar nicht wissen wollen» verstärkt wird, werden Nebenschauplätze publizistisch hochgespielt und wichtige Probleme dabei verdrängt. Vor 100 Jahren zeigte die deutsche Eisenbahnstatistik 450 Entgleisungen, 343 Zusammenstöße, 2572 sonstige Unfälle mit 533 Todesopfern. Das Fahrpersonal hatte eine um fast 25 % geringere Lebenserwartung und eine um 76 % höhere Invaliditätsrate. Ein sofortiger Ausstieg aus der nicht beherrschbaren Großtechnik Eisenbahn wäre aus heutiger Sicht nötig gewesen, der Gott sei Dank nicht erfolgt ist. Ganz Analoges ist auch von der Chemie und der pharmazeutischen Industrie zu sagen.

Arzneimittel, um uns darauf zu konzentrieren, sind immer ein Spiegelbild der herrschenden Medizinschule und diese wiederum ist ein Teil unseres allgemeinen Menschenbildes. Es gibt keine unumstößliche therapeutische Wahrheit. Das Bild, das wir uns vom Menschen machen, ist die Grundlage für die Art von Arzneimitteln, mit denen wir therapieren. Die Erfolge der pharmazeutischen Forschung in den letzten hundert Jahren, dem Chemiezeitalter in der Therapie – Aspirin von 1899, Insulin von 1922 und Penicillin von 1929 – sind unbestritten und werden nur von engstirnigen Dogmatikern geleugnet. Und dennoch bleibt ein Unbehagen, das sich in der grünen Welle verstärkt und in der Suche nach alternativen Behandlungsmethoden ausdrückt. Wir müssen dieses Unbehagen verstehen. So sicher richtig all die naturwissenschaftlich meßbaren physikalischen und chemischen Phänomene beim gesunden und kranken Menschen sind, so offen und naturwissenschaftlich unbeweisbar ist die Frage, ob sie nicht nur die Wirkung, sondern auch die Ursache eines physiologisch beobachtbaren Vorgangs sind. Z. B. sind die gemessenen Stoffwechselunterschiede bei einem Geisteskranken die Folgen oder die Ursachen seiner Krankheit? Als Bild: Wenn ein Kind auf einem Klavier klimpert, ohne spielen zu können, kann man es Klavierspielen lehren oder den Deckel schließen. Unsere Therapiemethoden tun im allgemeinen letzteres. Daher wird nicht nur im Laienkreis, bei Naturheilern und Exoten, sondern auch in der medizinischen Wissenschaft selbst, die Suche nach einer neuen Denkweise, nach einem neuen Menschenbild betrieben. Dabei wird das alte medizinische Denkmodell angezweifelt, das von dem Patienten und seiner Not ganz abgetrennt ist und in welchem nur Studien mit statistischer Auswertung, weil nur so objektiv, Aussagekraft besitzen. Die Psychosomatik beklagt das Ducken vor dem alten naturwissenschaftlichen Denkmodell, wie das Kaninchen vor der Schlange, das nötig sei aus Legitimationszwang, aus unumgänglicher Anpassung, aus defensiver Forschung, um von den konventionellen medizinischen Fächern anerkannt zu werden. Hierin, dem Anpassungszwang, liegt ganz allgemein ein Problem. In der Bundesrepublik Deutschland gibt der Staat Geld für die Erforschung alternativer Therapien und erwartet die vergleichende Prüfung mit der bisherigen Therapie, d. h. wiederum die Bevorzugung harter Daten, die quantifizierbar sind und die Vernachlässigung der weichen Daten, die soviel mit der Lebensqualität der Patienten zu tun haben.

In diesem qualitativen Problemkreis vom Zusammenwirken von Leib, Seele und Geist wird sich eine pharmazeutische Forschung in einer altruistischen Wirtschaftsform bewegen müssen, ohne in die Sackgasse des Sektierertums oder des alleinigen Heilsanspruchs hineinzugeraten; denn auch die naturwissenschaftliche Heilmethode hat noch in der Zukunft große Chancen.

Überleben durch Solidarität: Utopie der kleinen Schritte

Annemarie Pieper, Professorin für Philosophie an der Basler Universität, hat einen beachtlichen Aufsatz mit dem obigen Titel publiziert. Als erster Schritt wird eine Änderung des Menschen gegenüber der Natur einerseits, den Mitmenschen andererseits gefordert. Davon unabtrennbar bedürfen die Prinzipien der schrankenlosen Ausbeutung und des krassen Egoismus einer Revision. Zweitens wird eine Änderung der Einstellung des Wissenschaftlers gegenüber der Forschung und Technik für nötig erachtet, z. B. gegebenenfalls von einem Projekt Abstand zu nehmen, wenn unabsehbare Gefahren damit verbunden sind, die in keinem Verhältnis zum erwarteten Nutzen stehen. Drittens sei eine

Änderung der Einstellung des Politikers gegenüber seinen eigenen Staatsbürgern und denen fremder Staaten erforderlich. Die Verzichtshaltung auf das Prestige- und das Machtprinzip. Der Wille zur Verständigung setze die moralische Einsicht voraus, daß nicht der Sicherung der eigenen Machtposition der Vorrang gebührt, sondern der friedlichen Koexistenz der Staatsbürger und Staaten. Solidarität sei als die neue Tugend zu begreifen, in die der moderne Mensch sich einüben muß. Aber es reicht nicht, wenn nur einer dem Solidaritätsprinzip folgt. Damit es sich faktisch durchsetzen kann, müssen so viele wie möglich jene Kette als Bollwerk gegen Ungerechtigkeit bilden. Die Anerkennung des Solidaritätsprinzips kann ethisch nur geboten, jedoch nicht erzwungen werden. Es gehen auch die Gedanken des deutsch-amerikanischen Philosophen Hans Jonas in die gleiche Richtung, wenn er in seinem Plädoyer einer «Ethik für die technologische Zivilisation» eine «Fern-Ethik» fordert, die dem einzelnen Verantwortung für das Entfernteste eingibt, für Kriege in anderen Kontinenten, für Hunger und Armut auch in exotischen Gebieten.

Ob Solidarität, ob Fernethik, ob Altruismus, ob Brüderlichkeit, wichtig ist, daß dies ein Weg ist, der hier und heute begonnen werden kann, daß es keiner staatlichen neuen Gesetze, keiner Revolutionen bedarf, daß keine Arbeitsplätze verlorengehen. Ganz im Gegenteil darf erhofft werden, daß der Wettlauf des Menschen gegen Computer und Automatisation, den er nie gewinnen kann, unterbrochen wird durch die Möglichkeit, statt Quantität vermehrt Qualität zu produzieren, eine Qualität, welche nicht nur die Summe der meßbaren Eigenschaften ist.

In einem recht interessanten Lebensbild Paracelsus' zeigt Robert-Henri Blaser, wie Paracelsus statt der toten Begriffe der lebendigen Natur zu Leibe rücken wollte, es genügte ihm nicht, Stoffe zu finden, er suchte die in ihnen waltenden Kräfte. Damit wird Paracelsus' Bemühen für uns ganz modern, wenn es uns heute darum geht, nicht nur Quantitatives und damit Totes zu erfassen, sondern Qualitatives, Lebendiges. Und er weist auf die wichtigen Sätze hin: «Der höchste Grund der Arznei ist Liebe» und «Es gibt niemanden, von dem größere Liebe des Herzens gefordert wird, als vom Arzte». Hier ist es wieder das altruistische, das nicht-egoistische Prinzip, Solidarität, Brüderlichkeit, das in die Zukunft weist.

IV
Das Buch der Natur

Texte zur Wirkungsgeschichte

Paracelsus' Bedeutung in der Kunstgeschichte

Die Bedeutung, die Paracelsus in der Medizingeschichte und in der Geschichte der Naturwissenschaften einnimmt, ist in den Aufsätzen des dritten Teils dieses Buches eindrücklich gezeigt worden. Es wäre verwunderlich, wenn eine so umwälzende Erscheinung wie die des Paracelsus nicht auch in der Kunstgeschichte ihre Folgen gehabt hätte. Der erste Kunsthistoriker, der dieser Frage nachging, war G. Hartlaub in seiner Studie «Paracelsisches in der Kunst der Paracelsuszeit». Paracelsus hat sich nicht nur inhaltlich über Kunst Gedanken gemacht, wie etwa bei seiner Deutung der «magischen Figuren» im Kartäuserkloster zu Nürnberg, es lassen sich bei ihm auch Ansätze einer naturmagischen Farbenlehre nachweisen, vor allem aber gibt es bei ihm Gedanken über das Wesen der Kunst, die aktueller kaum sein könnten. Kunst nimmt bei Paracelsus einen sehr hohen Stellenwert ein, nicht umsonst spricht er ja auch von der «Kunst des Arztes». Durch die Kunst wird der Mensch zu einem gottähnlichen, schöpferischen Vollender der Natur. «Für Paracelsus war die bildende Kunst eine Art von Alchemie, ... eine schöpferische Verwandlung des Rohen, Formlosen in das Geformte und damit Geistige, eine Befreiung und Läuterung der dem Stoff innewohnenden Möglichkeit zu ihrer Höchstform» (Hartlaub). Kunst ist also keine Nachahmung der Natur, sondern ein eigener Schöpfungsprozeß. Wesentlich dabei ist, daß der Künstler die Signaturen der Natur erkenne, ihre geistige Struktur sozusagen, ihre abstrakten Chiffren.

Im Gegensatz zu anderen Gelehrten seiner Zeit ist das von Paracelsus neugeschaffene Gedanken- und Symbol-Gut in der bildenden Kunst seiner Zeit nicht nachweisbar, was uns nicht verwundert, da ja der größte Teil seiner Schriften erst posthum veröffentlicht wurde. Sofern aber Paracelsus das magische Weltbild seiner Zeitgenossen noch teilte, gibt es sehr wohl Entsprechungen. Hartlaub sucht demnach auch nicht nach historisch nachweisbaren Einflußnahmen des Hohenheimers, sondern versucht, an bestimmten Bildern und Skulpturen zu demonstrieren, was er als «magistisch-paracelsische Stimmung» bezeichnet, ein Verfahren, das uns legitim erscheint, hilft es uns doch, Paracelsus über den Umweg seiner künstlerischen Zeitgenossen besser zu verstehen.

In diesem Sinne nennt er Lukas Cranach als eine Art Vorläufer von Paracelsus, da er etwa in seinem Bildnis des Dichters Johannes Cuspinian «den Atem des Naturgeheimnisses eingefangen» habe. In diese Richtung deutet auch vieles bei Hans Baldung Grien, dem «klassischen Maler von Motiven nördlicher Naturmagie». Hartlaub nennt noch zahlreiche Beispiele aus der Architektur und der Bildschnitzerei, die ihn durch ihre «geisterhafte Beseelung» an das paracelsische Weltbild erinnern, insbesondere die sogenannte Tulpenkanzel im Freiburger Münster. Auch finden sich im Isenheimer Altar des Mathias Grünewald viele Entsprechungen zu paracelsischen Vorstellungen, so etwa jene «seherische Einfühlung, die das Tote belebt und das Pflanzliche beseelt, zugleich den Makrokosmos im Mikrokosmos wiederklingen läßt», oder auch die Lichtaura um die Silhouette des auferstandenen Christus, die an den siderischen Leib der paracelsischen Anthropologie erinnert. Ebensolche Entsprechungen finden sich bei Albrecht Altdorfer, der vom Kunsthistoriker Otto Benesch mit Hilfe paracelsischer Schriften eine neue, erstaunliche Deutung erfuhr.

Ein plausibles Symbol, das uns den Makrokosmos im Mikrokosmos vor Augen führt, stammt von Hieronymus Bosch. Auf der Außentafel seines Bildes «Der Garten der irdischen Lüste» hat er einen großen Glaskolben dargestellt, der ein Bild der Erde enthält.

Der Sinn solcher vergleichenden Betrachtungen ist reziprok. Einerseits hilft uns die plastische Anschaulichkeit dieser Bilder, uns Paracelsus auf mehr intuitivem Weg zu erschließen; andrerseits aber könnte die paracelsische Begrifflichkeit vermehrt dazu dienen, die dunklen Seiten der genannten Maler zu erhellen.

Während wir bei den bildenden Künstlern seiner Zeit nur Entsprechungen finden, die auf wesensverwandte Erfahrungen und den Zeitgeist zurückzuführen sind, haben wir in der deutschen Romantik eine Epoche, die sozusagen unter dem Stern des Paracelsus aufging. Es gibt kaum einen romantischen Schriftsteller, der nicht auf direkte oder indirekte Weise von den Schriften des Hohenheimers angeregt wurde.

Das hatte auch Folgen für die bildende Kunst. Wir wissen nicht, inwiefern der Maler Caspar David Friedrich (1774–1840) paracelsische Schriften gekannt hat. Sicher ist, daß er über den Umgang mit romantischen Autoren indirekt mit dem Naturverständnis des Hohenheimers bekannt gewesen sein muß. Mit Recht hat der Kunsthistoriker Wieland Schmied versucht, Caspar David Friedrichs Bilder mit Hilfe der religiösen Naturverbundenheit des Novalis aufzuschlüsseln. Er zitiert aus dessen Erzählung «Die Lehrlinge zu Sais» unter anderem: «Um die Natur zu begreifen, muß man die Natur innerlich in ihrer ganzen Folge entstehen lassen [...] Aber die Kunst des ruhigen Beschauens, der schöpferischen Weltbetrachtung ist schwer, unaufhörliches ernstes Nachdenken und strenge Nüchternheit fordert die Ausführung, und die Belohnung wird kein Beifall der mühescheuenden Zeitgenossen, sondern nur eine Freude des Wissens und Wachens, eine innige Berührung des Universums sein.»

Was nun Wieland Schmied auf dem Hintergrund solcher Gedanken von Novalis über Caspar David Friedrich schreibt, kommt uns vor wie ein paracelsistisches Manifest: «Friedrich konnte – in seinen wesentlichen Bildern, um deretwillen wir uns mit seinem Werk beschäftigen – die äußere Welt nur malen, soweit er sie in sich trug, sie in sich wiederfand und empfand. Nur wenn äußeres Bild und inneres Bild, Anschauung und erinnerte Anschauung, Landschaft und Seele zur Deckung kamen, gewannen die einzelnen Chiffren Sinn, erhielt die Natur symbolischen Charakter. So mußte er – und das gehört entscheidend zu seiner Eigenart, sich die Natur anzueignen – aus der Fülle ihrer Formen auf das Strengste auswählen, die Vielfalt der Erscheinungen ständig reduzieren, um alle Gegenstände, die er gab, einfach, groß und sinnvoll auffassen zu können. Er hat dies in einer radikalen Konsequenz getan, in der ihm niemand gefolgt ist [...] So erscheint uns das Bild der Natur in seinem Werk so geladen mit Bedeutung und so frei von allem Zufälligen wie bei keinem anderen Maler seiner Zeit.»

Das erinnert uns auch an die Beschreibung alchemistischer Prozesse, wonach sich die Essenz der Dinge erst langsam herauskristallisiert. Was Paracelsus vom Künstler erwartete, nämlich die Chiffren der Natur zu erkennen, ihre geistige Struktur sichtbar zu machen und sie so zu vollenden, finden wir bei Caspar David Friedrich auf unnachahmliche Weise verwirklicht. Kein andrer Maler der Romantik hat in diesem Sinne versucht, uns den Geist der Natur vor Augen zu führen, nicht indem er sie nachahmte, sondern indem er selbst zu ihrem Neuschöpfer wurde. Das war nur in einer geistig-religiösen Naturverbundenheit möglich, und so finden sich in den Bildern Caspar David Friedrichs ja auch fast immer betrachtende Menschen oder religiöse Symbole als Mittler zwischen Natur und Gott, Gott und Natur.

Während wir also zwischen Paracelsus und Caspar David Friedrich eine echte Wesensverwandtschaft erkennen, haben andere Maler der Romantik sich damit begnügt, paracelsische Motive aufzugreifen. Da ist vor allem das Motiv der Undine zu erwähnen, das durch Fouqués gleichnamige, auf Paracelsus basierende Erzählung von der unglücklichen Meeresjungfrau weit über die Romantik hinaus Verbreitung finden sollte. Die berühmtesten Darstellungen dieses Motivs in der bildenden Kunst stammen wohl von Johann Heinrich Füssli

(1741–1825), dessen Bild «Undine kommt zum Fischerpaar» im Basler Kunstmuseum zu finden ist, und J. M. William Turners (1775–1851) Bild «Undine, die den Ring dem Fischer Masaniello von Neapel gibt». Als wesensverwandt mit der paracelsischen Naturverbundenheit könnte am ehesten noch der Maler Philipp Otto Runge (1777–1810) aufgefaßt werden, der mit seiner Symbolik des Pflanzlichen und seinen personifizierten Naturerscheinungen durchaus eine spirituelle Deutung der Natur im Sinne hatte.

Und wie steht es mit der «modernen Kunst»? Paracelsus hat seine Forderung, wonach die Kunst des Alchemisten darin bestehe, die Wunderwerke Gottes offenbar zu machen, sehr wohl auch auf die Arbeit des bildenden Künstlers bezogen. Was er im weitesten Sinne unter der Fähigkeit und der Pflicht des Menschen, Kunst auszuüben, verstand, führt uns zur Avantgarde der modernen Malerei. Im Jahre 1958 fand in Basel eine Ausstellung unter dem Titel «Kunst und Naturform» statt, die man ohne weiteres mit einem Satz des Hohenheimers hätte überschreiben können: «Die Natur ist so subtil und scharf in ihren Dingen, daß sie ohne große Kunst nicht gebraucht werden kann, denn sie gibt nichts an den Tag, das vollendet sei, sondern der Mensch muß es vollenden.» Die Ausstellung «Kunst und Naturform» präsentierte Bilder von Malern wie Paul Cézanne, Pablo Picasso, Piet Mondrian, Sophie Täuber, Mark Tobey, Henri Matisse, Wassily Kandinsky, Paul Klee und anderen Exponenten der modernen Kunst neben elektronenmikroskopischen Aufnahmen verschiedener Stoffe. Dabei ergaben sich erstaunliche Parallelen zwischen den Hervorbringungen künstlerischer Ästhetik und den zigfach vergrößerten, inneren Strukturen organischer und anorganischer Stoffe. Im gleichnamigen Buch äußert sich der Biologe Adolf Portmann wie folgt über dieses Phänomen: «Es ist nicht so, als seien jetzt plötzlich die Grenzen aufgehoben, als seien Wissenschaft und Kunst in einer gegenstandslosen Welt nahe. Aber das Vordringen der Forschung in eine Zone, in der die Vorstellungen der Alltagswelt nicht mehr gelten, liefert Bilder und Strukturelemente, die denen gleichen, die der Künstler für sich allein, auf seinen eigenen Wegen in die Tiefen des Welterlebens auch entdeckt hat – Elemente, die beide gleich fern der handgreiflichen Welt der Gegenstände sind, die aber in sehr verschiedene Richtungen der geistigen Arbeit weisen. Nach wie vor sind sie dem Forscher Anlaß zur Übersetzung in die Sprache des Verstandes, und die mathematische wie die chemische Formel sind seine Ausdrucksmittel. Dem Künstler aber sind diese Formen und Farben Gleichnisse für die Bewegungen seiner Gefühle; sie haben ihren Ausdruckswert, der nicht übersetzt wird, sondern unmittelbar zum Herzen spricht.» Paracelsus wäre mit Portmann wohl in seiner Beobachtung einig gewesen, nicht aber in seiner Schlußfolgerung. Ihm

war auch die Natur beseelt mit geistigen Potenzen, also lag nichts näher, als daß sie in ihrer innersten Struktur ganz ähnliche Formen hervorbrachte wie der bildende Künstler mit seinen devinatorischen Fähigkeiten! Und für Paracelsus ging die Arbeit des Künstlers und des Naturwissenschaftlers durchaus auch in die gleiche Richtung, nämlich die Sichtbarmachung des Verborgenen, um es zu vollenden. Ihm lag ja daran, die Natur auch mit dem Herzen zu erkennen, um damit ihre göttliche Qualität aufzudecken.
Franz Marc kommt in seinen Aphorismen aus dem Jahre 1914 schon näher an das heran, was Paracelsus unter Kunst verstand: «Die kommende Kunst wird die Formwerdung unserer wissenschaftlichen Überzeugung sein. Wir zerlegen heute die keusche, immer täuschende Natur und fügen sie nach unserem Willen wieder zusammen. Wir blicken durch die Materie, und der Tag wird nicht ferne sein, an dem wir durch ihre Schwingungsmasse hindurchgreifen wie durch Luft. Stoff ist etwas, das der Mensch höchstens noch erduldet, aber nicht anerkennt. Die alte Welt-Anschauung hat sich in Welt-Durchschauung verwandelt. Kein Mystiker erreichte in seinen entzückendsten Stunden, in denen er den Himmel offen sah, die vollkommene Abstraktion des modernen Denkens, sein Schauen durch und durch.»
In seinem Nachwort fragt der Kunsthistoriker Georg Schmidt nach dem möglichen Sinn der Parallelen, die durch die genannte Ausstellung zwischen der Kunst und den Naturformen aufgedeckt wurde: «Der Sinn dieser Parallele aber kann nur im Gesamtzusammenhang der menschlichen Kulturentwicklung gefunden werden. Wir sitzen alle im gleichen Schiff – Künstler und Naturforscher, Künstler und Techniker, Künstler und Laie –, gleichgültig, ob dem Einen das Tun des Andern gefällt oder nicht. Das – nicht mehr, aber auch nicht weniger – ist die Lehre dieser Ausstellung und ist der Sinn dieses Buches.» Diese Folgerung erscheint uns etwas dürftig angesichts der Gedankengänge, die Paracelsus zu diesem Thema angestellt hat. Sowohl Adolf Portmann als auch Georg Schmidt scheinen sich die Frage, die sich einem Paracelsisten angesichts einer solchen Ausstellung geradezu aufdrängt, gar nicht erst zu stellen, die Frage nämlich nach dem innersten Zusammenhang von Geist und Materie.

Paracelsus und moderne Kunst – sind solche Überlegungen nicht an den Haaren herbeigezogen, laufen wir nicht Gefahr, in unsrer Begeisterung für diesen spätmittelalterlichen Mann auch Dinge mit ihm in Zusammenhang zu bringen, mit denen sein Denken nichts zu tun hat? Keineswegs. Und wir können es auch anhand einer anderen denkwürdigen Ausstellung nachweisen, die der Avantgarde der Maler des 20. Jahrhunderts gewidmet war und auf deren Hintergrund Paracelsus eine zentrale, geistesgeschichtliche Stellung einnahm. Es ist die Ausstellung «The Spiritual in Art: Abstract Painting 1890–1985», die 1986 im Los Angeles Country Museum of Art zum ersten Mal und in der Folge auch in Chicago und Den Haag gezeigt wurde. Die erklärte Absicht der Ausstellungsmacher Maurice Tuchmann und Judi Freeman war es, dem Vorurteil entgegenzuwirken, die abstrakte Malerei habe keine geistigen Inhalte. Kunsthistorisch griffen sie auf Symbolisten wie Paul Gauguin, Edvard Munch oder Odilon Redon zurück, in deren visionärer Überhöhung der Motive eine Vorstufe späterer Entwicklung gesehen werden kann.

In der Folge versammelten sie von den Pionieren bis zu den jüngeren Malern der abstrakten Kunst fast alle, die sich auf diesem Weg versucht haben: Jean Arp, Marcel Duchamp, Augusto Giacometti, Johannes Itten, Wassily Kandinsky, Paul Klee, Kasimir Malewitsch, Franz Marc, Piet Mondrian, Joseph Beuys und Ad Reinhardt, um hier nur die Bekanntesten zu nennen. Im Anhang des Katalogs findet sich ein «Glossary of Spiritual and Related Terms», das den geistesgeschichtlichen Hintergrund dokumentiert, auf dem diese Maler verstanden werden müssen. Neben Grundbegriffen wie «Alchemie», «Anthroposophie», «Kabbala», «Hermetismus», «Okkultismus», «Rosenkreuzertum», «Spiritualismus» usw. werden auch die maßgeblichen geistigen Urahnen genannt, und es wundert uns nicht, daß wir hier Paracelsus wieder begegnen, dessen Leben und Werk ausführlich gewürdigt werden. Paracelsus erscheint hier quasi als älteste persönliche Referenz – und in seiner Folge Mystiker und Wissenschaftler wie Jakob Böhme, Swedenborg, Helena Blavatsky und Rudolf Steiner.

Die erstaunlichste Entdeckung dieser Ausstellung war zweifellos die schwedische Malerin Hilma af Klint (1862–1944), die damit zum ersten Mal eine angemessene Würdigung erfuhr. Ihr Werk war zunächst nach dem Verfahren einer rein medialen automatischen Arbeitsweise entstanden, hatte sich dann aber unter anthroposophischem Einfluß zu «kompositorisch kontrollierten Transformationen ihrer Eingebungen» gesteigert. In seiner Besprechung einer Ausstellung, die der Malerin 1992 in der Wiener Albertina unter dem Titel «Okkultismus und Abstraktion» gewidmet war, faßte Peter Gorsen ihre Absichten zusammen: «Nicht der Durchbruch zur Abstraktion ist das Hauptanliegen der medialen Malerin, sondern die Fortsetzung der Arbeit an den Mysterien der Rosenkreuzer bei der Darstellung der Schöpfungsgeschichte, deren Symbolsprache sie in den gleichzeitigen ‹Studien über das Seelenleben› erläutert.» Peter Gorsen fragt sich, warum diese Malerin erst jetzt wirklich geschätzt werden könne, und kommt zu der Schlußfolgerung: «Ihr okkulter Ursprung, die bei Klint stets mitschwingende viktorianische Religiosität und die wahnhafte Transzendenz der Einflüsterer sind aus der gegenwärtigen, rein ästhetischen Sicht gleichgültig geworden» (FAZ, 20.1.92).

Aber ist denn eine solche «rein ästhetische Sicht» der Dinge überhaupt möglich? Vergeblich frage ich mich, wie eine rein ästhetische Interpretation von solchen Bildern vor sich gehen soll, zumal ja auch jede Ästhetik ihre geistigen und historischen Prämissen hat. Mir scheint diese Reduktion auf eine «rein ästhetische» Betrachtung eher ein seltsames Manöver zu sein, mit dem man das Werk dieser Malerin gegen ihre ursprünglichen spirituellen Absichten für den Kunstbetrieb retten will. Wir aber fragen uns: Gäbe es diese Bilder denn auch ohne den geistigen Hintergrund der Malerin? Und woher soll sie denn ihre Formensprache gewonnen haben, wenn nicht aus ihrer Fähigkeit, in paracelsischer Tradition den Geist der Dinge zu ahnen und in ihre Formenwelt zu übersetzen? Gewiß, wir können die Welt, aus der sie ihre Inspirationen bezog, auch als eine reine Wahnwelt der Einbildungen abtun. Aber selbst eine solche «Wahnwelt» muß ja irgendwoher ihre Strukturen und Bilder gewinnen, Strukturen und Bilder übrigens, die offenbar auch dem «gesunden» Betrachter sehr viel zu geben vermögen.
Die gleiche Problematik stellt sich auch bei allen anderen Malern, die im Katalog der Ausstellung «The Spiritual in Art: Abstract Painting 1890–1985» versammelt sind; sie haben sich alle auf «geistige Welten» bezogen, und aus den aufschlußreichen Essays des Kataloges geht deutlich hervor, warum wir in Paracelsus einen ihrer Ahnherrn sehen müssen. Jean Arp etwa hat seit seiner Kindheit in Jakob Böhme seinen großen Inspirator gefunden, und zwei Lesungen aus dem Werk Jakob Böhmes gehörten zu den Höhepunkten der Dada-Veranstaltungen in Zürich. Piet Mondrian, Wassily Kandinsky und andere Künstler, die ihr Leben der abstrakten Malerei gewidmet haben, standen stark unter dem Einfluß der theosophischen und anthroposophischen Bewegung. Ihre Suche nach der Abstraktion war also keineswegs eine «rein ästhetische Absicht», sondern ist nur aus ihrem spirituellen Hintergrund heraus zu verstehen. Diese Maler wollten nicht einfach dekorative Kompositionen herstellen, sie hatten einen hohen geistigen Anspruch.
Dieser Anspruch wurde von ihren späteren Nachfolgern keineswegs geleugnet. Der französische Maler Yves Klein fand seine spirituelle Identität in der Rosenkreuzerbewegung, und der amerikanische Maler Ad Reinhardt ist ohne den Hintergrund alchemistischer Bezüge kaum zu verstehen. Von 1960 bis zu seinem Tode malte er nur noch schwarze Bilder («ultimate Paintings»), die bei ihrer ersten Ausstellung einen Skandal auslösten. Die Kunsthistorikerin Gudrun Inboden bezieht sich bei ihrem sehr lesenswerten Interpretationsversuch auf die alchimistische Tradition und kommt zu folgendem Schluß: «So verstanden, ist die geometrische Abstraktion ein Selbstreinigungs- und Befreiungsprozeß der Kunst, ganz im Sinne der ‹chymischen›, die Stoffe trennenden Operatio

zwecks Gewinnung der einen, höchstreinen Substanz. Diese Gedanken liegen in der Tradition, auf die Reinhardt sich bezieht, selbst schon beschlossen. Sowohl Malewitschs als auch Mondrians ‹gegenstandsloses› Vokabular resultierte aus der Suche nach einer ‹gereinigten› und ‹befreiten› Kunst, die so den Anspruch erheben konnte, als Projektion der kosmischen Wirklichkeit, d. h. als Mikrokosmos gesehen zu werden.» Im weiteren bezieht sich Gudrun Inboden auf den paracelsischen Begriff der «Arkansubstanz», um die Absichten Ad Reinhardts, verborgene Lebensgesetze sichtbar zu machen, zu erklären.

Es ließen sich noch mehr Bezüge zwischen der Avantgarde der modernen Kunst und paracelsischen Vorstellungen nachweisen, wir müssen uns hier mit einigen Andeutungen begnügen, möchten aber noch auf die Werke und das Wirken von Joseph Beuys hinweisen, der schon durch seine Nähe zu Rudolf Steiner auch mit Paracelsus in Verbindung gebracht werden muß, eine Verbindung, die nicht nur mir aufgefallen ist. In seinem aufschlußreichen Buch «Joseph Beuys und die Medizin» (1979) schreibt der Kunsthistoriker Hinrich Murken: «Die Dreiheit der Materie bei Paracelsus hat seine Parallele im Menschen, dessen Mikrokosmos aus Geist, Leib und Seele besteht. Das zwischen Rationalität und Irrationalität schwingende Werk und Wesen von Beuys ist wohl am ehesten aus solchen weltanschaulichen Strukturen erklärbar, wie wir sie bei Paracelsus vorfinden.» Aber es gibt noch viel erstaunlichere Bezüge und Parallelen. Liest man das Buch «Beuys zu Christus, eine Position im Gespräch», das Friedhelm Mennekes zusammengestellt hat, könnte man bei vielen Passagen meinen, es handle sich um ein Buch über Paracelsus, so etwa schon zu Beginn des Essays «Über die kosmologische Christologie in der Kunst von Joseph Beuys»: «Das Menschenleben ist in der Sicht von Joseph Beuys eingespannt zwischen Geburt und Tod, zwischen Gemeinschaft und Isolation, Erfüllung und Entfremdung, Glück und Gefährdung. Doch im Innersten ist dieses Leben bestimmt vom Geheimnis der Substanzumwandlung, von der Kraft, die weder als Energie noch als Materie verloren gehen kann. Dabei ist der Mensch Empfänger wie Sender. Er nimmt diese Kraft in sich auf, vermag sie zu speichern und wieder abzugeben. Er ist in der Lage, das Empfangene auszustrahlen und weiterzuentwickeln. Durch ihn als eine Person gehen wie durch einen Filter alle Kräfte hindurch. So hat er Anteil an der Schöpferkraft. Durch ihn kommt die Schöpfung zum Bewußtsein. Sie kommt durch den Menschen und in ihm zu sich selbst. Der Mensch ist die Kulmination der Schöpfung. Jeder hat darum Anteil an der Schöpfung, jeder ist selber Schöpfer und damit in der Lage, schaffend die Welt zu verändern. Jeder Mensch ist ein Künstler, ein Künstler, der gestaltend für alles zur Verantwortung gerufen ist, und diese künstlerischen und schöpferischen Fähigkeiten befähigen jeden Einzelnen zum Mitwirken. Sie drängen ihn, auf das Ganze hin wirksam zu werden. Bei diesem Begriff des Ganzen geht es um Welt und Sein, um Leben und Werden; es geht um deren spirituelle Dimension.»

Und nicht nur in Friedhelm Mennekes' Essay erkennen wir so frappierende Parallelen zur paracelsischen Anthropologie, es gibt auch von Joseph Beuys selbst Äußerungen genug, die in diese Richtung deuten. In seinem Gespräch mit Friedhelm Mennekes äußert er sich an verschiedenen Stellen, als wende er paracelsische Kenntnisse auf den gegenwärtigen Zustand der Welt an, etwa in folgender Passage: «Die Bäume sind nicht wichtig, um dieses Leben auf der Erde aufrecht zu erhalten, nein, die Bäume sind wichtig, um die menschliche Seele zu retten. Dieser Spinatökologismus, der interessiert ja nicht. Die Welt kann untergehen. Diese Erde kann zu Bruch gehen. Aber wenn die Erde in diesem Zustand zu Bruch geht, wie sie jetzt ist, dann ist die menschliche Seele in Gefahr. Das einzige, das sich lohnt aufzurichten, ist die menschliche Seele. Ich meine jetzt ‹Seele› im umfassenden Sinn. Ich meine jetzt nicht nur das Gefühlsmäßige, sondern auch die Erkenntniskräfte, die Fähigkeit des Denkens, die Intuition, die Inspiration, das Ichbewußtsein, die Willenskraft. Das sind ja alles Dinge, die sehr stark geschädigt sind in unserer Zeit. Die müssen gerettet werden. Dann ist alles andere sowieso gerettet. Es hat keinen Sinn, ohne diese Gedanken bessere Kartoffeln anzubauen.»

Joseph Beuys, der sich an anderer Stelle übrigens auch direkt auf Paracelsus bezieht, findet die Begründung seiner sozialen, ökologischen und künstlerischen Vision also nicht in einer materialistischen Utopie, sondern auch für ihn sind Wissenschaft und Kunst gleichermaßen menschliche Fähigkeiten, die erst im Dienst einer spirituellen Entwicklung ihren Sinn erfahren. Darin liegt eine tiefe Wesensverwandtschaft zu Paracelsus, die uns erklärt, warum wir auch in vielen Details Übereinstimmungen antreffen. Wie kein andrer Künstler der Moderne hat Beuys den geistesgeschichtlichen Impuls, den uns Paracelsus vor ein paar hundert Jahren versetzte, in unsrer Wirklichkeit zu erneuern versucht, auch wenn er sich möglicherweise selbst nicht immer im klaren war, daß er im Hohenheimer einen Vorläufer hatte; vieles wurde ihm wohl indirekt durch seine Beschäftigung mit Rudolf Steiner vermittelt. Ergänzend noch der Hinweis, daß sich Joseph Beuys auch sehr intensiv mit Medizin beschäftigt hat. Es gibt einige Arbeiten, die davon zeugen.

Wieder einmal hat uns die Beschäftigung mit Paracelsus ins Zentrum aktueller Diskussionen und Probleme geführt. Seine Gedankenwelt so vehement in der Avantgarde der modernen Kunst wiederzufinden, hat auch mich überrascht, und es ist ja auch erst in den letzten Jahren wieder opportun geworden, nach dem spirituellen Hintergrund der modernen Kunst zu fragen. Zu lange hat man diesen Hintergrund verdrängt – sowohl in der Kunstkritik wie im öffentlichen

Bewußtsein. Einerseits stand wohl die materialistische Ideologie im Wege, andrerseits das mechanistische Weltbild derer, die den Lauf der Geschäfte – auch auf dem Kunstmarkt – bestimmen. Bilder, für die man mehrere Millionen Dollar bezahlte, mit revolutionärer Spiritualität in Verbindung zu bringen, war schlicht und einfach nicht opportun. So hat man sich bei der Interpretation von Kandinsky und Mondrian lieber auf so verschwommene Begriffe wie «rein ästhetische Sicht» zurückgezogen, als nach dem geistig-religiösen Hintergrund dieser Maler zu fragen, der ihre Bilder ermöglichte. Damit wurden ihre Arbeiten zur reinen Dekoration degradiert, im Grunde eine traurige Perversion, Verachtung der Künstler, Mißbrauch der Kunst, ein weiteres Indiz für die fatale Verdrängung der Spiritualität durch den Siegesmarsch der Zivilisation.
Was hat ein solcher Gedankengang noch mit Paracelsus zu tun? Wir fassen zusammen: Während wir in der Wissenschaftsgeschichte von der Überwindung der Alchemie durch Paracelsus sprechen, findet die Alchemie auf der anderen Seite dort wieder ihre Adepten, wo sich die bildende Kunst als geistige Avantgarde versteht. Was in der Wissenschaft als rückständig und mittelalterlich überholt angesehen wird, erscheint in der Kunst als deren höchste Utopie, Kunst als geistiger Reinigungsprozeß, als Recherche nach der entschlackten Abstraktion, dem Geist im Gegenstand.
Dieser kleine Exkurs in die Geschichte der modernen Malerei ist ein weiterer Versuch, uns die paracelsische Botschaft begreiflich zu machen. Indem er so konsequent die Erkenntnis aus dem «natürlichen Licht» betrieben hat, wurde er tatsächlich zum Vorläufer der pragmatischen Wissenschaft und hat damit der Chemie zu ihrer so erfolgreichen Grundlage verholfen. Gleichzeitig aber hat Paracelsus die Erkennis aus dem «göttlichen Licht» gesucht, eine von Kulten und Konfessionen unbelastete Spiritualität, und gilt damit zu Recht als ein Ahnherr der künstlerischen Avantgarde des 20. Jahrhunderts.
Wie bringen wir das unter einen Hut? Es knirscht im Gehirn, denn wir müssen uns sagen: Paracelsus wäre bei der Avantgarde der bildenden Kunst genauso zu Hause wie in den Laboratorien der chemischen Industrie. Ihm wären beide Bereiche vereint in der Kunst, Gottes Wunderwerke offenbar zu machen. In ihrem Versuch, Paracelsus faßbar zu machen, haben viele Forscher ihn entweder für dieses oder für jenes «Lager» vereinnahmt, entweder einen reinen Vordenker der materialistischen Weltanschauung oder einen okkulten Zauberer aus ihm gemacht. Beides ist so falsch wie richtig. Paracelsus hat offenbar die Alchemie des Mittelalters nicht überwunden, sondern in beide Richtungen, die geistige und die materielle, vertieft. Darin liegt seine Einzigartigkeit, damit wird er zum Vorläufer so verschiedener Richtungen – und deutet gleichzeitig über sie hinaus, indem er sie auf einen gemeinsamen Grund gestellt hat, seine Ethik, auf die uns

zwangsläufig auch dieser Exkurs zurückführt. Sein missionarisches Ethos, Menschen zu heilen und ihrem spirituellen Heil zuzuführen, hat ihn dazu getrieben, sowohl die Wissenschaft von ihren «Schlacken zu reinigen» (überkommene Bücherweisheit, aristotelische Dogmatik), als auch die Theologie von ihren fatalen, zu Mord und Todschlag führenden, konfessionellen Dogmen zu befreien. Wen wundert's, daß er uns mit diesem Anspruch auch heute noch so «allein und fremd und anders» wie zu seinen Lebzeiten erscheint?

Paracelsus' Bedeutung in der Musikgeschichte

Auch die Frage nach der Wirkungsgeschichte des Hohenheimers im Bereich der Musik stellt uns vor das Problem, daß sein Name so lange verketzert worden ist. Kaum zu unterschätzen ist aber auch hier nicht nur seine indirekte Wirkung über andere Philosophen, sondern auch die Tatsache, daß er etwa den Rosenkreuzern – und damit auch allen anderen Geheimgesellschaften dieser Tradition – als geistiger Leitstern galt. So ist unter dem Siegel geheimgesellschaftlicher Verschwiegenheit auch auf diesem Wege viel «Paracelsisches» vermittelt worden, denken wir nur an Leibniz, der lange als Sekretär einer Rosenkreuzergesellschaft gearbeitet hat. Das Bemühen dieser Geheimgesellschaften, das Christentum in gereinigter Form auszuüben und es in einem größeren, überkonfessionellen Zusammenhang zu deuten, war auch für viele Komponisten eine Attraktion. Hier fanden sie nicht nur wichtige gesellschaftliche Verbindungen, sondern auch eine geistige Heimat, die ihnen die offizielle Kirche nicht mehr zu bieten vermochte. Nicht nur Mozart war Freimaurer.

Paracelsus selbst hat sich verschiedene Male über Musik geäußert. Als Arzt legte er besonderen Wert auf ihre therapeutische Kraft: «Wir alle sollen wissen, daß Kunst, Wissenschaft, Geschicklichkeit nur da sind, damit sie zur Freude, zum Frieden, zur Einigkeit, Reinheit, Ehrbarkeit gereichen, zur Notdurft und zum Nutz des Nächsten. Das gilt auch für die Musik. Sie ist die Arznei aller, die mit Melancholie und Phantasie beladen sind, durch welche sie zuletzt zu verzweifelten, einsamen Menschen werden. Musik vermag sie aber unter den Menschen und bei klaren Sinnen zu halten, sie vertreibt den Geist der Hexen, Unholde und Zauberer.»

Nach Paracelsus ist der Mensch beauftragt, nach der Kunst zu forschen, «denn ohne sie zu suchen, werden wir die Geheimnisse der Welt niemals erfahren». Dabei ist es ihm immer wieder wichtig, daß damit nicht nur die Kunst des Arztes gemeint ist: «Obwohl es viele Namen gibt, es sind die Künste nicht getrennt, und ein Wissen ist nicht von dem anderen geschieden; denn eines ist in allem.» Schöner läßt sich der Begriff des «Gesamtkunstwerkes» kaum definieren, wobei Paracelsus in sein Konzept auch die Naturwissenschaften mit einschließt.

Und da all diese Künste sich nur aus Gott heraus erklären lassen, sind sie ihm heilig: «Alle Fähigkeiten und Künste kommen von Gott, und nichts erwächst einem anderen Grund ... und so darf niemand die Astronomie, die Alchemie, niemand die Medizin, niemand die Philosophie, die Theologie, die Schauspielerei, die Dichtung, die Musik, niemand die Geomantie und alle anderen hohen Künste lästern. Warum darf er es nicht tun? Was erfindet denn der Mensch aus sich heraus? Nicht den kleinsten Flecken, um ihn auf eine Hose zu setzen.»

Auf dem Hintergrund dieses erweiterten Kunstbegriffes könnte man Paracelsus als Vorläufer so mancher Entwicklung im 20. Jahrhundert bezeichnen, trotzdem hat er wohl kaum je als Kunst- oder Musiktheoretiker direkten Einfluß ausgeübt; das will aber nicht heißen, daß deswegen seine Wirkung geringer einzuschätzen sei.

Kommen wir auf Mozart zurück. Von seinem Vater weiß man, daß er sich speziell für Paracelsus interessiert hat; es gibt einen Bericht über seinen Besuch im Salzburger Paracelsus-Haus. Somit können wir annehmen, daß auch der Sohn um Paracelsus wußte. Mit Sicherheit aber stand Wolfgang Amadeus Mozart unter dem starken Einfluß der spirituellen und moralischen Ideale der Freimaurer, deren Wiener Loge der «Wohltätigkeit» er 1784 beigetreten war. Will-Erich Peuckert hat verschiedentlich nachgewiesen, wie sehr die Rosenkreuzer – und damit auch die Freimaurer – sich aus paracelsischen Idealen herleiteten, und wenn man die Texte betrachtet, die Mozart für die Freimaurer vertont hat, trifft man tatsächlich auf paracelsische Vorstellungen in reinster Form, nämlich seine Naturfrömmigkeit, sein Ethos des Helfens und seinen Bruderschaftsgedanken. Allein schon der Titel von Mozarts erster Freimaurermusik «Dir, Seele des Weltalls» (K. 429) erinnert an Paracelsus, aber auch der Text selbst erscheint uns wie ein Bekenntnis zu seiner pantheistischen Religionsphilosophie, die in der Natur ein Buch sah, das Gott selbst geschrieben habe. Die etwas banal formulierte Textvorlage wird durch Mozarts Vertonung zu einem Frühlingsgesang mit spiritueller, ergreifender Dimension, fast wäre man versucht, vom Licht der Musik zu sprechen.

Noch deutlicher bezieht sich die Textvorlage für die letzte Komposition, die Mozart vollendet hat, auf den paracelsischen Hintergrund der Freimaurer. Es ist

die «Kleine Freimaurerkantate» (K. 623), die Mozart nach einem Text von Schikaneder, dem Librettisten der Zauberflöte, komponiert hat. Seine Frau Constance soll ihn dazu ermuntert haben, um ihn von der nervenaufreibenden Arbeit an seinem Requiem abzulenken.
Es mutet ergreifend an: Paracelsus war 1541 in Salzburg, der Geburtsstadt Mozarts, gestorben, verzweifelt und mißverstanden. Verzweifelt und mißverstanden mußte sich auch Mozart fühlen, als er 250 Jahre später einen Text vertonte, der uns wie ein Glaubensbekenntnis des Hohenheimers vorkommt. Mozart war selbst schon todkrank, als er die Musik zu dieser Kantate schrieb, mit der ein neuer Ort für die Zusammenkünfte der Freimaurer eingeweiht werden sollte. Im ersten Rezitativ ist die Rede von «Weisheit und Tugend» und vom Heiligtum der Arbeit, die das große Geheimnis entziffern solle. Es soll ein Ort sein, wo Beispiel die Mitglieder belehrt, die Bruderliebe sie leitet und alles Tun in Wohltätigkeit mündet. Der unauslotbare Jubel, mit dem der todkranke Mozart diese Worte zu erfüllen vermag, läßt ihre Phrasenhaftigkeit vergessen und macht aus ihnen so etwas wie sein spirituelles Testament. Diesen Text als austauschbares Wortmaterial zu betrachten, das Mozart quasi als äußeren Anlaß für die Musik brauchte, scheint uns in diesem Falle nicht angebracht. Es hieße, einen Komponisten nicht ernst zu nehmen, der ja in der Wahl seiner Libretti ungewöhnlichen literarischen Geschmack bewiesen hatte. So nehmen wir an, daß es ihm in dieser «Kleinen Freimaurerkantate» wirklich darum gegangen sei, seiner geistigen Heimat ein Denkmal zu setzen. Sein letzter Jubel galt seinen Logenbrüdern. Drei Wochen später ist er gestorben.
Vielleicht wäre unter den hier nur angedeuteten Gesichtspunkten auch Mozarts «Zauberflöte» neu zu interpretieren. Zumindest erführe das vielgeschmähte Libretto eine Aufwertung, wenn man es weniger von seinen «literarischen Qualitäten» als vielmehr von seinen spirituellen Inhalten her untersuchen würde.

Man mag einwenden, daß wir mit solchen Gedanken über die eigentliche Wirkungsgeschichte des Hohenheimers hinausgehen. Dem sei entgegnet, daß es uns nur in zweiter Linie darum geht, rein historisch nachweisbare Bezüge zu Paracelsus herzustellen, wichtiger ist uns, Wesensverwandtschaften aufzuspüren, wobei sich immer wieder gezeigt hat, daß sich bei näherer Forschung für derartige «Verwandtschaften» auch die historischen Belege einstellen.
Auf den ersten Blick offensichtlicher sind die Bezüge zu Paracelsus in der Musik der deutschen Romantik. Die romantischen Komponisten waren im Gegensatz zu jenen des 18. Jahrhunderts literarisch interessiert, musikalisch-literarische Doppelbegabungen waren keine Seltenheit, man denke nur an E. T. A. Hoff-

mann, und so blieb nicht aus, daß sich die literarischen Motive der Romantik in der Musik niederschlugen.

Da ist vor allem das Undine-Motiv zu nennen, das wir schon in der bildenden Kunst verfolgen konnten. Wenn uns Paracelsus in seinem «Liber de nymphis» die Geschichte der Meeresjungfrau Undine mitteilt, die sich durch ihre Heirat mit dem Grafen von Staufenberg eine Seele und damit die Gnade der Erlösung erwirbt, dann aber von ihrem Mann betrogen wird, wodurch diese Verbindung des Elementarwesens mit dem Menschen zur Tragödie wird – dann ist das nicht nur eine nette Episode. Es ist ein Gleichnis für die tiefverwurzelte Problematik des Verhältnisses von Mensch und Natur, Natur und Mensch. Ein Gleichnis für die Sehnsucht des Menschen, in vollkommener Regression mit der Natur zu verschmelzen – und seinem Schicksal, sich von ihr lösen zu müssen und ein distanziertes, gleichzeitig aber auch harmonisches Verhältnis zu ihr zu finden, wenn er nicht tragisch enden will. Damit hatte Paracelsus ein Motiv geschaffen, in dem die Romantiker sich selbst erkannten, und es wundert uns nicht, daß dieses Motiv auch im ausgehenden 20. Jahrhundert noch in der Dichtung und Musik so starken Widerhall findet. Es läßt an Aktualität nichts zu wünschen übrig.

Aus der Vielzahl der Lied-, Ballett-, Opern und rein instrumentalen Bearbeitungen des Elementargeistermotivs, die Kurt Goldammer in seinem Buch «Paracelsus in der deutschen Romantik» aufzuzählen weiß, nennen wir nur die bekanntesten Komponisten. E. T. A. Hoffmann trat 1816 in Berlin mit einer Undine-Komposition hervor, der ersten romantischen Oper, fünf Jahre vor Webers «Freischütz» (1821). Goldammer sieht auch Adolphe Adams «Giselle» in dieser Tradition. Als romantische Oper blieb wohl Albert Lortzings «Undine» seit ihrer Uraufführung im Jahre 1845 die populärste Variante. Parallelen sind in den Feen-Opern «Oberon» von Carl Maria von Weber und Richard Wagners «Die Feen» zu sehen, aber auch in «Fausts Verdammnis» (1846) von Hector Berlioz tauchen Elementargeister-Motive mit dem Sylphen- und Irrlichtertanz auf.

Im slawischen Bereich hat sich das Undine-Motiv vor allem in Verbindung mit einer Gestalt aus der slawischen Mythologie, der Wassernixe Rusalka, durchgesetzt. So hat Pjotr Iljitsch Tschaikowsky eine Opernpartitur mit dem Titel «Undine» der Petersburger Oper eingereicht, die aber abgelehnt wurde; er hat die Partitur später vernichtet, aber einige Stücke daraus in andere Kompositionen übernommen. Von Antonin Dvořák stammt die berühmt gewordene Rusalka-Oper, deren Libretto von Jaroslav Kvapil auf Fouqués «Undine» und Andersens Märchen zurückgreift. Ein erstes Zeichen, daß dieser Stoff sich im 20. Jahrhundert erneut durchsetzen wird, sehen wir in Sergei Prokofjews Oper «Undina» (1904–1907).

Flugblatt mit Porträt von Paracelsus,
das ihn als großen Arzt und Wundertäter preist.
16. Jh.

Erster Theil

Der Bücher vnd Schrifften / des

Edlen / Hochgelehrten

vnd Bewehrten PHILOSOPHI

vnd MEDICI,

PHILIPPI THEO-PHRASTI Bombast von Hohenheim / PARACELSI

genannt:

Jetzt auffs new auß den Originalien / vnd Theophrasti eigner Handschrifft / soviel derselben zubekommen gewesen / auffs trewlichst vnd fleissigst an tag geben:

Durch

IOHANNEM HVSERVM BRISGOIVM

Churfürstlichen Cölnischen Rhat vnnd

MEDICVM.

In diesem Theil werden begriffen die Bücher / welche von Vrsprung vnd herkommen / aller Kranckheiten handeln in GENERE: Deren Catalogus nach der Praefation an den Leser zu finden.

Adiunctus est INDEX Rerum & Verborum accuratiss. & copiosissimus.

Getruckt zu Basel / durch

Conrad Waldkirch.

ANNO M. D. LXXXIX.

Titelblatt des ersten Bandes
der von Johannes Huser veranstalteten Ausgabe
der Gesammelten Werke von Paracelsus,
Basel 1589

Erster Theil

Der grossen Wundartzney deß weitberhümpten / bewerten / vnnd erfahrnen / Theophrasti Paracelsi von Hohenheim / der Leib vnnd Wundartzney Doctoris / von allen Wunden / Stich / Schüß / Brendt / Thierbissz / Beinbrüch / Was nemlich die gantze Heilung / Zufell vnd Gebresten / gegenwertig vnd zukünfftig / in sich begreifft / Auß rechtem grundt vnd erfahrnuß treüwlich an Tag geben / vnd auß seinem selbst geschriebnen Exemplar wider auffs neüw in Truck verfertigt.

Mit Röm. Keis. Maiestat Freyheit nicht nachzůdrucken.

Titelblatt des «Erster Theil Der grossen Wundartzney», Ulm 1536

EX LIBRO

DE NYMPHIS,

SYLVANIS, PYGMAEIS, SALA-
mandris, & Gigantibus &c.

Item von der MASSA auß wel-
cher der Menſch geſchaffen
worden.

TEOPHRASTI PARACEL-
ſi Philoſophi & Medici incom-
perabilis.

NISSAE SILESIORVM
Excudebat Ioannes Cruciger.
Anno ſalutis noſtræ

1 5 6 6.

Titelblatt der Erstausgabe des «Liber de nymphis»,
1566

ALle Geschöpff Gottes der Natürlichen dingen / sein in erkentnus des Menschen / Aber nicht das ein Mensch alles wisse / sonder ein jedes Landt hat sein eygen / des seinigen erkantnus was in jm ist vnd wachse / in seinen subiectis, Ja inn dem subiecto das er selbst ist / Also die Handtwergerinn jhren subiectis, nichts ist verborgen das dem Menschen nicht wissendt sey / oder werde / nicht allein einem alles / sondern ein jeder das sein wie gesagt ist / vnd wañ alles zusammen kompt / so ist es alles bekandt miteinander / also wird alles gewist / gebraucht / vnd erfaren / vnd beschleust sich inn dem das alle ding dem Menschen vnderworffen sind / aber vnder dē menschē weis einer mehr dañ der ander / nach dem einer mehr erfahren / nit allein was seiner Region / sondern in andern auch gewandert vnd aus denselbigen das jhre gesaugt / darumb je mehr einer zusammen bringt je mehr weis er / vnd solches ist im liecht der Natur / das die Natur ein licht für sich gibt dabey mans erkendt / auch jren schein / Nun aber vber diß licht der Natur ist ein ander licht im menschen / welches in der Natur licht nit zuergründen / dasselbige ist das licht damit der mensch übernatürliche ding erfehret vñ lernet / Die im licht der Natur suchen / reden vō der natur / die im licht des menschē suchen reden vber die natur / dañ der mēsch ist mehr dañ die Natur / Er ist die Natur / er ist auch ein

Erste Textseite des «Liber de nymphis», 1566

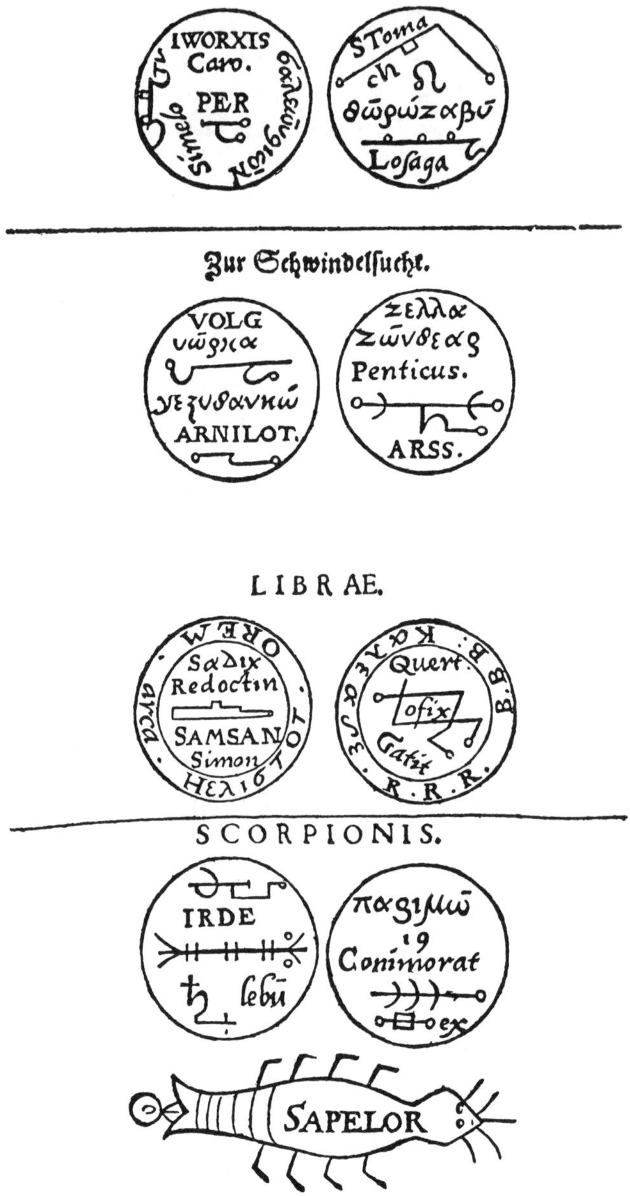

Symbole, die als Talisman verwendet wurden
und an deren Heilkraft auch Paracelsus glaubte

Arnold Böcklin: *Die Pest,* 1898.
Öffentliche Kunstsammlung Basel

Oskar Schlemmer: *Paracelsus*, 1923.
Staatsgalerie Stuttgart

Die bekannteste moderne Ballettkomposition stammt von Hans Werner Henze, dessen «Undine» 1958 vom Londoner Royal Ballet uraufgeführt und seither immer wieder nachgespielt wurde, zuletzt an der Komischen Oper Berlin in einer Inszenierung der Choreographin Arila Siegert (Februar 1992). Seit 1959 gibt es auch eine Funkoper des japanischen Komponisten Akira Miyoshi, der seine Arbeit «Ondine, Ongaku-shigeki» nennt, was so viel wie «poetisches Musikdrama» bedeutet. Nach Goldammer ist es dem Komponisten gelungen, mit Hilfe von elektronischem Instrumentarium die Beziehungen zur Welt der Elementarkräfte «in unheimlicher Weise hervortreten zu lassen». Den vorläufigen Abschluß der Opernbearbeitungen des paracelsischen Elementargeistermotivs machte Aribert Reimann mit seiner «Melusine», die nach einem Libretto von Yvan Goll und Claus H. Henneberg 1971 auf den 20. Schwetzinger Festspielen uraufgeführt wurde.

Auch in der thematisch-programmatischen Instrumentalmusik haben sich die paracelsischen Wassergeister nachhaltig Gehör verschafft, so in einer Konzertouvertüre von Felix Mendelssohn-Bartholdy zum «Märchen von der schönen Melusine», einem Opern-Libretto von Franz Grillparzer, zu dem auch eine Musik von Konradin Kreutzer existiert. Direkten Bezug auf Undine nehmen Claude Debussy in seinen «Préludes» (2. Band, Nummer 8), in denen sich ein Stück mit dem Titel «Ondine» findet, und Maurice Ravel in seiner Klaviersuite «Gaspard de la Nuit», in der sich ebenfalls ein mit «Ondine» überschriebener Satz findet.

Kurt Goldammer nennt noch die Komponisten César Franck, Jean Sibelius, Max Reger, Richard Strauss und Hans Pfitzner, die sich ebenfalls darin versucht haben, in der angesprochenen Tradition ein mystifiziertes Naturerlebnis musikalisch umzusetzen, und faßt seine Recherchen zusammen: «Es scheint, als ob das Natur- und Elementargeister-Motiv irgendwie zum Selbst- und Existenzverständnis des 19. Jahrhunderts gehörte, und zwar in breitesten Schichten seiner Bildung. Seinen Auftrieb hat es offenbar durch die von Paracelsus inspirierten klassischen Elementargeister-Gestalten seit Fouqué und E. T. A. Hoffmann erhalten.»

Von Goldammer beziehen wir noch eine Information über die Beziehung Richard Wagners zum Wassergeister-Motiv, das er in den Rheintöchtern seines «Ringes» musikalisch aufgenommen hat. An den letzten beiden Abenden seines Lebens ließ er sich im engsten Freundeskreis aus Fouqués «Undine» vorlesen. Nach dem ersten Abend hatte ihn die Lektüre offenbar so gefesselt, daß er die ganze Nacht davon träumte. Am Vorabend seines Todes, während sein letztes Portrait skizziert wurde, ließ er die Lektüre fortsetzen. Vor dem Schlafengehen spielte er noch den Schluß des «Rheingold» und bemerkte dazu: «Wie gut, daß

wir schon zeitig es erkannt haben, daß es traulich und treu nur in der Tiefe ist...»
Goldammer kommentierte diesen Vorgang: «So zeigt sich immer wieder das anscheinend unzerstörbare Leben der anschaulichsten, einprägsamsten und schönsten Idee aus der romantischen Wiederbelebung des Paracelsus, dem allerdings Fouqué dieses neue Leben eingehaucht hatte. Letztlich jedoch ist es Paracelsus selbst, der hier im Kreise Wagners und der Seinen das Schlußwort hatte.»

Ob sich für die Avantgarde der modernen Musik ähnlich starke Bezüge zu paracelsischen Überlieferungen herstellen ließen wie bei der bildenden Kunst, wäre noch zu untersuchen. Selten hat sich ein Bereich der Kunst allein und unabhängig von den sonstigen geistigen Strömungen der Zeit entwickelt. Ganz prinzipiell wäre vielleicht auch einmal zu überlegen, inwiefern die bewußten modernen Kompositionstechniken mit den Prinzipien und Verfahrensweisen der Alchemie übereinstimmen. Setzt man mit Paracelsus für alle Künste den gleichen Ursprung voraus, käme man sicher auf erstaunliche Parallelen. Wo immer die Welt sich erschließen soll, braucht es die Scheidung der Dinge, die gesonderte Entwicklung – und die künstliche Synthese im Ablauf der Zeit.
Wie «paracelsisch» eine andere Tendenz der modernen Musik, statt der klassischen Instrumente auch vorgefundene Gegenstände zum Klingen zu bringen, verstanden werden kann, erwies sich im Sommer 1991, als im Hof des pharmazie-historischen Museums in Basel einige Szenen aus meinem Stück «Paracelsus, Arzt unsrer Zeit» zur Aufführung kamen. Integraler Bestandteil der Inszenierung war eine Darbietung des Percussionisten Christian von Richthofen. Unter seinen Händen wurde der historische Ort, wo Paracelsus vor über vierhundert Jahren gewirkt hatte, zu einem einzigen Klangkörper. Er brachte es fertig, mit seinen rhythmischen Schlägen den Elementen ihren Geist zu entlocken: da wurden lebendig die Steine, das Wasser, das Glas, die Wände, die Türen, die Luft, und wir mußten uns sagen: die Welt ist nicht nur eine Apotheke; mit Kunst behandelt, erweist sie sich auch als Musikinstrument.
Paracelsus selbst ist bisher erst einmal zum Stoff einer musikalischen Umsetzung geworden. Von César Bresgen gab es eine Oper «Paracelsus», die während des Krieges in Dresden zur Uraufführung kommen sollte. Das Aufführungsmaterial wurde während eines Bombenangriffes vernichtet und vom Verlag nicht wieder hergestellt. Die Partitur befindet sich noch im Besitz der Witwe Eleonore Bresgen. Der Komponist hat einige Motive der Oper in einem Orchesterwerk wieder aufgenommen, das 1987 in Villach uraufgeführt wurde. Es gibt auch eine Orgelfassung, die 1991 in Wien zur Uraufführung kam.

Die Gestalt im Spiegel der Weltliteratur

Bilder des Hohns oder der Apotheose

Das Bild des Paracelsus erscheint in der Literatur meistens in übersteigerter Form, wobei seine Gestalt von seiner Botschaft kaum je zu trennen ist. Die erste «literarische» Darstellung seiner Person ist wohl das anonyme Spottgedicht «Galens Schatten kämpft gegen Cacophrastus», das im Jahre 1528 in Basel verteilt wurde. Drastischer kann man kaum einen Menschen verhöhnen. Es endet mit den Versen:

Verrecken will ich, wenn du es wert bist,
Dem Hippokrates seinen Nachttopf zu tragen
Oder mir meine Säue zu hüten, du Schwachkopf!
Was brüstest du dich, armselige Krähe, mit fremden Federn?
Wart nur, dein Ruhm ist schon morgen zu Ende –
Du hast uns nichts mehr zu sagen! Durchschaut
Ist dein zusammengestohlenes Zeug,
Am besten, du nimmst einen Strick und erhängst dich!

Andrerseits gab es schon bald nach seinem Tod literarische Glorifizierungen seiner Person, oft als einleitende Verse zu Textausgaben seiner Werke. Diese Widersprüchlichkeit, nämlich Hohn auf der einen, Vergötterung auf der anderen Seite, wird sich durch die Jahrhunderte erhalten. Als Gegenbeispiel zum Basler Pasquill zitieren wir ein Gedicht des berühmten Barockdichters Paul Fleming, der selbst als Arzt tätig war: «Lob des Theophrastus Bombastus Paracelsus».

Du als einziger hast in allem das sterbliche Los überschritten,
Du, der du einmal ein Mensch warst, bist denn würdig, ein Gott genannt zu werden,
Du, das Staunen und die mächtige Bewunderung der großen Welt
Und die Zierde Europas, das dir eine Mutter war.
O Ehrwürdiger, o dreimal sicherer Heilbringer unseres hohen Alters,
Nichts ist an Lob dir gleich, wie niemand dir gleich ist.

Bei der Auswahl aus der kaum übersehbaren Fülle von Romanen, Dramen, Erzählungen und Gedichten, die Paracelsus als Gestalt zum Thema haben, war uns neben der literarischen Qualität vor allem wichtig, möglichst verschiedene Aspekte herauszustellen.

Einige Texte, die wir aus Platzgründen weglassen mußten, seien immerhin erwähnt. So etwa Erwin Guido Kolbenheyers berühmt-berüchtigte Romantrilogie «Paracelsus», ein Werk, dem stellenweise eine gewisse Blut-und-Boden-Mythologie zugrunde liegt und das wohl deswegen im Nationalsozialismus zum Bestseller wurde. Trotzdem scheinen uns vor allem einige Kapitel über die Kindheit des Paracelsus auch heute noch lesenswert.
Die Universalität des Hohenheimers bringt es mit sich, daß fast jede Weltanschauung in seinem Werk korrespondierende Zeichen zu finden vermag. So hat er nicht nur in der Medizingeschichte verschiedensten Schulen als Leitfigur gedient, ähnlich erging es ihm in der Literatur. Der Roman «Paracelsus und der Garten der Lüste» von Rosmarie Schuder, einer in der ehemaligen DDR vielfach preisgekrönten Schriftstellerin, stellt vor allem den sozialen Revolutionär und Utopisten Paracelsus in den Vordergrund. Trotz einiger ideologischer Verzeichnungen gibt es darin Passagen, die auf gründlichen historischen Recherchen beruhen und anschaulich geschrieben sind.
Zu den Höhepunkten der dramatischen Literatur, die sich mit paracelsischer Überlieferung beschäftigt, gehört die Komödie «Der Alchemist» des englischen Dramatikers Ben Jonson, einem Zeitgenossen Shakespeares. Im Zentrum des Stückes steht ein betrügerischer Alchemist, der ausdrücklich als «des Paracelsus würdiger Jünger» bezeichnet wird. Dieser falsche Alchemist protzt mit paracelsischer Nomenklatur, um auf diese Weise Eindruck zu schinden. Ob Ben Jonson mit seiner Komödie auch Paracelsus selbst als Scharlatan hinstellen wollte, ist eine offene Frage. Sicher aber ist ihm eine beißende Satire auf all jene «Pseudoparacelsisten» gelungen, die den Namen und die medizinischen Errungenschaften des Hohenheimers nur benutzten, um damit üble Geschäfte zu machen.
Wie sehr es sich bei Goethes «Faust» auch um eine Darstellung des Paracelsus handelt, ist Gegenstand zahlreicher Untersuchungen. Man lese nur den ersten Monolog, der bereits genügend Passagen enthält, die fast wörtlich an paracelsische Wendungen erinnern!
Interessant ist auch das Bild des Paracelsus, das uns in Nicolaus Lenaus «Faust» entgegentritt. Sein «Faust» orientiert sich mehr am historischen Paracelsus, schon dadurch, daß er in erster Linie Arzt ist. Auch beginnt das Stück mit einer Leichenöffnung, in dessen Zentrum die Kritik des Paracelsus an den zeitgenössischen Anatomen steht, an Leichen das Wesen des Lebens demonstrieren zu wollen.

Unsre Auswahl beginnt mit einer Legende über die Kindheit des Paracelsus. Es folgt ein Beispiel, wie er bei J. K. Musäus zur Märchenfigur wurde, welcher ihn als «blutsüchtigen Theophrast» auftreten läßt. Interessant ist in diesem Zusam-

menhang, daß sich Musäus auch in seiner Bevorzugung von paracelsischen Elementargeistern durchaus beeinflußt zeigt.

Hohenheims «Rechtgläubigkeit» wurde vor allem auch in der Schweizer Literatur immer wieder in Zweifel gezogen, so etwa in Jeremias Gotthelfs Roman «Anne Bäbi Jowäger, wie es haushaltet und wie es ihm mit dem Doktor ergeht» (1843); da wird er in zweifelhaftem Sinne als «Herr der Geister» bezeichnet. Ganz im Gegensatz zu dieser negativen Sicht des «magischen Paracelsus» steht ein Zeugnis aus der lateinamerikanischen Literatur des 20. Jahrhunderts, die Erzählung «Die Rose des Paracelsus» von Jorge Luis Borges.

Die Erscheinung des Paracelsus hat sich nicht nur in Werken niedergeschlagen, die ihn namentlich in den Mittelpunkt stellen; oft treffen wir auch auf Wesensmerkmale seiner Person und inhaltliche Bezüge zu seinem Werk, die sich von seinem Namen gelöst haben und eine literarische Personalunion mit anderen Überlieferungen eingegangen sind. Karl-Heinz Weimans Untersuchung «Paracelsus in der Weltliteratur» verdanke ich den Hinweis auf Gerhart Hauptmann: «Neben seiner schlesisch-mystischen Vorbelastung» gewann er vor allem aus seiner Beschäftigung mit Paracelsus «die Anregung für seine neuromantische Schaffensrichtung. Von hier kommt ihm u. a. die Anregung zur Gestaltung mystisch-spiritualistischen Gottsuchertums (z. B. ‹Der Narr in Christo Emanuel Quint›) und zu Elementargeisterschöpfungen (Nickelmann in ‹Die versunkene Glocke›; ‹Das Meerwunder›).» Tatsächlich lesen sich gewisse Passagen aus «Der Narr in Christo Emanuel Quint» nicht nur wie eine Darstellung paracelsischer Naturfrömmigkeit, sondern vermitteln uns einen Einblick in den existentiellen Zustand des Hohenheimers, den er während seiner Appenzeller Einsamkeiten durchlitten haben mag.

Ein ganz anderes Paracelsus-Bild vermittelt uns Artur Schnitzlers «Paracelsus». Unbekümmert um historische Tatsachen, zeigt er uns den Hohenheimer als Geist-Heiler und Hypnotiseur und bringt ihn damit in Zusammenhang mit den Anfängen der Psychoanalyse bei Breuer und Freud, die aus den Enthüllungen ihrer hypnotisierten Patienten diagnostische Schlüsse zogen.

Wir lassen einige Gedichte folgen, zunächst eine boshafte Satire von Conrad Ferdinand Meyer aus seinem Zyklus «Huttens letzte Tage». Ganz anders sieht der österreichische Dichter Max Mell den Hohenheimer in seinem Gedicht; es ist in kürzester Form eine Zusammenfassung der paracelsischen Weltschau. Von Max Mell gibt es auch eine theatralische Bearbeitung des Stoffes: «Der Garten des Paracelsus», eine Art Traumspiel.

Einen Höhepunkt romantischer Paracelsus-Verklärung finden wir in Achim von Arnims «Siegeslied nach Aussprüchen von Paracelsus». Dem schließt sich ein Auszug aus dem monumentalen Paracelsus-Drama des englischen Dichters

Robert Browning an, der den Hohenheimer zu einer mystischen Erlöserfigur stilisiert. Ähnlich erscheint uns Paracelsus auch in einem Gedicht von Ezra Pound, in dem wir nicht nur den Hohenheimer wiederfinden, sondern auch dessen Todesauffassung.

Nüchtern und kenntnisreich ist das Gedicht «Paracelsus» von Jürg Federspiel, mit dem wir die Auswahl literarischer Texte, in denen sich die Person des Hohenheimers spiegelt, beschließen.

SERGIUS GOLOWIN

Wie Paracelsus im Bergwald den Schlüssel der Naturgeheimnisse gewann

Den Eltern des kleinen Theophrast, den wir heute unter dem Ehrennamen Paracelsus kennen, gehörte das Wirtshaus an der Teufelsbrücke an der Sihl. Dort pflegten sie die Tausende von Pilgern, die aus aller Welt zum Kloster von Einsiedeln strömten. Die Mutter stellte den Gästen Brot und Wein auf den Tisch. Der Vater, ein großer Arzt, untersuchte den Zustand ihrer Gesundheit. Bei den langen Pilgerreisen ging es oft Wochen hindurch, zu Pferd oder zu Fuß, wild genug zu! Die Gaststube an der Sihl war, wie man sagt, der Platz, an dem sich die Wanderer von ihren oft zu weltlichen Gedanken verabschiedeten. Sie erzählten einander und dem Wirtepaar von all ihren Schwächen und Sünden, die sie zu ihrer Pilgerreise bewogen hatten. Oft zechten sie noch einmal tüchtig und schliefen sich dann nochmals aus, bevor sie mit neuen Gedanken dem ehrwürdigen Kloster zuwanderten.

Die Teufelsbrücke soll auch nach einer Sage ihren Namen davon erhalten haben: Wenn man über sie zog, versuchte man alle seine bösen Gedanken zu vergessen. Man blickte nach einem Gebet zum Wasser hinab und hoffte, daß jetzt das Schlechte von einem weggeschwemmt werde. Hatte man erst die Teufelsbrücke in seinem Rücken, so wollte man nur noch an himmlische Dinge denken.

Der kleine Theophrast kletterte einmal beim Ziegenhüten auf den Felsen am steilen Sihlufer herum. Da sah er auf der andern Seite des Bergbachs einen Mann

mit Silberhaaren, der auf einem Stein saß. Zwei schwarze und mächtige Bergraben flogen zu ihm und schienen ihm etwas zu erzählen: Was es war, konnte der Knabe wegen dem Wasserrauschen nicht vernehmen.
Als er darauf die Geschichte im Wirtshaus erzählte, gefiel sie den Pilgern, die gerade hier rasteten. Sie vermuteten gar, Theophrast habe den heiligen Meinrad geschaut, der einst an der Stelle des heutigen Klosters mit seinen Raben in seiner Waldeinsiedelei gelebt hatte. Noch immer soll er hie und da in der Umgebung seiner Wirkungsstätte erscheinen und dabei stets dem Volk von Einsiedeln Glück und Gesundheit schenken.
Gerade für Theophrast hatte auf alle Fälle die Begegnung eine besondere Bedeutung. Als er kurz darauf wieder aus der Gaststube ins Freie trat, erschien ihm, als habe sich die ganze Welt um ihn verändert. Auf einmal war es dem Knaben, als seien alle Geräusche von Pflanzen und Tieren, sogar der Wind und das Wasserrauschen für ihn verständlich geworden: Das Wiehern der Rosse, das Muhen der Kühe, das Meckern der Ziegen, das Bellen der Hunde, das Miauen der Katzen, aus allem konnte er jetzt die Worte der Weisheit heraushören. Jedes Kraut verkündete ihm in Worten, die nur für sein Ohr verständlich waren, von den wunderbaren Geheimnissen, die der Schöpfer in ihm verborgen hatte...
An einem Sonntagmorgen wanderte nun Theophrastus zu einem dunklen Tannenwald. Nichts wurde in ihm geschlagen, weil man gut wußte, daß seine mächtigen Wurzeln schon durch Jahrhunderte den gefährlichen Erdrutsch verhinderten.
Doch auf einmal vernahm er eine feine Stimme, die unausgesetzt seinen Namen rief. «Wer schreit da nach mir?» fragte Theophrast, zu den Bäumen gewendet. «Ich», piepste es aus einer der Tannen, «ich bin hier eingeschlossen. Erlöse mich aus meinem Gefängnis, dies soll dein Schaden nicht sein!»
«Wer bist denn du?» fragte Theophrast, der bereits gewohnt war, auf seinen Wanderungen durch Berg und Wald dem wunderbarsten Volk zu begegnen.
«Ich bin der Geist, der eine scheußliche Seuche über das Land verbreitete», antwortete die Stimme, offenbar ganz aus der Nähe, «das ist nun einmal meine Aufgabe, aber ich bin eigentlich nicht böse. Holst du mich hier heraus, soll dies die Erfüllung all deiner Wünsche bedeuten. Sage mir nur, was für Geschenke dir eine besondere Freude bereiten würden.»
Theophrastus mußte nicht lange nachdenken: «Ich will den armen Menschen helfen, deren Elend ich trotz meiner Jugend bereits wohl kenne», meinte er. «Ich will eine Arznei besitzen, mit der ich jede Krankheit zu heilen vermag. Ich wünsche mir aber auch das Mittel, mit dem man jedes Metall in glänzendes Gold verwandeln kann. Wer sagt mir aber, daß du, wenn du schon ein böser Geist bist, mich nicht betrügst?»

«Wir geben unser Wort selten», antwortete die Stimme, «aber wir halten es auch. Täten wir es nur einmal nicht, kein Sterblicher würde je auf uns hereinfallen.»

Theophrast überlegte es sich gut. Dann zog er sein starkes Messer und betrachtete die nahen Baumstämme. Schon bald erkannte er, daß in eine der Tannen ein Holzzapfen eingeschlagen war. Drei Kreuze waren darauf geschnitzt, und dieses fromme Zeichen hinderte wohl den Geist, seinen Kerker zu verlassen.

Mühsam schnitt nun Theophrast den Verschluß aus dem Baume, in den er eingeschlagen war. Dann trat er zurück und wartete der Dinge, die nun kommen sollten. Siehe da – eine kleine schwarze Spinne kam aus dem Loch heraus. Sie kletterte den Stamm hinunter zum Moos, das die Baumwurzeln bedeckte.

Hier geschah eine rasche Verwandlung. An der Stelle, an der das Geschöpf den Boden erreichte, richtete sich ein dunkler Mann auf, dessen weiter Mantel aus feuerrotem Stoff nur mangelhaft seine Hahnenfüße verbarg.

«Warte hier», sprach das unheimliche Geschöpf zu seinem Wohltäter, «ich bin in wenigen Augenblicken zurück. Jetzt wirst du Zeuge davon sein, wie unsereiner seine Versprechen einhält.»

Der Mann, der noch soeben eine Spinne gewesen war, riß nun eine Haselrute aus. Mit ihr schlug er auf einen mächtigen Felsen, der aus dem Bergwald emporragte. Der Stein klaffte darob auf und gab eine Pforte frei, die in die Unterwelt hineinführte. Der Geist aus dem Baum verschwand kurz in der Öffnung, um sich schon bald wieder zu zeigen. In jeder seiner Hände trug er nun ein wohlverschlossenes Glas: Eins glänzte gleich Silber, das andere aber wie pures Gold.

«Das Gefäß, das mondweiß leuchtet», sagte der Dunkle, «hat einen Inhalt, vor dem jede irdische Krankheit entflieht. Das gelbe ist aber voll einer Flüssigkeit, die spielend jedes Metall veredelt.»

Theophrast glaubte nun einmal nichts ohne eine gründliche Prüfung. So ließ er aus dem einen der beiden Gläser einen gelben Tropfen auf seine Handfläche fallen – schon besaß er ob dieser Übung ein echtes Goldstück! Mit dem anderen Fläschchen eilte er zu einer nahen Hütte, in der sich ein verunglückter Gemsjäger auf seinem Schmerzenslager abquälte: Nur einen Silbertropfen mußte der künftige König der Ärzte verwenden, schon war der Leidende wieder im Vollbesitz seiner Körperkräfte. Seltsam – beide Gefäße aus der Erdhöhle waren wieder voll, als habe noch immer niemand auch nur einen Tropfen von ihrem Inhalt verwendet.

Der Mann im roten Feuermantel hatte geduldig abgewartet, ob sein Retter auch wirklich mit seinem Lohn zufrieden war. Dann sagte er ihm mit dumpfer Stimme seinen Abschied. Sein Aussehen wurde nun immer undeutlicher, er

begann sich geradezu in etwas wie eine schwarze, nach allen Seiten wachsende Wolke zu verwandeln.
«Wohin eilst du so?» rief Theophrast, bevor sich der andere ganz aufgelöst hatte und damit entschwunden war.
«Ich werde meine Arbeit dort fortsetzen, wo man mich unterbrach und in die Tanne sperrte», dröhnte es aus dem emporwirbelnden Rauch, «ich werde jetzt in die Täler schweben. Dort will ich mich ausbreiten und den Menschen, die es für ihre Untaten wohl verdient haben, meine mörderische Seuche bringen. Hoffentlich findest du selber später noch jemand, dem du mit deinen Gläsern einigen Nutzen bringen kannst!»
«Was war das für ein frommer Mann», rief nun Theophrast, der sich das ganze rasch überlegt hatte, «der um so viel mächtiger war als du? Wie konnte er dich, der du jetzt als Seuchenwolke schon viel größer bist als die hohe Tanne, in ein so winziges Loch hineinstecken. Du selber könntest so was ganz sicher nicht!»
Der böse Geist hatte offensichtlich eine Schwäche – er hörte nicht gern, wenn man seine Fähigkeiten unterschätzte. Also verwandelte er sich wieder in den unheimlichen Mann mit rotem Mantel und Hahnenfüßen. «Die Wette gilt», knirschte er, «was gibst du mir, wenn ich mich nochmals aus freiem Willen in eine winzige Spinne verwandle und von neuem in den Baum krieche?»
Theophrast lachte spöttisch und ließ sich nicht lumpen: «Wenn du so was wirklich kannst, was ich von Herzen bezweifle, magst du beide Wunderflaschen zurück haben. Dann bin ich nicht mehr befähigt, damit den armen und leidenden Menschen zu helfen.»
Die Wette war also angenommen, und der böse Geist handelte blitzschnell. Schon verdichtete er sich, ballte sich zusammen und war nun nichts anderes mehr als eine winzige Spinne, die über das Moos kroch. In aller Eile rannte diese die Baumrinde hinauf und war schon im Löchlein drinnen, in dem sie so lange auf einen Befreier geharrt hatte.
Theophrast handelte nun nicht viel weniger rasch. Mit all seiner Kraft drückte er den Zapfen wieder in die Öffnung hinein. Mit seinem guten Messer schnitt er dann auf der gleichen Stelle von neuem drei Kreuze ins Holz. Damit war der Herr einer grausamen Seuche von neuem gefangen. Er konnte nun flehen und winseln so viel er wollte, sein Überlister schritt schon zur Menschensiedlung, in der er viel des Elends wußte.
Von nun an und für ein ganzes Menschenleben sollte das Wunder seinen Schritten folgen. Er konnte in Stadt und Land, in Schloß und Hütte mit seinem Silbertrank die Krankheiten vertreiben. Was seine Goldtinktur anging, so floh vor ihren Wirkungen jede Not. Überall priesen die Armen den Theophrast von Hohenheim, den man schon bald als Paracelsus kannte: Wo er durch die Türen trat, breitete sich die Gesundheit aus, und der Wohlstand zog ein.

Ob der böse Geist noch immer in der Tanne haust? Solche Bannwälder, die das Land vor Erdrutschen und Lawinen schützen, werden nie gefällt. Erst wenn die Menschen diesen klugen Brauch ihrer Altvordern vergessen, werden sie auch den Baum des Paracelsus nicht verschonen. Dann wird auch der Spinnengeist frei und dadurch befähigt, schreckliche Übel in der ganzen Welt zu verbreiten. Darum ist das Volk, dort wo es die alten Geschichten kennt, noch immer fest überzeugt: Man sollte nie die Bergwälder zerstören. Sie stehen, wie es der weise Theophrast stets lehrte, nie ohne einen tiefen Grund da. Auf vielerlei Arten, von denen wir etliche gar nicht kennen können, beschützen sie den Menschen. Als unermüdliche Wächter hüten sie das Wachsen und Gedeihen unten in den Tälern. Sie bannen noch immer die Gefahr, wie sie es bereits lange Jahrhunderte getan haben.

J. K. A. Musäus

Der blutsüchtige Theophrast

Bald darauf führte der aufmerksame Wirt einen Mann ein, der recht wie gerufen kam; es war ein Arzt, der nach dem Gesundheitszustande der Gräfin und ihrer schönen Töchter forschte, den Puls prüfte und mit bedeutender Miene mancherlei bedenkliche Symptome ahndete. Ob sich die Dame nach Beschaffenheit ihrer Umstände gleich so wohl befand als jemals, so machte ihr doch die angedrohte Gefahr für das Leben bange, denn aller Leibesbeschwerden ungeachtet, war ihr der gebrechliche Körper noch so lieb wie ein langgewohntes Kleid, das man nicht gern entbehrt, ob es gleich abgetragen ist. Auf Verordnung des Arztes verschluckte sie starke Dosen temperierender Pulver und Tropfen, und die gesunden Töchter mußten wider Willen und Dank dem Beispiel der besorgten Mutter gleichfalls folgen.
Allzu nachgiebige Patienten machen strenge Ärzte; der blutsüchtige Theophrast bestund nun sogar auf einer Aderlässe, zog in Ermanglung seines Handlangers, des Wundarztes, die rote Binde hervor, und die Gräfin bequemte sich zu dem angerühmten Präservativ gegen alle schädliche Wirkungen des Schreckens

unweigerlich, sie würde nicht widersprochen haben, wenn seine Forderungen für die Gesundheitspflege bis zum Klystier gestiegen wären. Zum Glück kam er nicht auf den Einfall, dieses heroische Mittel zu verordnen, welches die schamhaften Fräuleins zur Verzweiflung würde gebracht haben; denn nur mit Mühe vermocht es die Überredungskunst des Arztes und die mütterliche Autorität über sie, daß sie die Furcht für dem stählernen Zahn des Schneppers überwanden und den Fuß ins Wasser setzten. Die verschleimte Lymphe der Mutter und der purpurfarbene Balsam der Gesundheit aus den Adern der Töchter rieselte nun ohne Verzug in das silberne Becken. Zuletzt kam auch die Kammerjungfer noch an den Reihen; ob sie gleich hoch beteuerte, sie sei so blutscheu, daß die kleinste Verwundung von einer Nähnadel ihr Schwindel und Ohnmachten zu erregen pflege, so kehrte sich der unerbittliche Arzt doch an kein Protestieren, entstrumpfte den Fuß des niedlichen Mädchens ohne Barmherzigkeit und bediente sie so kunstmäßig und sorgfältig als ihre Herrschaft.

Jeremias Gotthelf

Paracelsus, Herr der Geister

«Aber Onkel«, sagte der Doktor, «Ihr kömmt da auf ein Feld, auf dem ich Euch zu finden nie erwartet hatte; seid Ihr noch im Aberglauben befangen und wollt Ihr uns zu Marktschreiern machen, sollen wir den Theophrastus Bombastus Paracelsus nachahmen?»

«Eben das meine ich nicht», sagte der Onkel, «aber den rechten Namen hast du mir genannt, an welchem ich dir begreiflich machen kann, was ich meine.

Dieser Paracelsus, möglicherweise ein Unterwaldner und geboren im Jahre 1493, machte gewaltiges Aufsehen in der Welt, und seinen Namen brannte er in die Geschichte ein. Er polterte gewaltig gegen alles bisherige Wissen, und sein Wissen bestund doch auch nur aus dem Wissen der damaligen Zeit, aber durchleuchtet mit einigen eigenen Geistesblitzen. Er dachte sich alle Heilmittel zusammengesetzt aus zweierlei, aus Stoff der Erde und in dem Stoff eine Tugend, Kraft, Seele möchte man fast sagen, welche Letztere nicht erschaffen, sondern von Gott ausgeflossen sei, mit der Pflanze zum Beispiel nicht zerfalle, sondern zu Gott zurückkehre, also mit den Sinnen nie wahrgenommen werden könne. Obgleich er diese Kräfte als von Gott ausgeflossen annahm, so konnte sich derselben doch bemächtigen, wer es verstund, und sie zu seinen Dienern machen nach seinem Willen, so daß wiederum Leben und Tod gleichsam von ihm abhing, die Brücke zwischen ihm und Gott abgebrochen war. Er, gleichsam Herr dieser Geister in den Elementen, möchte fast zu zählen sein zu den alten Zauberern, einer Art von heidnischen Priestern, obgleich diese weniger schwatzten; er rühmte sich auch eines Lebenselixiers, wahrscheinlich zusammengesetzt aus Schwefel, Salz und Quecksilber, starb aber eben diesem Elixier zu Trotz, ehe denn er fünfzig Jahre alt war. Sein Leben stand also in einer andern Hand als in seiner Hand, weder in seinem Wissen noch in seiner Kunst. Der Arzt hat es mit seinem Walten nicht anders als der Landmann mit seiner Saat, der Hausvater mit seinem Haushalt, der Pfarrer mit seinem Wort; es ist alles, alles eitel, wenn Gott nicht Leben und Segen gibt.»

Jorge Luis Borges

Die Rose des Paracelsus

De Quincey: Writings XIII, 345

In seiner Werkstatt, die die beiden Kellerzimmer umfaßte, bat Paracelsus seinen Gott, seinen unbestimmten Gott, irgendeinen Gott, daß er ihm einen Schüler schicke. Es wurde Abend. Das spärliche Feuer im Kamin warf unregelmäßige Schatten. Aufzustehen, um die Eisenlampe anzuzünden, war zuviel Mühe. Geistesabwesend vor Müdigkeit, vergaß Paracelsus sein Bittgebet. Die Nacht hatte die staubigen Alembiks und den Athanor ausgelöscht, als es an die Tür klopfte. Schläfrig erhob sich der Mann, stieg die kurze Wendeltreppe empor und öffnete einen Türflügel. Ein Unbekannter trat ein. Auch er war sehr müde. Paracelsus wies ihn zu einer Bank; der andere setzte sich und wartete. Eine Zeitlang wechselten sie kein Wort.

Der Meister sprach als erster. «Ich erinnere mich an Gesichter des Okzidents und an Gesichter des Orients», sagte er nicht ohne eine gewisse Feierlichkeit. «An deins erinnere ich mich nicht. Wer bist du, und was willst du von mir?»

«Mein Name tut nichts zur Sache», erwiderte der andere. «Drei Tage und drei Nächte bin ich gewandert, um in dein Haus zu gelangen. Ich möchte dein Schüler sein. Ich habe dir all meinen Besitz mitgebracht.»
Er holte einen Leinenbeutel hervor und entleerte ihn auf den Tisch. Es waren viele Münzen, und sie waren aus Gold. Er tat es mit der rechten Hand. Paracelsus hatte ihm den Rücken gekehrt, um die Lampe anzuzünden. Als er sich umwandte, bemerkte er, daß die Linke eine Rose hielt. Die Rose beunruhigte ihn.
Er lehnte sich zurück, legte die Fingerspitzen aneinander und sagte:
«Du glaubst, ich sei imstande, den Stein zu schaffen, der alle Elemente in Gold verwandelt, und du bietest mir Gold. Es ist nicht Gold, was ich suche, und wenn dir an Gold gelegen ist, wirst du niemals mein Schüler sein.»
«Mir liegt nichts am Gold», entgegnete der andere. «Diese Münzen sind nichts weiter als ein Beweis meines Arbeitswillens. Ich möchte, daß du mich die Kunst lehrst. Ich möchte an deiner Seite den Weg gehen, der zum Stein führt.»
Paracelsus sagte langsam:
«Der Weg ist der Stein. Der Ausgangspunkt ist der Stein. Wenn du diese Worte nicht begreifst, hast du noch gar nicht angefangen zu begreifen. Jeder Schritt, den du gehst, ist das Ziel.»
Der andere sah ihn mißtrauisch an. Er sagte mit klarer Stimme:
«Aber es gibt doch ein Ziel?»
Paracelsus lachte.
«Diejenigen, die mich schmähen und die ebenso zahlreich wie dumm sind, sagen nein und nennen mich einen Hochstapler. Ich gebe ihnen nicht recht, doch es ist nicht ausgeschlossen, daß das ein Irrtum ist. Ich weiß, es gibt einen Weg.»
Sie schwiegen, dann sagte der andere:
«Ich bin bereit, ihn mit dir zu gehen, und sollte er viele Jahre in Anspruch nehmen. Laß mich durch die Wüste wandern. Laß mich wenigstens von fern das Land der Verheißung erblicken, obwohl die Gestirne mir den Eintritt verwehren. Ich begehre einen Beweis, ehe ich mich auf den Weg mache.»
«Wann?» fragte Paracelsus beunruhigt.
«Jetzt sofort», sagte der Schüler mit jäher Bestimmtheit.
Zunächst hatten sie lateinisch gesprochen; jetzt deutsch.
Der junge Mann hob die Rose hoch.
«Man sagt», sprach er, «du könntest eine Rose verbrennen und mit Hilfe deiner Kunst aus der Asche wiederauferstehen lassen. Laß mich Zeuge dieses Wunders sein. Darum bitte ich dich, und danach gehört mein ganzes Leben dir.»
«Du bist sehr leichtgläubig», sagte der Meister. «Leichtgläubigkeit habe ich nicht nötig; ich verlange Glauben.»

Der andere gab nicht nach.

«Eben weil ich nicht leichtgläubig bin, möchte ich mit eigenen Augen die Vernichtung und Auferstehung der Rose sehen.»

Paracelsus hatte sie ihm abgenommen und spielte mit ihr, während er sprach.

«Du bist leichtgläubig», sagte er. «Du sagst, ich bin imstande, sie zu vernichten?»

«Niemand ist außerstande, sie zu vernichten», sagte der Schüler.

«Du täuschst dich. Glaubst du vielleicht, es könne irgend etwas dem Nichts überantwortet werden? Glaubst du, Adam im Paradies hätte eine einzige Blume oder einen Grashalm vernichten können?»

«Wir sind nicht im Paradies», sagte der junge Mann starrköpfig. «Unter der Sonne hier ist alles sterblich.»

Paracelsus war aufgestanden.

«Wo sonst wären wir denn? Glaubst du, daß die Gottheit einen Ort schaffen kann, der nicht das Paradies ist? Glaubst du, daß der Sündenfall etwas anderes ist als nicht zu wissen, daß wir im Paradies sind?»

«Eine Rose kann verbrennen», sagte der Schüler herausfordernd.

«Es ist noch Feuer im Kamin», sagte Paracelsus. «Wenn du diese Rose auf die Glut wirfst, wirst du glauben, daß sie verglüht und daß die Asche wirklich ist. Ich sage dir, daß die Rose ewig ist und daß nur ihre Erscheinung sich ändern kann. Es bedarf einzig eines Wortes von mir, damit du sie von neuem siehst.»

«Eines Wortes?» sagte der Schüler verwundert. «Der Athanor ist erloschen, und die Alembiks sind voll von Staub. Was tust du, um sie wiederauferstehen zu lassen?»

Paracelsus sah ihn traurig an.

«Der Athanor ist erloschen», wiederholte er, «und die Alembiks sind voll von Staub. Auf dieser Strecke meiner langen Reise gebrauche ich andere Instrumente.»

«Ich wage nicht zu fragen, welche das sind», sagte der andere verschlagen oder demütig.

«Ich spreche von dem, was die Gottheit gebrauchte, um Himmel und Erde zu schaffen und das unsichtbare Paradies, in dem wir uns befinden und das uns durch die Erbsünde verborgen ist. Ich spreche von dem Wort, das uns die Wissenschaft der Kabbala lehrt.»

Der Schüler sagte kalt:

«Bitte sei so gnädig, mir das Verschwinden und Wiedererscheinen der Rose zu zeigen. Es ist mir gleichgültig, ob du Brennkolben benutzt oder das Wort.»

Paracelsus überlegte. Schließlich sagte er:

«Wenn ich es täte, würdest du sagen, daß es sich um eine Erscheinung handelt, die dir deine Augen vorzaubern. Das Wunder gibt dir nicht den Glauben, den du suchst. Laß also die Rose.»

Der junge Mann sah ihn noch immer mißtrauisch an. Der Meister erhob die Stimme und sagte:

«Außerdem, wer bist du denn, ins Haus eines Meisters einzudringen und von ihm ein Wunder zu verlangen? Was hast du geleistet, um eine solche Gabe zu verdienen?»

Der andere antwortete unsicher:

«Ich weiß schon, daß ich nichts geleistet habe. Ich bitte dich im Namen der vielen Jahre, die ich lernend in deinem Schatten verbringen werde, daß du mir die Asche und danach die Rose zeigst. Um weiteres bitte ich dich nicht. Ich glaube dem, was meine Augen mir bezeugen.»

Jäh nahm er die rote Rose, die Paracelsus auf dem Pult liegen gelassen hatte, und warf sie in die Flammen. Die Farbe verlosch, und übrig blieb nur ein wenig Asche. Einen unendlichen Augenblick lang hoffte er auf die Worte und das Mirakel.

Paracelsus war gelassen geblieben. Mit sonderbarer Schlichtheit sagte er:

«Alle Ärzte und alle Apotheker Basels behaupten, daß ich ein Schwindler bin. Vielleicht haben sie recht. Dort ist die Asche, die die Rose gewesen ist und sie nicht wieder sein wird.»

Der junge Mann empfand Scham. Paracelsus war ein Scharlatan oder ein bloßer Phantast, und er, der Eindringling, war in sein Haus gekommen und hatte ihn nunmehr genötigt zuzugeben, daß seine berühmten magischen Künste ohne Wirkung waren. Er kniete nieder und sagte:

«Ich habe unverzeihlich gehandelt. Es fehlte mir der Glaube, den der Herr von den Gläubigen verlangt hat. Laß mich weiter die Asche sehen. Ich kehre zurück, wenn ich stärker bin, und dann werde ich dein Schüler sein und am Ende des Wegs die Rose sehen.»

Er sprach mit wahrer Leidenschaft, doch diese Leidenschaft war das Mitleid, das ihm der alte, so verehrte, so umworbene, so illustre und darum so hohle Meister einflößte. Wer war er, Johannes Grisebach, mit frevelhafter Hand zu entdecken, daß hinter der Maske niemand war?

Ihm die Münzen dazulassen, wäre ein Almosen gewesen. Beim Hinausgehen nahm er sie wieder an sich. Paracelsus begleitete ihn zum Fuß der Treppe und sagte, daß er in diesem Fall jederzeit willkommen wäre. Beide wußten, daß sie sich nicht wiedersehen würden.

Paracelsus blieb allein. Bevor er die Lampe löschte und sich in den ermatteten Sessel niederließ, nahm er das feine Häufchen Asche in die hohle Hand und sagte mit leiser Stimme ein Wort. Die Rose erstand aufs neue.

Gerhart Hauptmann

Der Narr in Christo Emanuel Quint
(Paracelsisch-apostolisches Christentum)

Über der Baumgrenze angelangt, wurde dem Toren freier zumute. Die ungewohnten, gewaltigen Eindrücke um ihn her bedrohten ihn nun nicht mehr, sondern sie hoben ihn jählings aus dem Staub der Erniedrigung zu einer erhabenen Höhe empor. Er sah die Welt unter sich. Das Gebirge, das ihn rings mit steinernen Kraterwänden halbkreisförmig umgab und bis in die Wolken überragte, war ihm zugleich der Schemel für seine Füße geworden. Er atmete frei. Er wandte sich gegen den weiten unendlichen Himmel und sagte: «Gott!» Er wandte sich gegen den bunten, welligen Teppich der Länderflächen, der von den Schatten weißer Gewölke gefleckt erschien, und sagte: «Gott!» Er wandte den Rücken gegen die Tiefe und blickte staunend gegen die zackigen Wände und Riffe der ihn umgebenden Felsmauer hin, auf die zwischen ihnen gestauten Schutt- und Geröllhalden und sagte: «Gott!» Er betrachtete das Gestein, das in riesige Blöcke gelöst wie von Zyklopenhänden in jahrtausendelanger Arbeit zusammengetragen über- und untereinander gestürzt weite Hänge bedeckte, und plötzlich, eh er den Namen Gottes zu nennen imstande war, flüsterte ihm eine Stimme ins Ohr: Bist du Gottes Sohn, so sprich, daß diese Steine Brot werden.

Aber Emanuel war auf der Hut; er wies diese Stimme, die ihn zum Sohne Gottes machte, ab, indem er so tat, als habe sie ihn nur verführt, an Jesum diese Bitte zu richten. Und er bat den Heiland deshalb um Vergebung. Er sagte: «Ich weiß, du kannst es! Auch daß du es tun wirst, wenn ich bitte! Aber es lebt der Mensch nicht vom Brot allein!» – Es schien dem Narren, als ob durch diese Erwägung der leibliche Hunger, den er seit einigen Stunden empfand, gestillt worden wäre.

«Sondern von einem jeglichen Wort, das durch den Mund Gottes geht.» Darüber dachte er weiter nach. Es war in ihm eine seltsame Unwissenheit. Er hatte lesen gelernt um der Bibel willen. In ihr forschte sein Geist. Was sonst an sinnfälligen Dingen ihn seit seiner Jugend umgeben hatte, kannte er nur gemäß den natürlichen Spiegelungen der Seele und jener Liebesbeziehung, die ihn mit allem, was ist, verband. Darum blieben ihm Himmel und Wolken, Sonne und Tag, Nacht, Mond und Sterne das reine Mysterium. Desgleichen die Erde mit ihrem Getier, Gestein und Gras, und als er nun durch den Sinn des Gesichts und Gehörs dies alles aus tiefer Einsamkeit in sich faßte, schien ihm jegliche Kreatur und das Ganze der ihn umgebenden Welt der Erscheinung das durch den Mund Gottes gegangene Wort zu sein.

Mit wenigen Anklängen seiner Mundart sagte er, nicht ohne rednerische Anmut und Leichtigkeit, etwa folgendes zu den Brüdern:
«Ich habe hier mehrere Wochen lang beinahe in völliger Einsamkeit gelebt und bin mit mir über allerlei ernste Dinge zu Rat gegangen. Diese Hütte, die kaum eine Hütte ist, war jedenfalls ein Versteck für mich. Da aber das Reich Gottes heute wie je, trotzdem sich so viele Menschen Christen nennen, wie schon gesagt, ein Geheimnis ist, wie sollte sich der Bekenner beklagen, der Diener am Wort, wenn er sich auch vor den Menschen verstecken muß?
Ich merke sehr wohl, Ihr seid gelehrt, ich bin ungelehrt» – er nahm aus dem arg zerschlissenen Rock, und zwar aus einem der langen Schöße seine kleine Bibel hervor! – «Ich habe nur immer wieder dies eine, heilige Buch gelesen: aber ich glaube, Gott wäre auch dann bei mir, wenn ich auch dieses Buch nicht gekannt hätte.»
Er küßte das Buch und fuhr dann fort: «Gott ist in meinem Herzen so groß, daß mir den Gedanken zu denken nicht möglich ist, er sei an irgendein Buch gebunden. Ein Buch an sich ist ja wunderbar, besonders für die, die nicht lesen können. Ich glaube, die Furcht vor dem Buch stammt vielleicht aus jenen Zeiten her, wo es den meisten Menschen noch unbegreiflich erscheinen mußte, Bücher reden und gewissermaßen lebendig zu sehen. Und nun gar dieses Buch, das ich in der Hand halte.
Aber Gott wird nur immer in mir lebendig, nicht im Buch! Wenn ich das Buch hier unter die Steine verberge und liegen lasse und der Mensch, der lesen kann, und in dem es zum Leben erwachen kann, findet es nicht, so bleibt es tot. Es ist immer tot, nur wir sind lebendig. Das Buch, ohne mich, ist tot wie ein Stein. Ich ohne das Buch dagegen bin, wenn Gott will, ein Gefäß seiner Gnade und ganz erfüllt mit dem heiligen Geist.»
Und Emanuel wies mit dem Finger auf seine rotbewimperten Augen hin: «Ich werde entweder Gott selbst mit diesen Augen, die nach außen und innen strahlen, erblicken, oder ihn niemals sehen!» Er wies auf die Sonne am bleichen Himmel: «wer dies nicht sähe, er sähe denn vorher in ein Buch, für den hätte Gott keine Zunge zu sprechen. Das vornehmste Werkzeug der Offenbarung Gottes ist der Mensch, nicht irgendein Buch, wie immer geartet. Aber der Mensch, als Werkzeug der Offenbarung, schuf für die Menschheit ein anderes Mittel menschlich göttlicher Offenbarung: nämlich das Buch. Das Buch», sagte

Quint, «ist nichts, als ein Brief, durch den Menschen, die fern voneinander sind – und eigentlich sind alle räumlich und zeitlich fern voneinander! – sich gegenseitig von ihrem Leben und Leiden und dem, was Gott in ihnen wirkte, Meldung tun. Gott heiligt den Menschen, der Mensch das Buch! und der Mensch, durch das Buch, kann den Menschen heiligen.

So bin ich durch Jesum, mittelst des Buches, geheiligt worden.»

Auf dem Antlitz des Narren verbreitete sich eine innige Heiterkeit. «Man muß sich an der reinen und stillen Erkenntnis genügen lassen. Es ist genug, wenn ich fühle, daß niemand – niemand! – nicht einmal ein Buch! zwischen mir und Gotte ist! – Aber neben mir steht mein Menschenbruder, des Menschen Sohn! steht Jesus, der aus Liebe zu seinen Brüdern um Gottes willen gestorben ist.

Man kann solche Dinge denen nicht aussprechen, die auf Linderung ihrer Leiden harrend auf Sättigung ihrer Begierden hinwirken! Am allerwenigsten denen, die einen Gott in Körpergestalt, anstatt des heiligen Geistes, sehen. Jene sind in Hoffnung! ich bin in Gewißheit. Freilich, wenn ich den Jammer der Menschen wiedersehe, dem ich entronnen bin, so packt mich mitunter der alte Gram, das alte Grausen, die alte Verzweiflung, und ich schäme mich meiner Glückseligkeit.

Dergleichen Augenblicke», fuhr Quint fort, «packen mich manchmal so mit Gewalt, daß ich mich bald so, bald so vernichten möchte. Das eine Mal ruft es in mir: Rette dein Himmlisches vor der Welt! Verlasse die Welt und fliehe noch tiefer hinein in Gott! Das andere Mal treibt es mich an, trotzdem ich weiß, warum der Heiland für uns gestorben ist, mich, gleich wie er, am Kreuze, der Menschheit, zum Wohle der Menschen nochmals zu opfern. Die Menschen, selbst wo sie sich roh gebärden, nicht zu lieben, gelingt mir nicht. Es ist in allen eine große Hilflosigkeit. Ich fühle ein schmerzliches Mitleid in mir sich steigern bis zur Qual, wenn ich die Menschen sinnlos gegen sich selbst, den Menschen, wüten sehe. Sie sind blind. Sie wissen nicht, was sie tun.»

Während er dieses sagte, war Emanuel Quint mit großen, langsamen Schritten auf dem kleinen, festgetretenen Pfade vor der Schutzhütte hin und her gegangen. Die Brüder Hassenpflug hatten, jeder an einen mächtigen, kantigen Block Granit gelehnt, schweigend und ernsthaft zugehört. Sie blickten sich an mit dem stummen Geständnis, daß von allem Sonderbaren, was ihnen die Zeit ihres Lebens begegnet war, dieses unerwartete Abenteuer der harmlosen Pfingstreise wohl sicher das Sonderbarste sei.

Jeder der beiden Hassenpflugs trug ein Notizbuch in der Tasche. Sie schrieben in diese Bücher allerlei Einfälle und Beobachtungen, die sie in späteren literarischen Werken – und sie gedachten unsterbliche Werke dieser Art hervorzubringen! – verwerten wollten. So standen sie gleichsam über dem Gegenstand ihrer

Beobachtung, über diesem interessanten Modell, das ihnen mit zur Vervollkommnung ihrer Kenntnis der deutschen Volksseele dienen sollte.

Als sie sich nun mit Blicken verständigt hatten, traten sie mit der Frage hervor: was eigentlich wohl das Ziel und die weitere, wahre Absicht Quints im Leben wäre, wie und für was er zu wirken gedächte und welche Hoffnung in seinem Herzen sei.

«Jesus!» sagte Quint, statt aller Antwort, nach einigen Augenblicken des Stillschweigens. Und «Jesus!» wiederholte er dann zum zweiten- und drittenmal. «Nichts will ich! ich will nur leben, wie Jesus.» Er fuhr nun fort und entwickelte vor den mit ängstlicher Neugier horchenden Brüdern etwa das:

Er liebe die Menschen, aber er habe sich unter den Menschen stets fremd und allein gefühlt. Erst dann wäre sein Wesen hervorgegangen «aus dem ängstlichen Harren der Kreatur», als er von Jesus erfahren habe, dem Menschensohn. Von da ab habe er sich auch nur noch auf Erden, wie Jesus, als Fremder gefühlt, gleichzeitig auch, wie Jesus, heimisch.

Jesus wäre für ihn zum Mittler geworden und bliebe der Mittler nicht nur zwischen ihm, Quint, und Gott, sondern auch zwischen ihm, Quint, und den Menschen! zwischen ihm und der Erde, der ganzen Natur, fügte er ausdrücklich noch hinzu. – Es gäbe zu Gott unzählige Wege. Aber er, Quint, sei Mensch, und es sei ihm natürlich und auch durchaus keine Sünde vor Gott und an Gott, ihn im Menschen zu lieben. Ich bin ein Mensch, hob er wieder hervor, und das mir zugeteilte Erdenschicksal kann nur ein menschlicher Wandel Gottes sein. Kein anderer aber als Jesus, der Heiland, hat für Weg und Wandel Gottes auf Erden ein so reines Vorbild gegeben. Also das Leben Jesu, die Nachfolge Jesu ist mein Ziel! die Einheit im Geiste mit Jesu mein wahres Leben.

Was ihr getan habt einem meiner geringsten Brüder, das tatet ihr mir, hat der Heiland gesagt. Nach diesem Wort und nach keinem anderen will ich handeln. Ich will mir den allergeringsten aussuchen und ich will ihm tun, als ob er Jesus der Heiland wäre: Jesus der Heiland, hilfsbedürftig, in irdischer Not. Irgend etwas anderes auf dieser Welt zu verrichten liegt mir fern. Ich will die Wundmale des Heilands küssen. Die Nägelmale. Ich will, soweit es an mir liegt, seine Wunden waschen, die Schmerzen lindern. Und irgendeines Menschen Wunde soll mir die Wunde Jesu sein.

Arthur Schnitzler

Paracelsus als Hypnotiseur

Cyprian: Nun, ich muß sagen, Ihr macht's Euch bequem!
Es scheint, der Zauberstab ist nicht zur Hand,
Und Eure Kunst versagt in meinem Haus.
Paracelsus: Ich meinte lieber, daß sie sich erwiesen.
Cyprian: Vielleicht auch, daß das Hexen auf dem Markt
Wohl einstudiert war mit den Raschgeheilten.
Und was nun gar Medardus anbetrifft,
Der war für ein paar Groschen Euch zu Diensten.
Paracelsus: Mag sein.
Cyprian: Ihr nennt Euch Arzt?! – Landstreicher seid ihr,
Wie andre auch, dem ab und zu was glückt.
Paracelsus: Somit nicht würdig Eurer Gastlichkeit.
Lebt wohl.
Cyprian: Oh nein! so leicht entkommt Ihr nicht.
Justina: Ihr seht, mein Gatte spaßt – Ihr bleibt willkommen!
Cyprian: Gewiß! auf seine Art ist's jeder Gast.
Doch hat man solchen sich ins Haus geladen,
So zeig' er, was er kann. Die Fiedelleute,
Die ich zuweilen hier im Hause habe,
Die spielen auf – sonst ließ' ich sie nicht ein.
Paracelsus: 's ist wahr. Noch hab' ich diesen Trunk mir nicht verdient.
Er tritt plötzlich vor Justina hin.
Justina: Was wollt ihr? ...
Sie will sich erheben und kann nicht.
Cyprian: Nun?
Justina: Ich will ...
Paracelsus: Ihr könnt nicht aufstehn.
Cyprian: Ist's wahr?
Paracelsus: Habt keine Furcht, Justina. Schwer
Sind Euch die Augenlider; fallen zu.
Ihr wollt sie öffnen, könnt's nicht mehr. Ihr seid
So müd' – so müd' – sehr müd'. Der Schlummer kommt,
Die Sinne schwinden Euch. Ihr schlummert schon.

In beinahe beschwörendem Tone
Ganz tief ... sehr tief ... so tief ... Ihr schlaft, Ihr träumt!
Sie schlummert ein. – Große Pause.
CYPRIAN: Vortrefflich. Ja. Nun aber laßt sie träumen.
PARACELSUS: Das werd' ich tun. Und will mit leisen Worten
Ein ganzes Schicksal ihr erstehen lassen.
Ich nenn' es so, Ihr nennt es einen Traum –
Seid Ihr zufrieden?
CYPRIAN: Ich bin höchst gespannt.
Wie schade, daß ich nicht die Nachbarn rief,
Doch könnt' ich noch ...
PARACELSUS: Laßt nur, die würden stören.
Er beugt sich zu ihr.
CYPRIAN: Was macht Ihr nun, darf ich's nicht hören?
PARACELSUS: Nein.
Ich will Euch gänzlich in Erstaunen sehn.
Leert diesen Becher – solang habt Geduld.
CYPRIAN: Doch länger nicht!
Er trinkt.
Paracelsus flüstert Justina etwas ins Ohr, die Stellung der beiden so, daß man weder sein, noch ihr Gesicht sieht.
PARACELSUS *während Cyprian noch trinkt:* Ich bin zu Ende.
CYPRIAN *stellt den Becher hin:* Nun?
PARACELSUS: Wacht auf! Justina, wach!
CYPRIAN: Justina!
PARACELSUS *stark:* Wach!
Justina sieht beide starr an, zuletzt Cyprian, schreit auf und läuft davon, in ihre Kammer, die sie von innen zuriegelt.
CYPRIAN *ist zuerst sprachlos:* Justina!
zu Paracelsus
Was soll dies bedeuten, sprecht!
Was tatet Ihr? ... *zur Tür:* Justina!
zu Paracelsus Flieht sie mich?
Was war's, das Ihr ihr zugeflüstert habt?
PARACELSUS
Beruhigt Euch, das alles ist ein Spiel!
Auch liebt sie Euch so sehr als je.
CYPRIAN: Warum
Entfloh sie? Und mit solchem Blick! – Justina!

Paracelsus: Verweilt! Sie liebt Euch, doch die Reue quält –
Cyprian: Die Reue?
Paracelsus: Ja.
Cyprian: Erklärt Euch, wenn's beliebt.
Paracelsus *nach kurzer Pause:* Ein hübscher Bursch, der eben Euch verließ –
Cyprian: Ein hübscher ... wer?
Paracelsus: Anselmus hieß er wohl.
Cyprian: Was ist's mit dem?
Paracelsus: Was oft mit Junkern ist.
Cyprian: Sie träumt vielleicht, daß sie den Junker liebt –?
Ein schlechter Scherz, fürwahr!
Paracelsus: Was fällt Euch ein. –
Cyprian: Nun also? Warum flieht sie? Sagt es endlich!
Paracelsus: Nun, weil sie träumt – indes – was kümmert's Euch!
Cyprian: Sagt's mir; ich will es wissen.
Paracelsus: Nun, sie träumt,
Daß sie in Anselms Armen einmal ruhte.
Cyprian: Daß sie –
Paracelsus – dem Junker angehörte, ganz wie Euch.
Cyprian: Ihr habt ihr diesen Wahn gegeben!
Paracelsus: Ja.
Cyprian: Der Scherz ist – macht ihn ungeschehn – Justina!
zur Tür
Sehr unruhig.
Paracelsus: Ein Traum, mein Bester – was bedeutet's weiter –
Ihr wißt es besser – und Ihr seid das Leben.
Cyprian: Ihr hättet andre Proben wählen können
Von Eurer Kunst. Seht, wie Ihr sie gemartert.
Befreit sie schleunigst von dem bösen Traum.
Paracelsus: Warum denn böse? Er ist süß vielleicht!
Cyprian: Ihr seid ein Unverschämter. Hör', Justina!
An der Tür
Sie hat die Kammertür versperrt.
Paracelsus: Lebt wohl!
Cyprian: Ihr seid wohl nicht bei Sinnen. Hiergeblieben,
Verdammter Gaukler, und den Spaß beendet!
Es ist genug.
Paracelsus *heftig:* Nein, es ist nicht genug!
Behaltet nur Justina, wie sie ist,

Unschuldig und doch schuldig, da sie's glaubt;
Keusch – und doch unkeusch, da sie in den Sinnen
Von wilden Gluten die Erinnrung trägt.
So lass' ich Euer treues Weib Euch da.
Cyprian: Ihr seid verrückt und sollt mir wahrlich büßen,
Daß Ihr mit mir, dem Meister Cyprian,
Solch frechen Scherz zu treiben wagt.
Paracelsus: Ein Scherz !?
Von neuem immer seh' ich solche Frauen,
Geschaffen, hoher Menschen Glück zu sein,
An einen Gauch, wie Ihr seid, weggeworfen,
Erbittert mich aufs Neu! Und nun gar die,
Die einst von Paracelsus ward geliebt,
Und die man – wohlberaten – Euch gegeben,
Als wär' ein Mädchenlos damit erfüllt –
Cyprian: Ja, mir; nicht einem Habenichts wie Euch!
Dergleichen Mädchen sind für unsereinen!
Paracelsus: Ich weiß, sie *sind* für Euch, doch weiß ich auch,
Ein Tag mit mir erfüllte tiefre Sehnsucht,
Als fünfzig Jahr' mit einem Mann wie Ihr.
Cyprian: Was prahlt Ihr so? – So glücklich, als ein Weib
Nur sein kann, ist sie nun seit dreizehn Jahren
An meiner Seite.
Paracelsus: Seid Ihr des gewiß?
Weil's Euresgleichen angeborne Gabe,
Des Lichts Geschöpfe, die sich Euch genaht,
In Euren Kreis dumpf kläglichen Behagens
Herabzuziehen – glaubt Ihr, hier sei ihr Heim?
Zu Gast ist sie bei Euch – so gut wie ich.
Verschwendet seh' ich zuviel Lieblichkeit
An eine satte Frechheit, die sich brüstet.
Das ist ein Unrecht wider die Natur –
Und ich versuch's zu bessern, wie es geht.
Cyprian *wütend:* Wenn Ihr das wirklich glaubt, verruchter Mensch,
Warum nicht zwingt ihr sie, mit Euch zu gehn,
Da Ihr sie jetzt in Eure Macht gebannt –?
Paracelsus: Ich bin kein Räuber! Ihr versteht mich schlecht.
Euch nehmen wollt' ich sie, doch keinem geben.
Rein soll sie bleiben – nur für Euch beschmutzt.

Somit ... lebt wohl.
CYPRIAN: Ihr werdet unverzüglich
Dem Spuk ein Ende machen.
PARACELSUS: Nein ... lebt wohl.
CYPRIAN: Ihr bleibt.
PARACELSUS: Wer kann es mir gebieten?
CYPRIAN: Ich.
Gefangen nehmen lass' ich Euch, des Hexens
Klag' ich Euch an.
PARACELSUS: So tut's. Ich habe Zeit.
CYPRIAN: Man wird Euch in den tiefsten Kerker werfen.
PARACELSUS: Ich werde schweigen, und der Traum Justinens
Wird ewig währen.
CYPRIAN: Foltern wird man Euch.
Man wird Euch töten!
PARACELSUS: Und die letzte Hoffnung,
Daß jener Traum je enden kann, mit mir; –
Denn keiner lebt, der sie davon befreit.
CYPRIAN: Wahnsinniger! – Justina, komm ... Justina,
Hörst du mich nicht?
JUSTINA *von drinnen:* O Gnade!
CYPRIAN: Riegle auf!
Justina!
Er zieht das Schwert, zertrümmert die Tür, zerrt Justina heraus, die ihr Antlitz verbirgt.
JUSTINA *sinkt auf die Knie:* Gnade!
CYPRIAN: Fürchte nichts, mein Weib!
JUSTINA: Ich weiß ja, du bist gut!
CYPRIAN: Unschuldig bist du.
JUSTINA: Oh, höhne nicht!
CYPRIAN: Du träumst. Unschuldig bist du!
JUSTINA: Oh, wär' es wahr! Nun schaudr' ich selbst vor mir.
In seinen Armen seh' ich mich und fühle
Die Küsse glühn auf Hals und Lipp' und Wange –
CYPRIAN: Es ist nicht wahr! Der Zaubrer –
JUSTINA: Ja, ihm dankst du,
Daß du die Wahrheit weißt.
CYPRIAN: Es ist nicht wahr!
Noch einmal wend' ich mich an Euch – ich weiß –

Beleidigt hab' ich Euch, verdammter Lump,
Und tu' es noch – ich glaub' an eure Macht,
Ihr seht, ich muß dran glauben – aber nun
Laßt es genug sein! Endet diese Qual.
Ich lass' Euch ledig ziehn – noch mehr – ich rühme
Allorten Eure ganz besondre Kunst,
Nur fügt es, endlich, daß mein Weib erwacht!

JUSTINA: Ich bin ja wach. Wie sonderbar du sprichst –
Um Himmels willen! Wenn dir meine Schuld
Die Sinne trübte – Paracelsus, helft!

CYPRIAN: Nun flehst du ihn an, daß er mich –

JUSTINA: Verzeihe!
O Cyprian, verzeih! 's ist ja vorbei.
Ich will dir nun die beste Gattin sein –
Ein Augenblick der Schwäche ist's gewesen,
Er wird nicht wiederkommen, sei gewiß.
Doch damals schien der Mond so seltsam hell. –
Der Duft von unsern Fliederbüschen wehte,
Und ich war ganz allein im Gartenhaus.

PARACELSUS: ... Nur weiter –

CYPRIAN: Schweig!

JUSTINA: Laß alles dir erzählen!
So wird es gut.

CYPRIAN: Ich will's nicht hören!

PARACELSUS: Laßt sie!
Wer weiß, was Ihr erfahrt!
Cyprian ist sehr betreten.

JUSTINA: Ich war allein
Im Gartenhaus – und du gingst in die Schenke.

PARACELSUS: Habt ihr das nie getan?

CYPRIAN: Wer tat das nie?

JUSTINA: Und da kam er – und nahm mich bei der Hand –
Und küßte mich – und sprach so heiße Worte –
Und dann – und dann – oh, Cyprian, verzeih!

CYPRIAN: Es gibt nichts zu verzeihn! Du träumst!

PARACELSUS *mit Bedeutung:* Wer weiß?

CYPRIAN: Ihr wißt's – wie ich!

PARACELSUS: Ist sie nicht eine Frau?
Anselm kein Mann –? Und gibt's kein Gartenhaus?

CYPRIAN *tief erschrocken:* Ihr – sagt –
PARACELSUS: Und wenn es doch die Wahrheit wäre,
  Die ich nur aufgerüttelt ihr im Herzen?
CYPRIAN: Ihr gabt ihr doch den Wahn – und zweifelt *selbst!*
PARACELSUS: Ich bin ein Zaubrer nur – sie ist ein Weib!
CYPRIAN: Ihr macht mich toll –
PARACELSUS: Wer gibt uns jemals an,
  Ob dies, wovon sie träumt, nicht auch erlebt ward?
CYPRIAN: Ihr glaubt – Justina –
  Er eilt zu ihr.
PARACELSUS *für sich:* Schlägt mir überm Haupt
  Des eignen Zaubers Schwall mit Hohn zusammen?
  Und wirren sich die Grenzen selbst für mich –?

CONRAD FERDINAND MEYER

Paracelsus

Gibt's auf der Welt ein Herz, so männlich fest,
Daß sich's von Hoffnung nicht betören läßt?

Was mir der Freund von Paracelsus sprach,
Das flog mir wie ein lichter Falter nach,

Das senkte sich, mir selber unbewußt,
Ein treibend Keimlein, in die sieche Brust.

Ich sehnte mich, bis der Gewünschte kam,
Wie Mägdlein blicken nach dem Bräutigam.

Heut war er da. Ich lag erbärmlich krank
Im Eichenschatten auf der Rasenbank.

Er tat, als würd' er meiner nicht gewahr,
Doch streifte mich sein scharfes Augenpaar.

Er nahm den Pfarrer dort am Strand beiseit
Und sprach zu ihm geheim mit Heftigkeit.

Er hat ein abenteuerlich Gesicht,
So denk ich mir den ernsten Forscher nicht.

Ich lauschte hin. Ob er mir Rettung schafft?
Und ich vernahm: «Es fehlt die Lebenskraft!»

Mein feines Ohr hat flüstern ihn gehört:
«Hier ist ein edles Organon zerstört.»

Indem verstohlen er herüber sah,
Raunt' schnell er: «Facies hippocratica!»

Was spricht der Geck das liebe Deutsch nicht rein
Und mischt so garst'ge fremde Brocken ein!

Er trat heran, er bot die Rechte mir,
Er sprach mit Pomp: «Ich grüße Deutschlands Zier!»

Er nannte mich der Freiheit Turm und Hort,
Von meiner Krankheit redet' er kein Wort.

Mir deucht, daß sich ein Seufzer ihm entwand,
Als seinen Finger ich am Puls empfand.

Drauf hat er meine Verse mir gerühmt,
Der Narr! Er hieß sie «stolz» und «reich beblümt».

«Die Ufnau», sprach er, «wird durch euch bekannt
Und noch von Kind und Kindeskind genannt.

Nicht einsam lebt Ihr auf dem Eiland hier,
Bevölkert mit Gedanken habt es Ihr!»

Ich dachte: Wie zu dir dein Name paßt!
Bombastus nennst du dich – und sprichst Bombast!

Ihm gab ich das Geleit bis an den Kahn,
Dann stieg den Hügel langsam ich hinan.

Es war ein goldner Morgen im August,
Das zweite Gras gedieh mit Kraft und Lust!

Die ganze dichte, blühnde Wiese klang
Und wogt' und schwirrt' und flattert', zirpt' und sang.

Ich schritt in Halm und Blumen, überflammt
Vom süßen Sonnenlicht – zum Tod verdammt!

Da warf ich in die duft'ge Wiese mich,
Verbarg das Haupt und weinte bitterlich.

Und lange lag ich still im grünen Tal,
Mein eigen Bildnis oder Grabesmal.

MAX MELL

Paracelsus
(Skizze zu einem Bildnis)

Der Mensch ist geboren, daß er stirbt.
Er ist geboren, nicht nur daß er stirbt.
Faß Hochmut, Mensch! Durch Gott bist du hier;
Hochmut deswegen will er von dir.
Er hat Wunder mit dir getan
Und fragt nach sich selber bei dir an.
Kennst nicht die Frage, die in dir rauscht?
Was, hörst sie nicht? Ich hab sie erlauscht.
Nicht Menschen haben michs gelehrt.
Die haben mich getadelt, beschwert,
Verjagt und meinen Namen geschändet,
Ich aber hab's mir zum Heil gewendet.
Denn wo Krankheit ist, gedeiht auch Arznei.
Ich lief die Länder, die Straßen frei,
Ich war in der Pflanze, ich war im Tier,
Die Mineralia hab ich erlaufen mir.
Viel gibts. Doch nichts im Himmel und auf Erden
Das nicht im Menschen kann gefunden werden.

Ich bin gern Mensch. Ich such ohne Rast,
Was in ihm ist zusammengefaßt.
Drum auf, Arzt! Untersuch und erkenn,
Wie du stehst vor Gott dem Allmächtigen.

Achim von Arnim

Siegeslied nach Aussprüchen des Paracelsus

Übers Haupt des lieben Toten
Jagen freud'ge Siegesboten,
Seine Ahnung ist erfüllt!
Mehr wird noch der Welt enthüllt,
Denn die Welt verlangt noch mehr,
Frägt nach neuer Neuigkeit,
Ihr scheint morgen Kleinigkeit
Heut'ge Tat und heut'ge Lehr';
Auf wohlan, die Zeit ist kommen
Und so kommt nun mit der Zeit
Das, warum die Zeit ist kommen,
Aus dem Streit die Ewigkeit.

Einen schlägt des Adlers Flügel,
Der sich selber schien ein Siegel,
Und ein Schluß der ganzen Zeit,
Ihn umschlingt der Zweifel heut,
Ihn erdrückt der Kette Last,
Die er mit gewandter Hand
Hat gezogen übers Land,
Frei sind die, die ihn gehaßt:
Auf wohlan, die Zeit wird kommen,
Und so kommt dann mit der Zeit
Das, warum die Zeit will kommen,
Wenn wir alle sind bereit.

Schlecht Gehorchen, schlecht Regieren
Wird zu neuem Streite führen!
Weil ihr euch zu kühn vermeßt,
Weil die Einheit ihr vergeßt,
Sinket vieler Schwerter Schein,
Eines glänzet himmelan,
Der es führt, *ein alter Mann,*
Wird des Friedens Herold sein:
Auf wohlan, die Zeit wird kommen,
Und so kommt dann mit der Zeit
Das, warum die Zeit will kommen,
Und aus Drei'n kommt Einigkeit.

Die aus sich die Welt beraten,
Stört der Held mit seinen Taten,
Zeiget jedem seinen Zorn,
Denn nur ihm gebührt das Horn.
Nach dem Tagwerk schläft der Held,
Selig, die sein Schlaf erschafft,
Seiner Kinder frische Kraft
Tanzt um ihn auf blut'gem Feld:
Auf wohlan, die Zeit wird kommen,
Und so kommt dann mit der Zeit
Das, warum die Zeit will kommen,
Das, warum sie sich erneut.

Was der alte Mann geträumet,
In dem wilden Meere schäumet,
Weht heran in Sturmes Nacht,
Er hält schlafend gute Wacht.
Wie der Fischer aus dem Meer
Fische zieht, die niemand sah,
Also ist Erfüllung nah,
Wenn die Ahnung schien so leer!
Auf wohlan, die Zeit ist kommen,
Wo die alte Schlangenhaut
Dieser Welt ist abgenommen,
Knieet nieder, schaut, vertraut.

Robert Browning

Die letzten Worte des Paracelsus

Ein seltnes Grün bricht zärtlich schnell empor
Auf rauhen Ufern, zwischen krausen Wurzeln
Und Spalten, die der Frost riß, wie ein Lächeln
In einem runzligen Gesichte kämpft;
Das Gras wird hell, die Äste schwellen von Blüten,
Wie Puppen, die sich sehnen nach der Luft;
Und Käfer laufen in den Furchen hin,
Ameisen sind geschäftig; oben fliegen
In frohen Völkern Vögel – hoch und höher
Erhebt die Lerche sich, vor Lust erschauernd;
Fern schläft der Ozean; und weiße Möwen
Entfliehen, wo der Strand von seinem Stamm
Nistender Muscheln purpurn ist; und wilde
Geschöpfe zieh'n und suchen, was sie lieben
Im Wald und auf dem Feld; und Gott erneut
Sein alt Entzücken! So wohnt ER in allem,
Vom kleinsten Lebensanfang bis hinauf
Zum Menschen – der Bekrönung dieses Plans
Des Seins und der Vollendung dieser Sphäre
Des Lebens: dessen Attribute schon
Vorher in dieser Welt verstreut sich fanden,
Nach Einheit suchend – dunkle Teile, die
Sich einen sollten zu dem Wunderganzen –
Unfertige Eigenschaften in der Schöpfung,
Die ein Geschöpf andeuteten, das kam –
Den Punkt, wo die zerstreuten Strahlen sich
Begegnen sollten: in des Menschen Wesen.

– Und dieses, uns mit Achtung vor dem Menschen
Zu füllen, mit Verständnis seiner Würde,
Dem Wunsch, sein eigen Wesen auszuleben
Und Rang und letzten Platz sich zu versichern;
Denn aufwärts strebt er noch – der Fortschritt ist

Gesetz des Lebens – *ein* Mensch ist nicht *der* Mensch!
Und seinen Zweck eracht' ich nicht erfüllt,
Sein Ziel erreicht, und seines Wesens Kraft
Ganz und gerecht erwiesen, wenn nur erst
Hier oder dort ein Stern das Dunkel stört,
Hier oder dort ein türmender Geist die andren
Am Boden überschaut: erst wenn die Schar
Zugleich der Nacht Verzweiflung ausgesetzt ist,
Wenn alle Menschheit gleich vollkommen ist,
Gleich in der Kraft – dann, eher nicht als dann,
Sag' ich, beginnt des Menschen große Kindheit!

Wenn alle Menschheit gleich vollkommen ist –
Menschlich, heißt das: zum Menschen strebte alles,
Und da er da ist, fand sein Ende alles;
Doch im vollkommenen Menschen fängt ein Streben
Nach Gott hin an. Anzeichen kündeten
Des Menschen Nahn; so zeigen sich im Menschen
Erhabne Vorahnungen, Typen und
Symbole einer Herrlichkeit, die kommt
Im ewigen Kreise, den das Leben läuft:
Der Mensch beginnt, die Grenzen seines Wesens
Zu überschreiten, neue Hoffnungen
Und Sorgen auch zu finden, die gar schnell
Die eigne Freude, eignen Gram verdrängen,
Hinaus über die ew'gen Glaubenssätze
Von Gut und Böse wachsen, die verblassen
Vor seinem ungemeßnen Durst nach Gutem;
In ihnen aber steigt der Friede auf,
Und solche sind selbst jetzt schon auf der Erde,
Heiter unter den halbgeformten Wesen,
Die sie erlösen soll'n und mit sich führen.
Das war mein Amt, dazu war ich geboren –

Noch kommt der Mensch nicht aus ohne Verachtung –
's ist gut für ihn und darum angebracht,
Daß er das Schwache schmäht, des Falschen spottet,
Anstatt, was gut und stark in mir, zu rühmen.
Doch werden einst sie mich erkennen! Wenn

Ich in ein dunkel furchtbar Meer von Wolken
Versinke – 's ist auf kurze Zeit! Ich presse
Die Lampe Gottes an die Brust – ihr Glanz
Wird früher oder später doch durchdringen
Die Finsternis: ich tauche einst empor!
Verstehst du mich? Ich hab' genug geredet!

Ezra Pound

Paracelsus in Excelsis

Da ich kein Mensch mehr bin, wär's Abersinn,
Maßt ich mir Menschheit an und trüge Leibestracht.
Menschen habe ich gekannt und Menschen, doch
Keiner ward zu so flüchtiger Essenz,
Noch zu so schierem Element wie ich.
Der Hauch weicht von dem Spiegel, und ich seh.
Wahrlich! die Welt der Formen fliegt dahin,
Aufruhr, den unsre Stille bringt ans Licht,
Und wir Gestaltlosen steigen hinan –
Fliegender Äther, was einst Mensch gewesen,
Wir sind wie Standbilder, um deren hohen Fuß
Ein angeschwollner Strom im Taumel rast,
Einzig in uns das Element der Ruh.

Jürg Federspiel

Paracelsus

Für Margarita

Nichts ist giftig. Alles ist giftig. Es käme
auf die Dosierung an, sagt Paracelsus, der Meister.
Nichts ist töricht und nichts ganz gescheit:
Es kommt auf die Zeit an, da etwas vollbracht
oder zur nämlichen Unzeit verbrochen wird.
Fragt sich bloß, welches Büro dies beurteilt.
Nichts ist göttlich. Nichts ist bloß teuflisch:
Stets fragt's sich, in welcher Küche die Engel
der Feuerwehr angestellt sind und von wem.
Der Tod ist nicht lustig. Der Tod ist nicht traurig.
Es kommt darauf an, wer zurückbleibt, wer geht.
Kein Apfel ist faul, keine Birne und Pflaume:
Auch Bienen mögen ihr Leben, das kurze.

Keine Liebe ist wirklich und auch nicht der Haß,
wenn der Hassende die Liebe verkauft und der
Liebende Verhaßtes vergessen hat: Keinen Tag
lebt zuviel man, auch keine Stunde zuwenig.
Es kommt auf die Nächte an, Geliebter, Geliebte:
Der Glanz einer Kerze ist so lange wie der Docht,
der erlischt und erstickt im wächsernen Leib.

Nichts ist tödlich. Es ist alles lebendig,
erkannte der Meister, als die Nacht in ihm aufstieg.

Die poetische Wissenschaft

Paracelsus als Messias der Natur

«Denn wenn Christus spricht: forschet in den Schriften, – warum sollte ich nicht auch sagen: forschet in den natürlichen Dingen?» *Paracelsus*

Immer wieder müssen wir uns fragen, wie die Wirkungsgeschichte des Hohenheimers zu erklären ist, die sich mit fortschreitender Forschung immer deutlicher und umfassender abzeichnet. Sicher spielt dabei sein «spektakulärer», skandalumwitterter Lebenslauf eine Rolle, der ihn im Volksglauben und als literarische Figur fortleben ließ; nicht zu unterschätzen auch seine vielen, tatsächlich brauchbaren Erneuerungen auf medizinischem Gebiet. Damit blieb er sowohl in der Natur- als auch in der Geisteswissenschaft lebendig. Wie aber kommt es, daß er noch heute auf beiden Gebieten nicht nur als eine historische Figur gewürdigt wird, sondern als anregender Erneuerer gelten könnte?

Dafür muß es einen anderen, geistesgeschichtlich tiefer verankerten Grund geben. In seinem Essay «Deutscher und französischer Geist» stellt Fritz Usinger Paracelsus an den Anfang einer Kulturgeschichte, die ihm als typisch deutsch erscheint: «Während der Franzose seine Geschichte, seine Tradition, seine geistige Kontinuität hat, hat der Deutsche etwas ganz anderes, worüber der Franzose nicht verfügt, seine dauernde Rückbeziehung zur Natur. Der Deutsche strebt immer nach einer Angleichung des Geistes an die Wachstums- und Gestaltgesetze der Natur. Es ist sein eigentliches Lebensproblem, das er wohl in einzelnen Genien bis an die Schwelle der Verwirklichung geführt, im ganzen aber niemals verwirklicht hat. Überallhin trägt er dieses Problem mit sich, in die Medizin, in die Religion, in die Dichtung, in die Philosophie. Paracelsus, Böhme, Goethe, Hölderlin, Schelling, Nietzsche, George, Kaßner, Friedmann sind einige der wichtigsten Stationen dieser Entwicklung [...] Denn im geheimen hält der Deutsche nicht den Geist, sondern die Natur für die anordnende Instanz im Weltgebäude. Im Zenit solcher Bemühungen steht Goethe, der einzige, dem der Ausgleich zwischen Geist und Natur gelang und der mit der Natur einen dauernden Frieden schloß [...] Der Deutsche stößt, schon von Paracelsus an, immer zuerst auf die weiße Magie und erst später sozusagen nebenher auf die schwarze.»

Sicher sind solche Verallgemeinerungen fraglich, geben uns aber dennoch die

Richtung an, in der wir eine Erklärung für die Wirkungsgeschichte des Hohenheimers zu suchen haben. In seinem Aufsatz «Die mystische Lehre des Jakob Böhme und Angelus Silesius» vertieft Fritz Usinger seinen oben zitierten Gedanken: «Zwischen Schleiermachers Wort ‹Pantheismus ist die heimliche Religion der Deutschen› und das Wort Schopenhauers ‹Pantheismus ist die vornehme Form des Atheismus› ist Jakob Böhmes und des Angelus Silesius' (Johannes Scheffler) Versuch einzuordnen, Gott und Welt nicht als unversöhnliche Gegensätze erscheinen zu lassen, sondern als ein wechselseitiges Durchdringen und Sich-Offenbarmachen. Für sie ist die Welt nicht, wie die frühchristliche Gnosis gelehrt hatte, die Zone der größten Entfernung zu Gott, sondern sie ist der Ort seiner unablässigen Anwesenheit und Neuschöpfung [...] Die surrealistischen und existenzialistischen Strömungen unserer Zeit sind gerade dadurch gekennzeichnet, daß ihnen die Natur kein höchstes Lebensfaktum bedeutet. Das ist sie aber für Jakob Böhme und Angelus Silesius, und darin besteht das Neue, Unerhörte, Aufsehenerregende ihrer Erscheinung in ihrem Jahrhundert. Die Natur in das Christentum einzubeziehen, das ist allerdings ein gewaltiger, faszinierender Gedanke, der Gedanke eines neuen Weltzeitalters, wert, dafür Verfolgung zu leiden und das Martyrium nicht zu scheuen.»

Mit Recht stellt Fritz Usinger Paracelsus an den Anfang dieser Entwicklung. Ohne die paracelsische Terminologie und denkerische Radikalität wären weder Jakob Böhme noch Angelus Silesius möglich gewesen. Nicht mit Jakob Böhme, nicht mit Angelus Silesius, nicht mit Goethe, nicht mit der Romantik – sondern mit Paracelsus beginnt also jene deutsche Tradition, die magischen Gründe der Naturreligion mit der christlichen Heilslehre zu verbinden. Er hat die heidnischen Götter, die angebetete Natur, wiederaufleben lassen, weil er die Heilkräfte in ihr erkannte. Wenn aber so viel Heil in der Natur liegt, ist es nicht zulässig, sie zu verachten, da ist es geboten, sie zum natürlichen Grund der christlichen Heilslehre zu machen. In diesem Sinne mag Novalis an Paracelsus gedacht haben, als er den Begriff eines «Messias der Natur» geschaffen hat.

Also konnte Paracelsus schreiben: «Gott ist wunderbar in seinen Werken und Geschöpfen und hat dem Menschen als der edelsten Kreatur selbst alles zu philosophieren befohlen, und zu erforschen die Natur, damit sie die Wunderwerke Gottes hervorzeige. Denn was haben wir auf Erden, als allein in göttlichen Werken zu wandeln und sie zu erkennen, und nicht zu wandeln in den Dingen, die da nicht göttliche Werke sind. Denn in zween Wege sind die Werke Gottes geteilt, in die Werke der Natur, die die Philosophie begreift, und in die Werke Christi, die die Theologie begreift. In denen sollen wir verzehren die Zeit, so wir auf Erden zu verzehren haben, damit wir in Frieden sterben.» Oder auch: «Der Arzt ist der, der da jedem eröffnet die Wunderwerke Gottes. Denn was ist im Meer, das dem Arzt verborgen sein sollte? Nichts. Was ist im Meer, das er nit soll eröffnen? Nichts. Er soll's hervorbringen. Und nit allein im Meer, auch in der Erde, in der Luft, im Firmament, das ist im Feuer – auf daß männiglich sehe die Werke Gottes, warum sie da sind, was sie bedeuten.»

Damit wird der Arzt zum Schamanen, der alle Wissenschaften in seiner Kunst vereinigen muß, um die christliche Heilslehre zu erfüllen. Paracelsus hat mit diesen Gedanken eine Möglichkeit geschaffen, sich zum Christentum zu bekennen, ohne damit das eingeborene Heidentum verdrängen zu müssen. Dieser Hintergrund erlaubt uns aber auch, Heiden zu sein, ohne damit die christliche Heilslehre aufzugeben.

In der erlösenden Kraft dieses Gedankens sehen wir den tieferen Grund für die unübersehbare Wirkungsgeschichte des Hohenheimers. Und indem er diesen Gedanken nicht in lateinische Gelehrsamkeit gehüllt hat, sondern ihn in einer so einprägsamen, bildhaften und einfachen Sprache zu formulieren vermochte, wurde er zum Vorläufer all jener Dichter, die noch Jahrhunderte später in seinem Sinn die Natur vergöttert haben, und in deren Poesie wir daher Höhepunkte seiner Wirkungsgeschichte erkennen können.

Paracelsus hat dem Christentum, das die Natur zugunsten einer alles beherrschenden, lebensverachtenden Vision vom ewigen Leben verdrängt hatte, die Natur quasi zurückgegeben, indem er sie zum «Buche Gottes» erklärt hat. Damit hat er einen Gedanken und ein Lebensgefühl ausgesprochen, das besonders im deutschen Sprachraum über Jahrhunderte hinweg immer neue Anhänger fand. So tief verwurzelt ist in Deutschland immer noch dieses Lebensgefühl, daß uns nicht wundert, in diesem Land das Ursprungsland der ökologischen Bewegungen zu sehen.

Paracelsus hätte nun aber kaum diese Wirkung haben können, wenn er mit seiner Philosophie nicht einem menschlichen Grundbedürfnis entsprochen hätte, das auch schon vor ihm existierte. Wohl in allen Kulturen, die wir kennen, war Naturwissenschaft ursprünglich eine medizinische Wissenschaft, bestand im Wissen der Schamanen um die Lebenszusammenhänge von Kosmos, Natur und Mensch. Und immer war diese Wissenschaft eingebunden in die Kunst des Medizinmanns, Krankheiten zu heilen oder «Besessene» von ihren Dämonen zu befreien. Und da dies nicht mit einer medikamentösen Behandlung allein geschah, sondern immer auch mit Anrufungen der Göttergunst verbunden war, hat auch die Dichtung ihren Ursprung in medizinischen Ritualen. Magische Beschwörung der Naturgeister und medizinisches Handwerk gehörten zusammen. So hat also Paracelsus mit seiner Lehre vom «natürlichen» und vom «göttlichen» Licht die Medizin nicht neu erfunden, er hat sie zu ihrem Ursprung zurückgebracht und mit dem Wissen seiner Zeit erneuert.

Damit aber wurde sie ihm zur Universalwissenschaft, zur Grundlage aller anderen Wissenschaften – und zu deren sinnvollster Verwendung zugleich. Nicht gegen die Natur kann der Mensch seine Erlösung finden, sondern nur mit ihr. Solange wir leben, sind wir ein Teil der Natur; indem wir also ihre Gesetze erkennen, erkennen wir auch uns selbst.

Was Paracelsus in seiner sprachgewaltigen Verschmelzung von Naturverehrung und christlicher Heilslehre wirklich bewirkt hat, ist schwer abzuschätzen. Da steht die Forschung noch am Anfang. Wie da vorzugehen wäre, hat Goldammer mit seinem Buch «Paracelsus in der deutschen Romantik» verbindlich gezeigt, zu nennen ist auch eine Abhandlung von Karl Heinz Weimann «Paracelsus in der Weltliteratur», die einige Bezüge zutage gefördert hat. Was die Parallelen von Paracelsus und Goethe betrifft, so ist inzwischen ein fast schon sportlich zu nennender, sehr ergiebiger Forschungseifer ausgebrochen, der sich in zahlreichen Abhandlungen niedergeschlagen hat. Auch die Frage, warum uns bei Shakespeare so vieles an Paracelsus erinnert, scheint sich allmählich zu klären; Shakespeare führt in seinem Stück «Ende gut, alles gut» den Hohenheimer nicht nur namentlich auf, indem er ihn anläßlich einer Ärztekonsultation für den erkrankten König von Frankreich zusammen mit Galen zur ärztlichen Autorität schlechthin erhebt, die neuere Forschung hat gezeigt, daß er über die Vermittlung des englischen Paracelsisten Robert Fludd sehr wohl unter den «starken Einflüssen des Paracelsismus und der ärztlichen Alchemie und Kosmologie» (Goldammer) gestanden hat. Friedrich Gundolf verdanke ich den Hinweis auf einige Verse des Bruders Lorenzo in «Romeo und Julia», die einem paracelsischen Lehrbuch entnommen sein könnten.

Bei eigenen Recherchen habe ich zunächst jene Autoren ausfindig zu machen versucht, die Paracelsus namentlich nennen, und wollte mich darauf beschränken, die gefundenen Nachweise zusammenzustellen, habe dann aber festgestellt, daß damit wenig für die Absicht dieses Buches, neues Verständnis für Paracelsus zu wecken, gewonnen ist. Für die Forschung ist es aufschlußreich, daß etwa Goethe Paracelsus immer wieder erwähnt, in «Dichtung und Wahrheit» etwa, aber auch in seiner «Farbenlehre» und den Tagebuchaufzeichnungen. Ähnliches gilt für Novalis, der sich in seinen Fragmenten verschiedentlich auf den Hohenheimer bezieht, und dessen Hauptwerk «Heinrich von Ofterdingen» in der Weiterführung sogar eine Art Paracelsus-Roman hätte werden sollen. Wichtiger als die Auflistung solcher Nachweise schien mir für unsere Absichten zu sein, die Literatur nach poetischen Dokumenten zu durchforsten, in denen sich das paracelsische Weltbild nicht nur direkt niedergeschlagen hat, sondern sich auch indirekt spiegelt.

Was Goldammer in seiner Analyse der Rezeptionsgeschichte des Paracelsus in der Romantik festgestellt hat, gilt offenbar auch für andere Epochen: «Das Studium des Paracelsus und seines Nachfahren Jakob Böhme hat den Romantikern zu ihrer Schau des Lebens ganz entscheidend verholfen. Es hat das Wirklichkeitsbild und die Formen der Wirklichkeitserfassung, die die Romantiker entwickelt haben und die dem Paracelsischen Wirklichkeitsverständnis nahestanden, bestätigt und vertieft. In Paracelsus und Böhme lernten sie sich selbst verstehen.»
Indem ich nach Texten forschte, die ich in diesem Sinne als «paracelsisch» bezeichnen konnte, betrat ich ein weites Feld. Es erlaubte mir aber auch festzustellen, daß mit Paracelsus eine Spielart der Naturpoesie möglich wurde, die es in dieser Weise vor ihm nicht gegeben hat. Schon in der Antike gab es Naturbetrachtung in Form von Lehrgedichten, und zu allen Zeiten diente die Natur als Metapher für seelische Gestimmtheiten, mit Paracelsus aber bekam die Natur auch in der Poesie einen neuen Stellenwert, der zu vielen literarischen Höhepunkten führte. Natur als zu erforschender Grund, auf dem sich der göttliche Lebensplan entwickelt. Natur als Gegenstand genauer analytischer Betrachtung und religiöser Erhebung zugleich. Dichtung als poetische Wissenschaft, als Deutung der Natur.

Die frühesten Zeugnisse einer Poesie, die wir im obigen Sinne als «paracelsisch» bezeichnen können, treffen wir seltsamerweise im englischen Sprachraum an, wo der «Paracelsismus» offenbar viel früher als sonstwo Anhänger und Anerkennung fand, nicht nur bei Shakespeare, noch viel expliziter bei seinem Zeitgenossen John Donne. Seine Gedankenlyrik ist durchdrungen von paracelsischer Nomenklatur, alchemistischen Vorstellungen von Geist und Körper, wie der Hohenheimer sie entwickelt hat.
In Deutschland wirken sich paracelsische Vorstellungen erstmals in der Poesie des Barock aus, so bei Martin Opitz in seinem Gedicht «Spiegel der Welt», aber auch bei Czepko von Reigersfeld, Angelus Silesius und Gottfried Arnold, der ja in seiner «Kirchen- und Ketzerhistorie» als einer der ersten eine Rehabilitierung des verketzerten Paracelsus vorgenommen hat.
Welchen Einfluß Paracelsus auf Goethe und Novalis hatte, haben wir schon zur Genüge gezeigt. Die Gedichte, die wir von diesen Autoren ausgewählt haben, sind fast als deckungsgleiche, poetische Umsetzungen paracelsischer Gedankengänge zu lesen.
Andere Autoren wie Klopstock, Immermann, Hölderlin und Eichendorff haben wohl nur indirekt paracelsische Naturfrömmigkeit übernommen; wir zitieren sie trotzdem, da sie durchaus im gegebenen Sinne zu interpretieren sind. Mit Gérard de Nerval, dem französischen Übersetzer von Goethes Faust, hielt paracelsisches

Gedankengut Einzug in die romanische Poesie. Auch seine Prosa ist voller paracelsischer Ausdrücke und Naturvorstellungen, und eines seiner schönsten Märchen geht auf die Geschichte der «Undine» zurück, die der Hohenheimer in seinem «Liber de nymphis» erzählt.

Es mag zunächst befremden, auch Verse von Walt Whitman in unserer kleinen Auswahl zu finden. Ich weiß nicht, ob Walt Whitman die Schriften des Hohenheimers gekannt hat, sicher ist, daß ihm die deutsche Romantik und auch die romantische Philosophie bekannt waren, und so mag Paracelsus quasi «unterirdisch» auf ihn gewirkt haben. Es gibt unzählige Passagen bei ihm, die ihn als verwandten Geist erscheinen lassen, so in seiner Lehre von der Macht des Geistes über die Sterne, seiner kompromißlosen sozialen Vision und seinem Gebot mitmenschlicher Hilfeleistung, wie es in seinem Gedicht «Der Wundpfleger» zum Ausdruck kommt. Manches bei Walt Whitman kommt mir so vor, als sei Paracelsus in Amerika noch einmal geboren worden, um seine vitale, alle Autoritäten brüskierende Vision einer glücklicheren, mit Gott und Natur versöhnten Menschheit noch einmal zu verkünden mit seinem Credo, der Heiligsprechung der Welt: «Göttlich bin ich innen und außen und heilige, was ich berühre oder was mich berührt.»

Leuthold, Morgenstern, Hermann Hesse und Wilhelm Lehmann geben uns weitere Beispiele dafür, daß sich die paracelsische Naturfrömmigkeit bis in unser Jahrhundert erhalten hat. Das Gedicht «Anemone» von Gottfried Benn erhärtet unsere Annahme, daß dieser Dichter sich nicht nur – wie bekannt – als Arzt mit Paracelsus auseinandergesetzt hat, sondern durchaus auch pantheistische Vorstellungen mit ihm teilte.

Ist solcher Pantheismus aktuell? Heute mutet uns die Verehrung einer «beseelten Natur» so fremd wie seltsam aktuell an, als sei aus ihr noch etwas für den katastrophalen Zustand des Erdballs zu gewinnen, und auf diesem Hintergrund ist wohl kein Zufall, daß wir im deutschen Sprachraum schon im Jahre 1956 ein erstes ökologisch engagiertes Gedicht zu verzeichnen haben, nämlich Peter Gans «Fehlanzeige». In der Folge sind unzählige «ökologische» Gedichte im deutschen Sprachraum entstanden, für mich ein nachdrückliches Zeichen dafür, daß es mit Fritz Usingers eingangs zitierter «Rückbeziehung zur Natur», die unsre Kulturgeschichte von Paracelsus an geprägt habe, durchaus seine Richtigkeit haben mag. In diesem Sinne beschließe ich meine Auswahl mit Ingeborg Bachmanns Gedicht: «Freies Geleit».

William Shakespeare

Die Mutter der Natur

Die Mutter der Natur, die Erd', ist auch ihr Grab,
Und was ihr Schoß gebar, sinkt tot in ihn hinab.
Und Kinder mannigfalt, so all' ihr Schoß empfangen,
Sehn wir, gesäugt von ihr, an ihren Brüsten hangen.
An vielen Tugenden sind viele drunter reich;
Ganz ohne Wert nicht eins, doch keins dem andern gleich.
Oh, große Kräfte sind's, weiß man sie recht zu pflegen,
Die Pflanzen, Kräuter, Stein' in ihrem Innern hegen.
Was nur auf Erden lebt, da ist auch nichts so schlecht,
Daß es der Erde nicht besondern Nutzen brächt'.
Doch ist auch nichts so gut, das, diesem Ziel entwendet,
Abtrünnig seiner Art, sich nicht durch Mißbrauch schändet.
In Laster wandelt sich selbst Tugend, falsch geübt,
Wie Ausführung auch wohl dem Laster Würde gibt.
Die kleine Blume hier beherbergt gift'ge Säfte
In ihrer zarten Hüll', und milde Heilungskräfte:
Sie labet den Geruch, und dadurch jeden Sinn;
Gekostet, dringt sie gleich zum Herzen tötend hin.
Zwei Feinde lagern so im menschlichen Gemüte
Sich, immerdar im Kampf: verderbter Will' und Güte.
Und wo das Schlechtre herrscht mit siegender Gewalt,
Dergleichen Pflanze frißt des Todes Wurm gar bald.

John Donne

Die Ekstase

Die wir die Seelen so vermählen,
Wir wissen, woraus sie gemacht:
Unsre Atome sind ja Seelen,
Die nicht berührt des Wechsels Macht.

Doch ach, warum so lang Verzicht
Auf unsre Körper, die uns eigen
(wenn auch nicht ganz wir), die das Licht
Des Geistes uns als Sphären zeigen?

Wir schulden ihnen Dank, dieweil
Sie uns einander kundgemacht:
Sie gaben Sinne uns, ihr Teil,
Sind Schlacke nicht, nein, Helfermacht.

Die Himmelskraft wirkt auf den Mann,
Nachdem sie sich in Luft verteilt,
Und Seel' zur Seele gleiten kann,
Wenn sie zuvor im Leibe weilt.

Denn unser Blut strebt, solchen Geist
Zu zeugen, wie's die Seele kann,
Und unsre Finger knüpfen meist
Den Knoten, der uns macht zum Mann.

So müssen Seelen, die rein lieben,
Hinab zu Neigung und Verlangen,
Die für die Sinne greifbar blieben,
Sonst liegt ein großer Fürst gefangen.

Laß uns zum Leibe gehn und wählen,
Daß Schwächre Lieb' enthüllet sehn:
Mysterien wachsen in den Seelen,
Die dann im Buch des Leibes stehn.

Martin Opitz

Der Spiegel der Welt

Der Mensch, das kluge Tier, pflegt zwar mit vielen Dingen
Die Zeit, das kurze Pfand des Lebens, zu vollbringen,
Und leget allen Witz bei schönen Künsten an,
Doch Bessers weiß er nichts, darmit er zeigen kann,
Daß er, die kleine Welt, zum Herren sei gesetzet
Der großen, die ihn nährt, als wann er sich ergetzet
Mit seiner Sinnen Kraft, beschaut dies weite Haus
Vom höchsten Giebel an zu allen Seiten aus
Mit Augen der Vernunft, verschicket das Gemüte
In seines Schöpfers Werk, da alles reich an Güte
Und voller Weisheit ist, und macht ihm auf den Grund
Die Sitten der Natur samt ihrem Wesen kund.
Er steiget bevor aus dahin, woher er kommen,
Auf seinen Himmel zu, aus welchem er genommen
Das Teil der Göttlichkeit; da sieht er und erkiest
Wie dieses Hauses Zeug ganz schlecht und einfach ist,
Von Ansehn und Gestalt gewölbet aufgeführet,
Daran kein Winkelmaß noch Größe wird gespüret,
Rein an Beschaffenheit, ganz, nimmer wandelbar,
Vollkommen zirkelrund, erleuchtet hell und klar,
Beweglich, schneller Art, an Wirkung reich und mächtig,
An Kreisen, wo der Thron des Höchsten stehet, prächtig,
Und wo die Sternen gehn, der Nächte Trost und Zier.

Czepko von Reigersfeld

Nicht in dir

Schau alle Ding in Gott, und Gott in allen an.
Du siehst, daß alles sich in ihm vergleichen kann.

Jedes durchs andere

Die Ewigkeit durch Zeit, das Leben durch den Tod,
Durch Nacht das Licht, und durch den Menschen seh ich Gott.

Der Unbewegliche

Wer in sich schaut, der schaut, was Sonn und Erde trägt.
Es regt sich alles zwar, doch er bleibt unbewegt.

Nach dem Wesen, nicht der Meinung

O Seele, schlag das Bild in deinem Grund entzwei –
Wie heilig du auch bist, du treibst Abgötterei.

Angelus Silesius

Die Dreieinigkeit in der Natur

Daß Gott dreieinig sei, zeigt dir ein jedes Kraut,
da Schwefel, Salz, Merkur in einem wird erschaut.
(I,257)

Gott kennt man am Geschöpfe

Gott, der verborgne Gott, wird kundbar und gemein
durch seine Kreaturn, die sein Entwerfung sein.
(II,48)

Das Konterfei Gottes

Ich weiß Gotts Konterfei; er hat sich abgebildt
in seinen Kreaturn, wo dus erkennen willt.
(IV,164)

Der Schöpfer im Geschöpfe

Die Schöpfung ist ein Buch; wers weislich lesen kann,
dem wird darin gar fein der Schöpfer kund getan.
(V,86)

Die Kreaturn sind gut

Du klagst, die Kreaturn, die bringen dich in Pein?
Wie? Müssen sie doch mir ein Weg zu Gotte sein.
(II,114)

Die Rose

Die Rose, welche hier dein äußres Auge sieht,
die hat von Ewigkeit in Gott also geblüht.
(I,108)

Wie sieht man Gott?

Gott wohnt in einem Licht, zu dem die Bahn gebricht;
wer es nicht selber wird, der sieht ihn ewig nicht.
(I,72)

Gottfried Arnold

Gedoppelt Licht

O Glanz der Herrlichkeit, du unsre Sonne,
Der du der Lichter Brunn und Ursprung bist:
Schick uns dein Feur aus deines Reiches Wonne,
Bis unser Geist in Eins vollkommen ist.
Entzünd uns mehr zugleich in einer Kraft,
Erhalte uns in deinem Liebeleben:
Was uns dein Sinn für Lieb und Frieden schafft,
Das sei nur zum gemeinen Nutz gegeben.
Dein Evangelium sei uns gemein
Und müsse sich auf andre so erstrecken,
Daß ihrer mehr in dir recht eines sein,
Bis dein Erkenntnis wird die Erd bedecken.
Ach zeuch uns ganz in dein verborgen Licht,
Da wir vor deinem Thron als Fackel stehen:
Wenn einem ja bisweilen Licht gebricht,
So laß von dir den neuen Strahl ausgehen.
Kein wankend Mondenlicht, kein Irrungsstern,
Kein Schatten, keine Nacht darf uns verdunkeln:
Wir wollen hier und ewig dort so gern
Zu deinem Ruhm nur stehen, brennen, funkeln,
So wird das doppelt helle Licht verdunkeln nicht!

Friedrich Gottlieb Klopstock

Frühlingsfeier

Nicht in den Ozean der Welten alle
Will ich mich stürzen! schweben nicht,
Wo die ersten Erschaffnen, die Jubelchöre der Söhne des Lichts,
Anbeten, tief anbeten und in Entzückung vergehn!

Nur um den Tropfen am Eimer,
Um die Erde nur will ich schweben und anbeten:
Halleluja! Halleluja! Der Tropfen am Eimer
Rann aus der Hand des Allmächtigen auch.

Da der Hand des Allmächtigen
Die größeren Erden entquollen,
Die Ströme des Lichts rauschten und Siebengestirne wurden,
Da entrannest du, Tropfen, der Hand des Allmächtigen!

Da ein Strom des Lichts rauscht' und unsre Sonne wurde,
Ein Wogensturz sich stürzte wie vom Felsen
Der Wolk herab und den Orion gürtete,
Da entrannest du, Tropfen, der Hand des Allmächtigen!

Wer sind die tausendmal Tausend, wer die Myriaden alle,
Welche den Tropfen bewohnen und bewohnten? und wer bin ich?
Halleluja dem Schaffenden! mehr wie die Erden, die quollen,
Mehr wie die Siebengestirne, die aus Strahlen zusammenströmten!

Aber du, Frühlingswürmchen,
Das grünlichgolden neben mir spielt,
Du lebst – und bist vielleicht,
Ach, nicht unsterblich!

Ich bin herausgegangen, anzubeten,
Und ich weine? Vergib, vergib
Auch diese Träne dem Endlichen,
O du, der sein wird!

Mit tiefer Ehrfurcht schau ich die Schöpfung an,
Denn du,
Namenloser, du
Schufest sie!

Lüfte, die um mich wehn und sanfte Kühlung
Auf mein glühendes Angesicht hauchen,
Euch, wunderbare Lüfte,
Sandte der Herr, der Unendliche!

Aber jetzt werden sie still, kaum atmen sie.
Die Morgensonne wird schwül,
Wolken strömen herauf!
Sichbar ist, der kommt, der Ewige!

Nun schweben sie, rauschen sie, wirbeln die Winde!
Wie beugt sich der Wald, wie hebt sich der Strom!
Sichtbar, wie du es Sterblichen sein kannst,
Ja, das bist du, sichtbar, Unendlicher!

Johann Wolfgang Goethe

Weltseele

Verteilet euch nach allen Regionen
Von diesem heil'gen Schmaus!
Begeistert reißt euch durch die nächsten Zonen
Ins All und füllt es aus!

Schon schwebet ihr in ungemeßnen Fernen
Den sel'gen Göttertraum
Und leuchtet neu, gesellig, unter Sternen
Im lichtbesäten Raum.

Dann treibt ihr euch, gewaltige Kometen,
Ins Weit' und Weitr' hinan:
Das Labyrinth der Sonnen und Planeten
Durchschneidet eure Bahn.

Ihr greifet rasch nach ungeformten Erden
Und wirket schöpfrisch jung,
Daß sie belebt und stets belebter werden
Im abgemeßnen Schwung.

Und kreisend führt ihr in bewegten Lüften
Den wandelbaren Flor
Und schreibt dem Stein in allen seinen Grüften
Die festen Formen vor.

Nun alles sich mit göttlichem Erkühnen
Zu übertreffen strebt;
Das Wasser will, das unfruchtbare, grünen,
Und jedes Stäubchen lebt.

Und so verdrängt mit liebevollem Streiten
Der feuchten Qualme Nacht!
Nun glühen schon des Paradieses Weiten
In überbunter Pracht.

Wie regt sich bald, ein holdes Licht zu schauen,
Gestaltenreiche Schar,
Und ihr erstaunt, auf den beglückten Auen,
Nun als das erste Paar.

Und bald verlischt ein unbegrenztes Streben
Im sel'gen Wechselblick.
Und so empfangt mit Dank das schönste Leben
Vom All ins All zurück.

Die Metamorphose der Pflanzen

Wende nun, o Geliebte, den Blick zum bunten Gewimmel,
Das verwirrend nicht mehr sich vor dem Geiste bewegt.
Jede Pflanze verkündet dir nun die ew'gen Gesetze,
Jede Blume, sie spricht lauter und lauter mit dir.
Aber entzifferst du hier der Göttin heilige Lettern,
Überall siehst du sie dann, auch in verändertem Zug:
Kriechend zaudre die Raupe, der Schmetterling eile geschäftig,
Bildsam ändre der Mensch selbst die bestimmte Gestalt.
O, gedenke denn auch, wie aus dem Keim der Bekanntschaft
Nach und nach in uns holde Gewohnheit entsproß,
Freundschaft sich mit Macht aus unserm Innern enthüllte,
Und wie Amor zuletzt Blüten und Früchte gezeugt.
Denke, wie mannigfach bald die, bald jene Gestalten,
Still entfaltend, Natur unsern Gefühlen geliehn!
Freue dich auch des heutigen Tags! Die heilige Liebe
Strebt zu der höchsten Frucht gleicher Gesinnungen auf,
Gleicher Ansicht der Dinge, damit in harmonischem Anschaun
Sich verbinde das Paar, finde die höhere Welt.

Parabase

Freudig war vor vielen Jahren
Eifrig so der Geist bestrebt,
Zu erforschen, zu erfahren,
Wie Natur im Schaffen lebt.
Und es ist das ewig Eine,
Das sich vielfach offenbart:
Klein das Große, groß das Kleine,
Alles nach der eignen Art;
Immer wechselnd, fest sich haltend,
Nah und fern und fern und nah,
So gestaltend, umgestaltend –
Zum Erstaunen bin ich da.

Epirrhema

Müsset im Naturbetrachten
Immer eins wie alles achten:
Nichts ist drinnen, nichts ist draußen;
Denn was innen, das ist außen.
So ergreifet, ohne Säumnis,
Heilig öffentlich Geheimnis.

Freuet euch des wahren Scheins,
Euch des ernsten Spieles:
Kein Lebendiges ist ein Eins,
Immer ist's ein Vieles.

Entoptische Farben

An Julien

Laß dir von den Spiegeleien
Unsrer Physiker erzählen,
Die am Phänomen sich freuen,
Mehr sich mit Gedanken quälen.

Spiegel hüben, Spiegel drüben,
Doppelstellung auserlesen;
Und dazwischen ruht im Trüben
Als Kristall das Erdewesen.

Dieses zeigt, wenn jene blicken,
Allerschönste Farbenspiele;
Dämmerlicht, das beide schicken,
Offenbart sich dem Gefühle.

Schwarz wie Kreuze wirst du sehen,
Pfauenaugen kann man finden;
Tag und Abendlicht vergehen,
Bis zusammen beide schwinden.

Und der Name wird ein Zeichen,
Tief ist der Kristall durchdrungen:
Aug' in Auge sieht dergleichen
Wundersame Spiegelungen.

Laß den Makrokosmus gelten,
Seine spenstischen Gestalten!
Da die lieben kleinen Welten
Wirklich Herrlichstes enthalten.

Friedrich Hölderlin

An die Natur

Da ich noch um deinen Schleier spielte,
Noch an dir wie eine Blüte hing,
Noch dein Herz in jedem Laute fühlte,
Der mein zärtlichbebend Herz umfing,
Da ich noch mit Glauben und mit Sehnen
Reich, wie du, vor deinem Bilde stand,
Eine Stelle noch für meine Tränen,
Eine Welt für meine Liebe fand,

Da zur Sonne noch mein Herz sich wandte,
Als vernähme seine Töne sie,
Und die Sterne seine Brüder nannte
Und den Frühling Gottes Melodie,
Da im Hauche, der den Hain bewegte,

Noch dein Geist, dein Geist der Freude sich
In des Herzens stiller Welle regte,
Da umfingen goldne Tage mich.

Wenn im Tale, wo der Quell mich kühlte,
Wo der jugendlichen Sträuche Grün
Um die stillen Felsenwände spielte
Und der Äther durch die Zweige schien,
Wenn ich da, von Blüten übergossen,
Still und trunken ihren Othem trank
Und zu mir, von Licht und Glanz umflossen,
Aus den Höhn die goldne Wolke sank –

Wenn ich fern auf nackter Heide wallte,
Wo aus dämmernder Geklüfte Schoß
Der Titanensang der Ströme schallte
Und die Nacht der Wolken mich umschloß,
Wenn der Sturm mit seinen Wetterwogen
Mir vorüber durch die Berge fuhr
Und des Himmels Flammen mich umflogen,
Da erschienst du, Seele der Natur!

Oft verlor ich da mit trunknen Tränen
Liebend, wie nach langer Irre sich
In den Ozean die Ströme sehnen,
Schöne Welt! in deiner Fülle mich;
Ach! da stürzt' ich mit den Wesen allen
Freudig aus der Einsamkeit der Zeit,
Wie ein Pilger in des Vaters Hallen,
In die Arme der Unendlichkeit. –

Seid gesegnet, goldne Kinderträume,
Ihr verbargt des Lebens Armut mir,
Ihr erzogt des Herzens gute Keime,
Was ich nie erringe, schenktet ihr!
O Natur! an deiner Schönheit Lichte,
Ohne Müh' und Zwang entfalteten
Sich der Liebe königliche Früchte,
Wie die Ernten in Arkadien.

Novalis

Kenne dich selbst

Eins nur ist, was der Mensch zu allen Zeiten gesucht hat;
  Überall, bald auf den Höhn, bald in dem Tiefsten der Welt –
Unter verschiedenen Namen – umsonst – es versteckte sich immer,
  Immer empfand er es noch – dennoch erfaßt er es nie.
Längst schon fand sich ein Mann, der den Kindern in freundlichen Myrten
  Weg und Schlüssel verriet zu des Verborgenen Schloß.
Wenige deuteten sich die leichte Chiffre der Lösung,
  Aber die wenigen auch waren nun Meister des Ziels.
Lange Zeiten verflossen – der Irrtum schärfte den Sinn uns –
  Daß uns der Mythus selbst nicht mehr die Wahrheit verbarg.
Glücklich, wer weise geworden und nicht die Welt mehr durchgrübelt,
  Wer von sich selber den Stein ewiger Weisheit begehrt.
Nur der vernünftige Mensch ist der echte Adept – er verwandelt
  Alles in Leben und Gold – braucht Elixiere nicht mehr.
In ihm dampfet der heilige Kolben – der König ist in ihm –
  Delphos auch, und er faßt endlich das: Kenne dich selbst!

Es färbte sich die Wiese grün

Es färbte sich die Wiese grün
Und um die Hecken sah ich's blühn;
Tagtäglich sah ich neue Kräuter,
Mild war die Luft, der Himmel heiter:
Ich wußte nicht, wie mir geschah,
Und wie das wurde, was ich sah.

Und immer dunkler ward der Wald,
Auch bunter Sänger Aufenthalt,
Es drang mir bald auf allen Wegen

Ihr Klang in süßem Duft entgegen.
Ich wußte nicht, wie mir geschah,
Und wie das wurde, was ich sah.

Es quoll und trieb nun überall,
Mit Leben, Farben, Duft und Schall;
Sie schienen gern sich zu vereinen,
Daß alles möchte lieblich scheinen.
Ich wußte nicht, wie mir geschah
Und wie das wurde, was ich sah.

So dacht ich: ist ein Geist erwacht,
Der alles so lebendig macht,
Und der mit tausend schönen Waren
Und Blüten sich will offenbaren?
Ich wußte nicht, wie mir geschah,
Und wie das wurde, was ich sah.

Vielleicht beginnt ein neues Reich,
Der lockre Staub wird zum Gesträuch,
Der Baum nimmt tierische Gebärden,
Das Tier soll gar zum Menschen werden.
Ich wußte nicht, wie mir geschah,
Und wie das wurde, was ich sah.

Wie ich so stand und bei mir sann,
Ein mächtger Trieb in mir begann.
Ein freundlich Mädchen kam gegangen
Und nahm mir jeden Sinn gefangen.
Ich wußte nicht, wie mir geschah,
Und wie das wurde, was ich sah.

Uns barg der Wald vor Sonnenschein.
Das ist der Frühling! fiel mir ein;
Und kurz, ich sah, daß jetzt auf Erden
Die Menschen sollten Götter werden.
Nun wußt' ich wohl, wie mir geschah,
Und wie das wurde, was ich sah.

Der ist der Herr der Erde…

Der ist der Herr der Erde,
Wer ihre Tiefen mißt
Und jeglicher Beschwerde
In ihrem Schoß vergißt.

Wer ihrer Felsenglieder
Geheimen Bau versteht
Und unverdrossen nieder
Zu ihrer Werkstatt geht.

Er ist mit ihr verbündet
Und inniglich vertraut
Und wird von ihr entzündet,
Als wär sie seine Braut.

Er sieht ihr alle Tage
Mit neuer Liebe zu
Und scheut nicht Fleiß und Plage;
Sie läßt ihm keine Ruh.

Die mächtigen Geschichten
Der längst verfloßnen Zeit
Ist sie ihm zu berichten
Mit Freundlichkeit bereit.

Der Vorwelt heilge Lüfte
Umwehn sein Angesicht,
Und in die Nacht der Klüfte
Strahlt ihm ein ewges Licht.

Er trifft auf allen Wegen
Ein wohlbekanntes Land,
Und gern kommt sie entgegen
Den Werken seiner Hand.

Ihm folgen die Gewässer
Hülfreich den Berg hinauf,
Und alle Felsenschlösser
Tun ihre Schätz ihm auf.

Er führt des Goldes Ströme
In seines Königs Haus
Und schmückt die Diademe
Mit edlen Steinen aus.

Zwar reicht er treu dem König
Den glückbegabten Arm,
Doch fragt er nach ihm wenig
Und bleibt mit Freuden arm.

Sie mögen sich erwürgen
Am Fuß um Gut und Geld,
Er bleibt auf den Gebürgen
Der frohe Herr der Welt.

Joseph von Eichendorff

Mondnacht

Es war, als hätt der Himmel
Die Erde still geküßt,
Daß sie im Blütenschimmer
Von ihm nun träumen müßt.

Die Luft ging durch die Felder,
Die Ähren wogten sacht,
Es rauschten leis die Wälder,
So sternklar war die Nacht.

Und meine Seele spannte
Weit ihre Flügel aus,
Flog durch die stillen Lande,
Als flöge sie nach Haus.

Karl Immermann

Merlin im tiefen Grabe

Merlin im tiefen Grabe
Wehklagend also spricht:
«Ich hab' das Wort des Rätsels,
Und ach, sie hören's nicht!

Das Wort, an dem die Zukunft,
Die Gegenwart sich kennt;
Nur einen Tag um andern
Zu sagen ist's vergönnt.

Die Weisen aber kommen
Stets an dem falschen Tag,
Und fragen viel hinunter
Den letzten Dingen nach.

Dann horchen sie vergeblich
Am Rand der Zaubergruft;
Des andern Tages ruf' ich's
Vergeblich in die Luft.

Niemand, der es vernähme!
Es heult der Wolf vorbei,
Ich ächz' in mir und gäre –
Es bleibt das Einerlei.

Ach, käm' am rechten Tage
Der rechte Held daher,
Empfinge mein Vermächtnis
In meiner tiefen Lehr'!

Dann würd' in froher Freiheit
Die Welt von ihm verwest,
Vom Harren und vom Ängsten
Die Kreatur erlöst.

Merlin jedoch, der ginge
In Frühlingsdüften auf,
Und nähm' als muntre Amsel
Von Zweig zu Zweig den Lauf.

Doch das wird nimmer glücken,
Das Reich, die Macht ist sein,
Merlin wird unvernommen
Und unbefreiet sein.»

Gérard de Nerval

Goldene Verse

Mensch! freies Denken, wähnst du, eigne dir allein
In einer Welt, wo Leben ausbricht aus den Dingen allen?
Kräfte, die du beherrschest, sind dir zugefallen;
Doch was du planst, dem All wird es gleichgültig sein.

Im Tier ehr' einen Geist der Tat. Schau in dem Schein
Der Blumen Seelen, die sanft der Natur entwallen.
Liebesgeheimnis schlummert in Metallen.
«Alles ist fühlend.» Alles wirkt mit Macht herein.

Fürchte den Blick, der dich aus blinder Wand erspäht.
Sogar dem rohen Stoffe bleibt ein Wort gesellt.
Gebrauch ihn für ein Werk, das nicht der Herr verschmäht.

Oft ist's das Dunkle, das den Gott verborgen hält.
Und wie ein Aug' aus Schlafeslidern aufgeht, sieh' erscheinen
Der reinen Geister einen aus den Steinen.

Walt Whitman

Hurra, der positiven Wissenschaft

Hurra der positiven Wissenschaft! Lang lebe die exakte Forschung!
Bringt Mauerpfeffer mit Zedern- und Fliederzweigen vermischt!
Dies ist der Lexikograph, dieses der Chemiker, dieser verfaßte eine Grammatik der alten Keilschriften,
Diese Schiffer lenkten das Schiff durch gefährliche neue Meere,
Dies ist der Geologe, dies ist ein Mathematiker, und dieser führt das Skalpell.

Ehre, ihr Herren, euch vor allen und allezeit!
Eure Tatsachen sind von Nutzen, doch Wohnung sind sie mir nicht,
Durch sie trete ich erst in einen Vorraum zu meiner Wohnung ein.

Groß ist das Sichtbare

Groß ist das Sichtbare für mich, das Licht, – groß sind Himmel und Sterne,
Groß ist die Erde, groß die Dauernden: Zeit und Raum,
Und groß ihre Gesetze, so vielfach, rätselhaft, voller Drang zur Entwicklung;
Doch größer viel ist meine unsichtbare Seele, die alles dies begreift und erfüllt,
Die das Licht, den Himmel und die Sterne entzündet, die Erde durchgräbt und die See durchfährt.
(Was wären denn alle diese ohne dich, unsichtbare Seele? Welchen Wert hätten sie ohne dich?)
Viel drängender nach Entwicklung, viel weiter, rätselhafter, o meine Seele,
Viel mannigfacher und dauernder du als sie!

HEINRICH LEUTHOLD

Der Waldsee

Wie bist du schön, du tiefer, blauer See!
Es zagt der laue West, dich anzuhauchen,
Und nur der Wasserlilie reiner Schnee
Wagt aus dem keuschen Busen dir zu tauchen.

Hier wirft kein Fischer seine Angelschnur,
Kein Kahn wird je durch deine Fluten gleiten!
Gleich einer Dithyrambe der Natur
Rauscht nur der Wald durch diese Einsamkeiten!

Wildrosen streun dir Weihrauch, ihr Arom
Die schlanken Tannen, die dich rings umragen,
Und die, wie Säulen einen mächt'gen Dom,
Ob sich des Himmels blau Gewölbe tragen.

Einst kannt ich eine Seele, ernst, voll Ruh,
Die sich der Welt verschloß mit sieben Siegeln,
Die, rein und tief, geschaffen schien wie du,
Nur um den Himmel in sich abzuspiegeln.

CHRISTIAN MORGENSTERN

Mensch und Erde · Fragment

Von diesem Berg der Sonne nachzuschauen,
wenn sie in fernster Ebene Dunst verschwindet
und sich der Erde nächtlichem Ergrauen
noch einmal durch der Wolken Brand verbindet –

wenn, Spiegel ihrer Glut, durch Wälder, Auen
der Seen und Flüsse Goldgeäst sich windet –
bis sich die hohe reiche Nacht entschleiert
und ihrer zarten Strahlen Siege feiert.

Tief unten häufen sich der Nebel Heere
und überweben rings die Niederungen...
Dich ängstet diese todesstille Leere,
die plötzlich all das weite Land verschlungen...
Du stehst auf deinem Felsen wie im Meere; –
von streitenden Empfindungen durchdrungen,
verkehrst du endlich deinen Blick nach innen:
im Geist die Welt dir wieder zu gewinnen.

Du siehst dein Erdgestirn im Raume kreisen
und dich als ein Atom mit ihm gerissen;
es eilt und eilt in vorbestimmten Gleisen,
im Sonnenfrohn noch eigner Tat beflissen:
Wie strebt es, all sein Land dem Licht zu weisen,
stets wechselnd zwischen Helln und Finsternissen!
Da ahnest seine rasende Bewegung
und hältst dich fest in taumelnder Erregung.

Du meinst, mit deiner Stirn das All zu teilen,
und hörst Gebirge brausen, Wälder rauschen;
den höchsten Felsen, die am schnellsten eilen,
vermagst du selbst ein Singen zu entlauschen!
Du fliehst hinab – doch nirgends winkt dir Weilen.
Wie könntest du den Boden auch vertauschen!...
(So schwankt ein Blatt am Stengel hin und wider
und wähnt, es rege weltweit sein Gefieder...)

Die Gehirne . . .

Die Gestirne – die Gehirne
Gottes, suchend seinen Sinn . . .
Die Gestirne – die Gehirne
Eines, der ich selber bin.

HERMANN HESSE

Stufen

Wie jede Blüte welkt und jede Jugend
Dem Alter weicht, blüht jede Lebensstufe,
Blüht jede Weisheit auch und jede Tugend
Zu ihrer Zeit und darf nicht ewig dauern.
Es muß das Herz bei jedem Lebensrufe
Bereit zum Abschied sein und Neubeginne,
Um sich in Tapferkeit und ohne Trauern
In andre, neue Bindungen zu geben.
Und jedem Anfang wohnt ein Zauber inne,
Der uns beschützt und der uns hilft zu leben.

Wir sollen heiter Raum um Raum durchschreiten,
An keinem wie an einer Heimat hängen,
Der Weltgeist will nicht fesseln uns und engen,
Er will uns Stuf' um Stufe heben, weiten.
Kaum sind wir heimisch einem Lebenskreise
Und traulich eingewohnt, so droht Erschlaffen,
Nur wer bereit zu Aufbruch ist und Reise,

Mag lähmender Gewöhnung sich entraffen.
Es wird vielleicht auch noch die Todesstunde
Uns neuen Räumen jung entgegensenden,
Des Lebens Ruf an uns wird niemals enden ...
Wohlan denn, Herz, nimm Abschied und gesunde!

WILHELM LEHMANN

Die Signatur

Damastner Glanz des Schnees,
Darauf liest sich die Spur
Des Hasen, Finken, Rehs,
Der Wesen Signatur.

In ihre Art geschickt,
Lebt alle Kreatur.
Bin ich nur ihr entrückt
Und ohne Signatur?

Es huscht und fließt und girrt –
Taut Papagenos Spiel
Den starren Januar?
Durchs Haupt der Esche schwirrt,
Der Esche Yggdrasil,
Die Hänflings-, Zeisigschar.

Die goldnen Bälle blitzen,
Vom Mittagslicht gebannt,
Bis sie in Reihen sitzen,
Der Sonne zugewandt,
Wie Geister von Verklärten,
Die noch die Götter ehrten.

Die leisen Stimmen wehn
Aus den verzückten Höhn
Ein Cembalogetön.
Die Vogelkreatur,
Kann ich sie hören, sehn,
Brauch ich nicht mehr zu flehn
Um meine Signatur.

GOTTFRIED BENN

Anemone

Erschütterer –: Anemone,
die Erde ist kalt, ist nichts,
da murmelt deine Krone
ein Wort des Glaubens, des Lichts.

Der Erde ohne Güte,
der nur die Macht gerät,
ward deine leise Blüte
so schweigend hingesät.

Erschütterer –: Anemone,
du trägst den Glauben, das Licht,
den einst der Sommer als Krone
aus großen Blüten flicht.

Peter Gan

Fehlanzeige

Störche und Kraniche sind und Schwalben zum Aufbruch versammelt
in den besiegelten Herbst ihres Entschwindens hinein.

Möwen und Enten und Lummen und Alke und Goldregenpfeifer
treiben, die Federn verpicht, Rohöl-Ophelien, ans Land.

Blind, ein mit Schwären bedeckter Lazarus, stirbt das Kaninchen
unter der Erde, auf der's früher so munter gelebt.

Wo sind Hase und Reh? wo blieb, den Gott zum Rasieren
unentbehrlich erschuf, Isegrim, unser Dachs?

Fehlanzeige! wohin des Wanderers Augen auch schweifen –
schweifen würden, mein Freund, wenn es ihn selber noch gäb'!

Ingeborg Bachmann

Freies Geleit

Mit schlaftrunkenen Vögeln
und winddurchschossenen Bäumen
steht der Tag auf, und das Meer
leert einen schäumenden Becher auf ihn.

Die Flüsse wallen ans große Wasser,
und das Land legt Liebesversprechen
der reinen Luft in den Mund
mit frischen Blumen.

Die Erde will keinen Rauchpilz tragen,
kein Geschöpf ausspeien vorm Himmel,
mit Regen und Zornesblitzen abschaffen
die unerhörten Stimmen des Verderbens.

Mit uns will sie die bunten Brüder
und grauen Schwestern erwachen sehn,
den König Fisch, die Hoheit Nachtigall,
und den Feuerfürsten Salamander.

Für uns pflanzt sie Korallen ins Meer,
den Wäldern befiehlt sie, Ruhe zu halten,
dem Marmor, die schöne Ader zu schwellen,
noch einmal dem Tau, über die Asche zu gehn.

Die Erde will ein freies Geleit ins All
jeden Tag aus der Nacht haben!
Daß noch tausendundein Morgen wird
von der nächsten Schönheit jungen Gnaden.

Paracelsische Motive: Nymphen, Sylphen, Pygmäen, Salamander und Homunculi

Die Hüter der Natur

Das Christentum hatte den «Heiden» die Naturgötter gestohlen und den Monotheismus eingeführt; darob wurden heidnische Überbleibsel, die alten Naturgötter, zu mehr oder weniger teuflischen Wesen degradiert.
Einen Beweggrund dafür, daß der paracelsische Pantheismus durch die Jahrhunderte hindurch so viel Resonanz haben konnte, sahen wir darin, daß er Christentum und Heidentum miteinander verbinden konnte. Und wer, wie Paracelsus, die Natur mit Gott identifiziert, dem wird sie notgedrungen auch wieder in leibhaftiger Weise lebendig. Die geradezu phantastische Nachwirkung, die Paracelsus mit seinem «Liber de nymphis» hatte, ist wohl vor allem darauf zurückzuführen, daß er in diesem Buch die Natur nicht mehr «negativ» dämonisiert, sondern sie positiv mit Elementargeistern aufgeladen hat. Sein «Liber de nymphis» fiel also sozusagen in ein geistiges Vakuum, nämlich jenen Bereich des Menschen, den das Christentum auszumerzen bestrebt war: den religiös-intuitiven Bezug des Menschen zur Natur als einer göttlich beseelten Welt. Damit hat Paracelsus vorweggenommen, was Hölderlin fast dreihundert Jahre später so formulierte: «Zu gleicher Zeit hören wir so oft, der große Haufen müsse eine sinnliche Religion haben. Nicht nur der große Haufen, auch der Philosoph bedarf ihrer. Monotheismus der Vernunft und des Herzens, Polytheismus der Einbildungskraft und der Kunst, dies ists, was wir bedürfen!» (Sämtliche Werke, Stuttgart 1962, Bd. 4., Seite 310.) Indem Paracelsus diesem Bedürfnis des Menschen Ausdruck verlieh, sicherte er seinem Buch eine Ausstrahlungskraft, die sich bis heute erhalten hat. Seine Elementargeister sind eben keine bösen Dämonen, sie haben eine Funktion, die uns an indianische Vorstellungen erinnert: «nämlich, daß Gott Hüter über die Natur zu allen Dingen setzt, und läßt nichts ungehütet.»
Wie wir im Kapitel «Die poetische Wissenschaft» gezeigt haben, übte Paracelsus schon auf die Lyrik des Barock einigen Einfluß aus. Das gilt auch für die Prosa. Wir beschränken uns hier auf das epische Hauptwerk des deutschen Barock, den Roman «Der abenteuerliche Simplizissimus» von Grimmelshausen (1610–1676). Mag sein, daß Paracelsus besonders im süddeutschen Raum zur Zeit, da Grimmelshausen hier seinen Roman abfaßte, in besonders intensiver Erinnerung war,

jedenfalls gibt es bei ihm mehrere Hinweise auf den Hohenheimer, namentlich in den Kapiteln über den «Mummel-See», die eine Reise zu den Elementargeistern im Erdinnern schildern. Dabei erfährt der Erzähler verschiedene Unterweisungen, die an Paracelsus denken lassen, etwa wenn im Zusammenhang wohl nicht ganz ernst gemeinter medizinischer Ratschläge vom «Elixir Theophrasti» die Rede ist (5. Buch, 16. Kap.). So erinnern nicht nur die Elementargeister selbst, sondern auch die Vorstellung, daß gewisse Wasserläufe sich im Erdinnern treffen, an Paracelsus, der für die Quellen von Niederbaden (Baden-Baden), das Wildbad und das Zellerbad (Bad Liebenzell) einen gemeinsamen, im Erdinnern gelegenen Ursprung vermutete. Namentlich wird Paracelsus auch im Zusammenhang mit einer Schatzsuche erwähnt: «Ich aber verzagte nicht, sondern freute mich, dermaleins die Gelegenheit zu haben, daß ich probieren konnte, was der wunderbarliche Theophrastus Paracelsus in seinen Schriften Tom. 9 in ‹Philosophia occulta› von der Transmutation der verborgenen Schätze schreibt» (6. Buch, 16. Kap.). Daß Grimmelshausen an dieser Stelle den Leser sogar mit einer genauen Quellenangabe versorgt, ist uns ein Hinweis, daß er den Hohenheimer nicht nur vom Hörensagen gekannt hat. Mir scheint, eine genauere Untersuchung dieses Hauptwerkes barocker Erzählkunst würde noch so manchen paracelsischen Einfluß zutage fördern.

Was die Epoche der deutschen Romantik betrifft, so könnte man von einer Art «Invasion» der paracelsischen Elementargeister sprechen. Sie wurden zu Hauptakteuren oder geheimnisvollen Figuren im Hintergrund unzähliger Romane, Erzählungen, Gedichte und dramatischer Werke. Sogar ein so skeptischer Dichter wie Heinrich Heine konnte sich ihrem Bann nicht entziehen. Davon zeugt nicht nur sein Gedicht «Waldeinsamkeit», in seiner Schrift «Elementargeister und Dämonen» hat er dem Hohenheimer ein kleines Denkmal gesetzt: «Eine Hauptquelle für Erforschung des altgermanischen Volksglaubens ist Paracelsus. Ich habe seiner schon mehrmals erwähnt. Seine Werke sind ins Lateinische übersetzt, nicht schlecht, aber lückenhaft. In der deutschen Urschrift ist er schwer zu lesen; abstruser Stil, aber hie und da treten die großen Gedanken hervor mit großem Wort. Er ist ein Naturphilosoph in der heutigsten Bedeutung des Ausdrucks. Man muß seine Terminologie nicht immer in ihrem traditionellen Sinne verstehen. In seiner Lehre von den Elementargeistern gebraucht er die Namen Nymphen, Undinen, Silvanen, Salamander, aber nur deshalb, weil diese Namen dem Publikum schon geläufig sind, nicht weil sie ganz dasjenige bezeichnen, wovon er reden will. Anstatt neue Worte willkürlich zu schaffen, hat er es vorgezogen, für seine Ideen alte Ausdrücke zu suchen, die bisher etwas Ähnliches bezeichneten. Daher ist er vielfach mißverstanden worden, und manche haben ihn der Spötterei, manche sogar des Unglaubens bezichtigt. Die einen meinten, er beabsichtige ein Kindermärchen aus Scherz in ein System zu bringen, die anderen tadelten, daß er, abweichend von der christlichen Ansicht, jene Elementargeister nicht für lauter Teufel erklären wollte. Wir haben keine Gründe, anzunehmen, sagt er irgendwo, daß diese Wesen dem Teufel gehören; und was der Teufel selbst ist, das wissen wir auch noch nicht. Er behauptet, die Elementargeister wären, eben so gut wie wir, wirkliche Geschöpfe Gottes, die aber nicht wie unseresgleichen aus Adam's Geschlechte seien, und denen Gott zum Wohnsitz die vier Elemente angewiesen habe. Ihre Leibesorganisation sei diesen Elementen gemäß. Nach den vier Elementen ordnet nun Paracelsus die verschiedenen Geister, und hier gibt er uns ein bestimmtes System.»

Durch die vehemente Aufnahme des Elementargeistermotivs durch die Romantik entwickelten sich unzählige Varianten. Bald einmal wurden sie nicht mehr nur als Hüter der Elemente verstanden, sondern auch wieder «negativ» aufgeladen, so vor allem in den Erzählungen von E.T.A. Hoffmann, wo sie oft als lebensbedrohende Erscheinungen auftreten. Gnomen, Salamander, Sylphen und Undinen geisterten fortan vor allem auch durch die Poesie; kaum ein Dichter jener Epoche, der ihnen nicht Gedichte gewidmet hätte. Sie finden sich, um nur einige zu nennen, bei Goethe, Matthisson, Leuthold, Keats, Wieland, Immermann, Mörike und Tieck, geistern aber auch im 20. Jahrhundert noch durch die moderne Poesie, so bei Karl Krolow und Peter Huchel, die beide ein Gedicht mit «Undine» überschrieben haben. Goethe hat diesen Elementargeistern schon in seinen Jugendgedichten gehuldigt, um dann gegen Ende seines Lebens im «Faust II» noch einmal auf sie zurückzukommen.

Von Deutschland aus verbreitete sich das Elementargeister-Motiv auch in andere Länder, etwa bei Gérard de Nerval in Frankreich, vor allem in seinem «Märchen von der Fischkönigin», oder bei Charles de Coster in Belgien, der ihnen in seinem Hauptwerk «Uilenspiegel und Lamme Goedsak» ein sehr lesenswertes Kapitel gewidmet hat.

Mehr als alle anderen Elementargeister feierte indessen das Motiv der «Undine» seine Auferstehung. Das lag vor allem an der romantischen Erzählung «Undine» von Friedrich de la Motte Fouqué, über dessen Nachwirkung wir schon im Kapitel über Paracelsus in der Musikgeschichte berichtet haben. Hinzuzufügen ist noch, daß auch das Stück «Ondine» von Jean Giraudoux in diese Tradition einzuordnen ist, ebenso die Geschichte «Undine geht» von Ingeborg Bachmann.

Worin lag nun das Faszinierende an dieser von Paracelsus zum ersten Mal berichteten Geschichte einer Nymphe, die sich durch ihre Heirat mit einem Menschen eine Seele erwarb, von ihrem Gatten betrogen wurde und sich daraufhin an ihm rächte? In seinem Buch «Paracelsus in der deutschen Romantik» hat

Kurt Goldammer eine Antwort zu geben versucht: «Die existenzbezogene Ursache für das beharrliche Wiederaufleben des von Paracelsus maßgeblich mitgestalteten und weitergeleiteten Themas in teilweise gültigen und beständigen künstlerischen Aussagen und Darstellungen ist aber vielleicht [...] das Erlösungsmotiv, das dahintersteht: Erlösung der Natur, Erlösung und Selbstidentifizierung des Menschen in seiner Auseinandersetzung mit der Natur und in der Beherrschung der Natur, die gibt und nimmt, die sein ihm fremdes und doch zugleich vertrautes, anziehendes und überwältigendes Gegenüber ist, mit der er sich zu verschmelzen sucht und in deren Umarmung er doch nie ganz er selbst sein kann, nie ganz zu sich selbst finden kann, weil er eines unverlierbar der lebendigen Natur voraus hat: eine unsterbliche Seele, nach der die Natur gleichwohl ihrerseits strebt, um erlösungsfähig zu werden. Diese Seele verlangt die Natur von ihm, sie versucht er in sie einzusenken. Das ist wohl auch der Versuch, die Natur als geschichtliche Erscheinung zu verstehen oder in geschichtliche Existenz auf dem Wege über den Menschen umzuwandeln. Ob das letztlich möglich oder jemals vollzogen worden ist, bleibt offen. Diese unbeantwortete Frage ist wohl im Grunde die Zentralproblematik des Undine-Themas. Sie ändert nichts an der Tatsache der Erlösungssehnsucht und ihrer Verbindung mit der Frage nach der Seele.»

Im Spiegel der Weltliteratur treten viele Motive des Hohenheimers klarer und geklärter hervor, als er selbst sie mit dem Sprach- und Wissensstand seiner Zeit zu formulieren vermochte, und manche Motive, die sich bei ihm zum ersten Mal angelegt finden, etwa seine Homunkulus-Theorie, haben sich in ihrer realen Konsequenz erst ein paar hundert Jahre später entpuppt.

Paracelsus war sich der göttlichen Aufgabe der Wissenschaft so sicher, daß er keine Hemmungen hatte, auch das verborgenste und letzte Geheimnis der Natur zu erforschen. Es geschah ja alles zum Lobe Gottes! Also schreckte er auch nicht davor zurück, sich schon vor über 450 Jahren Gedanken über die künstliche Herstellung von Menschen zu machen: «Ob auch der Natur und Kunst möglich sei, daß ein Mensch außerhalb weiblichen Leibs und einer natürlichen Mutter möge geboren werden? Darauf gebe ich die Antwort, daß es der Kunst spagirica und der Natur in keinem Weg zuwider, sondern gar wohl möglich sei. Wie aber solches zugehen und geschehen möge, ist nun ein Prozeß also: nämlich daß das Sperma eines Mannes in verschlossenen Kukurbiten (Retorten) per se putrefiziert (erwärmt) werde auf 40 Tage oder so lang, bis er lebendig werde und sich bewege [...] So er nun nach diesem täglich mit dem arcano sanguinis humani (Geist menschlichen Blutes) gar weislich gespeiset und ernähret wird bis auf 40 Wochen und in stäter gleicher Wärme [...] erhalten, wird ein rechtes, lebendiges, menschliches Kind daraus, mit allen Gliedmaßen wie ein anderes Kind, das von einem Weib geboren wird, doch viel kleiner. Dasselbige wir einen homunculum nennen» (Aus «Das Bild des Menschen»).

Zu solcher exzessiven Bedrohlichkeit, wie uns die künstliche und manipulierte Herstellung des Menschen in Aldous Huxleys Roman «Schöne neue Welt» vorgeführt wird, hat Paracelsus seine Homunculus-Theorie noch nicht entwikkeln können. Dazu bieten sich erst uns die technischen Möglichkeiten. Wie hätte Paracelsus wohl dazu Stellung bezogen?

Sein Ethos der Wissenschaft setzte voraus, daß man alle natürliche Erkenntnis durch die Erkenntnis aus dem göttlichen Licht vollendet. Also wären ihm wohl auch unsere technischen Errungenschaften zunächst willkommen. Solang es den Menschen gesund macht, ist ja nach Paracelsus sogar ein Pakt mit dem Teufel zulässig! Wo sich der Mensch indessen von den Errungenschaften der Technik beherrschen läßt, wo er sie nicht mehr einbinden kann in einen ethischen Zusammenhang, da wird sie zum Fluch und führt zu seiner Entmündigung. Wohl hat Paracelsus die technischen Möglichkeiten kommender Jahrhunderte kaum im gegebenen Umfang vorausgeahnt – in ihrer ethischen Bewältigung ist er uns indessen schon voraus. Wem die Wissenschaft nur ein Mittel ist, Gottes Weisheit zu offenbaren und der Menschen Gesundheit zu fördern, der wird sie schwerlich mißbrauchen.

Wie so viele Motive und Gedanken des Hohenheimers taucht auch sein Homunkulus-Motiv im zweiten Teil von Goethes Faust auf. Schon bei Goethe hat der Homunkulus eine bedrohliche, menschenverachtende und machthungrige Färbung bekommen. Nennenswert ist in diesem Zusammenhang auch das Theaterstück «Der gläserne Storch» von Ernst Penzolt, das sich ebenfalls auf Paracelsus bezieht; es handelt von einem künstlich hergestellten Menschen, der als unverwundbarer Soldat in Serienfabrikation zum Schutz eines Polizeistaates dienen soll.

Weit davon entfernt, die ethische Grundfestigkeit eines Paracelsus zu besitzen, erscheint dem modernen Menschen das Homunkulus-Motiv notgedrungen als Alptraum. In der modernen Literatur wird es meistens mit schwarzer Magie in Zusammenhang gebracht. In diesem Sinne ist auch die Erzählung «Der dunkle Pfad» von L. G. Durrell zu verstehen, die sich ausdrücklich auf Paracelsus bezieht und die wir seinem Roman «Clea», zum ersten Mal 1960 in London erschienen, entnommen haben.

H. J. Chr. von Grimmelshausen

Wie Simplicius mit den Sylphis in das Centrum terrae fährt

Die Begierde den Mummelsee zu beschauen vermehrte sich bei mir, als ich von meinem Petter verstand, daß er auch dabei gewesen, und den Weg dazu wüßte; da er aber hörete, daß ich überein auch dazu wollte, sagte er: «Und was werdet Ihr dann davontragen, wenn Ihr gleich hinkommt? der Herr Sohn und Petter wird nichts anders sehen als ein Ebenbild eines Weihers, der mitten in einem großen Wald liegt, und wenn er seine jetzige Lust mit beschwerlicher Unlust gebüßt, so wird er nichts anders als Reu, müde Füß (denn man kann schwerlich hinreiten) und den Hergang für den Hingang davon haben; Es sollte mich kein Mensch hingebracht haben, wenn ich nicht hätt hinfliehen müssen, als der Doktor Daniel (er wollte Duc d'Anguin sagen) mit seinen Kriegern das Land hinunter vor Philippsburg zog.» Hingegen kehrte sich mein Vorwitz nicht an seine Abmahnung, sondern ich bestellte einen Kerl, der mich hinführen sollte; da er nun meinen Ernst sah, sagte er, weil die Habersaat vorüber, und auf dem Hof weder zu hauen noch zu ernten, wollte er selbst mit mir gehen, und den Weg weisen; denn er hatte mich so lieb, daß er mich ungern aus dem Gesicht ließ, und weil die Leut im Land glaubten, daß ich sein leiblicher Sohn sei, prangte er mit mir, und tat gegen mich und jedermann, wie etwa ein gemeiner armer Mann gegen seinen Sohn tun möchte, den das Glück ohne sein Zutun und Beförderung zu einem großen Herrn gemacht hätte.

Also wanderten wir miteinander über Berg und Tal, und kamen zu dem Mummelsee, ehe wir sechs Stund gegangen hatten, denn mein Petter war noch so käfermäßig und so wohl zu Fuß als ein Junger; Wir verzehrten daselbst was wir von Speis und Trank mit uns genommen, denn der weite Weg und die Höhe des Bergs, auf welchem der See liegt, hatte uns hungrig und hellig gemacht; Nachdem wir uns aber erquickt, beschauete ich den See, und fand gleich etliche gezimmerte Hölzer darin liegen, die ich und mein Knan für rudera des würtenbergischen Floßes hielten; ich nahm oder maß die Länge und Breite des Wassers vermittelst der Geometriae, weil gar beschwerlich war um den See zu gehen, und denselben mit Schritten oder Schuhen zu messen, und brachte seine Beschaffenheit vermittelst des verjüngten Maßstabs in mein Schreibtäfelein, und als ich damit fertig, zumaln der Himmel durchaus hell, und die Luft ganz windstill, und wohl temperiert war, wollte ich auch probieren was Wahrheit an der Sagmär wäre, daß ein Ungewitter entstehe, wenn man einen Stein in den See werfe; sintemal ich allbereit die Hörsag, daß der See keine Forellen leide, am mineralischen Geschmack des Wassers wahr zu sein befunden.

Solche Prob nun ins Werk zu setzen, ging ich gegen die linke Hand am See hin, an denjenigen Ort, da das Wasser (welches sonst so hell ist als ein Kristall) wegen der abscheulichen Tiefe des Sees gleichsam kohlschwarz zu sein scheinet, und deswegen so fürchterlich aussiehet, daß man sich auch nur vorm Anblick entsetzt, daselbst fing ich an so große Stein hineinzuwerfen, als ich sie immermehr ertragen konnte; mein Petter oder Knan wollte mir nicht allein nicht helfen, sondern warnete und bat mich davon abzustehen soviel ihm immer möglich, ich aber kontinuieret meine Arbeit emsig fort, und was ich von Steinen ihrer Größe und Schwere halben nicht ertragen mochte, das walgert ich herbei, bis ich deren über dreißig in See brachte; Da fing die Luft an den Himmel mit schwarzen Wolken zu bedecken, in welchen ein grausames Donnern gehöret wurde; also daß mein Petter, welcher jenseits des Sees bei dem Auslauf stand, und über mein Arbeit lamentierte, mir zuschrie, ich sollte mich doch salvieren, damit uns der Regen und das schreckliche Wetter nicht ergreife, oder noch wohl ein größer Unglück betreffe; ich aber antwortete ihm hingegen: «Vater ich will bleiben und des Ends erwarten, und sollte es auch Hellebarden regnen»; «Ja», antwortet' mein Knan, «Ihr machts wie alle verwegenen Buben, die sich nichts drum geheien, wenn gleich die ganze Welt unterginge.»

Indem ich nun diesem seinem Schmälen so zuhörete, verwandte ich die Augen nicht von der Tiefe des Sees, der Meinung, etwa etliche Blattern oder Blasen vom Grund desselbigen aufsteigen zu sehen, wie zu geschehen pflegt, wenn man in andere tiefe, so stillstehende als fließende Wasser Steine wirft; aber ich wurde nichts dergleichen gewahr, sondern sah sehr weit gegen den abyssum etliche Kreaturen im Wasser herumflattern, die mich der Gestalt nach an Frösch ermahnten, und gleichsam wie Schwärmerlein aus einer aufgestiegenen Raket, die in der Luft ihr Wirkung der Gebühr nach vollbringt, herumvagierten; und gleichwie sich dieselbigen mir je länger je mehr näherten, also schienen sie auch in meinen Augen je länger je größer, und an ihrer Gestalt den Menschen desto ähnlicher; weswegen mich denn erstlich eine große Verwunderung, und endlich weil ich sie so nahe bei mir hatte, ein Grausen und Entsetzen ankam: «Ach!» sagte ich damal vor Schrecken und Verwunderung zu mir selber, und doch so laut, daß es mein Knan, der jeneits des Sees stand, wohl hören konnte (wiewohl es schrecklich donnerte) «wie sind die Wunderwerk des Schöpfers auch sogar im Bauch der Erden, und in der Tiefe des Wassers so groß!» Kaum hatte ich diese Wort recht ausgesprochen, da war schon eins von diesen Sylphis oben auf dem Wasser, das antwortet': «Siehe: das bekennest du, ehe du etwas davon gesehen hast; was würdest du wohl sagen, wenn du erst selbsten im centro terrae wärest, und unsere Wohnung, die dein Vorwitz beunruhiget, beschautest?» Unterdessen kamen noch mehr dergleichen Wassermännlein hier und dort, gleichsam wie die Tauchentlein hervor, die mich alle ansahen, und die Stein wieder heraufbrachten, die ich hineingeworfen, worüber ich ganz erstaunte; Der erste und vornehmste aber unter ihnen, dessen Kleidung wie lauter Gold und Silber glänzte, warf mir einen leuchtenden Stein zu, so groß als ein Taubenei, und so grün und durchsichtig als ein Smaragd, mit diesen Worten: «Nimm hin dies Kleinod, damit du etwas von uns und diesem See zu sagen wissest!» Ich hatte ihn aber kaum aufgehoben und zu mir gesteckt, da wurde mir nit anderst, als ob mich die Luft hätte ersticken oder ersäufen wollen, derhalben ich mich denn nit länger aufrecht behalten konnte, sondern herumtaumelte wie eine Garnwinde, und endlich gar in den See hinunterfiel: Sobald ich aber ins Wasser kam, erholte ich mich wieder, und brauchte aus Kraft des Steins den ich bei mir hatte, im Atmen das Wasser anstatt der Luft; ich konnte auch gleich so wohl als die Wassermännlein mit geringer Mühe in dem See herumwebern, maßen ich mich mit denselben in Abgrund hinabtat, so mich an nichts anders ermahnte, als wenn sich ein Schar Vögel mit Umschweifen aus dem obersten Teil der temperierten Luft gegen die Erde niederläßt.

Da mein Knan dies Wunder zum Teil (nämlich soviel oberhalb des Wassers geschehen) samt meiner jählingen Verzückung gesehen, trollte er sich vom See hinweg, und heim zu, als ob ihm der Kopf brennte; daselbst erzählte er allen Verlauf, vornehmlich aber, daß die Wassermännlein diejenigen Stein, so ich in See geworfen, wieder in vollem Donnerwetter heraufgetragen, und an ihre vorige Statt gelegt, hingegen aber mich mit sich hinuntergenommen hätten: Etliche glaubten ihm, die meisten aber hielten es für eine Fabel, andere bildeten sich ein, ich hätte mich wie ein anderer Empedocles Agrigentinus (welcher sich in den Berg Aetnam gestürzt, damit jedermann gedenken sollte, wenn man ihn nirgend finde, er wäre gen Himmel gefahren) selbst im See ertränkt, und meinem Vater befohlen, solche Fabeln von mir auszugeben, um mir einen unsterblichen Namen zu machen; man hätte eine Zeitlang an meinem melancholischen Humor wohl gesehen, daß ich halber desperat gewesen wäre, etc. Andere hätten gern geglaubt, wenn sie meine Leibskräfte nicht gewußt, mein angenommener Vater hätte mich selbst ermordet, damit er als ein geiziger alter Mann meiner los würde, und allein Herr auf meinem Hof sein möchte; Also daß man um diese Zeit von sonsten nichts, als von dem Mummel-See, von mir und meiner Hinfahrt und von meinem Petter, beides im Sauerbrunnen und auf dem Land zu sagen und zu raten wußte.

E. T. A. Hoffmann

Der Elementargeist

«O'Malley fing nun an, mich mit der Natur der Elementargeister bekannt zu machen. Ich verstand wenig von dem, was er sprach, indessen lief alles so ziemlich auf die Lehre von Sylphen, Undinen, Salamandern und Gnomen hinaus, wie du sie in den Unterredungen des Comte de Cabalis finden kannst. Er schloß damit, daß er mir eine besondere Lebensweise vorschrieb, und meinte, daß ich wohl in Jahresfrist zu meiner Biondetta gelangen könne, die mir gewiß nicht die Schmach antun werde, sich in meinen Armen zum leidigen Satan umzugestalten. Mit derselben Hitze wie Alvarez versetzte ich, daß ich in so langer Zeit sterben würde vor Sehnsucht und Ungeduld und alles wagen wolle, früher mein Ziel zu erreichen. Der Major schwieg einige Augenblicke nachdenklich vor sich hinstarrend, dann erwiderte er: Es ist gewiß, daß ein Elementargeist um Eure Gunst buhlt; das kann Euch fähig machen, in kurzer Zeit das zu erlangen, wonach andere jahrelang streben. Ich will Euer Horoskop stellen; vielleicht gibt sich Eure Buhle mir zu erkennen. In neun Tagen sollt Ihr mehr erfahren. – Ich zählte die Stunden. Bald fühlte ich mich von geheimnisvoll seliger Hoffnung durchdrungen, bald war es mir, als habe ich mich in gefährliche Dinge eingelassen. Endlich am späten Abend des neunten Tages trat der Major in mein Gemach und forderte mich auf, ihm zu folgen. Es geht nach den Ruinen? so fragte ich. Mitnichten, erwiderte O'Malley lächelnd; zu dem Werk, das wir vorhaben, bedarf es weder eines abgelegenen, schauerlichen Orts noch einer fürchterlichen Beschwörung aus Pepliers Grammaire. Überdem darf auch mein Incubus keinen Teil haben an dem heutigen Experiment, das Ihr eigentlich unternehmt, nicht ich. Der Major führte mich in sein Quartier und erklärte, daß es darauf ankomme mir das Etwas zu verschaffen, mittelst dessen mein Ich dem Elementargeist erschlossen werde und dieser die Macht erhalte, sich mir in der sichtbaren Welt kundzutun und mit mir Umgang zu pflegen. Es sei das Etwas, das die jüdischen Kabbalisten: Teraphim nennten. Nun schob O'Malley einen Bücherschrank zur Seite, öffnete die dahinter verborgene Tür, und wir traten in ein kleines gewölbtes Kabinett, in dem ich außer allerlei seltsamem unbekannten Gerät einen vollständigen Apparat zu chemischen oder, wie ich beinahe glauben mochte, zu alchymistischen Experimenten gewahrte. Auf einem kleinen Herde schlugen aus den glühenden Kohlen bläuliche Flämmchen. Vor diesem Herde mußte ich mich dem Major gegenüber hinsetzen und meine Brust entblößen.

Kaum hatte ich dies getan, als der Major schnell, ehe ich's mir versah, mich mit einer Lanzette unter der linken Brust ritzte und die wenigen Tropfen Bluts, die der leichten kaum fühlbaren Wunde entquollen, in einer kleinen Phiole auffing. Dann nahm er eine hell spiegelartig polierte Metallplatte, goß eine andere Phiole, die eine rote blutähnliche Feuchtigkeit enthielt, dann aber die mit meinem Blut gefüllte Phiole darauf aus und brachte mittelst einer Zange die Platte dicht über das Kohlenfeuer. Mich wandelte ein tiefes Grausen an, als ich zu gewahren glaubte, daß auf den Kohlen sich eine lange spitze glühende Zunge emporschlängelte und begierig das Blut von dem Metallspiegel wegleckte. Der Major befahl mir nun, mit fest fixiertem Sinn in das Feuer zu schauen. Ich tat es, und bald wurd' es mir zu Mute, als säh' ich wie im Traum verworrene Gestalten aus dem Metall, das der Major noch immer über den Kohlen festhielt, durcheinander blitzen. Doch plötzlich fühlte ich in der Brust, da wo der Major meine Haut durchritzt, einen solchen stechenden gewaltigen Schmerz, daß ich unwillkürlich laut aufschrie. Gewonnen, gewonnen, rief in demselben Augenblick O'Malley, erhob sich von seinem Sitze und stellte ein kleines, etwa zwei Zoll hohes Püppchen, zu dem sich der Metallspiegel geformt zu haben schien, vor mir hin auf den Herd. Das, sprach der Major, ist Euer Teraphim! Die Gunst des Elementargeistes gegen Euch scheint ungewöhnlich zu sein; Ihr dürfet nun das Äußerste wagen. Auf des Majors Geheiß nahm ich das Püppchen, dem, ungeachtet es zu glühen schien, nur eine wohltuende elektrische Wärme entströmte, drückte es an die Wunde und stellte mich vor einen runden Spiegel, von dem der Major die verhüllende Decke herabgezogen. Spannt, sprach O'Malley mir nun leise ins Ohr, spannt Euer Inneres nun zum inbrünstigen Verlangen, welches Euch, da der Teraphim wirkt, nicht schwer werden kann, und sprecht mit dem süßesten Ton, dessen Ihr mächtig, das Wort! – In der Tat, ich habe das seltsam klingende Wort, das mir O'Malley vorsprach, vergessen. Kaum war aber die Hälfte der Silben über die Lippen, als ein häßliches toll verzerrtes Gesicht aus dem Spiegel mich hämisch anlachte. Alle Teufel der Hölle, wo kommst du her, verfluchter Hund! so schrie O'Malley hinter mir. Ich wandte mich um und erblickte meinen Paul Talkebarth, der in der Türe stand, und dessen schönes Antlitz sich in dem magischen Spiegel reflektiert hatte. Der Major fuhr wütend los auf den ehrlichen Paul; doch ehe ich mich dazwischen werfen konnte, blieb O'Malley dicht vor ihm regungslos stehen, und Paul nützte den Augenblick, sich weitläufig zu entschuldigen, wie er mich gesucht, wie er die Tür offen gefunden, wie er hineingetreten, usw. Hebe dich hinweg, Schlingel, sprach endlich O'Malley gelassen genug, und da ich hinzufügte: Geh nur, guter Paul, gleich komme ich nach Hause; so machte sich der Eulenspiegel ganz erschrokken und verblüfft von dannen. Ich hatte das Püppchen fest in der Hand behalten, und O'Malley versicherte, wie nur dieser Umstand es bewirkt, daß nicht alle Mühe umsonst geblieben. Talkebarths unzeitiges Dazwischentreten habe indessen die Vollendung des Werks auf lange Zeit verschoben. Er riet mir, den treuen Diener fortzujagen; das konnte ich nicht übers Herz bringen. Übrigens belehrte mich der Major, daß der Elementargeist, der mir seine Gunst geschenkt, nichts Geringeres sei, als ein Salamander, wie er es schon vermutet, als er mein Horoskop gestellt, da Mars im ersten Hause gestanden. – Ich komme wiederum zu Momenten, die du, da sie keines Ausdrucks fähig, nur ahnen kannst. Vergessen war Teufel Amor, war Biondetta; ich dachte nur – an meinen Teraphim. Stundenlang konnte ich das Püppchen vor mir auf den Tisch gestellt anschauen, und die Liebesglut, die in meinen Adern strömte, schien dann gleich dem himmlischen Feuer des Prometheus das Bildlein zu beleben, und in lüsterner Begier wuchs es empor. Doch eben so schnell zerrann die Gestaltung, als ich sie dachte, und zu der unnennbaren Qual, die mein Herz durchschnitt, gesellte sich ein seltsamer Zorn, der mich antrieb, das Püpplein, ein lächerliches armseliges Spielwerk, von mir zu werfen. Aber indem ich es faßte, fuhr es durch alle meine Glieder wie ein elektrischer Schlag und es war mir, als müßte mich die Trennung von dem Talisman der Liebe selbst vernichten. Gestehen will ich offen, daß meine Sehnsucht, unerachtet sie einem Elementargeist galt, sich vorzüglich in allerlei zweideutigen Träumen auf Gegenstände der Sinnenwelt, die mich umgab, richtete, so daß meine erregte Fantasie bald dieses, bald jenes Frauenzimmer dem spröden Salamander unterschob, der sich meiner Umarmung entzog. – Ich erkannte zwar mein Unrecht und beschwor mein kleines Geheimnis, mir die begangene Untreue zu verzeihen; allein an der abnehmenden Kraft jener seltsamen Krise, die sonst meine tiefste Seele in glühender Liebe bewegte, ja an einer gewissen unbehaglichen Leere fühlte ich es wohl, daß ich mich immer mehr von meinem Ziele entfernte, statt mich ihm zu nähern. Und doch spotteten die Triebe des in voller Kraft blühenden Jünglings meines Geheimisses, meines Widerstrebens. Ich erbebte bei der leisesten Berührung irgend eines reizenden Weibes, indem ich mich zugleich in glühender Scham erröten fühlte. – Der Zufall führte mich aufs neue nach der Residenz. Ich sah die Gräfin von L., das anmutigste, reizendste und zugleich eroberungssüchtigste Weib, das damals in den ersten Zirkeln B–s prangte; sie warf ihre Blicke auf mich, und die Stimmung, in der ich mich damals befand, mußte es ihr sehr leicht machen, mich ganz und gar in ihre Netze zu verlocken, ja sie brachte mich endlich dahin, ihr mein Inneres ohne allen Rückhalt zu erschließen, ihr mein Geheimnis zu entdecken, ja ihr das geheimnisvolle Bildlein, das ich auf der Brust trug, zu zeigen.»

«Und», unterbrach Albert den Freund, «und sie lachte dich nicht wacker aus, schalt dich nicht einen betörten Jüngling?»

«Nichts», fuhr Viktor fort, «nichts von allem dem. Sie hörte mich mit einem Ernst an, der ihr sonst gar nicht eigen, und als ich geendet, beschwor sie mich, Tränen in den Augen, den Teufelskünsten des berüchtigten O'Malley zu entsagen. Meine beiden Hände fassend, mich mit dem Ausdruck der süßesten Liebe anblickend, sprach sie von dem dunklen Treiben der kabbalistischen Adepten so gelehrt, so gründlich, daß ich mich nicht wenig darüber verwunderte. Bis zum höchsten Grad stieg aber mein Erstaunen, als sie den Major den ruchlosesten abscheulichsten Verräter schalt, da ich ihm das Leben gerettet und er mich dafür durch seine schwarze Kunst ins Verderben locken wolle. Zerfallen mit dem Leben, in Gefahr, zu Boden gedrückt zu werden von tiefer Schmach, sei nämlich O'Malley im Begriff gewesen, sich zu erschießen, als ich dazwischen getreten und den Selbstmord gehindert, der ihm dann leid geworden, da das Unheil von ihm abgewandt. Habe mich, so schloß die Gräfin, der Major gestürzt in psychische Krankheit, so wolle sie mich daraus erretten, und der erste Schritt dazu sei, daß ich das Bildlein in ihre Hände liefere. Ich tat das gern und willig, weil ich mich dadurch auf die schönste Art von einer unnützen Qual zu befreien glaubte. Die Gräfin müßte das nicht gewesen sein, was sie wirklich war, hätte sie nicht den Liebhaber lange Zeit schmachten lassen, ohne den brennenden Durst der Liebe zu stillen. So war es mir auch gegangen. Endlich sollte ich glücklich sein. Um Mitternacht harrte eine vertraute Dienerin meiner an einer Hinterpforte des Palastes und führte mich durch entlegene Gänge in ein Gemach, das der Gott der Liebe selbst ausgeschmückt zu haben schien. Hier sollte ich die Gräfin erwarten. Halb betäubt von dem süßen Duft des feinen Räucherwerks, der im Zimmer wallte, bebend vor Liebe und Verlangen, stand ich in des Zimmers Mitte; da traf, durchfuhr wie ein Blitzstrahl mein innerstes Wesen ein Blick –»

«Wie», rief Albert, «ein Blick und keine Augen dazu? und du sahst nichts? – wohl wieder eine gestaltlose Gestalt!»

«Magst», sprach Viktor weiter, «magst du das unbegreiflich finden, genug – keine Gestalt, nichts gewahrte ich, und doch fühlte ich den Blick tief in meiner Brust, und ein jäher Schmerz zuckte an der Stelle, die O'Malley verwundet. In demselben Augenblick gewahrte ich auf dem Simse des Kamins mein Bildlein, faßte es schnell, stürzte heraus, gebot mit drohender Gebärde der erschrockenen Dienerin, mich herabzuführen, rannte nach Hause, weckte meinen Paul und ließ packen. Der früheste Morgen traf mich schon auf dem Rückwege nach P. – Mehrere Monate hatte ich in der Residenz zugebracht; die Kameraden freuten sich meines unverhofften Wiedersehns und hielten mich den ganzen Tag über fest, so daß ich erst am späten Abend heimkehrte in mein Quartier. Ich stellte mein liebes wiedergewonnenes Bildlein auf den Tisch und warf mich, da ich der Ermüdung nicht länger zu widerstehen vermochte, angekleidet auf mein Lager.

Bald kam mir aber das träumerische Gefühl, als umflösse mich ein strahlender Glanz! – Ich erwachte, ich schlug die Augen auf: wirklich glänzte das Gemach in magischem Schimmer. – Aber – o Herr des Himmels! – An demselben Tische, auf den ich das Püppchen gestellt, gewahrte ich ein weibliches Wesen, die den Kopf in die Hand gestützt zu schlummern schien. Ich kann dir nur sagen, daß ich nie eine zartere anmutigere Gestalt, nie ein lieblicheres Antlitz träumte; dich den wunderbaren geheimnisvollen Zauber, der dem holden Bilde entstrahlte, in Worten auch nur ahnen zu lassen, das vermag ich nicht. Sie trug ein seidnes feuerfarbenes Gewand, das knapp an Brust und Leib anschließend nur bis an die Knöchel reichte, so daß die zierlichen Füßchen sichtbar wurden. Die schönsten, bis an die Schultern entblößten Arme, in Farbe und Form wie hingehaucht von Tizian, schmückten goldene Spangen; in dem braunen, ins Rötliche spielenden Haar funkelte ein Diamant.» –

«Ei», sprach Albert lachend, «deine Salamandrin hat keinen sonderlichen Geschmack – rötlichbraunes Haar, und dazu sich in feuerfarbne Seide zu kleiden –»

«Spotte nicht», fuhr Viktor fort, «spotte nicht, ich wiederhol' es dir, daß von geheimnisvollem Zauber befangen mir der Atem stockte. Endlich entfloh ein tiefer Seufzer der beängsteten Brust. Da schlug sie die Augen auf, erhob sich, näherte sich mir, faßte meine Hand! – Alle Glut der Liebe, des brünstigen Verlangens, zuckte wie ein Blitzstrahl durch mein Inneres, als sie meine Hand leise drückte, als sie mir mit der süßesten Stimme zulispelte: Ja! – du hast gesiegt, du bist mein Herrscher, mein Gebieter, ich bin dein! – O du Götterkind – himmlisches Wesen! so rief ich laut, umschlang sie und drückte sie an meine Brust. Doch in demselben Augenblicke zerschmolz das Wesen in meinen Armen.» –

«Wie», unterbrach Albert den Freund, «wie um tausend Himmels willen – zerschmolz?» – «Zerschmolz», sprach Viktor weiter, «in meinen Armen; anders kann ich dir mein Gefühl des unbegreiflichen Verschwindens jener Holden nicht beschreiben. Zugleich erlosch der Schimmer, und ich fiel, selbst weiß ich nicht wie, in tiefen Schlaf. Als ich erwachte, hielt ich das Püppchen in der Hand. Es würde dich ermüden, wenn ich von dem seltsamen Verhältnisse mit dem geheimnisvollen Wesen, das nun begann und mehrere Wochen fortdauerte, mehr sagen sollte, als daß in jeder Nacht der Besuch sich auf dieselbe Weise wiederholte. So sehr ich mich dagegen sträubte, ich konnte dem träumerischen Zustande nicht widerstehen, der mich befiel, und aus dem mich das holde Wesen mit einem Kusse weckte. Doch immer länger und länger weilte sie bei mir. Sie sprach manches von geheimnisvollen Dingen, mehr horchte ich aber auf die süße Melodie ihrer Rede, als auf die Worte selbst. Sie litt und erwiderte die süßesten Liebkosungen. Glaubte ich indessen im Wahnsinn des glühenden Entzückens den Gipfel des Glücks zu erreichen, so entschwand sie mir, indem ich in tiefen Schlaf versank. – Selbst bei Tage aber war es mir oft, als fühle ich den warmen Hauch eines mir nahen Wesens; ja ein Flüstern, ein Seufzen vernahm ich manchmal dicht bei mir in der Gesellschaft, vorzüglich wenn ich mit einem Frauenzimmer sprach, so daß alle meine Gedanken sich auf meine holde geheimnisvolle Liebe richteten und ich stumm und starr blieb für das, was mich umgab. Es geschah, daß einst ein Fräulein in einer Gesellschaft sich mir verschämt nahte, um mir den im Pfänderspiel gewonnenen Kuß zu reichen. Indem ich mich aber zu ihr hinbeugte, fühlte ich, noch ehe meine Lippen die ihrigen berührten, einen heißen, schallenden Kuß auf meinem Munde glühen und zugleich lispelte eine Stimme: Nur mir gehören deine Küsse. – Ich und das Fräulein, beide waren wir etwas erschrocken, die übrigen glaubten, wir hätten uns wirklich geküßt. Dieser Kuß galt mir indessen für ein Zeichen, daß Aurora (so nannte ich die geheimnisvolle Geliebte) sich nun bald ganz und gar in Leben gestalten und mich nicht mehr verlassen werde. Als die Holde in der folgenden Nacht mir wieder erschien auf die gewöhnliche Weise, beschwor ich sie in den rührendsten Worten, wie die hellodernde Glut der Liebe und des Verlangens sie mir eingab, mein Glück zu vollenden, ganz mein zu sein für immer in sichtbarer Gestalt. Sie wand sich sanft aus meinen Armen und sprach dann mit mildem Ernst: Du weißt, auf welche Weise du mein Gebieter wurdest. Dir ganz anzugehören, war mein seligster Wunsch; aber nur halb sind die Ketten gesprengt, die mich an den Thron fesseln, dem das Volk, dem ich angehöre, unterwürfig ist. Doch je stärker, je mächtiger deine Herrschaft wird, desto freier fühle ich mich von der qualvollen Sklaverei. Immer inniger wird unser Verhältnis, und wir gelangen zum Ziel, ehe vielleicht ein Jahr vorüber ist. Wolltest du, Geliebter, voran eilen dem waltenden Schicksal, manches Opfer, mancher dir bedenklich scheinende Schritt wäre vielleicht noch nötig. – Nein, rief ich, nein, kein Opfer, keinen bedenklichen Schritt gibt es für mich, um dich zu gewinnen ganz und gar! – Nicht länger leben kann ich ohne dich, ich sterbe vor Ungeduld, vor namenloser Pein! Da umschlang mich Aurora und lispelte mit kaum hörbarer Stimme: Bist du selig in meinen Armen? Es gibt keine andere Seligkeit, rief ich und drückte, ganz Glut der Liebe, ganz Wahnsinn des Verlangens, das holde Weib an meine Brust. Brennende Küsse fühlte ich auf meinen Lippen, und diese Küsse selbst waren melodischer Wohllaut des Himmels, in dem ich die Worte vernahm: Könntest du wohl um den Preis meines Besitzes der Seligkeit eines unbekannten Jenseits entsagen? – Eiskalte Schauer durchbebten mich, aber in diesen Schauern raste stärker die Begier, und ich rief in willkürloser Liebeswut: Außer dir keine Seligkeit – ich entsage –»

Charles de Coster

Reise zu den Hütern der Erde

Auf den Scheiterhaufen dampfte das Schmer der Opfer. Uilenspiegel weinte einsam in Gedanken an Klaas und Soetkin. Eines Abends besuchte er Katelijne, um bei ihr Hilfe und Rache zu suchen.

Sie war allein mit Nele, die bei der Lampe nähte. Bei dem Geräusche seines Eintritts hob Katelijne schwer den Kopf, wie eine Frau, die aus einem tiefen Schlaf erwacht. Er sagte zu ihr: «Die Asche Klaasens schlägt an meine Brust; ich will Flandern retten. Ich erbat das von dem großen Gotte des Himmels und der Erde, aber er hat mir nicht geantwortet.»

Katelijne sagte: «Der große Gott hat dich nicht hören können; man muß zuerst mit den Elementargeistern reden, die mit ihren beiden Naturen, mit der himmlischen und der irdischen, die Klagen der armen Menschen aufnehmen und sie den Engeln übermitteln, die sie nachher zum Throne tragen.»

«Hilf mir», sagte er, «in meinem Vorhaben; wenn es sein muß, werde ich dich mit Blut bezahlen.»

Katelijne antwortete: «Ich werde dir helfen, wenn dich ein Mädchen, das dich liebt, auf den Sabbat der Frühlingsgeister mitnimmt, auf die Ostern der Lebenskraft.» «Ich nehme ihn mit», sagte Nele.

Katelijne goß eine grauliche Mixtur in einen Kristallbecher und ließ beide trinken; auch rieb sie ihnen mit dieser Mixtur die Schläfen, die Nasenlöcher, die Handflächen und die Handwurzeln, gab ihnen eine Prise eines weißen Pulvers zu essen und befahl ihnen, ihre Blicke ineinander zu versenken, damit ihre Seelen zu einer einzigen würden.

Uilenspiegel sah Nele an, und die süßen Augen des Mädchens entzündeten in ihm eine lodernde Flamme; dann hatte er, wegen der Mixtur, ein Gefühl, als ob ihn tausend Krabben mit ihren Scheren faßten.

Dann entkleideten sie sich, und sie waren schön in dem Scheine der Lampe, er in seiner stolzen Kraft, sie in ihrer süßen Lieblichkeit; aber sie konnten einander nicht sehn, denn schon waren sie wie entschlummert. Katelijne bog Nelens Hals auf Uilenspiegels Arm und legte seine Hand auf das Herz des Mädchens.

So blieben sie nackt nebeneinander liegen. Und es schien ihnen beiden, daß ihre Körper bei der Berührung ein süßes Feuer ausströmten, wie die Sonne im Monat der Rosen.

Sie erhoben sich – so sagten sie nämlich später – stiegen auf das Fensterbrett und schwangen sich von dort ins Leere. Und sie fühlten, daß die Luft sie trug wie das Wasser die Schiffe.

Dann sahen sie nichts mehr: nicht die Erde, wo die armen Menschen schliefen, nicht den Himmel, dessen Wolken schon unter ihren Füßen dahinrollten. Und sie setzten den Fuß auf den Sirius, den kalten Stern. Von dort wurden sie auf den Pol geworfen.

Dort sahen sie, nicht ohne Zagen, einen nackten Riesen mit gelben Haaren, den Riesen Winter, auf Eisschollen sitzen, an eine Eiswand gelehnt. In Wasserlachen tummelten sich Bären und Robben um ihn, eine heulende Herde. Mit heiserer Stimme rief er den Hagel, den Schnee, die kalten Regengüsse, die grauen Wetterwolken und die roten dumpfen Nebel; und er rief die Winde, von denen am rauhesten der harsche Nord weht. Und alle diese Gewalten brachen auf einmal los an diesem unheilvollen Orte.

Lachend über dies Wüten legte sich der Riese auf Blüten, die seine Hand gewelkt hatte, und auf Blätter, die verdorrt waren von seinem Hauche. Dann beugte er sich nieder und riß den Grund auf mit seinen Nägeln, bohrte seine Zähne hinein und wühlte ein Loch, um das Herz der Erde zu packen und es zu verschlingen, damit schwarze Kohle entstehe, wo schattige Wälder waren, Stroh, wo Kornfelder grünten, und Sandwüsten an der Stelle der Fruchtbarkeit. Aber das Herz der Erde ist aus Feuer; er wagte es nicht zu berühren und zog sich zaghaft zurück. Seinen Trankelch leerend, thronte er als König inmitten seiner Bären und Robben und der Gerippe aller derer, die er auf dem Meere, auf der Erde und in den Hütten der armen Leute tötete. Fröhlich hörte er das Brummen der Bären und das Brüllen der Robben, das Klappern der Menschengebeine und der Tierskelette, an denen Geier und Raben tastend ein letztes Stückchen Fleisch suchten, und das Gekrach der Eisschollen, die im dunkeln Wasser gegeneinander stießen.

Und die Stimme des Riesen war wie das Brüllen der Orkane, wie das Brausen der Winterstürme und wie das Heulen des Windes in den Kaminen.

«Ich friere und habe Furcht», sagte Uilenspiegel.

«Er vermag nichts gegen die Geister», antwortete Nele.

Plötzlich kam eine ungestüme Bewegung unter die Robben, die hastig wieder ins Wasser tauchten, unter die Bären, die mit hangenden Ohren jämmerlich brummten, und unter die Raben, die sich mit ängstlichem Gekrächze in den Wolken verloren.

Und siehe, Nele und Uilenspiegel hörten die Eiswand, die dem Riesen Winter als Sitzlehne diente, unter den dumpfen Stößen eines Mauerbrechers erdröhnen. Die Wand spaltete sich und schwankte in ihren Grundfesten.

Aber der Riese Winter hörte nichts, und er heulte und kläffte fröhlich, füllte und leerte seinen Trankelch und suchte das Herz der Erde, um es zu vereisen, und wagte es nicht zu berühren.

Unterdessen dröhnten die Stöße stärker, und die Wand spaltete sich weiter, und der Regen der zersplitternden Eisschollen sprühte ununterbrochen rings um ihn.

Und jämmerlich brummten die Bären ohne Unterlaß, und die Robben klagten in den dunkeln Gewässern.

Die Wand sank, und es wurde Tag am Himmel; ein Mann stieg herab, nackt und schön, die Hand auf ein goldenes Beil gestützt: und dieser Mann war Luzifer, der König Frühling.

Als ihn der Riese sah, warf er seinen Trankelch weit weg und bat ihn, ihn nicht zu töten. Und bei dem lauen Atemhauch des Königs Frühling verlor der Riese Winter seine ganze Kraft. Nun nahm der König diamantene Ketten, band ihn und fesselte ihn an den Pol.

Dann stand er ruhig und schrie, aber sanft und zärtlich. Und vom Himmel stieg ein blonde Frau herab, nackt und schön. Sie trat zu ihm und sagte: «Du bist mein Überwinder, du starker Mann.»

Er anwortete: «Wenn du Hunger hast, iß, wenn du Durst hast, trink, wenn du Furcht hast, komm zu mir; ich bin dein Gatte.»

«Nicht Hunger habe ich», sagte sie, «nicht Durst, außer nach dir.»

Wieder schrie der König, siebenmal und schrecklich. Und es erbrauste ein mächtiges Gewitter von Donner und Blitz, und hinter ihnen wölbte sich ein Baldachin von Sonnen und Sternen. Und sie setzten sich auf Throne.

Nun schrien der König und seine Frau, ohne daß sich ihr edles Antlitz geregt hätte; und es war keine Gebärde an ihnen, die ihrer Kraft oder ihrer stillen Majestät zuwider gewesen wäre. Auf diese Schreie ging ein welliges Beben durch die Erde, das Gestein und das Eis. Und Nele und Uilenspiegel hörten ein mächtiges Hallen, als ob sich riesenhafte Vögel bemühten, die Schalen ungeheuerer Eier mit den Schnäbeln zu zerhacken.

Und in dem gewaltigen Schwingen des Bodens, der sich hob und senkte wie die Wogen in der See, entstanden Formen, ähnlich denen des Eies.

Plötzlich schossen überall Bäume hervor; die dürren Äste waren ineinander verwirrt, während die Stämme taumelten wie trunkene Menschen. Dann sonderten sie sich und zwischen ihnen blieb ein weiter leerer Raum. Aus dem flutenden Boden stiegen die Erdgenien, aus dem Grunde des Gehölzes die Waldgeister und aus dem nahen Meere die Wassergenien.

Da sahen Uilenspiegel und Nele höckrige, rauhfüßige, zottige, häßliche und fratzenhafte Zwerge, die die Schätze hüten, Waldmänner, die wie die Bäume leben und statt des Mundes und des Magens unten am Gesichte ein Wurzelbündel haben, womit sie ihre Nahrung aus der Brust der Erde saugen, die Kaiser der Erzgänge, die stumm sind, weder ein Herz noch Eingeweide haben und sich schimmernd bewegen, ohne daß man sähe, wieso, und die Fürsten des Gesteins. Da waren Zwerge aus Fleisch und Bein mit Echsenschwänzen und Krötenköpfen, die statt des Hutes ein Licht trugen; und das sind die, die des Nachts einem trunkenen Fußgänger oder einem ängstlichen Wanderer auf die Schulter springen, wieder herabhüpfen und ihn durch das Schütteln ihres Lichtes in Sümpfe und Löcher verführen, während die armen Wichte glauben, das Licht sei eine Kerze, die in ihrer Stube brennt.

Da waren auch die Blumenelfen, Blüten an weiblicher Kraft und Gesundheit, nackt und nicht errötend, stolz in ihrer Schönheit und ohne eine andere Hülle als ihr Haar. Ihre Augen schimmerten feucht wie Perlmutter im Wasser, und ihr praller Leib glänzte weiß und golden im Lichte; aus ihrem halboffenen rosigen Mund wehte ein Atem mit süßerm Dufte als der Jasmin.

Das sind die, die des Abends durch Laubgänge und Gärten oder in der Tiefe des Waldes auf schattigen Pfaden liebeschmachtend irren und eine Menschenseele für ihre Wonnen suchen. Und wann ein junges Liebespaar an ihnen vorbeigeht, so versuchen sie das Mädchen zu töten: da sie das aber nicht können, hauchen sie der Schönen, die noch immer widersteht, Liebessehnsucht in ihr Herz, damit sie sich dem Liebenden hingebe; denn dann hat die Blumenelfe die Hälfte der Küsse.

Auch sahen Uilenspiegel und Nele hoch vom Himmel die Geister der Sterne herabsteigen und die Genien des Windes, des Taues und des Regens, geflügelte Jünglinge, die die Erde befruchten.

Dann flogen von allen Enden des Himmels die Vögel der Seelen heran, die lieblichen Schwalben. Und als sie da waren, erstrahlte das Licht heller. Blumenelfen, Fürsten des Gesteins, Kaiser der Erzgänge, Waldmänner, Wassergenien, Feuergeister und Erdgeister riefen miteinander: «Licht! Lebenskraft! Heil dem Könige Frühling!»

Wenngleich der Lärm ihrer einstimmigen Rufe mächtiger war als der des wütenden Meeres, des donnernden Blitzes und des entfesselten Sturmes, klang er doch wie ernste Musik den Ohren Nelens und Uilenspiegels, die, unbeweglich und stumm, hinter einem runzeligen Eichenstrunke kauerten.

Aber ihre Furcht wuchs noch mehr, als sich die Geister zu Tausenden niederließen: denn ihre Sitze waren ungeheuere Spinnen, Kröten mit Elefantenrüsseln und ineinander verflochtene Schlangen, und die Geister saßen auf Krokodilen, die auf dem Schwanze standen, und zu Haufen in deren Rachen, und auf den ringelnden Körpern von Schlangen ritten mehr als dreißig Zwerge und Zwerginnen; und sie saßen auf wohl hunderttausend Käfern, größer als Goliath und bewaffnet mit Schwertern, Spießen, gezähnten Sensen, siebenzinkigen Gaffeln und allen andern Arten schrecklichen Todeswerkzeugs. Und die kämpften gegeneinander in wildem Getümmel, und der Starke fraß den Schwachen; und also anwachsend, taten sie dar, daß der Tod die Frucht des Lebens ist und das Leben die Frucht des Todes.

Und aus dieser ganzen dichten, wimmelnden, verworrenen Menge von Geistern erhob sich ein Dröhnen wie von dumpfem Donner und von dem gleichzeitigen Werken von hundert Webern, Walkern und Schlossern.

Plötzlich erschienen die Geister der Lebenskraft: die waren kurz, dick, die Lenden weit wie das Heidelberger Faß, mit Schenkeln so rund wie Weintonnen, und die Muskeln so absonderlich stark und kräftig, daß man hätte sagen können, ihr Körper bestehe aus großen und kleinen aneinander gefügten Eiern, die bedeckt seien mit einer roten und fetten Haut, schimmernd wie ihr spärlicher Bart und ihr rotes Haar; und sie trugen ungeheuere Humpen, gefüllt mit einer fremdartigen Flüssigkeit.

Als die Geister sie kommen sahen, ging durch sie ein mächtiges Tummeln der Lust; die Bäume, die Pflanzen schüttelten sich, und die Erde riß sich Schrunden, um zu trinken.

Und die Geister der Lebenskraft gossen den Wein aus: Alsobald knospete, grünte und blühte es überall; der Rasen ward voll surrender Käfer und der Himmel erfüllt mit Vögeln und Schmetterlingen. Die Geister gossen immerfort, und die, die unten waren, nahmen den Wein auf, wie sie nur konnten. Die Blumenelfen harrten mit offenen Lippen oder sprangen auf ihre roten Mundschenken und küßten sie, um mehr zu bekommen. Manche falteten die Hände zum Zeichen des Bittens; andere ließen sich selig beregnen. Aber alle, gierig oder durstig, fliegend oder stehend, laufend oder unbeweglich, alle lechzten nach dem Weine; und bei jedem Tropfen, den sie erlangten, wurden sie lebendiger. Und es gab da keine Alten, sondern ob häßlich oder schön, alle waren voll grüner Kraft und frischer Jugend.

Und sie lachten, schrien und sangen und haschten sich auf den Bäumen wie die Eichhörnchen und in der Luft wie die Vögel; jedes Männchen suchte sein Weibchen, und sie vollzogen unter Gottes Himmel das heilige Werk der Natur.

Und die Geister der Lebenskraft brachten dem Könige und der Königin den großen Becher voll ihres Weines. Und der König und die Königin tranken und umarmten sich.

Dann schüttete der König, der die Königin umschlungen hielt, den Rest seines Bechers über die Bäume, die Blumen und die Geister, und rief: «Heil dem Leben! Heil der Luft! Heil der Kraft!»

Und alle riefen: «Heil der Natur! Heil der Kraft!»

Und Uilenspiegel nahm Nele in seine Arme. Und während sie sich umschlungen hielten, begann ein Tanz; ein Tanz, wirbelnd wie der der Blätter, die die Windsbraut kreisend fegt, ein Tanz, wo alles im Strudel war, Bäume, Pflanzen, Käfer, Schmetterlinge, Himmel und Erde, König und Königin, Blumenelfen, Kaiser der Erzgänge, Wassergeister, höckerige Zwerge, Fürsten des Gesteins, Waldmänner, Lichtläufer und Sterngeister, dazu die hunderttausend schrecklichen Käfer mit dem Gewimmel ihrer Spieße, ihrer gezähnten Sensen, ihrer Gaffeln mit sieben Zinken, ein schwindelnder Tanz, rollend im Raume, den er erfüllte, ein Tanz, an dem die Sonne teilnahm und der Mond, die Planeten, die Sterne, der Wind und die Wolken.

Und die Eiche, an die sich Nele und Uilenspiegel geklammert hatten, rollte in den Wirbel, und Uilenspiegel sagte zu Nele: «Herzlieb, nun müssen wir sterben.»

Ein Geist hörte sie und sah, daß sie Sterbliche waren. «Menschen», schrie er, «Menschen sind hier!» Und er riß sie von dem Baum und warf sie in die Menge.

Und Uilenspiegel und Nele fielen weich auf den Rücken der Geister. Und die Geister schleuderten sie einander zu wie Fangbälle; und sie sagten: «Gruß euch, ihr Menschen! Willkommen, Erdenwürmer! Wer will das Knäblein und das Mägdlein? Sie kommen uns besuchen, die Elenden.»

Und Uilenspiegel und Nele flogen von einem zum andern; sie schrien: «Gnade!»

Aber die Geister hörten nicht auf sie, und beide kreisten in der Luft, die Beine oben, den Kopf unten, wirbelnd wie Federn im Wintersturm. Und die Geister riefen: «Heil den Männlein und den Weiblein, daß sie tanzen wie wir!»

Die Blumenelfen schlugen Nele, die sie von Uilenspiegel trennen wollten, und sie hätten sie getötet, wenn nicht der König Frühling, den Tanz mit einem Winke beendigend, geschrien hätte: «Man bringe die zwei Läuse vor mich.»

Und sie wurden voneinander getrennt; und jede Blumenelfe versuchte Uilenspiegel ihren Nebenbuhlerinnen zu entreißen und sie sagten zu ihm: «Thijl, möchtest du nicht sterben für mich?» «Sofort werde ich es tun», antwortete Uilenspiegel.

Und die zwergigen Waldgeister, die Nele trugen, sagten: «Warum bist du keine Seele wie wir, daß wir dich nehmen könnten?» Nele antwortete: «Habt Geduld.»

So kamen sie vor den Thron des Königs; und sie erzitterten, als sie sein Goldbeil und seine Eisenkrone sahen. Und er sagte zu ihnen: «Was habt ihr hier zu tun gehabt, Elende?»

Und sie antworteten nicht.

«Ich kenne dich, Knospe der Hexe», fuhr er fort, «und auch dich, Schößling des Kohlenträgers; da es euch aber durch die Kraft von Zauberkünsten gelungen ist, in diese Werkstatt der Natur einzudringen, warum habt ihr jetzt den Schnabel geschlossen, wie mit Krumen gemästete Kapaune?»

Nele zitterte, indem sie den schrecklichen Teufel ansah; aber Uilenspiegel gewann seine männliche Sicherheit wieder und antwortete: »Die Asche Klaasens schlägt an mein Herz. Göttliche Hoheit, der Tod schreitet über Flandern und mäht im Namen des Papstes die stärksten Männer und die lieblichsten Frauen; die Freiheiten des Landes sind zerbrochen, seine Gerechtsamen sind vernichtet, der Hunger nagt, und die Weber und Tuchmacher verlassen es, um in der Fremde freie Arbeit zu suchen. So wird denn Flandern bald sterben, wenn ihm keine Hilfe kommt. Hoheiten, ich bin nichts als ein armer, kleiner Mensch, der auf die Welt gekommen ist wie alle andern, und ich habe gelebt, wie ich konnte, unvollkommen, beschränkt, unwissend, ohne Tugend und Keuschheit, unwürdig jeder menschlichen oder göttlichen Gnade. Aber Soetkin ist gestorben an den Folgen der Folter und an ihrem Kummer, aber Klaas ist verbrannt worden in einem entsetzlichen Feuer, und ich wollte sie rächen und habe es einmal getan; ich wollte auch diesen armen Boden, wo ihre Gebeine gesät sind, glücklicher sehn, und ich habe Gott um den Tod der Verfolger gebeten, er hat mich jedoch nicht gehört. Müde der Klagen habe ich Euch durch die Macht von Katelijnens Zauber beschworen, und wir, ich und meine zitternde Gefährtin, werfen uns Euch zu Füßen, göttliche Hoheiten, mit der Bitte, dieses arme Land zu retten.»

Der Kaiser und seine Gefährtin antworteten zusammen:

Durch das Feuer und durch den Krieg,
Durch den Tod und durch das Schwert
  Suche die Sieben.
In dem Tod und in dem Blut,
In den Trümmern und in den Tränen
  Finde die Sieben.

Häßlich, grausam, mißgestaltet,
Wahre Plagen der armen Erde,
  Brenne die Sieben.

Wache, höre und sieh,
Sag uns, Elender, bist du nicht froh?
  Finde die Sieben.

Und alle Geister sangen mitsammen:

In dem Tod und in dem Blut,
In den Trümmern und in den Tränen
Finde die Sieben.

Wache, höre und sieh,
Sag uns, Elender, bist du nicht froh?
Finde die Sieben.

«Aber», sagte Uilenspiegel, «Hoheit, und Ihr, gnädige Geister, ich verstehe Euere Sprache nicht. Ihr macht Euch lustig über mich, sicherlich.»
Aber ohne auf ihn zu hören, sagten sie:

Wann der Norden
Küßt den Schläfer,
Ist die Not zu Ende.
Finde die Sieben
Und das Band.

Und das mit so einmütiger Wucht und mit so furchtbarer Kraft des Klanges, daß die Erde bebte und die Himmel rauschten. Und die Vögel zwitscherten, die Eulen heulten, die Spatzen piepten vor Angst, und die Adler klagten, und alle schlugen mit den Flügeln in jähem Schreck. Und die Tiere der Erde, die Löwen, Schlangen, Bären, Hirsche, Rehe, Wölfe, Hunde und Katzen brüllten, zischten, murrten, wimmerten, kläfften und mauten schrecklich.
Und die Geister sangen:

Wache, höre und sieh,
Liebe die Sieben
Und das Band.

Und die Hähne krähten, und die Geister verschwanden allesamt bis auf einen garstigen Kaiser der Erzgänge, der Uilenspiegel und Nele jedes bei einem Arme nahm und sie in das Leere schleuderte, mitleidlos.
Sie fanden sich nebeneinander liegend, wie zum Schlafen; und sie fröstelten beim kühlen Morgenwinde.
Und Uilenspiegel sah den lieblichen Körper Nelens goldig glänzen; denn die Sonne ging auf.

Friedrich de la Motte Fouqué

Undine, der Tag nach der Hochzeit

Ein frisches Morgenlicht weckte die jungen Eheleute. Undine verbarg sich schamhaft unter ihre Decken, und Huldbrand lag still sinnend vor sich hin. Sooft er in der Nacht eingeschlafen war, hatten ihn wunderlich grausende Träume verstört von Gespenstern, die sich heimlich grinzend in schöne Frauen zu verkleiden strebten, von schönen Frauen, die mit einem Male Drachenangesichter bekamen. Und wenn er von den häßlichen Gebilden in die Höhe fuhr, stand das Mondlicht bleich und kalt draußen vor den Fenstern; entsetzt blickte er nach Undinen, an deren Busen er eingeschlafen war und die in unverwandelter Schönheit und Anmut neben ihm ruhte. Dann drückte er einen leichten Kuß auf die rosigen Lippen und schlief wieder ein, um von neuen Schrecken erweckt zu werden. Nachdem er sich nun alles dieses recht im vollen Wachen überlegt hatte, schalt er sich selbst über jedweden Zweifel aus, der ihn an seiner schönen Frau hatte irremachen können. Er bat ihr auch sein Unrecht mit klaren Worten ab, sie aber reichte ihm nur die schöne Hand, seufzte aus tiefem Herzen und blieb still. Aber ein unendlich inniger Blick aus ihren Augen, wie er ihn noch nie gesehn hatte, ließ ihm keinen Zweifel, daß Undine von keinem Unwillen gegen ihn wisse. Er stand dann heiter auf und ging zu den Hausgenossen in das gemeinsame Zimmer vor. Die dreie saßen mit besorglichen Mienen um den Herd, ohne daß sich einer getraut hätte, seine Worte laut werden zu lassen. Es sah aus, als bete der Priester in seinem Innern um Abwendung alles Übels. Da man nun aber den jungen Ehemann so vergnügt hervorgehn sah, glätteten sich auch die Falten in den übrigen Angesichtern; ja, der alte Fischer fing an, mit dem Ritter zu scherzen, auf eine recht sittige, ehrbare Weise, so daß selbst die alte Hausfrau ganz freundlich dazu lächelte. Darüber war endlich Undine auch fertig geworden und trat nun in die Tür; alle wollten ihr entgegengehn, und alle blieben voll Verwunderung stehen, so fremd kam ihnen die junge Frau vor und doch so wohlbekannt. Der Priester schritt zuerst mit Vaterliebe in den leuchtenden Blicken auf sie zu, und wie er die Hand zum Segnen emporhob, sank das schöne Weib andächtig schauernd vor ihm in die Knie. Sie bat ihn darauf mit einigen freundlich demütigen Worten wegen des Törichten, das sie gestern gesprochen haben möge, um Verzeihung und ersuchte ihn mit sehr bewegtem Tone, daß er für das Heil ihrer Seele beten wolle. Dann erhob sie sich, küßte ihre Pflegeeltern und sagte, für alles genossene Gute dankend: «O jetzt fühle ich es im innersten Herzen, wie viel, wie unendlich viel ihr für mich getan habt, ihr lieben, lieben Leute!» – Sie konnte erst gar nicht wieder von ihren Liebkosungen abbrechen, aber kaum gewahrte sie, daß die Hausfrau nach dem Frühstücke hinsah, so stand sie auch bereits am Herde, kochte und ordnete an und litt nicht, daß die gute alte Mutter auch nur die geringste Mühwaltung über sich nahm. Sie blieb den ganzen Tag lang so; still, freundlich und achtsam, ein Hausmütterlein und ein zart verschämtes, jungfräuliches Wesen zugleich. Die dreie, welche sie schon länger kannten, dachten in jedem Augenblick irgendein wunderliches Wechselspiel ihres launischen Sinnes hervorbrechen zu sehn. Aber sie warteten vergebens darauf. Undine blieb engelmild und sanft. Der Priester konnte seine Augen gar nicht von ihr wegwenden und sagte mehrere Male zum Bräutigam: «Herr, einen Schatz hat Euch gestern die himmlische Güte durch mich Unwürdigen anvertraut; wahrt ihn, wie es sich gebührt, so wird er Euer ewiges und zeitliches Heil befördern.»

Gegen Abend hing sich Undine mit demütiger Zärtlichkeit an des Ritters Arm und zog ihn sanft vor die Tür hinaus, wo die sinkende Sonne anmutig über den frischen Gräsern und um die hohen, schlanken Baumstämme leuchtete. In den Augen der jungen Frau schwamm es wie Tau der Wehmut und der Liebe, auf ihren Lippen schwebte es wie ein zartes, besorgliches Geheimnis, das sich aber nur in kaum vernehmlichen Seufzern kundgab. Sie führte ihren Liebling schweigend immer weiter mit sich fort; was er sagte, beantwortete sie nur mit Blicken, in denen zwar keine unmittelbare Auskunft auf seine Fragen, wohl aber ein ganzer Himmel der Liebe und schüchternen Ergebenheit lag. So gelangte sie an das Ufer des übergetretenen Waldstroms, und der Ritter erstaunte, diesen in leisen Wellen verrinnend dahinrieseln zu sehn, so daß keine Spur seiner vorigen Wildheit und Fülle mehr anzutreffen war. – «Bis morgen wird er ganz versiegt sein», sagte die schöne Frau weinerlich, «und du kannst dann ohne Widerspruch reisen, wohinaus du willst.» – «Nicht ohne dich, Undinchen», entgegnete der lachende Ritter, «denke doch, wenn ich auch Lust hätte, auszureisen, so müßte ja Kirche und Geistlichkeit und Kaiser und Reich dreinschlagen und dir den Flüchtling wiederbringen.» – «Kommt alles auf dich an, kommt alles auf dich an», flüsterte die Kleine, halb weinend, halb lächelnd. «Ich denke aber doch, du wirst mich wohl behalten; ich bin dir ja gar zu innig gut. Trage mich nun hinüber auf die kleine Insel, die vor uns liegt. Da soll sich's entscheiden. Ich könnte wohl leichtlich selbst durch die Wellchen schlüpfen, aber in deinen Armen ruht sich's so gut, und verstößest du mich, so hab ich doch noch zum letzten Male anmutig darin geruht.» – Huldbrand, voll von einer seltsamen Bangigkeit und Rührung, wußte ihr nichts zu erwidern. Er nahm sie in seine Arme und trug sie hinüber, sich nun erst besinnend, daß es dieselbe kleine Insel war, von wo er sie in jener ersten Nacht dem alten Fischer zurückgetragen hatte. Jenseits ließ er sie in das weiche Gras nieder und wollte sich schmeichelnd neben seine schöne Bürde setzen; sie aber sagte: «Nein, dorthin, mir gegenüber. Ich will in deinen Augen lesen, noch ehe deine Lippen sprechen: Höre nun recht achtsam zu, was ich dir erzählen will.» Und sie begann:

«Du sollst wissen, mein süßer Liebling, daß es in den Elementen Wesen gibt, die fast aussehen wie ihr und sich doch nur selten vor euch blicken lassen. In den Flammen glitzern und spielen die wunderlichen Salamander, in der Erde tief hausen die dürren, tückischen Gnomen, durch die Wälder streifen die Waldleute, die der Luft angehören, und in den Seen und Strömen und Bächen lebt der Wassergeister ausgebreitetes Geschlecht. In klingenden Kristallgewölben, durch die der Himmel mit Sonn und Sternen hereinsieht, wohnt sich's schön; hohe Korallenbäume mit blau und roten Früchten leuchten in den Gärten; über reinlichen Meeressand wandelt man und über schöne, bunte Muscheln, und was die alte Welt des also Schönen besaß, daß die heutige nicht mehr sich dran zu freuen würdig ist, das überzogen die Fluten mit ihren heimlichen Silberschleiern, und unten prangen nun die edlen Denkmale, hoch und ernst, und anmutig betaut vom liebenden Gewässer, das aus ihnen schöne Moosblumen und kränzende Schilfbüschel hervorlockt. Die aber dorten wohnen, sind gar hold und lieblich anzuschauen, meist schöner als die Menschen sind. Manch einem Fischer ward es schon so gut, ein zartes Wasserweib zu belauschen, wie sie über die Fluten hervorstieg und sang. Der erzählte dann von ihrer Schöne weiter, und solche wundersame Frauen werden von den Menschen Undinen genannt. Du aber siehst jetzt wirklich eine Undine, lieber Freund.»

Der Ritter wollte sich einreden, seiner schönen Frau sei irgendeine ihrer seltsamen Launen wach geworden, und sie finde ihre Lust daran, ihn mit bunt erdachten Geschichten zu necken. Aber so sehr er sich dies auch vorsagte, konnte er doch keinen Augenblick daran glauben; ein seltsamer Schauder zog durch sein Innres; unfähig, ein Wort hervorzubringen, starrte er unverwandten Auges die holde Erzählerin an. Diese schüttelte betrübt den Kopf, seufzte aus vollem Herzen und fuhr alsdann folgendermaßen fort:

«Wir wären weit besser daran als ihr andern Menschen – denn Menschen nennen wir uns auch, wie wir es denn der Bildung und dem Leibe nach sind – aber es ist ein gar Übles dabei. Wir und unsresgleichen in den andern Elementen, wir zerstieben und vergehn mit Geist und Leib, daß keine Spur von uns rückbleibt, und wenn ihr andern dermaleinst zu einem reinern Leben erwacht, sind wir geblieben, wo Sand und Funk' und Wind und Welle blieb. Darum haben wir auch keine Seelen; das Element bewegt uns, gehorcht uns oft, solange wir leben, zerstäubt uns immer, sobald wir sterben, und wir sind lustig, ohne uns irgend zu grämen, wie es die Nachtigallen und Goldfischlein und andre hübsche Kinder der Natur ja gleichfalls sind. Aber alles will höher als es steht. So wollte mein Vater, der ein mächtiger Wasserfürst im Mittelländischen Meere ist, seine einzige Tochter solle einer Seele teilhaftig werden und müsse sie darüber auch viele Leiden der beseelten Leute bestehn. Eine Seele aber kann unsresgleichen nur durch den innigsten Verein der Liebe mit einem eures Geschlechtes gewinnen. Nun bin ich beseelt, dir dank ich die Seele, o du unaussprechlich Geliebter, und dir werd ich es danken, wenn du mich nicht mein ganzes Leben hindurch elend machst. Denn was soll aus mir werden, wenn du mich scheuest und mich verstößest? Durch Trug aber mocht ich dich nicht behalten. Und willst du mich verstoßen, so tu es nun, so geh allein ans Ufer zurück. Ich tauche mich in diesen Bach, der mein Oheim ist und hier im Walde sein wunderliches Einsiedlerleben, von den übrigen Freunden entfernet, führt. Er ist aber mächtig und vielen großen Strömen wert und teuer, und wie er mich herführte zu den Fischern, mich leichtes und lachendes Kind, wird er mich auch wieder heimführen zu den Eltern, mich beseelte, liebende, leidende Frau.»

Sie wollte noch mehr sagen, aber Huldbrand umfaßte sie voll der innigsten Rührung und Liebe und trug sie wieder ans Ufer zurück. Hier erst schwur er unter Tränen und Küssen, sein holdes Weib niemals zu verlassen, und pries sich glücklicher als den griechischen Bildner Pygmalion, welchem Frau Venus seinen schönen Stein zur Geliebten belebt habe. Im süßen Vertrauen wandelte Undine an seinem Arme nach der Hütte zurück und empfand nun erst von ganzem Herzen, wie wenig sie die verlassenen Kristallpaläste ihres wundersamen Vaters bedauern dürfe.

INGEBORG BACHMANN

Undine geht

Ihr Menschen! Ihr Ungeheuer!

Ihr Ungeheuer mit Namen Hans! Mit diesem Namen, den ich nie vergessen kann.

Immer wenn ich durch die Lichtung kam und die Zweige sich öffneten, wenn die Ruten mir das Wasser von den Armen schlugen, die Blätter mir die Tropfen von den Haaren leckten, traf ich auf einen, der Hans hieß.

Ja, diese Logik habe ich gelernt, daß einer Hans heißen muß, daß ihr alle so heißt, einer wie der andere, aber doch nur einer. Immer einer nur ist es, der diesen Namen trägt, den ich nicht vergessen kann, und wenn ich euch alle vergesse, ganz und gar vergesse, wie ich euch ganz geliebt habe. Und wenn eure Küsse und euer Samen von den vielen großen Wassern – Regen, Flüssen, Meeren – längst abgewaschen und fortgeschwemmt sind, dann ist doch der Name noch da, der sich fortpflanzt unter Wasser, weil ich nicht aufhören kann, ihn zu rufen, Hans, Hans ...

Ihr Monstren mit den festen und unruhigen Händen, mit den kurzen blassen Nägeln, den zerschürften Nägeln mit schwarzen Rändern, den weißen Manschetten um die Handgelenke, den ausgefransten Pullovern, den uniformen grauen Anzügen, den groben Lederjacken und den losen Sommerhemden! Aber laßt mich genau sein, ihr Ungeheuer, und euch jetzt einmal verächtlich machen, denn ich werde nicht wiederkommen, euren Winken nicht mehr folgen, keiner Einladung zu einem Glas Wein, zu einer Reise, zu einem Theaterbesuch. Ich werde nie wiederkommen, nie wieder Ja sagen und Du und Ja. All diese Worte wird es nicht mehr geben, und ich sage euch vielleicht, warum. Denn ihr kennt doch die Fragen, und sie beginnen alle mit «Warum?» Es gibt keine Fragen in meinem Leben. Ich liebe das Wasser, seine dichte Durchsichtigkeit, das Grün im Wasser und die sprachlosen Geschöpfe (und so sprachlos bin auch ich bald!), mein Haar unter ihnen, in ihm, dem gerechten Wasser, dem gleichgültigen Spiegel, der es mir verbietet, euch anders zu sehen. Die nasse Grenze zwischen mir und mir ...

Ich habe keine Kinder von euch, weil ich keine Fragen gekannt habe, keine Forderung, keine Vorsicht, Absicht, keine Zukunft und nicht wußte, wie man Platz nimmt in einem anderen Leben. Ich habe keinen Unterhalt gebraucht, keine Beteuerung und Versicherung, nur Luft, Nachtluft, Küstenluft, Grenzluft, um immer wieder Atem holen zu können für neue Worte, neue Küsse, für ein unaufhörliches Geständnis: Ja. Ja. Wenn das Geständnis abgelegt war, war ich verurteilt zu lieben; wenn ich eines Tages freikam aus der Liebe, mußte ich zurück ins Wasser gehen, in dieses Element, in dem niemand sich ein Nest baut, sich ein Dach aufzieht über Balken, sich bedeckt mit einer Plane. Nirgendwo sein, nirgendwo bleiben. Tauchen, ruhen, sich ohne Aufwand von Kraft bewegen – und eines Tages sich besinnen, wieder auftauchen, durch eine Lichtung gehen, *ihn* sehen und «Hans» sagen. Mit dem Anfang beginnen.

«Guten Abend.»
«Guten Abend.»
«Wie weit ist es zu dir?»
«Weit ist es, weit.»
«Und weit ist es zu mir.»
Einen Fehler immer wiederholen, den einen machen, mit dem man ausgezeichnet ist. Und was hilft's dann, mit allen Wassern gewaschen zu sein, mit den Wassern der Donau und des Rheins, mit denen des Tiber und des Nils, den hellen Wassern der Eismeere, den tintigen Wassern der Hochsee und der zaubrischen Tümpel? Die heftigen Menschenfrauen schärfen ihre Zungen und blitzen mit den Augen, die sanften Menschenfrauen lassen still ein paar Tränen laufen, die tun auch ihr Werk. Aber die Männer schweigen dazu. Fahren ihren Frauen, ihren Kindern treulich übers Haar, schlagen die Zeitung auf, sehen die Rechnungen durch oder drehen das Radio laut auf und hören doch darüber den Muschelton, die Windfanfare, und dann noch einmal, später, wenn es dunkel ist in den Häusern, erheben sie sich heimlich, öffnen die Tür, lauschen den Gang hinunter, in den Garten, die Alleen hinunter, und nun hören sie es ganz deutlich: Den Schmerzton, den Ruf von weither, die geisterhafte Musik. Komm! Komm! Nur einmal komm!

Ihr Ungeheuer mit euren Frauen!
Hast du nicht gesagt: Es ist die Hölle, und warum ich bei ihr bleibe, das wird keiner verstehen. Hast du nicht gesagt: Meine Frau, ja, sie ist ein wunderbarer Mensch, ja, sie braucht mich, wüßte nicht, wie ohne mich leben –? Hast du's nicht gesagt! Und hast du nicht gelacht und im Übermut gesagt: Niemals schwer nehmen, nie dergleichen schwer nehmen. Hast du nicht gesagt: So soll es immer sein, und das andere soll nicht sein, ist ohne Gültigkeit! Ihr Ungeheuer mit euren Redensarten, die ihr die Redensarten der Frauen sucht, damit euch nichts fehlt, damit die Welt rund ist. Die ihr die Frauen zu euren Geliebten und Frauen macht, Eintagsfrauen, Wochenendfrauen, Lebenslangfrauen und euch zu ihren Männern machen laßt. (Das ist vielleicht ein Erwachen wert!) Ihr mit eurer Eifersucht auf eure Frauen, mit eurer hochmütigen Nachsicht und eurer Tyrannei, eurem Schutzsuchen bei euren Frauen, ihr mit eurem Wirtschaftsgeld und euren gemeinsamen Gutenachtgesprächen, diesen Stärkungen, dem Rechtbehalten gegen draußen, ihr mit euren hilflos gekonnten, hilflos zerstreuten Umarmungen. Das hat mich zum Staunen gebracht, daß ihr euren Frauen Geld gebt zum Einkaufen und für die Kleider und für die Sommerreise, da ladet ihr sie ein (ladet sie ein, zahlt, es versteht sich). Ihr kauft und laßt euch kaufen. Über euch muß ich lachen und staunen, Hans, Hans, über euch kleine Studenten und brave

Arbeiter, die ihr euch Frauen nehmt zum Mitarbeiten, da arbeitet ihr beide, jeder wird klüger an einer anderen Fakultät, jeder kommt voran in einer anderen Fabrik, da strengt ihr euch an, legt das Geld zusammen und spannt euch vor die Zukunft. Ja, dazu nehmt ihr euch die Frauen auch, damit ihr die Zukunft erhärtet, damit sie Kinder kriegen, da werdet ihr mild, wenn sie furchtsam und glücklich herumgehen mit den Kindern in ihrem Leib. Oder ihr verbietet euren Frauen, Kinder zu haben, wollt ungestört sein und hastet ins Alter mit eurer gesparten Jugend. O das wäre ein großes Erwachen wert! Ihr Betrüger und ihr Betrogenen. Versucht das nicht mit mir. Mit mir nicht!

Ihr mit euren Musen und Tragtieren und euren gelehrten verständigen Gefährtinnen, die ihr zum Reden zulaßt ... Mein Gelächter hat lang die Wasser bewegt, ein gurgelndes Gelächter, das ihr manchmal nachgeahmt habt mit Schrecken in der Nacht. Denn gewußt habt ihr immer, daß es zum Lachen ist und zum Erschrecken und daß ihr euch genug seid und nie einverstanden wart. Darum ist es besser, nicht aufzustehen in der Nacht, nicht den Gang hinunterzugehen, nicht zu lauschen im Hof, nicht im Garten, denn es wäre nichts als das Eingeständnis, daß man noch mehr als durch alles andere verführbar ist durch einen Schmerzton, den Klang, die Lockung und ihn ersehnt, den großen Verrat. Nie wart ihr mit euch einverstanden. Nie mit euren Häusern, all dem Festgelegten. Über jeden Ziegel, der fortflog, über jeden Zusammenbruch, der sich ankündigte, wart ihr froh insgeheim. Gern habt ihr gespielt mit dem Gedanken an Fiasko, an Flucht, an Schande, an die Einsamkeit, die euch erlöst hätte von allem Bestehenden. Zu gern habt ihr in Gedanken damit gespielt. Wenn ich kam, wenn ein Windhauch mich ankündigte, dann sprangt ihr auf und wußtet, daß die Stunde nah war, die Schande, die Ausstoßung, das Verderben, das Unverständliche. Ruf zum Ende. Zum Ende. Ihr Ungeheuer, dafür habe ich euch geliebt, daß ihr wußtet, was der Ruf bedeutet, daß ihr euch rufen ließt, daß ihr nie einverstanden wart mit euch selber. Und ich, wann war ich je einverstanden? Wenn ihr allein wart, ganz allein, und wenn eure Gedanken nichts Nützliches dachten, nichts Brauchbares, wenn die Lampe das Zimmer versorgte, die Lichtung entstand, feucht und rauchig der Raum war, wenn ihr so dastandet, verloren, für immer verloren, aus Einsicht verloren, dann war es Zeit für mich. Ich konnte eintreten mit dem Blick, der auffordert: Denk! Sei! Spricht es aus! –

Ich habe euch nie verstanden, während ihr euch von jedem Dritten verstanden wußtet. Ich habe gesagt: Ich verstehe dich nicht, verstehe nicht, kann nicht verstehen! Das währte eine herrliche und große Weile lang, daß ihr nicht verstanden wurdet und selbst nicht verstandet, nicht warum dies und das, warum Grenzen und Politik und Zeitungen und Banken und Börse und Handel und dies immerfort.

Denn ich habe die feine Politik verstanden, eure Ideen, eure Gesinnungen, Meinungen, die habe ich sehr wohl verstanden und noch etwas mehr. Eben darum verstand ich nicht. Ich habe die Konferenzen so vollkommen verstanden, eure Drohungen, Beweisführungen, Verschanzungen, daß sie nicht mehr zu verstehen waren. Und das war es ja, was euch bewegte, die Unverständlichkeit all dessen. Denn das war eure wirkliche große verborgene Idee von der Welt, und ich habe eure große Idee hervorgezaubert aus euch, eure unpraktische Idee, in der Zeit und Tod erschienen und flammten, alles niederbrannten, die Ordnung, von Verbrechen bemäntelt, die Nacht, zum Schlaf mißbraucht. Eure Frauen, krank von eurer Gegenwart, eure Kinder, von euch zur Zukunft verdammt, die haben euch nicht den Tod gelehrt, sondern nur beigebracht kleinweise. Aber ich habe euch mit einem Blick gelehrt, wenn alles vollkommen, hell und rasend war – ich habe euch gesagt: Es ist der Tod darin. Und: Es ist die Zeit daran. Und zugleich: Geh, Tod! Und: Steh still, Zeit! Das habe ich euch gesagt. Und du hast geredet, mein Geliebter, mit einer verlangsamten Stimme, vollkommen wahr und gerettet, von allem dazwischen frei, hast deinen traurigen Geist hervorgekehrt, den traurigen, großen, der wie der Geist aller Männer ist und von der Art, die zu keinem Gebrauch bestimmt ist. Weil ich zu keinem Gebrauch bestimmt bin und ihr euch nicht zu einem Gebrauch bestimmt wußtet, war alles gut zwischen uns. Wir liebten einander. Wir waren vom gleichen Geist.
Ich habe einen Mann gekannt, der hieß Hans, und er war anders als alle anderen. Noch einen kannte ich, der war auch anders als alle anderen. Dann einen, der war ganz anders als alle anderen und er hieß Hans, ich liebte ihn. In der Lichtung traf ich ihn, und wir gingen so fort, ohne Richtung, im Donauland war es, er fuhr mit mir Riesenrad, im Schwarzwald war es, unter Platanen auf den großen Boulevards, er trank mit mir Pernod. Ich liebte ihn. Wir standen auf einem Nordbahnhof, und der Zug ging vor Mitternacht. Ich winkte nicht; ich machte mit der Hand ein Zeichen für Ende. Für das Ende, das kein Ende findet. Es war nie zu Ende. Man soll ruhig das Zeichen machen. Es ist kein trauriges Zeichen, es umflort die Bahnhöfe und Fernstraßen nicht, weniger als das täuschende Winken, mit dem so viel zu Ende geht. Geh, Tod, und steh still, Zeit. Keinen Zauber nutzen, keine Tränen, kein Händeverschlingen, keine Schwüre, Bitten. Nichts von alledem. Das Gebot ist: Sich verlassen, daß Augen den Augen genügen, daß ein Grün genügt, daß das Leichteste genügt. So dem Gesetz gehorchen und keinem Gefühl. So der Einsamkeit gehorchen. Einsamkeit, in die mir keiner folgt.

Verstehst du es wohl? Deine Einsamkeit werde ich nie teilen, weil da die meine ist, von länger her, noch lange hin. Ich bin nicht gemacht, um eure Sorgen zu teilen. Diese Sorgen nicht! Wie könnte ich sie je anerkennen, ohne mein Gesetz zu verraten? Wie könnte ich je an die Wichtigkeit eurer Verstrickungen glauben? Wie euch glauben, solange ich euch wirklich glaube, ganz und gar glaube, daß ihr mehr seid als eure schwachen, eitlen Äußerungen, eure schäbigen Handlungen, eure törichten Verdächtigungen. Ich habe immer geglaubt, daß ihr mehr seid, Ritter, Abgott, von einer Seele nicht weit, der allerköniglichsten Namen würdig. Wenn dir nichts mehr einfiel zu deinem Leben, dann hast du ganz wahr geredet, aber auch nur dann. Dann sind alle Wasser über die Ufer getreten, die Flüsse haben sich erhoben, die Seerosen sind gleich hundertweis erblüht und ertrunken, und das Meer war ein machtvoller Seufzer, es schlug, schlug und rannte und rollte gegen die Erde an, daß seine Lefzen trieften von weißem Schaum.

Verräter! Wenn euch nichts mehr half, dann half die Schmähung. Dann wußtet ihr plötzlich, was euch an mir verdächtig war, Wasser und Schleier und was sich nicht festlegen läßt. Dann war ich plötzlich eine Gefahr, die ihr noch rechtzeitig erkanntet, und verwünscht war ich und bereut war alles im Handumdrehen. Bereut habt ihr auf den Kirchenbänken, vor euren Frauen, euren Kindern, eurer Öffentlichkeit. Vor euren großen großen Instanzen wart ihr so tapfer, mich zu bereuen und all das zu befestigen, was in euch unsicher geworden war. Ihr wart in Sicherheit. Ihr habt die Altäre rasch aufgerichtet und mich zum Opfer gebracht. Hat mein Blut geschmeckt? Hat es ein wenig nach dem Blut der Hindin geschmeckt und nach dem Blut des weißen Wales? Nach deren Sprachlosigkeit?

Wohl euch! Ich werdet viel geliebt, und es wird euch viel verziehen. Doch vergeßt nicht, daß ihr mich gerufen habt in die Welt, daß euch geträumt hat von mir, der anderen, dem anderen, von eurem Geist und nicht von eurer Gestalt, der Unbekannten, die auf euren Hochzeiten den Klageruf anstimmt, auf nassen Füßen kommt und von deren Kuß ihr zu sterben fürchtet, so wie ihr zu sterben wünscht und nie mehr sterbt: ordnungslos, hingerissen und von höchster Vernunft.

Warum sollt ich's nicht aussprechen, euch verächtlich machen, ehe ich gehe.

Ich gehe ja schon.

Denn ich habe euch noch einmal wiedergesehen, in einer Sprache reden gehört, die ihr mit mir nicht reden sollt. Mein Gedächtnis ist unmenschlich. An alles habe ich denken müssen, an jeden Verrat und jede Niedrigkeit. An denselben Orten habe ich euch wiedergesehen; da schienen mir Schandorte zu sein, wo einmal helle Orte waren. Was habt ihr getan! Still war ich, kein Wort habe ich gesagt. Ihr sollt es euch selber sagen. Eine Handvoll Wasser habe ich über die

Orte gesprengt, damit sie grünen mögen wie Gräber. Damit sie zuletzt hell bleiben mögen.

Aber so kann ich nicht gehen. Drum laßt mich euch noch einmal Gutes nachsagen, damit nicht so geschieden wird. Damit nichts geschieden wird.
Gut war trotzdem euer Reden, euer Umherirren, euer Eifer und euer Verzicht auf die ganze Wahrheit, damit die halbe gesagt wird, damit Licht auf die eine Hälfte der Welt fällt, die ihr gerade noch wahrnehmen könnt in eurem Eifer. So mutig wart ihr und mutig gegen die anderen – und feig natürlich auch und oft mutig, damit ihr nicht feige erscheint. Wenn ihr das Unheil von dem Streit kommen saht, strittet ihr dennoch weiter und beharrtet auf eurem Wort, obwohl euch kein Gewinn davon wurde. Gegen ein Eigentum und für ein Eigentum habt ihr gestritten, für die Gewaltlosigkeit und für die Waffen, für das Neue und für das Alte, für die Flüsse und für die Flußregulierung, für den Schwur und gegen das Schwören. Und wißt doch, daß ihr gegen euer Schweigen eifert und eifert trotzdem weiter. Das ist vielleicht zu loben.
In euren schwerfälligen Körpern ist eure Zartheit zu loben. Etwas so besonders Zartes erscheint, wenn ihr einen Gefallen erweist, etwas Mildes tut. Viel zarter als alles Zarte von euren Frauen ist eure Zartheit, wenn ihr euer Wort gebt oder jemand anhört und versteht. Eure schweren Körper sitzen da, aber ihr seid ganz schwerelos, und eine Traurigkeit, ein Lächeln von euch können so sein, daß selbst der bodenlose Verdacht eurer Freunde einen Augenblick lang ohne Nahrung ist.
Zu loben sind eure Hände, wenn ihr zerbrechliche Dinge in die Hand nehmt, sie schont und zu erhalten wißt, und wenn ihr die Lasten tragt und das Schwere aus einem Weg räumt. Und gut ist es, wenn ihr die Körper der Menschen und der Tiere behandelt und ganz vorsichtig einen Schmerz aus der Welt schafft. So Begrenztes kommt von euren Händen, aber manches Gute, das für euch einstehen wird.
Zu bewundern ist auch, wenn ihr euch über Motoren und Maschinen beugt, sie macht und versteht und erklärt, bis vor lauter Erklärung wieder ein Geheimnis daraus geworden ist. Hast du nicht gesagt, es sei dieses Prinzip und jene Kraft? War das nicht gut und schön gesagt? Nie wird jemand wieder so sprechen können von den Strömen und Kräften, den Magneten und Mechaniken und von den Kernen aller Dinge.

Nie wird jemand wieder so sprechen von den Elementen, vom Universum und allen Gestirnen.
Nie hat jemand so von der Erde gesprochen, von ihrer Gestalt, ihren Zeitaltern.

In deinen Reden war alles so deutlich: die Kristalle, die Vulkane und Aschen, das Eis und die Innenglut.
So hat niemand von den Menschen gesprochen, von den Bedingungen, unter denen sie leben, von ihren Hörigkeiten, Gütern, Ideen, von den Menschen auf dieser Erde, auf einer früheren und einer künftigen Erde. Es war recht, so zu sprechen und so viel zu bedenken.
Nie war so viel Zauber über den Gegenständen, wie wenn du geredet hast, und nie waren Worte so überlegen. Auch aufbegehren konnte die Sprache durch dich, irre werden oder mächtig werden. Alles hast du mit den Worten und Sätzen gemacht, hast dich verständigt mit ihnen oder hast sie gewandelt, hast etwas neu benannt; und die Gegenstände, die weder die geraden noch die ungeraden Worte verstehen, bewegten sich beinahe davon.
Ach, so gut spielen konnte niemand, ihr Ungeheuer! Alle Spiele habt ihr erfunden, Zahlenspiele und Wortspiele, Traumspiele und Liebesspiele.

Nie hat jemand so von sich selber gesprochen. Beinahe wahr. Beinahe mörderisch wahr. Übers Wasser gebeugt, beinah aufgegeben. Die Welt ist schon finster, und ich kann die Muschelkette nicht anlegen. Keine Lichtung wird sein. Du anders als die anderen. Ich bin unter Wasser. Bin unter Wasser.

Und nun geht einer oben und haßt Wasser und haßt Grün und versteht nicht, wird nie verstehen. Wie ich nie verstanden habe.

Beinahe verstummt,
beinahe noch
den Ruf
hörend.

Komm. Nur einmal.
Komm.

Lawrence Durrell

Der dunkle Pfad

«Ich war mir bewußt, lieber Freund, daß ich Ihnen einen Bericht von meinem neuen Leben hier schuldete, und doch habe ich mir, trotz häufigen Schreibens an Sie, angewöhnt, dem Thema aus dem Wege zu gehen. Warum nur? Nun, mein Mut sank jedesmal bei dem Gedanken an Ihr spöttisches Gelächter. Das ist albern, denn ich war nie besonders empfindlich oder dazu veranlagt, mich über die Meinung meiner Mitmenschen zu grämen. Ein anderer Grund: Es hätte einer langen und ermüdenden Erklärung bedurft, wie unbehaglich und fremd ich mich immer bei den Zusammenkünften der Kabbala gefühlt habe, die die Welt in ihrer abstrakten Güte ertränken wollte. Ich wußte damals noch nicht, daß mein Weg nicht der Weg des Lichtes, sondern der der Dunkelheit war. Ich hätte es damals moralisch oder ethisch mit Gut und Böse verwechselt. Jetzt erkenne ich den Weg, auf dem ich bin, einfach als das Gegenteil – das untere Ende der Wippe sozusagen, das die lichte Seite oben in die Luft hält. Magie! Ich erinnere mich, wie Sie einmal eine (mir damals ganz sinnlose) Stelle aus Paracelsus zitierten. Ich glaube, Sie fügten hinzu, daß auch in solchem Geschwätz irgendein Sinn stecken müsse. Das stimmt! ‹Die wahre Alchimie, die uns lehrt, *Luna* oder *Sol* aus den fünf unreinen Metallen herzustellen, erfordert kein anderes Material als nur diese Metalle. Die reinen Metalle sind nur aus den unreinen Metallen gemacht, durch sie und mit ihnen allein; denn den anderen Dingen ist *Luna* (Phantasie) zugeordnet, aber in den Metallen ist *Sol* (Weisheit).›

Ich mache eine kleine Pause für Ihr eigentümliches Gelächter, das mir früher einmal alsbald ein Echo entlockt hätte! Was für ein riesengroßes Gewäsch rings um die Idee der *tinctura physicorum*, würden Sie bemerken. Ja, aber ...

Mein erster Winter in diesem windigen Turm war nicht erfreulich. Das Dach war undicht. Ich hatte meine Bücher noch nicht, um mich mit ihnen zu trösten. Meine Zimmer schienen ziemlich vollgestopft, und ich fragte mich, wie ich mich ausdehnen könnte. Auf dem Grundstück, auf dem der Turm über dem Meer steht, befand sich auch eine Reihe von Hütten und Nebengebäuden. Dort wohnte das alte, taube Italienerpaar, das micht versorgte, für mich wusch, putzte und kochte. Ich wollte sie nicht aus ihrer Unterkunft vertreiben, überlegte aber, ob ich nicht einige Schuppen, die an ihre Wohnung grenzten, umbauen könnte. Dabei entdeckte ich zu meiner Überraschung, daß es noch

einen Bewohner gab, den ich nie gesehen hatte, einen sonderbaren Einzelgänger, der nur bei Nacht in einer Mönchskutte das Haus verließ. Meine ganze Neuorientierung verdanke ich dem Zusammensein mit ihm. Er ist ein aus dem Orden ausgeschlossener italienischer Mönch und nennt sich einen Rosenkreuzer und Alchimisten. Er wohnte hier zwischen Bergen von freimaurerischen Schriften – manche davon sehr alt –, mit deren Studium er beschäftigt war. Er war es, der mich zuerst davon überzeugte, daß dieser Zweig der Forschung (trotz mancher unerfreulicher Aspekte) dazu diente, den inneren Halt des Menschen zu verstärken und Bereiche zu erschließen, die unerforscht in ihm liegen. Der Vergleich mit der gewöhnlichen Naturwissenschaft trügt nicht, denn die Form dieser Forschung ist ebenso fest methodisch begründet, nur mit anderen Voraussetzungen! Und wenn sie, wie ich sage, einige unerfreuliche Aspekte bietet – die bietet auch die offizielle Wissenschaft: Vivisektion zum Beispiel. Jedenfalls stieß ich hier auf eine Beziehung, und mir öffnete sich ein Wissensgebiet, das mich von Monat zu Monat mehr faszinierte. Ich entdeckte schließlich auch etwas, das meiner Natur sehr entgegenkam. Wahrhaftig, alles auf diesem Felde schien mich zu fördern und zu erhalten! Auch konnte ich dem Abbé F., wie ich ihn nennen will, von beträchtlichem praktischen Nutzen sein, denn einige dieser Manuskripte (vermutlich aus den Geheimarchiven des Athos gestohlen) waren in griechisch, arabisch und russisch abgefaßt – Sprachen, mit denen er nicht sehr vertraut war. Unser freundschaftliches Verhältnis reifte zu einer Partnerschaft heran. Aber es dauerte viele Monate, bis er mich mit einer anderen merkwürdigen, wirklich furchterregenden Persönlichkeit bekannt machte, die auch in dieser Materie herumpfuschte. Es war ein österreichischer Baron, der in einem großen Haus weiter landeinwärts wohnte und der sich (lachen Sie nicht) mit dem obskuren Problem beschäftigte, das wir einmal diskutiert haben – steht es in *De Natura Rerum?* Ich glaube es, es heißt die *generatio homunculi?* Er hatte einen Türken als Butler und Famulus, der ihm bei seinen Experimenten half. Bald wurde ich auch hier *persona grata*, und man erlaubte mir, nach meinem besten Wissen mitzuarbeiten.
Dieser Baron also – Sie würden in ihm bestimmt eine merkwürdige und eindrucksvolle Persönlichkeit kennenlernen, mit starkem Bart und großen Zähnen wie die Körner von Maiskolben –, dieser Baron hatte ... ah! mein lieber Balthazar, hatte zehn Homunculi *faktisch hergestellt* und nannte sie seine ‹prophetischen Geister›. Sie wurden in großen Glasbehältern aufbewahrt, wie man sie hierzulande zum Waschen von Oliven oder zum Einmachen von Früchten benutzt, und sie lebten in Wasser. Sie standen auf einem langen eichenen Regal in seinem Arbeitszimmer oder Laboratorium. Sie wurden im Laufe von fünf Wochen intensiver gedanklicher und ritueller Anstrengung produziert oder

‹entworfen›, um seinen eigenen Ausdruck zu gebrauchen. Es waren äußerst schöne und wunderliche Objekte, die da gleich Seepferdchen umherschwammen. Sie bestanden aus einem König, einer Königin, einem Ritter, einem Mönch, einer Nonne, einem Architekten, einem Bergmann, einem Seraphen und schließlich einem blauen und einem roten Geist! Sie bewegten sich lässig in den starken Glasbehältern. Wenn man mit dem Fingernagel daran tippte, schienen sie unruhig zu werden. Sie waren nur etwa spannenlang, und da der Baron darauf aus war, sie wachsen zu lassen, halfen wir ihm dabei, die Behälter unter mehreren Karrenladungen Pferdemist zu begraben. Dieser große Misthaufen wurde täglich mit einer übelriechenden Flüssigkeit besprengt, die mit großer Mühe von dem Baron und seinem Türken angerichtet worden war und die einige ziemlich ekelhafte Ingredienzien enthielt. Bei jeder Besprengung begann der Mist zu dampfen, als werde er von einem unterirdischen Feuer erhitzt. Er war so heiß, daß man kaum den Finger hineinstecken konnte. Alle drei Tage verbrachten der Abbé und der Baron eine ganze Nacht mit Beten und der Beweihräucherung des Misthaufens. Als der Baron schließlich den Prozeß für beendet erachtete, wurden die Gläser vorsichtig zurückgebracht und wieder auf das Regal im Laboratorium gestellt. Alle Homunculi waren so sehr gewachsen, daß die Gläser jetzt kaum mehr groß genug für sie waren, und die männlichen Gestalten hatten starke Bärte bekommen. Die Nägel an ihren Fingern und Zehen waren sehr lang geworden. Diejenigen, die Menschen vorstellten, trugen Kleidung nach ihrem Rang und Stil. Sie hatten eine Art wundervoller Obszönität, wie sie da schwebten, mit einem Ausdruck auf den Gesichtern, wie ich ihn nur einmal bisher gesehen habe: auf dem Gesicht eines konservierten Menschenkopfes aus Peru. Die Augen nach oben verdreht, bleiche Fischmünder mit zurückgeworfenen Lippen, die kleine, vollkommen ausgebildete Zähne sehen ließen! In den Gläsern mit dem roten, beziehungsweise blauen Geist war nichts zu erblicken. Alle Behälter übrigens waren mit Rinderblasen und Wachs hermetisch verschlossen, dem ein magisches Siegel aufgedrückt war. Aber wenn der Baron mit seinem Fingernagel an das Glas tippte und dazu einige hebräische Worte sprach, trübte sich das Wasser und färbte sich rot, beziehungsweise blau. Die Homunculi begannen ihre Gesichter zu zeigen, sich allmählich wolkig wie auf einem fotografischen Abzug zu entwickeln und an Größe zuzunehmen. Der blaue Geist war so schön wie ein Engel, der rote aber zeigte einen wahrhaft fruchterregenden Ausdruck.
Diese Wesen wurden von dem Baron alle drei Tage mit einer trockenen rötlichen Substanz ernährt, die in einem silbernen, mit Sandelholz ausgekleideten Kästchen aufbewahrt wurde. Pillen etwa von der Größe getrockneter Erbsen. Einmal die Woche mußte auch das Wasser in den Behältern ausgeleert werden;

sie (die Gläser) mußten mit frischem Regenwasser neu gefüllt werden. Das mußte sehr schnell geschehen, denn während der kurzen Augenblicke, in denen die Geister der Luft ausgesetzt waren, schienen sie schwach und bewußtlos zu werden, als wollten sie sterben wie ein Fisch auf dem Trockenen. Der blaue Geist aber wurde nie ernährt, während der rote einmal die Woche einen Fingerhut voll mit dem frischen Blut eines Tieres, ich glaube eines Huhns, bekam. Dieses Blut verschwand sogleich im Wasser, ohne es zu färben oder auch nur zu trüben. Sobald man diesen Behälter öffnete, wurde das Wasser trübe und dunkel und gab den Gestank von faulen Eiern von sich.

Im Laufe einiger Monate erreichten die Homunculi ihre volle Statur, das Stadium der Prophetie, wie der Baron es nannte; dann wurden die Gläser jede Nacht in eine kleine halbverfallene Kapelle gebracht, die in einem Wäldchen in einiger Entfernung vom Haus lag, und hier wurde eine Zeremonie abgehalten, und die Gläser wurden über zukünftige Ereignisse ‹befragt›. Dies geschah, indem die Fragen hebräisch auf Papierstreifen geschrieben und diese in Augenhöhe des Homunculus gegen das Glas gepreßt wurden. Es war fast, als exponiere man ein lichtempfindliches Fotopapier. Ich glaube, die Wesen lasen die Fragen weniger als sie sie errieten, langsam und sehr zögernd. Sie gaben ihre Antworten, indem sie mit einem Finger auf dem Glas schrieben, und diese Antworten wurden unmittelbar von dem Baron in ein großes Notizbuch eingetragen. Jedem Homunculus wurden nur Fragen gestellt, die seinem Rang und seiner Art entsprachen. Der rote und der blaue Geist konnten nur durch ein Lächeln oder Stirnrunzeln antworten, um Zustimmung oder Mißfallen anzuzeigen. Und doch schienen sie alles zu wissen, und jede beliebige Frage konnte ihnen vorgelegt werden. Der König konnte sich nur zur Politik äußern, der Mönch nur zur Religion und so weiter. Auf diese Weise wurde ich Zeuge der Kompilation dessen, was der Baron ‹die Annalen der Zeit› nannte, ein Dokument, mindestens so eindrucksvoll wie jenes, das Nostradamus hinterlassen hat. So viele dieser Prophezeiungen haben sich in den letzten Monaten als richtig erwiesen, daß ich wegen der übrigen Voraussagen kaum Zweifel hege. Es ist ein merkwürdiges Gefühl, auf diese Weise in die Zukunft zu blicken.

Eines Tages fiel das Glas mit dem Mönch durch irgendein Mißgeschick auf die Steinfliesen und zerbrach. Der arme Mönch starb nach ein paar qualvollen Atemzügen, obwohl der Baron alles tat, um ihn zu retten. Sein Körper wurde im Garten beerdigt. Man unternahm einen eiligen Versuch, einen anderen Mönch zu ‹entwerfen›, aber es mißlang. Es kam nur ein winziges, blutegelartiges Ding ohne Lebenskraft zustande, das innerhalb weniger Stunden wieder starb.

Kurz darauf brachte der König es fertig, während der Nacht aus seinem Glas zu entkommen. Wir fanden ihn, wie er auf dem Glas saß, das die Königin enthielt, und mit den Fingernägeln das Siegelwachs abzukratzen versuchte. Er war sehr lebhaft und ganz außer sich, obwohl er durch den Aufenthalt an der Luft entsetzlich geschwächt war. Trotzdem lieferte er uns eine richtige Jagd zwischen den Gläsern; dabei mußten wir uns hüten, keins umzuwerfen. Er war wirklich außerordentlich behende, und wäre er nicht dadurch, daß er sich nicht in seinem Lebenselement befand, zunehmend schwächer geworden, hätten wir ihn wohl nicht einfangen können. Es gelang aber, und er wurde unter Kratzen und Beißen wieder in sein Glas gesteckt, jedoch nicht, ohne zuvor dem Abbé eine starke Schramme am Kinn beigebracht zu haben. Während des Handgemenges ging ein seltsamer Geruch von ihm aus wie von einer heißen Metallplatte, die sich abkühlt. Ich berührte sein Bein mit den Fingern. Es hatte eine feuchte, gummiartige Konsistenz, und die Berührung jagte mir einen Schauer über den Rücken. Aber nun trat etwas Unangenehmes ein. Das zerkratzte Gesicht des Abbé entzündete sich bösartig, er mußte sich mit hohem Fieber niederlegen und wurde ins Krankenhaus gebracht, wo er jetzt noch liegt und sich allmählich erholt. Aber noch mehr und Schlimmeres sollte folgen. Der Baron war als Österreicher hier schon immer so etwas wie eine Kuriosität und das zumal jetzt, da die Spionenfurcht, die jeder Krieg mit sich bringt, ihren Höhepunkt erreichte. Es kam mir zu Ohren, daß er von den Behörden gründlich überprüft werden sollte. Er nahm die Nachricht mit verzweifeltem Gleichmut auf. Andererseits konnte er es sich natürlich nicht leisten, daß Unbefugte in seinem Laboratorium herumschnüffelten. Es wurde beschlossen, die Homunculi ‹aufzulösen› und dann im Garten zu beerdigen. Da der Abbé abwesend war, bot ich meine Hilfe an. Ich weiß nicht, was er in die Gläser goß, aber alle Flammen der Hölle schlugen aus ihnen empor, bis die Decke des Raumes ganz mit Ruß und Spinnweben bedeckt war. Die kleinen Wesen schrumpften nun zu getrockneten Blutegeln zusammen oder zu getrockneten Nabelschnüren, wie sie manchmal von der Landbevölkerung aufbewahrt werden. Von Zeit zu Zeit stöhnte der Baron laut, und der Schweiß trat ihm auf die Stirn. Es war das Stöhnen einer Frau in Wehen. Endlich war der Prozeß beendet, und um Mitternacht wurden die Gläser hinausgetragen und in der kleinen Kapelle unter einigen lockeren Steinfliesen begraben, wo sie sich vermutlich noch jetzt befinden. Der Baron ist interniert, seine Bücher und Manuskripte sind von der Sicherheitsbehörde unter Verschluß genommen worden. Der Abbé liegt, wie ich schon sagte, im Krankenhaus. Und ich? Nun, mein griechischer Paß ließ mich weniger suspekt erscheinen als die meisten Leute hier herum. Zur Zeit habe ich mich in meinen Turm zurückgezogen. Es gibt noch eine Menge von freimaurerischen Dokumenten in dem Schuppen, den der Abbé bewohnte; ich habe mich ihrer angenommen. Ein- oder zweimal habe ich dem Baron geschrieben, aber er hat mir, vielleicht aus Takt, nicht geantwortet, da er wohl annimmt, daß meine Verbindung mit ihm mir Unannehmlichkeiten bringen könnte. Und somit ... nun, der Krieg rollt über uns hinweg. Sein Ende und was dann folgt – bis Ende dieses Jahrhunderts –, ich weiß es: es liegt hier neben mir, während ich schreibe, in Form von Frage und Antwort. Aber wer würde mir glauben, wenn ich das alles veröffentlichte, am wenigsten Sie, Doktor der empirischen Wissenschaften, Skeptiker und Ironiker? Was den Krieg angeht, so hat Paracelsus gesagt: ‹Zahllos sind die *Egos* des Menschen; in ihm sind Engel und Teufel, Himmel und Hölle, die ganze tierische Schöpfung, die vegetabilen und mineralischen Reiche; und genau wie das kleine Individuum Mensch von einer Krankheit befallen werden kann, so hat auch das große Universum Mensch seine Krankheiten, welche sich als die Übel manifestieren, die die Menschheit als Ganzes in Mitleidenschaft ziehen. Auf diese Tatsache gründet sich die Voraussage künftiger Ereignisse.› Und so, mein lieber Freund, habe ich den Dunklen Pfad gewählt, um zu der mir gemäßen Erleuchtung zu gelangen. Ich weiß, daß ich ihm folgen muß, wo immer er hinführt! Ist das nicht etwas, das zu vollbringen sich lohnt? Vielleicht nicht. Aber für mich scheint es in Wahrheit so zu sein. Doch ich höre schon jenes Lachen!

Anhang

Editorischer Hinweis

Ich verfolge mit diesem Buch die Absicht, Paracelsus einem breiteren Publikum zugänglich zu machen. Dabei war es mir wichtig, die wissenschaftliche Basis zu bewahren, ohne die Texte mit einem allzu aufwendigen Anmerkungsapparat zu belasten, um dafür lieber mehr Beiträge aufnehmen zu können.

Wer sich indessen durch das Buch angeregt fühlt, sich noch eingehender mit Paracelsus zu beschäftigen, findet zu seiner Orientierung in den folgenden Hinweisen und dem Literaturverzeichnis die notwendigen Angaben.

Bei meinen eigenen Beiträgen (Vorwort, Biographie, Vorbemerkungen und Kommentare zur Wirkungsgeschichte) habe ich in der Regel die zitierten Autoren und Werke im Text genannt. Wer sich für das Umfeld der Zitate interessiert, wird die genauen Quellen leicht in den gängigen Paracelsus-Bibliographien nachschlagen können, die sich in jeder größeren Universitätsbibliothek finden lassen. Nahezu alle von mir genannten Autoren und Werke sind aufgeführt in: Karl Heinz Weimann, Paracelsus-Bibliographie 1932–1960, Wiesbaden 1963. Die Paracelsus-Zitate stammen aus den Werkausgaben von Sudhoff, Aschner und Peuckert. Als wichtiges Nachschlagewerk diente mir: «Paracelsus, Die Geheimnisse», ein Lesebuch aus seinen Schriften, herausgegeben von Will-Erich Peuckert, Darmstadt 1967. Neuere Arbeiten finden sich im folgenden Literaturverzeichnis.

Was die genauen Quellen der von Robert Henri Blaser zusammengestellten Werkauswahl «Himmel und Erde machen den Menschen» betrifft, so finden sich die Angaben im Anhang der Originalausgabe: «Himmel und Erde machen den Menschen, Weisheit des Paracelsus», aus dem Gesamtwerk des Theophrast von Hohenheim ausgewählt von Robert Blaser, Salzburg, 1958.

Die Quellen für die «Vorträge, Essays, Betrachtungen» im dritten Teil des Buches sind im Autorenverzeichnis angegeben. Bei den Nachdrucken wurden die Anmerkungsapparate weggelassen und – um Wiederholungen möglichst zu vermeiden – die Texte manchmal etwas gekürzt. Mit Hilfe der Quellenangaben im Autorenverzeichnis ist es leicht möglich, die Anmerkungen in den Originalausgaben nachzulesen. Die Quellen für die «Texte zur Wirkungsgeschichte» finden sich ebenfalls im Autorenverzeichnis.

Zur Orientierung über das Gesamtwerk des Paracelsus haben wir im Literaturverzeichnis den Inhalt der einzelnen Bände der Sudhoffschen Ausgabe wiedergegeben.

Die Literatur über Paracelsus hat inzwischen ein Ausmaß angenommen, das kaum noch zu bewältigen ist. Unsre Auswahl aus der Sekundärliteratur und den Werkausgaben wurde mir freundlicherweise von Frau Katharina Biegger zusammengestellt, wobei hauptsächlich neuere Arbeiten und Bücher berücksichtigt wurden, die in den bisherigen Paracelsus-Bibliographien noch keine Aufnahme fanden.

Frank Geerk

Werkübersicht

nach der Sudhoffschen Gesamtausgabe

Abteilung I

1. Bd.

Früheste Schriften, ums Jahr 1520 verfaßt.

Elf Traktat von Ursprung, Ursachen, Zeichen und Kur einzelner Krankheiten (Wassersucht, Schwindsucht, Farbsuchten, Kolik, Schlag, Taubsucht, Würmern, Stullauf, Podagra, Fallender Sucht, Kaltem Wehe). Entwürfe und Ausarbeitungen.

Bruchstücke des Buches «Von den fünf Entien» genannt «Volumen medicinae Paramirum de medica industria» (Paramirum primum).

Das Buch von der Gebärung der empfindlichen Dinge in der Vernunft (Von Gebärung des Menschen. Von des Menschen Eigenschaften).

Ein Büchlein (Philosophia) de generatione Hominis.

Zwei frühere Ausarbeitungen über das Podagra sampt Fragmenten.

Liber de podagricis et suis speciebus et morbis annexis (drei Bücher).

Von den Podagrischen Krankheiten und was ihnen anhängig (zwei Bücher).

Weitere verstreute Bruchstücke über das Podagra.

2. Bd.

Frühe Schriften zur Heilmittellehre (Arzneistoffe und Heilquellen), zur Begründung der tartarischen Lehre in der Pathologie, samt dem 6., 7. und 9. Buch in der Arznei, über tartarische, psychische Krankheiten und Kontrakturen.

Geschrieben 1525 und 26 im südwestlichen Deutschland.

«Herbarius», von den Heilwirkungen der Nieswurz, der Persicaria, des Salzes, der Engeldistel, der Korallen und des Magneten.

«Von den natürlichen Dingen», Das erste Buch. Von Terpentin, schwarzer und weißer Nieswurz, Wasserpfeffer, Salz, St. Johannis Kraut, dem Magneten, Schwefel, Vitriol, Arsenik (Weinstein).

Andere Ausarbeitung über Terpentin, samt einer Abhandlung über den Honig.

Fragmentarisches zu den Virtutes Herbarum und Heilkräften anderer Naturdinge.

Von den natürlichen Bädern (Thermen). Bruchstücke von Thermalwässern.

Von den natürlichen Wassern, Buch III–V.

Ein Bruchstück «Vom Wein» und ein Büchlein «De Lithiasi», beide fragmentarisch Ältestes zur Tartaruslehre.

Das VI., VII. und IX. Buch in der Arznei.

Das sechste Buch in der Arznei von den tartarischen oder Steinkrankheiten samt deren Heilung. – Das siebente Buch in der Arznei, von den Krankheiten, die der Vernunft berauben, de morbis amentium. – Das neunte Buch in der Arznei, von Ursachen und Kuren der Kontrakturen und Läme.

3. Bd.

Drei Prinzipien, Spiritus vitae, Mineralien, Cemente, Gradationen, Archidoxen und Zugehöriges, Vita longa, Praeparationes, Brief an Erasmus, Macerscholien, Krankheitstypen usw.

Aus den Jahren 1526 und Anfang 1527.

Von den ersten dreien Principiis.
De viribus membrorum, 6 Bücher, unvollständig.
Das Buch De Mineralibus.
De Transmutationibus Metallorum, nur das 9. und 10. Buch, De Cementis und De gradationibus.
Neun Bücher Archidoxis.
Die beiden Bücher De renovatione et restauratione und vom langen Leben.
De Vita longa, libri quinquae – Deutsche Originalfragmente.
Liber Praeparationum (De Praeparationibus). Fragment.
Prozeß und Art Spiritus Vitrioli.
Libellus de Xylohebeno (Guajak) – De Ruptura compendium – De Mumia libellus.
Hohenheims Brief an Erasmus von Rotterdam.
Scholia et observationes in Poëmata Macri.
Tabellarisch gruppierte Übersichten allgemeiner Krankheitstypen (Theoricae figurae universalium morborum).
Fragmentarisches zu Anatomie und Physiologie.

4. Bd.

De Gradibus, von Apostemen, Geschwüren, offnen Schäden usw., vom Aderlaß, Modus pharmacandi, Aphorismen-Kommentar, De Urinis.

Vorlesungen des Sommers 1527 zu Basel.

Intimatio, Basileae, 5. Juni 1527, das «Baseler Programm».
De Gradibus et Compositionibus Receptorum et Naturalium Libri VII – Begleitbrief an Clauser, 10. Nov. 1527 – Studiosorum Tigurinorum coetui, 11. Nov. 1527 – Autographische Zettel und Entwürfe zu «De Gradibus» – Nachschriften und Notizen aus der Vorlesung De Gradibus.
Zwei Eingaben an den Rat der Stadt Basel, Sommer 1527.
Zwei Hörer-Nachschriften aus der Vorlesung über chirurgische Krankheiten; von Apostemen, Geschwären, offenen Schäden, Sironen und anderen Gewächsen, Sommer 1527.
Vom Aderlaß – Vom Purgieren – Vom Schröpfen.
De modo pharmacandi: Erstes Buch – Bruchstückweise Ausarbeitungen zum 1.–3. Buch des Modus Pharmacandi – De stercore.
Deutsche Kommentare zu den Aphorismen des Hippokrates – Grüntlich erklerung über die ersten sechs aphorismos Secundae sectionis – Alia explicatio primi aphorismi – Fragmentum super aphorismorum libri quarti particulam quartam.
De Urinarum ac Pulsuum Judiciis Libellus – De pulsibus – De physionomia medica (Hundstage-Vorlesung 1527) – Aus anderen Kollegienheften zur Baseler Harnschau-Vorlesung, August 1527.
Deutsches zur Harnlehre, fragmentarisch aber nach dem Autogramm.

5. Bd.

Baseler Wintervorlesungen 1527/28 über tartarische Erkrankungen, über spezielle Pathologie und Therapie (Paragraphen), über Wunden und Wundbehandlung, Entwürfe zu einer polemisch gehaltenen Chirurgie.

Nachschrift aus der Vorlesung über tartarische Krankheiten (2 Bücher) – Autographische Entwürfe zu den Büchern de Tartaro – Weitere Schülernachschriften in der Tartarus-Vorlesung.

Nachschriften in der Vorlesung «De Icteritiis liber unus».

Nachschrift aus dem Kolleg «Der Paragraphen, 14 Bücher» spezieller Pathologie und Therapie – Ausarbeitungen eigener Hand Hohenheims zu den Libri Paragraphorum – Andere Kolleg-Niederschriften zu den Büchern der Paragraphen.

Zwei Kollegienhefte aus den Vorlesungen über Wunden und Wundbehandlung.

«Antimedicus». Fragmentarische Ausarbeitung und Entwürfe zu einem polemischen Wundarzneibuche.

De ulceribus. Zwei Entwürfe zur Verschwärungslehre (zur Lepra und Zugehörigem) aus dem Autogramm.

6. Bd.

Schriften aus dem Jahre 1528.

Kolmar im Elsaß.

Zwei Briefe Hohenheims aus Kolmar an Bonifazius Amerbach in Basel.

Drei Bücher der Wundarznei, Bertheonei 1528. – Entwürfe, Notizen und Ausarbeitungen, zur Bertheonea von Hohenheims eigener Hand.

Von allen offenen Schäden, so aus der Natur geboren werden, sieben Bücher (De Ulceribus). – Vorarbeiten und Fragmente zu den Büchern «Von allen offnen Schäden».

Von Blattern, Lähme, Beulen, Löchern und Zittrachten der Franzosen und ihresgleichen, inhaltend zehn schöne Bücher (Von Chemie und Heilung der Franzosen neun Bücher).

7. Bd.

Die Nürnberger Syphilisschriften und anderes Nürnberger Schriftwerk aus dem Jahre 1529.

Von Holz-Guajaco gründlicher Heilung.

Von der französischen Krankheit drei Bücher.

Vom Ursprung und Herkommen der Franzosen sampt der Rezepten Heilung 8 Bücher.

Spital-Buch (Erster Teil).

Entwürfe und vorläufige Ausarbeitungen zur Syphilis.

Politisch-astrologisches Schriftwerk aus dem Jahre 1529 und dem Beginn des Jahres 1530.

a) Practica gemacht auf Europen, anzufahren in dem nächstkunftigen 30. Jar bis auf das vier und dreißigst nachfolgend.

b) Pronosticatio auf das gegenwertig jar, betreffend ein Confederation, so von andern Astronomis und Practicanten dis jar ausgelassen und übersehen ist (Anfang 1530).

c) Auslegung über etliche Figuren Jo. Liechtenbergers aus dem ersten und dritten Teil.

8. Bd.

Schriften aus dem Jahre 1530.

geschrieben in der Oberpfalz, Regensburg, Bayern und Schwaben.

Brief an einen Nürnberger Arzt.

Paragranum. Vorrede und erste zwei Bücher. Entwürfe und 1. Ausarbeitung in Berezhausen – Paragranum, Aufzeichnungen zum 1. und 3. Abschnitt.

Sendschreiben an den Rat der Stadt Nürnberg vom 1. März 1530.

Das Buch Paragranum. Letzte Bearbeitung in vier Büchern.

De Eclipsi Solis, Regensburg, 29. März 1530 – Entwurf hiezu – Weiteres zur Practica gemacht auf Europen auf vier Jahre.

Zwei Bruchstücke eines Büchleins von Mercurio. Amber, Juli 1530.

Von den hinfallenden Siechtagen (de Caducis, Epilepsie) vier Paragraphen. Erste Ausarbeitung – Einige Konzepte hierzu.
Von hinfallenden Siechtagen der Mutter (Hysterie). Erste Ausarbeitung, neun Paragraphen.
Zwei Bücher von der Pestilenz und ihren Zufällen. Nördlingen 1529 oder 1530.

9. Bd.
«Paramirisches» und anderes Schriftwerk der Jahre 1531–1535
aus der Schweiz und Tirol.

Die drei (vier) Bücher des Opus Paramirum – Entwürfe zu den vier Büchern des Opus Paramirum.
Die Bücher von den unsichtbaren Krankheiten – Vorläufige Ausarbeitung zum vorstehenden Entwurfe der fünf Bücher von den unsichtbaren Krankheiten.
Schriften über Kometen, Erdbeben, Friedbogen, Himmelszeichen – Uslegung des Kometen Anno 1531; Uslegung der Erdbidem 1531; Uslegung des Fridbogens 1531; Uslegung des Kometen und Virgultae 1532; Entwürfe zu den Kometenschriften von 1531 und 1532; Von den wunderbarlichen, übernatürlichen Zeichen, so in vier Jahren einander nach im Himmel, Gewölke und Luft ersehen 1534.
Practica teutsch auf das 1535 Jar.
Von der Bergsucht und anderen Bergkrankheiten drei Bücher – Bruchstücke und Entwürfe zu den drei Büchern von den Bergkrankheiten.
Büchlein von der Pest an die Stadt Sterzingen – Weitere, meist bruchstückweise Ausarbeitungen zur Beulenpest (De peste libri tres cum additionibus; Ein Vorred; Liber de epidemiis; Zerstreute Zettel zur Pest; Eine größere fragmentarische Ausarbeitung hierzu aus früherer Zeit).
Von des Bades Pfäfers Tugenden, Kräften und Wirkung, Ursprung und Herkommen, Regiment und Ordnung.
Das Consilium für den Abt Johann Jakob Russinger zu Pfäfers.

10. Bd.
Die große Wundarznei und anderes Schriftstück des Jahres 1536
aus Schwaben und Bayern.

Ärztlicher Ratschlag für Adam Reißner zu Mindelheim.
Das erste Buch der Großen Wundarznei – Der Text des letzten Bogens des Ulmer Druckes – Das zweite Buch der Großen Wundarznei – Das angebliche dritte Buch der Großen Wundarznei. Vorläufiges und Ausarbeitungen zur Großen Wundarznei, samt chirurgischem Beiwerk – Entwurf für die Widmung zu einem Buche über die französische Krankheit – Zerstreute Zettel zur Wundarznei – Drei chirurgische Bücher – Von Öffnung der Haut, ein Fragment – Zur «Kleinen Wundarznei», Ausarbeitungen und Entwürfe.
Drei weitere Konsilien, angeblich für die Familie Zerotin.
Die Prognostikation auf 24 zukünftige Jahre.
Ein Mantischer Entwurf «geben zu München».

11. Bd.
Schriftwerk aus den Jahren 1537–1541.

Widmung der drei Bücher an die Kärntner Stände. – Chronica und Ursprung des Landes Kärnten.
Das Buch von den tartarischen Krankheiten, dem Pfarrer Dr. jur. Johann von Brant in Eferdingen gewidmet.
Sieben Defensiones, Verantwortung über etliche Verunglimpfungen seiner Mißgönner.
Labyrinthus medicorum errantium. Vom Irrgang der Ärzte.

Praktiken und Verwandtes zur mantischen Praxis aus den Jahren 1537 bis 1541 (Deutsche Praktik auf das Jahr 1537; Deutsche Praktik auf das Jahr 1538; Practica auf das Jahr 1539; Entwürfe und andere Bruchstücke zu Jahrespraktiken usw. unbestimmter Zeit; Ein Kometentext).

Konsilien und Verwandtes aus den Jahren 1537–1541. (Underricht und Anzeigung Dr. Theophr. v. Hohenhaim, wie er gehandelt hat mit Johann von der Leipnik; Ein Kräuterwein zu machen Theophrasti, weiß und rot; Consilium patri Sebaldi Treylingij, civi Wolfspergensi a. d. 1538. Colicae et arthriditis vera curatio; An Hans Ungnad Freiherrn zu Sonnegg, Landeshauptmann in Steyr; Consilium von dem Bruch an Franz Boner, Salzburg; Ein Consilium de maculis vel albuginibus oculorum, dem Sohne Franz Boners; Für Jakob Tollinger, Gegenschreiber zu Aussee; Diätanweisung und Regimente für Ungenannte und deren Frauen).

Die 9 Bücher de Natura rerum, an Johansen Winkelsteiner zu Freiburg im Üechtland.

12. Bd.

Astronomia Magna oder die ganze Philosophia sagax
der großen und kleinen Welt samt Beiwerk.

Astronomia magna (1537/38).

Weiteres zur Astronomia Magna (Entwürfe) – Erklärung der ganzen Astronomie – Fragmente hiezu – Practica in scientiam – Weitere fragmentarische Zettel (Von erkantnus des gestirns; De probatione magiae; De divinatione; Ars signatoria; Aus der philosophia super Esaiam).

Auslegung der Papstbilder (1532/33).

13. Bd.

Schriften unbestimmter Zeit zur Meteorologie, Kleineres, «Philosophia ad Athenienses», «Manualia».

Ein Vorwort (1529).

Philosophia de generationibus et fructibus quatuor elementorum.

De Meteoris, ein Buch in 10 Kapiteln: «Liber meteororum».

Weiteres in Konzepten und Ausarbeitungen zu den Meteoren (Aus dem Autogramm; Nach Abschriften des Montanus und anderer).

De Fundamento Scientiarum Sapientiaeque, drei Traktate.

Philosophiae tractatus quinque (Vom Unterschied der Zeit – Von Gebärung und Erhaltung der vier elementischen Körper – Von Fleisch und Mumia – Vom Unterschied der Körper und Geister – Vom Schlaf und Wachen der Leiber und Geister).

Liber de Imaginibus.

Philosophia ad Atheniensis.

Aus Wanderbüchern und Reiseaufzeichnungen Hohenheims (Ein Manuale medicum – Ein Manuale chemicum id est «Thesaurus Chemicorum particularium experimentorum»).

14. Bd.

Das Volumen primum der Philosophia magna. Spuria: Unechte, von Johannes Huser größtenteils für echt gehaltene Schriften unter Hohenheims Namen.

I. Philosophia magna, de divinis operibus et secretis naturae.

Volumen primum.

De sagis et carum operibus, fragmentum.

De daemoniacis et obsessis, fragmentum.

Liber de lunaticis.

De generatione stultorum liber.
De somniis et euntibus in somno, fragmentum.
De sanguine ultra mortem liber.
Liber de nymphis, sylphis, pygmaeis et salamandris et de caeteris spiritibus.
Liber artis praesagae.
Liber de mala et bona fortuna.
De vera influentia rerum liber.
Liber de inventione artium.
Liber de votis alienis.
Liber de animabus hominum post mortem apparentibus.
De mumiae arcanis fragmentum.
De virtute imaginativa fragmentum.
De characteribus fragmentum.
Liber de homunculis.
Liber de sanctorum auctoritate, beneficiis, signis et blasphemiis.
Liber de superstitionibus et ceremoniis.
II. Liber de animalibus ex sodomia natis.
De tinctura physicorum.
Thesaurus (thesaurorum) alchemistarum.
Coelum philosophorum sive liber vexationum (fixationum).
Manuale de lapide philosophico medicinali.
Ratio extrahendi ex omnibus metallis mercurium.
Archidoxis magica.
Liber principiorum.
De occulta philosophia.
Zwei Prognostikationen.
1. ein ander prognostication.
2. von den drei Schätzen und dem Löwen aus Mitternacht (Extract).
Liber Azoth sive de ligno et linea vitae.
De pestilitate.

Abteilung II

1. Bd.

Liber prologi in vitam beatam.
De religione perpetua.
De summo bono et aeterno bono.
De potentia et pontentiae gratia dei.
De felici liberalitate.
De officiis, beneficiis, et stipendiis.
De honestis utrisque divitiis.
De ecclesiis veteris et novi testamenti.
Vom Tauf der Christen.

Ausgewählte Bibliographie

ANRICH, ELSMARIE: *Groß göttlich Ordnung; Thomas von Aquin, Paracelsus, Novalis und die Astrologie.* Tübingen: Matthiesen 1951.

ARTELT, WALTER: «Wandlungen des Paracelsusbildes in der Medizingeschichte.» In: *Nova Acta Paracelsica* 8 (1957) 33–38.

BIEGGER, KATHARINA: *De invocatione beatae Mariae virginis. Paracelsus und die Marienverehrung.* Stuttgart: Steiner 1990 (= Kosmosophie, 6).

BLASER, ROBERT-HENRI: *Paracelsus in Basel; Sieben Studien über Werk, Wirkung und Nachwirkung des Paracelsus in Basel.* Hg. von der Schweizerischen Paracelsus-Gesellschaft. Muttenz/Basel: St. Arbogast 1979.

BLASER, ROBERT-HENRI: «Ulrich Gyger, sin diener; Versuch einer biographischen Rekonstruktion.» In: *Kreatur und Kosmos,* 1981, 53–66.

BORNKAMM, HEINRICH: «Paracelsus.» In: *Das Jahrhundert der Reformation; Gestalten und Kräfte.* Göttingen: Vandenhoeck & Ruprecht 1961, 162–177.

BRAUN, LUCIEN: «L'interpretation de la nature chez Paracelse.» In: *Paracelsus, Werk und Wirkung. Festgabe für K. Goldammer zum 60. Geburtstag.* Hg. v. Sepp Domandl. Wien: Verband der wissenschaftlichen Gesellschaften Österreichs 1975 (= Salzburger Beiträge zur Paracelsusforschung; 16), 13–24.

BRAUN, LUCIEN: «Nature et Philosophie.» In: *Kreatur und Kosmos,* 1981, 140–150.

BRAUN, LUCIEN: *Studia Paracelsica; grundsätzliche Einführung in Hohenheims Gedankenwelt.* Strasbourg: Association des Publications près les Universités 1983.

BRAUN, LUCIEN: *Paracelsus; Alchimist – Chemiker – Erneuerer der Heilkunde.* Eine Bildbiographie. Zürich: SV International 1988.

BUNNERS, MICHAEL: *Die Abendmahlsschriften und das medizinisch naturphilosophische Werk des Paracelsus.* (Diss. theol.) Berlin: (Typoskript) 1961.

Daems, Willem F. und Werner Vogler: *Das medizinische Consilium des Paracelsus für Abt Johann Jakob Russinger von Pfäfers 1535.* Neu-Edition und Kommentar. Einsiedeln: Schweizerische Paracelsus-Gesellschaft 1986.

Deichmann, W. B., Henschler, D., Holmstedt, B., Keil, G.: «What is there that is not poison?» In: *Archives of Toxicology* (1986) 59, 207–213.

Domandl, Sepp: «Paracelsus, Weyrer, Oporin; die Hintergründe des Pamphlets von 1555.» In: *Paracelsus; Werk und Wirkung. Festgabe für Kurt Goldammer zum 60. Geburtstag;* hg. v. Sepp Domandl. Wien: Verband d. wissenschaftlichen Gesellschaften Österreichs 1975 (= Salzburger Beiträge zur Paracelsusforschung; 13), 53–70 und 391–392.

Eis, Gerhard: «Zur Paracelsus-Nachfolge im Sudetenraum.» [1941] In: G. E.: *Vor und nach Paracelsus; Untersuchungen über Hohenheims Traditionsverbundenheit und Nachrichten über seine Anhänger.* Stuttgart: Gustav Fischer 1965, 136–161.

Fussler, Jean-Pierre: *Les idées éthiques, sociales et politiques de Paracelse (1493–1541) et leur fondement.* Strasbourg: Association des Publications près Universités 1986.

Goldammer, Kurt: *Paracelsus; Natur und Offenbarung.* Hannover: Theodor Oppermann Verlag 1953 (= Heilkunde und Geisteswelt; 5).

Goldammer, Kurt: «Friedensidee und Toleranzgedanke bei Paracelsus und den Spiritualisten. I. Paracelsus; II. Franck und Weigel.» In: *Archiv für Reformationsgeschichte* 46 (1955) 20–46 und 47 (1956) 180–211.

Goldammer Kurt: *Vorträge über Paracelsische Quelleneditionen.* Klagenfurt: Geschichtsverein für Kärnten im Landesmuseum 1957.

Goldammer, Kurt: *Der göttliche Magier und die Magierin Natur.* Stuttgart: Steiner 1990 (Kosmosophie; 5)

Goldammer, Kurt: *Paracelsus; Humanisten und Humanismus. Ein Beitrag zur kultur- und geistesgeschichtlichen Stellung Hohenheims.* Wien: Verband der wissensch. Gesellschaften Österreichs 1964 (= Salzburger Beiträge zur Paracelsusforschung; 4).

Goldammer, Kurt: *Paracelsus in neuen Horizonten. Gesammelte Aufsätze.* Wien: Verband der wissensch. Gesellschaften Österreichs 1986 (= Salzburger Beiträge zur Paracelsusforschung; 24).

Gondolatsch, Max: «Der Personenkreis um das Görlitzer Convivium und Collegium Musicum im 16. und 17. Jahrhundert.» In: *Neues Lausitzisches Magazin* 112 (1936) 76–155.

Grabner, Elfriede: «Der Zauberer Paracelsus. Theophrastus von Hohenheim im Lichte volkstümlicher Überlieferung.» In: *Antaios* XI (1970) 380–392.

GUINSBURG, ARLENE MILLER: «Die Ideenwelt des Paracelsus und seiner Anhänger in Hinsicht auf das Thema des christlichen Magus und dessen Wirken.» In: *Von Paracelsus zu Goethe und Wilhelm von Humboldt.* Wien: Verband der wissenschaftlichen Gesellschaften Österreichs 1981 (= Salzburger Beiträge zur Paracelsusforschung; 22), 27–54. [= 1981 a]

GUINSBURG, ARLENE MILLER: «Paracelsian Magic and Theology: A Case study of the Matthew Commentaries.» In: *Kreatur und Kosmos,* 1981, 125–139. [= 1981 b]

JACOB, MECHTHILD: *Die Hexenlehre des Paracelsus und ihre Bedeutung für die modernen Hexenprozesse; ein Beitrag zur Geschichte der Entwicklung des Hexenglaubens seit dem Mittelalter unter besonderer Berücksichtigung der Überlieferung aus dem Raum Gifhorn.* (Diss. phil). Göttingen: (hektographiertes Typoskript) 1959.

KÄMMERER, ERNST WILHELM: *Das Leib-Seele-Geist-Problem bei Paracelsus und einigen Autoren des 17. Jahrhunderts.* (Diss. phil.) Wiesbaden: Franz Steiner 1971 (= Kosmosophie; 3).

KÄSTNER, INGRID: *Theophrastus Bombastus von Hohenheim, genannt Paracelsus.* Leipzig: BSB B. G. Teubner Verlagsgesellschaft 1985 (= Biographien hervorragender Naturwissenschaftler, Techniker und Mediziner; 82).

KAISER, ERNST: *Paracelsus; in Selbstzeugnissen und Bilddokumenten* dargestellt von E. K. Reinbek/ Hamburg: Rowohlt Taschenbuch Verlag 1969 (= rororo Bildmonographien; 149).

KARCHER, J.: «Thomas Erastus (1524–1583), der unversöhnliche Gegner des Theophrastus Paracelsus.» In: *Gesnerus* 14 (1957) 1–13.

KOELBING, HULDRYCH M.: «Paracelsus.» In: *Schweizerische Rundschau für Medizin,* Praxis, 51 (1982) 1973–1976.

KREATUR UND KOSMOS; *Internationale Beiträge zur Paracelsusforschung. Kurt Goldammer zum 65. Geburtstag.* Hg. von Rosemarie Dilg-Frank. Stuttgart: Fischer 1981 [auch als: Medizinhistorisches Journal 16 (1981) Heft 1/2].

LEMPER, ERNST-HEINZ: «Görlitz und der Paracelsismus.» In: *Deutsche Zeitschrift für Philosophie* 18 (1970) 347–360.

LÖTHER, ROLF: «Gedanken zu einem marxistischen Paracelsus-Bild.» In: *Beiträge zur Geschichte der Universität Erfurt (1392–1816).* Heft 14 (1968/69) 779-781.

MATTHIESSEN, WILHELM: *Die Form des religiösen Verhaltens bei Theophrast von Hohenheim, genannt Paracelsus.* (Diss. phil., [Teildruck]. Düsseldorf: Jumpertz 1917.

MILT, BERNHARD: «Conrad Gesner und Paracelsus.» In: *Schweizerische medizinische Wochenschrift* 59 (1929) Nr. 18, 486–488 und Nr. 19, 506–509.

Milt, Bernhard: «Paracelsus und Zürich.» In: *Vierteljahresschrift der Naturforschenden Gesellschaft Zürich* 86 (1941) 321–354.

Nova Acta Paracelsica. Jahrbuch der Schweizerischen Paracelsus-Gesellschaft (ab 1987: Beiträge zur Paracelsus-Forschung). Bd. 1 ff., Einsiedeln 1944 ff. (ab 1991: Bern: Lang)

Pagel, Walter: *Paracelsus. An Introduction to Philosophical Medicine in the Era of the Renaissance.* 2nd, rev. ed. Basel: Karger 1982.

Pagel, Walter: *The Smiling Spleen; Paracelsianism in Storm und Stress.* Basel: Karger 1984.

Pagel, Walter: *Das medizinische Weltbild des Paracelsus; seine Zusammenhänge mit Neuplatonismus und Gnosis.* Wiesbaden: Franz Steiner 1962 (= Kosmosophie; 1).

Pagel, Walter: «Paracelsus als ‹Naturmystiker›.» In: Antoine Faivre und Rolf Christian Zimmermann (Hgg.): *Epochen der Naturmystik; Hermetische Tradition im wissenschaftlichen Fortschritt.* Berlin: Erich Schmidt 1979, 52–104.

Paracelse. Par Lucien Braun, Kurt Goldammer, Pierre Deghaye, Ernst Wilhelm Kämmerer, Bernard Corceix, Rosemarie Dilg-Frank. Paris: Albin Michel 1980 (Cahiers de l'Hermétisme).

[Paracelsus] Theophrast von Hohenheim gen. Paracelsus: *Sämtliche Werke, 1. Abteilung: Medizinische, naturwissenschaftliche und philosophische Schriften.* Hg. von Karl Sudhoff. 14 Bände. München – Berlin: Oldenbourg – O. W. Barth 1922–1933. Registerband von Martin Müller; redigiert von Robert Blaser. Einsiedeln: Schweiz. Paracelsusgesellschaft 1960 (= Nova Acta Paracelsica, Supplementband 1960); [zitiert: P I, 1–14].

[Paracelsus] Theophrast von Hohenheim gen. Paracelsus: *Sämtliche Werke, 2. Abt.: Die theologischen und religionsphilosophischen Schriften.* Hg. von Wilhelm Matthießen. Erster Band: Philosophia Magna I. München: O. W. Barth 1923.

[Paracelsus] Theophrast von Hohenheim gen. Paracelsus: *Sämtliche Werke, 2. Abt.: Theologische und religionsphilosophische Schriften.* Hg. von Kurt Goldammer. Wiesbaden: Franz Steiner 1955 ff. Supplementband: Religiöse und sozialphilosophische Schriften in Kurzfassungen. Wiesbaden: Steiner 1973; [zitiert: P II, 2–7 und P II, Suppl.].

[Paracelsus] Theophrast von Hohenheim, gen. Paracelsus: «Zehn theologische Abhandlungen.» Nach cod. Pal. germ. 476 zum ersten Male hg. v. W[ilhelm] Matthießen. In: *Archiv für Reformationsgeschichte* 14 (1917) 1–48; 81–122; 15 (1918) 1–29, 125–156.

[Paracelsus] Theophrast von Hohenheim, genannt Paracelsus: *Die Kärntner Schriften.* Ausgabe des Landes Kärnten, besorgt von Kurt Goldammer unter Mitarbeit von Johann Daniel Achelis, Donald Brinkmann, Gotbert Moro, Will-Erich Peuckert, Karl-Heinz Weimann. Klagenfurt. Amt der Kärntner Landesregierung 1955.

PARACELSUS: *Sozialethische und sozialpolitische Schriften.* Hg. v. Kurt Goldammer. Tübingen: Mohr 1952 (Civitas Gentium; Schriften zur Soziologie und Kulturphilosophie).

PARACELSUS: *Vom eigenen Vermögen der Natur. Frühe Schriften zur Heilmittellehre.* Ausgewählt, eingeleitet und übertragen von Gunhild Pörksen. Frankfurt/Main: Fischer Taschenbuch Verlag 1988.

PARACELSUS *Der andere Arzt. Das Buch Paragranum.* Eingeleitet und übertragen von Gunhild Pörksen. Frankfurt/Main: Fischer Taschenbuch Verlag 1990.

PARACELSUS: *Grosse Wundartzney. Buch I und II.* (Reprint der Ausgabe Augsburg 1536). Nachwort von Udo Benzenhöfer. Hannover: Edition «libri rari» im Verlag Th. Schäfer 1989.

[PARACELSUS] *Das Buch der Erkanntnus des Theophrast von Hohenheim gen. Paracelsus.* Aus der Handschrift mit einer Einleitung hg. v. Kurt Goldammer. Berlin: Erich Schmidt 1964 (= Texte des späten Mittelalters und der frühen Neuzeit; 18).

PARACELSUS, THEOPHRASTUS: *Bücher und Schriften.* Hg. von Johannes Huser. Mit einem Vorwort von Kurt Goldammer. Reprographischer Nachdruck der Ausgabe von Conrad Waldkirch, Basel 1589–90. 5 Bde. Hildesheim: Olms 1971–1973. [zitiert: Huser, 1–5].

PARACELSUS: *Vom Licht der Natur und des Geistes; eine Auswahl.* In Verbindung mit Karl-Heinz Weimann mit einer Einführung hg. v. Kurt Goldammer. Stuttgart: Philipp Reclam Jun. 1979.

PARACELSUS; *Leben und Lebensweisheit in Selbstzeugnissen;* ausgewählt und eingeleitet von Karl Bittel. Leipzig: Philipp Reclam Jun. 1944 (= Reclams Universal-Bibliothek; 7567/68).

PFEFFERL, HORST: «Valtentin Weigel und Paracelsus.» In: *Paracelsus und sein dämonengläubiges Jahrhundert;* hg. v. Sepp Domandl. Wien: Verband der wissensch. Gesellschaften Österreichs 1988 (= Salzburger Beiträge zur Paracelsusforschung; 26), 77–95.

PORTMANN, MARIE-LOUISE: «Paracelsus im Urteil von Theodor Zwinger.» In: *Nova Acta Paracelsica;* NF 2 (1987) 15–32.

ROSNER, EDWIN: *Hohenheims Weg von St. Gallen nach Augsburg (1531–1536).* Wien: Verband der wissenschaftlichen Gesellschaften Österreichs 1977 (= Salzburger Beiträge zur Paracelsusforschung; 16).

RUDOLPH, HARTMUT: «Fragen zum sogenannten ‹Vita beata›-Schrifttum des Paracelsus; Untersuchungen aus der Marburger Paracelsus-Edition.» [Mit einer ergänzenden Nachbemerkung von Kurt Goldammer]. In: *Nova Acta Paracelsica* 9 (1977) 193–204.

RUDOLPH, HARTMUT: «Theophrast von Hohenheim (Paracelsus); Arzt und Apostel der neuen Kreatur.» In: Hans Jürgen Goertz (Hg.): *Radikale Reformatoren; 21 biographische Skizzen von Thomas Müntzer bis Paracelsus.* München: Beck 1978 (= Beck'sche Schwarze Reihe; 183), 231–242.

RUDOLPH, HARTMUT: «Einige Gesichtspunkte zum Thema ‹Paracelsus und Luther›.» In: *Archiv für Reformationsgeschichte* 72 (1981) 34–53.

Rudolph, Hartmut: «Schriftauslegung und Schriftverständnis bei Paracelsus.» In: *Kreatur und Kosmos,* 1981, 101–124.

Rudolph, Hartmut: «Individuum und Obrigkeit bei Paracelsus.» In: *Nova Acta Paracelsica,* NF 3 (1988) 69–76.

Salzburger Beiträge zur Paracelsusforschung. Herausgegeben von der Internationalen Paracelsus-Gesellschaft zu Salzburg. Bd. 1 ff., Wien 1960 ff.

Sartorius, Bodo, Freiherr von Waltershausen: *Paracelsus am Eingang der deutschen Bildungsgeschichte.* Leipzig: Felix Meiner 1936 (= Forschungen zur Geschichte der Philosophie und der Pädagogik; 16).

Schipperges, Heinrich: *Paracelsus. Der Mensch im Licht der Natur.* Stuttgart 1974.

Schipperges, Heinrich: *Die Entienlehre des Paracelsus. Aufbau und Umriß seiner Theoretischen Pathologie.* Berlin: Springer 1988.

Schneider, Wolfgang: «Die deutschen Pharmakopöen des 16. Jahrhunderts und Paracelsus.» In: *Pharmazeutische Zeitung* 106 (1961) 1141–1145.

Schneller, Klaus: «Paracelsus; Von den Hexen und ihren Werken.» In: Becker G.; Bovenschen G.; Brackert H. u. a.: *Aus der Zeit der Verzweiflung; zur Genese und Aktualität des Hexenbildes.* Frankfurt/M.: Suhrkamp 1977, 240–258.

Schubert, Eduard und Karl Sudhoff: *Paracelsus-Forschungen.* 1. Heft: Inwiefern ist unser Wissen über Theophrastus von Hohenheim durch Friedrich Mook und seinen Kritiker Heinrich Rohlfs gefördert worden? 2. Heft: Handschriftliche Dokumente zur Lebensgeschichte Theophrastus von Hohenheim. Frankfurt/M.: Reitz & Koehler 1887 und 1889.

Stoll, Clemens: «Paracelsus in Beratzhausen/Oberpfalz.» In: *Nova Acta Paracelsica;* NF 2 (1987) 33–39.

Strunz, Franz: «Die Wiener Paracelsus-Handschriften.» Separatdruck aus der *Wiener klinischen Wochenschrift,* 20. Jg. Nr. 36. Wien/Leipzig: W. Braumüller 1907.

Sudhoff, Karl: *Versuch einer Kritik der Echtheit der Paracelsischen Schriften.* 1. Teil: Bibliographia Paracelsica; Besprechung der unter Hohenheims Namen 1537–1893 erschienenen Druckschriften. Berlin: Georg Reimer 1894. [zitiert: S I]

Sudhoff, Karl *Versuch einer Kritik der Echtheit der Paracelsischen Schriften.* 2. Teil: Paracelsus-Handschriften. Berlin: Georg Reimer 1899. [zitiert: S II]

Sudhoff, Karl: *Paracelsus; ein deutsches Lebensbild aus den Tagen der Renaissance.* Leipzig: Bibliographisches Institut 1936.

TELLE, JOACHIM: «Kurfürst Ottheinrich, Hans Kilian und Paracelsus; zum pfälzischen Paracelsismus im 16. Jahrhundert.» In: *Von Paracelsus zu Goethe und Wilhelm von Humboldt.* Wien: Verband der wissenschaftlichen Gesellschaften Österreichs 1981 (= Salzburger Beiträge zur Paracelsusforschung; 22), 130–146.

TELLE, JOACHIM: «Paracelsus im Gedicht; Materialien zur Wirkungsgeschichte Theophrasts von Hohenheim im 16. und 17. Jahrhundert.» In: *Fachprosa-Studien. Beiträge zur mittelalterlichen Wissenschafts- und Geistesgeschichte.* Hg. v. Gundolf Keil. Berlin: Erich Schmidt 1982, 552–573.

TELLE, JOACHIM «Parerga Paracelsica, Paracelsus in Vergangenheit und Gegenwart», herausgegeben von Joachim Telle, Franz Steiner Verlag, Stuttgart 1991.

TÖRÖK, STEPHAN: *Die Religionsphilosophie des Paracelsus und ihr zeitgeschichtlicher Hintergrund.* (Diss. theol.) 2. Teile. Wien: (Typoskript) [1946].

TRILLITZSCH, WINFRIED: «Paracelsus bei den Basler Humanisten.» In: *Klio* 68 (1986) 542–551.

URNER, HANS: «Unparteiische Ketzerbilder; Paracelsus als Christ.» [1948/49] In: *Weg und Gemeinschaft. Aufsätze von und für Hans Urner.* Berlin: Evangelische Verlagsanstalt 1976 = Aufsätze und Vorträge zur Theologie und Religionswissenschaft), 13–29.

VOGLER, WERNER: «Ein Dokument zum Aufenthalt von Paracelsus in St. Gallen im Jahre 1533.» In: *Nova Acta Paracelsica,* NF 3 (1988) 26–27.

VOGT, ALFRED: *Theophrastus Paracelsus als Arzt und Philosoph.* Stuttgart: Hippokrates-Verlag 1956.

WEIMANN, KARL-HEINZ: «Neu entdeckte Paracelsus-Handschriften.» In: *Sudhoffs Archiv für Geschichte der Medizin und der Naturwissenschaften* 41 (1957) 154–159.

WEIMANN, KARL-HEINZ: «Paracelsus in der Weltliteratur.» In: *Germanisch-romanische Monatsschrift* 42 NF 11 (1961) 241–274.

WEIMANN, KARL-HEINZ: *Paracelsus-Bibliographie 1932–1960; mit einem Verzeichnis neu entdeckter Paracelsus-Handschriften (1900–1960).* Wiesbaden: Franz Steiner 1963 (= Kosmosophie; 2).

WEIMANN, KARL-HEINZ: «Eine neu aufgefundene Paracelsus-Handschrift.» In: *Paracelsus; Werk und Wirkung. Festgabe für Kurt Goldammer zum 60. Geburtstag.* Hg. v. Sepp Domandl. Wien: Verband der wissensch. Gesellschaften Österreichs 1975 (= Salzburger Beiträge zur Paracelsusforschung; 13), 353–361.

WICKS, JARED: «Paracelse (Théophraste Bombast von Hohenheim), 1493–1541.» In: *Dictionnaire de Spiritualité.* T. 12; Paris: Beauchesne 1984, col. 182–187.

ZEKERT, OTTO: «Paracelsus, Europäer im 16. Jahrhundert», W. Kohlhammer, Stuttgart, Berlin, Köln, Mainz 1968.

Verzeichnis der Autoren, Beiträge und Quellen

Arnim, Achim von (1781–1831), bedeutender Dichter der späteren deutschen Romantik. Gab zusammen mit Brentano die Liedersammlung «Des Knaben Wunderhorn» heraus. Verheiratet mit Betina Brentano. 1813 Teilnahme an den Befreiungskriegen. Nach dem Krieg Landwirt in Wiepersdorf.
Siegeslied nach Aussprüchen des Paracelsus, aus: Ludwig Achim von Arnim, sämmtliche Werke, Bd. 22, Weimar 1856.

Arnold, Gottfried (1666–1714), Kirchenliederdichter, pietistischer Schriftsteller mit großer Wirkung auf die Aufklärung. Prof. der Geschichte in Gießen, 1700 Hofprediger in Sachsen-Eisenach, 1703 als Historiograph in preußischen Diensten, zuletzt Pfarrer.
Gedoppeltes Licht, aus: Deutsche Barocklyrik, Schwabe & Co, Basel, 1967.

Bachmann, Ingeborg (1926–1973), österreichische Lyrikerin, Erzählerin und Hörspielautorin. Studium der Philosophie mit einer Promotion über die Philosophie Martin Heideggers.
Freies Geleit, aus: Gedichte, Erzählungen, Hörspiele, R. Piper & Co, München, 1964, © B. Schott's Söhne, Mainz. Undine geht aus: Das dreißigste Jahr, Erzählungen, R. Piper & Co, München 1961.

Benn, Gottfried (1886–1956), Dichter und Arzt, anfänglich von der Sprache des Expressionismus bestimmt. Militärarzt im Ersten u. Zweiten Weltkrieg, ab 1945 Facharzt für Haut- und Geschlechtskrankheiten. Von den Nationalsozialisten als «entarteter Asphaltliterat» beschimpft und verboten.
Anemone, aus: Statische Gedichte, 1948/1983 Verlags AG Die Arche Zürich.

Biegger, Katharina, publizierte mehrere Arbeiten über Paracelsus, vor allem ihre Dissertation «De invocatione beatae Mariae Virginis», im Frühjahr 1989 zur Erlangung der Doktorwürde der Philosophischen Fakultät I der Universität Zürich eingereicht, im Druck erschienen 1990 im Franz Steiner-Verlag, Stuttgart. Lebt in Berlin und Zürich.
Weder papistisch noch lutherisch noch zwinglianisch – die Eigenständigkeit des Laientheologen Paracelsus, Originalbeitrag.

Bittel, Karl, einer der namhaften Paracelsusforscher. Hat sich vor allem mit biographischen Untersuchungen beschäftigt.
Ein Sozialprogramm bei Paracelsus, aus: Nova Acta Paracelsica, III. Jahrbuch der Schweizerischen Paracelsus-Gesellschaft, Basel, 1946.

Blaser, Robert (1919–1986), Germanist, Professor an der Universität Neuenburg, einige Jahre Präsident der Schweizerischen Paracelsusgesellschaft.
Himmel und Erde machen den Menschen, die Weisheit des Paracelsus. Aus dem Gesamtwerk des Theophrast von Hohenheim ausgewählt und übertragen von Robert Blaser, Residenz Verlag, Salzburg, 1958. Neudruck mit freundlicher Genehmigung von Frau Alceste Blaser.

Borges, Jorge Luis (1899–1986), argentinischer Dichter, Essayist und Erzähler.
Die Rose des Paracelsus, aus: Gesam. Werke, Bd. 4, Carl Hanser Verlag, München, 1982.

Brinkmann, Donald (1909–1963), von 1953 bis 1963 Präsident der Schweizerischen Paracelsus-Gesellschaft, Mitherausgeber der von Kurt Goldammer geleiteten Edition der religionsphilosophischen Schriften des Paracelsus.
Paracelsus und die moderne Technik, aus: Nova Acta Paracelsica, I. Band, 1944 (Auszug).

Browning, Robert (1812–1889), englischer Dichter. Stand zunächst stark unter dem Einfluß Shelleys, fand dann aber zu einer eigenen Form eines stark monologisierenden Lesedramas.
Die letzten Worte des Paracelsus, aus: Paracelsus, Dramatische Dichtung, Insel-Verlag, Leipzig, 1904.

Coster, Charles de (1827–1879), belgischer Schriftsteller. Sein Ziel war die Wiederbelebung der flämischen Literatur. Lebte lange in ärmlichen Verhältnissen, bis er zum Prof. für deutsche Sprache in Brüssel ernannt wurde. Sein bekanntestes Werk ist «La légende de Thyl Ulenspiegel et de Lamme Goedzak».
Reise zu den Hütern der Erde, aus: Uilenspiegel und Lamme Goedzak, übertragen von A. Wesselski, Leipzig, 1910.

Daems, Willem F., Apotheker und Medizinhistoriker. Einige Jahre Präsident der Schweizerischen Paracelsusgesellschaft. Veröffentlichte zahlreiche Beiträge zur Paracelsus-Forschung, u. a. «Das medizinische Consilium des Paracelsus für Abt Johann Jakob Russinger von Pfäfers 1535», Neu-Edition und Kommentar (zusammen mit Werner Vogler), Einsiedeln, 1986.
«Alles Essen und Trinken ist Menschenfleisch in Mysterio», Originalbeitrag.

Donne, John (1572–1631), englischer Dichter. Dekan der St. Paulskirche in London. Durch die Predigten seiner Spätzeit bei den Zeitgenossen berühmt, ist er für die Entwicklung der englischen Dichtung vor allem durch seine Liebes- und Gelegenheitsdichtung wichtig geworden.
Die Ekstase, aus: John Donne, Nacktes denkendes Herz, aus seinen poetischen Schriften und Prosawerken, Verlag Jakob Hegner, Köln, 1969 (Auszug).

Durrell, Lawrence (1912–1990), gehört zu den herausragendsten englischsprachigen Schriftstellern des 20. Jahrhunderts. Vor allem seine Romanserie «Alexandria-Quartett» wurde weltberühmt.
Der dunkle Pfad, aus: Clea, aus dem Englischen übertragen von Walter Schürenberg, Rowohlt-Verlag, Hamburg, 1961.

Eichendorff, Joseph Freiherr von (1788–1857), deutscher Lyriker, Erzähler und Dramatiker, führender Dichter der späteren Romantik.

Mondnacht, aus: Eichendorff, Dichtungen, 2. Bde., herausgegeben von F. Schultz, 1910.

FEDERSPIEL, JÜRG, geboren 1931 in Grafstal bei Winterthur, Journalist und Schriftsteller. Verfasser zahlreicher literarischer Reportagen und erzählerischer Werke.
Paracelsus, aus: Böses – Wahn und Müll, Limmat Verlag, Zürich, 1983.

FELDMANN, CHRISTIAN, geboren 1950 in Regensburg. Theologe und freier Schriftsteller. Mitarbeiter verschiedener Rundfunkanstalten. Zahlreiche Buchveröffentlichungen, zuletzt: «Hildegard von Bingen – Nonne und Genie», Herder-Verlag, 1991.
Was oben ist, wird unten sein – Hermes Trismegistos und Paracelsus, Originalbeitrag.

FOUQUÉ, FRIEDRICH DE LA MOTTE (1777–1843), Erzähler, Dramatiker und Lyriker der deutschen Romantik. Entstammt einer französischen Emigrantenfamilie.
Undine, der Tag nach der Hochzeit, aus: Undine, Märchen, 1811.

FREUD, SIGMUND (1856–1939), Wiener Arzt und Psychologe. Begründer der Psychoanalyse.
Paracelsus und die Psychoanalyse, Zitat aus: Ronald W. Clark, Sigmund Freud, deutsche Ausgabe, Frankfurt 1981, Seite 136.

GAN, PETER (1894–1974), deutscher Lyriker. Zeichnet sich durch Witz und hohe Formkunst aus. Schrieb vor allem satirische Gedankenlyrik.
Fehlanzeige, aus: Schachmatt, Gedichte, Atlantis-Verlag, Zürich, 1956.

GOETHE, JOHANN WOLFGANG VON (1749–1832), Dichter und Naturwissenschaftler. Einflüsse von Paracelsus lassen sich vor allem in seiner Faust-Dichtung nachweisen, aber auch in zahlreichen Gedichten, in denen die paracelsische Kosmologie ihre Ausgestaltung findet.
Weltseele, Die Metamorphose der Pflanzen, Parabase, Spirrhema, Entoptische Farben, aus: Spruchweisheit in Vers und Prosa, Tempel-Klassiker, Leipzig, Bd. 3.

GOLDAMMER, KURT, geboren 1916 in Berlin. Religionswissenschaftler. Betreut die wissenschaftliche Gesamtausgabe der Werke von Paracelsus, die als Fortsetzung der Sudhoffschen Gesamtausgabe im Franz Steiner-Verlag, Wiesbaden, erscheint, und die vor allem bisher unedierte theologische Schriften zugänglich macht. War einige Jahre lang der Präsident der internationalen Paracelsus-Gesellschaft. Zahlreiche Veröffentlichungen, zuletzt «Der göttliche Magier und die Magierin Natur», Franz Steiner Verlag, Stuttgart, 1992.
Friedensidee und Toleranzgedanke bei Paracelsus, aus: Kurt Goldammer, Paracelsus in neuen Horizonten, gesammelte Aufsätze, Verlag Verband der wissenschaftlichen Gesellschaften Österreichs, Wien, 1986. Abdruck mit freundlicher Genehmigung des Autors.

GOLOWIN, SERGIUS, Märchen- und Mythenforscher. Lebt in Bern. Zahlreiche Buchveröffentlichungen, u. a. «Paracelsus im Märchenland», Basel, 1980. Hat sich in der 68er- und Hippie-Bewegung als Vermittler der verschiedenen Untergrundströmungen engagiert und in diesem Sinne gewirkt, als er anregte, an einem Untergrund-Treffen vom 10. Mai 1969 in Basel einen künstlichen Paracelsus öffentlich zu verbrennen, um damit den lebendigen Paracelsus als Leitfigur einer geplanten Untergrund-Universität auferstehen zu lassen.

Paracelsus und die europäische Gegenwart, aus: Paracelsus im Märchenland, 2. Aufl., Basel, 1980, leicht überarbeitet.
Wie Paracelsus im Bergwald den Schlüssel der Naturgewalten gewann, Originalbeitrag. Nach einer mündlichen Überlieferung aus Einsiedeln, 1947. Möglicherweise ursprünglich schriftlich verbreitet. Vgl. ähnliche Fassung F. Nork, Mythologie der Volkssagen u. Volksmärchen, Stuttgart 1848, S. 418 ff. (Hier wie in einer Reihe verwandter Quellen ist Innsbruck der Schauplatz der Sage.) Interessant auch die Parallele zur Legende «Die schwarze Spinne» von Jeremias Gotthelf.

GOTTHELF, JEREMIAS (1797–1854), Schweizer Erzähler. Meister der realistischen Schilderung vor allem des Bauernmilieus, das teilweise zu mythisch-archaischer Symbolik überhöht wird. Sohn eines protestantischen Pfarrers, Pfarrer in Lützelflüh, Anhänger der konservativen Partei auf christlicher Grundlage. Wie die meisten Schweizer Autoren hat auch Gotthelf zu Paracelsus ein erstaunlich distanziertes Verhältnis.
Paracelsus, Herr der Geister, aus: Anne Bäbi Jowäger, wie es haushaltet und wie es ihm mit den Doktern ergeht, erstmals erschienen 1843.

GRIMMELSHAUSEN, HANS JAKOB CHRISTOFFEL VON (ca. 1622–1676), der bedeutendste deutsche Erzähler des 17. Jahrhunderts. Im Gegensatz zur höfischen Barockliteratur wandte sich Grimmelshausen auch an breitere Volkskreise. Sein Roman «Der abenteuerliche Simplizissimus» war der größte Bucherfolg der Epoche.
Wie Simplicius mit den Sylphis in das Centrum terrae fährt, aus: Der abenteuerliche Simplicissimus, 1683/84, das fünfte Buch, Kap. 12.

GUNDOLF, FRIEDRICH (1880–1931), deutscher Literaturhistoriker unter dem Einfluß Stefan Georges.
Paracelsus als Schriftsteller, aus: Paracelsus, von Friedrich Gundolf, Verlag Georg Bondi, Berlin, 1927.

HAAS, ALOIS M., Professor für germanische Sprachen und Literatur an der Universität Zürich. Veröffentlichte verschiedene Arbeiten über die deutsche Mystik. Präsident der Schweizerischen Paracelsusgesellschaft.
Sterben und Todesverständnis bei Paracelsus, Originalbeitrag, leicht gekürzt.

HAUPTMANN, GERHART (1862–1946), deutscher Dramatiker, Erzähler und Versepiker. Hat sich sowohl dem naturalistischen Drama verpflichtet, als auch der Darstellung mystischer Motive. Galt lange als der repräsentative Dichter deutscher Sprache im 20. Jahrhundert. Erhielt 1912 den Nobelpreis.
Der Narr in Christo Emanuel Quint, Auszug aus: Der Narr in Christo Emanuel Quint, Propyläen Verlag, Berlin, 1972.

HESSE, HERMANN (1877–1962), Erzähler und Lyriker; in der Lyrik von der Romantik her bestimmt, als Erzähler vorwiegend mit den Problemen und Krisen der eigenen Entwicklung befaßt. Nach der Erfahrung des Ersten Weltkrieges Ausweitung der fragenden Auseinandersetzung mit der Krise des Europäischen Geisteslebens. Erhielt 1946 den Nobelpreis.
Stufen, aus: Ausgewählte Gedichte, Suhrkamp-Verlag, Frankfurt, 1972.

HOFFMANN, ERNST THEODOR AMADEUS (1776–1822), Erzähler. Schöpfer der magisch-spukhaften Novelle und des zwischen Realismus und Traum sich bewegenden Märchens. Auch Musikschriftsteller, Komponist und Zeichner.
Der Elementargeist, aus: E. T. A. Hoffmann, Dichtungen und Schriften, Gesamtausgabe in fünfzehn Bänden, Weimar, 1925, Bd. 6 (Auszug).

HÖLDERLIN, FRIEDRICH (1770–1843), Erneuerer der deutschen Sprache und Dichtung. Starb in «Geistesumnachtung» und wurde erst im 20. Jahrhundert in seiner wahren Bedeutung erkannt.
An die Natur, aus: Friedrich Hölderlin, Gesammelte Werke, herausgegeben von Wilhelm Böhm, Jena, 1924, Bd. I. (Auszug).

IMMERMANN, KARL (1796–1840), Dramatiker, Erzähler und Lyriker. Hat sich wiederholt paracelsischer Motive bedient, vor allem in seinem komischen Heldengedicht «Tulifäntchen». Anklänge an Paracelsus finden sich auch in seinem wichtigsten dramatischen Werk «Merlin».
Merlin in tiefem Grabe, aus: Merlin, Dramatische Mythe, 1832.

JUNG, C. G. (1875–1961) Schüler von Freud, dessen Psychoanalyse er abwandelnd ausbaute in der Entwicklung einer psychologischen Typenlehre, der Unterscheidung des individuellen und des kollektiven Unbewußten und in der Archetypenlehre. Bemühte sich, alchemistische Schriften als psychologische Gleichnisse zu deuten und wies damit einen Weg, sich den verschlüsselten Botschaften der alchemistischen Tradition zu nähern.
Paracelsus, aus: C. G. Jung, Gesammelte Werke, Bd. 15, Walter Verlag AG, Olten, 1952.

KLOPSTOCK, FRIEDRICH GOTTLIEB (1724–1803), Epiker, Lyriker und Dramatiker. Klopstock war für die Entwicklung der deutschen Sprache von Bedeutung, indem er als erster persönliche, religiöse Ergriffenheit in klassischen Formen zum Ausdruck brachte. Mit seinem Versepos «Messias» führte er den Hexameter in die deutsche Dichtung ein.
Frühlingsfeier, aus: Klopstock, Oden, Hamburg, 1771 (Auszug).

LEHMANN, WILHELM (1882–1968), Naturlyriker im Stil eines magischen Realismus mit bedeutender Einwirkung auf die nachfolgende Lyrikergeneration mit Günter Eich, Peter Huchel und Rainer Brambach.
Die Signatur, aus: Wilhelm Lehmann, Gesammelte Werke in 8 Bänden. Hg. v. Agathe Weigel-Lehmann / Hans D. Schäfer / Bernhard Zeller. Bd. 1: Sämtliche Gedichte. Klett-Cotta, Stuttgart 1982

LEHNER, THOMAS, Schriftsteller und Kulturredakteur am Landesstudio Freiburg des Südwestfunks. Zeichnete zuletzt als Herausgeber für das Buch «Der Feengarten, Mit dem Buch über die Naturgeister des Paracelsus», Schillinger Verlag, Freiburg im Breisgau, 1985.
Signaturen und mystischer Glaube, Originalbeitrag.

LEUTHOLD, HEINRICH (1827–1879), Versepiker und Lyriker mit starkem, an Platen geschultem, klassizistischem Formbewußtsein. Entstammte ärmlichen Verhältnissen, starb in der Irrenanstalt Burghölzli in Zürich.
Waldkapelle, aus: Heinrich Leuthold, Gesammelte Dichtungen in drei Bänden, Frauenfeld, 1914, Bd. 3.

Meier, Pirmin: Germanist, lebt in Beromünster. Verfasser einer umfangreichen Paracelsus-Biographie, die demnächst herauskommen soll. Zahlreiche Vorträge. In der Anthologie «Christlicher Glaube und Literatur 4», Brockhaus-Verlag, erschien sein lesenswerter Aufsatz «Ein kunterbunter Polterabend der alten und der neuen Zeit – Paracelsus als Kultfigur in epischen, dramatischen und lyrischen Werken.»
«Es ist noch nicht geflogen worden» – Paracelsische Prophetie, die Spielleute und das Fahrende Volk, Originalbeitrag.

Mell, Max (1882–1971), österreichischer Dichter, Erzähler und Dramatiker. Befreundet mit Hugo von Hofmannsthal. Bestimmt vom klassischen Formbewußtsein und den volkskundlichen und christlichen Traditionen seines Landes.
Paracelsus (Skizze zu einem Bildnis), aus: Max Mell, Gedichte, Insel-Verlag, Frankfurt, 1952. © Ulrike Mell.

Metzke, Erwin (1909–1956), arbeitete auf dem Gebiet der neueren deutschen Philosophie. Professur in Tübingen.
Paracelsus' Lehre von der Zeit, aus: Erwin Metzke, Coincidentia Oppositorum, Gesammelte Studien zur Philosophiegeschichte, Luther-Verlag, Witten, 1961.

Meyer, Conrad Ferdinand (1825–1898), Lyriker und Erzähler. Repräsentant einer hohen ästhetischen Formung der Prosa und Lyrik bei hintergründigem metaphysischem Gehalt. Mußte sich immer wieder in irrenärztliche Behandlung begeben, geistige Erkrankung bis zu seinem Tode.
Paracelsus, aus: Huttens letzte Tage, 1871.

Morgenstern, Christian (1871–1914), deutscher Lyriker, berühmt geworden vor allem durch seine tiefsinnig-grotesken Palström-Lieder. Schloß sich der anthroposophischen Bewegung an.
Mensch und Erde, aus: Christian Morgenstern, Zeit und Ewigkeit, Ausgewählte Gedichte, Insel-Verlag, Frankfurt, 1952. Die Gehirne, aus: Christian Morgenstern, Einkehr, Gedichte, Zbinden-Verlag, Basel, 1973.

Musäus, Johann Karl August (1735–1787), satirisch-moralischer Romanschriftsteller. Er wurde vor allem durch seine ironisch-geistreichen Nacherzählungen «Volksmärchen der Deutschen» berühmt.
Der blutsüchtige Theophrast, aus: J. K. A. Musäus, Volksmärchen der Deutschen, Bd. 1, Legenden vom Rübezahl, 5. Legende. Verlag Eugen Dietrichs, Jena, 1927.

Nerval, Gérard de (1808–1855), französischer Dichter. Führte ein unstetes Wanderleben mit Reisen durch Deutschland und den Orient. Übersetzte Goethes «Faust» ins Französische. Nahm sich in einem Anfall geistiger Umnachtung das Leben.
Goldene Verse, aus: Felix Braun, Gastgeschenke, Stifterbibliothek Salzburg, Neugebauer Press, Bad Goisern, 1972.

Novalis (eigentlich Friedrich Leopold Freiherr von Hardenberg, 1772–1801), der bedeutendste Dichter der Frühromantik. In seinem Buch «Novalis und die Welt des Ostens» hat Kurt Goldammer als erster darauf hingewiesen, daß das Pseudonym «Novalis» möglicherweise auf den Ausdruck «Novalia» aus der «Philosophia sagax» des Paracelsus zurückzuführen sei.

Kenne dich selbst, Es färbt sich die Wiese grün, Der ist der Herr der Erde, aus: Novalis, Gesammelte Werke, Bd. 1, Bühlmann-Verlag, Zürich, 1945.

Opitz, Martin (1597–1639). Als Dichter, der um die Regel und Klarheit der Formen bemüht war, als Übersetzer zeitgeschichtlich und literarisch bedeutender Werke und als Theoretiker schuf Martin Opitz die Grundlagen der deutschen Literatur des Barock. Mitglied der Fruchtbringenden Gesellschaft, ein Orden, der sich um die «Reinigung» der deutschen Sprache bemühte.
Der Spiegel der Welt, aus: Deutsche Barocklyrik, Verlag Schwabe & Co, Basel/Stuttgart, 1967.

Peuckert, Will-Erich (1895–1969), Volkskundler und Kulturhistoriker. Prof. in Göttingen.
Paracelsische Zauberei, leicht gekürzt aus: Nova Acta Paracelsica, 8. Jahrbuch der Schweizerischen Paracelsusgesellschaft, Einsiedeln, 1957.

Pound, Ezra (1885–1972), amerikanischer Dichter und Kulturkritiker. Versuchte die Leitgedanken des östlichen und abendländischen Denkens in knappen Formeln in seinen «Cantos» zu integrieren, ein Weltgedicht nach dem Vorbild Dantes.
Paracelsus in Excelsis, aus: Ezra Pound, Personae – Masken, Arche Verlag, Zürich, 1959.

Reigersfeld, Szepko von (1605–1660), schlesischer Mystiker und Dichter des Barock.
Nicht in dir..., aus: Deutsche Barocklyrik, Schwabe & Co, Basel/Stuttgart, 1967.

Schnitzler, Arthur (1862–1931), Erzähler und Dramatiker im Wiener Impressionismus. Studierte Medizin. Tätigkeit als Arzt und freier Schriftsteller.
Paracelsus, Versspiel in einem Akt (Auszug), aus: Arthur Schnitzler, Die dramatischen Werke, S. Fischer Verlag, 1962, Bd. 1.

Schott, Heinz, geboren 1946 in Bergzabern. Studium der Medizin und Philosophie. Leiter des Medizinhistorischen Institutes der Universität Bonn. Professor für Geschichte der Medizin in Bonn.
Die Bedeutung des Paracelsus für die Geschichte der Medizin, Originalbeitrag.

Shakespeare, William (1564–1616), englischer Dichter und Dramatiker. Auf der Grundlage der elisabethanischen Volksbühne entwickelte er Theaterstücke, die durch Weltsicht, Sprache, Charaktere und Theaternähe die Arbeiten seiner Zeitgenossen weit übertrafen.
Die Mutter der Natur, aus: Romeo und Julia, zweiter Akt, dritte Szene, übertragen von Schlegel-Tieck, 1839.

Silesius, Angelus (eigentlich Johann Scheffler, 1624–1677), der große religiöse Dichter des katholischen Barock. Meister antithetisch-mystischer Spruchdichtung.
Die Dreieinigkeit in der Natur..., aus: Johann Schefflers sämtliche poetische Werke, II. Bd., Regensburg, 1862.

Steiner, Rudolf (1861–1925), Begründer der Anthroposophie. Ausgedehnte Lehr- und Vortragstätigkeit. Errichtete in Dornach das «Goetheanum», eine «Hochschule für Geisteswissenschaften» und begründete 1919 die Waldorfschulen.
Von Paracelsus zu Goethe, leicht gekürzter Vortrag vom 16. Nov. 1911. Im Druck erschienen im

Verlag Zbinden & Hügin, Basel, 1941, als IV. Band der Reihe «Menschengeschichte im Lichte der Geistesforschung».

Sucker, Heinz, geboren 1928 in Fürth. Studium der Pharmazie. Verschiedene Lehrtätigkeiten als ord. Professor. Von 1972 bis 1992 Leiter der pharmazeutischen Forschung und Entwicklung bei der Sandoz AG, Basel.
Wie finden wir einen Weg zu einer neuen Chemie und Pharmazie? Aus: Nova Acta Paracelsica, Beiträge zur Paracelsus-Forschung, Neue Folge, Bd. 3, Einsiedeln, 1988.

Weizsäcker, Viktor von (1886–1957), Neurologe. Begründete die allgemeine anthropologische Medizin. Er lehrte, die Krankheitszeichen als Ausdruck des Wesens und der Geschichte des Menschen zu verstehen.
Hippokrates und Paracelsus, leicht gekürzt, aus: Arzt und Kranker, K. F. Köhler Verlag, Stuttgart, 1949.

Whitman, Walt (1819–1892), amerikanischer Dichter. Bereiste große Teile Amerikas und verfaßte als sein Hauptwerk den Gedichtband «Leaves of Grass». Nahm als freiwilliger Krankenpfleger am amerikanischen Bürgerkrieg teil. Vor allem sein radikaler Pantheismus brachte ihm bei den Zeitgenossen nicht nur Zustimmung sondern auch starke Ablehnung ein.
Hurra, der positiven Wissenschaft, Groß ist das Sichtbare, Auszüge aus: Walt Whitman's Werk, Rowohlt Verlag, Hamburg, 1976. Deutsch von Hans Reisiger.

Zweig, Stefan (1881–1942), österreichischer Erzähler, Essayist, Lyriker und Dramatiker. Vor allem berühmt durch seine Kunst der psychologisch-essayistischen Darstellung von Biographien. Repräsentant eines humanen Kulturbewußtseins. Pazifist. Unter dem Druck des Nationalsozialismus Emigration nach Brasilien, wo er sich zusammen mit seiner Frau das Leben nahm.
Paracelsus und die romantische Medizin, aus der Einleitung des Buches «Die Heilung durch den Geist», Erstausgabe im Insel Verlag, 1931; Neuausgabe im S. Fischer Verlag, Frankfurt a. M., 1982

Der Herausgeber und der Verlag danken allen Autoren und Verlagen für die freundliche Abdruckgenehmigung.